different

K 2843.

35547

EXPOSITION
SUCCINTE
ET
COMPARAISON
DE LA DOCTRINE DES ANCIENS
ET DES NOUVEAUX PHILOSOPHES.

TOME SECOND. PARTIE I.

Quatre Vol. *in*-12, prix 7 liv. 4 sous brochés.

A PARIS;

Chez MÉQUIGNON, junior, Libraire, rue de la Harpe, au coin de celle de Richelieu, Sorbonne.

M. DCC. LXXXVII.

Avec Approbation, & Privilége du Roi.

EXPOSITION SUCCINTE
ET
COMPARAISON
DE LA DOCTRINE DES ANCIENS ET DES NOUVEAUX PHILOSOPHES.

Suite des Réflexions sur le Système des Athées, purs Matérialistes.

Sur la Nature de l'Ame & son Immortalité.

N a vu, dans l'exposition du système des Athées, purs Matérialistes, tom. I, que, selon ces impies, l'intelligence de l'homme, sa raison, sa volonté, en un mot, toutes ses autres facultés, que nous appellons *intellectuelles*, ne sont autre chose que *différentes modifications de son cerveau*, que des effets du mouvement de la matiere & de ses molécules, variés & modifiés d'une maniere ou d'une autre, par l'énergie de la nature, suivant les ordres & les loix invariables du destin.

Tome II.   A

Il s'enfuit que, dans ce fyftème, c'eft la matiere qui penfe en nous, ou que la penfée fort de la matiere. Les réflexions fuivantes vont faire toucher au doigt le faux & l'extravagance de cette opinion.

Tout ce qui eft dans la matiere, étant effentiel ou accidentel à la matiere, il faut, ou qu'il foit effentiel à la matiere de penfer, ou que la matiere acquiere la penfée. Il n'eft point effentiel à la matiere de penfer, puifque tout ce qui eft matériel ne penfe pas. La matiere n'acquiert point non plus la penfée ; puifque, fi cela étoit, il faudroit qu'elle fe la donnât, ou qu'elle la reçût d'ailleurs : fi elle la reçoit d'ailleurs, ce ne peut être que de Dieu, ou du hafard, de l'énergie de la nature, & de la fatalité. Mais, d'un côté, les Matérialiftes ne reconnoiffent point de Dieu, & de l'autre, nous avons prouvé que le hafard, l'énergie de la nature & de la fatalité, font des mots vuides de fens, & de pures chimeres. Que fi la matiere fe donne à elle-même la penfée, c'eft, ou par le repos de fes parties, ou par leur mouvement. Ce n'eft point par leur repos, puifque, tandis que les parties de la matiere font dans le repos, elles ne reçoivent point de changement ; que le repos eft une non action, & que le repos détruit même la vie dans les chofes qui en font capables. Ce n'eft point auffi par le mouvement, que la matiere acquiert la penfée, ou qu'elle devient penfante, de non penfante qu'elle étoit, comme le prétendent les Matérialiftes : ce qu'il s'agit de prouver. 1°. On ne peut confidérer que ces quatre chofes dans le mouvement ; le mobile, le terme d'où ce mobile part, le terme où il va, & le tranfport du mobile qui eft emporté de l'un à l'autre : or il est évident que la pensée n'est rien de tout cela.

2°. Si la pensée sortoit du mouvement de la matiere, il faudroit que la pensée fût ce mouvement même, ou l'effet de ce mouvement. Ce n'est pas simplement un mouvement, puisqu'une pensée, un doute, &c. n'est pas un simple transport d'un lieu à un autre : ce n'est pas non plus un effet du mouvement ; puisque le mouvement, étant le transport d'un corps d'un lieu à un autre, ne produit point d'autre effet immédiat, qu'une autre situation du mobile. Que si plusieurs mobiles se meuvent en même-temps, ils se rencontrent, ou ils se séparent, & il en naît un arrangement nouveau. Or, ni une nouvelle situation d'un corps, (soit corps sensible, soit atôme,) ni l'arrangement nouveau de plusieurs atômes, ou de plusieurs corps grands ou petits, sensibles ou insensibles, ne font pas la pensée.

3°. Si le mouvement produit la pensée, ou c'est la force du mouvement en général, ou ce sont les différences du mouvement, ou les différences du mobile, ou les différences extérieures, qui font naître la pensée. Ce n'est point la seule force du mouvement, ou le mouvement en général ; ou, si vous voulez, le mouvement, entant que mouvement, qui produit cet effet, puisqu'il y a une infinité de corps qui se meuvent, & qui ne pensent point. Ce ne sont point non plus les différences du mouvement qui produisent la pensée ; puisque le mouvement n'est diversifié qu'en deux manieres, qui sont la lenteur ou la rapidité, & la détermination : mais, comme la rapidité n'est qu'un transport plus vîte, & la détermination, que le mouvement d'un corps qui va de ce

A ij

côté-là plutôt que d'un autre ; il est évident que ces différences ne feront point naître la pensée Ce ne sont pas encore les différences, ni du lieu d'où l'on vient, ni du lieu où l'on va, ni de celui par où la matiere passe, qui de non pensante qu'elle étoit, la feront devenir pensante, puisque tout cela est externe au sujet qui se meut, & qui vient à penser.

4°. Si la pensée sort du mouvement de la matiere, il sort, ou du mouvement d'un seul atôme, ou du mouvement de plusieurs atômes. Si elle naît du mouvement d'un seul atôme, pourquoi cet atôme est-il plus privilégié que les autres ? Qu'a-t-il au-dessus d'eux ? Que si ce n'est pas le mouvement d'un seul atôme, mais celui de plusieurs, qui fait la pensée ; il s'ensuit que chaque atôme fait sa part de la pensée, & qu'ainsi la pensée est divisible & mesurable, selon le nombre des atômes, ce que la raison condamne. En général, on peut dire de toutes les qualités & de tous les modes de la matiere, qu'ils ont une propriété essentielle, qui est d'être divisibles & mesurables : le mouvement a sa mesure & ses degrés ; les figures peuvent être partagées & mesurées. Mais la pensée ne peut éprouver ni l'un ni l'autre ; & l'on ne dira jamais, sans choquer le sens commun, une moitié, trois quarts d'un doute, d'une pensée : il s'ensuit donc que la pensée n'appartient point à la matiere, & n'est point un effet du mouvement.

5°. Si le mouvement de la matiere produisoit la pensée, il seroit un principe pensant, il connoîtroit ; ce qui est absurde : ou si la pensée n'étoit qu'un mouvement de matiere, un mouvement de matiere seroit la connoissance de soi-même ; ce qui est pour le moins aussi extravagant.

6º. L'effet ne peut pas être plus noble que la cause, puisqu'il ne subsiste que par la cause, qui lui a tout donné, & qui seule par conséquent fait les bornes de sa perfection. Or, il est certain, par la plus pure lumiere du sens commun, que la pensée est sans comparaison plus noble que le mouvement de la matiere; & par conséquent il y auroit de l'absurdité à prétendre, que le mouvement de la matiere fût la cause de la pensée.

7º. Le mouvement des parties de la matiere a une certaine mesure qui l'empêche de s'étendre plus loin; & les parties qui sont dans mon corps ne peuvent point, demeurant dans mon corps, aller au ciel, sur la mer, par toute la terre, dans le centre de la terre, &c. la matiere & le mouvement n'agissant que sur les objets présens. Or la pensée fait tout cela: donc elle ne peut sortir du mouvement de la matiere.

8º. Un mouvement ne peut représenter toutes choses, ou faire venir tous les êtres en moi, afin que je les contemple. La pensée le fait: elle n'est donc pas un effet du mouvement.

9º. Enfin, si la simple existence de la matiere ne fait point naître la pensée, il est inconcevable que l'existence de la matiere dans un tel lieu, ou proche de cet autre corps, produise cet effet. Or est-il que le mouvement ne fait que mettre la matiere dans un tel lieu, & proche ou loin de cet autre corps : il s'enfuit donc que la pensée ne peut sortir du sein du mouvement de la matiere.

Ces deux principes étant certains & indubitables, que la matiere n'agit que par le mouvement, & que la pensée ne sort point du mouvement de la matiere; il s'enfuit que la pensée a un autre principe que la matiere, & qu'il y a des êtres intelligens, qui ne sont point matériels : ce qui me conduit à reconnoître un Dieu spirituel, & qui soit le pere & le créateur de nos esprits ; & nous offre une nouvelle preuve de son existence, qu'on peut joindre à toutes celles que nous avons rapportées dans l'article précédent.

Mais, si la matiere n'est pas capable de penser, encore moins pourra-t-elle produire telles ou telles pensées en particulier, qui paroissent plus spirituelles, & plus éloignées encore que les autres des qualités matérielles.

Outre que la matiere ne sauroit réfléchir sur elle-même, sur ses actions, & sur sa maniere d'agir, à l'infini, (ce que fait notre ame,) il est évident que la matiere ne fera jamais des abstractions. Lorsqu'un atôme heurte un autre atôme, il ne heurte pas seulement le degré d'être, ou le degré de substance, ou le degré de corps : mais il heurte l'atôme tout entier, il tombe sur ce singulier, cet individu, cet atôme qui se présente à lui, & qui est sur son passage. Il n'en est pas de même de notre esprit, qui sépare des degrés métaphysiques, & qui considere une chose comme un être, sans la considérer comme une substance ; qui la conçoit comme une substance, sans la concevoir comme un corps ; & qui la conçoit comme un corps, sans la concevoir comme un atôme.

Or, en établissant la spiritualité de notre ame, nous prouvons son immortalité : car, puisqu'elle n'est point matérielle, il s'ensuit qu'elle n'a point de parties ; & si elle n'a point de parties, que ses parties ne peuvent point se séparer ; & si ses parties ne peuvent point se séparer, qu'elle ne peut se dissoudre ; & si elle ne peut se dissoudre, qu'elle est incorruptible & immortelle en elle-même ; & parce que Dieu, par les caracteres qu'il a imprimés en elle, montre évidemment qu'elle est faite pour subsister toujours.

En effet, 1°. quand l'homme meurt, le corps n'est point anéanti, en quelqu'endroit que soient portés ses débris. Aucune parcelle ne cesse d'exister. Sur quel fondement donc craindrions-nous l'anéantissement de l'ame, cette portion de nous-mêmes si noble, & si supérieure au corps, cette substance simple & indivisible. Ne seroit-ce pas faire violence à la raison, que de la supposer de pire condition que le corps ? N'est-il pas bizarre de supposer que l'ame est créée avec une existence bornée au temps de l'union avec le corps, tandis que nous voyons que l'existence de la matiere n'est pas bornée au temps de son union avec l'ame. N'est-il pas plus conforme à la raison de penser, que, puisque le corps continue à exister dans ses moindres parcelles, & n'est plus mû dépendamment des pensées de l'ame, l'ame, de son côté, continue à exister & à penser, indépendamment des opérations du corps.

2°. La sagesse de Dieu regle l'univers. Or on ne peut se persuader que l'empire de cette Sagesse soit borné au corps, & qu'il ne s'étende pas sur les esprits. Or quelle peut être la fin des esprits ? Dira-t-on qu'ils ne sont faits que pour les corps ? mais le moindre des esprits vaut mieux que tous les corps ; &, selon les idées de l'ordre, le parfait ne peut pas être fait pour l'imparfait. Notre ame ne peut donc être faite pour le corps, & par conséquent il n'y a que Dieu seul qui puisse être sa fin. C'est-là, en effet, où elle tend par tout le poids de sa nature. C'est-là où elle doit retourner après sa séparation de la matiere pour être heureuse ou malheureuse. Car l'espérance que nous portons d'une félicité éternelle, est accompagnée de crainte d'être punis, si nous ne sommes fideles à nos devoirs. En vain dit-on que ces sentimens de crainte ne sont que le fruit de l'éducation : car la souveraine Justice approuve nécessairement les justes, & désapprouve nécessairement les injustes : c'est une idée que l'homme porte dans sa nature, & dans l'idée qu'il a de Dieu. Cette souveraine Justice se doit donc à elle-même de faire éclater son approbation ou son improbation, en récompensant les uns, & punissant les autres : car s'il est juste que les bons soient heureux, il n'est pas juste que les méchans le soient. Il faut donc qu'il y ait une autre vie : car la terre n'est pas assurément le lieu des récompenses & des châtimens. Combien y voit-on d'heureux coupables, & de vertueux infortunés ! la vertu y est ordinairement opprimée, & le vice y triomphe.

3°. Nous voulons tous être heureux, & l'être toujours, sans bornes. Ce desir, qui nous agite sans cesse, n'est point de notre choix, ni le fruit de nos réflexions & de nos pensées : il naît avec nous. Par une suite de ce desir, nous ne voulons pas mourir : aucun bien particulier ne nous satisfait : nous sommes agités & inquiets, parce que nous sentons que nous pouvons goûter une félicité plus parfaite, qu'il nous faut un bien dont nous puissions jouir immuablement, & qui, par son infinité, réponde à l'étendue de nos désirs. Or il est évident que Dieu a mis en nous ce désir, & qu'il ne peut se terminer qu'à lui. Oserions-nous soupçonner sa bonté & sa fidélité de vouloir nous flatter par des impressions trompeuses, en nous poussant vers une félicité qu'il ne nous prépare pas, & en nous faisant désirer un bien qui ne seroit pas pour nous ? Nous développerons dans la suite de plus en plus ces réflexions.

Cette matiere de la spiritualité & de l'immortalité de l'ame est très-bien traitée dans le second volume de l'ouvrage intitulé : *De la connoissance de soi-même*, par le Pere Lamy, Bénédictin : elle y est développée & approfondie d'une maniere si lumineuse, que nous croyons ne pouvoir rien faire de plus utile, que d'en présenter une analyse, qui suffira pour l'objet que nous nous proposons.

Ce savant Metaphysicien introduit un Philosophe, qui, lassé de ses incertitudes & de ses inquiétudes sur l'état des ames après la mort, cherche à s'en délivrer, en s'étudiant soi-même : & qui, sans autre secours que sa justesse d'esprit, & quelque teinture d'anatomie, vient à découvrir, par diverses réflexions, qu'il est composé de deux substances très-différentes, l'esprit & le corps, démêle leurs propriétés & leurs principales fonctions, trouve des preuves incontestables de l'immortalité de son ame, & pénétre même jusqu'à ce lien, qui fait l'union de deux êtres si différens.

Pour parvenir à ces découvertes, on lui donne ce principe, que le caractere de l'être est son action, & que c'est par les effets & les divers changemens que les êtres produisent, qu'ils se font connoître : car sur ce pied-là, il n'y a qu'à examiner, si ce qu'il trouve en lui-même de fonctions & d'effets, n'a rien qui ne puisse émaner d'un même être, qui ne puisse relever du corps, & s'expliquer par des dispositions purement méchaniques, ou s'il y a quelque chose qui demande nécessairement une autre source.

Sur ce principe, il emploie les premieres réflexions de la premiere partie (du second traité *De la Connoissance de soi-même*) à la recherche des diverses fonctions qui conviennent à sa nature, & tente de les expliquer par les seules loix des méchaniques.

Il y réussit assez bien à l'égard de la *veille*, du *sommeil*, du *boire*, du *manger*, *marcher*, *respirer*, *crier*, *pleurer*, *digérer*, *se nourrir*, &c. Par exemple, à l'égard du *boire* & du *manger* Pourvu, dit-il, que j'aie, (ce que j'ai en effet,) des dents qui, par leurs diverses figures, & leur agitation, soient propres à couper & à broyer les alimens, une langue pour les leur présenter à propos, de la salive pour les détremper, & en faciliter la dissection, & enfin un conduit, pour transmettre à l'estomac & ces alimens & ces liqueurs; j'ai tout ce qu'il faut pour boire & manger, sans en être redevable qu'à mon corps.

Mais notre Philosophe demeure court, & tous ses efforts sont vains à l'égard des fonctions de *voir*, d'*ouïr*, de *sentir des odeurs*, de *goûter*, de *toucher*, de la *faim*, & de la *soif*. Il éprouve dans ces deux dernieres un sentiment vif & inquiet, chagrin & douloureux, dont il trouve qu'il est impossible de rendre raison par le seul corps; étant également inconcevable, & que le corps puisse être la cause immédiate de ce sentiment, & qu'aucune partie du corps puisse en être le sujet immédiat, c'est-à-dire, avoir faim & soif.

Dans les *secondes réflexions*, il examine encore le même sujet, & tente d'expliquer par le corps seul le sentiment & la perception qui se trouvent dans toutes ses sensations. Mais c'est inutilement : il voit toujours également, que le corps n'en peut être ni la vraie cause ni le sujet. Les corps de dehors n'ont point formellement en eux les sentimens que nous éprouvons dans leur usage ; & s'ils ne les ont pas, comment nous les donneroient-ils ? On ne peut pas dire non plus qu'ils les aient *virtuellement*, ou qu'ils aient la vertu de les produire, puisque toutes leurs vertus se réduisent à leurs figures & leurs mouvemens, & qu'on ne voit nulle liaison immédiate entre toutes les figures & les mouvemens possibles & un sentiment agréable ou désagréable.

On peut aussi peu dire que les corps de dehors donnent occasion au corps humain de produire ces sentimens, puisque le corps humain n'a pas plus de vertu qu'eux à cet égard. Mais si ce corps ne peut pas être la cause de nos sentimens, ne peut-il pas du moins en être le sujet ? N'est-ce pas lui qui sent vraiment le plaisir & la douleur ; le froid & le chaud ? Ici, par un reste des préjugés de l'enfance, notre Philosophe hésite quelque temps. Mais enfin la raison lui fait voir que, par quelqu'endroit qu'on puisse prendre le corps, par sa grandeur ou par sa figure, par son repos ou par son mouvement, par ses parties grossieres ou subtiles, il est incapable de sentir, & d'avoir du plaisir ou de la douleur.

En effet, le corps ne peut être capable de sentiment, par exemple, de plaisir, que le plaisir ne soit une de ses manieres d'être. Or on a beau parcourir toutes les manieres d'être de l'étendue, on n'y trouve nullement le plaisir ou la douleur. Une maniere d'être ne peut être clairement conçue, en niant le sujet dont elle est maniere; & cependant on conçoit fort bien le plaisir & la douleur, en niant & excluant toute étendue. Une maniere d'être n'est que l'être même disposé de telle façon; & ainsi, si la douleur étoit une maniere d'être du corps, ce seroit le corps même disposé d'une maniere douloureuse. Or il est inconcevable que l'étendue puisse être disposée d'une maniere douloureuse, je veux dire, qui soit douloureuse à cette étendue, ensorte qu'elle sente la douleur.

Et il ne sert de rien de dire que le corps considéré comme *animé*, est capable de sentir. Car ce terme *animé* marque l'union du corps avec une ame, ou de différente ou de même nature avec lui. Si elle est de même nature, c'est-à-dire, étendue & corporelle comme lui, elle n'aura pas plus de pouvoir que lui; & ainsi, par son union avec lui, elle ne lui donnera pas le pouvoir de sentir qu'elle n'avoit pas auparavant.

Si cette ame est de nature différente de celle du corps, elle ne pourra lui communiquer la faculté qu'elle a de sentir, & qui est une propriété de sa nature, sans lui donner cette nature, & sans faire qu'il ne soit plus corps; ce qui se contredit. D'ailleurs, l'union des êtres ne change ni leur nature, ni leurs propriétés; & ainsi le corps uni à cette ame, (ce qui s'appelle *être animé*,) ne seroit pas plus capable de sentiment, que non *uni* & non *animé*.

De ces expressions, qui nous sont si ordinaires, *j'ai mal à la tête, je sens de la douleur au pied*, notre Philosophe, dans ses *troisiemes réflexions*, s'apperçoit bien qu'il y a en lui un *moi sentant*, ou un principe de sentiment. Il voit bien auſſi que le *moi* qui ſent, eſt le même qui réfléchit & qui raiſonne ; mais il ne ſait quel il eſt. Il ne ſait ſi ce *moi* eſt tête, ou bras, ou pied, ou peut-être une vapeur répandue depuis la tête juſqu'aux pieds. Cependant, trouvant que c'eſt préciſément le même *moi* qui ſens le mal de tête & la douleur de pied, il en conclut que ce *moi* n'eſt ni tête, ni pied, ni aucune des parties du corps ; que ce qui ſent en lui, eſt quelque choſe de ſimple, d'unique, d'indiviſible & de très-différent du corps ; que l'idée de *moi* eſt incapable de diviſion & de pluralité ; & qu'il y a contradiction, qu'il y ait pluſieurs *moi* en un même homme.

En effet, ſi chaque partie avoit ſon *moi* à-part capable de ſentiment, chaque moi ne devroit ſentir que ce qui toucheroit cette partie. Le *moi* de l'oreille, par exemple, qui eſt touché du plaiſir des ſons, ne pourroit ſentir la douleur du pied ; non-ſeulement parce que cette douleur appartiendroit à un autre *moi*, mais auſſi parce que, le ſentiment n'étant qu'une maniere d'être, il y auroit autant de contradiction, que le ſentiment du pied devînt ſentiment de l'oreille, ou fût ſenti par l'oreille, qu'il y en a que l'être du pied ſoit l'être de l'oreille : & cependant, nous éprouvons tous les jours, (& le combat réciproque de nos divers ſentimens le prouve aſſez,) que c'eſt le même *moi* qui ſent tout ce qui arrive aux diverſes parties du corps. En faut-il davantage pour conclure que ce *moi* n'eſt aucune des parties du corps ; que ce qui ſent en nous, n'eſt rien de corporel ; que c'eſt quelque choſe de toute autre nature, & qui abſolument pourroit être touché de tous ces divers ſentimens, ſans avoir de corps. Que ſeroit-ce donc qu'un tel être, si ce n'étoit une ame toute spirituelle ?

Et qu'on ne dise point que la présence d'une ame toute spirituelle, & capable de sentiment dans l'homme, n'empêche pas que le corps ne sente aussi. Car, sans compter que c'est admettre deux différens *moi* dans un même homme, on a fait voir qu'il y a contradiction qu'une même maniere d'être, tel qu'est un sentiment, soit en deux sujets ; mais sur-tout en deux sujets aussi différens, qu'un être corporel & un être spirituel.

Dans les *quatriemes réflexions*, notre Philosophe perfectionne encore la découverte qu'il a faite dans les précédentes, d'un *moi* sentant ou pensant, qui n'est rien de corporel, mais qui est simple, & parfaitement indivisible. Et voici à peu près son raisonnement.

J'ai quelque chose en moi qui juge tout-d'un-coup de mes divers sentimens, qui discerne entre plaisir & douleur, & même entre douleur & douleur. Pour en juger ainsi, il faut les sentir : car, pour juger juste, il faut comparer, puisque le jugement n'est que la vue du rapport de deux choses. Pour comparer il faut connoître, & afin qu'un être créé connoisse des sentimens, il faut qu'il les éprouve : sans cela, les plus éloquentes descriptions deviennent inutiles. Or ce quelque chose qui éprouve ainsi mes sentimens, & qui en juge, n'est ni l'œil, ni l'oreille, ni la langue, ni aucune partie du corps ; car, sans compter qu'elles sont toutes incapables de sentiment, il est visible que, quand elles en auroient, l'œil ne pourroit juger que des couleurs, & nullement des sons & des odeurs ; l'oreille ne pourroit juger que des sons ; & enfin chaque partie ne pourroit juger que du sentiment qui lui conviendroit, & non des autres; puisqu'elle ne les sentiroit pas, & que par conséquent elle ne les connoîtroit pas. Et qu'arriveroit-il delà ? Mille schismes dans l'économie du genre humain, mille embarras pour celui qui en auroit la conduite. Il n'y a pas une partie dans tout le corps, pour méprisable qu'elle soit, qui ne jugeât son mal plus grand que celui de tous les autres, & qui ne se crût la plus malade, & qui ne voulût être secourue préférablement à elles ; & cependant il est certain que, sans schisme & sans embarras, j'ai quelque chose en *moi* qui décide en un instant d'une maniere assez juste, de la bonne ou mauvaise disposition de chaque partie, & qui secourt les unes préférablement aux autres, sans leur causer nulle jalousie. Que dois-je donc penser de ce juge, sinon qu'il est d'une nature très-différente de celle de toutes les parties corporelles, & qu'ainsi c'est un principe simple, indivisible, & tout spirituel. Que si, à ce principe, on donne le nom d'Ame, ne sera-t-il pas vrai de dire que l'homme est composé d'une ame très-simple & très-différente du corps ; & qu'ainsi cette ame, n'étant ni corporelle ni divisible, elle ne doit pas être sujette à périr avec lui.

A la vue d'une telle découverte, mille difficultés s'évanouissent. On ne voit que de la fausseté dans ces expressions : *ma langue a du plaisir, ma main a de la douleur*. On ne trouve que de la confusion dans ces autres : *je sens de la douleur à la tête, du plaisir à la main*, &, à proprement parler, la langue ne goûte point, l'œil ne voit point, l'oreille n'entend point, &c. (on ne doit point cependant conclure delà que les sens ne sentent point, mais seulement que les organes des sens ne sentent pas :) car nos sens sont plus intérieurs ; ils sont dans l'ame, & ainsi, pour parler juste, on doit dire qu'on voit par l'œil, qu'on entend par l'oreille, &c.

Les *cinquiemes réflexions* roulent sur les combats que l'homme sent au-dedans de lui-même, & sur la liberté qu'il éprouve au milieu de ces combats. Je sens en *moi*, dit notre Philosophe, quelque chose qui combat souvent contre mon corps, qui le tient en des situations violentes, qui s'oppose à sa conservation, & qui, par des vues de gloire & d'ambition, l'expose même quelquefois au péril d'être détruit, malgré les efforts méchaniques qu'il fait pour l'éviter. Qui est-ce donc qui combat ainsi contre mon corps ? comment expliquer ce combat, s'il est vrai que je ne suis qu'un seul être, si je suis tout corps ? Un même être peut-il se combattre & se détruire lui-même ? Celui qui combat ainsi, se soutient, & retient le corps par des vues de gloire & d'ambition. Le corps, qui est incapable de sentiment, sera-t-il susceptible de gloire & d'ambition ? Il faut donc encore reconnoître ici, dit notre Philosophe, que je suis composé de deux natures très-différentes ; d'un corps & d'un être qui n'est rien de corporel, & qui peut être touché de gloire & d'ambition.

Je remarque de plus, qu'il y a en *moi* quelqu'un absolument le maître, qui est libre, qui choisit ce qui lui plaît, qui passe sans cesse d'un objet à un autre, qui parcourt, avec une merveilleuse facilité, tous les lieux & tous les temps. Quel est donc ce quelqu'un ? Est-ce le corps ? Mais rien n'est plus pesant ni de plus difficile transport : rien n'est si aisé à garotter, à enchaîner ; au lieu que je sens bien que toutes les créatures ensemble ne sauroient enchaîner ma liberté. Il faut donc que ce quelqu'un soit d'une nature très-différente de celle du corps.

Dans les *sixiemes réflexions*, notre Philosophe découvre un grand nombre de fonctions, dont il est visible que le corps ne peut être le principe. Il ne trouve pas simplement des idées sensibles ; il en a de toutes spirituelles : il se reconnoît capable de jugement, de raisonnement, d'inclinations, de réflexions, de retours sur lui-même, d'examiner & de résoudre des questions ; & il lui paroît inconcevable, qu'un composé pétri de boue, d'organes & d'esprits animaux, soit capable de tout cela. Au contraire, il observe que, pour la résolution des questions un peu abstraites, il faut éviter, autant qu'on le peut, les impressions des sens, & se dégager de la matiere & de ses mouvemens. Rien peut-il mieux lui persuader, que cette partie de lui-même, qui est le principe de toutes ces fonctions, n'est rien de corporel.

Dans les *septiemes réflexions*, de ce qu'on peut sentir la douleur des mains & des pieds, sans avoir ni mains ni pieds, comme l'expérience de tant d'Invalides le prouve, notre Philosophe trouvant qu'il en pourroit arriver autant à toutes les autres parties du corps, infere qu'absolument il pourroit avoir tous les mêmes sentimens auxquels il est sujet, quand même il n'auroit point de corps ; & qu'ainsi, à ne consulter que ses sentimens, il n'est pas certain d'avoir un corps.

Il examine ensuite s'il est plus certain d'avoir une ame, & quelle est son essence ; & peu s'en faut qu'il ne tombe d'abord dans la même incertitude à cet égard. La raison par laquelle il a trouvé qu'il n'étoit pas certain d'avoir un corps, c'est qu'il peut sentir sans corps, juger, raisonner, réfléchir sans corps. Mais il observe aussi qu'il peut se concevoir sans ces diverses fonctions, qu'il peut ne point sentir, ne point raisonner, &c.; & qu'ainsi il n'est pas plus sûr de son *moi* sentant, jugeant, raisonnant, qui est ce qu'il appelle son ame. D'ailleurs, comme il ne cherche pas simplement l'existence de son ame, mais aussi son essence, & que l'essence des êtres doit être quelque chose de fixe & d'invariable, il ne voit pas que son essence puisse être établie dans aucune de ses perfections; puisqu'il sait qu'il ne sent pas toujours, qu'il ne juge pas toujours, qu'il ne raisonne pas toujours, & que toutes ses fonctions se succedent perpétuellement avec une grande variété.

Cependant, au milieu de cette désolante mutabilité, il s'apperçoit tout-d'un-coup de quelque chose de fixe, de constant, & d'immuable. La perception est ce point fixe dont il est en peine. Il remarque qu'elle est essentiellement renfermée dans toutes ces diverses fonctions, & ses diverses façons de penser; qu'on en perd l'idée, dès qu'on en ôte la perception; que s'il sent de la douleur, il s'apperçoit qu'il la sent; que s'il juge, il s'apperçoit qu'il juge; que tous les autres attributs supposent nécessairement celui-ci, & qu'il n'en suppose aucun; & qu'enfin il ne peut se concevoir, ni sans faculté d'appercevoir, ni sans perception actuelle, ni comme pouvant être un jour sans perception. Et delà il infere, 1º. que la perception constitue l'essence de son *ame*, & qu'elle est essentiellement un *moi* appercevant : 2º. qu'il ne peut jamais se tromper à croire qu'il existe en qualité d'être appercevant, puisque, même dans la supposition qu'il se trompât, il seroit un être appercevant, l'erreur n'étant qu'une fausse perception; & comme ce n'est qu'en se regardant sous l'attribut de perception, qu'il peut avoir une entiere certitude de son existence, il en conclut encore une fois, que c'est ce seul attribut qui constitue son essence.

Mais, comme cette question est très-importante, écoutons notre Philosophe dans l'ouvrage même, où il discute & développe ces *septiemes réflexions*, dont nous venons d'exposer la simple analyse.

« J'ai remarqué, dit-il, dans mes premie-
» res réflexions, que mon *moi* est un *moi*
» *sentant, cherchant, doutant, jugeant, rai-*
» *sonnant, voulant, réfléchissant* : mais qui
» m'assurera que mon existence soit plus en
» sûreté sous ces livrées, que sous celles d'un
» corps, que peu s'en faut que je ne prenne
» pour un fantôme ? Ce qui fait que je doute
» si j'ai un corps, c'est que je puis me conce-
» voir sans corps, je puis sentir sans corps,
» juger sans corps, raisonner sans corps, ré-
» fléchir sans corps : mais ne puis-je pas aussi
» me concevoir sans ces diverses fonctions que
» je viens de marquer ? Ne puis-je pas ne point
» sentir, ne point chercher, ne point douter,
» ne point juger, ne point raisonner, ne point
» réfléchir ? Oui, sans doute : je ne sens pas
» toujours, je ne cherche pas toujours, je ne
» juge pas toujours, je ne raisonne pas tou-
» jours, je ne réfléchis pas toujours. Qui m'as-
» surera donc de l'existence de mon *moi, sen-*
» *tant, cherchant, jugeant, raisonnant,* &c.
» J'avoue que cette réflexion me désole ; & je

» commence à craindre que je ne sois pas *moi* » qui réfléchis ».

« Mais que je suis bon ! *Si je crains*, ne vois-» je pas que je suis ? Si *je réfléchis*, n'est-il pas » visible que je suis ? Ce qui n'est pas, peut-il » ou craindre ou réfléchir » ?

« Cependant je puis cesser de craindre, je » puis cesser de réfléchir. Qui m'assurera donc » donc alors de mon existence ? Peut-être que, » cessant de craindre & de réfléchir, je senti-» rai, je jugerai, je raisonnerai ; & soit que » je sente, que je juge, ou que je raisonne, » j'en inférerai toujours que je suis ».

« Mais ne puis-je pas aussi cesser de sentir, » de juger, de raisonner ? Cesserai-je donc d'ê-» tre alors ? & l'existence de mon *moi* devien-» dra-t-elle aussi journaliere & aussi changean-» te que ces diverses livrées dont je l'habille » ?

« D'ailleurs, je cherche qui je suis : je cher-» che ce que je suis : je cherche la nature & » l'essence de mon *moi*. L'essence des êtres » doit, ce me semble, être quelque chose de » fixe & de constant ; & je ne produis pour » la mienne rien que d'inconstant & de chan-» geant : sûrement je ne me connois pas en-» core ».

« Cependant il me semble, qu'au travers » de cette étrange mutabilité, j'entrevois quel-» que chose de fixe, de constant, & d'unifor-» me. Si je sens du plaisir ou de la douleur, » je *m'apperçois* de mon plaisir ou de ma dou-» leur ; si je doute de quelque chose, je *m'ap-» perçois* de mon doute ; si je juge, j'ai *per-» ception* de mon jugement : si je raisonne, j'ai » *perception* & sentiment intérieur de mon rai-» sonnement. Si je réfléchis, je *m'apperçois* de » mes réflexions mêmes ; & ainsi, dans toutes

» mes autres fonctions, la *perception* est si né-
» cessairement enfermée, qu'on perd l'idée de
» ces fonctions, dès qu'on en ôte la per-
» ception ».

« Ne serois-je donc point un *moi apper-*
» *cevant* ? Voyons, pour cela, si je puis me
» concevoir sans perception. Je vois tout-d'un-
» coup qu'il y a contradiction que je me con-
» çoive, sans faculté d'appercevoir ; car il est
» visible que, si je me conçois, je m'ap-
» perçois; & plus visible encore que si je m'ap-
» perçois, j'ai la faculté d'appercevoir ».

« Il n'est pas plus possible que je me con-
» çoive comme étant actuellement sans *percep-*
» *tion*, puisque ma conception seroit elle-mê-
» me une *perception actuelle* ».

« Mais, ne pourrois-je point me concevoir
» comme pouvant être un jour sans perception,
» comme pouvant cesser d'*appercevoir* » ?

« L'un & l'autre sont impossibles, s'il est
» vrai que je ne puisse avoir nulle connoissance
» certaine, ni de mon existence ni de mon
» essence, que par le sentiment intérieur que
» j'ai de ma *perception*, & qu'en me regar-
» dant comme un *moi appercevant.* Encore une
» fois, je ne puis me concevoir, s'il est
» vrai que, par-delà la perception, je ne
» trouve plus en moi rien de réel; car, cela
» supposé, il est visible que, la perception
» ôtée, je ne pourrois plus me concevoir,
» comme pouvant être sans perception ».

« Or il est sûr que, par-delà la perception,
» je ne trouve plus en moi rien de réel, non
» plus que, par-delà l'étendue, je ne découvre
» plus rien dans le corps : il est sûr que je
» n'ai de connoissance certaine de mon essence,
» ni de mon existence, que par le sentiment

» intérieur que j'ai de ma perception. Ce n'est
» qu'en me regardant comme un *moi apperce-*
» *vant*, que je me puis convaincre que je
» suis. Par quelqu'autre endroit que je me pren-
» ne, soit par le corps, soit par les autres
» perfections que je conçois m'appartenir, il
» s'en faut beaucoup que la preuve de mon
» existence soit convaincante : car, à l'égard
» du corps, il m'est quelquefois arrivé, pen-
» dant le sommeil, de croire en avoir un de
» dix ou douze pieds de hauteur ; & j'ai re-
» connu, à mon reveil, que ce n'étoit qu'une
» illusion. Que sais-je si ce n'en est pas aussi
» une de croire, pendant la veille, que j'ai un
» corps de cinq à six pieds ? nombre d'invali-
» des ont été un temps à croire, pendant la
» veille même, qu'ils avoient encore les bras
» & les jambes qu'ils n'avoient effectivement
» plus. Que deviendra donc la certitude de
» mon existence, si elle n'est fondée que sur
» le corps ? Je ne la trouve guere mieux éta-
» blie, en l'appuyant sur les fonctions spirituel-
» les, dont j'ai fait le dénombrement : car,
» enfin, comme je l'ai remarqué, je ne *sens* pas
» toujours, je ne *juge* pas toujours, je ne *rai-*
» *sonne* pas toujours. Tout cela pourroit donc
» bien m'ébranler, & me faire craindre l'erreur,
» lorsque je prouve mon existence par celle
» du corps, & de mes autres perfections ».

« Mais je suis sûr que rien ne peut m'é-
» branler, dans la certitude que j'ai de mon
» existence, pourvu que je ne la fonde que
» sur la *perception*, & que, par le *moi* qui
» existe, je n'entende que le *moi appercevant*.
» Quoi qu'il arrive, & quelque supposition qu'on
» fasse ; que je veille ou que je dorme ; que je
» rêve, ou que je raisonne ; que je réfléchisse

» ou que je ne réfléchisse pas, il n'y aura
» jamais d'erreur ni d'illusion à croire que je
» *suis*, & que je *suis un être appercevant*. Mais
» pourquoi ne puis-je pas me tromper en cela
» comme dans le reste ? C'est que, si je me
» trompe, je *suis* ; ce qui n'est pas ne pou-
» vant se tromper : si je me trompe, je suis
» *un être appercevant*, puisque l'erreur n'est
» qu'une fausse perception ».

» Mais ce n'est aussi que sur la même per-
» ception, que je puis établir solidement mon
» essence & ma nature. L'un suit nécessaire-
» ment de l'autre : car, puisque ce n'est qu'en
» me regardant comme un être *appercevant*,
» que je puis avoir une entière certitude de
» mon existence, il s'ensuit que la perception
» est l'unique attribut sur lequel je puisse soli-
» dement appuyer mon essence ».

» L'essence des choses, comme je l'ai déja re-
» marqué, doit être immuable ; & de tous les
» attributs que je connois m'appartenir, je ne
» vois gueres que celui-ci qui soit fixe & inva-
» riable.

« Si tous les autres attributs le supposent
» nécessairement, & qu'il n'en suppose aucun,
» il doit être le premier, & celui duquel dé-
» pendent tous les autres comme de leur prin-
» cipe. Or, *les autres attributs le supposent*. Car
» ces conséquences sont nécessaires : *je juge,*
» *donc j'apperçois. Je raisonne, donc j'apper-*
» *çois. Je sens, donc j'apperçois,* & ainsi du
» reste. *Il n'en suppose aucun ;* car je ne puis
» pas retourner ces conséquences, & dire :
» *j'apperçois, donc je juge. J'apperçois, donc*
» *je raisonne,* & ainsi du reste. Car je puis ap-
» percevoir, sans juger ou raisonner. La per-
» ception est donc le principe & le sujet de
» tous mes divers attributs.

« Enfin, j'ai déja remarqué que je pouvois me concevoir sans les autres attributs, mais jamais sans celui-ci, jamais sans perception. L'essence d'une chose peut-elle être marquée à plus de divers caracteres ? Et ainsi j'explique, en deux mots, toute l'essence de mon *moi*, en disant que c'est un *moi appercevant.*

« Après tout ce que j'ai découvert de cet admirable *moi*, je ne dois plus hésiter à l'appeller du nom d'*esprit* ou d'*ame*; & je ne doute plus que ce ne soit ce même être, dont veulent parler ceux qui tiennent pour l'immortalité.

« Par cette heureuse découverte, je me vois tout-d'un-coup affranchi de bien des préjugés & des erreurs sur le sujet de mon ame. Je ne la prendrai plus désormais, ni pour quelque configuration des parties du cerveau, ni pour un air, ni pour un vent, ni pour une flamme, ni pour le mouvement des esprits animaux, qui rayonnent entre les parties les plus grossieres du corps; mais je la regarderai comme un *être essentiellement appercevant* ».

(Reprenons notre analyse).

Comme l'essence d'une chose doit être la source de ses propriétés; pour se donner une nouvelle preuve que la perception est l'essence de l'ame, notre Philosophe entreprend, dans les *huitiemes réflexions*, de démontrer, par la perception, toutes les propriétés de l'ame, & de faire voir qu'elles en sont une suite.

Et 1º. Pour son immatérialité, ou sa différence d'avec le corps, elle paroît visiblement, en ce que l'idée de la perception ne tient rien de l'idée de l'étendue; qu'elles peuvent être conçues, non-seulement l'une sans l'autre, mais même

ET DES NOUVEAUX PHILOSOPHES. 25

même avec une exclusion l'une de l'autre, & qu'enfin, on peut douter si l'on a un corps, pendant qu'on ne peut douter si l'on est un être appercevant : ce qui prouve visiblement que l'ame n'est point une maniere d'être du corps, puisqu'une maniere d'être ne peut être conçue, dès qu'on exclut l'être dont elle est maniere.

2°. L'unité de l'ame paroît en ce qu'il y y a contradiction, qu'il y ait en un même homme deux êtres appercevans : ce qui arriveroit, si elle avoit des parties : car, comme on a vu plus haut, chacune de ses parties seroit nécessairement un être appercevant.

3°. Sa liberté se prouve par le pouvoir qu'elle a d'appercevoir, ou de se représenter divers biens particuliers, & de choisir entre ces biens.

4°. Son indivisibilité est une suite de son immatérialité : il y a contradiction, que le *j'apperçois* puisse être divisé en parties.

5°. Sa spiritualité est une suite de son immatérialité; ou plutôt elle consiste formellement dans la perception.

6°. Enfin son immortalité est encore une suite visible de la perception, en quelque sens que se prenne le terme de *mortel* : car, s'il se prend pour ce qui peut se corrompre ou se déranger, l'être appercevant n'ayant ni étendue, ni parties, ne peut se déranger, ni se corrompre : s'il se prend pour ce qui peut être détruit par les forces de la nature, les forces de la nature ne consistant que dans le mouvement, & celui-ci n'allant qu'à déranger, diviser, pulvériser; un être sans étendue, comme la perception, ne peut périr par de telles forces : s'il se prend pour ce qui peut perdre la vie, la vie de l'être appercevant n'étant que sa perception, il est visible qu'on ne peut lui

Tome II. B

ôter la vie qu'en l'anéantissant ; mais cela passe les forces de la nature. Il n'y a que Dieu qui puisse l'anéantir : mais sa sagesse, sa bonté, sa justice nous répondent qu'il ne le fera pas.

Ce n'est pas simplement de la nature de son esprit, que notre Philosophe tire des preuves de l'immortalité de son ame, il en trouve dans les penchans de son cœur. Celui qu'il sent pour l'estime & pour une gloire immortelle, fait le sujet de ses *neuviemes réflexions* : il trouve que cette passion est en lui très-violente, & qu'elle vient de l'Auteur de la nature ; & qu'ainsi, ne pouvant être satisfaite en cette vie, il faut qu'il y en ait une autre qui ne doive point finir.

Tout de même, de l'extrême passion que nous avons d'être bien dans l'esprit des hommes, & d'avoir part à leur estime, & de l'estime même que chacun fait de sa propre ame, il conclut que nous croyons l'ame bien supérieure au corps, d'une nature & d'un sort bien différent, & fort éloigné de périr avec lui.

De l'amour que nous avons naturellement pour la vérité, & pour une vérité nécessaire, immuable, éternelle ; il conclut, dans ses *dixiemes réflexions*, que l'Auteur de notre être, qui nous a donné cette inclination, doit avoir eu sur nous des desseins éternels.

De l'inclination violente que tous les hommes ont pour le bonheur, de ce qu'elle ne peut être satisfaite que par la tranquille jouissance de Dieu, & de ce qu'on ne peut en jouir ainsi en cette vie ; il conclut dans ses *onziemes réflexions*, qu'il y a une autre vie destinée à cette tranquille jouissance.

Enfin, de la passion que tous les hommes ont pour la perfection, & de ce qu'elle ne peut être satisfaite en cette vie, & qu'elle ne le sera que par leur union avec l'Être infiniment parfait; il conclut, dans ses *douziemes réflexions*, que cette inclination, nous venant de l'Auteur de notre être, il auroit manqué de sagesse, s'il ne nous avoit pas destinés à une autre vie que celle-ci.

Dans la seconde partie du *second Traité de la Connoissance de soi-même*, notre Philosophe examine l'union de l'esprit & du corps: 1°. s'il y en a vraiment une: 2°. en quoi elle consiste : 3°. quel en est l'auteur : 4°. le détail de cette union : 5°. le parallele de cette union avec d'autres qui y ont quelque rapport : 6°. ses propriétés : 7°. ses défauts : 8°. ses avantages.

Dès ses *premieres réflexions*, notre Philosophe se trouve embarrassé. Encore tout plein des énormes différences qu'il vient de trouver entre l'esprit & le corps, de l'excellence du premier, & de sa supériorité au-dessus du corps; persuadé que qui dit union entre deux êtres, dit étroite relation & correspondance entr'eux, ne voyant point par quel endroit l'esprit & le corps en pourroient avoir, puisqu'ils ne tiennent rien ni de l'un ni de l'autre, ni pour le fonds de l'être, ni pour les manieres, il se trouve fort tenté de croire qu'il n'y a entr'eux nulle union.

Cependant, faisant réflexion qu'il a sur un certain corps, qu'il a toujours regardé comme sien, tout un autre pouvoir que sur les autres corps de l'univers; que, par sa seule volonté, il le remue & l'agite en diverses manieres, suivant ses désirs, au lieu qu'il ne peut par-là donner aucun mouvement aux autres corps; s'appercevant de plus qu'il s'intéresse pour ce corps, tout autrement que pour les autres;

qu'il fent de très-vives douleurs à la moindre incifion qu'on lui fait ; qu'on ne peut lui caufer le moindre dérangement, fans qu'il s'en apperçoive par les fentimens qui lui en reviennent, au lieu qu'il pourroit voir couper ou déchirer fes habits, fans en recevoir le moindre chagrin ; il fe voit obligé de reconnoître, & que ce corps a relation & correfpondance avec lui, & qu'il en a une très-étroite avec ce corps ; & qu'ainfi il y a entr'eux une vraie union.

Dans les *fecondes réflexions*, notre Philofophe inquiet fur la forme de cette union, remarquant que l'efprit & le corps ne tiennent rien l'un de l'autre, conclut qu'ils ne peuvent être unis, ni à la façon des efprits, ni à la façon des corps ; & qu'ainfi on ne doit chercher, dans cette union, ni amitié, ni confpiration, ni confentement, ni inclination, ni fympathie, tout cela marquant commerce réciproque de penfées. Il ajoute qu'on n'y doit non plus chercher ni mélange, ni infinuation, ni accrochement, ni pénétration, ni entrelacement, ni infertion ; tout cela marquant contact de parties, & rapport réciproque de furfaces & d'étendue. Il rejette enfuite le fentiment de ceux qui s'imaginent que, par cette union, l'efprit devient corps, en fe répandant dans toutes les parties du corps ; ou que le corps devient efprit, en devenant capable de fentiment & d'inclination ; & il foutient toujours que, dans cette union, chaque être demeure ce qu'il eft, fans mélange & fans nul affoibliffement de fes propriétés.

Il s'accommode auffi peu des *entités*, qu'on appelle *uniffantes*. Il les trouve inintelligibles dans leur nature, & non-feulement infuffifans tes pour cet effet, mais aussi beaucoup plus propres à désunir l'esprit & le corps qu'à les unir.

Dans l'embarras donc de cette recherche, se souvenant que les raisons qu'il a eues de reconnoître une vraie union entre ces deux êtres, font que les mouvemens du corps intéressent les sentimens de l'esprit, & que les pensées de l'esprit excitent les mouvemens du corps; il trouve qu'il n'en faut pas davantage pour expliquer la forme de cette union, & que c'est avoir dit tout ce qui s'en peut dire, que d'assurer qu'elle consiste essentiellement dans une correspondance mutuelle des pensées de l'esprit & des mouvemens du corps.

En effet, ces deux êtres sont unis par-là aussi étroitement qu'ils le puissent être. Ils ne peuvent être unis par le rapport naturel de leurs substances, puisque la substance étendue & la substance pensante n'ont nul rapport naturel. Ils ne le peuvent non plus par le rapport des manieres d'être, puisqu'ils n'en ont nulles semblables, & qu'ils ne différent pas moins par les manieres que par le fond. Ils ne peuvent donc être unis que par un rapport, pour ainsi dire, surnaturel, entre leurs diverses manieres d'être; rapport, dis-je, qui ne peut venir que de l'institution purement arbitraire de l'Auteur de la nature. Et c'est, en effet, ce dont l'expérience perpétuelle ne permet pas de douter, puisqu'on éprouve constamment que ces diverses manieres d'être s'excitent & se suivent infailliblement.

Notre Philosophe emploie les *troisiemes & les quatriemes réflexions* à rechercher la cause effective de cette union. Il destine *les troisiemes* à rejetter tout ce que les Scholastiques ont imaginé sur cela.

1º. Il regarde comme chimérique de prétendre, comme ils font, que l'esprit & le corps sont des êtres incomplets, qui ont une naturelle & essentielle relation l'un avec l'autre. Il soutient au contraire, qu'il y a entre leurs idées une si énorme différence, que, loin de leur trouver quelque penchant l'un pour l'autre, on est tenté de les croire inalliables.

Ce qu'on allegue, que ce sont des êtres incomplets, n'est pas plus raisonnable, si par-là l'on prétend que l'esprit n'ait pas tout ce qu'il faut pour être une vraie substance pensante indépendamment du corps, & que le corps n'ait pas, indépendamment de l'esprit, tout ce qu'il faut pour être un vrai corps humain. Que si l'on veut dire seulement par-là, que chacun de ces êtres ne soit pas l'homme entier, il n'y a nulle difficulté ; mais cela ne fait pas voir, qu'avant leur union actuelle, ils aient essentiellement du penchant l'un pour l'autre.

2º. Ce n'est pas avoir la moindre idée de ces deux êtres, que de prétendre, comme quelques-uns, que le corps exige l'influence de l'ame pour ses fonctions, & que l'ame exige l'appui & les organes du corps pour les siennes. Car, puisque leurs idées s'excluent mutuellement, & qu'on peut les nier l'une de l'autre, il est visible, qu'à les regarder précisément en eux-mêmes, ils sont parfaitement indépendans l'un de l'autre, & dans leur être, & dans leur manière, & dans leurs fonctions. Et en effet, le corps exerçoit la plupart de ses fonctions, avant que l'ame lui fût unie ; & l'ame n'exercera jamais mieux les siennes, que lorsqu'elle sera séparée d'avec le corps.

3º. Il n'y a pas plus de raison à prétendre que l'ame a une merveilleuse inclination de s'unir au corps. Il eſt vrai que, dans l'état de l'union actuelle, l'ame recevant divers ſentimens agréables à l'occaſion de ſon corps, elle peut bien avoir de l'inclination à s'y unir de plus en plus; mais que l'ame conſidérée en elle-même, & indépendamment des loix de ſon union avec le corps, ſente quelque penchant à s'unir à lui, c'eſt une pure viſion.

4°. Mais c'eſt le comble de l'extravagance de prétendre, comme quelques autres, que le corps ſoit le monde de l'ame, dans lequel elle ſe forme, & trouve ſa perfection.

Après avoir rejetté ces prétendues cauſes de l'union de l'eſprit & du corps, notre Philoſophe dans ſes *quatriemes réflexions*, parcourt tous les êtres créés, pour voir s'il en pourra trouver quelqu'un à qui l'on puiſſe raiſonnablement attribuer cet ouvrage: mais inutilement. C'eſt un ouvrage d'intelligence & de ſageſſe. Les corps, étant privés de l'un & de l'autre, n'en ſont donc pas capables. Il s'agit de ſurmonter l'éloignement, &, pour ainſi dire, l'oppoſition de deux natures très-différentes, d'approcher des êtres d'une extrême diſtance, d'établir une eſpece de communauté entre deux êtres qui n'ont rien de commun, & une parfaite ſociété entre deux êtres naturellement inalliables, &, pour ainſi dire, inſociables. Nul eſprit créé n'eſt donc capable de former cette union. Il n'y a que le Maître de la nature qui puiſſe ainſi ſurmonter l'oppoſition des natures particulieres. Il n'y a qu'une Sageſſe infinie qui puiſſe inventer les loix de cette union, & qu'une puiſſance ſans bornes qui puiſſe les exécuter; & ainſi, il eſt ridicule d'attribuer cette union aux prétendues vertus de l'eſprit & du corps, pour agir l'un ſur l'autre.

Et, en effet, dit notre Philosophe : « Pour
» commencer par l'esprit, conçoit-on qu'un
» esprit créé, je veux dire un être qui ne
» sait que penser, & qui d'ailleurs est si foi-
» ble, si borné & si impuissant, qu'il ne se
» sent pas assez de force pour pouvoir répon-
» dre de sa conservation pendant quelques mo-
» mens, conçoit-on, dis-je, qu'un tel esprit
» puisse agir comme cause véritable sur un
» corps, & produire des mouvemens ? Les mou-
» vemens sont des manieres d'être du corps.
» On ne peut donc pas causer des mouve-
» mens dans le corps sans agir sur son être,
» & sans avoir la force de le changer : est-il
» donc concevable qu'un esprit, qui n'a la force
» ni de se conserver un seul moment, ni de
» changer ses propres manieres, ou de se cau-
» ser de nouvelles sensations, ait le pouvoir
» de causer tous ces changemens, dans un être
» aussi éloigné de sa nature que le corps ».

« Il est vrai, (& c'est ce qui fait illusion,)
» que, dès que l'ame veut que le bras soit mû,
» le bras est mû ; mais une marque certaine
» que l'ame ne fait point ce mouvement com-
» me cause véritable, c'est qu'elle ne sait
» pas même ce qui est nécessaire pour son exé-
» cution. Il faut pour cela faire agir les mus-
» cles antagonistes auxquels le bras est atta-
» ché : pour l'action de ces muscles, il faut
» détacher du cerveau une certaine quantité
» d'esprits : entre un grand nombre de tuyaux
» qui aboutissent au cerveau, comme au ré-
» servoir commun, il faut choisir ceux qui
» conduisent aux muscles des bras qu'on veut
» remuer, faire ensuite couler les esprits par
» ces tuyaux, & leur donner diverses se-
» cousses, suivant les diverses agitations que

» l'on veut produire dans le bras. Or de tous
» ceux qui remuent le bras avec le plus de
» facilité qui sont ceux dont l'ame sait & con-
» noît toutes ces choses ? De mille à peine en
» trouvera-t-on un. Et n'est-il pas ridicule d'at-
» tribuer à un être qui n'agit que par intelli-
» gence, un effet dont l'exécution dépend de
» plusieurs moyens, desquels il n'a pas la
» moindre connoissance ».

Il ne se trouve pas moins d'absurdité à attri-
» buer au corps le pouvoir d'agir sur l'esprit,
» de le modifier, & de lui donner des pensées
» & des idées. La plupart des raisons qui m'ont
» persuadé que l'esprit ne peut agir sur le
» corps, ont encore plus de force pour me
» persuader que le corps, qui est si inférieur
» à l'esprit, ne peut agir sur lui, changer
» son état, lui donner de nouveaux sentimens,
» de nouvelles pensées, de nouvelles idées ».

« Le corps n'agit que par ses mouvemens.
» Or un mouvement n'est pas une idée, & tous
» les mouvemens ensemble ne peuvent pro-
» duire la moindre pensée. Le mouvement d'un
» corps n'est qu'un successif changement de pla-
» ce. Or, qu'un corps change de place tant que
» l'on voudra, il pourra bien en déplacer & en
» déranger d'autres; mais je ne vois pas qu'à force
» de changer, il vienne ou à former une pen-
» sée, je veux dire, qu'il vienne ou à se con-
» noître lui-même, ou à produire une réalité
» capable de se connoître, telle qu'est la pen-
» sée. Car chaque pensée est virtuellement ré-
» fléchie sur elle-même ».

« C'est donc une chose que je dois tenir
» pour constante, que l'esprit & le corps n'a-
» gissent point l'un sur l'autre comme causes véri-
» tables, je veux dire, par une efficace & une

» puissance qui leur soit propre : s'ils y agissent
» donc en quelque maniere, ce ne peut être
» que par la puissance qu'ils empruntent des
» volontés du Créateur; ce ne peut être que com-
» me causes occasionnelles qui déterminent l'effi-
» cace de ces volontés : ce ne peut être que parce
» que Dieu a bien voulu se faire une loi de join-
» dre l'action de sa toute-puissance aux désirs im-
» puissans de l'esprit, & aux mouvemens im-
» bécilles du corps ; & ce n'est qu'en ce sens,
» que Dieu peut communiquer sa puissance aux
» créatures. C'est aussi en cette maniere qu'on
» peut dire que, l'esprit humain & le corps
» agissent l'un sur l'autre ; & c'est même dans
» cette action réciproque, prise en ce sens,
» que Dieu a établi leur union, leur alliance
» & leur correspondance, par le moyen de
» certaines loix générales toujours efficaces.
» Ainsi, par l'une de ces loix, Dieu a voulu
» que mon bras fût remué dans l'instant que
» je le souhaiterois moi-même ; ma volonté
» détermine alors, comme cause occasionnelle,
» l'efficace de la volonté de Dieu ; elle fait
» l'application de cette loi ; & Dieu lui-même
» exécute ce qu'il a réglé ».

« Dieu a voulu que j'eusse certains senti-
» mens, dès qu'il y auroit dans mon cerveau
» certains ébranlemens d'esprits : ces ébranle-
» mens alors déterminent, comme causes oc-
» casionnelles, l'efficace des décrets divins ; &
» Dieu obéit à ses propres ordres ».

« En un mot, Dieu a voulu que les modali-
» tés de l'esprit & du corps fussent récipro-
» ques : ses volontés sont efficaces & immua-
» bles. Voilà ce qui fait l'union & la dépen-
» dance naturelle de l'esprit & du corps. *La*
» *relation mutuelle de ces modalités est* comme

» *la forme de cette alliance, ou la cause for-*
» *melle de cette union : & l'efficace des volon-*
» *tés divines en est la cause effectrice*. Voilà tout
» le myſtere : & il n'y a que l'expérience ſen-
» ſible que nous avons de l'union de ces deux
» êtres, & l'ignorance où nous ſommes des
» opérations continuelles, mais inſenſibles, de
» Dieu ſur ſes créatures, qui nous faſſent ima-
» giner d'autres cauſes de cette union ».

Dans les *cinquiemes réflexions*, notre Philoſophe examine le ſyſtême de M. Leibnitz ſur cette union de l'eſprit & du corps. D'abord, il en eſt ſi frappé, que peu s'en faut qu'il ne l'adopte. En effet, il obſerve avec ce Savant qu'on ne peut imaginer que trois voies d'exécuter l'union de l'eſprit & du corps : 1°. celle d'une communication réciproque d'eſpeces & de qualités entre ces deux ſubſtances, telle que l'admet la philoſophie vulgaire : mais cette voie, qu'on peut appeller *voie d'influence*, lui paroît abſolument inſoutenable, après avoir démontré, comme il l'a fait, que l'eſprit & le corps ne peuvent avoir nulle vraie action l'un ſur l'autre.

2°. Celle d'un ſurveillant perpétuel, chargé de produire, à chaque moment, dans chacun de ces êtres, des impreſſions correſpondantes à celles qui ſe paſſeroient dans l'autre ; & cette voie, qu'on peut appeller *voie d'aſſiſtance*, & qui eſt celle des cauſes occaſionnelles, paroît à Leibnitz rabaiſſer la Divinité, la rendre eſclave de ſon ouvrage, & ne la faire agir que par miracle dans un effet tout naturel.

3°. Celle de l'accord naturel & divinement préétabli, qui conſiſteroit en ce que Dieu auroit donné à ces deux êtres (l'eſprit & le corps,) une telle nature & une telle force, que chacun se modifieroit lui-même; & que, tirant de son fond, en vertu de ses propres loix, tous les changemens dont il est capable, sans rapport à ce qui se passe dans l'autre, ils s'accorderoient cependant si bien, que le corps se trouveroit prêt à se remuer, & se remueroit effectivement, dans le même-temps que l'ame, en vertu de ses propres loix, seroit déterminée à le vouloir; & qu'au contraire l'ame se trouveroit saisie de plaisir ou de douleur, précisément dans le moment que le corps, en vertu de ses propres loix, se trouveroit violemment ou modérément agité; & c'est cette troisieme voie (qu'on peut appeler voie d'*harmonie préétablie*) qui a charmé notre Philosophe, comme lui paroissant renfermer plus de simplicité & de sagesse.

Mais de secondes & plus mûres réflexions l'ont bien détrompé de ce charme trompeur, & lui ont fait découvrir, dans ce systême, non-seulement des difficultés, mais même des especes d'impossibilités. Car 1°. ou ces deux substances (l'ame & le corps,) avec cette force de produire chacune en son sein, toutes les impressions dont elle est capable, ont été, dès le commencement, créées & destinées l'une pour l'autre, ou bien, sans avoir été faites l'une pour l'autre, elles ont reçu, chacune à part, & comme si elle étoit seule avec Dieu, une telle nature, que venant ensuite à exister en même-temps, elles se trouvent dans une exacte correspondance de leurs modalités. Si c'est le premier, ce systême ne differe des causes occasionnelles, que par les prétendues forces & vertus que Dieu aura données à ces substances, de se modifier elles-mêmes. Si c'est le second, la suite des pensées que Dieu aura données à un esprit, ne sera nullement sage, mais purement capricieuse. Car, par exemple, quelle sagesse, & même quelle justice de faire tout-d'un-coup passer une ame de la joie à la douleur, par les seules loix de la constitution de sa nature, sans qu'elle ait mérité cette peine par aucune faute.

2°. A ne parler que de l'esprit & de cette prétendue force qu'il a de produire toutes ses pensées, ou cette production est libre, ou elle est nécessaire. Si elle est libre, quel plaisir prend cet esprit à se tourmenter lui-même, & à se donner si souvent des sentimens douloureux ? Si, au contraire, elle est nécessaire, & que ces sentimens lui échappent par un ordre nécessaire, en vertu de la constitution de sa nature ; encore une fois, où est la sagesse & la justice de Dieu, de faire des loix à des esprits qui ne sont pas libres, & de leur donner des préceptes ?

3°. Ce système est fondé sur la supposition d'une nature agissante par une force & une puissance distinguée de la puissance de Dieu: supposition directement contraire à la foiblesse essentielle à la créature, & au souverain domaine essentiel au Créateur.

4°. Notre Philosophe fait voir que, quand on conviendroit absolument de la possibilité de ce système, il seroit toujours certain que ce n'est pas celui que Dieu a suivi ; &, qu'au contraire, il a vraiment établi celui des causes occasionnelles. Il montre que ce dernier est l'unique, qui soit propre à justifier la sagesse & la justice de Dieu, dans la suite des divers changemens qui arrivent à l'esprit & au corps ; & qu'au contraire, le nouveau système fait agir Dieu d'une maniere bizarre, capricieuse, déréglée, injuste.

Dans les *sixiemes réflexions*, notre Philosophe examine dans quelle partie du corps on peut dire que l'esprit réside plus immédiatement & plus particuliérement.

Il commence par remarquer que l'ame n'ayant nulle étendue, il ne s'agit nullement de lui trouver une résidence locale ; qu'elle n'est ni dehors ni dedans le corps ; qu'à parler exactement, les esprits ne sont nulle part, & qu'il n'est question que de savoir dans quelle partie du corps l'ame exerce plus immédiatement ses fonctions.

Il prétend que c'est particuliérement dans cette partie du cerveau, qui est la source des nerfs. C'est-là où, comme de son siége, elle donne ses ordres à toutes les parties du corps, & où, par l'entremise des nerfs, tendus depuis là jusqu'aux parties du corps les plus éloignées, elle reçoit dans un instant des nouvelles de tout ce qui s'y passe ; & il prouve ce fait, non-seulement parce qu'on peut vraiment sentir la douleur d'une partie que l'on n'a plus, par exemple, d'un bras ou d'un pied coupés, mais aussi, parce que, sans couper aucun membre, on peut, par le moyen d'une fort ligature, entre la tête & tel membre qu'on voudra, piquer & blesser jusqu'au sang cette partie, sans en sentir nulle douleur.

Dans les *septiemes réflexions*, notre Philosophe examine par quelles pensées l'esprit est particuliérement uni au corps ; & il trouve que c'est beaucoup plus par les confuses & les sensibles, que par les distinctes, & par celles qui sont purement intelligibles. Ces pensées sensibles se lient si étroitement au corps, qu'à peine peut-il se distinguer d'avec lui ; qu'elles l'incarnent en quelque maniere, & qu'elles le portent à attribuer ſes ſentimens, aux diverſes parties du corps ; de ſorte que tout ce qu'il ſent, il le ſent, non-ſeulement comme l'aſſocié du corps, non-ſeulement comme dans *le corps*, mais auſſi comme *pour le corps, & à la place du corps*. Rien peut-il former une union plus étroite ?

Cette conduite, d'établir dans ces perceptions confuſes, l'union de l'eſprit & du corps, & de faire connoître à celui-là les beſoins de celui-ci, & les rapports que les corps environnans ont avec lui, paroît la plus ſage à notre Philoſophe. L'eſprit humain, étant principalement fait pour s'occuper des perfections infinies de Dieu, la plus ſage voie de l'avertir des beſoins du corps, étoit celle qui devoit moins le détourner de cette occupation, & par conſéquent ce devoit être la plus courte, la plus ſûre ; & celle qui pouvoit l'intéreſſer plus vivement à ſes beſoins. Or nul ne poſſédoit mieux ces avantages que celle des ſenſations confuſes.

Notre Philoſophe déclare nettement dans ſes *huitiemes réflexions*, que Dieu ne nous jette par-là nullement dans l'erreur, parce qu'il ne nous oblige point à rapporter nos ſentimens au corps, ni aux objets qui nous environnent : qu'il eſt vrai que les ſens nous y portent par les rapports qu'ils nous en font, mais que Dieu nous a donné des facultés ſupérieures aux ſens, ſavoir l'entendement & la volonté, pour corriger les illuſions qu'ils nous font, & pour éviter les erreurs où ils nous portent : que les ſens nous ſont donnés pour nous faire connoître, non pas la nature & les propriétés des corps, ni les rapports qu'ils ont entr'eux, mais ſimplement le rapport des autres corps avec le nôtre ; & qu'ils s'acquittent parfaitement bien de cette commission ; mais qu'on n'en doit faire usage que par rapport à cette fin, & nullement pour juger de la nature des corps ; que ce jugement est réservé à l'entendement, & qu'il n'en doit même juger que sur des idées claires & distinctes.

C'est sur ce principe qu'il fait voir ensuite, que les qualités sensibles ne peuvent appartenir au corps ; & qu'ainsi, n'étant point des manieres de l'étendue, il faut qu'elles le soient de l'esprit.

Il consulte pour cela l'idée qu'il a de l'étendue ; idée la plus claire de toutes ses idées. Il fait le détail de ses propriétés, de ses figures, de son mouvement, de son repos, &c. ; & fait clairement voir que les qualités sensibles, par exemple, l'odeur & la saveur, ne peuvent être rangées sous aucunes de ces propriétés, ni expliquées par leur moyen ; & conclut enfin que les corps n'ont rien de semblable aux sentimens qu'ils nous donnent ; & que ce n'est que par le mouvement dont ils ébranlent notre propre corps, qu'ils nous les donnent, n'étant plus nécessaire que ce qui les donne ainsi, les contienne formellement.

Dans les *neuviemes réflexions*, notre Philosophe, pour éclaircir de plus en plus l'union de l'esprit & du corps dans l'homme, traite des diverses manieres dont Dieu peut unir les esprits & les corps. Il remarque 1°. que cette union peut être mutuelle ou non mutuelle. Il dit que Dieu peut unir un corps à un esprit de telle sorte, que cet esprit agisse sur ce corps, sans que ce corps puisse agir sur l'esprit, ni lui causer la moindre impression ; & il ajoute que c'est ainsi que Dieu a quelquefois donné des corps aux Anges. Au contraire, il prétend que Dieu peut tellement unir un esprit à un corps, que ce corps agisse sur l'esprit, en lui causant divers sentimens, sans que cet esprit puisse agir sur ce corps; & il ajoute, que c'est ainsi que Dieu unit les démons & les ames des impies au feu matériel.

2°. Il fait voir ensuite la différence de l'union de l'esprit & du corps dans l'homme, d'avec celle d'un pilote avec son vaisseau, ou d'un Ange avec un corps qu'il a pris pour certains usages. Il prétend que cet Ange gouverne & dirige, à peu près comme le pilote fait son vaisseau, qu'il le prend & le laisse quand il lui plaît; qu'il connoît, comme le pilote, les changemens & les mouvemens qui arrivent à son corps, mais qu'il n'en a nul sentiment, au lieu que l'esprit de l'homme les sent sans les connoître. Que l'Ange peut boire & manger dans le corps qu'il a pris, mais sans faim, sans soif, & sans tous ces sentimens agréables ou désagréables que l'esprit de l'homme éprouve dans ses fonctions.

Notre Philosophe examine ensuite quelques-unes des propriétés de l'union de l'esprit & du corps. Dans les *dixiemes réflexions*, il traite de la liaison des idées avec les traces du cerveau, & de celles des traces en elles-mêmes.

Par les traces du cerveau, il entend ces impressions qui s'y forment, & qui résultent par contre-coup de l'ébranlement des organes extérieurs. A ces impressions ou à ces traces Dieu attache des pensées, des sensations ou des idées; & c'est, comme nous l'avons vu, dans cette liaison que consiste l'union de l'ame avec le corps. Plus l'ébranlement de l'organe extérieur est violent, plus la trace qui s'en forme dans le cerveau est profonde : peut-être plus celle-ci a de profondeur, plus l'idée ou la sensation qui en résulte est vive.

Ces idées n'ont nulle ressemblance avec les autres traces dont elles résultent. Aussi n'est-ce nullement en consultant ces especes de fantômes que l'ame forme ses idées. Elle les trouve toutes formées, & Dieu les lui présente à l'occasion de l'excitation de ces traces.

Cette liaison des idées avec les traces, quoique libre à Dieu, nous est pourtant naturelle & nécessaire : mais outre celles-là, nous en avons de libres, dont nous sommes les maîtres, & qu'on peut appeller *liaisons acquises*. Telles sont, par exemple, les liaisons de certaines idées avec certains termes. Celles-ci nous sont assez faciles, & se forment en très-peu de temps : mais il y en a d'autres qui nous coûtent davantage ; par exemple, la liaison d'un sentiment agréable avec l'impression d'un aliment, qui d'abord nous avoit paru désagréable. Mais l'expérience fait voir qu'absolument on en peut venir à bout ; & tel qui d'abord n'avoit eu que de l'aversion pour le vin, est venu à la fin, par quelque violence, jusqu'à l'aimer avec passion ; & au contraire il s'en est vu d'autres, qui ont passé sur cela de l'agrément à l'aversion.

La liaison que les traces ont entr'elles, consiste dans la facilité qu'elles ont à se retracer mutuellement ; c'est-à-dire, en ce qu'ayant été en même-temps formées dans le cerveau, elles ne peuvent presque plus se retracer les unes sans les autres ; parce que se trouvant entr'elles des chemins libres de communication, les esprits qui en ont retracé une, ont plus de facilité à continuer leur chemin dans les routes qui menent à toutes les autres, que de s'en faire de nouvelles : de sorte que, comme il y a même liaison entre les idées de ces traces qu'entre les traces, le renouvellement d'une seule idée d'une longue scene, est capable de rappeller les idées de toutes ses circonstances. Rien n'est plus important pour la morale, que la connoissance de ces liaisons.

Enfin les *onziemes réflexions* de notre Philosophe roulent sur les passions en général. Les *douziemes* traitent des défauts de l'union de l'esprit & du corps ; & les *treiziemes*, des avantages de cette union.

Toute cette discussion, tirée de l'ouvrage *de la connoissance de soi-même* du Pere Lamy, est plus que suffisante pour montrer toute l'absurdité du système des Matérialistes. Voyons cependant les raisons sur lesquelles ils tâchent de l'établir. L'Auteur du *système de la nature* les a rassemblées, sous un même point de vue, dans son détestable ouvrage.

1°. « Qu'est-ce qu'un être intelligent ? demande-t-il. C'est un être qui a des organes & un but semblable au nôtre ». Méthode qui n'est rien moins qu philosophique : car, au lieu de prouver cette étonnante définition, qui en auroit grand besoin, il se contente d'y renvoyer comme à un axiome. Or la définition étant absurde, que deviennent les conséquences ? L'Auteur est très-sujet dans tout son livre à cette tournure commode.

2°. Le corps étant essentiellement composé de parties, & le principe qui pense étant essentiellement simple, comme on l'a prouvé ci-dessus, l'ame humaine ne peut être corporelle ou matérielle.

3°. Tous les êtres agissent conformément à un certain but. On n'appelle *intelligens* que ceux qui ont la conscience du but où ils tendent. On nomme aveugles les causes qui n'ont point cette conscience ; mais tout aveugles qu'elles sont, elles n'agissent point au hazard. Ce sont là deux choses très-différentes que l'Auteur du système de la Nature confond perpétuellement. Un boulet jetté dans une ville qu'on assiege, ne tombe point au hazard : mais, quoique son mouvement soit déterminé par des causes physiques, s'ensuivra-t-il pour cela que ce boulet sait où il tombe, & pourquoi il tombe ? Ainsi la conscience de soi & de ses actions est une faculté essentielle & distinctive de l'être intelligent. Or la pensée n'est ni une impulsion, ni une attraction, ni une force d'inertie. Les loix du mouvement, quand elles seroient essentielles à la matiere, peuvent tout au plus conserver l'ordre, & jamais le produire.

En effet, un corps en se mouvant, sait-il qu'il se meut ? S'il ne le sait pas, comment pourroit-il constituer la pensée ? Penser, & ignorer qu'on pense, c'est une contradiction. Peut-il y avoir plus dans l'effet que dans la cause ? S'il le sait, comment le peut-il savoir, si la matiere ne pense pas d'elle-même, comme la plupart des Matérialistes en conviennent. Le mouvement, qui n'est que le transport d'un lieu à un autre, ne lui en donnera pas la faculté. *Vide suprà.*

Il y a dans chaque sensation, quatre choses qu'il faut soigneusement distinguer ; l'objet extérieur, l'impression faite sur les nerfs, le mouvement que ces nerfs transmettent au cerveau, l'idée qui en résulte. Tout être qui pense, doit avoir la conscience de ses propres modifications. Or ce n'est point le cas où se trouve mon cerveau : il ignore très-certainement ce qui se passe en lui à l'occasion d'une sensation. J'ai le privilége de voir, soit que je sois instruit ou non des phénomenes de la vision : ce sens de la vue me représente les couleurs & les figures ; mais il ne me représente point les impressions du fluide subtile sur la matiere moëlleuse de mon cerveau. Il ne faut qu'un peu de réflexion, pour sentir que les idées produites par l'action des organes n'ont rien de commun avec le physique des sensations. L'effet que j'éprouve, en entendant le son d'un violon, n'a rien qui ressemble au tremblement d'une corde, aux vibrations de l'air, à l'ébranlement du tympan ni à un mouvement quelconque dans le cerveau. Si c'étoit le cerveau qui sentît, il sentiroit ce qui lui appartient, c'est-à-dire, un mouvement. L'Auteur parle donc contre l'expérience, quand il dit que la pensée est une perception des modifications que le cerveau a reçues des objets extérieurs. Ces modifications consistent en ce que la partie moëlleuse a été comprimée ou ébranlée par les nerfs, mais c'est-là un effet dont nous n'avons aucune perception, un effet qui n'est point senti, & qui n'entre point dans l'idée qui vient à sa suite. Si le sentiment étoit un effet physique de l'action des nerfs sur le cerveau, il s'ensuivroit qu'il y a un rapport méchanique entre une idée & un mouvement ; tandis qu'il n'y a rien au monde de plus dissemblable, comme on l'a vu plus haut.

4°. L'Auteur du systême de la Nature décide que la Nature inintelligente en elle-même, est capable de produire l'intelligence. Cette question est identique avec cette autre : la matiere est-elle capable de penser ou de produire la pensée ? Tout se réduit donc sur cela, à savoir, si un composé peut avoir des qualités, dont les parties intégrantes, prises séparément, ne sont pas douées. Composer, c'est rapprocher des parties qui ont été éloignées les unes des autres : c'est mettre en liaison ce qui a été séparé. Il est donc évident que la simple juxta-position des parties intégrantes, ne sauroit créer dans le tout une faculté qui n'est pas dans les parties. Or la faculté de penser ne se trouve dans aucune portion de la matiere : donc elle ne peut être le résultat d'une composition quelconque. A la vérité, la symétrie peut naître de la composition des parties, qui n'ont point elles-mêmes de symmétrie. Mais 1°. la symmétrie n'est point une faculté du composé auquel on l'attribue ; & d'ailleurs, elle est de même nature que toutes les parties intégrantes. 2°. Son idée renferme essentiellement l'idée de plusieurs parties constituées dans un certain rapport de positions ; & il est par conséquent impossible qu'une partie isolée soit symmétrisée. 3°. La symmétrie n'est qu'une façon d'envisager le composé ; elle ne doit par conséquent son existence qu'à l'être intelligent, qui apperçoit la variété des parties, & juge de leurs différens rapports. Mais la faculté de penser ne peut-elle pas au moins être un résultat de la combinaison des forces particulieres dont chaque corps est douée ? Non ; car la nature d'une force est de rester la même, soit qu'elle agisse séparément, soit qu'elle opere en union avec d'autres forces : il est donc impossible que la force du tout soit d'un autre genre que celle des parties. Si quelques phénomenes de la nature semblent démentir ce fait, cela vient de ce que l'action du composé excite en nous une sensation composée, différente des sensations simples qu'auroient produites les parties prises à part. Si donc la faculté de penser est un effet résultant d'une composition des parties non pensantes, la force du composé seroit d'un autre genre que celle des parties. Or une force composée, qui ne vient d'aucune des forces composantes, ne peut venir non plus de la composition, qui n'est autre chose que l'assemblage des parties. Toutes les modifications de la matiere consistent dans le mouvement, selon l'Auteur; la composition du mouvement peut donc produire un mouvement composé, & ne peut produire que cela. Mais la faculté de penser, n'étant pas un mouvement, ne sauroit naître de la composition d'un mouvement. La faculté de sentir, de comparer, de raisonner, de désirer, de craindre, n'a rien de commun avec la faculté de changer de place. Les sentimens d'humanité, d'amitié, de reconnoissance, de plaisir ne sont pas des efforts d'un corps ou d'un atôme, pour se transporter d'un lieu dans un autre : la conscience de soi-même n'est point un déplacement. Ce qui trompe, à cet égard, ce sont les mouvemens qui accompagnent nos pensées & nos perceptions. Pour que nous sentions dans l'ordre commun, il faut qu'un objet extérieur ébranle nos organes, & que ceux-ci transmettent leurs mouvemens au cerveau : mais rien de tout cela ne ressemble à ce que nous appellons idée, sentiment, conscience, parce qu'enfin, un ébranlement, une tension, un mouvement, ne sont point une idée.

En vain, l'Auteur objecte-t-il que le vin,

par exemple, qui n'a ni esprit, ni courage donne cependant à l'homme l'un & l'autre : cela ne prouve rien. Nous ne nions pas que le corps, & l'exercice de la faculté de penser, ne soient dans une dépendance réciproque. Tout prouve cette dépendance. Car, qu'est-ce que le corps ? l'instrument de l'être qui pense. La qualité du premier doit donc influer nécessairement sur les actions du dernier : mais ils n'en sont pas moins distincts, comme le vin differe du buveur, sur lequel il a pourtant de l'influence.

Et c'est encore en vain qu'on demanderoit comment un agent immatériel peut se servir d'un instrument matériel. Je ne le comprends pas ; mais je ne suis pas pour cela obligé de confondre l'instrument avec celui qui le met en œuvre. Qui diroit que la vision ne differe point du cryftallin, à cause qu'elle en dépend, diroit une absurdité. Nous avons vu qu'une perception n'est point un mouvement, ou que tous les mouvemens possibles ne sauroient produire qu'un mouvement composé : il demeure donc certain qu'une perception troublée ou favorisée, reste toujours une perception, quels que soient les mouvemens du corps qui la troublent ou la favorisent.

L'Auteur ajoute qu'il est est impossible qu'un esprit agisse sur la matiere. Je dirois avec autant de raison, qu'un corps ne peut agir sur un autre corps, parce que j'ignore, avec tout le monde, comment cette action se fait. Quand on dit que le corps influe sur l'ame, & l'ame sur le corps, on parle aussi clairement, que si l'on dit qu'un corps agit sur un autre corps. On désigne par-là certains faits, dont on est instruit par l'expérience, mais dont on ne comprend

prend ni la raison ni la maniere. La raison que l'Auteur donne pour soutenir que l'ame n'est point distincte du corps, c'est qu'elle subit les mêmes changemens. Il n'est pas douteux, qu'à certains changemens dans le corps, répondent certains changemens dans l'ame. Cette correspondance est réglée par des loix invariables ; mais ces changemens sont analogues, sans être semblables. Il y a donc une dépendance mutuelle entre le corps & l'esprit ; mais c'est déraisonner, que de conclure de la dépendance de deux choses, que ces deux choses sont identiques. Un mot insultant peut mettre un homme en colere, au point de le rendre furieux. Quelle liaison y a-t-il entre l'effet & ce qui le cause ? Un son articulé a frappé l'oreille de cet homme ; les nerfs acoustiques ont été ébranlés, & ont ébranlé le cerveau à leur tour : voilà des effets purement physiques. Mais, à ce dernier ébranlement, succede le sentiment d'une offense, & à ce sentiment le désir de se venger : voilà qui n'est plus physique, & qui ne porte aucune ressemblance avec l'ébranlement des organes de l'ouie. Comment cet ébranlement a-t-il produit cette idée, ce sentiment, ce désir de vengeance ? Plus on envisage les faits, moins on trouve entr'eux une liaison méchanique. Il y a ici trois actions, qui, pour se succéder, n'en sont pas moins hétérogenes, c'est-à-dire, qui n'ont aucun rapport. Ce sont plutôt des phénomenes différens qui se donnent le signal, qu'une chaîne d'effets résultans des causes. Qu'on ait vu des soldats sortir tous les jours d'un corps-de-garde, à la même heure, on ne s'avisera pas de dire que ces soldats font partie de l'horloge, ou que leur sortie est phy-

Tome II. C

fiquement liée avec le fon de la cloche. Ainfi, dans les changemens refpectifs de l'ame & du corps, la penfée fuccede au mouvement, le mouvement fuccede à la penfée. L'effet, en un mot, eft toujours diffemblable à la caufe.

Remarquons ici en paffant, que l'Auteur du fyftême de la Nature, qui fe fent incapable d'expliquer la perception par des mouvemens connus, répete par-tout que ce font des mouvemens cachés. Subterfuge miférable: car des mouvemens cachés en font-ils moins des mouvemens?

5°. Mais au moins, dit le même Auteur, la faculté de penfer ne feroit-elle point une qualité inhérente aux élémens de la matiere, comme le font les forces motrices & l'attraction? Ce qu'on appelle ici qualité inhérente, par rapport à la matiere, eft plutôt un mot vuide de fens qu'une idée claire. Suppofons cependant que les forces motrices foient inhérentes aux élémens de la matiere; s'enfuivra-t-il que la faculté de penfer appartienne à cette claffe de propriétés? 1°. C'eft déja une chofe évidente, que le fentiment de *moi* ne fauroit être réparti fur plufieurs êtres penfans, comme la gravitation l'eft fur les molécules d'une maffe. Si mon corps étoit compofé de parties douées de la faculté de penfer, je ferois une infinité de perfonnes, au lieu que le fentiment me dit que je n'en fuis qu'une. 2°. S'il faut compofer l'être matériel d'élémens penfans, quel degré d'intelligence donnera-t-on à chaque molécule de cette maffe? Ces molécules feront-elles douées de certaines idées obfcures & imparfaites; en forte que la faculté intellectuelle devienne le réfultat de leur affemblage? Mais une idée claire ne peut être l'afsemblage d'un nombre quelconque d'idées obscures. Car il est impossible qu'une propriété supérieure soit la somme d'une certaine quantité de propriétés inférieures. Cent mesures d'eau tiede versées dans un sceau, ne seront pas plus chaudes que chaque mesure à part. S'il existe donc une masse intelligente, il faut que chacun de ses élémens pense aussi clairement & aussi distinctement que la masse entiere. Pourquoi donc supposer un certain nombre d'atômes pour produire un effet qu'un seul atôme pouvoit produire ? Dira-t-on qu'à l'un est échu en partage l'entendement, à l'autre la volonté, à un troisieme la mémoire, &c. ? Cela ne se peut. C'est le même être qui entend, qui veut, qui retient, & en qui se réunissent toutes les perceptions, toutes les fonctions de l'intelligence. Au reste, on a vu plus haut qu'il est absurde de composer un être pensant, de parties destituées de sentiment & d'intelligence, & que leurs mouvemens, ni leurs combinaisons ne sauroient produire ni raisonnement ni idée.

L'effet d'une force impulsive ou attractive, est une pression ou un mouvement : la pensée n'étant ni l'un ni l'autre, on ne sauroit expliquer son origine par cette espece d'énergie. Voulez-vous savoir, dans le système de notre Auteur, ce que c'est qu'un homme qui aime son existence & le bien de sa personne ? C'est un homme qui gravite sur lui-même, c'est-à-dire, que Paul attire Paul, & qu'il tend à s'approcher de Paul. Quelle folie !

6°. L'Auteur prétend qu'on ne sauroit se former aucune idée d'un être immatériel : mais c'est qu'il confond les idées de l'entendement avec les fantômes de l'imagination. Il n'est pas possible de se peindre à soi-même ce que c'est qu'une substance immatérielle, vu qu'elle n'a ni figure, ni couleur, ni qualités sensibles : mais l'entendement peut se convaincre, par de fortes preuves, qu'un être pensant n'a point de parties, & que l'ame ne peut être matérielle. Quelle logique, que de nier la possibilité d'un être immatériel, parce qu'on ne peut se le représenter sous la forme d'un être matériel !

L'Auteur abuse continuellement du mot d'*idée*. Pour qu'une idée soit chimérique & dépourvue de bon sens, il faut que les qualités qui y entrent, soient incompatibles. Or qui fera jamais sentir une telle contradiction dans la notion d'un être simple ? Ce qui est contradiction, c'est l'objection de l'Auteur : énoncée en d'autres termes, elle donne à entendre qu'un être indivisible est un être de raison, parce qu'il n'a pas les qualités d'un être divisible. D'ailleurs, nous ne concevons pas plus nettement la nature de la matiere que celle de l'esprit : en conclura-t-on qu'il n'y a point de matiere ? La vérité est que nous ne concevons ni l'essence de l'esprit, ni celle du corps : nous connoissons seulement quelques-unes de leurs qualités.

7°. L'Auteur se vante d'avoir expliqué d'une maniere purement physique, le méchanisme qui constitue les facultés intellectuelles & les qualités morales : mais, comme on vient de voir, son explication consiste à appeler *attraction* & *répulsion* les facultés de l'ame, à placer la réflexion dans *un repli du cerveau sur lui-même*, à comparer nos idées à des *secousses*, en disant que, pour faire jouer l'imagination, *le cerveau n'a qu'à se parcourir lui-même* ; enfin, à rassembler au hazard quelques termes de science, pour les appliquer à des objets auxquels ils ne conviennent point. Mais veut-on savoir quelle valeur cet Auteur lui-même attache à tout cela ? lisez le Chapitre XI. de la première Partie, il vous dira, que *le méchanisme des facultés intellectuelles ne nous est pas connu*. Ainsi il nous donne pour des explications satisfaisantes, des commentaires qui ne le satisfont point lui-même. Quelle logique ! ou plutôt quelle absurde inconséquence !

8°. Les définitions de l'Auteur du Systême de la Nature, ne sont pas moins curieuses que ses raisonnemens. Que penser de l'attitude d'un cerveau qui se *replie* sur lui-même, & qui, par cet acte, réfléchit sur ses propres modifications. Que penser de cette définition de la volonté. « La volonté d'un Roi, qui veut
» que l'on livre bataille à son ennemi, est
» une disposition de son cerveau à mouvoir
» les organes de son corps, de maniere à
» se procurer la victoire ; parce que cette
» victoire modifie son corps d'une façon ana-
» logue à son être, & écarte ce qui lui nuit ».

Toutes les autres définitions sont de la force de celle-ci. Veut-on savoir ce que c'est que les passions ? Ce sont « des façons d'être d'un
» cerveau attiré & repoussé par les objets ».
Ainsi, les injures repoussent le cerveau : voilà pourquoi nous nous mettons en colere. D'où vient que deux courtisans se haïssent ? C'est parce que le pôle boréal du cerveau de l'un, n'est pas tourné vers le pôle austral du cerveau de l'autre, & qu'il est de la nature des deux aimans de se repousser, quand les pôles du même nom sont opposés l'un à l'autre. Qu'est-ce que l'esprit, la sagesse, la vertu, la prudence ? Ce sont « des dispositions constantes

» ou passageres de l'organe intérieur qui fait » agir les êtres de l'espece humaine ». Ce seroit perdre le temps que de réfuter de pareilles inepties.

La volonté, dit le même Auteur, est poussée par des motifs : & cette volonté, il la définit, « une modification dans le cerveau, » par laquelle il est disposé à l'action ». Les motifs sont les idées de ce même cerveau ; ainsi nous délibérons, « quand les idées de » notre cerveau poussent alternativement des » modifications dans le cerveau, par lesquelles » il est disposé à l'action ». C'est-là ce que, dans le système des Matérialistes, on appelle expliquer naturellement le méchanisme de nos facultés. L'Auteur fait donc consister en général, tous les actes de la volonté dans des mouvemens, qui produisent les idées ou les motifs sur le cerveau. Pour mieux entendre ceci, il faut rappeller cet axiome de notre prétendu Philosophe, que *tout corps est mû par un autre corps qui le frappe*. Il s'ensuit de ce principe, que selon lui, les idées sont des corps, puisqu'elles remuent le cerveau. Il s'ensuit encore que ces corps poussent, comme il le dit en propres termes, les modifications du cerveau. Cet objet intérieur frappé par deux idées également fortes, suivant des directions opposées, s'arrête, & attend qu'un des motifs ait pris le dessus. Le doute, comme on pense bien, n'est autre chose que l'oscillation du cerveau tiraillé par les différens motifs. Dans un homme qui a des combats de vices & de vertus, le désir opérant d'un côté, la crainte travaillant de l'autre, le cerveau subit des secousses alternatives ; mais ce cerveau est toujours docile aux loix physiques du mouvement ; de forte que, pour que l'homme forte victorieux du combat, il faut que la masse de la crainte, multipliée par sa vitesse, soit plus grande que la masse du desir, multiplié aussi par sa vitesse ; en vertu de cet axiome de Physique que les forces motrices sont en raison composée de la masse des corps & de leur vitesse. Supposez que les motifs tendent vers des points différens, le cerveau prend une direction moyenne entre l'une & l'autre force, & en raison de la violence avec laquelle il est poussé, il tombe quelquefois dans le plus affreux désespoir. C'est, dit notre Méchanicien, le cas de ces mélancoliques, qui se déterminent à renoncer à la vie. Voilà ce que l'Auteur appelle des explications simples & naturelles. Cependant, au bout de vingt pages employées à expliquer, par de simples impulsions, les phénomènes de l'ame, il vient tout-à-coup nous dire : « qu'il ne prétend » point comparer l'homme à un corps simple» ment mû par une cause impulsive ; qu'il ren» ferme en lui-même des causes inhérentes à » son être ; qu'il est mû par un organe in» térieur, qui a ses loix propres, & qui est » déterminé nécessairement en conséquence de » ses idées ».

Pourquoi donc, jusqu'à cet endroit, l'Auteur a-t-il prétendu expliquer la théorie de l'ame par des causes impulsives ? Si les opérations de l'esprit humain ne sont point explicables par les loix du mouvement, d'où vient affirme-t-il si positivement le contraire dans toute la partie du volume qui précéde ? Mais qu'est-ce que *des causes inhérentes à notre être*, dans la bouche d'un homme qui déclare en vingt endroits, que l'ame n'a point d'énergie propre, & qu'elle est sujette aux mêmes loix du mouvement que les autres corps ? Chacun sait qu'un corps ne communique jamais à un autre plus de mouvement qu'il n'en a reçu lui-même. Si donc le cerveau, en conséquence des ébranlemens que les motifs produisent en lui, met en jeu les membres du corps, il faudra que leurs mouvemens suivent exactement la proportion de ces ébranlemens. Cependant que je dise à un homme, sans élever la voix : *sauvez-vous, on en veut à votre vie*; il n'y a manifestement aucune proportion entre l'action de mes levres & celle de ses jambes : le son de ma voix n'a que foiblement agité l'air, & remué ses fibres. Mais, quoique son cerveau s'en soit très-peu ressenti, les jambes de cet homme n'en reçoivent pas moins un mouvement extraordinaire. Cet exemple seul renverse les principes du pur méchanisme, & montre clairement l'absurdité d'un enchaînement physique entre les sensations & les actes de la volonté.

9°. L'Auteur enseigne, après Helvétius dans son livre de l'*Esprit*, & d'autres Matérialistes, que *juger & sentir* ne sont qu'une seule & même chose : mais il n'en donne aucune preuve. Il introduit au contraire dans le cerveau une nouvelle faculté, outre celle de sentir; savoir, celle de se modifier soi-même, de renouveller les modifications passées, de former de nouvelles perceptions, de comparer les idées, d'en découvrir les rapports : & c'est de ces différens pouvoirs qu'il fait dériver la réflexion, la mémoire, l'imagination, le jugement. C'est ainsi qu'il trompe ses lecteurs, à qui il avoit promis de montrer que la faculté de sentir est l'unique base de toute opération intellectuelle. Il soutient cependant ailleurs, qu'aucune action dans l'univers n'est spontanée, & qu'un être n'est jamais modifié par sa propre énergie; d'où il conclut que l'homme n'est pas libre. En disant ici que le cerveau se modifie lui-même, &c. l'homme redevient donc libre ? Point du tout: instrument passif de son système, incapable de sentir que ses propres principes se détruisent mutuellement, l'Auteur va son chemin, sans se mettre en peine des difficultés, ni des contradictions, & des absurdités dans lesquels il tombe à chaque pas.

Il enseigne hardiment, que toutes nos idées nous viennent par la voie des sens; & que, dans aucun instant de notre durée, l'ame n'agit d'elle-même. Il s'ensuit delà que la notion d'une substance immatérielle est chimérique, parce qu'aucun objet sensible n'a pu l'exciter en nous. Par la même raison, ce que les Moralistes appellent *sentiment moral*, n'est qu'une chimere. Ce que l'on nomme *instinct* en Physique, n'est l'effet que du besoin du corps, de quelque attraction ou répulsion dans les animaux & dans les hommes. « L'homme & la » bête, dit l'Auteur, ont également de cet » instinct; & il n'y a d'autre différence entre » ces deux classes d'êtres, que celle qui vient » de la diversité de leur organisation ». Tous les anciens & les modernes qui ont dit que nos idées viennent par la voie des sens, n'en ont pas conclu, au moins pour la plupart, comme l'Auteur, qu'il n'y a pas de substance immatérielle: & en effet, tout le monde sent, quand il réfléchit, qu'il pourroit y avoir une telle substance, quand même toutes nos idées passeroient par les sens. Si l'ame s'apperçoit des objets extérieurs par le moyen des sens, c'est en réfléchissant sur elle-même, qu'elle sent ses propres états. Ainsi, cet axiome de quelques Scholastiques, *rien n'est dans l'esprit qui n'ait été dans les sens*, est absolument insoutenable, si l'on n'entend par le terme de sens, que les organes visibles du corps humain. Tout ce que ces organes peuvent produire, est un ébranlement, qui, lorsqu'il passe au cerveau, est suivi d'une sensation que nous rapportons à l'objet qui la cause. Quand nous parlons de la pensée, de l'espérance, du doute, &c. nous avons une idée claire de ces divers actes ; quoique nous ne puissions, ni les toucher, ni les flairer, ni les voir, ni les entendre, ni les goûter. Les idées morales n'entrent pas non plus par le canal des sens, parce que leurs objets ne sont pas corporels. Enfin il existe une infinité de principes, de combinaisons, de jugemens, d'opinions, de raisonnemens, dont les organes ont fourni les matériaux ; mais qui, sous la forme qu'ils ont dans l'esprit, ne sont point entrés par la voie des sens. Nous reviendrons sur cette matiere dans l'article suivant.

Les idées que nous acquérons par le canal des sens, sont, pour ainsi dire, les matériaux sur lesquels l'ame s'exerce elle-même, en tant que les causes physiques peuvent affecter différemment les fibres du cerveau. Il est donc vrai qu'elles modifient cette ame, selon qu'elles lui transmettent des matériaux plus ou moins bons, des rapports plus ou moins fideles. Comment connoissons-nous les objets sensibles ? Par l'action qu'ils exercent sur notre corps. Si donc nos organes sont viciés, si notre cerveau fait mal ses fonctions, il est naturel que nos jugemens & nos raisonnemens s'en ressentent. Mais tout cela n'autorise pas à dire, comme l'Auteur du Système de la Nature le fait après Lucrece, que les facultés de l'ame sont dues à des causes physiques. Il y a une différence énorme entre modifier & créer un pouvoir. Les causes physiques agissent sur nos facultés, mais elles ne les créent pas. Bien loin delà, elles en supposent l'existence. Si quelqu'un me bande les yeux, dira-t-on qu'il m'ôte la faculté de voir ? Non : il ne fait qu'en empêcher l'exercice.

Les sens ne jugent de rien : leur fonction se borne à nous avertir des impulsions qu'ils ont reçues. L'erreur & la vérité sont uniquement du ressort de la raison. Il est donc faux que « l'évidence & la certitude, comme dit » l'Auteur, ne puissent résulter que du rap- » port constant que font les sens bien cons- » titués ». Il est vrai que *les sens ne nous trompent jamais*, mais ce n'est pas comme l'Auteur l'entend. Un homme qui, dans les transports d'une fievre chaude, voit un taureau devant son lit, n'est pas trompé par ses sens. Des causes intérieures les affectent dans ce moment, précisément de la même maniere qu'ils seroient affectés par la présence extérieure & réelle d'un taureau : les sens ne distiguent point l'apparence de la réalité ; & leur rapport est aussi fidele dans un cas que dans un autre. Ce qui fait naître l'erreur, c'est le jugement que l'homme porte sur les causes qui ont remué ses organes, & sur les rapports qu'il y a entre leurs qualités, & les perceptions qui en ont été produites. L'évidence & la certitude naissent donc des jugemens de la raison. C'est elle qui décide

C vj

que ses sens sont bien ou mal constitués : c'est elle qui détermine quand & jusqu'à quel point il faut s'en tenir à leur rapport : c'est elle enfin qui admet ou qui rejette leur témoignage.

Admirons le fond du raisonnement de l'Auteur dans tout son livre. « Toutes les causes » sont matérielles, parce que tous les effets sont » matériels ; & pour prouver que tous les ef- » fets sont matériels, je dis que toutes les » causes sont matérielles ». L'Auteur tourne sans cesse dans ce cercle d'un bout de son ouvrage à l'autre.

« Nous n'assurons rien, dit-il, que ce que » nous voyons ». Il est cependant incontestable, qu'il assure très-positivement mille choses qu'il n'a pas vues, & qu'il est même impossible de voir. Comment ses sens lui ont-ils donc appris, que la matiere renferme en elle-même la cause suffisante de son existence ; que la pensée est une secousse du cerveau ; que, quand nous délibérons, nos idées se heurtent dans notre tête ; que l'arrangement de l'univers n'est pas dû à une cause intelligente, &c. « Nous nous renfermons scrupuleusement, » ajoute l'Auteur, dans ce qui nous est connu » par l'intermede de nos sens ». Point du tout : sa façon de philosopher revient à ceci : *Nous voyons de la matiere ; donc il y a de la matiere* : D'accord. *Nous voyons du mouvement ; donc il y a du mouvement* : Sans doute. Delà il s'ensuit qu'il n'y a que matiere & mouvement. Fausse conséquence, qui n'est appuyée d'aucune expérience.

10°. Les Matérialistes, en rejettant la spiritualité de l'ame, en concluent qu'elle meurt avec le corps. On a vu plus haut les preuves de son immortalité. Observons seulement ici que le dogme de l'immortalité de l'ame est assez indépendant en soi de celui de la spiritualité, & que ces Philosophes ont tort de les confondre : car, quand les ames humaines seroient matérielles, il ne seroit pas plus difficile à Dieu de les conserver toute l'éternité, qu'il lui a été de les tirer du néant, où sans lui, elles auroient été pendant toute l'éternité.

Les Physiciens modernes ont démontré que le germe de l'animal préexiste à la fécondation. Accordons au Matérialiste, que la faculté de penser est inhérente à notre organisation : s'ensuivra-t-il que la mort est le terme de notre existence. On peut concevoir l'homme impérissable, quand même on le supposeroit tout matériel. La mort, au lieu de détruire ses organes, ne fait que les soustraire à nos yeux, & ne lui ôte point la faculté de penser & de sentir. Peut-être que l'homme rentré dans l'état des germes n'exerce plus ses facultés. Peut-être que le germe, après avoir été quelque temps dans la nature, trouvant de nouveau une matrice convenable, se dilate de nouveau, & retourne, je ne sais combien de fois, sur la scene des êtres vivans. Peut-être aussi que le germe, après s'être développé pour la premiere fois dans une matrice, conservera sans fin la même personnalité ; c'est-à-dire, qu'il aura toujours la connoissance de ce qu'il est & de ce qu'il a été. Le Matérialiste ne sauroit prouver l'impossibilité d'aucun de ces cas.

L'Auteur du Systême de la Nature dit que l'homme ne doit point craindre la mort, parce que les cometes sont sujettes à la mort. Exemple ridicule ! Les cometes sont des planetes tout aussi vivantes que les autres ; ou plutôt la vie ou la mort d'un astre sont des mots vuides de sens. L'idée de ma destruction me fait frissonner naturellement : la nécessité de mourir me révolte ; & pour me tranquilliser, on veut me prouver par l'Astronomie que la mort est nécessaire.

C'est une contradiction singuliere du même Auteur, de prétendre que le dogme de l'immortalité n'influe presque point sur la conduite du grand nombre ; & de soutenir en même-temps que les Prêtres & les Législateurs se sont servis avec beaucoup de succès de ce même dogme, pour porter les hommes à tout ce qu'ils ont voulu.

11º. Le même Auteur avance, avec tous les autres Matérialistes, qu'il n'y a d'autre différence entre l'homme & la bête, que celle qui vient de la diversité de leur organisation. Et il ajoute, dans une note, que c'est le plus ou le moins de cerveau, qui constitue cette différence que l'on voit entre l'homme & la bête, entre l'homme d'esprit & le sot. Il rapporte sur cela quelques observations d'Aristote, de Bartholin, &c., pour montrer que les facultés intellectuelles des animaux sont en raison du volume de leur cerveau. Quand on parle d'un animal, comme ayant le cerveau plus grand qu'un autre, on entend ou la grandeur absolue, ou celle qui est relative au corps de l'animal. Dans le premier sens, un âne a plus de cerveau qu'une souris ; dans l'autre il en a moins. On se tromperoit fort de croire que le cerveau de l'homme, dans le premier sens, est plus grand que celui des autres animaux. A l'égard de la grandeur relative, il est vraisemblable que l'homme a le cerveau plus grand que celui du reste des animaux : mais on auroit tort d'en conclure, que c'est ce qui constitue sa supériorité sur eux. La grandeur relative du cerveau de l'embrion, surpasse beaucoup celle du cerveau de l'homme ; fait constaté par des expériences : il s'ensuivroit donc que l'embrion auroit beaucoup plus d'esprit que l'homme en âge de maturité. Il s'ensuivroit encore que l'homme, à qui un accident enleveroit une partie du cerveau, perdroit en même-temps une partie des facultés de son ame, ce qui n'est pas moins contraire à l'expérience. On voit même des maladies qui détruisent peu à peu le cerveau, sans que la sensibilité, la mémoire, le jugement, en soient altérés depuis l'instant de la maladie jusqu'à la mort. Voyez Haller, Physiologie, l. 10, § 32, &c.

Nous ne nous arrêterons pas long-temps ici à la question de l'ame des bêtes. C'est une espece de mystere dans la nature, sur lequel on ne peut proposer que des hypotheses ; & d'ailleurs, elle se trouve traitée dans beaucoup d'ouvrages. Il nous suffit d'observer que les Matérialistes n'en peuvent tirer aucun avantage en faveur de leur système. Ils attribuent aux animaux comme aux hommes, la pensée, la volonté, le sentiment, & soutiennent que toute la différence qu'il y a entr'eux, n'est que du plus ou du moins, & qu'elle ne vient que de la diversité de leur organisation. Mais qu'en peuvent-ils conclure ? Ils ne démontrent pas mieux, dans leur système, que l'ame des bêtes soit matérielle, qu'ils ne le font de l'ame des hommes : ils le supposent des uns & des autres, sans le prouver. Mais, comme il est démontré que la pensée, la volonté, le sentiment ne peuvent être des attributs ni des modifications de la matiere ; tout ce qu'on peut dire fur cela de l'ame des bêtes, c'eſt que, fi réellement elles penſent, elles veulent, elles ſentent, il faudroit convenir qu'elles ont une ame ſpirituelle.

Les Matérialiſtes ont beau dire que, ſuivant pluſieurs Philoſophes, qui ſe font gloire de reconnoître des êtres ſpirituels, tout eſt matiere dans les bêtes ; & inférer delà que, comme les animaux paroiſſent penſer, vouloir, réfléchir, ſentir, on peut donc n'être que matiere, & produire tous ces effets ; c'eſt donner groſſiérement le change. Car 1°. parmi les Philoſophes qui reconnoiſſent la ſpiritualité de l'ame, il y en a qui croient que les animaux ont la faculté de penſer, de vouloir & de ſentir, mais, en ajoutant qu'ils n'ont point, comme les hommes, l'idée de l'infini, ni la raiſon ; qu'ils ne connoiſſent que le fini, qui eſt le terme de leur être, que Dieu ne les a créés que pour rendre à l'homme certains ſervices, ou ſervir à ſa juſtice pour le punir ; qu'en conſéquence leurs facultés intellectuelles ſe bornent à cette deſtination & à la conſervation de leur individu, & qu'enfin Dieu anéantit leur ame quand ils meurent. Or, ce ſyſtême ne favoriſe en rien le Matérialiſme ; & il ſeroit peut-être préférable à tout autre, ſans deux inconvéniens conſidérables qu'il renferme : le premier, c'eſt que les animaux ſeroient malheureux ſans l'avoir mérité ; ce qui répugne à la bonté & à la juſtice de Dieu : le ſecond, c'eſt que Dieu créeroit ſans ceſſe une foule prodigieuſe d'êtres ſpirituels, pour les faire rentrer ſans ceſſe dans le néant ; ce qui ſouffre de grandes difficultés ; à moins qu'on n'admît la Métempſycoſe à l'égard des bêtes, & qu'on ne leur donnât une ame immortelle ; ce qui, bien loin de lever ces difficultés, ne serviroit qu'à les augmenter.

2°. D'autres Philosophes croient que les animaux ne font que de simples machines mouvantes très-artistement organisées, sans aucune faculté spirituelle, mais conduites & dirigées dans tous leurs mouvemens par une intelligence extérieure, c'est-à-dire, par la volonté & l'opération de Dieu même qui les fait agir, comme s'ils pensoient, vouloient & sentoient réellement, pour le service de l'homme, &c. suivant les regles qu'il a établies par rapport à chacune de leurs especes. Ce système n'est pas plus favorable au matérialisme que le précédent ; & il a cela d'avantageux, qu'il ne présente aucun inconvénient ; & qu'en le considérant philosophiquement, il satisfait à toutes les difficultés.

En effet, sur quoi fonde-t-on la créance du sentiment dans les bêtes ? En a-t-on l'évidence ? Le voit-on en lui-même, ou seulement par conséquence ? le voit-on comme on voit le sien ? Eh ! comment le verroit-on ainsi ? On ne voit pas, même d'une vue immédiate, les sentimens des hommes, qui nous sont beaucoup plus semblables que les bêtes ; & rien ne nous est plus ordinaire que de nous y méprendre, & de leur attribuer des sentimens tout contraires à ceux qu'ils ont actuellement.

Que voit-on donc de net, de clair & d'incontestable dans les bêtes ? Des mouvemens, & rien de plus. Tout ce qu'on rapporte de surprenant de leurs singeries & de leur adresse, ne se réduit qu'à de purs mouvemens méchaniques ; & tout ce qu'on leur donne au-delà, avec tant de profusion, ne roule que sur des conséquences frivoles & de foibles conjectures.

Eh ! qu'on ne dise pas que ces mouvemens sont si semblables à ceux qui, dans les hommes, se trouvent liés avec leurs divers sentimens, qu'on a lieu de conjecturer qu'ils sont joints à de pareils sentimens dans les bêtes. Car 1°. s'il n'y a nul rapport essentiel, nulle liaison nécessaire d'un mouvement à un sentiment, il est visible que, des plus surprenans mouvemens, on ne peut jamais évidemment inférer le moindre sentiment. Or il est certain que du mouvement au sentiment, il n'y a ni rapport essentiel, ni liaison nécessaire ; puisque, comme on l'a prouvé ci-dessus, le mouvement n'est qu'une maniere d'être de la substance étendue, & le sentiment une maniere d'être de la substance pensante ; & qu'entre ces deux substances, il n'y a, comme on a vu, nul rapport essentiel, nulle liaison nécessaire ; 2°. si ces mouvemens sont très-équivoques, non-seulement dans les bêtes, mais même dans les hommes, il est visible qu'on ne peut, sur ces mouvemens, fonder nulle vraie certitude. Or rien n'est plus équivoque que ces mouvemens ; je dis même dans les hommes. Ils s'y trouvent très-souvent joints avec des sentimens, tous différens de ceux qu'on y soupçonne, & quelquefois même, ils y sont sans aucun sentiment. On voit tous les jours des gens qui joignent aux plus cuisans sentimens de chagrin & de douleur, les mouvemens du ris & de la joie : d'autres joignent aux sentimens d'une vraie joie & d'un vrai plaisir les airs d'affliction & les mouvemens des larmes : il s'en trouve enfin qui ont si bien l'art de se contrefaire, qu'ils rient fans aucun fentiment de joie, qu'ils pleurent fans douleur & fans affliction, qu'ils fe donnent les plus violens mouvemens de colere & d'emportement, fans la moindre émotion intérieure. Y eut-il donc jamais rien de fi équivoque que ces mouvemens ? Et peut-on, fur un plus frivole fondement, donner du fentiment aux bêtes ? 3°. En effet, fi ces mouvemens font fi équivoques dans les hommes, que, la plupart du temps, ils ne fignifient rien moins que ce dont ils ont l'air, combien plus ceux des bêtes doivent-ils être éloignés de la fignification que nous avons accoutumé de leur donner dans les hommes, qui font d'une nature fi différente & fi fupérieure à celle des bêtes ? Quelle fûreté y a-t-il donc à juger de leurs fentimens par leurs mouvemens ? 4°. Mais ce qui acheve de faire voir combien les plus furprenans mouvemens des bêtes font des fignes équivoques de connoiffance & de fentiment, c'eft qu'on peut raifonnablement contefter qu'abfolument ils ne puiffent fe trouver dans les bêtes fans fentiment & fans connoiffance. On ne peut juftement contefter que Dieu n'ait pu faire des machines toutes femblables aux bêtes ; je veux dire, capables d'exécuter fans connoiffance tous les mouvemens qu'on y admire le plus. Un clin d'œil fur la toute-puiffance de Dieu nous répond de la poffibilité du fait : & ce que les hommes même, avec un efprit fi borné & des inftrumens fi groffiers, ont réuffi à faire d'étonnant en ce genre, ne nous laiffe pas lieu d'en douter, & nous rend très-croyable la facilité avec laquelle Dieu l'exécuteroit.

Qui nous affurera donc que Dieu n'ait pas pris cette voie dans la formation des bêtes ?

Perſonne. Mais auſſi, qui nous aſſurera qu'il l'ait priſe, répondra-t-on ? Eh bien ! dirons-nous, n'avançons, ſi l'on veut, ni l'un ni l'autre. Nous ne ſavons pas avec certitude ce qui ſe paſſe dans les bêtes : n'en jugeons point, ſi l'on veut ; demeurons en ſuſpens ſur ce ſujet : mais auſſi que notre ignorance à cet égard ne tire point à conſéquence pour ce que nous avons découvert dans l'homme. Ne nous méconnoiſſons pas nous-mêmes ; parce que nous ne connoiſſons pas les bêtes : ne révoquons pas en doute la ſpiritualité & l'immortalité de notre ame, parce que nous ne ſavons pas ſi l'ame des bêtes eſt ſpirituelle & immortelle : & ne détruiſons pas ce qui eſt clairement démontré, par l'obſcurité de ce qui ne l'eſt pas encore ; c'eſt une des regles la plus eſſentielle de la Logique.

Mais il ſera toujours vrai & inconteſtable, malgré cette incertitude, que les mouvemens des bêtes ſont une preuve frivole de leur ſentiment ou de leur connoiſſance. Car on trouve tous les jours des mouvemens ſemblables en des ſujets, où l'on eſt très-ſûr qu'il n'y a ni ſentiment ni connoiſſance. Prenons-en pour exemple la plante appellée *ſenſitive*. Y a-t-il rien de plus ſemblable aux mouvemens des bêtes que ceux de cette plante ? Un ver ſe remue-t-il plus vivement ? Et un limaçon ſe retire-t-il plus promptement dans ſa coquille, lorſqu'on le pique, que la ſenſitive ne ſe recoquille & ne ſe replie, lorſqu'on la touche ? Un chien ſe défend-il mieux, lorſqu'on lui pince la queue, que le concombre ſauvage, lorſqu'on touche ſeulement à la ſienne. Un chien donnera peut-être quelques coups de dents ; mais le concombre vous lance en un inſtant dans le visage & dans les yeux une soixantaine de grains pointus, avec une force capable de vous faire repentir de votre témérité.

Ces mouvemens, dira-t-on, se font par le moyen de certains ressorts imperceptibles qui sont dans les fibres des plantes, & que l'on débande quand on les touche. D'accord : en voilà la vraie cause. Mais que n'en dit-on autant des mouvemens des bêtes ? Est-ce que celles-ci ont moins de ressorts intérieurs que les plantes ? Elles en ont de si sensibles & de si palpables, qu'on peut les faire voir & toucher, & faire remarquer sensiblement leur jeu. Un chat, par exemple, esquive-t-il plus adroitement un coup de bâton, qu'un aimant ne fait à un autre aimant, s'il l'approche par un certain côté ? Un épervier se lance-t-il plus vivement sur une perdrix, qu'une aiguille d'acier ne se lance sur un des poles de l'aimant ? & cependant, qui s'avisa jamais de donner du sentiment à l'aimant ou aux aiguilles d'acier.

Cela se fait, répondra-t-on, par l'impression secrete de petits corps imperceptibles, que l'aimant répand perpétuellement dans l'air, & qui, suivant la maniere dont ils frappent une aiguille ou un autre aimant, les obligent à s'approcher ou à s'éloigner. Fort bien : Que n'en dit-on autant du mouvement d'un chien qui chasse un lievre, ou qui cherche son maître ? Que ne dit-on que le lievre & le maître répandent sur toute leur route, en marchant, une vapeur de petits corps invisibles, dont l'impression dans l'odorat du chien suffit pour débander les ressorts de ses jambes, & pour le faire suivre exactement & le lievre & le maître, sans les connoître & sans les voir ni l'un ni l'autre ? Si, fur la trace du lievre, on avoit fait une traînée de poudre à canon, & qu'on eût mis le feu à un des bouts de cette traînée, croit-on que ce feu ne pût, fans connoiſſance & fans diſcernement, fuivre très-promptement & très-exactement la trace du lievre, malgré toutes fes inégalités & fes perpétuels détours ? C'eſt à peu près ainſi qu'un chien y eſt emporté.

Mais, ajoute-t-on, les bêtes diſtinguent les objets à une diſtance très-grande, & peu propre aux machines : il faut donc qu'elles aient de l'eſprit. Mais, que c'eſt peu connoître comment un eſprit diſtingue les objets corporels, que de s'imaginer qu'il doive les diſtinguer à une plus grande diſtance, que ne feroit une pure machine ! Ne nous y trompons pas : ce n'eſt que par l'entremiſe de ſa machine, que l'eſprit de l'homme diſtingue ces objets, pendant qu'il eſt uni au corps. S'il voit le ſoleil à une ſi prodigieuſe diſtance, ce n'eſt que parce que ſa machine eſt ébranlée par les rayons de cet aſtre. S'il apperçoit Saturne, & fes fatellites encore plus diſtans, ce n'eſt que parce que ces planetes repouſſent la lumiere contre ſes yeux. S'il ſent les roſes de fort loin, ce n'eſt que par ce que ces fleurs vont ébranler ſa machine, par les exhalaiſons qu'elles répandent dans l'air de toutes parts. Et ainſi, loin que l'homme ait, à cet égard, quelqu'avantage ſur les bêtes & les pures machines, au contraire, il s'en trouve entre celles-ci, comme les chiens & les corbeaux, qui ſont en cela bien ſupérieures à l'homme, & qui ſe trouvent frappées & ébranlées par les corps odoriférens, de bien plus loin que lui ; parce que la membrane de leur odorat eſt beaucoup plus délidelicate & plus mobille que celle de l'homme. Après cela, peut-on encore admirer qu'un chien qui nous appartient, nous sente & nous distingue du bout de la rue, quoiqu'il ne nous voie pas : sur-tout si l'on fait réflexion qu'une aiguille aimantée, posée sur un pivot, d'une maniere mobile, sent, pour ainsi dire, & distingue en un instant les pôles de la terre à une distance incomparablement plus grande, quoiqu'elle les voie aussi peu.

On ne doit pas être plus surpris de voir ce chien crier si haut sans douleur, lorsqu'on lui donne un coup de bâton. Une pédale d'orgue fait bien un autre bruit pour le moindre petit coup de pied, quoiqu'il lui soit aussi peu sensible. Ce cri dans le chien, & cet éclat dans l'orgue, ne sont que des mouvemens purement méchaniques, qui, par eux-mêmes, n'ont aucune liaison nécessaire avec la douleur. Il est vrai que dans l'homme, ils se trouvent souvent liés avec elle, parce que c'est dans cette liaison que consiste l'union de l'ame avec le corps ; mais, quand il n'y auroit point d'ame, ces cris violens ne laisseroient pas de lui arriver, lorsqu'on le frappe violemment. Ces cris ne se font que par l'irruption violente de l'air renfermé dans sa poitrine, & cette irruption se fait aussi nécessairement par la compression du poumon, lorsqu'on exerce quelque violence sur son corps, qu'elle se fait dans un orgue par la compression de ses soufflets, lorsqu'on touche une pédale. Il y a seulement cette différence, qu'il ne faut qu'une médiocre impression sur celle-ci, pour déterminer l'action des soufflets à exciter un grand bruit ; au lieu qu'il faut d'ordinaire une impression violente sur le corps d'un animal, pour déterminer l'action de la poitrine à jetter un grand cri. Dès que cette impression se fait, qu'il y ait dans ce corps une ame pensante, ou qu'il n'y en ait pas, le cri se forme. Je conviens que, lorsqu'il y en a une, ce cri peut être quelquefois volontaire, ou augmenté par les ordres de la volonté ; mais, quand elle ne s'en mêleroit pas, il ne laisseroit pas d'arriver en conséquence des dispositions de la machine.

On peut juger delà (pour le dire en passant) s'il est si aisé de s'empêcher de crier, lorsque l'on souffre de la douleur, & si les cris sont toujours des marques d'impatience. On ne peut arrêter ces cris, qu'en résistant au penchant de la machine, & qu'en s'opposant au débandement naturel de ses ressorts. Cette résistance coûte à l'esprit, il lui en revient une nouvelle douleur ; & il a déja assez de la premiere. Il agrée celle-ci, & se soumet à l'ordre de Dieu qui la lui envoie : mais il ne se croit pas obligé de s'en causer une seconde, en s'opposant à un mouvement purement méchanique, qui n'a rien que d'innocent.

Nous ne nous étendrons pas davantage sur cette question, qu'on peut voir, entr'autres, dans l'ouvrage *de la Connoissance de soi-même* du Pere Lamy, dans l'*Anti-Lucrece* du Cardinal de Polignac, &c. On peut consulter aussi le Traité *de la Connoissance de soi-même* de M. de Meaux, où ce Prélat fait voir, qu'outre les autres destinations des animaux, Dieu a voulu peindre, dans leurs mouvemens, toutes les passions des hommes. Cet endroit est intéressant.

Mais cette question de l'ame des bêtes nous conduit à une autre beaucoup plus importante. On nous oppose que, puisque les plus surprehans prenans mouvemens corporels, ne font pas concluans pour la connoissance des bêtes, ils ne le font pas davantage pour celle de l'homme; & qu'ainsi, suivant les principes qu'on vient de poser, il n'est pas plus certain qu'il y ait un être pensant dans les hommes, que dans les bêtes.

Je commence par remarquer que l'instance qu'on fait ici, prend pour principe une évidente fausseté. Il est faux que, pour donner de la connoissance & des sentimens à l'homme, nous n'ayons pas de meilleures raisons que pour en donner aux animaux, & qu'elles se réduisent toutes à des mouvemens corporels. Chacun doit mettre une très-grande différence entre la connoissance qu'il a de sa propre ame, & celle qu'il a de l'ame des autres hommes. Il est vrai que celle-ci ne se connoît gueres que par des mouvemens corporels; mais chacun connoît sa propre ame, indépendamment de tous ces mouvemens. Examinons ces deux questions.

1°. Pour peu qu'on se soit étudié soi-même, ou du moins qu'on se souvienne de ce que nous avons dit de la distinction de l'esprit & du corps, on s'appercevra bientôt que chacun connoît sa pensée, & qu'il la voit d'une maniere si intime & si sûre, qu'il peut en avoir la derniere certitude, dans le temps même qu'il ne sait & qu'il doute encore s'il a un corps : car quelque supposition qu'on fasse, quelque raison qu'on invente pour douter si l'on a un corps, on ne pourra jamais se mettre de même en état de douter si l'on pense, ou si l'on est un être pensant ; puisqu'il ne faut qu'un moment d'attention pour s'appercevoir que même ce prétendu doute seroit une

Tome II. D

vraie pensée. Chacun connoît donc, d'une manière incontestable, & parfaitement indépendante de tous les mouvemens du corps, qu'il est un être pensant, ou qu'il a une ame intelligente. Or nous avons amplement prouvé que la pensée ne peut être un mouvement corporel : donc, &c.

2°. A l'égard de l'ame des autres hommes, il est vrai qu'on ne la voit pas immédiatement, comme chacun voit la sienne. On n'en juge qu'au travers de la ressemblance extérieure du corps & de ses mouvemens ; je veux dire, sur ce que le corps des autres hommes, assez semblable au nôtre, produit, en certaines occasions & circonstances, des mouvemens fort semblables à ceux qui en nous se trouvent ordinairement liés à certaines pensées dans ces mêmes circonstances : mais il y a de ces mouvemens si indispensablement liés avec la présence & la direction d'un être pensant, qu'il est impossible qu'ils se trouvent sans pensée dans les autres hommes.

Le principal de ces mouvemens est la parole. Il ne faut que la regarder un moment dans son institution & dans son usage, pour s'assurer qu'elle a une liaison nécessaire avec la direction d'un être pensant, & qu'ainsi les autres hommes ont une ame semblable à celle qu'on trouve chez soi.

Par la parole, je n'entends pas simplement la formation d'une voix ou d'un cri : cela est commun à toutes les bêtes. Je n'entends pas même simplement la formation d'une voix articulée : elle peut se trouver en quelques oiseaux, comme dans les perroquets. J'entends une voix articulée, accompagnée d'une certaine idée, & propre à l'exciter dans l'esprit de ceux qui l'entendent : & ainsi, par l'institution de la parole, j'entends la liaison de certaines idées avec certains termes, ou l'établissement que les hommes font de certains termes pour signifier certaines choses, & en exciter les idées ; & par l'usage de la parole, j'entends l'excitation actuelle des idées de ces choses par la prononciation de ces termes.

Or, il me paroît qu'on ne peut douter que les hommes n'aient fait entr'eux une pareille institution : qu'ils n'aient établi entr'eux certains termes pour s'expliquer, & qu'ils n'aient attaché les idées de ces choses à ces termes. L'usage qu'on fait tous les jours de la parole, en est une preuve sensible. Cet usage réglé & uniforme pour chaque langue, infaillible, rarement équivoque, & où l'on ne se méprend presque jamais, ne permet pas de douter que les hommes d'un même pays ne joignent les mêmes idées aux mêmes termes : & la diversité des langues pour signifier les mêmes choses, permet aussi peu de douter que la liaison des termes & des idées ne soit d'institution humaine ; ce qui vient de la nature, & les signes naturels étant toujours les mêmes chez toutes les nations.

Il n'est pas moins évident que cette liaison de certaines idées avec certains termes, ne s'est pu faire que par des êtres pensans & connoissans : il faut connoître les termes & les idées pour les lier. Je sais bien que dans les bêtes, & dans l'homme même, on trouve certains cris naturellement liés à certains mouvemens & à certains sentimens : mais il y a une extrême différence de ces liaisons à celles qui se trouvent dans la parole. Celles-là sont nécessaires, naturelles, immuables, & de l'institution de la nature ; au lieu que celles-ci sont libres, arbitraires, changeantes, & de pure institution humaine. Les soupirs, les sanglots, les pleurs signifient la même chose chez tous les hommes ; au lieu qu'un même terme a souvent diverses significations chez divers peuples, & que l'idée, par exemple, de la divinité se trouve attachée à autant de divers termes, qu'il y a de diverses langues. D'où vient cette diversité ? si ce n'est de ce que les termes par eux-mêmes ne signifiant rien, une nation attache l'idée de Dieu à un terme, pendant qu'une autre la lie avec un mot tout différent : & une preuve incontestable de cela, c'est qu'il n'y a que ceux qui ont eu part à cet établissement, il n'y a que les hommes de cette nation qui entendent ce terme. Rien peut-il mieux faire voir que cette liaison n'est point de la nature, mais uniquement de la liberté & du choix de quelques êtres intelligens ?

Mais, dira-t-on, toute cette preuve suppose ce qui est en question. La question est de savoir si la parole dans les hommes est accompagnée d'idées & de connoissance ; & c'est justement ce qu'on prend pour principe dans cette preuve, où l'on veut que les hommes aient lié des idées à leurs termes.

Je pourrois répondre, que tout ce qui se passe dans les hommes en conséquence de la parole, comme leurs divers mouvemens, prouve assez qu'ils s'entendent, & qu'ils apperçoivent ce qu'ils se disent : car le moyen, par exemple, de s'imaginer qu'un valet, à qui j'ordonne d'aller savoir des nouvelles d'un de mes amis, ne m'a pas entendu, lorsqu'effectivement il part, va chez cet ami, & m'en apporte des nouvelles ? Mais, comme on pourroit chicanner sur cela par l'exemple des bêtes, & me soutenir que ces mouvemens dans les hommes ne sont pas moins équivoques que dans les bêtes, il faut entrer dans un plus grand détail de ces mouvemens, & faire voir par diverses réflexions qu'il y en a, mais sur-tout ceux de la parole, qui ne sont nullement équivoques.

Je commence ces réflexions par ce qui est évident & incontestable. Je sais, à n'en pouvoir douter, que je pense, & que je suis un être pensant : je sais que je parle, & que j'ai attaché à certains termes certaines idées, qui ne manquent jamais de me revenir, toutes les fois que je les prononce, ou que je les entends prononcer. Je me vois environné d'un grand nombre de machines fort semblables à la mienne, vivantes & animées comme elle, & qui prononcent aussi distinctement qu'elle, les termes auxquels j'ai attaché ces idées. Mais je suis en peine si ces machines sont, comme la mienne, sous la direction d'un être pensant, & si cet être attache à ces termes les mêmes idées que j'y attache : pour m'éclaircir sur cela, je vois bien qu'il me faut faire plusieurs épreuves.

Assis à table avec plusieurs de ces machines, j'en prie une de me donner du pain, & elle m'en donne. Je la prie encore de me donner une pêche ; & dans un grand bassin plein de divers fruits, elle va démêler ce que j'ai entendu par ce terme, & me présente ce que j'appelle une pêche. N'ai-je pas lieu de juger delà qu'elle m'a entendu, & qu'elle a attaché à ces deux mots les mêmes idées que j'y attache ?

Mais cependant on a vu des chiens rendre à leurs maîtres de pareils services; partir au moindre commandement, & leur aller querir ou leurs gants ou leur mouchoir, ou toute chose semblable, suivant les ordres qu'ils en avoient reçus : on est pourtant bien sûr que ces chiens n'attachent nulles idées aux termes de mouchoirs ou de gants, &c. Cette observation n'est donc pas sûre.

J'en fais une seconde, & je prie une de ces machines semblables à la mienne d'aller dans une nombreuse bibliothéque me chercher & m'apporter les Confessions de S. Augustin. Elle part aussi-tôt; elle va dans cette bibliothéque; & là parmi ce prodigieux nombre de livres, elle démêle les Confessions de S. Augustin, & me les apporte. Cela est fort : mais peut-être ce discernement ne passe-t-il pas celui d'un singe, qui assurément n'est qu'un discernement purement matériel.

Je prie cette machine de me chercher dans les Confessions de S. Augustin le bel endroit où ce Saint déplore de s'être pris si tard à aimer Dieu. Et je suis sûr, qu'en moins de rien, cette machine trouve & me montre ces belles paroles : *Serò te amavi, ô pulchritudo tàm antiqua & tàm nova*. Assurément cela est violent; car le démêlement si subit de ces mots dans tout l'ouvrage, marque non-seulement que cette machine m'a entendu, & qu'elle entend la langue françoise, mais même qu'elle sait la latine, & qu'elle a eu les idées de tous les termes & de tout le texte de S. Augustin, qu'il a fallu parcourir avant que de trouver ces mots latins que je lui demandois.

Mais peut-être que la trace de ces mots étoit liée dans son cerveau avec celle des paroles par lesquelles je lui ai fait cette demande, & avec le mouvement des mains, propre à la faire chercher ? Je lui fais donc mille pareilles demandes : je lui fais chercher mille semblables passages ; & elle me les trouve tous, quoiqu'il ne soit nullement vraisemblable que toutes leurs traces aient été liées avec les traces de pareilles demandes.

Mais n'est-ce point aussi que le secours des figures qui frappent ses yeux, joint à l'impression de mes paroles, rend ces épreuves trop faciles ? Laissons donc l'écriture & les figures : tenons-nous-en à la simple conversation ; & voyons si cette machine, usant du même idiome dont je me servirai, me répondra à propos, si elle me suivra, si elle ne fera point de coq-à-l'âne. Car il est constant que, si elle ne m'entend point, si elle n'a nulle idée du sens des termes dont je me servirai, il est impossible qu'elle ne me réponde de travers. Et afin de rendre cette épreuve plus sûre & plus solide, je veux l'entretenir, non pas de choses communes & d'usage, mais de sciences, & même des plus abstraites.

Je commence par les Mathématiques, & je lui demande si le nombre de cinquante peut être divisé en deux parties égales ; & elle me répond qu'il le peut. Je m'informe si chacune de ces parties peut encore être subdivisée en deux autres parties égales : elle répond qu'elles ne le peuvent, sans y employer les fractions. Réponses conformes à ce que j'en pense.

J'ai l'idée d'un cercle & celle d'un triangle ; & sur ces idées je juge, & que tous les diametres d'un cercle sont égaux entr'eux, & que les trois angles d'un triangle sont égaux à deux droits. Je demande donc à cette

D iv

machine quel rapport de grandeur les diametres d'un cercle ont entr'eux ; & elle répond qu'ils sont égaux. Je la prie de me marquer la mesure des trois angles d'un triangle : elle réplique qu'ils sont égaux à deux droits. Je desire savoir la preuve de l'un & de l'autre ; & elle me la fait sur-le-champ conformément à mes idées. Assurément voilà d'étranges effets pour une pure machine.

Je passe à quelque chose de plus abstrait, & je lui demande s'il n'est pas quelquefois permis & juste de condamner & de punir un innocent : elle se récrie que c'est une affreuse injustice. Cela me surprend, car j'en ai toute ma vie jugé ainsi. Ces jugemens n'ont été appuyés que sur les idées d'ordre & de justice ; & je suis bien sûr que ces idées ne me sont point venues par les sens, puisqu'elles n'ont rien que de purement intelligible, rien qui frappe les sens. Comment donc conviennent-elles à une pure machine, & d'où lui sont-elles venues ? Il paroît cependant visiblement par-là, qu'il y a quelque chose dans cette machine qui connoît non-seulement les regles de morale, mais même le principe de ces regles, les vérités les plus métaphysiques, les plus nécessaires, les plus immuables.

Je vais encore plus avant ; & je demande à cette machine si elle sait ce que c'est qu'un esprit. Parfaitement bien, dit-elle : l'esprit est le principe de la pensée, ou un être pensant. Mais, lui repliquai-je, croyez-vous qu'il y ait de tels êtres ? Je ne puis douter, répond-elle, que je n'en sois un ; car je sais que je pense, & j'en ai un sentiment intime qui ne peut être trompeur. Mais de grace, excellente machine, par quelle partie de vous-même pensez-vous ? Eſt-ce par la main, par le pied, par la tête, ou par quelqu'autre partie ? Ce n'eſt, replique-t-elle, par aucune de celles qui peuvent tomber ſous les ſens : ce n'eſt par aucune partie corporelle. Quand je n'en aurois nulle, je ſens bien que je penſerois encore. Je pourrois même peut-être, par quelques ſuppoſitions ou fictions, en venir juſqu'à douter ſi j'ai un corps : au lieu que, quelques fictions ou ſuppoſitions que je faſſe, je ne puis douter ſi je penſe, ou ſi je ſuis un être penſant ; puiſque mon doute même étant une vraie penſée, m'ôteroit tout lieu d'en douter.

Ici tous mes doutes à moi-même ſur la condition & la nature de cette machine ſe trouvent parfaitement diſſipés. Je ne puis plus douter que celui qui me parle ainſi, ne ſoit autre choſe qu'une machine. En un mot, il me paroît certain qu'il y a dans cette machine un eſprit tout ſemblable au mien : je lui trouve les mêmes idées, les mêmes jugemens, les mêmes raiſonnemens : il me prouve ſon eſſence & ſon exiſtence par les mêmes voies & les mêmes raiſons par leſquelles je me les prouve à moi-même. Une pure machine, privée de toute connoiſſance, de tout eſprit, eſt-elle capable de tout ce qu'on vient d'entendre ? Dieu même, par ſa toute-puiſſance, pourroit-il l'en rendre capable ? Je conçois bien qu'il peut faire que, ſans nul eſprit créé, elle parle & s'explique auſſi ſavamment ſur les divers ſujets que je lui propoſerai : mais il faudra donc que ce ſoit lui-même qui la faſſe parler, qui conduiſe, qui dirige, qui exécute tous les divers mouvemens d'où dépendent ces divers diſcours ; & ainſi ce ne ſera plus alors un eſprit créé qui animera cette machine, ce sera un esprit incréé, ce sera Dieu même.

Cependant, en reconnoissant la possibilité absolue de cette hypothèse, je sens bien que je me jette dans un nouvel embarras. Car, suivant cela, qui m'assurera qu'il y a dans ces machines, qu'on appelle *humaines*, un esprit semblable au mien ? D'où puis-je savoir si l'esprit qui me parle par elles, n'est pas Dieu ? Le voici. C'est que cet esprit, tout savant & tout habile que je l'ai reconnu par nos conversations, est sujet à des défauts & des foiblesses dont Dieu n'est point capable : je l'ai vu doutant quelquefois, hésitant sur certaines choses, en ignorant d'autres : je l'ai vu même se méprendre grossièrement, & tomber en erreur : tous défauts absolument incompatibles avec la souveraine vérité.

Ce n'est pas assez. Je l'ai encore reconnu sujet au froid & au chaud, à la faim & à la soif, au chagrin & à la douleur, & à mille sentimens désagréables : défaut dont l'Etre infiniment parfait ne peut être susceptible. Et ce qui me persuade que ces sentimens appartenoient au même esprit qui me parloit, & qui discouroit avec moi sur les sciences, c'est que je m'appercevois quelquefois que le grand froid & le grand chaud le troubloient dans ses raisonnemens, & que le sentiment qu'il en avoit en certains temps, étoit si vif, & le partageoit tellement, qu'il étoit obligé d'abandonner notre sujet d'entretien, pour ne s'occuper que de sa douleur. Quelle apparence que de telles foiblesses convinssent à l'Etre infiniment parfait ?

De toutes ces réflexions & ces diverses expériences, je conclus que, trouvant d'une part dans ces machines semblables à la mienne, trop d'intelligence & de justesse d'idées pour n'y pas reconnoître un esprit, ou un être pensant ; & découvrant de l'autre trop de défauts & de foiblesses dans cet esprit pour le croire Dieu, je conclus, dis-je, que ces machines sont unies à un esprit créé semblable au mien ; & en un mot, que ce ne sont point de pures machines, mais des hommes comme moi. D'ailleurs, seroit-il croyable que je fusse le seul esprit créé, & que tous les autres hommes en qui je reconnois extérieurement tout ce qui se passe en moi, ne fussent que des machines ?

III.

Sur le libre-arbitre de l'homme.

On a vu dans l'exposition du système des Matérialistes, qu'ils rejettent le dogme de la liberté de l'homme, & qu'ils le soumettent en tout aux loix du destin & de la fatalité : c'est une suite nécessaire de leurs erreurs sur la nature de l'ame. Mais ce qu'ils opposent à ce dogme de la liberté, est si ridicule, qu'il suffit de l'exposer pour en faire sentir l'absurdité. Selon l'Auteur du système de la nature, « pour qu'un homme fût libre, il faudroit qu'il » ne connût ni le bien ni le mal, ni le plaisir » ni la douleur ». Mais c'est précisément le contraire. Un homme, dans ce cas, ne pourroit pas vouloir ; & s'il ne pouvoit pas vouloir, comment pourroit-il être libre, & faire usage de sa liberté ? Quelle espèce d'homme que celui qui n'auroit aucune idée, aucune connoissance du bien & du mal, du plaisir &

de la douleur ? Ce seroit un parfait automate. Que connoîtroit-il, que désireroit-il ?

Cet Auteur, aussi-bien que ses Consorts, comprend parfaitement qu'en niant la liberté, & introduisant la fatalité, on peut lui objecter que c'est bien en vain qu'il crie contre ceux qui pensent autrement que lui, qu'il blâme le vice, & fait l'éloge de la vertu : aussi n'a-t-il d'autre chose à répondre, si ce n'est que la même fatalité qui nous plonge dans la superstition & dans le vice, le nécessite à crier contre ces défauts, & à nous exciter à la vertu. Mais c'est montrer qu'il est à bout, & détruire toute idée du juste & de l'injuste. Lorsque l'entêtement du fatalisme monte jusqu'à un tel excès, il demeure sans remede. Comment convaincre d'erreur un homme qui ne voit en lui qu'une machine montée de façon à se croire libre, & en même-temps dans la plus dure nécessité ? Toute idée n'est à ses yeux qu'un résultat nécessaire de notre organisation. Subjugué par la sienne, il voit blanc tout ce que les autres voient noir, & se voit même forcé de me dire que ses opinions sont nécessaires pour lui, comme les miennes le sont pour moi ; que nous disputons inutilement & nécessairement ; qu'enfin tout est nécessairement nécessaire. J'ai dit, *une machine montée de façon à se croire libre* ; parce que l'Auteur, malgré son système, prétend que nos actions nous sont imputables à mérite ou à démérite. Mais qu'entend-il par ce mérite & ce démérite ? « Le mérite » ou le démérite que nous attribuons à une » action, dit-il, est une idée fondée sur les » effets utiles ou nuisibles qui en résultent ». Mais qui a jamais pensé qu'une pierre, par exemple, qui me tombe sur le bras, & qui y produit une sensation désagréable, a démérité; que son action est blâmable, qu'elle mérite du mépris & des châtimens? Il n'y a d'action louable, estimable, méritoire, ou blâmable & déméritoire, qu'à proportion de la volonté & de la liberté qu'on remarque ou qu'on suppose dans l'agent. Dès qu'il est nécessité par une cause étrangere, ce n'est plus qu'un instrument passif. On trouve son action utile ou nuisible, suivant l'effet qu'elle produit; mais on cesse de l'admirer & de l'estimer, ou de le mépriser & de le condamner. Il ne peut donc y avoir ni *imputation*, ni *mérite*, ni *démérite*, dans le fatalisme.

Ce qu'il y a de plus singulier, c'est que l'Auteur autorise la société à regarder comme crime punissable, toute action nuisible, *de quelque source qu'elle soit partie*. Les fous, les simples, les malades, les vicieux, les méchans y sont compris dans la même classe; il n'y a plus de différence, dans son système, entre les actions volontaires & involontaires : l'intention ne fait rien à la moralité du fait.

Enfin, toutes les circonstances qui ordinairement excusent & absolvent un malfaiteur devant les tribunaux les plus rigides, n'entrent point en ligne de compte.

Cependant la raison, le bon-sens, le consentement universel de toutes les nations, ne dictent-ils pas qu'on ne punit avec justice que ceux qui sont libres en faisant des actions criminelles? Voici ce que répond l'Auteur du système de la nature : « En décernant des gi-
» bets, des supplices, des châtimens pour des
» crimes qu'on n'a pu s'empêcher de commet-
» tre, le législateur ne fait autre chose que
» ce que fait un architecte, qui place des gou-

» tieres à une maison pour empêcher les eaux
» de la pluie d'en dégrader les fondemens ».
Mais la différence est si grande entre le législateur & l'architecte, que la comparaison en devient une absurdité. Il est impossible, tant que les goutieres subsistent, que les eaux de la pluie ne soient détournées des fondemens de la maison ; au lieu que nous voyons continuellement les méchans braver les gibets, les supplices & tous les châtimens dont le législateur les a menacés. L'architecte dirige des êtres soumis à la nécessité physique, mais le législateur ne fait que proposer des motifs à des êtres libres.

Mais enfin, disent les Matérialistes, la même fatalité qui fait commettre le crime sans liberté, le fait aussi punir par une nécessité inévitable. C'est aussi ce que les Stoïciens, qui nioient de même la liberté, répondoient pour justifier les réprimandes & les châtimens. Zénon battit son valet parce qu'il l'avoit volé : le valet s'excusoit, conformément aux principes de sa secte, en disant qu'il avoit été destiné à voler ; & *à être battu*, répliqua Zénon. Pitoyable solution. Tous nos Philosophes conviennent que l'homme désire invinciblement le bonheur ; & que le but de la nature, en le formant, est de le rendre heureux. Un être essentiellement malheureux répugne en effet à toutes les idées. Or si, après que la nature l'a nécessité à faire ce qu'on appelle le mal, elle le nécessite en conséquence à être malheureux, contre le désir qu'elle lui a donné d'être heureux, il est clair que la nature agit contre elle-même, & qu'elle contredit le sentiment naturel qu'elle a mis dans tous les hommes, & qui leur est essentiel, étant impossible de concevoir un homme qui désire d'être malheureux. Tout ce que nos Docteurs du Naturalisme peuvent répliquer à cela, c'est que ce n'est point la nature qui nécessite l'homme à faire le mal, & conséquemment à être puni, mais la fatalité à laquelle la nature elle-même est soumise. « La nature, dit l'Auteur du » *Systême de la Nature*, (I. Part.) ne fait les » hommes ni bons ni méchans ; mais c'est par » la fatalité, & par la nécessité des loix de » la nature, que les hommes, sans pouvoir » y résister, deviennent bons ou méchans » ; & par conséquent exposés au bonheur ou au malheur. Cela est bon : mais 1°. comment la fatalité, qui n'est qu'une chimere, pourroit-elle nécessiter quelqu'un à faire le mal, & à souffrir malgré lui ? Quel pouvoir le néant auroit-il sur l'être ? 2°. Cette fatalité prétendue est donc l'ennemie de la nature, puisqu'elle oblige, contre le but de la nature même, des hommes faits pour être heureux, à être malheureux, sans qu'on puisse leur imputer aucune action libre qui les rende dignes de ce sort contraire au sentiment naturel qu'ils ont tous ? & si la fatalité est l'ennemie de la nature, de quel front l'Auteur appelle-t-il cet être de raison la *nécessité des loix de la nature* ? Quelle inconséquence ! Dans la vérité, le bien & le mal ne servent de rien, suivant nos Philosophes, ni pour le bonheur, ni pour le malheur ; car la fatalité rend tous les jours irrésistiblement malheureux des gens mêmes qui font le bien, & irrésistiblement heureuses des personnes qui se livrent à toutes sortes de crimes. Tout, à les entendre, est machinal dans le monde, & dépend du hazard : c'est lui qui nécessite irrésistiblement à ce qu'on appelle *bien* ou *mal* ; & l'homme eft dans l'état qui lui convient, foit qu'il faffe l'un ou l'autre, puifque dans cet horrible fyftême, *les loix de la nature*, qui le reglent & le conduifent dans toutes fes actions, ne font autre chofe que cette chimérique fatalité.

Quoique les Matérialiftes nient à pleine bouche la liberté, le fentiment en eft cependant fi vif chez eux, qu'ils nous parlent fans ceffe comme à des êtres qui ont le pouvoir de faire le bien ou le mal par choix. Tous leurs écrits font pleins d'avis, de réglemens, de reproches, d'exhortations, de préceptes qu'ils donnent au genre humain. Ils condamnent, ils approuvent, ils louent, ils plaignent, ils excitent. Qu'eft-ce que tout cela fignifie dans leur fyftême ? A-t-on jamais donné des leçons aux chênes & aux hêtres ? Une pareille conduite, qui marque & qui définit la liberté, plutôt par les fentimens que par les paroles, ne montre-t-elle pas qu'ils ont, quoi qu'ils en difent, de la liberté la notion commune, la notion la plus claire, gravée en eux par l'auteur même de la Nature ? Que veulent donc dire ces expreffions, *force irréfiftible*, *néceffité univerfelle* ? N'eft-ce pas fe contrarier foi-même, & fe condamner de fa propre bouche ? C'eft ce qu'on va voir de plus en plus dans le nombre fuivant.

IV.

Sur la Morale.

On fe reffouvient fans doute que les Matérialiftes n'admettent point de loix naturelles, & qu'ils foutiennent qu'il n'y a rien de jufte ou d'injufte en foi ; mais que ce qu'on appelle vertu ou vice, bien ou mal, eſt une choſe de pure convention parmi les hommes ; & que, quand ils vivent en ſociété, c'eſt au gouvernement à établir quelles ſont les actions vertueuſes ou vicieuſes, ſuivant le goût, le temps, le climat, les perſonnes qui compoſent chaque ſociété particuliere. (Voyez l'expoſition de leur ſyſtême, tom. I, pag. 2.) Lors donc que les Matérialiſtes parlent de morale, ils n'ont en vue que ces vertus & ces vices de convention établis dans la ſociété : ils s'étendent beaucoup ſur cette matiere dans leurs ouvrages : mais, outre qu'ils ne préſentent que des idées fauſſes & toutes humaines, rien n'eſt plus déplacé que cette mauvaiſe morale, ſur-tout dans la bouche de gens qui nient la liberté. On va s'en convaincre par les réflexions ſuivantes.

Suivant l'Auteur du Syſtême de la Nature, le chef & le coryphée de tous ces impies, « la vertu eſt tout ce qui eſt vraiment & » conſtamment utile aux hommes vivans en ſo- » ciété ». Il s'enſuit de cette belle définition, qu'un champ fertile eſt quelque choſe de très-vertueux, puiſqu'il procure des avantages conſtans & réels aux hommes vivans en ſociété. Si la vertu ſe meſuroit uniquement ſur l'utilité dont elle eſt pour la ſociété, un Prince vicieux & méchant, mais qui procureroit des avantages à nombre de ſes ſujets, ſeroit plus vertueux qu'un homme ſage & réglé, qui ne pourroit leur rendre ſervice. Eſt-ce qu'un tel homme n'auroit aucune vertu ? Non, répond l'Auteur. « Il n'a en partage que la raiſon & » la prudence ». Ainſi ce ne ſont point là des vertus. Il ajoute que c'eſt l'eſpérance & la crainte qui rendent l'homme juſte & vertueux ; l'eſpérance d'être récompenſé par la société, s'il lui est utile ; la crainte d'en être puni, s'il lui est nuisible.

L'Auteur a beau peindre en plusieurs endroits de son ouvrage les charmes de la vertu (telle qu'il l'entend ici,) elle ne peut être chere qu'à ceux qui, par une organisation particuliere, sont disposés à sa pratique ; & les autres qui en seroient gênés dans l'exercice de leurs passions, ne peuvent que la haïr.

Il convient cependant que souvent cette vertu de convention, dont il fait tant d'éloges, loin de procurer le bonheur à ceux qui la pratiquent, les plonge dans l'infortune : elle est presque par-tout privée de récompense, haïe, persécutée. Mais, dans cette triste perspective, toute la ressource de l'homme, dit-il, c'est de trouver en lui-même ses consolations, de se respecter, de sentir sa dignité. On sent tout le faux de cette défaite. Comment l'homme trouveroit-il en lui-même ses consolations ? Cela dépend de la nature. Et comment, n'étant pas libre, peut-il sentir sa dignité ? Une pierre se respecte-t-elle elle-même ? Un diamant peut-il sentir sa dignité ?

L'Auteur veut encore ailleurs que nous soyons vertueux, quoiqu'il convienne que dans le monde actuel la vertu persécutée & bannie ne trouve aucun des avantages qu'elle est en droit d'espérer. N'est-ce pas une dérision, quand il nous dit ensuite, qu'au défaut de récompenses dans une autre vie, cette vertu toujours persécutée est sa propre récompense ? Ailleurs il prétend que l'homme, « dès que le
» vice le rend heureux, doit aimer le vice ;
» car, dit-il, dès que l'inutilité & le crime
» sont honorés & récompensés, quel intérêt
» trouveroit-on à s'occuper du bonheur de ses

» semblables, ou à contenir la fougue de ses
» paſſions » ? Ainſi, ce qui nous eſt utile &
avantageux, ſoit en pratiquant la vertu, ſoit
en commettant le crime, eſt toujours préférable, ſoit à l'honnêteté, ſi on fait mal, ſoit
au mal, ſi notre organiſation nous porte à la
vertu. Eſt-ce à un Philoſophe de cette trempe à
nous dire après cela que, *ſans la vertu l'homme ne ſauroit être heureux* ?

Nombre de Sentences de cet Auteur ſont
belles; mais aucune ne peut ſe concilier avec
ſon ſyſtême : tranſplantées de la religion dans
le ſol du Matérialiſme, elles dégénerent. Dans
quel ſens, par exemple, peut-il dire que l'homme de bien, quand il eſt abandonné de tout
l'univers, *ſe conſole par la confiance qu'il a
dans la juſtice de ſa cauſe* ? On ne voit pas
d'ailleurs pourquoi l'homme vertueux, en diſgrace & ſans Dieu, devroit être moins malheureux que le méchant diſgracié. Tous les deux ne
ſont-ils pas également dans le cas de maudire une nature, qui les a organiſés de maniere à ne point pouvoir ſe coordonner avec
la ſociété ? Et qu'on ne diſe point que le premier ſent ſa premiere dignité, au lieu que l'autre ne trouve au fond de ſon cœur que des
regrets & des remords : tout cela eſt dépourvu
de ſens dans le ſyſtême du Matérialiſme, où il
n'y a ni mérite ni démérite, ni honte ni remords. Et qu'eſt-ce qu'une machine qui ſent ſa
propre dignité, ou qui eſt touchée de ſon indignité ? A-t-on jamais entendu de pareilles folies ?

Selon le même Auteur, les erreurs des hommes ſur ce qui conſtitue le bonheur, ſont la
ſource d'une grande partie de nos maux. Cela
eſt vrai. Mais, d'après le ſyſtême de la nature, ces erreurs ſont involontaires : elles dé-

pendent des décrets irrévocables de la nécessité ; & dans tous les instans de notre vie nous sommes poussés malgré nous, & à notre insçu, par des causes imperceptibles, & entraînés par elles à préférer le plaisir du moment à un bonheur durable. Il est donc injuste de nous reprocher nos écarts, & ridicule de vouloir apporter des remedes à un mal nécessaire.

« Le bonheur de l'homme, dit encore l'Au-
» teur, ne résulte jamais que de l'accord de
» ses desirs avec les circonstances ». A la bonne heure : mais si mes désirs sont le résultat nécessaire des élémens physiques de ma constitution, & si ces désirs malheureusement ne s'accordent pas avec les circonstances où la nécessité m'a placé, à quoi peut me servir la morale de l'Auteur ? De plus, on nous dit ailleurs « que, par une loi irrévocable du des-
» tin, les hommes sont forcés d'être mécon-
» tens de leur sort » ; il est donc impossible que nos désirs s'accordent jamais dans ce cas avec les circonstances ; & le bonheur par conséquent est en contradiction avec une loi irrévocable du destin.

« Ce n'est point la nature, selon l'Auteur,
» qui nous rendit malheureux : c'est unique-
» ment à l'erreur que sont dus tous nos maux ». Mais encore une fois, dans le système du fatalisme, nos erreurs sont aussi-bien l'ouvrage de la nature, que les feuilles des arbres ou la fragilité du verre. Le mal physique & le mal moral sont dus à la nécessité des choses. Nos erreurs sont les résultats physiques de notre organisation, & des idées que d'autres nous ont communiquées : ces idées ont encore été l'effet nécessaire de l'organisation de ceux

de qui nous les tenons, & ainsi de suite à l'infini : c'est un cercle éternel de causes & d'effets nécessaires. Il n'y a donc pas de bon sens à dire aux mortels, à ces instrumens passifs entre les mains de la nécessité : *Ce n'est point la nature, c'est vous qui vous rendez malheureux.*

L'Auteur pense que la somme des biens surpasse de beaucoup celle de nos maux. Il est insensé de dire après cela, comme il fait, que l'infortune est l'appanage de l'homme, & que ce monde n'est fait que pour rassembler des malheureux.

Il veut cependant qu'on puise dans la nature, des remedes contre ces maux que la nature nous fait. Mais toute ma façon de penser & d'agir n'étant, selon lui, que le résultat nécessaire de mon organisation, c'est conseiller à la nature de chercher dans la nature des remedes contre les maux que la nature fait à la nature. A quoi sert, après cela, de m'adresser de longues tirades de morale, à moi qui ne puis qu'obéir nécessairement aux impulsions physiques d'un tempérament que je ne me suis point donné ? Si la nature veut que je sois raisonnable & sage, je le ferai nécessairement : veut-elle que je sois déraisonnable & vicieux ? je le ferai, malgré toute la morale de l'Auteur. Il n'a donc fait qu'insulter les hommes, en leur donnant tous les documens qui se trouvent dans son ouvrage.

Mais, voici encore quelque chose de plus extravagant. « Guérissez les corps, dit-il, & » vous serez presque sûr de guérir l'ame ». Ainsi tous les vices de l'homme, à son avis, étant à la charge du tempérament ; il charge à l'avenir les médecins de cette cure. Il convient que les mobiles spirituels, tels que les réflexions, les idées frappantes, les raisonnemens, les exhortations, les promesses, les menaces, influent sur l'intérieur de l'homme; mais il les regarde comme nuisibles au tempérament, & voudroit qu'on leur en substituât de physiques. Si cela est, & qu'il faille substituer la pharmacie à la logique & à la morale, de quoi s'avise-t-il de composer un livre tout farci de remedes spirituels?

Ce qu'il y a de vrai, c'est que, dans la bouche d'un Matérialiste-Fataliste, la morale n'est autre chose qu'un vrai galimatias : du moment qu'il en parle, il est en contradiction avec lui-même. Toutes nos actions, toutes nos pensées sont des résultats nécessaires de notre organisation. Telle est par-tout la doctrine de l'Auteur du système de la nature & des autres Matérialistes. Qu'il la change cette organisation si fatale à notre liberté; mais qu'il cesse de nous accuser comme si nous étions libres. Dépend-t-il de l'horloge de corriger lui-même ses mouvemens, lorsqu'il lui arrive de ne pas marquer juste. Il y a ici plus encore : cet Auteur, qui se mêle de donner des conseils à une machine, oublie qu'il est machine lui-même : c'est le moulin à vent qui querelle le moulin à eau d'avoir une marche différente de la sienne.

Enfin l'Auteur, parlant du suicide, dit que l'homme n'a point d'engagement avec la nature, dès qu'elle lui refuse le bonheur. Il ne peut plus alors aimer son existence : il peut se tuer. Nouvelle contradiction. Le suicide ne dépend-il pas du destin comme tout le reste? Or, s'il en dépend, on ne pourra s'ôter la vie, qu'autant que le destin l'aura décidé. Mais voyons la maniere dont l'Auteur tâche de justifier le suicide ; elle est des plus étranges, & confirme ce que nous disons. « Toutes nos actions, dit-il, n'étant que des effets nécessaires de causes ignorées, celui qui se tue, ne fait qu'accomplir un arrêt de la nature. Cette nature a travaillé pendant des milliers d'années à former dans le sein de la terre le fer qui doit trancher ses jours ». D'où il conclut qu'il n'y a rien de blâmable dans le suicide. Mais « si l'on a tort de blâmer celui qui se tue, parce qu'il agit par nécessité », on n'a donc pas non plus raison de blâmer aucun crime, ni de louer aucune vertu. Ainsi, cette apologie du suicide est en même-temps celle des assassins, des voleurs, des libertins, des perfides, des ingrats ; enfin de tout ce qu'il y a, dans le monde moral, de plus détestable & de plus horrible.

Nous pourrions relever beaucoup d'autres écarts de la prétendue morale des Matérialistes, mais cet échantillon est plus que suffisant pour en montrer l'absurdité. Si l'homme est un être purement matériel, si sa conduite, bonne ou mauvaise, vertueuse ou vicieuse, utile ou nuisible, est un enchaînement d'actions aussi nécessaires que tous les autres mouvemens de l'univers ; s'il n'est, dans tous les instans de sa vie, qu'un instrument passif entre les mains de la Nécessité, il est toujours nécessairement ce qu'il est, & ce qu'il doit être. Le Moraliste est une machine à sentences, l'homme foible une machine à remords, le scélérat une machine à crimes, l'homme de bien une machine à bienfaisance, l'athée une machine à blasphêmes, le théiste une machine à croire en Dieu ; tout, comme le moulin est une machine à moudre, l'horloge une machine à mesurer le temps. L'ouvriere de toutes ces machines est elle-même une machine immense, la nature aveugle, qui leur sert en même-temps d'attelier, où le destin les a placés pour exécuter leurs mouvemens nécessaires, chacun selon les loix de sa composition. Je demande si ce sont-là des principes sur lesquels on puisse fonder un système de morale quelconque ? je les trouve plutôt propres à faire tourner la tête, qu'à porter à la vertu ou au vice. Il me paroît qu'un Matérialiste conséquent doit se laisser aller à son tempérament; & tandis que ses passions le maitrisent, il se croira toujours entraîné par le torrent de la nécessité. Que servent après cela les maximes de morale de ces Philosophes impies, sinon à prouver que leur système est de la derniere inconséquence ?

Cependant ils nous vantent tous les jours l'innocence de la vie qu'ils menent. Mais, d'un côté, quelle peut être l'innocence d'un homme qui méconnoît son Dieu & son Créateur, & qui se dit le jouet d'une fatalité aveugle ? & de l'autre, outre qu'il y en a beaucoup qui sont chargés de crimes, & que tous leurs principes les y conduisent & les y autorisent, lorsqu'ils le peuvent faire impunément, à quoi serviroit cette vie innocente de quelques-uns, ou même de tous, si l'on veut, tandis que, dans la paisible retraite de leur cabinet, ils ne travaillent qu'à fournir des armes & des prétextes aux libertins, aux ambitieux, aux voleurs publics ? &c. Pour peu qu'ils connoissent le cœur de l'homme, ils doivent prévoir que, pour un de leurs prosélytes, dont les foibles passions ne le porteront pas à des

excès

excès funestes, il y en aura des milliers que leur système doit inviter ou attacher au crime. Epicure ne fit pas beaucoup de mal en personne ; mais l'Epicuréisme perdit la République de Rome (a). Si le chef ou l'apôtre d'une secte est d'un tempérament doux & paisible ; si sa conduite est inconséquente à ses principes, on ne peut pas s'attendre à la même modération de la part de ses Sectateurs.

Nous ne croyons pas nécessaire de prouver ici contre les Matérialistes l'existence d'une loi naturelle, & la distinction du juste ou de l'injuste, du bien & du mal, de la vertu & du vice en soi. C'est une suite nécessaire de l'existence de Dieu, & de la spiritualité de nos ames, comme on l'a prouvé ci-dessus, & qu'on le prouvera encore dans la suite. D'ailleurs, cette matiere se trouve dans une infinité d'ouvrages qui sont entre les mains de tout le monde ; mais, parmi ceux qu'on peut consulter, il ne faut point oublier l'ouvrage du P. *Lamy*, Bénédictin, intitulé : *De la Connoissance de soi-même*, en 6 volumes *in*-12. Il renferme d'excellentes réflexions.

V.

Sur la Religion & les Princes.

Les Athées, purs Matérialistes, ne croyant point l'existence de Dieu, il n'est pas étonnant qu'ils rejettent toutes les Religions : ils les combattent même avec fureur. Mais leurs raisons, bien loin d'être capables d'ébranler

---

(a) *Voy.* Considération sur la grandeur & la décadence de Rome. c. 10.

les esprits solides, servent au contraire à montrer de plus en plus la nécessité de rendre un culte à la Divinité.

L'Auteur du Systême de la nature crie beaucoup, comme les autres Matérialistes, contre la Religion en général, qu'ils appellent tous *superstition*. Il se prévaut de ce que ses maximes n'empêchent pas les hommes d'être méchans : il se plaint de ce qu'elle sert souvent de prétexte aux passions, de ce qu'elle a enfanté des fanatiques, &c. Il fait briller sur cela toute son éloquence. Mais, outre que l'Athéisme est encore moins à l'abri de ces reproches, il confond par-tout la religion avec l'abus que certaines personnes en font ; & ne voit pas qu'un peuple athée & sans religion seroit beaucoup plus méchant qu'un peuple religieux, quoique superstitieux, preuve sensible de sa vérité & de sa nécessité. La religion, comme tous les motifs réprimans, ne détruit point la liberté de l'homme : c'est par ses principes & ses preuves qu'il faut en juger, & non par la conduite de ceux qui la pervertissent, qui en abusent, ou qui l'oublient. Or, rien de plus avantageux pour l'homme que les principes de la religion, qui lui remettent devant les yeux tous ses devoirs, & le chemin qui conduit au bonheur ; au lieu que l'Athéisme, qui détruit toute liberté, nous rend méchans malgré nous, quelque belles que soient les maximes que ses partisans nous débitent, seulement pour la montre : & il ne nous présente d'autre bonheur que des miseres continuelles pendant cette vie, & l'anéantissement après la mort. Quelle perspective !

Si l'Auteur du Systême de la nature avoit voulu être conséquent dans ses principes, il auroit vu très-aisément que le parallele qu'il fait entre la morale de la nature, & celle de la religion, est tout-à-fait absurde; puisque, suivant son système, tout étant l'ouvrage de la nature, la religion avec toutes ses suites n'est que l'effet de certaines impulsions & attractions physiques, ou, en un mot, l'effet de la nécessité. C'est donc distinguer la nature d'elle-même, que de la mettre aux prises avec la religion.

Il ne s'agit point de prouver ici qu'il y a toujours eu des Princes & des Prêtres ignorans, entêtés, persécuteurs. Personne n'en doute. Le véritable état de la question, vis-à-vis des Matérialistes, se réduit à savoir si l'Athéisme seroit un moyen propre à contenir & à desarmer les passions; si un homme méchant ne le seroit pas davantage, en ne croyant point l'existence d'un Etre suprême vengeur & remunérateur; s'il est raisonnable de souhaiter qu'il n'y ait point de religion, afin que des gens qui en deshonorent les dogmes, & en violent la morale, eussent un pretexte de moins. Sur ce pied-là il faudroit non-seulement abolir la religion, mais toutes les loix politiques.

Un peuple est superstitieux, parce qu'il est ignorant; mais son ignorance a des causes très-indépendantes de la religion, qui, bien loin d'y contribuer, en souffre la premiere. Il en est de même des siecles éclairés: la religion en profite, mais elle ne les amene pas. Ce n'est point la Théologie qui a rendu grossiers & ennemis de tout savoir les Francs, les Gots, les Vandales, les Huns, &c.: ce n'est pas elle qui les a amenés dans nos contrées, &c. L'état de la religion suit assez communément les révolutions de l'esprit humain, qui, à leur tour, dépen-

E ij

dent de la combinaison de mille circonstances qui lui sont totalement étrangeres.

La religion veut que nous réglions nos passions : l'Auteur du Système de la nature trouve que c'est un précepte aussi ridicule, qu'impraticable. « C'est, dit-il, nous conseiller de chan-
» ger notre organisation ; c'est ordonner à no-
» tre sang de couler plus lentement, à la na-
» ture de nos fluides de s'altérer ». Il ne voit pas, qu'outre la pétition de principe, ces objections attaquent en général toute regle de conduite ; & par conséquent, qu'elles tendent à détruire la morale du Philosophe, aussi-bien que celle de la religion ; qu'il est ridicule de dire après cela à la fin de son premier volume : « O homme, sois tempérant, modéré, rai-
» sonnable.... Ne sois point prodigue du plai-
» sir... Abstiens-toi de tout ce qui peut nuire
» à toi-même & aux autres.... sois vraiment
» intelligent, sois vertueux ». Il veut donc, comme la religion, que nous résistions aux attraits du vice, & que nous modérions nos passions ? tant il est vrai qu'il est impossible d'être Athée & Moraliste en même-temps.

Cependant, après avoir dit de même dans un autre endroit, « que la nature exhorte l'ê-
» tre amoureux de lui-même à modérer ses
» passions, & à y résister », il avance ailleurs, comme il l'avoit déja fait, que le précepte de modérer ses passions est absurde. Il se moquera donc des leçons de sa Déesse toutes les fois qu'elle lui conseillera de leur résister. Suis-je donc le maître, lui dira-t-il, de résister à une passion qui dépend nécessairement de mon organisation & des causes qui la modifient ? L'Auteur ajoute que « la religion dit à l'être sensible
» de n'avoir point de passions ». Il prétend

qu'elle demande l'infenfibilité à fes fectateurs, & qu'elle interdit aux hommes la joie, le plaifir, la triftefse, &c. Mais c'eft une pure calomnie. Le précepte d'être impaffible appartient à la Philofophie des Stoïciens. Tandis qu'ils regardoient toutes les queftions fur la Divinité & fur l'ame comme indifférentes pour la conduite des mœurs, & qu'ils bornoient toutes leurs vues à l'exiftence préfente, ils trouvoient des avantages à vouloir détruire en eux-mêmes toute fenfibilité, anéantir l'effet de tous les objets extérieurs, & fe garantir du malheur, au prix de n'être affectés d'aucun plaifir. La religion, loin de donner dans ces chimeres, nous prefcrit la modération de nos defirs : elle les regle, elle leur montre la fin où ils doivent tendre.

Mais, continue l'Auteur, il faut au moins avouer que la croyance d'une autre vie rend les hommes enthoufiaftes, inutiles, lâches, atrabilaires, forcenés. C'eft néanmoins la croyance univerfellement répandue, la croyance du genre humain. Cet impie ne voit donc dans le monde que des enthoufiaftes, des lâches, & des forcénés. Mais qu'on en juge par l'expérience : on verra au contraire que la religion met tout dans l'ordre, quand on en pratique les préceptes, & que c'eft l'athéïfme qui eft la fource de tous les crimes & de tous les défordres.

L'Auteur prétend encore que la religion eft inutile; « parce que, dit-il, fa voix ne peut » fe faire entendre dans le tumulte des fociétés, où tout crie à l'homme qu'il peut fe rendre heureux fans nuire à fes femblables ». Un tel argument prouve avec autant de force, que la raifon eft une faculté tout-à-fait inutile à l'homme, parce qu'il y a des temps où sa voix est étouffée par les passions. La voix de la religion est assez forte pour parvenir aux oreilles de tous ceux qui veulent l'entendre.

Mais admirons une nouvelle contradiction de ce nouveau *précepteur du genre humain* : (c'est le titre que se donnent les nouveaux athées). Il prétend dans un endroit que la religion n'est point faite pour le plus grand nombre des hommes ; & plus bas il ajoute, que l'Athéisme & la Philosophie ne conviennent point au vulgaire, ni même au plus grand nombre des mortels. Le peuple ne doit donc, ni croire qu'il existe, ni croire que Dieu n'existe pas : il faudroit abolir la religion, qui n'est pas faite pour lui, & mettre à sa place l'athéisme, qui ne lui convient pas. Quelle idée peut-on se former d'un pareil raisonneur ?

Enfin l'Auteur, supposant toujours ce qui est en question, veut remplacer la religion par une bonne éducation, une bonne morale, un bon gouvernement. Mais l'on a prouvé mille fois que l'éducation, la morale & le gouvernement, sont nuls sans la religion : il falloit démontrer le contraire, contre les législateurs anciens & modernes, contre l'opinion de l'univers. Dans tous ses beaux projets cet Auteur oublie le peuple, c'est-à-dire, la plus grande partie du genre humain. Quelle éducation veut-il qu'il reçoive, quand on aura banni la religion ? Quelle morale lui prêchera-t-on ? S'il croit de bonne-foi que la sienne est à la portée du peuple, ou qu'elle peut le contenir, & l'empêcher d'être vicieux, on est tenté de croire qu'il n'est jamais sorti de son cabinet.

Quand l'Auteur du Systême de la nature parle *d'un bon gouvernement*, ce n'est pas qu'il en approuve aucun. Les Matérialistes, comme on a vu, ont imaginé, mais sans en donner aucune preuve, qu'originairement les hommes vivoient comme des sauvages dans les forêts, & qu'ils avoient peu, ou même point de commerce les uns avec les autres. En conséquence ils crient de toutes leurs forces contre ceux qui ont commencé à rassembler les hommes pour les faire vivre en société, & s'élèvent encore plus vivement contre l'établissement des gouvernemens civils & politiques. « L'état de société, dit » l'Auteur dont on vient de parler, est un » état de guerre du Souverain contre tous, » & de chacun des membres les uns contre » les autres ». Mais c'est proprement-là le tableau d'une nation athée. La société y auroit droit d'exiger de chacun de ses membres le sacrifice de ses intérêts particuliers, & de sa vie, aussi souvent que le bien public sembleroit le demander : chaque membre de son côté auroit droit de le refuser. La vie sur-tout étant naturellement le souverain bien d'un athée, toute sa morale ne présente pas un seul motif capable d'engager un homme raisonnable à la sacrifier pour un autre. Dès que mon existence est bornée à cette vie ; dès que je n'ai rien à craindre ni à espérer dans une autre, lequel doit m'importer le plus, le bonheur des autres aux dépens du mien, ou mon bonheur aux dépens de celui des autres ? Un jour de mon existence de plus doit naturellement être plus cher à mes yeux, que le salut de ma patrie, que celui de tout le genre humain. Voilà donc la guerre entre la société & les individus ; & ce qui est encore plus frappant, voilà une guerre qui, d'après les principes de l'Auteur, seroit juste de deux côtés.

Si tout est fini avec cette vie, ma raison me force à regarder comme des fous tous ces prétendus grands hommes qui ont sacrifié leur repos, leurs plaisirs, leur vie même, au bien-être de leurs semblables. Cependant l'Auteur les comble d'éloges, comme les autres.

On feroit une longue énumération des abus & des défauts qui subsistent, même parmi les nations les plus éclairées, dans la législation & dans les tribunaux : mais qui pousseroit l'extravagance assez loin pour en conclure, comme fait l'Auteur, que le genre humain seroit plus heureux sans loix, & que l'anarchie est préférable à un gouvernement réglé ? C'est ici qu'il faut appliquer cette regle de logique, que les argumens qui prouvent trop, ne prouvent rien.

« Dans une société bien constituée, ajoute » l'Auteur, l'homme vertueux n'a rien à crain- » dre, ni des hommes ni des Dieux ». Pour ce qui est des hommes, il enseigne dans tout son ouvrage, que les méchans sont aussi-bien entrés dans le plan de la nature, que les gens de bien ; que les égaremens de l'esprit humain sont d'une nécessité physique, & qu'il est dans l'ordre que le méchant nuise à son semblable, parce que son organisation & sa nature le forcent à nuire. Il n'y a donc point d'espérance de voir jamais cette société bien constituée ; & dès qu'on ne reconnoît ni Dieu, ni religion, elle n'est pas même possible.

Le système de l'athée favorise les passions des grands & des riches, & doit par conséquent être en horreur au peuple. Voilà pourquoi l'on voit tant de gens puissans tomber dans cet abîme, & le peuple se tourner toujours du côté de la religion.

Mais c'est sur-tout contre les Princes qui favorisent la religion, que les athées décochent leurs traits les plus perçans. On se rappelle sans doute qu'ils les traitent d'injustes, de brigands, de furieux, &c. De pareils excès portent avec eux leur réfutation. Il ne faut qu'avoir une légère teinture de l'histoire, pour se convaincre que, non-seulement le portrait est enflé, mais absolument faux; & que, s'il y a eu un grand nombre de Princes qui se sont rendus redoutables & nuisibles à la société, ce n'est point la religion qui les a rendus tels: il ne faut qu'avoir un peu de bon sens pour comprendre qu'il est toujours plus avantageux de se trouver sous des Princes vicieux, que de vivre dans l'anarchie, que nos Philosophes voudroient introduire. Mais le comble de l'impudence est de dire, comme ils font, que c'est la notion de la Divinité, la religion & les Prêtres, sur-tout ceux du Christianisme, qui ont rendu la plupart des Souverains injustes & tyrans. Qu'il y ait eu des Prêtres qui ont porté les Princes à la tyrannie, cela peut être: mais on a tort de mettre sur le compte de la religion cette injustice de quelques-uns de ses Ministres. Elle la condamne ouvertement; & tous les Prêtres n'ont pas donné dans cet excès: que dis-je, il n'y en a qu'un petit nombre qui s'y soit porté. C'est bien au contraire la nouvelle philosophie du Matérialisme qui doit naturellement produire cet effet. C'est ce qu'il s'agit de prouver.

Supposons donc un Prêtre de la Religion Chrétienne qui va trouver un Roi, & qui lui

dit : Seigneur, vous êtes l'image de Dieu par l'autorité que vous exercez sur les peuples : mais sachez que vous avez au-dessus de vous une Majesté bien plus redoutable que la vôtre. Vous lui êtes comptable de l'administration qu'elle vous a confiée. Bientôt vous descendrez de votre trône pour comparoître devant le sien. « Ecoutez donc, ô rois, disent nos livres
» saints, & recevez l'instruction, juges de la
» terre. Considérez que vous avez reçu cette
» puissance du Seigneur & cette domination
» du Très-Haut, qui examinera vos œuvres, &
» qui sondera le fond de vos pensées. Parce
» qu'étant les ministres de son royaume, vous
» n'avez pas jugé équitablement ; que vous n'a-
» vez point gardé la loi de la justice, & que
» vous n'avez point marché selon la volonté
» de Dieu, il se fera voir à vous d'une ma-
» niere effroyable ; & dans peu de temps,
» parce que ceux qui commandent les autres,
» seront jugés avec une extrême rigueur.....
» Les puissans seront puissamment tourmentés.
» Dieu n'exceptera personne, & il ne respec-
» tera la grandeur de qui que ce soit, parce
» qu'il a fait les grands comme les petits,
» & qu'il a également soin de tous : mais les
» plus grands sont menacés des plus grands
» supplices ». (Sagesse 6. 2. 9.) Le Prêtre ayant parlé, le Philosophe Matérialiste se présente au même roi, & lui dit : « Seigneur, n'écoutez
» point ce Prêtre, qui n'est qu'un tyran. Vous
» n'êtes roi que par l'énergie de la nature ;
» vous ne pouvez faire que ce que vous faites.
» Si vous êtes bon, vous l'êtes irrésistible-
» ment ; si vous êtes méchant, vous l'êtes né-
» cessairement : c'est la *force centrale* de la na-
» ture qui vous a *pipé* ainsi. (Système de la

» nature). Vous n'avez à craindre, ni la con-
» science, ni Dieu, ni diable : ce sont des
» chimeres que vous suggerent les Prêtres.
» Nous sommes plus clairvoyans : nous vous
» disons que vous ne risquez rien de la part
» d'un Dieu vengeur, parce qu'il n'y en a
» point. Vivez aussi délicieusement que vous
» pourrez : à l'heure de la mort ce sera au-
» tant de pris. Pillez vos peuples, si vous vou-
» lez ; refusez-leur la justice ; égorgez-les ; il
» ne vous arrivera rien dans une autre vie, qui
» n'existe point ». Là-dessus le roi fait ses
réflexions, & dit : Si je veux être méchant, le
Prêtre m'épouvante, & le Philosophe me rassure : Si je veux être bon, le Prêtre me console, & le Philosophe m'épouvante, en me disant que je serai sans récompense. Que ferai-
je ? Le roi prend sa résolution. S'il écoute le
Prêtre, il est heureux avec son royaume : s'il
écoute le Philosophe, il se plonge lui & son
royaume dans les derniers malheurs. Ce ne
sont donc point les Prêtres, mais nos prétendus Philosophes, qui sont capables de rendre
un roi méchant, & ses peuples malheureux.
Ce qu'il falloit démontrer.

Finissons cet article, en observant qu'il faut
mettre une gande différence entre les Athées
modernes & ceux du temps passé. Ces derniers
ont été beaucoup plus modérés que les incrédules de nos jours, qui attaquent la religion avec
toute la fureur du fanatisme le plus violent. Ce ne
sont plus ces Philosophes paisibles qui propo-
soient leurs difficultés sans bruit : nos athées prê-
chent sur les toits : ils soufflent le feu de la
sédition & de la discorde dans tous les états :
ils se mettent au-dessus de la décence, & prouvent par leurs emportemens que, s'ils ne sont

pas tout le mal possible, nous n'en sommes redevables qu'à leur impuissance, & au peu de crédit que leur système & leur maniere de procéder, peuvent leur attirer. (Voyez M. Holland).

En faisant attention à tous les principes que nous avons établis dans ces réflexions sur le système des Matérialistes, il sera aisé de réfuter quelques autres erreurs particulieres de ce système, auxquelles nous n'avons pas cru devoir nous arrêter.

XLIV.

Réflexions sur le système des Déistes.

1º. Les Déistes font profession de croire l'existence de Dieu, mais ils nient sa providence. La Divinité, selon eux, ne se mêle point de nos affaires, & n'a aucune relation avec les hommes. Mais, si Dieu n'influe en rien sur mon sort; s'il ne prend aucune connoissance de mes actions; que m'importe son existence ? S'il n'est pas présent par-tout, s'il ne dirige rien, si nos vertus & nos vices ne sont jamais le motif d'aucune de ses démarches, il n'est ni parfait, ni bon, ni sage, ni juste: il n'est rien. Un tel Déisme n'est qu'une secte particuliere de l'Athéisme, ou bien un système qui pour nous est parfaitement équivalent à celui de l'Athée.

En vain le Déiste objecte-t-il, 1º. qu'admettre une Providence, ce seroit assujettir l'Auteur de la nature à des attentions pénibles & continuelles, pour un dessein aussi petit que celui de la conservation de l'Univers; 2º. qu'il paroît indigne de la majesté de Dieu de se s'abaisser jusqu'au gouvernement de choses aussi viles que les temporelles. Car d'un côté, Dieu étant souverainement intelligent, parfait & tout-puissant, c'est s'en former une fausse idée, que de croire que le gouvernement du monde lui causeroit des attentions pénibles & continuelles : sa volonté seule opére tout ce qu'il lui plaît, quand il lui plaît, & comme il lui plaît, avec une toute-puissante facilité ; & de l'autre, il n'est pas plus indigne de sa majesté d'avoir soin des choses temporelles, que de les avoir créées. D'ailleurs, tous les êtres contingens, spirituels ou matériels, ne subsistant point par eux-mêmes, & ne pouvant se donner le mouvement ni la pensée, ni les autres propriétés qui leur conviennent, ils retomberoient dans le néant, si Dieu cessoit un instant de les conserver par une création continuelle ; ou ils demeureroient dans l'inaction, si, en leur conservant l'existence, il ne produisoit sans cesse, comme cause premiere & universelle, tous ces effets merveilleux que nous admirons dans le monde spirituel & corporel, & qu'on ne peut attribuer qu'à une sagesse & à une puissance infinie, qui fait agir par une influence perpétuelle les êtres nécessaires nécessairement, & ceux qui sont libres librement. Voyez ce que nous avons déja dit sur cette matiere dans l'article précédent.

29. Parmi les Déistes, il y en a qui sont Matérialistes par rapport à la nature de l'ame humaine ; ils la croient matérielle, & par conséquent mortelle. Nous ne répéterons pas ici ce que nous avons dit dans l'article précédent sur la spiritualité de l'ame. Nous nous flattons d'avoir démontré qu'elle n'est point matérielle. Mais nous ne concevons pas comment les Déis-

tes-Matérialistes, en reconnoissant l'existence de Dieu, peuvent nier la spiritualité & l'immortalité de l'ame, puisqu'il n'y a rien de plus inséparable que ces deux principes.

1°. Si notre ame est matérielle, il s'ensuit qu'elle n'est qu'un arrangement d'atômes, ou un composé de plusieurs parties, qui, par leur mouvement, leur dispersion, ou leurs configurations différentes, font tout ce qu'il y a de noble & d'excellent dans la pensée. Cela étant, on peut dire que la vérité des premiers principes ne subsiste que par l'arrangement de quelques atômes ; que si ces atômes se mouvoient dans un autre sens, ou avoient un arrangemennt contraire à celui qu'ils ont, nous aurions des premieres notions toutes contraires à celles que nous avons ; & qu'ainsi les premiers principes ne font point une regle assurée pour nous conduire à la vérité de l'existence de Dieu : ce qui établit un Pyrrhonisme incompatible avec la certitude de ce grand principe. 2°. Ce qui persuade à tous les hommes du monde qu'il y a un Dieu, c'est la considération de ces caracteres de sagesse & d'intelligence que nous voyons répandus dans l'univers. Si donc vous pensez que l'intelligence & la sagesse même que vous trouvez dans l'homme, sortent du sein de la matiere, pourquoi ne penserez-vous point que les caracteres d'intelligence & de sagesse que vous remarquez dans le monde, peuvent venir aussi de la simple matiere, puisqu'à notre égard du moins l'intelligence est plus que les caracteres d'intelligence ? On répondra sans doute, qu'il y a bien de la différence entre l'intelligence de Dieu, dont nous trouvons les marques dans le monde, & l'intelligence dont notre ame peut être capable : j'en conviens, mais qui ne fait, qu'outre l'intelligence qui eſt formellement en nous, nous y trouvons ces mêmes caracteres de la ſageſſe du Créateur qui réluiſent dans l'univers, & que la ſubordination des parties de la nature n'eſt pas plus ſurprenante, que la ſubordination des penſées & des affections qui ſont dans cette ame? Je raiſonne donc ici du plus au moins ; & je dis que, ſi les caracteres de ſageſſe qui ſont dans la compoſition de notre ame, & l'intelligence qui fait la nature de cette ame, n'ont pour principe immédiat & prochain que l'arrangement de quelques atômes, je ne vois pas pourquoi les caracteres de ſageſſe qui paroiſſent dans l'arrangement de la terre & des cieux, auroient beſoin d'un autre principe que celui-là. 3°. Remarquons, pour une confirmation de la réflexion précédente, que ſi la matiere produit l'intelligence, (comme il faut le reconnoître, dès qu'on tient l'ame mortelle & matérielle) il faut demeurer d'accord que la matiere ou ſon mouvement pouvant être diverſifiés en une infinité de manieres, la penſée qui en eſt l'effet, peut auſſi recevoir du plus ou du moins en une infinité de manieres ; & qu'ainſi, comme une certaine quantité d'atômes mus d'une certaine maniere, ont produit cette intelligence qui agit dans la ſociété, & qui a fait cette dépendance ſurprenante & cette admirable ſubordination des arts & des ſciences, qui ſont les ouvrages de la ſociété, une plus grande ou plus petite quantité d'atômes & de mouvemens, & d'autres différences de la matiere, auront produit cette intelligence qui a fait l'arrangement de la terre & des cieux, & toutes ces dépendances admirables qui font tout ce qu'il y a de beau

& de surprenant dans l'univers. 4°. En effet, je ne vois pas que, si la plus petite intelligence sort du mouvement de la matiere, la plus grande intelligence n'en puisse sortir avec la même facilité, puisque le mouvement de la matiere ne paroît pas avoir plus de rapport avec la plus petite, qu'avec la plus parfaite intelligence. Certainement, si les caracteres de sagesse que nous remarquons quelque part, ont pour principe une intelligence, & si cette intelligence elle-même sort du sein de la matiere, la matiere suffit seule, & il n'y a point d'autre cause souveraine que la matiere. 5°. Une des raisons qui nous persuadent l'existence de Dieu, c'est que nous ne voyons pas que la matiere ait de soi le mouvement, le degré & la détermination de ce mouvement; & que nous concevons qu'il a été nécessaire que Dieu réglât & dirigeât toutes ces choses, pour faire un monde si régulier & si parfait. Mais n'est-ce pas la plus grande extravagance du monde, que de croire qu'une matiere qui a de soi la pensée, n'a pas de soi le mouvement ou la détermination de ce mouvement, puisque le mouvement est évidemment un mode de la matiere, & que personne ne voit que la pensée soit proportionnée à la matiere, ou soit un mode de la matiere? 6°. Remarquons, pour le mieux comprendre, que, lorsque l'on dit que la matiere ne s'est point donnée cette mesure, ce degré, cette détermination de mouvement, qui étoit nécessaire pour former le monde, on prétend qu'elle ne se l'est point donnée, parce que cette mesure déterminée & juste enferme un dessein & une sagesse dont on conçoit que la matiere n'est point capable. Si donc vous posez que la matiere tire la sagesse & l'intelligence de son sein, vous détruisez ce principe, vous concevez sans peine qu'elle peut tirer de son sein cette mesure déterminée qui est l'effet de l'intelligence & de la sagesse; car celui qui fait le plus, fait le moins : celui qui fait la cause, fait l'effet. La matiere qui produit l'intelligence, n'est pas incapable de produire les effets & les caracteres de l'intelligence : ce qui ôte tous les moyens que l'on a de prouver l'existence de Dieu. Les Déistes dont nous parlons, ne sont donc pas conséquens; & leur système conduit naturellement à l'Athéisme.

3°. Il y a d'autres Déistes qui, sans nier absolument la spiritualité de l'ame, prétendent néanmoins qu'il est incertain si son fonds est matériel ou non; & qui, selon cette hypothèse, imaginent en elle un mélange, au moins possible, de matiere & de spiritualité : ils ont emprunté ce système extravagant du fameux Lock, Philosophe Anglois. Donnons-en une idée succinte.

Cet Auteur, dans son ouvrage de *l'entendement humain*, reconnoît en plusieurs endroits que la pensée ne peut convenir à la matiere, ni comme effet, ni comme modalité; mais à force de subtiliser & de s'enfoncer dans les abymes d'une Métaphysique arbitraire, il s'est contredit lui-même, & a mis au jour un nouveau système qui renverse la spiritualité de l'ame.

Il est le premier qui, dans ces derniers temps, a remis en vigueur ce principe d'Aristote : « Il n'y a rien dans l'esprit qui n'ait » auparavant passé par les sens » : *Nihil est in intellectu, quod non priùs fuerit in sensu.* Tout le premier chapitre de son Traité *de l'entendement humain*, est employé à établir cette fausse maxime ; & il le fait avec tant d'art, que Bayle, dans le troisieme volume de ses *pensées sur la Comete*, ne craint pas d'y renvoyer, comme à une dissertation démonstrative à laquelle il est impossible de répondre.

La conséquence qui suit de ce principe, c'est qu'il n'y a point d'idée dans l'ame d'un enfant jusqu'à ce que l'action des corps extérieurs y ait introduit, par le moyen des sens, la premiere idée, qui doit être comme le premier anneau de toutes les connoissances qu'il acquerra dans la suite.

Cette premiere idée suppose l'existence de l'ame : l'ame est donc créée sans aucune connoissance & sans aucune idée : il n'y a donc pas d'idée qui lui soit essentielle, puisqu'on peut la concevoir existante, & par conséquent avec tout ce qui appartient à son être, sans cependant qu'elle ait la plus légere idée. Lock avoue ces conséquences; & il prétend que l'ame, dans le premier instant de son existence, est comme une table rase, *tabula rasa* : c'est son expression, d'après Aristote.

Mais quel est cet être qui, capable à la vérité de recevoir des idées, n'en porte aucune dans son fonds, qui peut les recevoir toutes, mais à qui elles sont toutes accidentelles ? Lock traite cette question vers la fin de son ouvrage; &, en suivant toujours sa maxime sur l'origine des idées, il soutient qu'on apprend par une expérience constante que l'ame est capable d'idées, par conséquent qu'il lui est essentiel de pouvoir avoir des idées; mais qu'il ne lui est pas également essentiel d'en avoir réellement. Et voilà la spiritualité de l'ame renversée sans ressource. Il ne sera plus permis de dire que l'ame est spirituelle, par sa nature ; que son essence consiste dans la pensée ; qu'elle ne peut exister ni être conçue sans connoissance & sans amour. Tous les actes spirituels, étrangers au fonds de son être, sont des biens dont elle est susceptible, qui l'ornent, l'embellissent, mais qu'elle ne possède, pour ainsi dire, qu'à titre de décoration, dont elle peut être privée, sans rien perdre de ce qui lui est propre & nécessaire, & sans lesquels elle peut exister, & existe même, tant qu'elle n'a pas senti l'impression des sens.

Si l'on ne peut point assurer que l'ame soit spirituelle, pourra-t-on soutenir qu'elle soit essentiellement distinguée de la matiere & de l'étendue ? « Non, dit Lock : Nous ne pouvons
» juger de la nature des choses, que par les
» idées que nous en avons. Ce que nous sa-
» vons de la nature de l'ame, c'est qu'avant
» toute action des sens, elle est *tabula rasa*,
» par rapport à tous les actes spirituels : mais
» nous ignorons pleinement ce qui constitue
» l'être de cette table rase. Aucune lumiere
» naturelle ne nous en fait appercevoir l'es-
» sence & les propriétés : aucune idée ne nous
» conduit jusqu'au fond de cet être, qui est
» pour nous un pays inconnu. Il y auroit donc
» une égale témérité, ou d'affirmer que le
» fond de l'ame est matériel, ou d'affirmer
» qu'il n'est pas étendu ».

Nous ne connoissons clairement notre ame que par ses pensées, ses vouloirs, ses amours, ses sensations ; & Lock convient que toutes ces choses sont des modifications de son être purement spirituelles ; mais il ajoute que nous ne savons point si la substance de l'ame est de même nature que ses modalités. Ici cet Auteur détruit lui-même son système : car si nos pensées, nos vouloirs, nos amours & nos sensations, sont des modifications de notre ame, & que ces modifications soient spirituelles, c'est-à-dire, qu'on ne puisse leur attribuer les propriétés de la matiere, il est indubitable qu'on ne peut pas non plus les attribuer à la substance de l'ame ; car les modalités d'une substance ont les mêmes propriétés de la substance, parce qu'elles ne sont autre chose que la substance même modifiée. Lorsque nous pensons, que nous voulons, que nous sentons, c'est la substance même de l'ame qui pense, qui veut & qui sent ; la pensée, le vouloir, le sentiment ne sont pas distingués de l'ame ; c'est l'ame même pensant, voulant & sentant. Si les actes de l'intellect & de la volonté sont spirituels, l'ame qui les produit, doit donc aussi être spirituelle ; & il y auroit de la folie à dire que ces actes ne viennent pas de l'ame même, mais que ce sont des modalités qui en sont distinguées, & qui s'unissent à elle, quoique leurs propriétés soient disparates, sans participer à sa nature : car dans ce cas, non-seulement la modalité ne répondroit point à la nature de la substance qu'elle modifieroit, mais elle seroit encore plus noble & plus parfaite qu'elle ; ce qui est non-seulement inconcevable, mais absurde.

Quelles affreuses conséquences ce systême de Lock n'entraîne-t-il point après lui ! 1°. le défaut d'idées, avant toute action des sens, entraîne infailliblement le défaut de desirs & d'amours, qui supposent toujours quelque connoissance. L'ame, suivant cet Auteur, n'est pas moins *tabula rasa* par rapport aux uns, que par rapport aux autres. L'ame est donc au premier instant de son être, vuide de toute connoissance

& de toute volonté : le desir invincible d'être heureux ne lui est pas plus propre & plus naturel, que les desirs particuliers qu'elle peut avoir ; ce n'est point une suite essentielle de sa nature. 2º. Si l'ame est sans connoissance & sans amour dans le premier instant de son être, elle se trouve alors dans une étrange stupidité ; & cette stupidité forme son état propre : elle est une suite de sa création, puisqu'elle est attachée à son être : ce sera donc la nature de l'ame d'être brute, sans vie spirituelle, & incapable par elle-même de changer sa funeste destinée ; elle y seroit éternellement condamnée, si les sens ne réformoient & ne perfectionnoient en elle l'ouvrage de son Auteur. 3º. Si l'ame est créée pour être unie à un corps, cette union n'est point une dépendance nécessaire de son être : elle n'est, & ne peut être, que l'effet d'un décret arbitraire de Dieu, parce que l'ame & le corps sont deux substances tout-à-fait distinctes. Non-seulement l'ame pourroit exister sans être unie à une partie de matiere, mais elle peut être séparée du corps qu'elle anime : tous les jours il arrive qu'elle en est effectivement séparée, après même une union momentanée, & avant même qu'elle ait pu tirer un grand secours de l'action des sens : elle demeure donc alors dans sa stupidité & son inaction naturelles. Quelle idée se former de l'être de l'ame dans un systême aussi bizarre ? Il renverse les notions les plus simples & les plus naturelles. 4º. Les regles primitives du bien & du mal, le discernement du juste & de l'injuste, les maximes du droit naturel, les premiers devoirs de la créature envers Dieu, envers soi-même, envers le prochain, ont été gravés dans l'ame de l'homme par l'Auteur de son être : il les porte au-dedans de lui-même : il ne peut pas plus s'en dépouiller, que s'anéantir ; delà les remords de la conscience, & toute l'économie de la morale. Dans le système des idées originaires des sens, tous ces principes perdent leur certitude, & cessent d'être invariables, immuables, & imprescriptibles : ils n'ont d'autre appui & sources que des idées factices, des conventions arbitraires, des connoissances qui, n'étant point nécessaires & attachées à la nature de l'homme, & à son être primordial & essentiel, ne sont que des accidens qui peuvent éprouver des variations, suivant les temps, les pays, les circonstances.

Nous avons remarqué que c'est d'Aristote que Lock a appris que notre ame est une table rase, *tabula rasa*, & que nos idées tirent leur origine des sens. Ce Philosophe commence sa logique par cette proposition : *Omnis idea ortum ducit à sensibus*. Mais en rappellant ce que nous avons dit de son système, il ne paroît pas que cette maxime ait eu le même sens dans la pensée d'Aristote, que dans celle de nos nouveaux Philosophes.

Aristote distinguoit dans l'ame l'intellect actif νϛ, & l'intellect passif ψυχη ; l'un spirituel, l'autre matériel. L'intellect actif, selon lui, étoit une émanation de la substance divine : il reconnoissoit, comme de raison, dans cette portion divine de l'ame, des idées innées, immuables, éternelles. Mais, dans l'embarras où il se trouvoit de concilier cette doctrine avec les erreurs dans lesquelles nous tombons, il imagina, après Platon, que cet intellect actif, détaché de la Divinité, contractoit un absorbement & une ignorance universelle par son union avec le corps. Voilà pourquoi il l'appelloit *tabula rasa* ; & il ajoutoit que ce n'étoit que par l'action des sens que ses idées innées se réveilloient en nous-mêmes jusqu'à un certain point, & que la méditation & le raisonnement nous faisoient éviter les erreurs que les sens y mêloient ; à peu près comme un homme qui dort, & qui ne peut faire usage de ses connoissances, que lorsqu'il est éveillé & tiré de son assoupissement. Tel est le système d'Aristote, que nous avons développé plus au long dans son article, tom. I. Au contraire, selon Lock & nos nouveaux Philosophes, l'ame est sans idées quelconques, sans amour, sans desirs, avant l'action des sens : elle n'a donc que des idées acquises : elle n'en a aucune innée, pas même celle de Dieu. Ce qui trompe ces Philosophes, c'est qu'ils attribuent aux sens ce dont les sens sont seulement occasion. Lorsqu'il nous vient quelqu'idée par l'entremise des sens, ce ne sont point eux qui la forment. Si c'est une idée acquise, on ne peut pas même l'attribuer aux sens ; car les sensations extérieures & les idées sont d'une nature absolument différente : mais si c'est une idée innée, elle existoit deja dans l'esprit indépendamment des sens, & antérieurement à l'occasion qu'ils y donnent. Par exemple, l'idée du cercle peut être réveillée par la vue d'un cercle matériel ; mais je n'applique au cercle matériel cette idée, que parce que je l'avois auparavant. Si, sans avoir cette idée, je voyois un cercle, jamais cette sensation ne pourroit m'en donner l'idée. De même, dans le moral, je vois un fils tuer son pere, dont il n'avoit reçu que des bienfaits, & un autre lui rendre tous les respects qu'il lui doit ; j'apperçois ces différens traitemens par les sens; & je juge que celui qui tue son pere, commet un crime abominable, & que celui qui le respecte, remplit un devoir essentiel de la nature. Ce discernement du bien & du mal ne vient point des sens : c'est une idée pure de la justice, & de l'iniquité qui lui est opposée : idée gravée dans le fond de mon ame, comme dans celle de tous les autres hommes : idée aussi ancienne que le monde, & que je ne puis changer ni effacer de mon esprit, & qui se trouve dans les plus petits enfans, comme dans les hommes formés; avec cette différence, que les enfans ne l'apperçoivent que quand ils sont en état d'user de leur raison ; de même qu'un homme qui dort, ne perd pas pour cela ses idées, quoiqu'il ne les apperçoive clairement & distinctement que dans la veille. Il y a donc des idées innées, inséparables de notre ame, qui sont absolument indépendantes des sens, & tellement universelles & naturelles à l'homme, que les préjugés, le génie, l'éducation, les temps, les mœurs, les loix nationales, rien en un mot ne peut les faire varier, les changer, ni en détruire la vérité.

Mais, disent les nouveaux Philosophes, toutes les opérations de l'ame peuvent se réduire au jugement. Or juger, c'est sentir : car juger, c'est appercevoir les convenances ou les disconvenances des objets ; or appercevoir ces convenances ou ces disconvenances, c'est les sentir : donc le jugement est une sensation. Pur sophisme. Tout cela seroit vrai, si la convenance ou la disconvenance des objets se sentoit par la vision, l'ouie, l'odorat, le goût, ou le tact : mais il n'en est pas ainsi. Cette convenance ou disconvenance des objets est apperçue

apperçue par une faculté spirituelle, qu'on peut appeller sentiment intérieur, *sensus interior* : or ce sentiment intérieur, non-seulement n'est pas la même chose que les sens extérieurs, mais il ne les accompagne pas toujours. Pour pouvoir les confondre, il faudroit prouver que le sentiment intérieur, qui nous fait juger de la convenance ou de la disconvenance de deux objets, n'est jamais distingué de la sensation de ces deux objets; & que par-tout où se trouveroient ces deux sensations, il y auroit une perception de convenance ou de disconvenance : ce que personne ne peut soutenir sérieusement.

Nous disons que les sensations n'accompagnent pas toujours ce sentiment intérieur, qui nous fait juger des choses que nous connoissons ; parce que si nous avons un nombre d'idées innées, ou acquises, qui se réveillent ou se forment en nous, à l'occasion de l'impression des sens, quoiqu'elles n'en viennent point, il y en a aussi un grand nombre auxquelles les sens n'ont aucune part; telle que l'idée de Dieu, c'est-à-dire, de l'Etre infiniment parfait, celle de notre ame & de son existence. Je pense ; donc je suis. Je doute si je pense ; donc j'existe. Ces deux idées sont absolument indépendantes de l'impression des sens. Il en est de même de l'idée de la spiritualité de l'ame, de l'éternité, & de toutes les notions des perfections spirituelles, de la vérité, de la sagesse, de la justice, de la bonté, de la mémoire, de la conscience, du jugement, &c. On ne conçoit point ces choses par la vue, ni par le tact, ni par l'ouïe, ni par l'odorat; & bien loin de venir du corps, ou d'en supposer l'idée, elles ne peuvent se joindre avec

Tome II. F

celle de la matiere. On peut encore y ajouter l'idée des nombres, qui peut être très-parfaite sans l'idée des corps; celle de la durée, qui accompagne toutes les opérations de l'esprit; & mille autres idées, qui n'ont aucun rapport avec les sens. Il est donc faux qu'il n'y a rien dans l'esprit qui ne vienne des sens, ou qui ne passe par les sens, ou qui ne soit excité par l'impression des sens. On peut dire au contraire, que nulle des idées qui sont dans notre esprit, ne tire son origine en aucune maniere des sens, si ce n'est par occasion; en ce que les mouvemens qui se font dans notre cerveau, qui est tout ce que peuvent faire nos sens, donnent occasion à l'ame, par la communication intime qu'elle a avec le corps, de se rappeller ou de se former diverses idées qu'elle ne se rappelleroit pas, ou ne se formeroit pas sans cela; quoique, presque toujours, ces idées n'aient rien de semblable à ce qui se fait dans les sens & dans le cerveau; & qu'il y ait de plus, comme on vient de le remarquer, un très-grand nombre d'idées, lesquelles ne tenant rien du-tout d'aucune image corporelle, ne peuvent, sans une absurdité visible, être rapportées à nos sens, qui sont plus propres à obscurcir nos idées par ces images corporelles, qu'à les former & à les rendre claires; & qui ont besoin eux-mêmes de la lumiere de ces idées pour écarter les erreurs auxquelles ils nous exposent.

Cependant Lock ne tenoit pas tellement à son système sur la nature de l'ame, qu'il le crût démontré par la raison. Nous lisons dans les *Nouvelles de la République des Lettres* en *Novembre* 1699, que ce Philosophe convenoit ingénuement qu'un corps doué de pensée, est

une chose incompréhensible ; mais il ne vouloit pas qu'on en conclût, que la matiere soit absolument incapable de recevoir la pensée ; & sa raison, c'est que Dieu peut faire des choses qui sont incompréhensibles à l'esprit humain. » De ce qu'on ne sauroit comprendre, disoit-
» il (*ibid.*), qu'une portion de matiere devien-
» ne pensante, il ne s'ensuit pas que Dieu qui
» est tout-puissant, ne puisse donner, s'il
» veut, quelque degré de sentiment, de per-
» ception & de pensée, à certains amas de ma-
» tiere créée joints ensemble, comme il le juge
» à propos. Toutes les difficultés qu'on for-
» me contre la possibilité qu'il y a que la ma-
» tiere pense, tirées de notre ignorance & des
» bornes étroites de notre conception, ne tou-
» chent en aucune maniere la puissance de
» Dieu, s'il veut communiquer à la matiere
» la faculté de penser : & elles ne prouvent pas
» qu'il ne l'ait point actuellement communi-
» quée à certaines parties de la matiere dispo-
» sées, comme il le trouve à propos, jusqu'à
» qu'on puisse montrer qu'il y a de la contra-
» diction à supposer une telle chose ».

Quoique Dieu soit tout-puissant, il y a des choses qui répugnent à sa sagesse & à ses autres attributs ; & on dit alors qu'il ne les peut faire, parce qu'il ne peut agir contre lui-même. Ainsi, il ne peut pas faire que ce qui lui plaît, lui soit en même-temps désagréable ; que ce qui est digne de récompense, mérite ses châtimens ; que ce qui est vertueux, bon, juste, saint, soit vicieux, mauvais, injuste & criminel : il ne peut pas faire qu'un quarré ait la figure d'un triangle, ni un cercle celle du quarré : il ne peut pas faire qu'un homme soit un cheval, que le feu ait les qualités de l'eau, que l'air ait celles de la terre, &c. Ce n'est pas qu'il ne puisse changer la nature & la configuration de son être, & de celui-ci en faire un autre : mais alors l'être changé ne seroit pas ce qu'il étoit spécifiquement ; il deviendroit un être différent. Ces vérités incontestables renversent le système sur la possibilité de la pensée dans la matiere. Un Philosophe ne doit avancer que ce qu'il conçoit, & rien de ce qui révolte les notions communes. Or a-t-on jamais conçu dans la matiere autre chose que l'étendue, la divisibilité, la figurabilité, la pesanteur, l'inertie, & la capacité d'être transportée d'un lieu dans un autre ? Par laquelle de ces propriétés pourroit-elle devenir un être intelligent ? En vain répondroit-on que la pensée n'est point essentielle à la matiere, & qu'elle en seroit seulement, dans l'hypothèse, une modification accidentelle. A quelle qualité rapportera-t-on cette modification ? Sera-ce à l'étendue, à la pesanteur, à la divisibilité, au mouvement, à l'inertie ? La pensée sera donc longue, large, profonde, divisible, inerte, ou mobile. Supposer que la matiere peut recevoir la pensée, c'est détruire sa nature, ou détruire la nature de l'ame : car l'étendue, la divisibilité, le mouvement, la pesanteur, &c. sont essentielles à la matiere. Faites-en abstraction, il n'y a plus de matiere, mais un être simple, sans étendue, sans divisibilité, sans mouvement, &c. De même la pensée ne peut devenir modalité de la matiere, sans devenir étendue, divisible, mobile, &c. mais alors ce n'est plus un être spirituel, dont la nature est d'être simple, indivisible, &c. Il y a donc contradiction à supposer une portion de matiere pensante.

» De ce que nous ne concevons pas, dit
» Lock, que la matiere puisse penser, il ne
» s'ensuit pas que Dieu ne puisse donner,
» s'il veut, quelque degré de sentiment, de
» perception & de pensée à certains amas de
» matiere créée, joints ensemble ». Supposons
dans cette hypothese un pied cube de matiere
pensante. Sera-ce la totalité, où ses différentes
parties, qui auront des idées ou des sensations ? Si c'est la totalité, il faudra donc tout
ce volume de matiere pour penser : on n'en
pourra rien retrancher, sans affoiblir ou diminuer la faculté & les actes de l'intelligence ;
une moindre quantité n'aura que des moitiés,
des tiers, des quarts de pensées, ou quelques-
unes lui manqueront totalement. Voilà des absurdités grossieres & révoltantes : mais en voici
d'autres encore dans le systême que nous réfu-
tons. C'est par la disposition propre & particuliere des organes que s'eperent nos perceptions & nos sentimens : l'une de ces dispositions organiques me donnera la faculté de
voir, une autre celle d'entendre : celle-ci sen-
tira les odeurs, celle-là discernera les goûts ;
d'autres seront destinées aux réflexions ou à
la mémoire ; aucune de ces parties ne sera
propre aux fonctions de l'autre. Or s'il n'y avoit
point d'autre faculté pensante ou sentante dans
l'homme que ces parties organiques, il est clair
qu'il ne pourroit jamais connoître ses différentes sensations, les comparer entr'elles, ni
juger de celle qui l'affecte le plus. Il faudroit
pour cela que l'organe de la vue pût savoir
ce qui se passe dans celui du goût, celui-là
dans l'organe de l'ouïe, de l'odorat, de l'entendement, de la volonté : & voilà ce qui est
physiquement impossible sans une faculté com-

mune & spirituelle, à laquelle toutes les autres se rapportent. En effet, les différentes parties de la matiere forment chacune leur tout à part, toutes sont divisibles, différentes, indépendantes, absolument incommunicables l'une à l'autre : elles ne peuvent donc avoir ni rapport ni commerce mutuels. La faculté organique qui verroit, conserveroit toujours pour elle seule sa destination : celle de l'ouïe ne feroit pas entendre la faculté du goût ou celle de l'odorat : l'organe qui réfléchit ou qui combine, feroit à jamais incapable d'avoir les sensations du tact & des couleurs. Il est donc impossible que nos sentimens & nos perceptions soient uniquement attachés à différentes parties de la matiere, puisque nous connoissons toutes les impressions de nos sens; chaque être matériel a sa configuration & ses modifications propres. Ni le contact ni le mouvement ne peuvent les communiquer à un autre. Mettez ensemble un globe, un quarré, une fleur, un grain de froment, un insecte : agitez-les tant qu'il vous plaira : la nature & le caractere de l'un ne se communiqueront jamais à l'autre. Il en est de même de nos organes : ni leur proximité ni leur union au même corps ne peuvent faire passer de l'un à l'autre les opérations qui leur sont propres. Nous sentons donc l'impossibilité de la pensée dans les différentes parties de la matiere, ou, si toute l'ame étoit dans chaque partie, il s'ensuivroit, ou que dans un corps organisé, il pourroit y avoir autant d'ames que de parties de matiere; ou que, si l'on vouloit diviser ces ames quant à leurs opérations, l'une ne seroit qu'un être pensant; l'autre, un être voulant; l'autre, un être sentant; sans pouvoir, comme on vient de le prouver, se communiquer l'une à l'autre.

Voltaire, qui adopte & défend de toutes ses forces le système de Lock, en plusieurs endroits de ses ouvrages, prétend qu'on découvre tous les jours de nouvelles propriétés de la matiere qu'on ne connoissoit point auparavant : & il en conclut que nous connoîtrons peut-être un jour très-clairement que la pensée est une de ses propriétés (*a*). Mais rien n'est plus faux que cette réflexion. On a connu de tout temps les propriétés de la matiere, & non par degrés ; & tous ceux qui ont réfléchi sur ces propriétés, ont vu de tout temps qu'elles sont incompatibles avec ce que nous appellons *esprit*, *pensée*, *intelligence*. « La difficulté, continue Voltaire, » consiste bien moins à deviner comment la » matiere pourroit penser, qu'à deviner com- » ment une substance quelconque pense » (*b*). Pour fixer les deux termes de la comparaison, on demandera d'abord à cet impie, s'il reconnoît des substances purement spirituelles. S'il n'en reconnoît point, le voilà Matérialiste décidé ; & s'il en reconnoît, on lui dira que la faculté de penser est la nature de ces substances spirituelles ; & qu'en concevant leur nature, on conçoit dès-lors comment elles pensent ; de la même maniere que, si j'ai l'idée d'un cercle, j'ai aussi-tôt celle d'une figure dont toutes les extrêmités sont également éloignées du centre. Si donc je reconnois Dieu, & les esprits créés, pour des êtres spirituels, dès-lors je conçois & je conclus qu'ils pensent ; & cela par une seule opération de

---

(*a*) Voltaire, tom. VII, de ses Ouvrages, sur l'Ame, pag. 283.   (*b*) *Ibid.*

l'esprit ; au lieu qu'il en faut trois dans le système de Voltaire : 1°. Il faut supposer que la matiere change de nature, pour devenir susceptible de la pensée ; car il convient que ce seroit le comble de la témérité de dire qu'elle pense : 2°. il faut concevoir comment, restant toujours matiere, Dieu peut lui faire présent de l'intelligence : 3°. il resteroit encore à deviner comment cette substance quelconque peut avoir des pensées. Il est impossible que la matiere pense, parce qu'elle n'est pas faite pour cela ; parce que le Créateur lui a donné une nature toute contraire à la pensée ; parce qu'un acte ou une modification qui n'a ni étendue, ni figure, ni divisibilité, ne peut être l'acte ou la modification d'une substance, qui, par sa nature, est étendue, figurée, divisible. Mais on embarrasseroit beaucoup Lock & Voltaire, en leur demandant, par la raison des contraires, s'ils pensent que Dieu peut donner aux esprits les qualités & les imperfections de la matiere. S'ils croient la chose possible, il pourra donc se rendre lui-même étendu, figurable, mobile, divisible, local, corruptible : il en sera de même de tous les esprits ; & dès-lors vous changez leur nature. S'ils le nient, on leur répondra qu'ils bornent la tout-puissance divine ; & alors on leur rendra toutes les ironies, par lesquelles ils croient humilier leurs adversaires.

En un mot, la source de l'erreur de nos Philosophes modernes sur cette matiere, c'est que, ne comprenant point parfaitement ce que c'est que la matiere, & ce que c'est que l'esprit, ils concluent qu'il se pourroit bien faire que ces deux choses ne s'excluassent point l'une l'autre : mais, s'ils y réfléchissoient sans prévention, il leur seroit aisé de voir qu'il n'est nullement nécessaire de connoître deux choses parfaitement, pour dire que l'une n'est pas de la même nature que l'autre. Je sens qu'un lingot d'or n'est pas un morceau de fer, quoique je ne connoisse pas parfaitement ces deux substances. La connoissance parfaite de deux choses que l'on compare, n'est nécessaire que pour en connoître toutes les différences, & non pas pour connoître celles qui les distinguent suffisamment, pour que l'on puisse dire que l'une n'est pas l'autre. Je vois qu'une pensée, qu'un amour ne peut avoir de parties, & que la matiere en a, parce que dans une pensée, dans un amour, je vois une unité indivisible : je vois que je ne puis les diviser, sans les anéantir ; & qu'au contraire, quelque division que je fasse dans la matiere, cette matiere subsistera toujours, sans qu'il en résulte jamais ni pensée ni amour. Ne pas se contenter de cette lumiere, c'est montrer qu'on ne sait ce qu'on dit, qu'on n'articule que des paroles qui n'ont pas de sens, & que l'on ne se repaît que de mensonges & d'absurdités.

4°. Quant à la morale, nous avons observé dans le Volume précédent, que, suivant les Déistes, Dieu a donné à l'homme l'amour-propre, pour le conduire dans toutes ses actions, & le rendre heureux sur la terre. Ils ne reconnoissent point d'autre droit naturel. Ils pensent que, si la raison doit nous régler dans les choses purement spéculatives, ce n'est point à elle à nous guider dans nos penchans ; mais que c'est au contraire à nos penchans qui se font sentir en nous avant la raison, & qui sont par conséquent notre vrai droit naturel, à nous conduire dans tout ce que nous faisons :

F v

sauf néanmoins à écouter quelquefois la raison ; sur-tout lorsqu'elle nous remontre, qu'en suivant nos passions, nous nous exposons à être malheureux ; & qu'ainsi nous agissons alors contre l'amour-propre & l'intérêt personnel, qui est notre fin. Ils concluent delà, que ce qu'on appelle bien ou mal, juste ou injuste, n'est point fondé sur la nature des choses ; & par conséquent que, dans la conscience, il est licite à chacun de faire tout ce qui lui plaît. Mais, comme les hommes qui vivoient d'abord, selon eux, comme des sauvages, sans rapport les uns aux autres, ont trouvé des avantages à se mettre en société, on doit suivre les loix dont on est convenu dans les différens états. Les Déistes ajoutent que ces loix n'ont d'autre fondement que la volonté des hommes ; que le commandement d'honorer son pere & sa mere, la défense de se rendre homicide, voleur, adultere, &c. n'obligent qu'en vertu de la loi du Prince qui l'a statué ainsi, du consentement de la société ; & que par-tout où le législateur n'a rien prononcé expressément, il est permis de faire tout ce que l'on voudra. En vain diroit-on qu'une pareille morale ouvre la porte à toutes sortes de vices & de désordres : les Déistes n'en sont point épouvantés, parce qu'ils prétendent que tout est bien dans la nature, que les choses mêmes que l'on regarde comme un vice, contribuent à la perfection de l'univers, & que *tout désordre apparent est un ordre réel* ; & par conséquent, quelque chose qui arrive, que l'homme est tel qu'il doit être, & qu'un état plus parfait ne lui conviendroit pas. *Vide suprà, tom. I.*

Que les Déistes-Matérialistes tiennent une telle doctrine, il n'y a rien d'étonnant. Si notre ame est matérielle & mortelle, elle n'est pas libre, ni par conséquent susceptible de devoirs : c'est une pure machine qui marche à l'aventure ; d'autant plus que dans leurs principes, elle n'est pas même conduite par la providence divine, mais par les caprices de la fatalité ; ensorte qu'on pourroit dire avec Voltaire (a), « que le mélange du bien & du » mal avec lequel nous naissons, sont comme » les ingrédiens nécessaires qui entrent dans » le composé de l'homme ». Mais on ne conçoit pas comment ceux des Déistes qui admettent la spiritualité & l'immortalité de l'ame, peuvent donner dans de tels excès : car enfin ils ne nieront pas qu'il y a dans la nature & dans les sciences, un grand nombre de vérités si évidentes, qu'on ne peut refuser de les admettre ; par exemple, que le tout est plus grand que sa partie, &c. D'où viennent ces regles & ces vérités, sinon de l'essence même ou de la volonté immuable de Dieu ? mais auroit-il regardé comme inutile d'établir de même des regles invariables, sur les choses qui conviendroient ou non à sa justice & à sa sagesse ? Ces attributs ne seroient-ils qu'un être de raison, qui n'opéreroit rien, & laisseroit aller les choses au hazard ? Lui seroit-il indifférent de voir, d'aimer, ou de faire telle ou telle action ? Un tel Dieu seroit une chimere : indifférent à tout, il pourroit s'aimer ou se haïr, punir l'homme de bien comme le méchant, donner à celui-ci les récompenses que l'autre auroit méritées, approuver les passions & le désordre, & faire lui-même le mal qu'il permettroit à ses créatures : ou si, par horreur

_____

(a) Lettre 25 Philos.

pour ces impiétés, on admet en lui l'amour du bien & la haine du mal, il faudra reconnoître qu'il aime l'un, & qu'il hait l'autre, par-tout où ils se trouvent. Il y aura donc un rapport essentiel entre nos actions, & la maniere dont il en juge; & nos jugemens seront la regle qui décidera si nos actions sont bonnes ou mauvaises. Il sera désormais impossible, qu'en quelque temps que ce soit, il approuve le mal, qu'il improuve le bien, & qu'il soit indifférent à l'un & à l'autre. Le bien sera conforme à la loi immuable, selon laquelle il se gouvernera lui-même, & le mal y sera contraire. Ces vérités établies, on est forcé de convenir que Dieu conserve l'ordre, & qu'il hait tout ce qui est capable de le troubler. L'ordre naturel demande que la créature honore son Créateur, qu'elle l'aime, qu'elle lui soit soumise, qu'elle obéisse à ses loix, qu'elle attende tout de sa bonté, & qu'elle soit remplie de reconnoissance pour tous les biens qu'il lui fait. Cet ordre demande que nous ne fassions pas au prochain ce que nous ne voulons pas raisonnablement qu'il nous fasse à nous-mêmes ; c'est-à-dire, que nous ne lui fassions aucun tort dans sa personne, dans ses biens, dans son honneur ; & qu'au contraire, nous l'aimions comme nous-mêmes, & que nous lui rendions tous les services qui dépendent de nous, de même que nous desirons qu'il nous aime, & qu'il nous oblige dans tout ce qu'il peut. Tous les devoirs de l'homme découlent de ces deux principes : ils sont gravés dans le fond de notre ame par la nature : ils n'ont été inventés ni par des particuliers, ni par aucune société ; & toutes les loix des Princes ne sont justes & équitables, qu'autant qu'elles en dérivent. Il est donc faux & absurde de supposer, comme les Déistes, qu'il y ait eu des siécles, soi-disans de nature, où les hommes, dans l'état de sauvages, ne connoissoient aucune loi intérieure qui leur apprît à distinguer l'ordre & le désordre ; qu'en soi le bien & le mal ne consistent que dans notre maniere de penser, & que l'idée que nous en avons, vient uniquement des loix politiques des Princes & de l'éducation.

Et en effet, cette distinction du bien & du mal est établie, 1°. sur le consentement des hommes de tous les temps & de tous les lieux, qui s'accordent tous à condamner comme des crimes les violences, les adulteres, les assassinats, les parricides, les fourberies, les sacrileges, l'impiété, les blasphêmes, &c. & à approuver les actions contraires : car tous les hommes conviennent dans les principes de la nature, mais jamais dans les principes des loix politiques & de l'éducation, à moins qu'ils ne soient eux-mêmes entés sur la nature. 2°. Cette distinction est encore établie sur l'obligation où nous sommes de suivre les lumieres de la raison : car il est évident, qu'avant les loix politiques & l'éducation, nous avons une lumiere naturelle, qui nous sert même à appercevoir les principes de cette raison, & sans laquelle nous serions incapables de toute instruction : il n'est pas moins évident que cette lumiere naturelle, que nous appellons *la raison*, nous dit & nous conseille toujours quelque chose. Cela posé, ou nous devons obéir à cette raison, ou nous ne le devons pas. Si nous ne le devons pas, comme le prétendent les Déistes, cette raison nous est donc inutile, & nous devenons même par-là incapables de discipline & d'éducation : la nature s'est trompée en nous la donnant ; & il nous faut renoncer au nom & à la définition de l'homme : il n'est plus un être raisonnable. Si nous devons obéir à cette raison, il y a donc un devoir d'obéir, une premiere loi, qui consiste à suivre la raison : & s'il y a un devoir, il est juste de s'en acquitter ; & il y a du mal à ne s'en acquitter point, soit qu'on agisse sciemment contre ce devoir, soit qu'on ferme les yeux à la raison pour ne le point appercevoir : & par conséquent encore il y a une distinction naturelle entre le bien & le mal, plus ancienne que toutes les loix politiques, & que celles de l'éducation ; distinction, qui est le fondement de toute discipline, & le principe de toute instruction. 3°. Cette même distinction du bien & du mal nous est encore manifestée par la conscience, qui, renfermant la loi naturelle, puisqu'elle agit sur ses principes, est naturelle à l'homme, dans le même sens que la connoissance de Dieu : car de même que Dieu, en nous donnant d'un côté un esprit capable de connoissance, & de l'autre se manifestant avec tant de lumiere dans l'univers, nous a mis dans la nécessité de le connoître ; ainsi Dieu, en nous donnant d'un côté une raison qui ne peut s'empêcher d'approuver certains devoirs, & de nous les prescrire ; & de l'autre, un cœur qui ne peut s'empêcher de craindre, lorsque nous nous reprochons de ne les avoir pas remplis, nous met dans la disposition & la nécessité naturelle de concevoir des remords, lorsque nous faisons le mal.

On comprendra de plus en plus cette vérité, si l'on considere que ces remords de la conscience sont composés des jugemens de l'esprit & du sentiment du cœur. L'esprit, quoi qu'il fasse, ne peut s'empêcher de recevoir ces trois vérités ; qu'il y a certaines actions qui sont essentiellement & nécessairement criminelles ; que le crime mérite d'être puni ; & que Dieu, qui connoît sans doute, les choses comme elles sont, ne peut que désapprouver les actions criminelles ; ce qui suppose que les actions opposées à ces crimes sont justes & immuables, qu'elles méritent d'être louées & récompensées, & que Dieu les approuve. C'est la nature qui nous fait faire ces trois jugemens ; & si nous nous trouvons coupables, & que nous nous en fassions l'application ; c'est la nature aussi qui nous fait craindre.

Il est naturel à notre esprit de croire que certaines actions sont criminelles, parce qu'il consent naturellement aux principes que violent ces actions. On ne peut douter qu'assassiner ses amis, tuer son propre pere, trahir ses bienfaiteurs, & blasphémer le nom de Dieu, ne soient des actions méchantes, parce qu'elles violent des loix naturellement si connues, que toute la violence des passions ne peut empêcher les hommes de les approuver.

Il est naturel en second lieu à notre esprit de croire que le crime mérite d'être puni ; puisque nous ne voyons jamais commettre de méchante action de la nature de celles dont on vient de parler, que nous ne disions, comme par un instinct naturel, & comme étant forcés à faire ce jugement : « cette action mérite » d'être punie » ; la même lumiere qui nous fait désapprouver le crime, nous faisant juger que celui qui l'a commis, est digne de châtiment.

Enfin, qui oseroit douter que Dieu ne connoisse les actions des hommes, & qu'il ne les connoisse telles qu'elles sont, & qu'il ne désapprouve celles qui méritent de l'être ?

C'est donc une vérité très-évidente, que la premiere partie de notre conscience, s'il est permis de parler ainsi, qui consiste dans les jugemens sur lesquels les remords sont fondés, vient de notre nature, ou plutôt de Dieu ; qui, en nous donnant la raison, nous a mis dans la nécessité de former ces jugemens.

Qu'est-ce donc qu'on peut soupçonner qui vient de la connoissance des loix politiques & de l'éducation ? Est-ce le sentiment de notre cœur, cette crainte & cette tristesse qui font la seconde partie du remords ? Nullement : cette crainte & cette tristesse naissent infailliblement de ces trois jugemens de notre esprit; & il n'est pas libre de craindre ou de ne craindre pas, lorsqu'on les a formés.

Enfin, comme ce ne sont pas les loix politiques, ni l'éducation, mais la nature des choses qui fait que l'injustice, l'ingratitude, la perfidie, le blasphême sont des crimes ; c'est la nature, & non les loix politiques & l'éducation, qui nous les fait considérer sous cette idée : comme ce ne sont pas ces loix, ni l'éducation, mais leur propre noirceur qui les rend dignes de punition, c'est leur noirceur naturelle, & non les loix & l'éducation, qui nous fait dire qu'elles méritent d'être punies. Comme ce ne sont point les loix politiques ni l'éducation, mais le sens commun & naturel, qui nous persuade qu'il y a un Dieu, & que Dieu n'approuve pas le crime que nous condamnons nous-mêmes, tout déréglés que nous sommes ; il nous sera sans doute permis de conclure que nous craignons naturellement la justice de Dieu, lorsque nous avons commis le mal, & que nos remords viennent de la nature, & non de la connoissance des loix politiques & de l'éducation : l'expérience même se joint à la raison pour nous en convaincre.

On trouve toujours quelques vestiges de raison & de conscience dans tous les hommes, & même dans les plus sauvages & les plus barbares. Ceux qui ont les organes de la connoissance les plus bouchés, sont capables de quelque crainte, parce qu'ils se trouvent capables de quelque raisonnement ; & cela paroît en ce qu'ils se cachent ou prennent la fuite, après avoir fait une méchante action. Si leurs lumieres s'étendent, leur conscience s'étend aussi, pour ainsi dire. Ils craignent d'abord simplement, parce que l'action qu'ils ont commise leur paroît méchante : leur crainte s'augmente, s'ils viennent à faire réflexion qu'il y a un Dieu qui est le maître du monde, & leur pere commun. Que si leur raison ne fait pas tout le chemin, leur conscience ne le fait pas non plus : comme ils ont un sens commun qui ne se déploie pas entiérement, ils ont aussi les principes d'une conscience qui demeure comme ensevelie dans leur stupidité.

En voilà plus qu'il n'en faut sur une question de cette nature. C'est le comble de l'aveuglement d'enseigner, comme les Déistes, qu'il n'y a point de devoirs naturels, & de mettre sur la même ligne le parricide & l'amour des parens, le blasphême & le culte de la Divinité ; ensorte que, si l'on regarde l'un comme un crime, & l'autre comme une vertu, c'est qu'il a plu aux législateurs & à la société de l'établir ainsi : s'ils ne l'avoient pas fait, ce seroit une chose parfaitement indifférente & licite, de tuer son pere ou de le respecter,

138 DOCTRINE DES ANCIENS

de blasphémer contre Dieu ou de l'honorer, &c. Quand on est parvenu à ce degré de perversité, les principes les plus évidens sont incapables de faire impression.

5°. Les principes des Déistes que nous avons rapportés jusqu'ici, les ont conduits naturellement à nier la liberté de l'homme. Le bien & le mal, selon eux, le juste ou l'injuste étant indifférens en eux-mêmes, il n'y a ni mérite ni démérite à préférer l'un à l'autre : il n'y a ni récompense ni châtimens à attendre. C'est donc bien en vain que leurs écrits, comme ceux des Athées, sont remplis de préceptes, d'exhortations & de menaces. On peut se rappeller ce que nous avons dit sur ce sujet dans l'article précédent. Mais au moins ces contradictions prouvent-elles qu'ils ont, malgré qu'ils en disent, la notion & le sentiment naturel de la liberté ; & que tout ce qu'ils y opposent, ne vient que de la corruption d'un cœur qui voudroit se livrer à ses passions, sans avoir rien à craindre de la justice de Dieu. Rien en effet n'est plus foible ni plus absurde que les principes qu'ils établissent pour anéantir la liberté. Voltaire les a ramassés dans le neuvieme volume de ses ouvrages (a). Mais en les adoptant, il montre qu'il n'a point de jugement, ou s'il en a, qu'il ne va pas droit, & qu'il ne cherche qu'à tromper ; 1°. dit-il, « les plantes sont des êtres organisés, dans lesquels tout se fait nécessairement : quelques plantes tiennent au regne animal, & sont en effet des animaux attachés à la terre : ces animaux plantes n'ont certainement pas de liberté ». D'où Voltaire conclut que les hommes n'ont

_____

(a) Tom. VII, chap. 4 & 5 sur la Liberté.

pas davantage. Pure folie, qui met l'homme en parallele avec l'herbe des champs. 2°. « Les » animaux brutes ont un sentiment, un ins- » tinct, une raison commencée, une mesure » d'idées & de mémoire . . . . Or il n'est » pas vraisemblable que ces êtres possedent ce » qu'on appelle la liberté ». Autre folie qui compare l'homme à la bête. D'ailleurs, si l'on admet dans les bêtes des idées & des volontés, elles peuvent avoir une sorte de liberté d'aller à droite à gauche, de vouloir une chose ou une autre : mais la liberté de choix est une suite de la raison que les bêtes n'ont pas. 3°. » Les hommes reçoivent & combinent des idées » dans leur sommeil : or on ne peut pas dire » qu'ils soient libres alors ». Mais cela ne prouve pas qu'ils n'ont point de liberté; mais seulement que, n'agissant pas dans le sommeil par la raison, ils sont hors d'état d'en faire usage. 4°. « L'homme a par-dessus les animaux » une mémoire plus vaste : cette mémoire est » l'unique source de leurs pensées : or cette » source commune aux animaux & aux hom- » mes pourroit-elle produire la liberté » ? Où Voltaire a-t-il vu que la mémoire est l'unique source des pensées ? Si cela étoit, nous ne pourrions rien apprendre de nouveau ; parce que, pour apprendre quelque chose de nouveau, il faut mettre dans son esprit des idées qui n'y étoient pas, & qui par conséquent ne se puisent point dans la mémoire, comme dans la source de toutes nos pensées. 5°. « Les hom- » mes ne sont-ils pas tous déterminés par leur » instinct ? & n'est-ce pas la raison pourquoi » ils ne changent jamais de caractere ? S'ils » étoient libres, quel est l'homme qui ne chan- » ge son naturel ? A-t-on jamais vu sur la

« terre un homme qui change seulement de
» goût » ? Quelle absurdité de dire que l'homme agit par instinct ! Il agit par volonté & par choix, & par conséquent librement. Où Voltaire a-t-il pris qu'on ne change jamais de caractere & de goût ? Et quand on ne pourroit changer son naturel, cela prouveroit-il qu'on n'est libre dans aucune chose ? 6°. « La volonté n'est-elle pas toujours la suite des dernieres idées qu'on a reçues » ? Non. Ces dernieres idées ne plaisent pas toujours, & souvent on leur préfere les anciennes. 7°. « Cet univers ne paroît-il pas assujetti dans toutes ses parties à des loix immuables » ? Il est vrai que l'ordre établi par le Créateur pour les mouvemens célestes, est invariable : lui seul peut les changer, & la liberté de l'homme ne va pas jusques-là. En conclure que l'homme n'a pas le pouvoir de faire ou de ne pas faire les choses qui sont à sa portée, de faire le bien ou le mal, c'est un raisonnement pitoyable. 8°. « Si l'homme pouvoit diriger à son gré sa volonté, il pourroit déranger les loix immuables ». Cela n'est pas vrai : il pourroit vouloir les déranger, mais il ne pourroit l'exécuter, sa liberté ne s'étendant pas jusques-là. Ainsi, quand il le voudroit, il ne pourroit changer le cours du soleil, faire qu'un chou s'éleve à la hauteur d'un chêne, &c. 9°. « Par quel privilege l'homme ne seroit-il pas soumis à la même nécessité que les astres, » les animaux, les plantes, &c. » ? C'est que Dieu l'a créé à son image ; c'est-à-dire, qu'il lui a donné la liberté & la capacité de connoître son Créateur, de l'aimer, de lui obéir, & de mériter par sa soumission des récompenses, ou des punitions s'il désobéit. Il faut être bien

hardi, & des plus bas percés, pour oser proposer de pareils argumens.

6°. Les Matérialistes objectent aux Déistes, que s'il y avoit un Dieu, il empêcheroit les crimes, qui sont opposés à l'idée de justice & de sainteté qu'on lui attribue, & qui mettent le désordre dans le monde, dont on suppose qu'il est créateur. Cependant le crime & le désordre subsistent dans l'univers. Or s'il y a un Dieu, ou il ne pouvoit l'empêcher, ou il ne l'a pas voulu. S'il n'a pu empêcher le crime, sa puissance est bornée : si le pouvant, il ne l'a point voulu, il n'est pas essentiellement bon, & dès-lors il n'existe point; car l'idée qu'on donne de Dieu, est celle d'un être souverainement parfait.

Les Déistes se tirent de cette difficulté, en répondant que ce qu'on appelle bien ou mal, est indifférent en soi; que Dieu, qui ne se mêle point des affaires des hommes, n'est ni honoré ni déshonoré par leurs actions; que ce qui passe pour désordre, contribue à la perfection du monde; en un mot, que tout est bien dans la nature, & que tout désordre apparent est un ordre réel. Les Matérialistes, qui pensent de même sur cet article, n'ont rien à répliquer.

Mais les Déistes retournent l'argument contre les Théistes, & contre tous ceux qui admettent une distinction réelle & naturelle entre le vice & la vertu. Si cela étoit, disent-ils, on ne comprend pas comment Dieu permettroit le vice, qui essentiellement est opposé à sa sainteté.

Les Théistes répondent communément, que Dieu pourroit par sa puissance nous empêcher de faire le mal & d'être méchans; mais qu'alors il auroit dégradé notre nature, en nous ôtant la liberté, & nous auroit réduits au rang des automates. Outre que cette réponse attaque la toute-puissance de Dieu, en supposant qu'il ne peut incliner nos cœurs infailliblement vers le bien, sans blesser notre liberté, on peut répliquer, qu'entre tous les mondes, composés d'êtres libres, Dieu auroit pu en choisir un, où il auroit prévu que tous les individus feroient un bon usage de leur liberté : l'hypothèse n'est ni absurde ni impossible. Mais, comme il ne l'a pas fait, & qu'il a choisi au contraire un monde, où il a prévu que le désordre s'introduiroit, l'objection revient dans toute sa force.

Il n'est pas nécessaire que nous comprenions les raisons pour lesquelles Dieu a permis le péché ; il nous suffit de savoir, que cette permission n'est contraire à aucune de ses perfections. Et, pour s'en convaincre, ce raisonnement est invincible. Il est très-certain d'un côté, que Dieu est essentiellement bon, saint, juste, tout-puissant, & qu'il conduit tout par sa providence : il est certain de l'autre, qu'il a permis le péché qu'il pouvoit empêcher : donc cette permission du péché n'est point opposée à sa sainteté, à sa justice, à sa toute-puissance, à sa providence. C'est la seule conséquence raisonnable que l'on puisse tirer de ces deux propositions incontestables ; car Dieu ne peut se renoncer lui-même, ni faire ou permettre des choses incompatibles avec son essence : si nous ne comprenons point les conseils de sa sagesse, c'est à nous à régler nos pensées sur les siennes, & non pas à juger de ses desseins & de ses volontés par nos foibles idées.

Cependant, quelqu'incompréhensible que paroisse cette conduite de Dieu sur les hommes, il n'est pas difficile de montrer, par les lumieres même naturelles, que la permission du péché n'est opposée ni à la bonté, ni à la puissance, ni à la sainteté de Dieu. Nous nous flattons que cette vérité paroîtra démontrée à tous ceux qui réfléchiront sérieusement sur les articles suivans.

I.

Entre les mondes possibles, distinguons celui où il n'y auroit point de mal moral, & celui où il y en auroit. On ne peut dire sans absurdité que Dieu (essentiellement libre & essentiellement indépendant) en choisissant l'un plutôt que l'autre de ces deux mondes, feroit un choix meilleur ou moins bon, parce qu'en Dieu il n'y a point d'acte plus ou moins parfait. Tout ce qu'il fait, il le fait avec une souveraine sagesse, une souveraine bonté, une souveraine justice, de quelque maniere qu'il agisse.

II.

Mais Dieu pouvoit choisir un monde où il n'y auroit point eu de mal moral : il pouvoit de même en choisir un où il auroit prévu la chute de sa créature ; chute qu'il auroit pu empêcher, parce qu'il est tout-puissant; & qu'il auroit pu ne point empêcher, sans blesser sa sainteté ; parce qu'elle est absolument indépendante de celle de l'homme, & qu'il n'est point essentiel qu'une créature tirée du néant soit impeccable.

III.

Quelque monde, entre les mondes possibles, que Dieu eût choisi, c'eût toujours été pour sa gloire qu'il l'auroit créé, & pour manifester au-dehors ses perfections infinies. La créature ne peut mériter l'être; elle n'est créée ni pour elle-même, ni pour sa propre gloire, mais pour celle de l'Etre nécessaire. Ainsi Dieu ne lui doit rien : mais il se doit à lui-même de créer d'abord l'homme dans la justice. S'il arrivoit dans un certain monde, que ses descendans naquissent méchans & corrompus, la source de cette corruption ne pourroit venir de l'Etre infiniment parfait : elle viendroit nécessairement d'une autre cause.

IV.

Dieu pouvoit choisir, pour faire éclater sa gloire, un monde où ses perfections auroient été connues, mais où toutes n'auroient point été manifestées au-dehors par leurs effets : où, par exemple, on auroit connu sa bonté simplement dite & sa miséricorde, sans qu'il eût exercé cette derniere espece de bonté; & où on auroit connu de même sa justice rémunérative & sa justice vindicative, sans qu'il eût exercé cette derniere espece de justice; & alors le monde auroit été sans péché.

V.

Mais Dieu pouvoit aussi choisir un monde, où toutes ses perfections connues auroient été manifestées au-dehors par leurs effets; & dans cette hypothèse, sa bonté se seroit répandue sur

sur ses créatures par des faveurs de bienveillance proprement dite, & par des faveurs de miséricorde; & sa justice par la récompense des bonnes œuvres & par la punition des mauvaises : & alors ce monde n'auroit point été sans péché.

VI.

Nous voyons par l'événement, qu'entre ces mondes possibles, Dieu a choisi très-librement celui dans lequel se trouve le mal moral, qu'il pouvoit, mais qu'il n'a point voulu empêcher : d'où il s'ensuit que Dieu étant essentiellement bon, juste & saint, & ne pouvant ni cesser d'être bon, juste & saint, ni augmenter ou diminuer en bonté, en justice & en sainteté, la permission du péché n'est point incompatible avec cette bonté, cette sainteté, & cette justice souveraine; & que Dieu, en permettant le mal moral, n'est pas moins bon, ni moins juste, ni moins saint, que s'il l'eût empêché.

VII.

Non-seulement cette vérité est démontrée par le choix de Dieu, mais on peut faire voir par la raison même, que la permission du péché se concilie très-bien avec la bonté, la justice & la sainteté de Dieu.

1°. C'est une chose très-bonne, très-juste & très-sainte en soi, que toutes les perfections de l'Etre nécessaire & souverainement parfait, soient manifestées au-dehors par leurs effets, pour faire éclater sa gloire dans toute son étendue ; or elles ne peuvent l'être qu'en supposant la permission du péché : dans un monde où il n'y auroit point de mal moral, il

Tome II. G

n'y auroit lieu ni à la miséricorde ni à la justice, au moins vindicative. Dieu connoissant la possibilité d'un monde, où, en permettant le mal moral, ces perfections se manifesteroient par leurs effets, a pu donc le choisir préférablement à tout autre, sans déroger à sa bonté, à sa justice & à sa sainteté : il est bon, juste & saint de faire miséricorde ; il est bon, juste & saint de punir le péché. On ne peut pas dire qu'il eût été meilleur de supprimer les effets de ces trois attributs ; & parce qu'il n'y a rien en Dieu qui soit plus ou moins bon, plus ou moins juste, plus ou moins saint ; & parce qu'on ne peut supposer, sans faire injure à la Divinité, qu'il soit meilleur en soi, & plus conforme à sa bonté, à sa justice, à sa sainteté, que certaines perfections de Dieu ne se manifestent point au-dehors par leurs effets.

VIII.

2°. Si cette manifestation est une bonne chose en soi, elle l'est aussi par rapport à l'homme. Etant libre pour le bien & pour le mal, dans l'hypothèse dont il s'agit, s'il se détermine à la vertu, il mérite une récompense ; & Dieu exerce envers lui sa bonté, aussi-bien que sa justice rémunérative, en lui accordant cette récompense. L'homme au contraire se précipite-t-il dans le mal, ou Dieu lui pardonne son péché, ou il ne lui pardonne pas. Si Dieu lui pardonne son péché, il exerce envers lui les effets de sa bonté & de sa miséricorde : mais, si Dieu ne juge pas à propos de lui pardonner, il ne cesse pas pour cela d'être bon à son égard, & très-saint en lui-même. C'est l'homme qui, par son péché, a mis obstacle aux effets de cette bonté infinie, & qui a outragé sa sainteté ; & Dieu, qui pouvoit lui pardonner, est libre néanmoins de faire succéder les effets de sa justice vindicative à ceux de sa bonté méprisée & de sa sainteté outragée, sans faire aucun tort au pécheur, & sans qu'il puisse s'élever avec raison contre cette conduite. L'homme pécheur pouvoit faire le bien ; il le devoit : il a préféré le mal volontairement & avec choix, malgré la défense de Dieu : il a fait un mauvais usage de la liberté, qui ne lui avoit été donnée pour la vertu & pour le vice, qu'afin d'éprouver sa fidélité, & de lui faire mériter des récompenses proprement dites ; ce qui est très-bon & très-juste, non-seulement en soi, mais par rapport à l'homme. Il est juste & très-conforme à la sainteté de Dieu, que le pécheur sente la peine de sa révolte & de son ingratitude ; l'ordre éternel demandant, non pas que tout péché soit empêché ou pardonné, mais ou que tout péché soit effacé, ou qu'il soit puni tant qu'il subsiste. Et comme la toute-puissance, la sainteté & la bonté de Dieu ne blessent point sa justice, lorsqu'il empêche ou pardonne le péché, de même sa justice ne blesse ni sa bonté, ni sa sainteté, ni sa toute-puissance, lorsqu'il traite le pécheur comme il le mérite. Ces perfections ne sont point opposées les unes aux autres : elles partent d'une source unique, qui produit différens effets, suivant l'état de la créature, & la volonté toujours sainte, juste & bonne du Créateur, sans qu'elles perdent rien de leur plénitude.

IX.

Il est vrai qu'il paroîtroit plus avantageux

pour l'homme, que Dieu eût choisi un monde où il n'y auroit point eu de mal moral ; ou, qu'ayant choisi celui où il a prévu qu'il y en auroit, il pardonnât à tous les pécheurs : mais on n'en peut rien conclure contre la sainteté de Dieu, ni contre sa bonté envers ses créatures. Si cette sainteté & cette bonté sont infinies en elles-mêmes, il n'est point essentiel qu'elles opèrent tous les effets qu'elles pourroient produire : il suffit que ceux qu'il leur plaît d'opérer, fassent éclater au-dehors la gloire de Dieu, qui est la fin de toutes choses ; & qu'elles le fassent de la maniere que sa sagesse, qui sait tirer de grands biens du mal même qu'elle défend & qu'elle déteste, le juge convenable à cette gloire infinie, pour laquelle toutes les créatures sont tirées du néant. Il en est de même de la toute-puissance & de la justice : il n'est point essentiel qu'elles paroissent dans toute leur étendue. On ne comprend pas même comment ces perfections produiroient en même-temps tous les effets dont elles sont capables ; comment, par exemple, dans un même monde, la toute-puissance empêcheroit tout péché, la bonté le pardonneroit, & la justice le puniroit. Or un monde tel que le nôtre, dans lequel se trouve le mal moral, sans que Dieu l'ait empêché, parce qu'aucune de ses perfections ne l'y oblige, contribue véritablement à la gloire de l'Etre nécessaire, soit qu'il pardonne, soit qu'il punisse : il y contribue même d'une façon plus frappante, qu'un monde où ce mal moral n'auroit pas lieu. Et si Dieu, infiniment juste & saint, y répand d'une maniere plus ou moins bornée les effets de sa bonté, c'est toujours la faute de l'homme, qui en arrête le cours par l'abus volontaire & très-libre de sa liberté ; & qui provoquant lui-même la justice divine, n'a point à se plaindre de la conduite de Dieu, s'il préfere de tirer sa gloire de la punition, plutôt que du pardon du péché.

7°. Quoique les Déistes croient l'existence de Dieu, ils ne lui rendent aucun culte, ils ne l'adorent point, ils ne le prient point, ils ne le regardent point comme leur Maître & leur Seigneur ; & la raison qu'ils en donnent, c'est qu'étant infiniment élevé au-dessus de ses créatures, il n'exige point qu'elles l'honorent, & qu'elles lui rendent un culte religieux; parce qu'il n'en a pas besoin. D'ailleurs, quelle espece de religion pourroient professer des hommes qui enseignent que Dieu ne se mêle point des affaires du monde, qu'il ne nous a pas faits pour lui, que nous ne sommes pas libres, que nous n'avons en conséquence aucun devoir à remplir, & qu'il n'y a aucune distinction réelle entre ce qu'on appelle *bien* ou *mal*, *juste* ou *injuste*, *vice* ou *vertu*? Ce n'est pas que les Déistes ne parlent quelquefois de religion ; mais ils bornent la leur aux sentimens d'estime & d'admiration qu'ils conçoivent à la vue de la grandeur & de l'excellence des perfections divines ; & plusieurs observent extérieurement la religion du pays dans lequel ils se trouvent, sans en rien croire. Ceux qui nient la spiritualité & l'immortalité de l'ame, n'attendent rien de Dieu : & ceux qui croient ces deux vérités, n'en appréhendent rien, parce qu'ils pensent qu'après la mort, il fera jouir tout le monde d'un bonheur perpétuel, sans savoir néanmoins, ni s'embarrasser de l'apprendre, en quoi consistera ce bonheur.

Mais comment les Déistes prouvent-ils cette

étrange doctrine ? Par une comparaison qui leur paroît triomphante. Ce seroit insulter un grand Monarque, si l'on pensoit que, rempli de ses vastes desseins, il attachât incessamment les yeux sur une troupe de fourmis ou d'autres insectes, pour considérer leur travail, veiller à leur conservation, exiger leurs respects, leur donner des loix, prendre garde à ce qu'elles ne se nuisent point les unes aux autres, & punir celles qui se conduiroient mal. Or Dieu, continuent-ils, n'est-il pas infiniment plus élevé au-dessus de nous, qu'un Monarque ne l'est au-dessus des insectes ? Peut-on croire que cette grande Majesté s'avilisse jusqu'à penser à notre conservation, exiger nos adorations & nos respects, nous faire des préceptes, examiner nos actions, & s'embarrasser de la maniere dont les hommes vivent les uns avec les autres ? A quoi sert donc tout cet attirail de superstition qui occupe très-inutilement la plupart des hommes ?

Si cet argument pouvoit avoir quelque chose de spécieux, c'est parce qu'il suppose cette grande vérité, que toute la terre n'est qu'un point devant Dieu : mais dans tout le reste, il ne présente que des faussetés d'autant plus absurdes, qu'on y compare Dieu à l'homme, & l'homme à la bête. Cependant la différence est énorme. 1°. Dieu est le Créateur des hommes : le Monarque n'est point le créateur des fourmis. 2°. Dieu est présent en tout lieu : il agit par-tout : un Monarque, si puissant qu'il soit, est bien éloigné de cette perfection. 3°. L'homme est continuellement sous la puissance immédiate de Dieu, qui donne la vie & le mouvement à tout, & qui gouverne toutes choses : les fourmis ne sont point sous la jurifdiction du Monarque : il ne leur donne ni la vie ni le mouvement : il ne peut ni les conferver, ni les fecourir dans leurs befoins, ni les préferver de la mort, &c. 4°. Le foin que Dieu prend des hommes ne fauroit lui caufer de peines ni de diftractions, puifque fa connoiffance & fa puiffance font infinies : au lieu qu'un Monarque, n'ayant qu'un efprit borné, & ne pouvant par conféquent s'appliquer qu'à un certain nombre d'objets, ne peut s'attacher aux uns fans négliger les autres ; enforte qu'on le blâme avec raifon lorfqu'il s'applique à de petites chofes, parce qu'on fuppofe que cela le détourne des grandes. 5°. Dieu a formé l'homme à fon image : il lui a donné l'intelligence, la raifon, la liberté : il a gravé dans fon ame des loix naturelles : il lui a promis des récompenfes s'il les obfervoit, & il l'a menacé de châtimens s'il les violoit. Un Monarque ne fait & ne peut rien faire de tout cela vis-à-vis des fourmis.

Cela pofé, 1°. fi l'homme étoit un animal irraifonnable, comme les fourmis, il ne feroit pas plus obligé de rendre un culte à Dieu, que les fourmis ne le font d'en rendre un au Monarque : mais dès qu'il eft doué d'intelligence & de raifon, il eft capable de connoître fon créateur & fon confervateur, de l'aimer, de s'attacher à lui, & il n'eft dans l'ordre que quand il s'en acquitte. 2°. Si le Monarque avoit lui-même créé les fourmis, s'il leur confervoit la vie, & qu'il leur fît du bien par fa feule volonté, ce feroit déjà quelque chofe de plus grand & de plus admirable, que les affaires de fon royaume les plus importantes & les mieux traitées. Mais fi, outre cela, il leur avoit donné une ame intelligente & raisonnable, des préceptes pour les diriger dans toutes leurs actions, une liberté de choix capable de se porter vers le bien ou vers le mal, une conscience qui les avertit de l'un & de l'autre ; qui doute qu'elles ne fussent obligées de le respecter & de lui rendre hommage, comme à l'auteur de leur être ? Qui doute qu'elles ne dûssent être reconnoissantes des bienfaits qu'il répandroit sur elles ? Qui doute enfin, qu'étant capables d'accomplir ou de violer les préceptes qu'il leur auroit donnés, elles ne fussent obligées de s'y conformer, & qu'elles ne méritassent des châtimens, si elles y manquoient ? Or ce que le Monarque ne peut être à l'égard des insectes, Dieu l'est à l'égard des hommes. Il leur a donné ces grands avantages : ils sont donc obligés par la nature même de leur être, quelqu'énorme disproportion qu'il y ait entre Dieu & eux, de lui rendre un culte religieux, qui consiste à l'honorer comme leur souverain Seigneur, à l'aimer comme le principe de tout bien, à lui rendre graces pour toutes ses faveurs, à observer exactement ses préceptes, & à se conduire en tout suivant sa volonté & pour sa gloire ; parce que l'homme tiré du néant, & incapable de se conserver lui-même, & d'être son bonheur & sa fin derniere, n'a point été créé pour sa propre gloire, mais uniquement pour celle de l'Etre éternel & nécessaire, qui subsiste par lui-même, qui regle, soutient & gouverne tout par sa sagesse & sa puissance, & qui jouit essentiellement de la souveraine perfection.

Rien n'est donc plus faux, ni plus ridicule, que le raisonnement des Déistes qu'on vient de réfuter. Tout ce qu'ils avancent, se borne communément à de pures pétitions de principe,

Ils enfantent mille abſurdités : quand on leur en demande la preuve, ils en ajoutent de nouvelles ; & ſi on les preſſe vivement, ils en ſont quittes pour railler, ſe fâcher, ou balbutier.

Enfin quelques Déiſtes, frappés juſqu'à un certain point de la diſtinction du bien & du mal, ſe ſont imaginés que, quand même cette diſtinction ſeroit réelle, il ne ſeroit pas néceſſaire d'en conclure que l'ame eſt immortelle ; ou que, ſi elle eſt immortelle, il y ait des peines après cette vie pour les méchans ; parce que, diſent-ils, Dieu punit & récompenſe dans cette vie. Il a attaché les remords au crime, afin qu'ils en fuſſent toute la punition : il a auſſi attaché la ſatisfaction qui naît du bon témoignage qu'on ſe rend à ſoi-même, aux bonnes actions, afin que la vertu ne reſte pas ſans récompenſe.

Mais, outre la diſproportion qui ſe trouve dans ce monde entre cette eſpece de récompenſe & la vertu, & entre cette punition & le crime, nous avons obſervé pluſieurs fois, & l'expérience le confirme encore tous les jours, que la vertu eſt très-ſouvent malheureuſe, & punie ſans aucune conſolation ; & que le crime eſt preſque toujours heureux & triomphant, ſans aucun remords ni mélange de diſgrace. Il y a plus : dans le ſyſtême des Déiſtes dont il s'agit, les plus grands ſcélérats ſeroient les plus fortunés, & il leur ſeroit avantageux de porter le crime à l'excès. Car, quand ils ſeroient venus juſqu'au point d'étouffer tous les ſentimens de la conſcience, n'ayant plus de remords, ils ſeroient ſans juge & ſans bourreau : ils ſe mettroient à couvert de la punition à force de crimes : ils demeureroient impunis à mesure qu'ils deviendroient plus méchans. Quelle idée se formeroit-on de la sagesse & de la justice de Dieu, si ces insignes méchans égalés aux justes, & les justes égalés aux méchans, tomboient tous après la mort dans le néant; ou si, étant immortels, ils jouissoient les uns comme les autres d'une félicité éternelle ! A quel titre ces méchans la recevroient-ils ? Conçoit-on que la justice de Dieu leur ait préparé des biens éternels & ineffables ? Quelle seroit donc cette justice divine ? Elle ne ressembleroit point à celle dont nous avons l'idée. Les hommes récompensent-ils les prévaricateurs des loix, les rébelles, les séditieux, les impies, &c. ?

Nous répondrons dans l'article suivant aux objections que les Matérialistes & les Déistes proposent contre les prophéties, les miracles, & les autres preuves de la Religion chrétienne.

X L V.

Réflexions sur le système des Théistes.

Nous n'avons eu affaire jusqu'à présent qu'à des insensés, dont l'esprit aveuglé par leurs passions, a rejetté ou revoqué en doute les vérités les plus simples & les plus naturelles, & dont le cœur perverti, n'a cherché qu'à confondre le vice & la vertu, & à justifier tous les crimes. Il n'en est pas tout-à-fait de même des Théistes. Ces Philosophes, quoiqu'engagés dans un grand nombre d'erreurs, sont plus raisonnables. Ils reconnoissent avec nous l'existence de Dieu, sa providence, la nécessité de lui rendre un culte, la création, la spiritualité & l'immortalité de l'ame, sa liberté, des loix naturelles, des récompenses ou des châtimens après la mort : vérités qui font le fondement & la base de la Religion chrétienne. Aussi faut-il commencer par en convaincre les Déistes, les purs Matérialistes, & les Pyrrhoniens, avant que de leur exposer les preuves de cette Religion divine, & de leur en enseigner les dogmes. Autrement ils regarderoient tout ce qu'on leur en diroit, comme autant de pétitions de principes, par lesquels on voudroit leur faire illusion. Et en effet, s'il n'y avoit point de Dieu, point de Providence, point d'êtres spirituels, point de liberté, point de loix naturelles, point de récompenses ni de châtimens après cette vie ; la Religion chrétienne, & les preuves sur lesquelles on l'appuie, ne seroient plus qu'illusion & mensonge.

Ce qui distingue principalement les Chrétiens d'avec les Théistes, c'est que ceux-ci ne veulent reconnoître d'autre révélation divine que celle de la loi naturelle, qui nous découvre qu'il y a un Dieu, & qui nous ordonne de l'adorer, de l'aimer, d'obéir à ses loix, de ne faire aucun tort au prochain, & de lui procurer au contraire tous les biens & les avantages que nous desirons raisonnablement qu'il nous procure à nous-mêmes : c'est ce que les Théistes appellent *la révélation naturelle*. Ils font consulter le culte qu'ils doivent à Dieu, dans l'accomplissement de tous ces devoirs ; & ils nomment ce culte *Religion naturelle*. Ils prétendent que cette religion suffit pour honorer Dieu d'une maniere qui lui plaise, & que nous n'avons pas besoin d'autre révélation. Ils rejettent sur-tout celle qui renfermeroit des mysteres incompréhensibles à la raison : car il seroit déraisonnable, disent-ils, de croire des choses qu'on ne comprendroit pas. Dieu ne peut nous les proposer, parce qu'il n'est pas naturel de penser qu'il voulût nous obliger de croire aucun point de doctrine, d'une maniere qui seroit opposée à la raison, qu'il nous a donnée pour guide.

Les Chrétiens soutiennent au contraire, que, dans l'état actuel de désordre où les hommes se trouvent, la seule connoissance de la loi naturelle ne leur suffit pas pour la pratiquer comme il faut, & pour rendre à Dieu le culte qu'il exige, & qu'il a droit de prescrire à sa créature : mais qu'ils ont encore besoin d'une révélation surnaturelle, qui retrace à leurs yeux obscurcis par les passions, toute l'étendue de cette loi primitive ; & qui leur fasse connoître les moyens d'effacer les péchés dont ils se sentent coupables, & de rentrer en grace avec Dieu ; & ils ajoutent que, quand même cette révélation renfermeroit des choses auxquelles la raison ne pourroit atteindre, ce ne seroit pas un motif pour refuser de les croire ; 1°. parce que, bien loin qu'il soit déraisonnable de croire ce qu'on ne comprend pas, lorsque celui qui nous le propose ne peut ni se tromper, ni nous tromper, rien au contraire n'est plus conforme à la raison ; 2°. parce que Dieu étant le souverain Seigneur de sa créature, il peut exiger d'elle avec justice ce sacrifice de sa foi. C'est ce qu'il s'agit d'éclaircir.

Possibilité & nécessité de la Révélation surnaturelle jointe à la Révélation naturelle.

1°. La question de la possibilité d'une Révélation surnaturelle ne nous arrêtera pas long-temps. Il est incontestable que Dieu, étant tout-puissant, peut révéler aux hommes tout ce qu'il lui plaît, & de la maniere qu'il lui plaît. Qu'est-ce qui l'empêcheroit ? De son côté, rien ne répugne à ses perfections dans cette révélation: du côté des hommes, étant l'ouvrage de Dieu, dépendants en toutes choses de cet Etre suprême, il est pleinement le maître de leur faire entendre ses volontés, lorsqu'il le juge à propos. Ces vérités sont si claires, qu'elles n'ont pas besoin d'autres preuves.

2°. Quand on parle de la nécessité de cette révélation, il n'est pas question d'une nécessité absolue, à laquelle Dieu soit assujetti: cela signifie simplement que l'homme, dans l'état où il se trouve, en a besoin; & que la raison seule ne lui suffit pas pour connoître ses devoirs, & rendre à Dieu le culte qu'il lui doit.

Mais sur quoi est fondé ce besoin d'une révélation surnaturelle ? Sur l'aveuglement & la corruption de l'homme. Tous ceux qui sont un peu au fait de l'histoire, n'ignorent pas qu'anciennement les hommes défigurerent en eux l'idée du vrai Dieu ; qu'ils se formerent à sa place de fausses Divinités ; qu'ils porterent l'aveuglement jusqu'à adorer des idoles qu'ils avoient fabriquées ; qu'ils attribuerent à ces Dieux imaginaires toutes les passions humaines ; & qu'oubliant la loi que Dieu avoit gravée dans leur ame, ils se plongerent, à leur exemple, dans une corruption effroyable. Cependant, au milieu de ce désastre universel d'une populace aveugle, n'y eut-il pas au moins des personnes sages, qui, fideles aux lumieres de la raison, conserverent l'idée du vrai Dieu, & la connoissance exacte de la loi naturelle ? C'est ici le lieu de se rappeller tout ce que nous avons dit dans le volume précédent sur l'ancienne Philosophie. On ne peut douter que les hommes qui s'adonnerent à cette science, tels que Zoroastre, Pythagore, Platon, Aristote, Zénon, Epicure, &c. ne fussent de très-grands génies, des hommes pénétrans, subtils, grands raisonneurs, versés dans la connoissance de toutes les sciences profanes, & fort élevés par leurs lumieres au-dessus des autres hommes. Cependant, malgré leur esprit & leurs talens, tout fourmille d'erreurs, d'inconséquences & de contradictions dans leurs écrits ; & quoique leur raison les ait conduits jusqu'à la connoissance de Dieu, qui est la premiere vérité que l'évidence nous découvre, ils ont défiguré, comme les autres, cette idée de Dieu, & l'ont mélangée de mille erreurs injurieuses à la Divinité, & incompatibles avec la véritable idée qu'on en doit avoir. Ils se sont de même égarés sur la nature & l'immortalité de l'ame, (qu'ils croyoient être, au moins quant à l'intelligence, une portion détachée de la substance divine ;) sur la création, sur le monde & sur la providence qui le gouverne, sur l'origine de l'homme, sur sa fin derniere, sur le principe de ses actions, sur le rapport de la créature à son Créateur, sur le culte qu'elle lui doit, sur la loi naturelle, sur la liberté, sur le vrai bonheur, sur la distinction du vice & de la vertu, & sur toute la morale, que les plus éclairés ont réduite aux devoirs de la société, & à des vertus toutes humaines, qui n'avoient pour principe & pour fin que l'amour-propre, & qu'ils ont laissées sans récompenses après cette vie, comme ils ont laissé le vice sans châtiment. Il n'y a proprement que Zoroastre, Pythagore & Platon, qui paroiſſent avoir mieux compris la nature & la différence du vice & de la vertu, & leur avoir réſervé des récompenſes & des punitions après la mort : mais ces deux derniers Philoſophes ſe contrediſoient eux-mêmes ſur cet objet important, par leurs idées ſingulieres ſur la métempſycoſe & la liberté. Il y a plus ; c'eſt qu'eux-mêmes, dans la vérité, ne croyoient point cette métempſycoſe qu'ils annonçoient avec tant d'emphaſe, mais ils décompoſoient l'individu de l'homme, & le réduiſoient à rien. Tous les autres Philoſophes, Ariſtote & Zénon à leur tête, n'ont été de même que des diſcoureurs, qui, après avoir beaucoup erré ſur la nature de Dieu & ſur celle de l'homme, & avoir établi des maximes de morale capables de régler, au moins extérieurement, ſes actions, & de le détourner des vices charnels & groſſiers, l'ont en même-temps dégagé de toute inquiétude & de tous remords, s'il n'en vouloit rien faire, en lui enſeignant qu'il n'avoit rien à craindre ni à eſpérer après cette vie, ſoit qu'il pratiquât la vertu, ſoit qu'il s'adonnât au vice (*a*). Le commun du peuple, qui avoit conſervé quelques lueurs de la tradition primordiale, & qui raiſonnoit peu, s'écartoit moins de la vérité que ces Philoſophes. Il eſt vrai que cette tradition avoit enſeigné l'unité de Dieu, & que les peuples avoient ſubſtitué à cette vérité un Polythéiſme ridicule : mais on a vu que les Philoſophes qui avoient conſervé cette idée d'un Etre ſouverain, étoient tombés, comme le vulgaire, malgré toute leur ſcience, dans

---

(*a*) Conſultez le I. vol. ſur ces ſentimens des Philoſophes dans leurs articles reſpectifs.

un autre Polythéisme qui n'étoit pas moins insensé ; & que, par une affreuse hypocrisie, ils trompoient les peuples, en leur cachant, autant qu'ils pouvoient, le dogme de l'existence d'un Dieu suprême, & en faisant semblant d'adorer très-religieusement les idoles, dont ils connoissoient le faux & l'imposture. Sur le reste le peuple étoit plus éclairé, en suivant grossiérement les vestiges de l'ancienne tradition, que les Philosophes, en ne consultant que leur raison : car il reconnoissoit au moins qu'il falloit adorer les Dieux, les prier, leur rendre hommage par leurs sacrifices : il convenoit de la différence du bien & du mal : il croyoit qu'après cette vie, le vice seroit puni, & la vertu récompensée ; & par une conséquence nécessaire, il admettoit la spiritualité & l'immortalité de l'ame, sans qu'il lui vînt dans l'esprit, selon la folle imagination des Philosophes, qu'elle fût composée d'une portion proprement dite de la substance divine : toutes vérités que le grand nombre des Philosophes, avec leur prétendue raison, ont rejettées comme des fables & des illusions.

Que conclure donc de tous les égaremens de ces anciens Précepteurs du genre humain, pour ne pas dire de toutes leurs folies & extravagances ? sinon que l'homme abandonné à lui-même & aux foibles lumieres de sa raison, quelqu'esprit, quelque science, quelque talent qu'il ait d'ailleurs, bien loin de pouvoir atteindre jusqu'à la vérité, n'en apperçoit que des lueurs très-sombres, qui ne la lui découvrent point dans toute sa clarté & toute son étendue, l'exposent à tomber dans des erreurs de toute espece, & dans une incertitude générale sur son origine, sur ce qu'il doit faire dans le monde,

& sur la fin à laquelle il doit tendre.

Une expérience de tant de siecles, où l'on ne trouve pas un seul homme qui ait découvert le vrai, en est une preuve invincible; & elle démontre sans réplique la nécessité d'une révélation surnaturelle, par laquelle Dieu, la lumiere des hommes veuille bien éclairer leur esprit, & rectifier leur raison dépravée. C'est ce que ces anciens Philosophes entrevoyoient eux-mêmes, lorsqu'ils consideroient cette foule d'opinions différentes & souvent contradictoires qui les partageoient, & l'impuissance où ils étoient d'en établir & d'en démontrer la vérité. Ils avouoient ingénûment que les hommes ne pouvoient sortir de ce labyrinthe, si un être bienfaisant ne descendoit du ciel, & ne venoit faire luire sur eux un flambeau divin, seul capable de les éclairer. C'est ce qu'on trouve en particulier dans Platon, qui fait parler ainsi Socrate à son disciple Alcibiade. « Parmi toutes nos incertitudes, le seul milieu que nous ayons à prendre, est d'attendre patiemment que quelqu'un vienne nous instruire de la maniere dont nous devons nous comporter envers les Dieux & les hommes ». (*a*) Ils convenoient donc que la raison ne le leur montroit pas.

Mais, si nous passons des anciens Philosophes aux Philosophes modernes, qui ne peuvent souffrir patiemment qu'on leur parle de révélation surnaturelle; trouverons-nous qu'ils aient tiré plus de secours de la raison, dont ils se vantent d'être les fideles disciples, & qu'elle les ait conduits dans le sanctuaire de la vérité ? On a vu par la comparaison que nous avons faite, dans le volume précédent (*b*), de la doctrine

---

(*a*) Platon in Alcibiad. 11. (*b*) Tom. I. de cet ouvrage.

des Pyrrhoniens, des purs Matérialistes & des Déistes, avec celle des anciens, que non-seulement ils ont renouvellé toutes les erreurs des Philosophes du paganisme, mais qu'ils en ont enfanté de nouvelles, dans lesquelles ces premiers Philosophes n'avoient eu garde de tomber. Les Philosophes modernes, dont on vient de parler, ont donc un besoin plus pressant encore que les autres n'en avoient, d'une révélation divine qui les tire de ce profond abyme, où leur prétendue raison les a précipités.

Il est vrai, répondent les Théistes, que tous ces Philosophes anciens & nouveaux sont tombés dans des erreurs inconcevables, mais il ne s'ensuit point qu'ils eussent besoin d'une révélation surnaturelle. Ce qui les a aveuglés, c'est, qu'au lieu d'écouter la raison qu'ils avoient reçue comme les autres hommes, ils lui ont substitué les fantômes & les rêves de leur imagination. S'ils se fussent vraiment rendus les disciples de la raison, ils auroient découvert, comme nous, l'existence d'un Etre nécessaire, éternel & souverain, qui gouverne tout par sa providence; la spiritualité de leur ame, son immortalité, sa liberté, les devoirs naturels qu'ils portent empreints dans cette ame, les récompenses réservées aux bons après la mort, & les châtimens dont les méchans sont menacés. Remplis de ces connoissances, ils auroient embrassé la religion naturelle que nous professons, & qui nous oblige simplement à honorer & à aimer l'Auteur de notre être, & à pratiquer les devoirs naturels qu'il nous a prescrits, sans qu'on ait besoin d'autre lumiere.

A la bonne heure; nous convenons que les anciens Philosophes auroient pu découvrir absolument, par les lumieres de la raison, tout ce que les Théistes prétendent en avoir appris. Mais 1°. il est plus que vraisemblable que, si ces derniers ont des connoissances naturelles supérieures à celles des autres Philosophes anciens & modernes, ils en sont uniquement redevables à la religion chrétienne, dans laquelle ils ont été élevés, ou qu'ils ont connue, & dont ils n'ont rejetté que ce qui leur paroissoit incompréhensible à la raison ; plus sages en cela que les nouveaux Pyrrhoniens, les purs Matérialistes & les Déistes, qui n'en ont pas tiré le même avantage. Si nos Théistes eussent vécu dans les siecles antérieurs à l'Evangile, ils auroient donné dans les écarts des Philosophes qui vivoient alors ; car ces anciens Philosophes n'avoient ni moins d'étendue d'esprit, ni moins de pénétration, ni moins de talens naturels que les modernes. Est-il croyable que la raison des Théistes leur ait découvert ce que la raison de ces premiers maîtres n'a pu venir à bout de leur faire appercevoir, malgré toutes leurs réflexions, leurs recherches & leurs profondes méditations ? Il faudroit, pour le penser, n'avoir jamais réfléchi sur l'aveuglement effroyable dans lequel la nature humaine est tombée, & dont elle n'a pu se relever que par les lumieres de la foi. Mais 2°. accordons aux Théistes qu'ils auroient découvert, comme aujourd'hui, dans ces siecles ténébreux, par les seules lumieres de la raison, les vérités qu'ils professent ; ils auroient tort d'en conclure qu'ils n'ont aucun besoin de nouvelle révélation divine, mais que leur religion naturelle est suffisante pour régler leur conduite, & leur faire rendre à Dieu le culte qui lui est dû. Il est aisé de leur faire voir que, malgré ces connoissances naturelles dont ils se flattent, leur raison ne les éclaire point sur plusieurs articles essentiels, qui, dans l'état actuel où l'homme se trouve, doivent entrer nécessairement dans l'objet de sa religion.

La raison des Théistes ne leur donne aucune connoissance sur l'origine de l'homme, sur les différens états par lesquels il a pu passer dans le cours des siecles, ni sur les communications qu'il auroit pu avoir avec la Divinité. Ils voient l'homme passer quelque temps sur la terre, & disparoître par la mort : mais la raison ne leur découvre point si nos corps ressusciteront un jour, ou s'ils resteront dans la masse de la matiere. Elle leur enseigne qu'il y a une loi naturelle imprimée dans l'ame de tous les hommes ; que ceux qui l'auront observée, seront récompensés après cette vie ; & que ceux qui l'auront violée, seront punis : mais elle ne leur présente aucune idée fixe sur ces récompenses & ces punitions. Elle ne leur apprend point si l'on pourra pécher de nouveau dans cette vie future, & perdre par-là les récompenses qu'on avoit méritées dans celle-ci, ou si l'homme sera fixé pour toujours dans la justice & le bonheur : elle ne leur apprend point non plus si Dieu pardonnera aux pécheurs au bout d'un certain temps, ou s'il punira leurs crimes éternellement. Sur tous ces points, & plusieurs autres qui nous intéressent véritablement, les Théistes ne forment que des conjectures vagues & incertaines, qui ne peuvent être ramenées au vrai que par une révélation surnaturelle. Mais il y a sur-tout trois articles principaux, où la raison leur manque absolument, & sur lesquels il est bon de faire quelques réflexions.

1°. Considérons les hommes dès leur naissance. Nous les voyons accablés de miseres

& d'infirmités, avant même qu'ils aient pu commettre aucun péché. A mesure qu'ils avancent en âge, on découvre qu'ils ignorent les devoirs les plus essentiels, & que cette ignorance fait qu'ils les transgressent sans s'en appercevoir. Si on leur expose ces devoirs qu'ils ignorent, ils ne les apprennent qu'avec beaucoup de peine & de dégoût. Très-souvent ils n'en profitent point ; ou s'ils les observent extérieurement, ce n'est qu'à force de menaces & de châtimens. Enfin l'on apperçoit dans chacun d'eux un penchant violent, naturel & persévérant vers le mal, un fond d'amour mauvais & déréglé, qui les assujettit & les tient captifs sous l'empire de la convoitise, dont ils ne peuvent s'affranchir, & contre laquelle il leur faut combattre tous les jours de leur vie, s'ils veulent se conduire conformément à la loi qu'ils portent empreinte dans leur ame. Quelle peut être la cause de cette corruption & de cette foule de maux dont nous sommes accablés dès notre entrée dans le monde ? Qu'est-ce que la raison & la religion naturelle apprennent aux Théistes sur cet étrange phénomene qui rend l'homme inexplicable, & qui brouille toutes ses idées, tant sur la bonté, la sagesse & la justice de Dieu, que sur ce fond de grandeur & d'excellence qu'il remarque en lui-même, au milieu de ces ténebres & de ces contradictions ? Cet état, répondent les Théistes, est une suite de la nature de l'homme. Que veulent dire ces expressions vagues & générales ? Qu'entend-on ici par la nature de l'homme ? De deux choses l'une : ou les Théistes prétendent que ces miseres spirituelles & corporelles sont tellement essentielles à la nature de l'homme, qu'on ne peut le concevoir sans elles, & que Dieu même en le créant ne peut l'en préserver : ou, par ce mot de *nature* ils entendent Dieu même auteur de la nature; & ils pensent que c'est lui qui réduit sa créature a ce déplorable état, & qui est l'auteur, non-seulement des maux qu'elle souffre, mais encore de ce penchant qui la porte au mal, & la rend captive sous la loi du péché.

Mais 1°. n'est-il pas de la derniere évidence, que cette corruption & ces miseres ne sont point essentielles à la nature de l'homme ? On peut très-bien le concevoir, parfaitement instruit de ses devoirs, plein d'amour pour la vertu, sans aucun penchant vers le mal, exempt de toute espece de misere; & assurément Dieu peut l'en préserver, comme il le fera dans la vie future, de l'aveu même des Théistes. 2°. Comment la raison rejetteroit-elle sur Dieu même la cause de tous ces maux que nous apportons en naissant ? Elle enseigneroit donc que Dieu forme une créature innocente pour la rendre aussi-tôt malheureuse; qu'il grave dans son ame les préceptes qu'elle doit suivre, & qu'il lui inspire en même-temps un mauvais amour qui la porte fortement vers le mal, & dont il lui est impossible de se délivrer ? Non; la raison ne dicte point de pareilles impiétés : elle trouve au contraire que l'homme n'est pas comme il doit être; & elle en reste-là : elle est donc à court vis-à-vis de ces miseres auxquelles nous sommes exposés dès la naissance. Car enfin cet état misérable n'est pas l'effet du hazard, qui n'est qu'une chimere : il doit donc avoir une cause; & si cette cause ne vient ni de la nature de l'homme, ni de l'opération de Dieu, comme on n'en peut douter, à quoi la raison pourroit-elle l'attribuer ? Seroit-ce que les hommes se seroient corrompus dans une vie précédente, & que Dieu pour les punir, les auroit relégués sur la terre & accablés de divers châtimens ; comme l'a imaginé Platon, moins insensé en cela que les Théistes ? Ce n'est qu'une simple conjecture ; & non-seulement la raison ne nous l'apprend point ; mais elle y trouve des difficultés insolubles ? Seroit-ce qu'un certain homme auroit d'abord péché, & que tous ses descendans auroient participé à son crime & à sa disgrace ; & que, sans y avoir participé, Dieu le leur auroit imputé ? C'est une autre hypothése, que non-seulement la raison ne peut nous apprendre, mais dont elle ne comprend point la justice. Convenons donc qu'elle ne peut expliquer ce phénomene inconcevable à ses lumieres, & qu'il faut remonter jusqu'à Dieu, qui, ayant une science infinie, peut seul nous instruire de la véritable cause d'un événement si surprenant. Il est donc clair comme le jour, que l'homme ne peut connoître avec certitude le principe de toutes les miseres spirituelles & corporelles, dont il est la victime dès le premier instant de sa naissance, sans une révélation surnaturelle.

2°. Les Théistes se flattent que la loi naturelle leur suffit pour connoître tous leurs devoirs envers Dieu, envers eux-mêmes, & envers le prochain. Ils supposent donc 1°. que Dieu ne peut leur imposer d'autres devoirs, qui ne seroient point renfermés dans cette loi. Mais comment le prouveroient-ils ? La raison ne le leur dit point. Elle leur enseigne au contraire qu'il faut obéir à Dieu en toutes choses, & par conséquent dans les loix positives qu'il lui plairoit de nous prescrire, comme dans les loix naturelles. Or, si Dieu vouloit user de son

droit à cet égard, comme assurément il le peut, ils seroient obligés de reconnoître une révélation divine surajoutée à celle de la nature. Ils ne peuvent donc assurer que la loi naturelle leur suffit, qu'autant qu'ils pourroient prouver que Dieu ne nous a point imposé d'autres obligations particulieres. On verra dans la suite que, bien loin de pouvoir le prouver, ils sont dans l'impuissance de répondre aux démonstrations qu'on leur fait du contraire. 2°. Mais supposons avec eux que Dieu n'ait prescrit aux hommes que la loi naturelle : il faudroit dans cette hypothése, pour n'avoir besoin d'aucune autre lumiere, que cette loi leur fût tellement connue, qu'ils convinssent tous des préceptes qu'elle renferme. Cependant l'expérience nous apprend que, si la plupart, au milieu des ténebres de l'ignorance dont nous sommes environnés, sont convenus des premiers principes de la loi naturelle, il y en a eu beaucoup d'autres qui ont contesté ces principes ou qui les ont altérés, & que ceux mêmes qui les ont reconnus, en ont restreint plus ou moins les conséquences, selon les préjugés dont ils étoient imbus. Delà cette différence que nous avons remarquée entre la morale des anciens & des nouveaux Philosophes, & entre celle des diverses sectes de la Philosophie moderne. La morale des nouveaux Pyrrhoniens différe de celle des Matérialistes & des Déistes, & celle de ces derniers différe de la morale des Théistes : les Théistes eux-mêmes, malgré les lumieres dont ils se vantent, ne sont point d'accord entr'eux sur tous les principes & les conséquences de la loi naturelle qu'ils admettent. Souvent ce qui paroît certain aux uns, est rejetté ou n'est regardé que comme vraisemblable

blable par les autres. Cependant tous ces Philosophes se piquent de suivre la raison. Si cette prétention étoit vraie, ils penseroient uniformément : car la raison nous découvre la vérité, & la vérité est une. Comment dans ce conflit d'opinions qui les divise, les uns persuaderoient-ils aux autres qu'ils se trompent ? La chose ne paroît pas aisée. C'est vous-mêmes qui vous trompez, se répondront-ils réciproquement ; pour nous, nous suivons fidélement les lumieres du droit naturel : & si dans ce choc universel chacun s'obstine à demeurer dans son sentiment, s'il se rend le juge souverain de ce qui appartient & de ce qui n'appartient point à la loi naturelle, & qu'il n'ait d'autre autorité à opposer que sa maniere de penser, qui ne peut faire regle par rapport aux autres, les disputes seront continuelles & interminables, comme elles le sont en effet, car, depuis l'origine du monde jusqu'à présent, les hommes n'ont pu s'accorder sur tous les objets de la morale naturelle. Il faut donc, pour les réunir dans un même sentiment, une autorité infaillible, qui soit capable de dissiper leurs doutes, de fixer leurs idées, & de leur présenter d'une maniere exacte & uniforme les vrais principes de la loi naturelle, & les conséquences qui en dérivent. Or il est évident que cette autorité ne peut être que celle de Dieu même. Il faut, pour tirer les hommes de leurs ténebres, qu'il dissipe les nuages qui les empêchent de lire dans leur ame ces préceptes naturels qu'il y a gravés en caracteres ineffaçables. La premiere révélation naturelle n'étant donc pas suffisante pour éclairer les hommes sur tous leurs devoirs, dans l'état de foiblesse & d'obscurcissement où ils sont, ils ont tous le plus grand besoin d'une nouvelle révélation di-

Tome II.   H

vine, sans laquelle ceux qui paroissent les mieux instruits, risquent de prendre le change, & d'être le jouet de l'erreur; si quelque passion, comme il n'arrive que trop souvent, vient à offusquer leur esprit, & à leur faire voir les objets dans un point de vue différent de celui que la loi naturelle nous présente.

(On objectera mal-à-propos que les Chrétiens, quoiqu'ils admettent une révélation surnaturelle, n'en sont pas cependant plus d'accord sur plusieurs points de la loi naturelle. Ce n'est pas ici le lieu de répondre à cette difficulté : il ne s'agit maintenant que du besoin que nous avons de la révélation. On donnera dans la suite la solution de cette objection; & l'on fera voir que, si plusieurs Chrétiens disputent sur certains articles de la loi naturelle, & si d'autres les affoiblissent & les alterent, ce n'est pas que la révélation n'enseigne clairement ce qu'on en doit penser : mais cela vient uniquement de ce qu'ils refusent de la consulter, & d'écouter l'Eglise catholique qui en est la dépositaire infaillible).

3°. Nous venons d'exposer l'état déplorable où se trouve réduite la nature humaine : on a vu que l'homme dès le berceau n'est pas tel que la raison nous montre qu'il devroit être en sortant des mains de Dieu. Quel spectacle effroyable n'offre-t-il pas à nos yeux ! son esprit & son cœur sont couverts d'épaisses ténèbres; il ignore la plupart de ses devoirs, & il tombe sans s'en appercevoir dans les erreurs les plus extravagantes : ses inclinations le portent comme naturellement au mal, & il est le jouet de toutes les passions : elles le troublent, elles le tyrannisent. Enfin il est livré en proie à une foule de miseres dont il ne peut se délivrer : elles l'accablent, elles le tourmentent, & le rendent malheureux jusqu'au dernier soupir. La raison doit en conclure, & les païens mêmes l'ont compris, que l'homme est dans le désordre, & qu'il a encouru la disgrace de son Créateur, quoiqu'elle ne puisse en découvrir la cause, qui ne peut venir de Dieu : car il est inconcevable, même à la raison, que Dieu fît tomber ce déluge de maux, ou qu'il n'en garantît pas des créatures innocentes. Mais, quand les Théistes s'opiniâtreroient à ne reconnoître, comme ils font, dans toutes ces miseres, que des effets purement naturels, au moins conviennent-ils que l'homme est un agent libre : il peut donc transgresser la loi naturelle ; & non-seulement il le peut, mais il est clair, & ces Philosophes ne le contestent pas, qu'il y a eu un nombre prodigieux d'hommes qui ont transgressé cette loi, & qui la transgressent encore tous les jours ; & nous pouvons ajouter, sans craindre d'être démentis avec justice, qu'il n'y en a pas un seul entre les adultes qui n'ait à se reprocher de l'avoir violée plus ou moins. Sur cela je demande aux Théistes ce que doit faire l'homme, suivant leur religion naturelle. Il doit se repentir, répondront ces Philosophes ; car il est convenable que Dieu pardonne à celui qui condamne ses mauvaises actions. Fort bien : mais 1°. jusqu'à quand ce remede sera-t-il en usage ? N'a-t-il lieu que pour une premiere ou une seconde prévarication ? Ou bien y aura-t-il un retour perpétuel de péchés & de pénitence ? Et dans ce cas, ce retour perpétuel se bornera-t-il à cette vie, ou arrivera-t-il de même dans la vie future ? Mais ne seroit-ce pas accorder au pécheur une pleine liberté de commettre le crime ? Et la religion naturelle autoriseroit-elle une pareille idée ? D'ailleurs, Dieu est le juge du monde ; (les Théistes l'avouent :) il faut donc qu'il y ait un temps marqué pour le jugement ; & si ce jugement est porté, à quoi servira la religion naturelle ? Quelle ressource présentera-t-elle à l'homme ? Elle lui fera voir l'excellence de la loi qui le condamne. Mais qu'importe que la loi soit bonne, si ceux qui doivent obéir, sont mal disposés ? Prouver aux pécheurs l'excellence de la loi naturelle, ce n'est autre chose que leur prouver combien ils sont coupables en la violant, & avec combien de raison ils doivent s'attendre à porter la peine de leurs crimes. 2°. Il est vrai que Dieu peut pardonner aux pécheurs qui se repentent ; mais y est-il obligé ? le repentir des malfaiteurs empêche-t-il qu'on ne les punisse avec justice ? c'est un devoir de se repentir quand on a péché ; autrement on aggraveroit le mal, au lieu de l'arrêter & de lui donner des bornes. Mais l'observation d'un devoir ne détruit point l'injustice de la transgression qu'on auroit faite d'un autre devoir ; elle n'éteint point la dette qu'on a contractée par le crime : le terme même de pardonner marque une faveur toute gratuite de la part du Seigneur, c'est-à-dire, une faveur qu'il peut accorder ou refuser à son gré, & non point une obligation stricte. Il s'agit donc de savoir si Dieu voudra se relâcher de ses droits vis-à-vis l'homme pécheur, ou s'il ne le voudra point ; s'il voudra bien lui faire miséricorde, ou le traiter selon toute la rigueur de sa justice. Or la raison ni la religion naturelle des Théistes ne peuvent découvrir aux hommes les desseins de Dieu sur cet objet. Elles manifestent leurs devoirs, & les récompenses ou les punitions réservées à ceux qui les accompliront ou qui les transgresseront ; mais leur instruction se borne à ces idées générales, qui sont incapables de tranquilliser le pécheur. Il demeure donc, malgré ses connoissances naturelles, dans une incertitude accablante sur son sort. Tout lui annonce qu'il a péché, qu'il est disgracié, qu'il est ennemi de Dieu, & par conséquent hors d'état de lui offrir des hommages qui lui soient agréables, & rien ne lui donne assurance que son repentir ait fléchi la justice divine ; rien ne lui apprend s'il a lieu d'espérer sa grace, ou si la réitération de ses péchés n'auroit pas, fermé pour toujours les entrailles de la miséricorde. Il est donc nécessaire que Dieu parle, & qu'il révèle aux pécheurs le jugement qu'il a porté sur eux : & s'il a résolu de leur pardonner, il faut, pour les tirer de leur incertitude, qu'il leur en fasse la promesse ; & qu'il leur marque s'il se contente de leur repentir, ou s'il veut faire dépendre la grace qu'il a résolu de leur accorder, de certaines conditions & de certains moyens qu'ils doivent embrasser pour l'obtenir : car il est le maître absolu de pardonner sans condition, ou d'exiger telle satisfaction qu'il lui plaira, sans laquelle le pécheur n'auroit rien à espérer de sa bonté.

Concluons. C'est donc une chose démontrée, que l'homme, dans l'état où il est, a besoin d'une révélation divine & surnaturelle, soit pour connoître le principe des maux spirituels & temporels dont il est accablé dès son entrée dans le monde ; soit pour découvrir exactement toute l'étendue de la loi naturelle, & le prémunir contre les mauvaises interprétations que l'aveuglement des passions pourroit lui donner, & qu'il lui donne en effet tous les jours; soit pour être instruit, outre la loi naturelle, des devoirs positifs ou particuliers qu'il plairoit à Dieu, notre souverain Seigneur, de nous imposer; soit enfin pour savoir avec certitude s'il a lieu d'espérer le pardon des péchés qu'il auroit commis contre ses loix, & à quelles conditions il peut l'obtenir.

Mais, quand même on ne seroit pas persuadé de la nécessité de cette révélation, si Dieu a jugé à propos de la faire, cela suffit; il faut s'y soumettre. Dès qu'il la trouve nécessaire ou utile, elle l'est effectivement : il ne peut se tromper dans ses vues. Est-il certain qu'il parle? il faut l'écouter : au lieu de murmurer, & de fermer l'oreille à sa voix, comme les impies, on doit recevoir avec reconnoissance les vérités qu'il veut bien nous manifester. Mais, avant de prouver contre les Théistes l'existence de cette révélation divine & surnaturelle, nous allons montrer qu'elle peut renfermer des mysteres incompréhensibles à notre esprit; & que, bien loin qu'il soit déraisonnable de croire ces mysteres, puisque c'est Dieu même qui les annonce, rien ne seroit plus contraire à la raison que de refuser de les croire.

La Révélation divine peut-elle renfermer des Mysteres incompréhensibles à la raison? Est-on obligé de croire ces Mysteres ?

Le principe fondamental des Théistes sur cette question, c'est que Dieu ne peut nous révéler, & que nous ne pouvons croire raisonnablement, que ce qui est démontré vrai par la raison qui nous a été donnée pour regle : ils inferent delà que tout ce qui est incompréhensible à notre esprit, ne pouvant être démontré vrai par la raison, nous ne pouvons le croire raisonnablement. Cet argument n'est qu'un pur sophisme. Nous pouvons croire raisonnablement tout ce qui nous est proposé par une autorité infaillible, soit que nous le comprenions, soit que nous ne le comprenions pas ; parce que la raison nous fait voir que, dans les choses mêmes que nous ne comprenons point, cette autorité infaillible ne pouvant ni se tromper ni nous tromper, tout ce qu'elle nous propose à croire ne peut être que vrai : & l'on peut dire en ce sens que nous ne pouvons croire raisonnablement que ce qui est démontré vrai par la raison ; mais ce n'est pas celui des Théistes. Ils veulent qu'on ne puisse croire avec raison que ce que l'on comprend. « La raison me » dicte, dit Rousseau de Genève (*a*), que » des dogmes révélés doivent être clairs, lumi- » neux, frappans par leur évidence ». Et c'est sur ce principe qu'il soutient qu'on ne peut apprendre aucune vérité aux enfans, parce qu'ils ne sont point en état de la comprendre. Outre qu'il y a mille choses dans la nature que nous ne comprenons pas, & que la raison nous oblige cependant de croire, ce système mene droit à l'Athéisme : car notre raison ne peut comprendre Dieu ; il s'ensuivroit donc qu'on ne doit pas croire qu'il y a un Dieu : ou, si les Théistes répondent que la raison démontre son existence, comprendra-t-elle l'éternité, l'infinité, la toute-puissance, l'immensité, &c. ? Elle ne sera donc point obligée de croire que Dieu a ces perfections. Un Athée, saisissant ces principes, dira : De l'aveu de nos adversaires on

_____

(*a*) Rousseau de Genève, dans son Emile.

ne doit point admettre ce qu'on ne peut comprendre. Or je ne comprends point cet Etre éternel & infini qu'on nomme *Dieu*. Je ne comprends point, dira de même le Matérialiste, cette substance que l'on nomme *esprit* ; je ne dois donc pas l'admettre. C'est ainsi que les Théistes rendent aux Athées & aux Matérialistes les armes qu'ils tâchent de leur ôter, en établissant l'existence de Dieu & la spiritualité de l'ame.

Ce qui jette les Théistes dans leurs écarts, c'est qu'ils ignorent, ou qu'ils font semblant d'ignorer, qu'il y a plusieurs sources de certitude & d'évidence, plusieurs manieres de se convaincre d'une chose qu'on ne conçoit pas. 1°. Nous pouvons en être convaincus par des conséquences tirées de principes évidens. C'est ainsi, selon les Théistes eux-mêmes, que nous connoissons les attributs de la Divinité que nous ne comprenons point, & qu'il nous paroît si difficile de concilier, tels que l'unité de Dieu & son immensité, sa liberté, & son immutabilité. 2°. Par le sentiment intérieur. On prouve par-là très-solidement aux Matérialistes l'existence, la spiritualité, les opérations de notre ame, malgré les difficultés qu'on peut opposer. 3°. Par l'expérience, ou par le rapport des sens : nous sommes persuadés par cette voie de l'existence des corps, de l'espace ou de l'étendue, du mouvement, &c. quoiqu'on puisse faire contre ces vérités des raisonnemens qui paroissent forts. 4°. enfin par des témoignages extérieurs, tels que celui des hommes, &c. Dans les deux premiers cas, l'évidence est intrinseque, & tirée du fond même de l'objet que nous envisageons ; c'est ce qu'on appelle certitude ou évidence métaphysique. Dans les deux derniers, l'évidence est extrinseque : celle qui vient de nos sens est l'évidence physique ; celle qui porte sur le témoignage des hommes, est l'évidence morale. Mais dans aucun de ces cas l'évidence ne peut entiérement dissiper le fond d'obscurité qui demeure toujours dans la nature, ou dans la maniere d'être de l'objet : ce qui n'empêche pas de dire que l'objet est démontré, soit par des principes évidens, soit par le sentiment intérieur, soit par le rapport de nos sens, soit par la certitude ou l'infaillibilité des témoignages. Il est nécessaire de distinguer exactement toutes ces idées, & de se les rappeller continuellement, parce que la plupart des difficultés & des objections des incrédules ne sont fondées que sur la confusion qu'ils en font, & sur l'abus des termes.

Appliquons ces principes à la révélation, & commençons par une comparaison qui rende la chose sensible. Un aveugle-né n'a aucune idée des couleurs ni de leurs propriétés : il ne sait ce que c'est qu'une perspective ou un miroir : si on lui parle de ces choses, il répond qu'il ne les conçoit pas. Il connoît par le tact ce que c'est qu'une *surface plate*, & ce que c'est que *profondeur* : il sent très-bien que ces deux choses ne peuvent aller ensemble ; & si on lui dit qu'une perspective & un miroir sont des surfaces plates, qui produisent en nous des sensations de profondeur, il ne comprendra rien à ce qu'on lui exposera ; ce sera pour lui un mystere incompréhensible. Il s'agit maintenant de savoir s'il peut acquérir la certitude de ce qu'on lui dit sur cet objet ; & s'il agit d'une maniere déraisonnable, en croyant sur de bonnes preuves qu'il y a réellement des superficies plates qui produisent des sensations de profondeur, quoiqu'il ne comprenne pas comment cela se peut faire. D'abord il ne peut s'en convaincre par des conséquences de principes évidens, ni par le sentiment intérieur, ni par le rapport de ses sens : tous ces principes de certitude ne peuvent lui fournir aucune lumiere. Mais il le peut par le témoignage d'autrui, qui est la quatrieme source d'évidence par laquelle nous pouvons découvrir la vérité de ce que nous ne concevons pas. En effet tout le monde parle de couleurs à cet aveugle-né, & lui atteste qu'elles existent: tout le monde lui certifie qu'une perspective & un miroir sont des surfaces plates qui produisent en nous la sensation de profondeur. Il juge en conséquence, sur ce témoignage des hommes, que ces assertions qu'il ne comprend pas sont vraies ; parce qu'il est évident, se dit-il à lui-même, que tous les hommes ne peuvent sans aucun intérêt, & sans aucun motif raisonnable, se réunir pour me tromper. Dira-t-on qu'il se conduit d'une maniere déraisonnable, en souscrivant à ce témoignage des hommes ? ne diroit-on pas au contraire qu'il le feroit en n'y souscrivant pas ? Mais si cet aveugle-né apprenoit les mêmes choses par une autorité qu'il connoîtroit certainement être infaillible, & absolument incapable de le tromper, avec combien plus de raison les croiroit-il, & combien plus feroit-il déraisonnable, s'il refusoit de les croire ! Enfin, si cette autorité infaillible, dont on suppose qu'il dépendroit, voulant éprouver sa fidélité, lui faisoit une loi de croire ces choses incompréhensibles à son esprit ; qu'elle lui promît des avantages pour récompense de sa soumission, s'il les croyoit; & qu'elle le menaçât de châtimens pour punir sa défiance s'il ne les croyoit pas, non-seulement il seroit déraisonnable, mais très-coupable de ne pas déférer à cette autorité infaillible. Voilà sans doute ce que la raison nous enseigne.

Or nous sommes à l'égard de la connoissance des mysteres surnaturels, comme cet aveugle-né à l'égard de celle des effets d'une perspective & d'un miroir. Le tact lui découvre diverses choses dont il comprend les propriétés. Il conçoit, par exemple, ce que c'est que l'étendue, la figure, le mouvement : il est en état de distinguer un corps rond ou quarré d'avec un corps triangulaire, &c. Il n'en est plus tout-à-fait de même si ce tact est vicié. L'aveugle ne découvre plus ces choses avec le même discernement : souvent il se trompe, en prenant l'une pour l'autre, & tombe dans des erreurs considérables. Mais il y a d'autres objets, tels que les couleurs & l'effet d'une perspective ou d'un miroir, pour lesquels le tact, si parfait qu'on le suppose, ne lui suffit point. Il lui faudroit des yeux pour les appercevoir ; & au défaut de cet organe il ne peut s'en former par lui-même aucune idée, même obscure & confuse. Il est nécessaire qu'on lui apprenne que ces objets existent, & en quoi ils consistent, sans pouvoir néanmoins lui en faire comprendre la maniere : il ne peut la voir que par le secours des yeux. La raison dans les hommes répond à ce tact de l'aveugle-né. Elle nous découvre clairement certaines vérités naturelles : nous concevons ces vérités, elles nous paroissent évidentes, certaines, incontestables. Si cette raison naturelle se trouve obscurcie par les passions, sans perdre tout-à-fait l'idée de ces vérités, on ne les conçoit plus que d'une maniere confuse : on se trompe très-souvent dans le jugement qu'on en porte. Mais, quant à ce qui concerne les mysteres surnaturels, la raison même la plus éclairée ne suffit pas pour les appercevoir : il lui faudroit une connoissance supérieure à celle de la nature ; & cette parfaite connoissance n'a pas lieu dans cette vie. Il est donc nécessaire absolument, pour avoir une idée de ces mysteres, qu'ils nous soient révélés : & si cette révélation ne va pas jusqu'à nous en faire comprendre clairement l'intérieur, ni comment ils s'operent, il faut au moins, afin de pouvoir les croire raisonnablement, qu'ils nous soient manifestés jusqu'à un certain point, & que nous ayons des preuves invincibles qui nous en assurent la vérité : car une croyance destituée de preuves, dans des choses incompréhensibles à notre esprit, ne pourroit être qu'une vaine imagination, un entêtement, un fanatisme. Au reste, nous ne nous arrêterons pas à prouver qu'il y a effectivement des mysteres surnaturels : la chose est palpable. Qui oseroit dire que la nature de Dieu se réduit à ce que nous en connoissons ? Qui pourroit se flatter d'être entré dans ses conseils, & de comprendre toute l'étendue de sa grandeur, de sa puissance, de sa sagesse & de ses autres attributs ?

Or, comme l'aveugle-né ne peut comprendre que certaines superficies plates, telles qu'une perspective, produiront en nous des sensations de profondeur, ni par des principes évidens en eux-mêmes, ni par le sentiment intérieur, ni par le rapport des sens ; de même nous ne pouvons découvrir les mysteres surnaturels par ces principes de certitude. Tout le monde conçoit en effet que des mysteres incompréhensibles ne sont point des conséquences de principes établis sur les lumieres de la raison ; que des mysteres étrangers à notre être ne se manifestent point par le sentiment intérieur ; que des mysteres enfin qui n'ont point de rapport aux sens, ne se démontrent point par les sens. Nous ne pouvons donc les connoître, suivant les principes établis plus haut, que par l'autorité d'un témoignage incontestable, qui est la quatrieme source de certitude & d'évidence pour se convaincre des choses que l'on ne conçoit pas. Or ce témoignage, par rapport aux mysteres, ne peut être que celui de Dieu même : ces mysteres étant renfermés dans son secret, il n'y a que lui seul qui soit en état de nous en faire part, selon la mesure & de la maniere qu'il lui plaît : témoignage infaillible, qui ne peut errer ni induire en erreur : témoignage par conséquent auquel la raison nous oblige de déférer, car l'un des premiers principes qu'elle nous inculque, c'est d'écouter Dieu quand il parle ; c'est de lui obéir quand il commande ; & nonseulement on agiroit contre la raison en fermant l'oreille à sa voix, on se rendroit encore coupable d'une révolte criminelle contre le souverain Seigneur de toute créature raisonnable. C'est donc une vérité démontrée par la raison, que Dieu peut nous révéler des mysteres incompréhensibles à toutes les lumieres naturelles ; & que, quand il est certain qu'il nous les a révélés, & qu'il nous ordonne de les croire, la raison elle-même oblige les hommes de s'y soumettre, & leur interdit jusqu'au désir de percer les voiles qui leur en dérobent la parfaite connoissance. Rien n'est donc plus faux que toutes ces assertions des Théistes : *Dieu ne peut nous révéler des choses incompréhensibles : Nous ne devons croire que ce que* nous comprenons par la raison : agir autrement, c'est se conduire d'une maniere déraisonnable : La raison dicte que tous les dogmes que nous croyons, doivent être clairs, lumineux, frappans par leur évidence; & plusieurs autres propositions semblables que la raison condamne, & que ces Philosophes n'appuient sur aucun fondement solide. Leur plus fort argument se réduit à dire, que la raison nous étant donnée pour regle, nous ne devons croire que ce qui est démontré vrai par son canal. Nous en convenons avec eux : mais si c'est la raison elle-même qui nous dicte de croire ce que nous ne comprenons pas, quand c'est Dieu qui nous l'enseigne, comme on vient de le prouver, tout ce qui fait la base de leur systême, s'écroule & tombe en ruine.

Mais, disent encore les Théistes, si Dieu veut nous révéler des mysteres incompréhensibles à la raison, pourquoi ne nous donneroit-il pas en même-temps la parfaite connoissance de ces mysteres ? Cela ne seroit-il pas plus conforme à sa sagesse, que d'exiger qu'une créature raisonnable croie des choses qu'elle ne comprend point ? Telle est la méthode de procéder de ces Philosophes : au lieu de prendre pour regle la volonté de Dieu, ils ne sont occupés dans leurs ouvrages qu'à critiquer la plupart de ses œuvres, & lui prescrire les voies que leur fantaisie désireroit qu'il suivît. Ils seroient très-mécontens, si quelqu'un de leurs serviteurs vouloit prendre connoissance de leurs affaires, & savoir les raisons de tous les ordres qu'ils lui donneroient : ils sauroient bien lui répondre ; *Vous vous mêlez de ce qui ne vous regarde point, votre devoir est d'obéir sans repliquer.* Et cependant, quoique beaucoup plus inférieurs à Dieu qu'un vil esclave ne l'est à son maître, ils ont la témérité de prétendre imposer des loix au souverain Législateur, & régler la maniere dont il doit se conduire envers les hommes. Si ces prétendus Philosophes étoient capables de réflexions solides, ils appercevroient aisément que l'homme pécheur étant plein de lui-même, enflé de ses foibles connoissances, persuadé que tout lui est dû, Dieu peut avec justice, pour réprimer son orgueil, ne lui révéler que ce qu'il juge avantageux & nécessaire pour son salut, & lui cacher ce qui ne serviroit, dans l'état de foiblesse où il est, qu'à satisfaire son amour-propre & sa curiosité. Ils appercevroient que Dieu, qui ne doit rien à l'homme, est le maître de lui faire sentir sa dépendance, & d'éprouver sa fidélité, en l'obligeant de croire ce qu'il ne comprend pas, & en lui faisant mériter, par une entiere soumission à sa parole, de pouvoir comprendre un jour ces mysteres auxquels la raison humaine ne peut atteindre sur la terre. Mais quand cette conduite de Dieu nous paroîtroit inconcevable, bien loin de porter l'audace jusqu'à vouloir la critiquer, nous n'avons d'autre parti à prendre que celui de nous y soumettre avec respect : il doit nous suffire qu'il ait résolu de ne nous éclairer que jusqu'à un certain point sur les vérités surnaturelles qu'il lui plaît de nous manifester, pour recevoir cette portion de lumiere avec reconnoissance, sans prétendre percer plus avant. Ce n'est point à nous à lui prescrire ce qu'il doit faire, ni comment il le doit faire, mais nous devons adorer en tout ses conseils éternels, nous soumettre humblement à sa volonté; & convenir, de quelque maniere qu'il agisse, qu'elle est toujours pleine de justice & de sagesse; l'Etre infiniment parfait ne pouvant rien faire ni vouloir qui ne soit marqué au coin de ses perfections divines.

Bayle, parlant des mysteres du Christianisme, dans sa *Réponse aux Questions d'un Provincial*, dit « que le témoignage de Dieu est préféra-
» ble à celui des hommes » ; & de ce principe évident il tire cette conséquence : « Il n'y a
» donc rien de plus raisonnable, que de croire
» plutôt ce que Dieu dit, que ce que la lumiere
» naturelle dicte : il faut donc abandonner ce
» qu'elle dicte, qui ne s'accorde point avec l'E-
» criture-sainte ». On voit par ces paroles que, selon Bayle, la lumiere naturelle nous dicte de ne pas croire aux mysteres de l'Evangile ; mais que le témoignage de Dieu, qui nous ordonne de les croire, doit l'emporter sur cette lumiere: c'est que cet Auteur pensoit que nos mysteres sont contre la raison : il le dit expressément dans ses *pensées sur la Comete*, & dans plusieurs endroits de son Dictionnaire. Les Théistes, comme on a vu, enseignent la même chose, avec cette différence, que Bayle croit que Dieu peut nous révéler des choses contraires à la raison, & qu'alors on doit l'écouter préférablement à la raison ; au lieu que les Théistes enseignent que Dieu ne le peut pas, parce que ce seroit, disent-ils, obliger des êtres raisonnables à renoncer à la raison. Il nous semble qu'en cela les Théistes sont plus conséquens que Bayle : car si les mysteres de la Religion chrétienne étoient effectivement contre la raison, il faut avouer qu'il seroit déraisonnable de les croire. Or comment Dieu pourroit-il nous proposer des choses qu'il seroit déraisonnable de croire ? Bayle aura beau dire « qu'il est plus raisonnable de croire ce que

» Dieu dit, que ce que la lumiere naturelle dic-
» te » : cette proposition, dans le système de
cet Auteur, équivaut à celle-ci : *Il est raisonnable, quand Dieu le veut, de croire ce qui est
déraisonnable.* Maxime également injurieuse à la
Divinité & à la raison.

Que conclure delà ? Ou que tous les mystères incompréhensibles à la raison sont faux ; ou,
s'ils sont vrais, qu'ils ne peuvent être contre
la raison. Qu'est-ce que la raison naturelle ?
C'est l'enchaînement des vérités que nous connoissons par les lumieres naturelles. Or si ces
vérités étoient en contradiction avec d'autres
vérités que nous ne concevons pas, la vérité
qui est une, immuable, éternelle dans tous les
ordres imaginables, seroit en contradiction avec
elle-même. Or la chose n'est pas possible : il
est évident qu'elle ne peut être en contradiction
qu'avec le mensonge & la fausseté.

On voit par ces réflexions, qu'il faut nécessairement distinguer deux ordres de vérités :
les unes, que la raison nous découvre, ce sont
les vérités que nous connoissons naturellement :
les autres, qu'elle ne sauroit nous découvrir,
ce sont les vérités surnaturelles, que nous ne
pouvons connoître que par une révélation particuliere de Dieu. Prétendre qu'il ne peut y
avoir d'autres vérités que celles que nous connoissons par la raison, c'est une assertion insoutenable. Or ces deux sortes de vérités ne sont
point en opposition, mais elles se trouvent chacune dans un ordre différent. Nous concevons
les unes, parce qu'elles sont à notre portée :
nous ne concevons point les autres, quand
elles nous sont révélées, parce qu'elles passent
les bornes actuelles de notre intelligence. Ces
vérités surnaturelles sont donc au-dessus de la

raison naturelle; ou, ce qui est la même chose, la portion de raison qui nous est départie sur la terre, ne peut point y atteindre; mais elles ne peuvent être contre la raison, parce qu'aucune vérité ne peut être opposée à une autre vérité. Ainsi les vérités de l'ordre naturel & celles de l'ordre surnaturel n'étant point renfermées dans le même enchaînement de vérités, bien loin d'en inférer qu'elles se détruisent réciproquement, on doit en conclure que chacunes, dans leur ordre, sont très-certaines; mais que, n'étant point liées ensemble, la connoissance des unes ne peut conduire à la connoissance des autres : & c'est pourquoi, sans être opposées entr'elles, celles qui surpassent les lumieres de la raison, doivent nous paroître incompréhensibles; cependant, quelqu'incompréhensibles qu'elles soient, la raison, comme on l'a prouvé, est au moins en état d'appercevoir par elle-même que, si Dieu les a révélées, nous sommes obligés de les croire, parce qu'alors étant appuyées sur un témoignage infaillible, leur certitude est démontrée; & que la raison nous oblige d'acquiescer à ce qui est démontré vrai, de quelque maniere qu'il le soit, c'est-à-dire, à ce qui est démontré vrai, ou en lui-même, ou par des preuves extérieures.

Pour attaquer avec avantage les mysteres du Christianisme, il faudroit donc prouver, non pas que la raison ne peut les comprendre (tout le monde en convient,) mais qu'ils sont en contradiction avec elle. Or c'est ce que personne, de l'aveu même de Bayle, n'a fait jusqu'à présent, & ne pourra jamais faire; car cet Auteur, toujours inconséquent, après avoir soutenu que les mysteres de la Religion chrétienne sont contre la raison, avoue néanmoins qu'il n'y a jamais eu, & qu'il ne peut y avoir, de démonstration contre ces mysteres.

En effet, pour qu'il y ait contradiction entre deux objets, il faut y appercevoir deux idées claires évidemment opposées l'une à l'autre. On ne peut donc s'assurer qu'il y ait contradiction entre la raison & nos mysteres, qu'autant qu'on auroit découvert, en les comparant ensemble, cette opposition claire & évidente. C'est ce qu'il faut examiner; & afin de le faire mieux comprendre au lecteur, revenons à l'exemple d'un aveugle-né. Quand on dit à cet aveugle que certaines surfaces plates produisent en nous la sensation de profondeur, il conçoit clairement ce que c'est qu'une superficie plate, il l'a appris par le tact; mais il ne peut lier cette idée avec celle d'une sensation de profondeur, qu'il a acquise par la même voie. D'un côté, la chose est claire; de l'autre, elle lui paroît obscure : il ne peut donc point démontrer qu'il y ait contradiction, parce qu'il faudroit pour cela que les idées de comparaison fussent claires de part & d'autre. Si au lieu de lui dire que certaines surfaces plates produisent en nous la sensation de profondeur, on lui vouloit faire croire que ces surfaces sont en même-temps plates & profondes, il appercevroit tout-d'un-coup la contradiction. *On veut me tromper*, répondroit-il ; *cela est impossible*. Et il auroit raison; car il conçoit clairement que plat & profond ne peuvent subsister en même-temps dans une même surface : mais il ne comprend pas de même que cette surface plate, ne puisse produire en nous, sans être elle-même profonde, la sensation de profondeur ; & dans ce cas il se trouve réduit à répondre que la chose lui paroît incompréhensible, & qu'il ne conçoit pas comment elle se peut faire, mais néanmoins qu'il n'est point en état de prouver qu'elle implique contradiction.

Il en est de même des mysteres du Christianisme. Prenons pour exemple celui de la Sainte Trinité. Si quelqu'un, se représentant les trois personnes divines comme celles que nous concevons parmi les hommes, avançoit qu'il y a en Dieu trois substances réellement distinguées; & cependant que ces trois substances ne sont dans la vérité qu'une seule substance, & qu'elles ont une seule & même nature, une seule & même divinité : *cela n'est pas possible*, répondroit-on. *Il y a une visible contradiction entre cette doctrine & les lumieres les plus évidentes de la raison : car trois substances réellement distinctes, & une seule & même substance, présentent deux idées claires évidemment opposées l'une à l'autre*. Mais si, en exposant le mystere de la Sainte Trinité tel qu'il est révélé, on observe que ces trois personnes ou subsistances divines, réellement distinguées entr'elles, ne sont pas néanmoins trois substances semblables ou différentes, mais une seule & même substance, une seule & même nature, une seule & même Divinité, la contradiction disparoît. Nous ne concevons pas, il est vrai, comment cela peut être : mais nous ne voyons pas non plus que cela soit impossible, parce qu'alors le mystere ne présente plus rien qui soit évidemment opposé aux lumieres de la raison, comme dans la fausse exposition qu'on avoit faite d'abord. Qu'il y ait en Dieu une seule & unique substance, c'est une idée très-claire que nous concevons aisément par la raison; mais que dans cette seule & unique substance il y ait trois personnes ou subsistances réellement distinguées entr'elles, c'est une idée qui paroît obscure & inconcevable à la raison, parce que nous ne comprenons point ce que cette idée représente. Nous ne sommes donc point en état de juger que cette idée, qui nous paroît simplement obscure & incompréhensible, soit évidemment opposée à l'idée claire que nous avons, par la raison, de l'unité de substance en Dieu. On ne peut donc démontrer qu'il y ait contradiction entre ce mystere & les lumieres de la raison. Je dis plus. On ne peut pas même prouver qu'il y ait contradiction apparente, comme quelques Auteurs l'ont dit : car cette contradiction apparente ne pourroit venir que de ce qu'en comparant le mystere de la Sainte Trinité avec les lumieres de la raison, on croiroit appercevoir deux idées claires, évidemment opposées l'une à l'autre, quoique dans la vérité elles ne fussent point opposées. Mais ces fausses vues ne viendroient point du fond même des choses ; mais du défaut de ceux qui ne refléchiroient pas suffisamment, ou qui n'auroient pas une connoissance exacte de ce mystere : ce ne seroit donc plus qu'une contradiction imaginaire.

On peut appliquer ces principes à tous les autres mysteres du Christianisme : on ne prouvera jamais qu'il y ait dans ces mysteres aucune contradiction réelle ou apparente avec la raison. Mais nous parlerons encore en particulier de celui de l'Eucharistie, dans lequel Rousseau de Geneve prétend découvrir des choses diamétralement opposées aux lumieres naturelles les plus évidentes. Voici ses paroles :
« On conviendra bien, je pense, qu'une de
» ces vérités éternelles qui servent d'élément

» à la raison, est que la partie est moindre
» que le tout. Or, selon la doctrine de la trans-
» substantiation, lorsque Jesus fit la derniere
» cêne avec ses disciples, & qu'ayant rompu
» le pain, il donna son corps à chacun d'eux,
» il est clair qu'il tint son corps entier dans
» sa main; & s'il mangea lui-même du pain
» consacré, comme il put le faire, il mit sa
» tête dans sa bouche. Voilà donc bien clai-
» rement, bien précisément la partie plus gran-
» de que le tout, & le contenant moindre
» que le contenu (a) ». Ces réflexions ne sont
fondées que sur l'ignorance ou la mauvaise foi
de Jean-Jacques Rousseau. Cet Auteur suppose
que Jesus-Christ, dans la derniere cêne, tenoit
son corps dans sa main. Il suppose donc deux
corps de Jesus-Christ, l'un visible aux Apôtres,
& l'autre caché sous les apparences du pain
que Jesus-Christ visible portoit dans sa main.
Mais ce n'est pas là ce que nous apprenons
de la révélation. Jesus-Christ ne se multiplie
point dans le mystere de l'Eucharistie de maniere qu'il y ait autant de corps de Jesus-
Christ, que de différentes especes du pain &
du vin: c'est toujours un seul & même corps
de Jesus-Christ sous tous ces especes que
nous appercevons par les sens. Il est donc faux
que, dans la derniere cêne, Jesus-Christ tint
dans sa main un corps distingué de celui qui
paroissoit aux yeux des Apôtres : c'étoit toujours le même Jesus-Christ qu'ils voyoient,
& qui étoit voilé sous l'espece du pain. S'il
eût pris lui-même cette espece, il n'auroit pas
mis pour cela sa tête dans sa bouche : mais

(a) Rousseau, lettre à l'Archevêque de Paris.

l'espece, sous laquelle le seul & même corps visible étoit voilé d'une maniere surnaturelle & invisible, afin de pouvoir se communiquer aux hommes, auroit paru simplement entrer dans sa bouche. Or il n'y a dans cet exposé aucune contradiction évidente avec les lumieres de la raison.

En vain Rousseau ajouteroit-il, qu'au moins Jesus-Christ entrant dans la bouche & dans l'estomac de tous ceux qui participent à ce mystere, on ne peut nier que dans ce cas, suivant la doctrine des Catholiques, le contenant soit moindre que le contenu; puisqu'il est incontestable, comme tout le monde le reconnoît, qu'un corps humain tout entier est beaucoup plus grand que la bouche & l'estomac d'un autre corps humain. D'ailleurs, si chaque fidele recevoit le corps même de Jesus-Christ en communiant, il faudroit que le corps de Jesus-Christ se trouvât en même-temps en plusieurs endroits, & qu'il entrât dans plusieurs corps : or tout cela n'est-il pas évidemment contraire à ce que la raison & l'expérience nous apprennent ?

Il est vrai que dans l'état actuel des choses naturelles, telles que nous les concevons, il paroît impossible qu'un homme de cinq pieds, par exemple, soit contenu dans la bouche & l'estomac d'un autre homme, c'est-à-dire, dans un espace de quelques pouces; qu'il puisse entrer dans le corps de plusieurs personnes, & se trouver en même-temps en différens endroits. Mais il n'est pas également clair que, dans un état surnaturel que nous ne connoissons pas, il ne puisse arriver par la toute-puissance de Dieu des changemens dans ce corps; & qu'il ne puisse acquérir, sans cesser d'être corps, des qualités toutes différentes des nôtres, qui le rendent capable de faire ce que nous voyons clairement ne pouvoir s'opérer dans l'état & dans l'ordre où nous sommes. Pour en juger sainement, il faudroit comprendre d'un côté toute l'étendue de la puissance divine, & de l'autre tous les changemens que les corps peuvent éprouver, & toutes les qualités possibles qu'ils peuvent recevoir par l'opération de cette puissance infinie. Il faudroit donc, afin de pouvoir raisonner juste sur l'intérieur de l'Euchariftie, & pénétrer dans les profondeurs de ce myftere, favoir exactement & fans aucun nuage la maniere dont le corps de Jesus-Chrift s'y trouve, & dont il se communique aux fideles qui y participent. Or nous ne le favons pas : la révélation se contente de nous apprendre que le pain est changé au vrai corps de Jefus-Chrift, & le vin en fon fang, mais elle ne nous enfeigne point la maniere dont cette merveille s'opere. Nous ne pouvons donc juger qu'il y ait quelque chose dans ce myftere de contraire à la raifon & à l'effence des chofes. Car il feroit néceffaire, pour porter ce jugement, que nous puffions en faire la comparaifon, & que dans cette comparaifon nous puffions appercevoir deux idées claires évidemment oppofées l'une à l'autre : mais ignorant abfolument la maniere dont le corps de Jefus-Chrift eft dans l'Euchariftie, & dont il entre dans nos corps, comment pourrions-nous découvrir ces deux idées claires ? Nous voyons bien que, dans l'ordre actuel des chofes naturelles, le corps humain, tel que nous le concevons, ne peut être renfermé dans un efpace moins grand que lui, ni entrer dans un autre corps, ni paroître fe trouver en même-temps

temps en différens endroits : mais nous ne pouvons comparer cette idée claire avec ce qui se passe dans le myſtere de l'Euchariſte ; puiſque n'ayant aucune idée de la maniere extraordinaire dont le corps de Jeſus-Chriſt s'y trouve, ni des qualités ſurnaturelles & incompréhenſibles à notre eſprit dont il peut être revêtu, il eſt impoſſible de prouver que cette maniere que nous ignorons, ſoit évidemment contraire à la raiſon & à l'eſſence des choſes que nous connoiſſons. Nous prouvons au contraire invinciblement qu'elle ne l'eſt point, parce que nous ſavons par la raiſon même que Dieu qui nous a révélé ce myſtere, ſans nous apprendre en même-temps comment il s'opere, ne peut nous induire en erreur, ni nous propoſer à croire des choſes qui ſeroient contre la raiſon & la vérité.

Réduiſons les principes que nous venons d'établir à quelques argumens précis, & voyons ce que les incrédules y oppoſent.

1°. Nous ne pouvons avoir d'idée claire & diſtincte que des choſes qui ne font pas au-deſſus de notre raiſon, ou qui ſont de niveau avec la raiſon humaine. Or les dogmes & les myſteres de la foi ſont au-deſſus de notre raiſon, ou ne ſont pas de niveau avec la raiſon humaine. Donc nous ne pouvons avoir d'idée claire & diſtincte des dogmes & des myſteres de la foi.

La premiere propoſition porte avec elle ſon évidence ; car c'eſt l'office de la raiſon, ou de l'eſprit, de concevoir les idées : la ſeconde propoſition n'eſt conteſtée par perſonne ; & la concluſion eſt tirée ſelon les regles de raiſonner.

2°. On ne peut démontrer une claire oppoſition entre des idées, qu'autant que ces idées

Tome II. I

sont claires & distinctes par rapport à nous. Or les idées des mysteres de la foi ne sont pas claires & distinctes par rapport à nous. Donc on ne peut pas démontrer une claire opposition entre les idées des mysteres de la foi.

La premiere proposition de ce second raisonnement ne paroît pas susceptible d'objection : car comment pourroit-on voir clairement l'opposition de deux ou plusieurs choses qu'on ne connoîtroit pas clairement & distinctement, mais confusément & à travers d'épais nuages ? La seconde proposition est la conclusion légitime du premier raisonnement. Enfin la conséquence est une suite nécessaire de la premiere & de la seconde proposition.

3°. On ne peut démontrer aucune contradiction, qu'autant qu'on peut démontrer une claire opposition entre des idées claires & distinctes. Or on n'a point des idées claires & distinctes de la foi. Donc on ne peut démontrer aucune contradiction dans les mysteres de la foi.

La premiere proposition de ce troisieme raisonnnement n'est que la définition de la contradiction, définition avouée de tout le monde. La seconde proposition est la même qui a fait la conclusion du premier raisonnement; & cette seconde proposition montre que la conclusion est contenue dans la premiere proposition. Donc la conséquence est infaillible ; & il s'ensuit nécessairement qu'on ne peut pas démontrer de contradiction dans les dogmes & les mysteres qui sont au-dessus de la raison, tels que les mysteres de la foi ; & qu'il est même contradictoire qu'on puisse y en démontrer, à ne consulter que les idées transcendantes propres de ces mysteres.

Mais, replique-t-on, quelqu'élevés au-deſſus de la raiſon que ſoient les myſteres de la foi, il ſuffit que les termes deſtinés à les énoncer préſentent quelqu'idée, pour qu'on puiſſe démontrer de la contradiction dans ces idées, s'il s'y en trouve véritablement. Or, continue le Déiſte, ces contradictions ſont ſenſibles & palpables.

Je réponds que la tranſcendance des idées que préſentent les termes deſtinés à énoncer les myſteres de la foi, ne permet pas d'en rien aſſurer, ni d'en rien nier, en conſéquence des ſeules lumieres de la raiſon; & que la ſeule autorité de Dieu qui parle & ſe révele, peut fixer à cet égard le jugement de l'homme : d'où il s'enſuit qu'il eſt impoſſible d'y démontrer de la contradiction. Car qu'eſt-ce que démontrer une contradiction, qui ne ſe manifeſte point d'abord par la ſeule pénétration des termes ? C'eſt par l'analyſe & le développement des idées, prouver, en allant toujours de conſéquences en conſéquences, qu'on ne peut aſſurer ou nier une propoſition, ſans être enfin réduit à admettre le *oui* & le *non* par rapport au même objet & aux mêmes égards. Mais cette analyſe & ce développement d'idées ſuppoſent des idées claires & complettes, au moins quant à l'eſſence & à la nature de l'objet qu'on veut analyſer : or les objets de la foi ne préſentent pas, quant à leur nature, des idées claires & complettes ; autrement ils ne ſeroient pas au-deſſus de la raiſon. Donc il eſt impoſſible d'en faire l'analyſe, & par conſéquent d'en démontrer par cette analyſe la contradiction.

J'avoue que, quelque tranſcendantes que ſoient les idées de la foi, ſi l'on joignoit aux mêmes idées & aux mêmes égards l'affirmation & la négation, on pourroit en démontrer la contradiction, ou plutôt elle se démontreroit elle-même : mais cette démonstration ne tomberoit que sur l'évidence de l'affirmation & de la négation réunies par rapport au même objet & aux mêmes égards, & non sur les idées que j'appelle transcendantes.

Dans les choses naturelles, & qui sont du ressort de la raison humaine, quand on y apperçoit de la contradiction, ce peut être à deux titres ; ou à raison de l'évidence de l'affirmation & de la négation réunies par rapport aux mêmes termes & aux mêmes égards, soit qu'on ait une idée claire & complette de ces termes, soit qu'on ne l'ait pas ; ou en conséquence des idées claires & complettes des termes considérés intrinsèquement, & dont par une suite d'illations on fait voir la contradiction.

Mais dans les choses élevées au-dessus de la raison, telles que les mystères de la foi, comme il n'y a entr'elles & les choses naturelles que de la *relation*, plutôt que de la *proportion*, la contradiction ne peut être démontrée par les idées claires & complettes des termes propres à énoncer les mystères, mais seulement par l'évidence de l'affirmation & de la négation réunies par rapport au même objet & aux mêmes égards. Or les incrédules ne peuvent se flatter de démontrer dans les mystères aucune contradiction, par cette évidence de l'affirmation & de la négation par rapport au même objet & aux mêmes égards.

J'ai dit qu'il n'y a *entre les mystères & les choses naturelles, que de la relation, plutôt que de la proportion*, parce que *relation* & *proportion* sont des choses qui, en bonne logique, ne doivent point être confondues. Il peut y avoir une relation très-réelle entre le fini & l'infini,

& il ne sauroit y avoir aucune proportion réelle entre l'un & l'autre. Ainsi les termes qu'on emploie pour exprimer les objets de la foi, ont bien quelque relation aux objets naturels qu'on exprime par les mêmes termes, mais de proportion, il n'y en a aucune. Or la relation suffit pour fonder la même façon de s'énoncer ; mais le défaut de proportion ne permet pas l'identité d'idées par rapport aux objets, quoiqu'exprimés de la même maniere. Par exemple, en tant que les termes de *nature* & de *personne* ont dans la définition qu'on en donne quelque chose de commun à Dieu & aux hommes, je conçois ce quelque chose de commun. Mais, en tant que ce qui s'appelle en Dieu *nature* & *personne*, est infini, & d'un ordre tout différent de ce qu'on appelle *nature* & *personne* dans les hommes, je cesse de le comprendre ; & sur la parole de Dieu je crois & j'adore ce que je ne puis comprendre.

Mais, reprend-on, les idées que la foi nous donne des mysteres, sont suffisantes pour nous mettre en état d'en faire voir la convenance avec la raison : donc ces mêmes idées doivent être suffisantes pour nous mettre en état d'en faire voir la contradiction, s'il s'y en trouve véritablement.

Je réponds, qu'en fait de mysteres de la foi ce terme de *convenance* est susceptible de plusieurs sens. Par exemple, en traitant du mystere de l'Incarnation, les Théologiens examinent s'il étoit convenable que le Verbe s'incarnât ; & après avoir répondu affirmativement, ils apportent différentes raisons de convenance : mais on voit assez que cette espece de convenance n'éleve pas la raison au niveau des mysteres, ou ne rapproche pas les mysteres au niveau de la raison ; car les mysteres ne cessent pas pour cela d'être mysteres.

Il est une autre espece de convenance des mysteres avec la raison, qui consiste à faire voir qu'on ne peut nulle part montrer dans l'énoncé d'aucun mystere l'union de l'affirmation & de la négation par rapport au même objet & aux mêmes égards. Cette convenance montre bien ce qui n'est pas, mais elle ne montre point ce qui est dans les mysteres : elle écarte bien la contradiction avec la raison dans l'énoncé des mysteres ; mais elle ne découvre pas la convenance formelle, positive, & intrinseque des mysteres avec la raison.

Enfin il est une troisieme convenance d'un objet avec la raison, qui se trouve en quantité de vérités naturelles, & qui est une suite de l'évidence de l'objet. Telle est la convenance de cette proposition avec la raison : deux lignes toujours parfaitement paralleles, ou deux lignes parfaitement éloignées l'une de l'autre dans tous leurs points, ne peuvent jamais se couper, quoique prolongées à l'infini. Il est clair que la raison, non-seulement ne voit pas de contradiction dans cette proposition, mais encore qu'elle en découvre la vérité dans les idées les plus intimes attachées aux termes. Mais c'est ce qui ne se peut pas dire des objets de la foi : & dans ce sens il n'est pas vrai que les idées que la foi nous donne des mysteres, sont suffisantes pour nous mettre en état d'en faire voir la convenance avec la raison ; & par le même principe il n'est pas vrai que ces mêmes idées doivent être suffisantes pour nous mettre en état d'en faire voir la contradiction, s'il s'y en trouve véritablement. Mais tout ce qui résulte uniquement de l'instance proposée, st que, s'il étoit possible de montrer de la contradiction dans les mysteres de la foi, cette démonstration seroit fondée, non sur les idées que la foi nous donne des mysteres, mais précisément sur l'évidence de l'affirmation & de la négation qu'on réuniroit à ces idées en même-temps & aux mêmes égards.

Cependant, peuvent dire encore quelques incrédules, si les idées que la foi nous donne des mysteres, sont si peu proportionnées à la raison humaine, comment cette même raison peut-elle découvrir ce qu'il y a de contradictoire dans les propositions opposées aux dogmes de la foi ? Car enfin ceux qui se disent fideles, croient voir évidemment ces contradictions : mais il faut pour cet effet qu'ils pénetrent le fond de ces propositions qu'ils appellent *contradictoires*; c'est-à-dire, qu'ils pénetrent le fond des propositions qui énoncent les mysteres, & le fond des propositions qui énoncent les contradictoires des mysteres.

La réponse est simple, (& c'est la même que nous avons déja donnée;) parce qu'il suffit pour cela qu'on voie l'affirmation & la négation réunies par rapport au même objet & aux mêmes égards, sans qu'il soit nécessaire de pénetrer le fond des propositions contradictoires. Un exemple va rendre la chose sensible. La foi nous apprend qu'il y a dans Jesus-Christ Dieu-Homme deux natures parfaitement distinctes, qui ne sont nullement confuses, & qui sont terminées par la seule personalité du Verbe. A cette occasion Nestorius dit : *Il y a deux natures ; donc il y a deux personnes.* Eutichès dit : *Il n'y a qu'une personne ; donc il n'y a qu'une nature.* Dans les deux propositions de ces deux Hérésiarques, comparées au dogme de l'Incarnation, je découvre que tous les deux nient précisément ce que le dogme affirme : & il n'en faut pas davantage pour voir la contradiction, quoique je ne pénetre pas & que je ne puisse pas pénétrer par la raison le dogme de l'Incarnation, c'est-à-dire, l'union des deux natures, de la nature divine & de la nature humaine, terminées dans Jesus-Christ par la seule personne du Verbe.

L'incrédule n'est pas encore satisfait, & il objecte que la transcendance des idées propres des mysteres n'empêche pas ceux qui les croient, d'en tirer des conclusions théologiques certaines & évidentes. Telle est la conclusion théologique que tira le Concile de Latran en 1215, sous Innocent III, contre l'Abbé Joachim ; savoir, que l'essence divine n'étoit pas engendrée, & qu'elle n'engendroit pas. Car, disoient les Peres du Concile, il y a une distinction réelle entre ce qui engendre & ce qui est engendré : donc, si l'essence divine engendroit une essence, l'essence divine seroit réellement distinguée d'elle-même ; & l'unité numérique de la nature divine dans les trois personnes ne subsisteroit plus. Or, si du mystere le plus profond de la foi on peut tirer des conclusions théologiques évidentes, pourquoi, malgré la transcendance des idées propres des mysteres, ne pourroit-on pas tirer des conclusions qui en démontreroient la contradiction, s'il y en avoit véritablement ?

On confond ici la foi des mysteres avec les idées propres des mysteres : car ce n'est pas des idées propres des mysteres qu'on tire des conclusions théologiques, à parler exactement ; parce que, si cela étoit, il faudroit pénétrer les idées des mysteres ; & si on les pénétroit, ce ne feroient plus des myſteres : mais c'eſt de la foi des myſteres qu'on tire des concluſions théologiques. En effet, on raiſonne ſur ce que l'on croit, & non pas ſur ce que l'on voit. L'incrédule ne voit pas plus que le fidele ; il ne peut donc pas démontrer de contradiction dans les myſteres, au moins à ne conſidérer ces myſteres que par les idées tranſcendantes qui leur ſont propres.

Si l'on replique que la foi des myſteres ne peut pas être ſans les idées propres des myſteres, parce qu'autrement en paroiſſant croire quelque choſe, on ne croiroit véritablement rien; je dis qu'il y a un milieu entre concevoir ce qu'on croit, & croire ſans rien concevoir du-tout : ce milieu eſt, d'avoir quelqu'idée incomplette de ce que l'on croit. Or nous avons ces idées incomplettes, & elles ſont fondées ſur la relation qu'il y a entre les termes deſtinés à énoncer les objets de la foi, & les termes deſtinés à énoncer les choſes naturelles : c'en eſt aſſez pour qu'on ne croie pas ſans rien concevoir du-tout. Mais, comme il n'y a pas de proportion entre les idées attachées aux termes deſtinés à énoncer les objets de la foi, & les idées des termes deſtinés à énoncer les choſes naturelles, ce défaut de proportion fait que nous ne concevons pas ce que nous croyons. Si nous avions les idées propres des myſteres, comme nous avons, dans l'ordre naturel, les idées propres de quantité de vérités naturelles, nous pourrions alors tirer des concluſions de ces idées propres des myſteres, ainſi que dans l'ordre naturel nous en tirons des idées propres des vérités naturelles, parce que nous avons ces idées ; mais n'ayant pas ces idées propres des myſteres, nous n'en pouvons pas tirer des conclusions évidentes : car l'évidence de la conclusion suppose l'évidence du principe; & la conclusion, si elle est légitime, doit être renfermée dans le principe, & ne peut avoir ni plus de certitude, ni plus d'évidence que le principe.

Si donc, en raisonnant sur les mysteres, on tire des conclusions évidentes, c'est qu'on raisonne, non pas sur les idées propres des mysteres, puisqu'on ne peut pas les pénétrer à raison de leur transcendance; mais on raisonne sur la foi des mysteres. Dès que je crois, non sur les lumieres de ma raison, au-dessus de laquelle est infiniment élevé le dogme de la Trinité, mais sur la seule autorité de Dieu qui me l'a révélé; dès que je crois que les trois personnes de la sainte Trinité n'ont qu'une seule & même nature numérique, je conclus évidemment avec les Peres du Concile de Latran, que l'essence divine n'engendre pas, & n'est pas engendrée, parce qu'elle seroit alors réellement distinguée d'elle-même, & que conséquemment les trois personnes divines n'auroient plus une seule & même nature numérique; ce qui est évidemment contradictoire au dogme de la Trinité que je crois, mais que je ne conçois pas. On voit assez que l'évidence de cette contradiction est fondée, non sur l'évidence des idées propres du mystere de la Trinité, mais sur l'évidence de l'affirmation & de la négation réunies par rapport au même objet & aux mêmes égards.

Ce n'est pas là de quoi il s'agit, dit un autre incrédule qui se met sur les rangs : non-seulement je n'admets pas, & je ne suppose pas la vérité de vos dogmes & de vos mysteres; mais je soutiens qu'ils sont contre la raison, qu'ils sont faux, absurdes, contradictoires aux notions communes & aux axiomes les plus évidens. Or je le prouve, en comparant vos dogmes à ces sortes d'axiomes évidens auxquels ils donnent le démenti. Soit cet axiome : Les choses identiques à une troisieme, sont identiques entr'elles : *quæ sunt eadem uni tertio, sunt eadem inter se*. C'est là une de ces vérités dont personne ne s'avise de douter ; mais elle est en contradiction avec le mystere de la Trinité : car si le Pere, le Fils, & le Saint-Esprit sont identiques à la nature divine, donc le Pere, le Fils, & le Saint-Esprit doivent être identiques entr'eux, & ne faire qu'une seule & même personne. Donc, en admettant, selon les principes de la foi, dans le Pere, le Fils, & le Saint-Esprit, trois personnes réellement distinguées entr'elles, quoique toutes les trois identiques à la nature divine, on admet un mystere démonstrativement contradictoire à la raison & à l'évidence.

Cette objection embrasse plusieurs parties qu'il faut distinguer, & auxquelles il faut répondre séparément. Je dis 1°. que le mystere de la sainte Trinité n'effleure pas même légérement la vérité de l'axiome reçu. Si l'on disoit : « *La personne du Fils est la même que la personne du Pere, la personne du Saint-Esprit est la même que la personne du Pere ; & néanmoins la personne du Pere, la personne du Fils, & la personne du Saint-Esprit sont trois personnes différentes & réellement distinguées entr'elles* » ; un pareil mystere seroit manifestement en contradiction avec l'axiome objecté. Mais la foi n'enseigne rien de semblable ; & ce qu'elle propose à croire, est entiérement conforme à l'axiome philosophique : car que s'enfuit-il de ce que le Pere, le Fils & le Saint-Esprit sont une même chose avec la nature divine ? Il s'enfuit précisément que ces trois personnes ne doivent faire numériquement qu'un seul & même Dieu, n'ayant qu'une seule & même nature numérique. Or c'est là précisément le dogme catholique. Il est un autre axiome également reçu, qui dit que la diversité des rapports ôte la contradiction, *diversitas respectuum tollit contradictionem*. Mais n'est-ce pas ce qui fournit une solution sans réplique à l'objection proposée ?

Je dis en second lieu que les idées transcendantes des mysteres, & l'énoncé des mysteres sont deux choses qu'il faut distinguer : car enfin, quand j'énonce un mystere, je ne prétends pas pour cela le comprendre ; & les idées du mystere ne perdent rien de leur transcendance ou de leur supériorité au-dessus de la raison humaine, de quelque maniere que je l'énonce. Dans les conclusions théologiques qu'on tire en raisonnant sur la foi ou sur l'énoncé des mysteres, les conclusions sont de même ordre que les principes ; & ainsi il n'est pas surprenant qu'on puisse voir la liaison de ces conclusions avec le principe. Mais quand on compare les vérités naturelles avec un principe surnaturel, à l'effet d'en tirer des conclusions, un des membres de la comparaison étant d'un ordre différent de l'autre membre, pour en montrer la contradiction par l'idée propre des mysteres, il faudroit voir avec la même clarté, ou avec une clarté à peu près égale, les deux termes que l'on compare, & qu'on prétend être en contradiction : mais c'est ce qui est impossible, parce que l'inévidence est essentielle à un des membres de la comparaison ; savoir au dogme de la foi, que l'on compare à une vérité naturelle qu'on suppose évidente. Il est donc également impossible, à ne consulter que les idées transcendantes des mysteres, de démontrer la contradiction d'une vérité naturelle évidente avec un dogme essentiellement inévident, & dont la certitude ne vient que de l'autorité de la parole de Dieu qui l'a révélé. Or il n'en faut pas davantage pour mettre à couvert la vérité de la premiere partie de la proposition capitale.

Je dis enfin qu'il est contre toute raison d'avancer qu'on puisse démontrer dans l'énoncé même des mysteres, aucune contradiction avec aucune vérité naturelle, qui soit nécessaire, évidente, & indépendante des volontés libres du Créateur : car, pour démontrer une pareille contradiction, il faudroit produire l'énoncé de quelque mystere qui affirmât clairement & précisément ce que nieroit clairement & précisément, ou qui niât clairement & précisément ce qu'affirmeroit clairement & précisément une vérité naturelle, nécessaire, évidente, & indépendante des volontés libres du Créateur. Or je conclus du fait au droit; c'est-à-dire, que, comme ce cas est chimérique, je conclus qu'il est contre toute raison d'entreprendre de démontrer, dans l'énoncé de quelque mystere que ce soit, aucune contradiction avec aucune vérité naturelle, nécessaire, évidente, & indépendante des volontés libres du Créateur.

Que le cas soit chimérique, c'est ce qu'il est aisé de justifier. En effet, la contradiction qui se trouveroit dans l'énoncé du mystere avec une vérité naturelle, nécessaire, évidente, & indépendante des volontés libres du Créateur, seroit claire, & sauteroit aux yeux de quiconque sait faire la différence de *oui* & de *non* : mais ce seroit déshonorer le genre humain, que de dire qu'il n'ait pas vu une pareille contradiction, si elle étoit réelle ; ou que l'ayant vue, il l'ait adoptée sérieusement.

Se récriera-t-on que c'est ici un paradoxe, parce que si le cas étoit chimérique, on ne feroit pas en ce genre contre les mysteres de la foi des difficultés aussi considérables que celles qu'on fait tous les jours ?

Cette objection se tourne en preuve. Car qu'on y prenne garde, & l'on verra que les incrédules ne font valoir contre les mysteres de la foi les vérités naturelles contenues dans des axiomes évidens, qu'en dénaturant la foi des mysteres, ou en faisant une fausse application de ces axiomes : l'exemple de ce fameux axiome dont nous avons parlé, & qu'ils regardent comme un argument victorieux contre le mystere de la sainte Trinité, en est une preuve sensible. On a vu plus haut le même défaut par rapport à ce qu'ils objectent contre le mystere de l'Eucharistie. Est-ce ignorance de nos mysteres ? Est-ce mauvaise foi de la part des incrédules ? C'est l'un ou l'autre, & peut-être l'un & l'autre. Ce qui est certain, c'est que l'énoncé des mysteres, pris dans l'esprit & selon la foi des vrais fideles, ne donnera jamais lieu à une comparaison d'opposition contradictoire entre la foi de ces mysteres & aucune vérité naturelle contenue dans un axiome évident.

Car, ou les incrédules prendront l'énoncé d'un mystere dans son véritable point de vue, ou non. S'ils le prennent dans son véritable point de vue, l'application qu'ils feront d'un axiome nécessaire & évident contre la foi & l'énoncé d'un mystere, sera nécessairement fausse, ainsi qu'on l'a vu par rapport à ce qu'ils opposent à la foi du mystere de la sainte Trinité. S'ils ne prennent pas l'énoncé du mystere dans son véritable point de vue, l'application de l'axiome nécessaire & évident qu'il leur plaira d'y opposer, pourra être juste ; mais n'attaquant pas le véritable énoncé du myſtere, elle ne prouvera rien contre la foi du myſtere : & dans l'une & l'autre ſuppoſition, le cas d'une contradiction réelle & évidente eſt chimérique. C'eſt auſſi ce qui prouve la vérité de la ſeconde partie de la propoſition qui fait le ſujet de cet article. En effet, on ne peut démontrer la contradiction d'une vérité évidente en matiere néceſſaire avec quelque myſtere que ce ſoit, ou qu'en pénétrant les idées des myſteres, ou qu'en exprimant clairement & nettement dans l'énoncé même des myſteres la contradiction de quelque vérité évidente en matiere néceſſaire. Or d'une part nous avons vu que la tranſcendance des myſteres ne permet pas d'en pénétrer les idées ; d'une autre part, une contradiction qui ſe trahiroit par l'énoncé du myſtere, ſeroit trop évidente pour n'être pas vue généralement par tous ceux qui ont la faculté de raiſonner, & pour en être adoptée. Il eſt donc impoſſible de montrer de la contradiction dans les myſteres qui ſont au-deſſus de la raiſon, tels que les myſteres de la foi : il eſt même contradictoire qu'on puiſſe y en démontrer, à ne conſulter que les idées tranſcendantes propres de ces myſteres ; & il eſt également chimérique de prétendre réuſſir à démontrer aucune contradiction entre les myſteres de la foi & les vérités naturelles & néceſſaires, contenues dans des axiomes évidens. Il en eſt de même à plus forte raiſon de la comparaiſon des myſteres avec les vérités naturelles, contingentes, & dépendantes de l'ordre que Dieu a établi dans la nature : elles ne peuvent tirer à aucune conſéquence contre la vérité des myſteres de la foi, quelque oppoſées qu'elles paroiſſent y être. Car l'ordre que Dieu a établi librement dans la nature, montre bien ſa puiſſance, mais ne la borne pas. Ainſi que Dieu, dans l'ordre qu'il a choiſi, ait voulu que chaque ſuppôt ne fût ſuppôt que d'une nature, cela n'empêche pas que Dieu n'eût pu établir un autre ordre dans lequel deux natures n'auroient eu qu'un ſeul & même ſuppôt, une ſeule & même perſonalité. Je conçois la premiere vérité, parce que le cours ordinaire de l'ordre que Dieu a établi me la rend ſenſible: mais je ne conçois pas la ſeconde, & parce que je n'en ai pas d'exemple dans le cours ordinaire de l'ordre que Dieu a établi, & parce que mon eſprit ne peut naturellement aller juſques-là, & qu'il n'y auroit même jamais été, s'il ne m'avoit été révélé. Pour que ces deux vérités, quoiqu'oppoſées, ſubſiſtent ſans aucune contradiction, il ſuffit qu'elles ne ſubſiſtent pas toutes deux dans le même ſujet, & que la puiſſance de Dieu puiſſe les produire dans différens ſujets.

De même, que la génération ou la propagation du genre humain ne ſe faſſe qu'en conſéquence de l'union des deux ſexes, c'eſt une vérité contingente, parce que Dieu auroit pu établir un ordre tout différent, dans lequel la génération ſe feroit faite ſans une pareille union. Lors donc que la foi m'enſeigne qu'une vierge, ſans ceſſer d'être vierge, a enfanté, l'oppoſition qu'a cette vérité à ce qui ſe paſſe dans l'ordre que Dieu a établi, ne forme pas une difficulté inſoluble.

Objectera-t-on encore que, ſi les choſes ſont ainſi, il eſt inutile de raiſonner ſur les dogmes, & qu'il faut ſe borner à croire; ou que, s'il plaisoit à quelqu'un d'inventer un ou plusieurs systêmes de religion, dont tous les dogmes fussent incompréhensibles & fort au-dessus de la raison, il s'ensuivroit qu'on ne pourroit refuser de les admettre, parce qu'on n'y pourroit pas démontrer de contradiction : & ces systêmes néanmoins ne seroient que de pures fables ?

Je conviens que, si tous les hommes rendoient à l'autorité de Dieu, lorsqu'il parle, l'obéissance indispensable qu'ils lui doivent, ils ne pourroient rien faire de mieux que de marcher dans la simplicité de la foi, & d'adorer ce qu'il ne leur est pas donné de comprendre : mais il est des hérétiques qui pervertissent les dogmes de la foi ; il est des incrédules qui refusent de les admettre. Or, dans ce cas, non-seulement il n'est pas inutile, il est même nécessaire de raisonner, pour ramener, s'il est possible, les uns & les autres à la vérité ; & si l'on ne peut malheureusement y réussir, du moins pour combattre leurs sophismes & les fausses imputations qu'ils font à la révélation.

La seconde conséquence est tout-à-fait mal tirée, & n'est nullement une suite de ce que nous avons établi. J'avoue bien qu'il seroit impossible de faire voir des contradictions dans des systêmes incompréhensibles, tels qu'on les suppose, au moins à ne considérer que les idées transcendantes de ces systêmes : mais cela ne suffiroit pas pour obliger, ni même pour autoriser à les recevoir, parce qu'il faudroit de plus qu'ils eussent des caracteres incontestables de divinité au tribunal de la raison, & d'une raison sagement critique & véritablement éclairée. Nous verrons dans la suite que la Religion chrétienne est revêtue de caracteres incontestables de divinité qui brillent de toutes parts, & qui ne permettent pas de refuser de s'y soumettre, sans donner dans l'aveuglement le plus grossier & le plus criminel : or c'est ce qui ne se trouveroit pas dans ces systêmes arbitraires & de pure imagination ; & dès-lors il seroit insensé de les adopter, sous le prétexte de la seule possibilité.

Voie par laquelle la Révélation doit être intimée aux hommes. Possibilité des Prophéties. Possibilité des Miracles.

Dieu peut nous révéler & nous obliger à croire des dogmes incompréhensibles, qui paroissent ne point s'accorder avec nos idées naturelles : nous venons de le démontrer. S'il le peut, supposons qu'il le fasse : dans cette hypothèse, est-ce par des raisonnemens ou par des témoignages, est-ce par l'examen de la doctrine révélée, ou par des faits que cette révélation doit se prouver ? Il est clair que c'est par des témoignages, & non par des raisonnemens.

En effet, exiger des hommes la croyance de plusieurs dogmes incompréhensibles, est un acte libre de la volonté de Dieu : il pouvoit l'exiger ou ne pas l'exiger : or un acte libre ne se prouve point par des raisonnemens, mais par le témoignage de celui dont il est émané. Il n'y a point de relation nécessaire entre nos idées & la volonté libre de Dieu : il est donc nécessaire qu'il prouve alors sa volonté par des témoignages, & non point en nous obligeant à l'examen de la vérité des choses qu'il révele, & à des raisonnemens qui nous y conduisent.

Eh ! comment pourroit-il nous y obliger ? Un dogme incompréhensible est celui dont la raison humaine ne peut découvrir évidemment la vérité ni la fausseté, qui doit même lui paroître absurde, & inexplicable, dès qu'elle le compare à ses autres idées : donc, si Dieu le révele, nous ne sommes pas en droit de le rejetter parce qu'il nous paroîtroit faux, absurde, inintelligible : nous devons au contraire le regarder comme vrai, quoique nous ne le comprenions pas : donc ce n'est point l'éxamen de la doctrine, ni des raisonnemens sur la doctrine, qui doivent décider de la vérité ou de la fausseté de la révélation ; mais le témoignage de Dieu, qui ne peut ni se tromper, ni nous tromper, est la seule voie qu'il puisse employer & qui puisse nous assurer de la vérité des mysteres qu'il lui plaît de révéler aux hommes.

Or, posé la révélation, le témoignage de Dieu doit consister dans une lumiere surnaturelle, par laquelle il découvriroit aux hommes les mysteres incompréhensibles & les autres vérités qu'il leur ordonneroit de croire, soit en les persuadant intérieurement de la réalité de cette révélation, soit en la leur prouvant par des prodiges clairement marqués au coin de la Divinité. Dieu pourroit, s'il vouloit, répandre cette lumiere surnaturelle sur tous les hommes auxquels il auroit résolu de révéler ses mysteres & ses volontés : mais il pourroit aussi ne les révéler immédiatement qu'à un certain nombre qu'il chargeroit de les enseigner aux autres ; & dans ce cas il seroit nécessaire que ces hommes envoyés de Dieu pour manifester ses secrets, prouvassent leur mission par des œuvres surnaturelles, qu'on ne pourroit attribuer qu'à la puissance divine, & par lesquelles il les autoriseroit & déclareroit nettement qu'ils parlent en son nom, & qu'ils n'annoncent que ce qu'ils auroient appris de lui : autrement ils n'auroient aucun droit de se faire écouter. Ainsi Dieu seul connoissant certainement l'avenir ; Dieu seul pouvant changer le cours ordinaire de la nature ; si ces envoyés annonçoient de sa part des choses futures, & qu'elles arrivassent effectivement comme il les auroient prédites ; s'ils faisoient en son nom, & pour confirmer leur mission & leur doctrine, des miracles éclatans qui changeassent l'ordre commun & ordinaire établi dans la nature, il est évident que Dieu, qui ne peut favoriser le mensonge & l'imposture, & qui seul peut être le principe & l'auteur de ces œuvres vraiment miraculeuses, rendroit témoignage aux vérités qu'ils annonceroient de sa part ; & que les hommes à qui il notifieroit ainsi ses volontés, seroient obligés de s'y soumettre. De quelque maniere que Dieu s'annonce, on doit l'écouter, lorsqu'on a des preuves invincibles que c'est lui qui parle; & nous serions très-coupables de fermer l'oreille à cette voix claire du Tout-puissant, sous prétexte qu'il ne se révéleroit point à nous immédiatement, & indépendamment du ministere des autres. Dieu est le maître de se manifester aux hommes comme il lui plaît ; ce n'est point à eux à lui prescrire la conduite qu'il doit tenir; mais leur devoir est d'obéir, & de se soumettre en tout au plan qu'il juge à propos d'embrasser : c'est une suite essentielle de la dépendance totale & absolue de la créature envers son Créateur & souverain Seigneur.

Cependant les incrédules, pour écarter l'autorité de la révélation, & autoriser l'homme à juger de tout par la raison, & à n'admettre que ce qu'elle comprend, soutiennent avec chaleur que ces moyens surnaturels qui prouvent que c'est Dieu qui parle & qui notifie ses volontés aux hommes, sont impossibles; ou, s'ils n'osent le dire à pleine bouche, ils y apposent des conditions si fausses & si extraordinaires, qu'ils anéantissent toute la force des preuves qu'on peut tirer des Prophéties & des Miracles en faveur de la révélation.

Je commence par ce qu'ils disent sur les Prophéties; & pour éclaircir davantage la matiere, j'observe 1°. que ce n'est pas prophétiser, que de prévoir, même de très-loin, des effets renfermés en des causes naturelles & nécessaires destinées à les produire : c'est seulement connoître une partie des loix de la nature & de la méchanique de l'univers. Par exemple, l'Astronome découvre les éclipses futures, l'apparition des cometes, &c. sans être Prophete; 2°. ce n'est point non plus prophétiser, que d'établir une suite d'événemens sur certains signes extérieurs, en conséquence de plusieurs expériences où ces mêmes signes ont été suivis d'événemens pareils; comme il arrive dans l'exercice de la science de la Médecine. Enfin ce n'est pas prophétiser, que de présager quelques révolutions dans les affaires, soit publiques, soit particulieres, quand on n'a pour motif de détermination que le génie connu des hommes, & le jeu naturel des passions qui engagent presque toujours dans les mêmes démarches, lorsqu'une fois on a écouté leurs premieres inspirations. L'étude morale du cœur humain, la combinaison de ses intérêts divers, & tout ce qui s'appelle *science politique*, suffit pour ces sortes de présages. Cicéron, en parlant de lui-même, le remarque expressément.

Cependant, dans ces deux derniers cas, on conjecture assez sûrement ; mais on ne peut assurer, à cause des événemens qui peuvent survenir & changer l'état des choses : & alors celui qui assureroit ce qui naturellement doit arriver, ou qui certifieroit le contraire malgré toutes les apparences, pourroit prophétiser, s'il le faisoit par une lumiere divine.

Qu'est-ce donc que la Prophétie ? C'est une connoissance certaine & infaillible des choses futures, libres & non libres, où l'esprit ne découvre ni détermination antérieure, ni disposition préliminaire ; ou s'il en découvre, qui assure l'événement sans conjecturer. Ainsi annoncer la naissance d'un homme plusieurs siecles avant qu'il paroisse, marquer en détail les circonstances de sa vie & de sa mort, avec les suites qu'elle aura ; prédire des faits inouis, surnaturels, ou peu vraisemblables, lors même que les apparences y sont les plus contraires, on ne peut douter qu'un homme qui a cette connoissance, ne soit proprement un Prophete : car une telle connoissance n'est point humaine, c'est-à-dire, qu'elle n'est point de celles qu'un homme peut acquérir par les seules forces de la raison : elle ne peut venir que de Dieu, qui est le maître de la donner gratuitement à qui il lui plaît.

Spinosa & d'autres impies ont avancé qu'il ne falloit, pour prédire, qu'une imagination vive, forte, facile à recevoir une empreinte des images, & à se laisser entraîner au cours impétueux des esprits, qui gravent en elle des traces profondes, quoiqu'irrégulieres. C'est une pure folie, à laquelle il n'est pas nécessaire de s'arrêter : car il est évident qu'il n'y a aucune liaison naturelle ni surnaturelle entre la connoissance certaine des événemens futurs, qui dépendent des causes libres, & cette imagination vive qui peut faire des enthousiastes, & non des Prophetes. Mais nous verrons, en parlant des Miracles, que le système de Spinosa l'obligeant à rejetter la vraie prophétie, le conduisoit à cette extravagance. Selon Voltaire, dans sa *Philosophie de l'Histoire*, la Prophétie est impossible; & la raison qu'il en donne, c'est qu'on ne peut savoir ce qui n'est pas. Il est certain que les hommes ne peuvent par eux-mêmes prévoir certainement des choses futures : car ou ces choses dépendent en tout ou en partie de leur volonté libre pour exister, ou elles n'en dépendent point. 1°. Si elles dépendent en tout, ou en partie, de leur volonté, ils peuvent se proposer de les exécuter : mais il ne leur est pas possible d'assurer qu'ils les exécuteront effectivement, parce qu'ils ne savent si tout concourra à produire les événemens qu'ils ont projettés, ou s'il ne se rencontrera pas des obstacles insurmontables : ils ne peuvent donc les prédire avec certitude. 2o. S'il s'agit d'événemens futurs qui ne dépendent en aucune maniere de leur volonté, ou ces événemens ne sont pas éloignés ; & alors, en combinant les circonstances présentes, & leur liaison plus ou moins vraisemblable avec eux, ils peuvent conjecturer que les choses arriveront comme ils le pensent, sans néanmoins pouvoir rien assurer : ou, s'il est question d'événemens éloignés, qui n'ont aucun rapport à ce qui se passe sous leurs yeux, ils ne peuvent les annoncer que comme des choses possibles, & non comme des événemens fondés sur des conjectures vraisemblables. Par exemple, un homme qui conjectureroit que, dans mille ans, tous les royaumes & les gouvernemens existeroient tels qu'ils font aujourd'hui, & qu'il y auroit une guerre confidérable entre l'Efpagne & l'Angleterre, ne conjectureroit pas véritablement ; il ne feroit qu'énoncer une chofe poffible : & s'il l'affuroit, il feroit téméraire & menteur, parce que n'étant pas maître des événemens, il n'en peut avoir aucune certitude, ni même avancer une chofe vraifemblable.

Mais fi les hommes aveugles, foibles & impuiffans ne peuvent découvrir certainement l'avenir par leurs propres lumieres, il n'en eft eft pas de même de Dieu, qui a une fcience infinie, & à qui rien n'eft impoffible. Il voit dans fes décrets éternels, comme exiftant, ce qui n'exifte point encore ; parce qu'il eft tout-puiffant pour l'exécuter dans le temps qu'il a fixé, pour tourner l'efprit & le cœur de tous les hommes comme il lui plaît, pour les incliner, les changer, les déterminer, fans leur ôter la liberté, & pour écarter tous les obftacles qui s'oppoferoient à fes deffeins. C'eft dans ces décrets très-équitables & très-efficaces, qu'il apperçoit de toute éternité ce qui doit arriver parmi les hommes ; & c'eft en conféquence de ces mêmes décrets, qu'il prédit dans le temps par lui-même, ou par le miniftere de fes Prophetes, avec une entiere certitude, les événemens qu'il veut annoncer aux hommes, parce que c'eft lui qui opere tout ce qui eft bon, qui permet tout ce qui eft mauvais, & qui regle l'un & l'autre par une providence auffi fage & auffi puiffante qu'univerfelle.

Sur quel fondement les incrédules s'appuieroient-ils pour renverfer ces vérités renfermées dans l'idée de Dieu ? Prétendroient-ils qu'il ne fe mêle point du gouvernement du monde ? Nous avons vu plus haut que cette

fauffe

fausse prétention mene directement à l'Athéisme. D'ailleurs, quand on la supposeroit, il s'ensuivroit seulement que Dieu ne fait aucune prédiction : mais on ne peut conclure que, s'il vouloit se mêler des choses du monde, il n'en pourroit pas faire. Au reste, nous ne parlons point ici des incrédules qui nient la Providence, mais de ceux qui l'admettent : or, en admettant une Providence, il est nécessaire que Dieu connoisse l'avenir, & par conséquent qu'il puisse le prédire.

Cela posé, distinguons les événemens qui dépendent de Dieu seul, de ceux où la volonté des hommes influe. Dans les événemens qui dépendent de Dieu seul, qu'est-ce qui pourroit l'empêcher de les exécuter ? Personne assurément, puisqu'il est tout-puissant. Il peut donc les prédire & les annoncer aux hommes avant qu'ils arrivent. Mais à l'égard de ceux où la volonté des hommes influe, ou les incrédules nieront que l'homme soit libre, ou ils conviendront de sa liberté. S'ils nient que l'homme soit libre, comment ne reconnoîtroient-ils pas la possibilité de la prophétie ? Dieu, dans cette hypothèse, ne pourroit-il pas déterminer nécessairement leur volonté vers tous les objets qu'il lui plairoit ? Il pourroit donc prédire avec certitude tout ce qu'il auroit résolu d'opérer par leur canal ; il n'auroit rien à craindre de leur résistance. Mais si les incrédules conviennent que l'homme est libre, de deux choses l'une : ou Dieu préside aux déterminations libres de ses créatures, & tourne leur volonté comme il veut, sans blesser leur liberté ; ou il est obligé de consulter leurs dispositions pour former ses décrets, & de s'assurer si elles voudront donner leur consentement aux divers plans qu'il a

Tome II. K

formés, & à l'exécution desquels il veut qu'elles cooperent. Dans le premier cas, il fera le maître abfolu de tous les événemens auxquels il voudra qu'elles aient part : mais dans le fecond, j'avoue qu'on peut conclure que Dieu ne connoît pas avec certitude les événemens futurs qui dépendent des déterminations libres de fes créatures ; & par conféquent qu'il ne peut les prédire, ni les faire annoncer.

En effet, fuppofé que Dieu n'ait pu former certains décrets qu'en appercevant ce à quoi l'homme voudroit fe déterminer dans telle ou telle circonftance où il le placeroit, cette détermination ne dépendant pas de l'Etre fuprême, qui ne pourroit, dans cette hypothèfe, qu'exciter, engager, attirer, mettre en différentes pofitions, Dieu ne pourroit la voir comme future & certaine que dans fa créature.

Or, s'il y a des chofes dont Dieu ne puiffe connoître la futurition & la certitude que par la créature, il y a donc des connoiffances qu'il n'a pas par lui-même, mais qu'il emprunte de l'homme avant même qu'il exifte. Erreur abfurde, qui renverfe la fcience & la providence divine. Car Dieu n'emprunte rien du dehors : il ne peut avoir befoin que de lui-même, pour connoître tout ce qu'il connoît : d'où il s'enfuit qu'il faut qu'il voie, ou dans fon effence, ou dans fes décrets éternels ; & en un mot, qu'il ne peut connoître que ce qui eft, ou ce qu'il opere par quelque moyen que ce foit. Que fi on fuppofoit dans le monde quelque fubftance, ou quelque qualité, ou quelque action dont Dieu ne fût pas l'auteur, & dont il ne pût difpofer à fon gré, elle ne feroit en aucune forte l'objet de fa connoiffance : & non-feulement il ne pourroit point la prévoir, mais il ne pourroit pas même la voir, quand elle feroit réellement exiſtante. Car le rapport de cauſe à effet étant le fondement eſſentiel de toute communication qu'on peut concevoir entre Dieu & la créature, tout ce qu'on ſuppoſera que Dieu ne fait pas, demeurera éternellement ſans aucune correſpondance avec lui, & n'en ſera connu en aucune ſorte. En effet, quelque connoiſſant que ſoit un être, un objet même exiſtant n'en eſt connu que par l'une de ces manieres, ou parce que cet objet fait quelqu'impreſſion ſur lui, ou parce qu'il a fait cet objet, ou parce que celui qui l'a fait, lui en donne la connoiſſance : car il faut établir la correſpondance entre la choſe connue & la choſe connoiſſante, ſans quoi elles ſeront à l'égard l'une de l'autre comme n'étant point du tout. Or il eſt certain que Dieu n'a rien au-deſſus de lui qui puiſſe lui faire connoître quelque choſe : il n'eſt pas moins certain que les choſes ne peuvent faire aucune impreſſion ſur lui, ni produire en lui aucun effet. Reſte donc qu'il les connoiſſe parce qu'il en eſt l'auteur; parce qu'il ne verra pas dans la créature ce qu'il n'y aura pas mis : & s'il n'a rien en lui-même par où il puiſſe cauſer en nous les volontés libres, il ne les verra pas quand elles feront, bien loin de les prévoir avant qu'elles ſoient.

En vain diroit-on qu'il s'enſuivroit de-là que le péché eſt inconnu à Dieu, puiſqu'il n'en eſt pas la cauſe. Il ne faut, pour réſoudre cette difficulté, que ſe reſſouvenir que le mal n'eſt point un être, mais un défaut; qu'il n'a point par conſéquent de cauſe efficiente, & ne peut venir que d'une cauſe qui, étant tirée du néant, eſt par-là ſujete à faillir. D'ailleurs, on voit clairement que Dieu ſachant la meſure & la quantité du bien qu'il met dans sa créature, & dont elle pourroit faire un bon usage, connoît le mal qu'il ne juge pas à propos d'empêcher, & qu'elle commet librement, où il voit que manque le bien, comme il connoîtroit un vuide dans la nature, en connoissant jusqu'où tous les corps s'étendent.

Il suit de ces réflexions, qu'au moins certaines prophéties seroient effectivement impossibles, si, parmi les choses futures, Dieu ne pouvoit prévoir celles auxquelles il veut que les volontés libres des hommes coopérent, qu'après avoir examiné ce à quoi ces volontés libres se détermineroient dans telle ou telle circonstance : car on ne sait plus alors où il pourroit voir ces choses futures avant l'existence des personnes qui doivent y concourir ; puisque ces choses ne seroient encore ni en elles-mêmes, ni dans la volonté des hommes, qu'on ne peut supposer déterminée avant qu'elle existe ; ni dans les décrets divins qui dépendent, selon l'hypothèse, de ces déterminations humaines, qui ne doivent exister que dans un temps précis. Dieu ne pourroit donc que conjecturer sur ces événemens futurs, ou les considérer simplement comme possibles, sans pouvoir les annoncer avec certitude, avant la détermination actuelle de ceux qui doivent y coopérer. Mais penser ainsi, n'est-ce pas anéantir d'un côté sa science infinie, & de l'autre sa toute-puissance sur le cœur de l'homme, & par conséquent son existence ? Car ces deux attributs entrent nécessairement dans l'idée de l'Etre souverainement parfait. On ne peut donc nier la possibilité de la prophétie, sans attaquer en même-temps l'existence de Dieu.

Rousseau de Geneve l'a très-bien compris :

aussi, sans attaquer de front la possibilité de la Prophétie en elle-même, il y appose des conditions qui la rendent impossible par le fait, & qui en sappent le fondement & l'autorité. « Pour que les Prophéties puissent faire auto-
» rité, dit-il dans son *Emile*, il faudroit trois
» choses dont le concours est impossible; savoir,
» que j'eusse été témoin de la Prophétie, que
» je fusse témoin de l'événement, & qu'il me
» fût démontré que l'événement n'a pu quadrer
» fortuitement avec la Prophétie : car fût-elle
» plus précise, plus claire, plus lumineuse qu'un
» axiome de Géométrie, puisque la clarté d'u-
» ne prédiction faite au hazard n'en rend pas
» l'accomplissement impossible, cet accomplis-
» sement, quand il a lieu, ne prouve rien à
» la rigueur pour celui qui l'a prédit ».
Rien de plus foible que ces vains subterfuges. 1°. Prétendre qu'il faut être témoin de l'énonciation d'une Prophétie pour qu'elle puisse faire autorité à notre égard, c'est dire qu'on ne doit croire aucun fait, si bien prouvé qu'on le suppose, quand on n'en est pas témoin. Mais n'est-ce pas là renverser de fond en comble toute preuve morale & toute certitude historique, & conduire directement au Pyrrhonisme, dont nous avons fait voir l'absurdité dans le volume précédent? 2°. Rousseau de Geneve veut non-seulement qu'on soit témoin de l'énonciation prophétique, mais encore de l'événement : c'est toujours le même faux principe, qu'on ne doit croire que ce que l'on voit. Il faudroit, suivant ce singulier système, que le temps qui doit s'écouler entre la Prophétie & l'événement, ne surpassât jamais l'étendue de la vie ordinaire des hommes. Eh ! qui ne voit qu'on n'a recours à cette regle de commande, que

pour écarter les Prophéties qui regardent Jésus-Christ? mais sans ombre de raison; car plus l'événement prédit est éloigné du temps de l'énonciation prophétique, plus il est clair que l'homme n'a pu le prévoir par lui-même. Il est vrai que la vérité d'une Prophétie ne paroît pleinement que par son accomplissement : mais cet accomplissement, lorsqu'on n'en est point témoin oculaire, peut être constaté par des preuves aussi certaines & aussi claires que si on l'eût vu de ses propres yeux. Enfin, quand on seroit témoin de la Prophétie & de l'événement, Rousseau veut encore qu'il soit démontré que cet événement prédit & arrivé n'a pu quadrer *fortuitement* avec la Prophétie. Cet incrédule suppose donc, ou que Dieu n'a pu prévoir ce qu'il appelle ici *événement fortuit*, (& c'est détruire sa science infinie,) ou que, si Dieu l'a prévu, il n'a pu l'annoncer aux hommes? & c'est détruire sa toute-puissance. C'est donc une fausse conséquence, quand il y auroit des choses qui arriveroient par hazard, d'en conclure que Dieu ne pourroit les connoître, ni par conséquent les prédire. Mais qu'entend-il par le hazard? C'est un mot vuide de sens, une chimere, un être de raison, qui ne peut signifier autre chose que l'ignorance où nous sommes de la cause de certains événemens : or cette ignorance ne prouve pas qu'effectivement ces événemens n'ont point de cause, mais seulement que nous ne la découvrons pas. Dès qu'il est démontré qu'il y a un Dieu, & que toutes ses créatures ne peuvent subsister ni agir sans l'influence continuelle de cette premiere cause, on doit reconnoître que tout ce qui arrive dans le monde, jusqu'aux choses mêmes qui paroissent les moins importantes, est réglé par une Providence à qui rien n'échappe. Dieu préside à tout : ainsi rien ne se fait sans son ordre ou sa permission, & par conséquent sans sa volonté.

Les hommes ne pouvant connoître par eux-mêmes l'avenir, s'ils l'assurent, ils sont menteurs ; & quand les choses prédites arriveroient, ils ne pourroient être censés les avoir prédites, mais seulement avoir avancé une chose possible ; ce qui ne prouveroit rien : ce seroient des téméraires qui parleroient en l'air, sans pouvoir raisonnablement rien affirmer. Un Prophete est donc celui qui assure ce qu'il prédit, comme devant certainement arriver ; & il ne peut l'assurer avec vérité, qu'autant que Dieu, qui peut seul connoître l'avenir, le lui a révélé. Si donc un homme annonce de la part & au nom de Dieu un événement futur qu'il ne peut connoître, ni par ses propres lumieres, ni par conjecture, ni par combinaison, & qui ne renferme rien qui soit indigne de la sainteté de Dieu ; il faut, ou que Dieu le lui ait effectivement révélé, ou qu'il s'imagine faussement que Dieu lui ait parlé, quoiqu'il ne l'ait pas fait, ou enfin qu'il cherche à tromper. Si Dieu a révélé à cet homme ses sécrets, & qu'il ait voulu annoncer des choses par son canal, il est hors de doute que ces choses arriveront comme elles ont été prédites, & que cet accomplissement prouvera que c'est Dieu qui parle, parce que sa volonté étant immuable & toute-puissante, rien ne peut ni en changer, ni en empêcher les effets. Mais si cet homme qui s'annonce de la part de Dieu, s'est imaginé faussement que Dieu lui ait parlé, quoiqu'il ne l'ait pas fait, ou qu'il cherche à tromper, il est de la sagesse de Dieu d'empêcher l'accomplissement de cette fausse Prophétie : car, en supposant qu'elle pourroit s'accomplir, quoique Dieu n'eût point parlé, il est incontestable qu'elle ne s'accompliroit point par cas fortuit, mais parce que Dieu voudroit qu'elle s'accomplît. Or il n'est pas possible qu'il le voulût ; ce seroit induire les hommes en erreur. Car étant certain d'une part que Dieu seul auroit pu connoître & révéler cet événement accompli selon la prédiction ; & de l'autre, que rien n'arrive fortuitement dans le monde, mais que tout est réglé par la volonté divine, on seroit obligé de conclure que Dieu voudroit que ce qu'il n'auroit pas révélé, passât pour avoir été annoncé de sa part, & par conséquent qu'on se servît de son nom pour autoriser l'enthousiasme ou le mensonge : ce qui répugne à sa bonté, à sa justice, à sa véracité.

Or si l'accomplissement d'un événement futur, prophétisé par un seul homme qui auroit au moins les caracteres extérieurs de Prophete, prouve la vérité de la prophétie, à combien plus forte raison devroit-elle paroître certaine, si cet événement accompli avoit été annoncé par un grand nombre de Prophetes, en divers temps & en divers lieux, & qu'ils en eussent marqué clairement toutes les circonstances ? car il est évident que, quand même le hazard seroit aussi réel qu'il est imaginaire, ce concours & cette réunion de circonstances prédites par plusieurs personnes isolées & sans concert, & que toute la prudence humaine est incapable de prévoir, n'en sauroit être l'effet.

J'ai dit plus haut que l'événement prophétisé *ne doit rien renfermer qui soit indigne de la sainteté de Dieu* : car si quelqu'un prédisoit en son nom des choses qui seroient opposées à ses attributs, à sa loi, à ses volontés connues, il n'y auroit plus alors de séduction à craindre, quand même il permettroit que ces choses arrivassent. Dieu pourroit permettre l'accomplissement de cette fausse prophétie pour éprouver la fidélité des hommes; & ceux qui ne seroient point aveuglés par leurs passions, bien loin de succomber à cette épreuve, s'appercevroient aisément que le prétendu Prophete seroit un imposteur.

Les incrédules raisonnent des miracles comme des prophéties : les uns les regardent comme impossibles en eux-mêmes ; les autres, sans aller si loin, disent simplement qu'il est impossible de s'assurer que quelque fait que ce soit, puisse être miraculeux. Spinosa & le commun des Déistes embrassent le premier parti : ils déclarent les miracles absolument impossibles. Mais c'est anéantir la puissance de Dieu. Qu'est-ce qu'un miracle considéré en général ? Une action sensible, extraordinaire, & supérieure à la puissance humaine; un événement singulier, produit hors de l'enchaînement des causes naturelles : or ces miracles sont possibles. Dès que l'on conçoit l'Etre infiniment parfait, on conçoit que son pouvoir est sans bornes : on conçoit donc qu'il peut arranger diversement les parties de la matiere, & qu'elles lui obéissent. La création n'est pas la borne de sa puissance sur elles ; leur conservation n'est que l'acte continué de leur création : le repos qui fixe la matiere, le mouvement qui l'agite, la figure qui la borne, tout est de Dieu, parce que c'est lui qui a posé les loix qui occasionnent & qui causent ces différentes modifications. Qu'il veuille en arranger les parties suivant un certain ordre, elles obéissent aussi-tôt : qu'il veuille les arranger suivant un autre ordre, elles obéissent de même. Cela posé, il est aisé de prouver que les miracles sont possibles, par ce raisonnement très-simple. Ce qui n'est point absurde, est possible; c'est un axiome inébranlable. Or il n'est pas absurde que l'Etre qui a formé la matiere, puisse la modifier à son gré, & la faire passer par tous les états & les métamorphoses concevables, par le seul acte de sa volonté : Donc les miracles sont possibles.

Qu'opposent Spinosa & nombre de Déistes à ces principes ? Les loix de la nature ne sont, disent-ils, que les décrets de Dieu nécessaires. Or les décrets de Dieu ne peuvent changer, parce qu'il est immuable : les loix de la nature ne peuvent donc changer, ni être interrompues. Donc les miracles sont impossibles, puisqu'un vrai miracle est contraire aux loix de la nature.

Tout ce raisonnement n'est qu'un pur sophisme. Où Spinosa a-t-il appris que les loix de la nature ne sont que des décrets de Dieu nécessaires ? Elles sont sans doute des décrets de Dieu, si l'on entend par-là que c'est lui qui a posé ces loix ; mais il est faux qu'elles soient nécessaires, si par ce terme on entend une nécessité absolue, comme Spinosa paroît l'avoir conçue après Straton, & avec Hobbes, &c. Il suppose que Dieu agit toujours d'une maniere nécessaire, & que les loix de la nature, avec les effets qui en sortent, sont si liés, si dépendans l'un de l'autre, qu'on n'y peut concevoir le moindre changement, sans détruire l'idée d'un Etre infiniment sage, toujours égal & constant dans ses opérations. Mais cette doctrine attaque la souveraine indépendance de Dieu. Il est infiniment libre : sa volonté ne dépend point des événemens ; elle n'est point esclave des effets qu'elle produit. S'il a voulu conduire l'univers par des loix, le choix qu'il en a fait est libre : c'est de sa volonté qu'elles tirent leur existence, & nulle nécessité antérieure à son choix ne l'y assujettit. Autrement il seroit soumis à ces loix ; & toute sa puissance n'iroit qu'à prévoir des événemens qu'il ne pourroit empêcher : il le faudroit supposer sujet à je ne sai quelle aveugle fatalité, qui seroit une cause encore supérieure à la Divinité ; il diroit comme le Jupiter des Idolâtres : Je ne puis rien contre la loi du destin : *quippe vetor fatis*.

La seconde proposition de Spinosa, adoptée par le commun des Déistes, n'est pas moins fausse : il dit que les décrets de Dieu ne peuvent changer, parce qu'il est immuable. Equivoque grossiere. Les décrets de Dieu sont immuables par rapport aux effets que ces décrets renferment ; c'est-à-dire, qu'il produit toujours les mêmes choses par les mêmes loix ; mais il ne s'ensuit point delà que Dieu ne puisse interrompre l'effet de ces loix, quand ces interruptions entrent dans le plan de ses desseins ; & ces interruptions sont alors l'effet d'autres décrets qui sont immuables comme les autres. C'est ce qui fait dire à saint Augustin que Dieu change ses œuvres, mais non ses conseils : *opera mutat, consilia non mutat* : c'est-à-dire, que Dieu, par le même acte très-simple en vertu duquel il a fixé de toute éternité les loix de la nature, a également décerné la suspension, l'interruption, ou le renversement des mêmes loix dans telles & telles circonstances. Or sur ce pied-là, en quoi l'immutabilité de Dieu peut-elle être blessée le moins du monde ? Je vois bien par le miracle le changement dans le terme de la volonté de Dieu ; *opera mu-*

tat : mais en puis-je découvrir dans ses desseins ? *Consilia non mutat.* Ce qui seroit contraire à l'immutabilité de Dieu, seroit que le miracle décerné par lui de toute éternité n'arrivât pas dans le temps.

Le système de Spinosa sur les miracles est si révoltant, que Bayle lui-même n'a pu s'empêcher de le traiter d'*illusion*, & de crier contre la *mauvaise foi* de ses Sectateurs. Pour faire voir, dit-il, la mauvaise foi & les illusions des Spinosistes sur cette matiere, il suffit de dire que, quand ils rejettent la possibilité des miracles, ils alléguent cette raison : C'est que Dieu & la nature sont le même être ; en sorte que si Dieu faisoit quelque chose contre les loix de la nature, il feroit quelque chose contre lui-même ; ce qui est impossible. Parlez nettement, leur dit Bayle, & sans équivoque : dites que les loix de la nature n'ayant point été faites par un législateur libre, & qui connût ce qu'il faisoit, mais étant l'action d'une cause aveugle & nécessaire, rien ne peut arriver qui soit contraire à ces loix. Vous alléguez alors contre les miracles votre propre thèse, & ce ne sera plus qu'une pétition de principe. Tirons-les, continue Bayle, de cette généralité. Demandons-leur ce qu'ils pensent des miracles rapportés dans l'Ecriture ; ils en nieront absolument tout ce qu'ils ne pourront attribuer à quelque tour de souplesse. Laissons-leur passer *le front d'airain* qu'il faut avoir pour s'inscrire en faux contre des faits de cette nature ; attaquons-les par leurs principes. Ne dites-vous pas que la puissance de la nature est infinie ? Eh ! le seroit-elle, s'il n'y avoit rien dans l'univers qui pût redonner la vie à un homme mort ? Le seroit-elle, s'il n'y avoit qu'un seul moyen de former les hommes, celui de la génération ordinaire ? Ne dites-vous pas que la connoissance de la nature est infinie ? Vous niez cet entendement divin où, selon nous, la connoissance de tous les êtres possibles est réunie : mais en dispersant la connoissance, vous ne niez point son infinité. Vous devez donc dire que la nature connoît toutes choses, à peu près comme nous disons que l'homme entend toutes les langues : un seul homme ne les entend pas toutes, mais les uns entendent celle-ci, les autres celle-là. Pouvez-vous dire que l'univers ne contienne rien qui connoisse la construction de notre corps ? Si cela étoit, vous tomberiez en contradiction : vous ne reconnoîtriez plus que la connoissance de Dieu fût partagée en une infinité de manieres : l'artifice de la construction de nos organes ne lui seroit point connu. Avouez donc, si vous voulez raisonner conséquemment, qu'il y a quelque modification qui le connoît : avouez qu'il est très-possible à la nature de ressusciter un mort, & que votre maître confondoit lui-même ses idées, & ignoroit les suites de son principe, lorsqu'il disoit que s'il eût pu se persuader la résurrection de Lazare, il auroit brisé en pieces tout son système, il auroit embrassé sans répugnance la foi ordinaire des Chrétiens. (Bayle Diction. Art. *Spinosa.*)

L'Abbé Houteville, dans son Ouvrage de la *Religion prouvée par les faits*, croit qu'on peut soutenir contre Spinosa que les miracles sont des effets des loix générales ; mais de peur qu'on n'en conclue que ce ne seroient plus alors des événemens extraordinaires, surnaturels & merveilleux, il distingue les loix générales ordinaires & connues, des loix générales, & qui nous sont cachées. Les miracles, dit-il, ne sont point une suite des loix générales connues ; mais rien n'empêche qu'ils ne soient une suite des loix générales surnaturelles.

1°. Ce n'est ici qu'une supposition en l'air, que l'Auteur ne prouve point. 2°. Cette supposition ne paroît point pouvoir s'accorder avec la souveraine indépendance de Dieu, qui dans tout ordre est le maître d'agir en conséquence de loix générales, ou de volontés particulieres qui en interromproient l'enchaînement. La raison sur laquelle l'Abbé Houteville appuie son sentiment, c'est qu'un Etre infiniment sage doit agir toujours par les voies les plus simples ; il ne doit pas faire par le plus ce qu'il peut également exécuter par le moins : il ne doit pas employer des volontés particulieres quand les volontés générales suffisent à la production de ce qu'il veut faire. Rien de moins fondé que ce principe. Outre qu'on n'en peut rien conclure, quand il seroit vrai que les volontés générales suffisent pour la production d'un effet miraculeux dans quelque ordre que ce soit, ce feroit faire la loi à l'Etre souverain, & vouloir inférer de ce qu'il est infiniment sage, qu'il est obligé de suivre telle ou telle route ; & que s'il s'en écartoit, on ne pourroit plus le concevoir comme infiniment sage. Proposition absurde. Dieu agit comme il veut, & avec une souveraine liberté. Il n'est point astreint à prendre les voies les plus simples : il prend celles qu'il lui plaît ; & de quelque maniere qu'il agisse, il est toujours infiniment sage. Ce n'est point à nous à décider comment il doit se conduire, ni s'il doit faire une chose plutôt qu'une autre, ni s'il la doit faire de telle ou telle façon. Un pareil système conduiroit insensiblement aux écarts du Pere Mallebranche sur cette matiere.

Les Théistes, sentant l'absurdité du sentiment de Spinosa & du commun des Déistes sur les miracles, ne disconviennent pas absolument qu'ils ne soient possibles en eux-mêmes, mais ils soutiennent qu'au moins il est impossible de s'assurer que quelque fait que ce soit, puisse être un miracle ; & voici comme ils le prouvent. Puisqu'un miracle est une exception aux loix de la nature, pour en juger, il faut connoître ces loix ; & pour en juger sûrement, il faut les connoître toutes : car une seule qu'on ne connoîtroit pas, pourroit en certains cas inconnus aux spectateurs changer l'effet de celle qu'on connoîtroit. Ainsi celui qui prononce que tel ou tel acte est un miracle, déclare qu'il connoît toutes les loix de la nature, & qu'il sait que cet acte en est une exception.

Remarquons d'abord que c'est ici le même sophisme dont usent les Matérialistes pour prouver que la pensée est, ou peut être une propriété de la matiere. Nous ne connoissons pas toutes ses propriétés, disent-ils ; comment pouvons-nous affirmer que la pensée n'est pas une de ces propriétés inconnues ? On répond avec raison qu'il suffit, pour l'affirmer, de savoir que la matiere a deux propriétés incompatibles avec la pensée, savoir l'étendue & la divisibilité. De même nous ne connoissons pas, si l'on veut, toutes les loix particulieres de la nature : mais nous connoissons une loi générale, qui nous garantit la certitude de celles que nous connoissons, savoir la sagesse de Dieu & sa providence. Nous disons donc que la sagesse de Dieu, auteur des loix morales, nous répond de la certitude des loix générales physiques ; parce que s'il n'y avoit rien de certain dans la nature, il n'y auroit rien de certain non plus dans la société, dans notre état, dans nos devoirs. Je suis assuré qu'il n'y a aucune loi possible dans la nature en vertu de laquelle un mort puisse être rendu à la vie, parce que la résurrection devenue naturelle changeroit nécessairement l'ordre de la société : je ne suis pas moins certain, qu'en vertu d'aucune loi physique une vierge ne peut être mere, parce que ce miracle devenu naturel, donneroit atteinte aux loix du mariage. Si par une loi physique inconnue, mais possible à connoître, de simples paroles pouvoient guérir toutes les maladies, serions-nous encore obligés de veiller si exactement à notre conservation & à celle d'autrui ? Si par une autre loi physique un corps humain pouvoit marcher sur les eaux, voler dans les airs, pénétrer les autres corps, quelles barrieres pourroient assurer notre vie & notre repos? Si le cours des astres pouvoit être naturellement suspendu, quelle regle nous resteroit-il pour distinguer les temps, pour mettre un ordre dans la société? Ainsi du reste. La même sagesse, la même bonté, la même providence qui veut que je sois assuré de mon état & de mes obligations, est mon garant de la certitude des loix physiques. Il est bon de remarquer que toutes les découvertes physiques que l'on a faites jusqu'à présent, loin d'affoiblir cette preuve, la confirment de plus en plus. Depuis Adam jusqu'à nous a-t-on découvert une nouvelle loi physique qui ait introduit un nouvel ordre moral, ou qui ait donné quelque atteinte à la loi immuable des mœurs? Par une nouvelle conséquence, lorsque la sagesse divine a résolu d'établir un nouvel ordre moral, de m'imposer de nouvelles obligations, de me faire connoître ce qu'il demande de moi dans certaines circonstances particulieres, elle agit régulièrement, en m'avertissant de ses volontés, par une interruption momentanée & frappante de ces mêmes loix, dont, excepté ce cas, elle ne change jamais le cours.

On objectera peut-être que nous ne connoissons pas assez parfaitement les rapports de toutes les loix physiques avec les loix morales pour appercevoir quel effet le dérangement de telle loi peut avoir à l'égard de la regle des mœurs : quand un homme sauroit multiplier des pains, par exemple, on ne voit pas quel inconvénient il en résulteroit pour la société.

Je conviens qu'il peut y avoir quelquefois du doute si telle opération déroge aux loix physiques ou aux loix morales ; mais la même regle générale de la sagesse & de la bonté divine nous rassure toujours suffisamment. Nous savons en général qu'un Dieu bon & sage n'accorde jamais à aucun homme un pouvoir assez éclatant sur la nature pour qu'il paroisse en disposer en maître, sur-tout lorsqu'il y auroit un danger inévitable de séduction. Dieu qui a donné en même-temps à l'homme & des connoissances très-bornées, & une entiere confiance aux loix physiques, ne permettra jamais qu'un imposteur ou un visionnaire puisse les déranger, même en apparence, pour induire les hommes en erreur.

Remarquons de nouveau que cette regle est encore vérifiée par l'expérience. Lorsque Dieu a envoyé des Thaumaturges pour notifier ses volontés aux hommes, 1°. il ne leur a pas seulement donné le pouvoir de déroger à des loix physiques, dont la certitude pourroit être révoquée en doute ; mais il leur a de plus communiqué celui de déroger à celles mêmes dont la connexion est évidente avec l'ordre moral, telle qu'est la loi en vertu de laquelle un mort ne peut point revenir à la vie, &c. 2°. Les miracles ne font pas seulement des œuvres merveilleuses, mais encore des œuvres saintes, des actes de charité & de vertu. 3°. Dieu a voulu que son pouvoir fût accompagné de deux autres caracteres qui se prêtent une force mutuelle, la pureté de la doctrine & la sainteté des mœurs.

C'est donc se tromper dans le principe même, que d'envisager les miracles uniquement du côté des loix physiques : on ne doit pas avoir moins d'attention à l'influence qu'ils peuvent avoir sur les mœurs. Telle loi physique ne paroît tenir en rien à l'ordre de la société : donc Dieu peut permettre qu'elle soit dérangée en toutes circonstances : la conclusion est fausse. Dieu ne le permettra certainement point, lorsqu'il y aura un danger inévitable de séduction, eu égard au génie, aux connoissances, aux dispositions particulieres de ceux qui en sont les témoins.

A la lumiere de ces principes, qu'il ne faut point perdre de vue, reprenons l'argument. Puisqu'un miracle, dit-on, est une exception aux loix de la nature, pour en juger, il faut connoître ces loix; & pour en juger sûrement, il faut les connoître toutes : car une seule qu'on ne connoîtroit pas, pourroit, en certains cas inconnus aux spectateurs, changer l'effet qu'on connoîtroit.

Je soutiens que, sans connoître toutes les loix de la nature, nous sommes certains que les miracles ne sont point l'effet de quelques loix particulieres inconnues aux spectateurs : il faut démontrer le point essentiel.

1º. Comment connoissons-nous les loix de la nature ? Par la régularité, l'uniformité de leur cours & de leurs effets : nous ne pouvons les connoître autrement. C'est pour le bien des créatures sans doute que Dieu les a établies ; notre vie, nos actions, notre conduite portent sur ce fondement : si ces loix n'étoient point constantes, uniformes, immuables, elles ne pourroient plus nous tranquilliser ; il n'y auroit plus rien d'assuré dans l'univers. Une loi passagere & momentanée, qui ne s'est montrée qu'une ou deux fois depuis la création, sans avoir jamais reparu, n'est point une loi : c'est plutôt une exception aux autres loix : on abuse des termes ; on confond toutes les idées, si on la nomme autrement. L'on a découvert, si l'on veut, d'autres loix particuliéres ; la pesanteur de l'air, la vertu magnétique, l'électricité ; mais celles-ci se manifestent, comme toutes les autres, par la réproduction constante des mêmes effets dans les mêmes circonstances : si l'un ou l'autre de ces phénomenes n'avoit paru qu'une seule fois à la volonté d'un Physicien, sans que jamais on eût pu le reproduire, le regarderions-nous comme l'effet d'une loi naturelle ? Or tels ont été les miracles; des phénomenes uniques, que les Thaumaturges ont opérés à volonté, par une seule parole, sans que jamais personne ait pu les imiter que ceux auxquels le même pouvoir avoit été accordé. S'il y a, par exemple, une loi constante & assurée dans la nature, c'est la gravitation des corps. Lorsqu'un Thaumaturge marche sur les eaux, soutenir que ce phénomene a pu être l'effet d'une loi naturelle, inconnue, & non pas une exception évidente à la loi connue de la pesanteur des corps, un effet naturel, & non un miracle ; n'est-ce pas se jouer des termes, & confondre toutes les notions ? Dire qu'une seule loi qu'on ne connoîtroit pas, pourroit, en certains cas inconnus aux spectateurs, changer l'effet de celles qu'on connoîtroit, c'est prétendre qu'une exception unique & momentanée à la loi est une loi : c'est même admettre des loix naturelles contradictoires sur un même objet, & dans les mêmes circonstances ; ce qui répandroit par-tout une incertitude affreuse, & renverseroit l'idée que nous avons tous de la bonté, de la sagesse, & de la providence de Dieu : car, dans cette hypothèse, il y auroit toujours à craindre que les effets ordinaires des loix de la nature ne fussent arrêtés en certains cas par d'autres loix également naturelles & diamétralement opposées, dans le temps même où l'on s'y attendroit le moins ; par exemple, que le feu cessât tout-d'un-coup de consumer les matieres combustibles ; & qu'au contraire il les conservât dans toute leur intégrité par une loi aussi naturelle, mais moins ordinaire & moins connue, que celle qui lui donne la force de diviser & de détruire. Ou, si l'on veut avec certains Déistes, que l'effet de ces prétendues loix naturelles inconnues dépendît des hommes, qui auroient le secret de les appliquer à volonté, on n'en seroit pas plus avancé : car cette derniere ressource n'est qu'une hypothèse en l'air, une pure pétition de principe, qui montre qu'on est à bout, & qu'on ne sait plus que répondre. Il faudroit prouver, avant toutes choses, que ces loix naturelles inconnues, & contradictoires à d'autres loix naturelles connues, existent réellement, & qu'il y a des personnes qui les connoissent, & qui ont le secret de les faire agir quand elles veulent ; or c'est ce que les incrédules n'ont jamais prouvé. Ce prétendu secret que personne n'a dévoilé jusqu'à présent, est une chimère : il implique même contradiction, étant manifeste qu'un secret qui dérangeroit les loix fixes, constantes, & uniformes de la nature, seroit une exception à ces loix, & non pas une loi qu'on pût leur associer.

2°. Ce qu'on appelle *miracle* ou *prodige*, n'est l'effet ni du hazard, qui est une pure chimere, ni des volontés humaines, qui par elles-mêmes ne peuvent opérer aucun changement dans la nature. Ces opérations extraordinaires dépendent donc de Dieu seul, qui regle tout par sa providence; & elles ont par conséquent un but dirigé par sa sagesse : or les loix connues ou inconnues de la nature n'ayant aucun rapport naturel avec le dessein que Dieu se propose dans les miracles, il n'y a que lui seul qui puisse établir ou déterminer les loix particulières en vertu desquelles les Thaumaturges font en son nom, quand il leur plaît, des œuvres qui semblent des prodiges : c'est lui seul qui fait agir ces loix au moment précis, & dans les circonstances où il a résolu qu'elles agissent. Or supposer que Dieu ait fait des loix particulieres exprès pour les Thaumaturges, & pour eux seuls, des loix qui suspendent à leur gré le cours des autres loix, ou avouer simplement qu'il leur a donné le pouvoir de suspendre toutes les loix de la nature, & de faire des miracles, n'est-ce pas dire la même chose en termes différens? Une loi faite ou déterminée pour un cas unique, & qui déroge à toutes les autres loix, ou en arrête le cours, n'est-elle pas un miracle avéré?

3°. Lorsque l'incrédule objecte, qu'en attribuant à Dieu les œuvres qui paroissent miraculeufes, on lui attribue ce qui n'est peut-être qu'un effet inconnu de la nature, il avoue par-là que, s'il étoit démontré que l'événement miraculeux surpasse non-seulement les forces connues, mais encore les forces réelles de la nature, il y reconnoîtroit l'opération surnaturelle de Dieu. Or rien de plus facile à comprendre qu'au moins certains miracles surpassent clairement les forces réelles de la nature. Tels sont les miracles que l'on appelle *de création*, & qui consistent à rétablir subitement dans leur état propre & naturel des corps qui auroient perdu, par le brisement, l'affaissement ou la séparation de leurs parties, leur forme, leur vigueur, & leur force vitale. La nature, par exemple, ne peut pas plus rétablir, à la parole d'un homme, ou par de prétendus secrets que personne n'a jamais connus, un œil absolument éteint ou écrasé, ni l'organe d'une oreille qui seroit entièrement brisé ; elle ne pourroit pas plus redonner la vie à un mort, ni rappeller une ame dans son corps, qu'elle ne peut opérer ces merveilles sur un automate, que l'on composeroit de tous les vaisseaux qui forment le corps de l'homme. Dire que de pareils miracles sont impossibles, c'est anéantir la puissance de Dieu : il ne lui est pas plus difficile de faire ces prodiges, que de créer un homme. Ajouter qu'au moins il est impossible de s'en assurer, c'est une fausseté manifeste. Le fait du miracle étant prouvé, il est incontestable qu'il n'y a qu'une puissance surnaturelle & divine qui ait pu l'opérer.

4°. Les miracles ont un but : ils ne peuvent arriver par cas fortuit : nous l'avons déjà remarqué. Ou ils prouvent simplement la puissance & la bonté de Dieu envers ceux à qui il accorde par ce moyen des guérisons miraculeuses, ou d'autres bienfaits; & sa justice, lorsqu'il s'agit de miracles de punition : ou Dieu veut autoriser par ces œuvres extraordinaires quelque doctrine, quelque culte particulier, ou la mission de quelque personne envoyée de sa part pour manifester ses volontés : or, quand ces sortes de miracles s'opèrent par le canal des hommes, ils se font au nom & à l'invocation de Dieu, & en confirmation du culte & de la doctrine qu'on enseigne, ou de la mission qu'on annonce comme de sa part. En conséquence de ces principes, dont on ne peut au moins contester la possibilité, quand il seroit aussi vrai qu'il est faux, que tout ce qui paroît miracle & prodige, ne surpasse point certaines forces inconnues, & ne sort point du cours de certaines loix cachées de la nature, il ne s'ensuivroit nullement que ce ne feroit point de vrais miracles par lesquels Dieu annonçât ses volontés ; ou qu'il seroit impossible de s'en assurer, comme le prétend Rousseau de Genève. Car, dès qu'on suppose une Providence, & que l'invocation de Dieu pris à témoin de la vérité qu'on annonce, intervient, il est égal que l'événement surpasse les forces réelles, ou qu'il surpasse seulement les forces connues de la nature. Du côté de l'homme, l'impression que fait l'événement est, pour ainsi dire, la même dans l'un & l'autre cas ; du côté de Dieu, son invocation intervient de même également dans ces deux hypothèses : donc la Providence est aussi également engagée dans l'un & l'autre cas à me garantir de l'illusion.

Qu'importe dans le fond que Dieu renverse les loix de la nature ; ou, sans les renverser, qu'il ordonne à la nature de faire éclore un événement qui, de l'aveu de tout le monde, en surpasse les forces connues ? Car dès que le concours du nom & de l'invocation de Dieu s'y trouve, & que la fin de cette invocation ne renferme rien de contraire à la sainteté de Dieu, à sa loi, au culte qu'il auroit établi ; ou la Providence n'est engagée à rien dans l'un & l'autre cas, ou elle est également engagée dans tous les deux à m'y faire voir un témoignage de sa part, & à le garantir.

Ce n'est ici, du côté de l'incrédule qui incidente, qu'une fausse méthode & un abus du raisonnement. Il veut raisonner métaphysiquement où il ne faudroit raisonner que moralement ; & dès-lors il est fort indifférent que l'événement surpasse les forces réelles de la nature, ou qu'il en surpasse seulement les forces connues. Car, s'il en étoit autrement, il s'ensuivroit de deux choses l'une ; ou que Dieu seroit obligé de nous dévoiler tous les mysteres de la nature, ce qui seroit absurde ; ou que Dieu ne pourroit plus se servir du cours extraordinaire de la nature, quoique toujours naturel au fond, mais inconnu dans ses principes, pour nous manifester ce qu'il exige de nous : ce qui n'est pas moins absurde.

Eclaircissons de plus en plus la matiere ; &, pour cet effet, concevons une juste idée de la Providence. Qu'est-ce donc que la providence de Dieu qui éclate dans les loix générales qu'il a établies pour le gouvernement de l'univers ? C'est l'attention que Dieu donne aux voies de chaque homme en particulier, comme si cet homme étoit seul sur la terre, & qu'il en fût uniquement occupé. Voilà donc Dieu chargé de la conduite de l'homme, & l'homme chargé de se laisser conduire à Dieu. Dieu a établi des
loix

loix générales dans la nature, & ce sont comme des regles générales de conduite pour l'homme ; mais ce sont là des leçons de tous les temps & de tous les jours, qui ne manifestent à l'homme rien de nouveau. Cependant, tandis qu'accoutumé à un langage avec lequel je suis naturalisé, je ne pense à rien de plus qu'à rapporter mon être à celui dont je l'ai reçu ; arrive un homme qui m'annonce que Dieu exige de moi les cérémonies d'un tel culte, la croyance de tels dogmes, qui ne sont opposés ni à la sainteté de Dieu, ni à sa loi, ni à ce qu'il avoit déja révélé ; & pour le prouver, il appelle Dieu en témoignage, il l'invoque, & il rend, en confirmation de la vérité des choses qu'il annonce, la vue à un aveugle-né, ou la vie à un mort. Quand, absolument parlant, ces prodiges feroient l'effet de quelques loix naturelles inconnues, puis-je me dispenser de me dire à moi-même ? Ou il n'y a point de Providence ; ou, s'il y en a une, Dieu ne laisseroit pas concourir son invocation avec la liberté qu'il donne à un agent créé d'opérer de si grands prodiges s'il ne vouloit pas véritablement que ces événemens me rendissent de sa part témoignage : car, s'ils ne sont pas au-dessus de la nature, ils sont au moins au-dessus du cours ordinaire de la nature. Si je ne me rends pas, ma condamnation est inévitable ; & je la trouve dans le concours de l'invocation de Dieu, appellé en témoignage, avec des événemens si prodigieux, que personne ne peut en découvrir les causes : & si, par impossible, je me trompois, je trouve ma justification dans ce même concours de circonstances ; & mon erreur retomberoit sur Dieu même.

Point du tout, répond l'incrédule : vous vous tromperiez vous-même, mais Dieu ne vous tromperoit pas : car l'ignorance où vous avouez être des forces de la nature, est un préservatif qu'il vous a laissé contre l'erreur, & une raison au moins de suspendre votre jugement.

Cela pourroit être s'il n'étoit pas convenu entre nous & les incrédules dont il s'agit, qu'il y a une Providence. Mais y ayant une Providence, il ne m'est pas permis de suspendre mon jugement : car si je le suspends, Dieu est en droit de me reprocher que j'ai refusé de me rendre au témoignage le plus éclatant de sa bonté & de sa puissance, à un témoignage infiniment supérieur à tous ceux auxquels j'ai déféré, & je défere encore tous les jours, sans la moindre appréhension d'erreur.

On voit de plus en plus, par ces principes, combien est absurde la prétention des incrédules, lorsqu'ils regardent les miracles & les prodiges comme de simples secrets de la nature : car il s'ensuivroit que tous les Thaumaturges qui ont paru jusqu'à présent, ont été des fourbes, malgré la sainteté de leur doctrine & la régularité de leurs mœurs, & que Dieu a autorisé leur fourberie. 1°. Il s'ensuivroit qu'ils ont été des fourbes ; puisque, tandis qu'ils n'auroient agi qu'en vertu d'un secret purement naturel, ils ont tous attribué à la toute-puissance de Dieu les miracles qu'ils ont faits ; & ont prouvé par ces miracles qu'ils parloient de sa part, & comme ses ambassadeurs. 2°. Il s'ensuivroit encore que Dieu auroit autorisé leur fourberie : car, n'ayant fait leurs miracles qu'en son nom, à son invocation, & en l'appellant en témoignage de la vérité des choses qu'ils annonçoient, il faudroit nécessairement en conclure, ou qu'il n'y a point de Providence, ce qui est impie ; ou que Dieu auroit lui-même induit les hommes en erreur, ce qui est blasphématoire.

Certains incrédules, reconnoissant volontiers la possibilité & l'existence des miracles, se débarrassent de leur autorité, en disant qu'ils prouvent à la vérité la puissance de celui qui les fait, mais non sa véracité. Nous ne nous arrêterons pas long-temps à réfuter une réflexion aussi fausse que bizarre : car enfin si les miracles ne prouvent que la puissance, & nullement la véracité de celui qui les opère, ce ne peut être que parce que celui qui les opère, peut user de sa puissance pour nous tromper & nous induire en erreur. Mais peut-on le craindre de la part d'un Dieu infiniment bon ? On joindroit plutôt le néant avec l'être, que la malice de la tromperie avec une bonté & une sainteté infinies : donc le miracle qui prouve la toute-puissance de Dieu, ne prouve pas moins sa souveraine véracité : donc le miracle est tout ensemble une démonstration & de la toute-puissance de Dieu, & de la vérité qu'il nous révele.

Nous reviendrons dans la suite à cette matiere des prophéties & des miracles : il ne s'agit dans cet article que de leur possibilité.

Outre la Révélation naturelle, y a-t-il effectivement une Révélation surnaturelle ? Si elle existe, en quoi consiste-t-elle, & où est-elle consignée ?

L'obligation d'examiner s'il y a effectivement une révélation, est d'autant plus incontestable, que nous savons, à n'en pouvoir douter, qu'il y a eu dans tous les temps, comme il y a encore aujourd'hui, un nombre prodigieux de personnes de tout état, que dis-je ? des nations entieres qui ont soutenu, & qui soutiennent encore, qu'il y a une révélation surnaturelle, sur laquelle ils ne se permettent pas le moindre doute, & dont ils regardent la connoissance comme absolument nécessaire pour ne pas tomber dans un malheur éternel. Or, entre ces personnes, combien en est-il dont les incrédules eux-mêmes ne peuvent s'empêcher de respecter la raison & les lumieres ! Mais que faut-il de plus pour faire entrevoir au moins qu'il pourroit bien y avoir une révélation, & pour obliger conséquemment à examiner ? C'est tout ce qu'il nous faut pour le moment présent ; & nous voilà enfin rendus au point de commencer à approfondir tout de bon si Dieu a véritablement parlé, ou non.

Je cherche en conséquence l'origine du monde ; & jusqu'à Moyse je ne trouve aucun monument historique transmis dans les livres : c'est lui qui le premier m'apprend l'histoire des hommes dans leur origine, & dans leur progrès, jusqu'au temps où il écrivoit lui-même. Je vois dans l'ouvrage qui porte son nom, que le monde n'a pas plus de huit mille ans d'antiquité ; que Dieu a créé d'abord un homme & une femme dans un état de justice & d'innocence ; mais qu'ayant désobéi à leur Créateur, ils sont tombés & toute leur postérité dans sa disgrace, sans pouvoir obtenir par eux-mêmes leur réconciliation, ni se rétablir dans l'état de justice dont ils étoient déchus. Cependant, aussitôt après le péché, Dieu leur promet un Médiateur qui les fera rentrer en grace avec lui. S'ils eussent été abandonnés à eux-mêmes après leur condamnation, ils auroient passé une vie terrible, & seroient morts sans espérance de pardon ; & par conséquent ils auroient vécu sans religion : mais Dieu voulant gratuitement leur faire miséricorde, il étoit essentiel qu'il leur donnât des espérances qui fussent le fondement de leur pénitence & de leur réconciliation.

Comme cet oracle est le premier de tous, aussi est-il le seul qui nous intéresse jusqu'au temps de Noé: c'est la grande chartre, la grande déclaration de la miséricorde de Dieu depuis la chute de l'homme. L'usage des sacrifices s'établit aussi-tôt, comme différentes figures du grand sacrifice que le Médiateur devoit offrir un jour. Caïn & Abel, fils du premier homme & de la premiere femme Adam & Eve, sont les premiers que l'Ecriture dit en avoir offert : Caïn offre à Dieu des fruits de la terre, & Abel les premiers-nés de son troupeau. Dieu accepte le sacrifice d'Abel, parce qu'il l'offroit par la foi au Médiateur promis : il rejette celui de Caïn, parce que celui-ci parut devant lui comme un homme juste, qui n'avoit pas besoin d'expiation, & qui n'agissant point par la foi établissoit sa propre justice. La postérité de Caïn, qui par jalousie tue son frere Abel, vit dans l'injustice & le crime. Celle de Seth, autre fils d'Adam, après la mort d'Abel, conserve la piété ; mais dans la suite toute chair corrompt sa voie, & Dieu détruit le genre humain par un déluge universel. Le seul Noé étant juste, échappe à ce terrible désastre avec sa famille, qu'il sauve, & repeuple la terre. Dieu traite avec Noé qu'il bénit, & contracte, en sa personne, avec tout le genre humain une alliance qui rappelle d'une maniere confuse celle qu'il avoit faite avec Adam dans la promesse du Médiateur. Mais les hommes, au lieu de profiter du châtiment exercé sur leurs peres par le déluge, n'en deviennent que plus méchans :

ils oublient Dieu, ils tombent dans les ténèbres de l'idolâtrie, ils se livrent à toute espece de crimes. Le Médiateur, suivant le plan de Dieu, qui vouloit convaincre l'homme de sa corruption par une longue expérience, ne devant paroître sur la terre qu'après un grand nombre de siecles, la vraie religion auroit été éteinte, si Dieu ne fût intervenu d'une maniere particuliere pour la conserver, autant que cela étoit nécessaire à l'exécution du grand dessein qu'il avoit formé de rétablir le genre humain; & c'est pourquoi il se manifeste à Abraham, & lui promet que le Médiateur sortira de sa race. « Je ferai
» sortir de vous, lui dit-il, (*Gen.* 12.) un grand
» peuple : je rendrai votre nom célebre : vous
» ferez béni ; & tous les peuples de la terre fe-
» ront bénis en vous ». (*Chap.* 13.) Dieu lui dit encore : « Levez les yeux au ciel, & comp-
» tez les étoiles, si vous pouvez : c'est ainsi
» que se multipliera votre race. Je vous ai tiré
» d'Ur en Chaldée pour vous donner cette terre
» (de Canaan,) afin que vous la possédiez »,
(*chap.* 17.) Dieu ajoute : » Je ferai croître vo-
» tre race à l'infini : je vous rendrai le chef des
» nations, & des Rois sortiront de vous : j'af-
» fermirai mon alliance avec vous, & après vous
» avec votre race, par un pacte éternel, afin
» que je sois votre Dieu, & le Dieu de votre
» postérité après vous. Je vous donnerai, à vous
» & à votre race, la terre où vous demeurez
» maintenant comme étrangers, tout le pays de
» Canaan, afin que vos descendans le posse-
» dent pour jamais ; & je serai leur Dieu ». Après cette promesse, Dieu ordonne à Abraham la circoncision, en disant : « Ce pacte que je
» fais avec vous, sera marqué dans votre chair,
» comme le signe de l'alliance éternelle que je

» fais avec vous ». Dans le (chap. 18) Dieu confirme de nouveau à Abraham « qu'il sera le chef » d'un peuple très-nombreux & très-puissant, » & que toutes les nations de la terre seront » bénies en lui ». Enfin (Chap. 22,) après qu'Abraham se fut mis en devoir d'immoler son fils, il lui dit encore : « Puisque vous avez fait cette » action, & que pour m'obéir vous n'avez point » épargné votre fils unique, je vous bénirai, & » je multiplierai votre race comme les étoiles » du ciel, & comme le sable qui est sur le ri- » vage de la mer ; & toutes les nations de la » terre seront bénies dans celui qui sortira de » vous ».

Dieu, dans ces textes, promet à Abraham qu'il le rendra pere d'une grande postérité, qu'il donnera à ses descendans la terre de Canaan ; & que toutes les nations seront bénies dans un certain homme qui sortira de sa race ; savoir, dans le Médiateur promis dès le commencement du monde. On voit ici deux promesses ; l'une temporelle & passagere, par laquelle Dieu assure à Abraham qu'il le rendra puissant, & chef d'une grande postérité ; l'autre, spirituelle & permanente, par laquelle il lui promet de contracter avec lui & avec sa postérité *une alliance éternelle*, & d'être leur Dieu d'une maniere spéciale. Ensuite Dieu lui promet un fils qui naîtra par miracle, & dit de même qu'il établira avec ce fils une alliance éternelle, & avec sa postérité après lui. « Sara votre femme, lui dit-il (Chap. » 17,) vous enfantera un fils que vous nom- » merez Isaac ; & je ferai un pacte avec lui, » & avec toute sa race après lui, afin que » mon alliance avec eux soit éternelle ». Cependant Abraham avoit un autre fils nommé Ismaël, né d'Agar, Egyptienne, servante de

Sara ; & ce fils étoit renfermé dans la promesse d'une grande postérité faite par Dieu à Abraham. Il en étoit de même des enfans qu'il eut après Isaac, d'une autre femme nommée Céthura. Ce n'est point avec Ismaël ni ces autres enfans que Dieu établit l'alliance éternelle, mais avec Isaac fils de la promesse : Ismaël & ces autres enfans étoient admis au bénéfice de l'alliance, par laquelle Dieu avoit promis à Abraham une grande postérité, & une postérité très-florissante ; mais ils furent exclus de celle que Dieu appelle *mon alliance*, une *alliance éternelle*. En effet Dieu, après avoir dit à Abraham (*Chap.* 17) : « Je ferai un pacte avec Isaac, & sa race
» après lui, afin que mon alliance avec eux soit
» éternelle, ajoute aussi-tôt : Je vous ai aussi
» exaucé touchant Ismaël : je le bénirai, & lui
» donnerai une postérité très-grande & très-
» nombreuse ; mais l'alliance que je fais avec
» vous, s'établira dans Isaac, que Sara vous
» enfantera dans un an ». Il est dit de même,
(*Chap.* 25.) « qu'Abraham fit des présens aux
» enfans de Céthura, & qu'il les sépara de son
» fils Isaac ». Or la promesse d'une postérité temporelle faite à Abraham & à ses descendans, étant évidemment distincte de l'alliance éternelle faite avec ce Patriarche, & restreinte à Isaac, en quoi consiste cette alliance éternelle qui paroît si limitée ? Elle consiste, comme on a vu, en ce qu'elle ne renferme point seulement les bénédictions temporelles réservées aux descendans d'Abraham, mais en ce qu'elle intéresse encore tous les hommes « Toutes les nations,
» dit Dieu à ce Patriarche, seront bénies dans
» celui qui qui sortira de vous ». L'alliance faite avec Ismaël, & celle contractée avec Isaac, sont à-peu-près les mêmes quant à la prospérité

temporelle; mais elles diffèrent essentiellement, en ce que l'alliance avec Ismaël ne dit pas un mot de la bénédiction commune à toutes les nations, au lieu que Dieu dit à Isaac (*Chap.* 26.): « Je vous donnerai à vous & à votre race tout ce
» pays-ci, pour accomplir le serment que j'ai
» fait à Abraham votre pere : je multiplierai vos
» enfans comme les étoiles du ciel : je don-
» nerai à votre postérité tous ces pays que vous
» voyez; & toutes les nations de la terre seront
» bénies dans celui qui sortira de vous » (*Chap.*
» 26). Les mêmes réflexions ont lieu par rapport aux deux enfans d'Isaac, Esaü & Jacob qui étoient d'une même mere : leurs bénédictions sont les mêmes quant à la graisse de la terre ; mais la bénédiction promise à Abraham, l'alliance éternelle qui regardoit toutes les nations, fut restreinte à Jacob, à qui seul Dieu dit comme à ses peres (*Chap.* 28.) : « Je suis le Sei-
» gneur, le Dieu d'Abraham votre pere, & le
» Dieu d'Isaac : je vous donnerai & à votre race
» la terre où vous dormez : votre postérité sera
» nombreuse comme la poussiere de la terre :
» vous vous étendrez à l'orient & à l'occident,
» au septentrion & au midi; & toutes les na-
» tions de la terre seront bénies en vous &
» dans celui qui sortira de vous ». Jacob eut douze fils, qui conserverent précieusement la mémoire de ces promesses.

Cependant la promesse faite à Abraham, à Isaac & à Jacob, de la terre de Canaan pour leur postérité, ne pouvoit être exécutée dans toutes ses parties jusqu'à ce que cette famille se fût multipliée au point de faire une nation; mais, durant ce temps-là, où devoient-ils s'établir & se multiplier ? Dieu le dit à Abraham, (*Chap.* 15,) en lui annonçant que sa race habitera quatre cents ans dans une terre étrangere, & qu'elle y fera affligée. « Sachez, lui dit-il, » dès maintenant que votre postérité demeu- » rera dans une terre étrangere, & qu'elle fera » réduite en servitude & accablée de maux pen- » dant quatre cents ans : mais j'exercerai mes » jugemens sur le peuple auquel ils feront assu- » jettis, & ils sortiront ensuite de ce pays-là » avec de grandes richesses. Pour vous, vous » irez en paix avec vos peres, mourant dans » une heureuse vieillesse ; mais vos descendans » viendront en ce pays-ci après la quatrieme » génération, parce que la mesure des iniquités » des Amorrhéens n'est pas encore remplie pré- » sentement ». Si cette circonstance n'eût point été prédite, quatre cents ans de malheurs au- roient pu faire perdre aux enfans de Jacob toute espérance : cette prophétie étoit donc un avertissement capable d'affermir leur foi contre tout doute.

La promesse que Dieu fit à Abraham de mul- tiplier sa postérité, & de la mettre en pos- session du pays de Canaan, emportoit néces- sairement la promesse d'une autorité & d'une domination temporelle : un peuple ne sauroit posséder un pays sans y établir un gouverne- ment. Les douze fils de Jacob & leurs enfans vécurent avec lui simplement comme membres de sa famille, jusqu'à ce qu'il vint en Egypte à cause de la famine qui lui fit abandonner le pays de Canaan : jusques-là il n'est fait mention d'au- cune tribu. Les choses continuerent dans cet état jusqu'à la mort de Jacob ; mais quand Ja- cob vit approcher sa fin, il appella toute sa famille pour régler la forme du gouvernement qui devoit avoir lieu après sa mort, & subsis- ter tant que sa postérité demeureroit en possession du pays de Canaan. Ainsi il établit alors pour gouverner la maison d'Israël douze Conducteurs ou Princes; (nom que Dieu lui-même avoit donné à Jacob). Il paroît assez clairement que ce pouvoir qui résidoit dans le chef des tribus, commença d'abord après la mort de ce Patriarche. Depuis ce temps toutes les affaires se réglerent, non par le peuple, mais par les anciens d'Israël : ce fut à eux que Moyse porta les ordres de Dieu, marqués dans le *Chap. 34 de l'Exode*. Le peuple y est manifestement distingué de ses Gouverneurs : l'autorité n'étoit pas monarchique, mais aristocratique.

La bénédiction d'Abraham transmise à sa postérité consistoit, comme on a vu, en deux parties; savoir, la promesse du pays de Canaan, & la promesse d'un fils en qui toutes les nations de la terre devoient être bénies. Ces deux promesses avoient été jusques-là réunies inséparablement dans Abraham, Isaac & Jacob : ce dernier, en bénissant ses enfans, leur fait à tous la promesse du pays de Canaan ; mais il réserve en particulier à Juda la seconde promesse, en ces termes (*Gen. Chap.* 49.) : « Le sceptre ne sera » point ôté de Juda, ni le Prince de sa posté- » rité, jusqu'à ce que celui qui doit apporter » la paix soit venu; & les nations lui obéiront. » En effet, la promesse de la semence bénie ne pouvoit être divisée : car un homme ne pouvoit descendre que d'une tribu, & un fils naître que d'un pere : par conséquent cette partie de la bénédiction de Jacob passa toute entiere à la tribu de Juda ; & nous verrons dans la suite qu'elle fut restreinte à la famille du Roi David. Toutes les autres tribus ont leurs bénédictions particulieres, assignées sur la terre promise : Ici Jacob parle à ses enfans comme à des

L vj

Chefs du peuple, & non comme à de simples particuliers; & ce qu'il leur dit, regarde eux & leur peuple collectivement. Puis donc qu'il parle à tous comme à des Princes, & qu'il dit en particulier à Juda, que le sceptre ne lui sera point ôté jusqu'au Messie, on ne peut entendre autre chose par le terme de *sceptre*, que cette autorité même & ce pouvoir de gouverner que ce Patriarche établit dans la maison de Juda & dans toutes les autres tribus: autorité qu'il prévoyoit que les autres tribus perdroient long-temps avant la venue du Messie, mais que Juda conserveroit jusqu'à cette venue du Messie. Il est clair qu'Abraham, Isaac & Jacob n'entendoient pas cette promesse: « *Toutes les* » *nations de la terre seront bénies dans celui qui* » *sortira de vous* », comme ont fait depuis les Juifs, qui espéroient en conséquence devenir les maîtres du monde, & commander à tous les peuples de la terre. Quelle étrange bénédiction pour toutes les nations, que celle qui les feroit déchoir de leur liberté naturelle, pour les soumettre à l'empire d'un seul peuple!

La République d'Israël se forme donc insensiblement en Egypte: elle y demeure captive pendant quatre générations, suivant la prédiction que Dieu en avoit faite à Abraham; mais au bout de ce long espace de temps Dieu se ressouvient de sa promesse: il délivre les enfans d'Israël de la dure captivité des Egyptiens: il se sert pour cela du ministere de Moyse qu'il établit leur chef, & qui prouve sa mission divine par une foule de miracles éclatans: il les sépare de toutes les autres nations; il en fait son peuple particulier: il leur donne des loix morales, des loix cérémonielles & religieuses, & les introduit enfin d'une maniere miraculeuse dans la terre de Canaan qu'il leur avoit promife.

Or à laquelle des deux alliances, l'une temporelle, l'autre éternelle, dont on a parlé, la loi Mofaïque appartient-elle? Si cette loi fut donnée en exécution de la promeffe faite pour toutes les nations, les nations n'ont plus rien à attendre : Dieu a dégagé fa parole ; les Juifs ont raifon de demeurer attachés à leur religion, & nous avons tort de la rejetter. Mais fi l'alliance Mofaïque n'eft fondée que fur l'alliance temporelle, & fi elle n'a été donnée qu'aux Juifs, en ce cas les Juifs & les Gentils ont encore quelque chofe à efpérer : ils peuvent s'attendre à l'accompliffement de la promeffe envers toutes les nations ; & c'eft la raifon pour laquelle toutes les promeffes & les menaces de la loi font temporelles. Ces promeffes ou ces châtimens s'exécutoient par la main de Dieu d'une maniere fi fenfible, que chaque exemple fourniffoit la preuve de l'autorité divine de la loi. Si Dieu intervient vifiblement dans le gouvernement de ce peuple, ce qu'il n'a point fait à l'égard des autres nations, c'eft qu'il ne s'étoit lié d'alliance avec aucun autre peuple ; mais à l'égard des Juifs, il étoit obligé de dégager fa parole. C'eft pour cela qu'il s'éleva dans la fuite une foule de Prophetes, qui les avertiffoient de tenir l'alliance qu'ils avoient faite avec Dieu, de ne pas courir après des dieux étrangers, & qui les menaçoient des plus grands châtimens s'ils le faifoient. L'exécution de la menace prophétique faifoit qu'ils ne pouvoient s'empêcher de reconnoître la main de Dieu : & c'eft la raifon pour laquelle on trouve fous la loi un fi grand nombre de prophéties qui fe rapportent à l'état temporel des Juifs. Dieu les béniffoit, fuivant l'alliance, lorfqu'ils étoient obéiffans,

& les châtioit lorsqu'ils étoient rébelles, après les en avoir avertis.

Si l'alliance temporelle fut introduite à cause de l'alliance éternelle, & pour servir à son établissement, comme on l'a prouvé, il s'ensuit que toutes les parties de la dispensation Judaïque devoient être accommodées à cette même fin; & que la loi qui étoit fondée sur l'alliance temporelle, avoit pour but, comme cette alliance elle-même, de frayer le chemin à de meilleures promesses. On est donc bien fondé à expliquer la loi, non pas simplement comme un précepte littéral par rapport aux Juifs, mais comme renfermant la figure & l'image des biens à venir. Ainsi toute cette économie Mosaïque ne communiquant point à toutes les nations la bénédiction promise par Abraham à sa postérité, & ne servant qu'à entretenir & à augmenter les espérances que la promesse de Dieu avoit fait naître à cet égard, elle dépendoit absolument de la prophétie : car l'attente d'un bien à venir, de la part de Dieu, ne peut avoir d'autre fondement réel.

Les Israélites vivoient donc sous une loi divine, établie par des signes & des miracles : Dieu leur ordonne de ne point abandonner cette loi, & de ne point permettre qu'aucune coutume & cérémonie étrangere s'introduisît parmi eux. Ces précautions qui avoient pour but de les garantir des désordres des nations, pouvoient aisément leur faire naître de puissans préjugés contre toute révélation future, quoique fondée sur l'autorité de Dieu. Pour les prémunir, Dieu les avertit, & les fait ressouvenir du changement qui devoit arriver ; afin que, sous prétexte de se tenir inviolablement attachés à la premiere alliance, ils ne rejettas-

sent pas la seconde. C'est pourquoi, de peur qu'ils ne prissent Moyse pour le Messie promis, ou qu'ils ne crussent que l'alliance faite avec eux par le ministere de Moyse ne fût pour toujours, Moyse (*Deut.* 18.) leur dit : « Le Seigneur vo-
» tre Dieu vous suscitera un prophete comme
» moi de votre nation & d'entre vos freres.
» C'est lui que vous écouterez, selon la deman-
» de que vous fites au Seigneur votre Dieu
» près du mont Horeb, en lui disant : Que je
» n'entende plus la voix du Seigneur mon Dieu,
» & que je ne voie plus ce feu effroyable, de
» peur que je ne meure. Et le Seigneur me dit :
» Tout ce que le peuple vient de dire est rai-
» sonnable. Je leur susciterai du milieu de leurs
» freres un Prophete semblable à vous : je lui
» mettrai mes paroles dans la bouche, & il leur
» dira tout ce que je lui ordonnerai. Que si quel-
» qu'un ne veut pas entendre les paroles que
» ce Prophete prononcera en mon nom, c'est
» moi qui en ferai la vengeance ». Il ne s'agit pas ici, comme l'on voit, d'un simple Prophete, mais d'un nouveau Législateur, qui doit dire des choses différentes de Moyse ; c'est-à-dire du Messie, qui doit être le Médiateur d'une nouvelle alliance. Ce nouveau pacte, & ce Médiateur en qui toutes les nations devoient être bénies, continuerent d'être annoncés au peuple d'Israël, soit du temps des Juges, soit par le Prophete David, dans les admirables Cantiques qu'il composa par l'inspiration de l'Esprit-Saint, & qui furent chantés dans le temple au son des instrumens, & du temps de ce saint Roi, & dans les générations suivantes. Enfin, depuis le schisme des dix tribus, & dans la révolution de la captivité, aussi-bien que dans les temps qui la précéderent, la foi du Messie avoit besoin

d'être soutenue d'une maniere spéciale. Ce fut aussi alors que la semence dans laquelle toutes les nations devoient être bénies, fut décrite en termes manifestes par une multitude de prophéties qui l'annoncerent pendant plusieurs siecles ; que le temps & le lieu de sa naissance furent marqués ; que ses œuvres, ses miracles, ses souffrances, & sa gloire furent très-ouvertement prédites. Ils annoncerent que non-seulement il seroit de la tribu de Juda, suivant la prophétie de Jacob, mais encore de la famille de David ; qu'il naîtroit à Béthléem ; qu'il auroit un précurseur qui annonceroit la voie du salut aux pauvres, qu'il seroit méconnu & rejetté de sa nation, qu'il auroit les mains & les pieds percés (c'est-à-dire, qu'il seroit crucifié) ; qu'il seroit moqué & insulté pendant ses souffrances, abreuvé de fiel & de vinaigre, confondu avec les méchans ; qu'il mourroit d'une mort ignominieuse & cruelle, & consommeroit son sacrifice sous le troisieme des Empires qui devoient succéder à celui des Assyriens, à la fin des soixante-dix semaines d'années qui s'écouleroient depuis l'ordre donné par Artaxercès de rebâtir le second temple & la ville de Jérusalem ; qu'il expieroit par ce sacrifice les péchés du monde ; qu'il ressusciteroit glorieux ; que les nations idolâtres abandonneroient leurs idoles pour recevoir sa doctrine ; qu'elles l'adoreroient comme leur Dieu ; que dans toute la terre on offriroit à Dieu l'oblation pure qu'il auroit établie ; que son sacrifice feroit cesser tous ceux de la loi ; que le peuple qui l'auroit rejetté, seroit dispersé pour toujours, sans Prince, sans prophete, sans temple, sans autel, sans sacrifice ; & que par-là il aboliroit l'alliance Mosaïque, pour établir & sceller cette alliance éternelle que Dieu avoit faite avec Abraham, & à laquelle non-seulement les Juifs, mais toutes les nations devoient participer. « Le temps vient, dit Dieu par Jérémie (*Chap.* 31.) où je ferai une nouvelle alliance avec la maison d'Israël & la maison de Juda : non selon l'alliance que je fis avec leurs peres, au jour que je les pris par la main pour les faire sortir de l'Egypte, parce qu'ils ont violé cette alliance. Mais voici l'alliance que je ferai avec la maison d'Israël après que ce temps-là sera venu ; j'imprimerai ma loi dans leurs entrailles, & je l'écrirai dans leur cœur, & je serai leur Dieu, & ils seront mon peuple ; & chacun d'eux n'aura besoin d'enseigner son prochain & son frere, en disant : *Connoissez le Seigneur*, parce que tous me connoîtront depuis le plus petit jusqu'au plus grand : car je leur pardonnerai leurs iniquités, & je ne me souviendrai plus de leurs péchés ». Et dans Baruch, (*Chap.* 2) : « Les Juifs sauront enfin que je suis le Seigneur leur Dieu ; & je leur donnerai un cœur, & ils comprendront ; des oreilles, & ils entendront ... Je ferai avec eux une autre alliance qui sera éternelle, afin que je sois leur Dieu, & qu'ils soient mon peuple ». Enfin Dieu enseigne aussi clairement dans une multitude d'endroits d'Isaïe, de Jérémie & des autres Prophetes, que les nations auront part à cette alliance éternelle ; que le gros des Juifs l'ayant rejettée d'abord, les Gentils prendront leur place ; mais que ceux-ci devant l'abandonner à leur tour, toute la nation juive éparse parmi tous les peuples, l'embrassera vers la fin des temps, & reviendra au Seigneur son Dieu de tout son cœur, & *à David son roi*, dit Osée ; c'est-à-dire, au Messie, dont David étoit la figure.

Tel est le fondement de la révélation chrétienne, renfermée dans les écrits de Moyse & des Prophetes. La nation juive a été dépositaire de ces écrits : elle les a reçus avec un respect religieux ; elle a conservé précieusement ce dépôt, & l'a transmis d'âge en âge sans aucune altération, malgré les différentes révolutions qui lui sont arrivées ; & ce qui reste de ce peuple répandu dans l'univers, n'y est pas moins attaché.

Or les incrédules sentant la force d'un pareil témoignage, ne trouvent d'autre moyen de renverser ce fondement de la révélation, qu'en attaquant de toutes leurs forces l'authenticité des livres de Moyse & des Prophetes. Les uns vont jusqu'à nier que Moyse ait existé : les autres plus raisonnables conviennent & qu'il a existé, & qu'il a été le législateur des Juifs ; mais ils prétendent que dans le cas présent le témoignage d'un seul homme, & même de plusieurs, n'est d'aucun poids. Ceux-ci soutiennent que les livres de Moyse & des Prophetes ont été fabriqués par des faussaires, ou du moins falsifiés ou corrompus par le laps du temps : ceux-là, que si Moyse & les Prophetes ont réellement composé ces livres, c'étoient des imposteurs & des politiques qui abusoient de la crédulité d'un peuple grossier & stupide pour le dominer avec empire. Examinons ces vaines difficultés des incrédules, tout le reste en dépend.

Vérité & authenticité des Livres de Moyse & des Prophetes.

1°. Que Moyse ait existé, & qu'il ait été le législateur des Juifs, c'est un fait attesté non-seulement par ce peuple nombreux qui subsiste encore, mais par les auteurs même païens, qui le font contemporain d'Inachus. Eupolémus, cité par l'Historien Josephe & par saint Cyrille d'Alexandrie, *l. 7 contrà Jul.* appelle Moyse, dans son Traité des Rois des Juifs, le premier de tous les sages : il ajoute qu'il apprit la Grammaire aux Juifs, & que Cadmus l'apporta de Phénicie aux Grecs. Diodore de Sicile, *l. 1*; Strabon, *l. 16*; un Artapan dans Eusebe, *Prép. Evang. l. 2, c. 27*, parlent aussi de Moyse, & le mettent au rang des Législateurs ; & c'est pourquoi Josephe, dans ses *Antiquités*, renvoie ceux des Païens qui ne le voudroient pas croire à leurs propres auteurs. En un mot, le fait est si évident, qu'il n'est pas nécessaire de nous y arrêter plus long-temps. Les incrédules, si l'on en excepte quelques Sceptiques, qui se plaisent à révoquer en doute les choses les plus claires, en conviennent ; mais ce qu'ils attaquent, c'est l'authenticité des livres attribués à Moyse ; ils ne veulent point qu'il en soit l'auteur, ou du moins ils soutiennent que la chose n'est pas certaine.

Si Moyse n'est pas l'auteur du Pentateuque, il n'y a parmi les hommes aucune évidence morale, il n'y a aucun fait certain sur la terre ; & l'on pourra assurer hardiment, sans pouvoir être accusé de Pyrrhonisme, que Cicéron, Horace & Virgile ne sont pas les auteurs des ouvrages qui portent leur nom. En effet, sur quoi se fonde-t-on lorsqu'on avance que ces ouvrages sont sortis de la plume de ces auteurs ? C'est sans doute sur la tradition constante & universelle de tous ceux qui ont vécu de siecle en siecle depuis Cicéron, Horace & Virgile jusqu'aujourdh'ui. Mais n'est-on pas en état de produire une pareille tradition ? que dis-je ? une tradition beaucoup plus authentique & plus certaine en faveur du Pentateuque ? C'est un peuple nombreux qui subsiste encore, & qui depuis plus de trois mille ans regarde Moyse comme son législateur, & comme l'unique auteur du Pentateuque. Il ne s'agit point ici d'un livre particulier, peu répandu, & auquel peu de personnes prennent intérêt : c'est une histoire, & un code de loix revêtu de l'autorité publique. Or cela posé, raisonnons & jugeons par comparaison. Il est dans le royaume plusieurs provinces qui se gouvernent par leurs Coutumes particulieres : où allez-vous chercher à vous en instruire ? Est-ce en Allemagne que vous allez vous informer s'il y a une Coutume de Paris, & quelle est son authenticité ? N'est-ce pas sur les lieux mêmes où ces Coutumes sont en vigueur, & où elles servent de regle aux tribunaux qui y sont établis, que vous allez prendre à cet égard vos instructions ? Si vous vous avisez d'incidenter, & de demander aux naturels du pays : « Mais votre coutume n'est-elle pas » supposée » ? comment vous recevroit-on ? De quel œil vous regarderoit-on ? Daigneroit-on seulement répondre à une question si peu raisonnable ? Pour appliquer ces principes à notre question, je trouve dans le Pentateuque un corps de loix : les Juifs en sont dépositaires : c'est par elles qu'ils se gouvernent : je remonte avec eux de siecle en siecle, & ils me conduisent jusqu'au temps de Moyse. On me fait voir que c'est depuis lui que la nation est en possession d'être gouvernée par ces loix, dont ils le reconnoissent être l'auteur ; sans que ce témoignage ait été démenti par aucun Juif, homme public ou particulier, schismatique, apostat même, ou autre. Toutes les conjectures que l'on pourroit opposer à une pareille preuve, doivent-elles être admises ; doivent-elles même être proposées ?

En effet, que peuvent des conjectures arbitraires contre des faits prouvés ? Si les incrédules pensent que Moyse n'est point auteur du Pentateuque, ils doivent en administrer la preuve. Nous avons la possession : c'est à eux à nous en débouter, & à démontrer par qui le Pentateuque qui existe aujourd'hui, a été composé, en quel temps cet ouvrage a commencé à paroître parmi les Juifs, & par quel artifice on est venu à bout de faire croire faussement à toute une nation que Moyse en est l'auteur, & qu'on en avoit toujours suivi les loix & les coutumes, quoiqu'il n'eût vu le jour que long-temps après lui ; & cela sans aucune réclamation de la part de cette nation, ni d'aucun des membres qui la composoient. Mais c'est ce que les incrédules non-seulement n'ont pas même tenté de faire. Comment donc s'y prennent-ils pour enlever à Moyse le Pentateuque, & aux autres auteurs sacrés les livres qui portent leur nom ? Tous ces livres, disent-ils, ne peuvent être d'aucun poids, s'ils ne sont appuyés & soutenus par les autres historiens : il faut que leur témoignage s'accorde avec ceux des auteurs profanes. Or les anciens écrivains qui sont parvenus jusqu'à nous, ne parlent point des histoires ni des loix rapportées dans le Pentateuque & dans les autres livres des Juifs. Ce raisonnement n'est pas moins ridicule, que faux & absurde : car une nation peut écrire son histoire, & compiler le code de ses loix, sans que les écrivains des autres nations en parlent, sans même qu'ils les connoissent, s'ils n'ont pas eu de rapport ensemble. Prouvons-le par quelques exemples. Thucydide eſt le ſeul qui parle de la fameuſe guerre du Péloponnèſe, & il dit ce qu'il a vu : nul autre que Xénophon n'a écrit la belle retraite des Dix mille, à laquelle il préſidoit : Hérodote raconte, dans ſes hiſtoires, mille choſes qu'on ne trouve point ailleurs : la bibliotheque de Diodore de Sicile contient dans ſes cinq premiers livres un grand nombre d'anecdotes ſur les ſiecles reculés, qui ne ſont rapportés dans aucun autre auteur : les principales antiquités Romaines ne ſont que dans Denys d'Halicarnaſſe : en un mot, il n'y a point d'hiſtorien qui ne rapporte des faits & des circonſtances intéreſſantes qu'on ne lit point dans les autres ; faudra-t-il dire en conſéquence qu'ils ne ſont point les auteurs des livres qui portent leur nom, & rejetter comme faux tout ce que ces livres contiennent, & qui ne ſera pas confirmé par d'autres écrivains ? Les Livres ſaints ont un avantage ſpécial ; c'eſt que ce ne ſont pas ſeulement des ouvrages d'écrivains particuliers ; c'eſt un livre national, écrit par des auteurs contemporains, reçu de la nation, conſervé avec un ſoin religieux comme divin, & dont les auteurs ne ſont point démentis par d'autres de la même nation ni d'aucune autre.

On faiſoit autrefois à Joſephe l'Hiſtorien la même objection. Comment, lui diſoit-on, une nation auſſi célebre que la vôtre ne paroît-elle point dans les anciens écrivains de la Grece qui ſont parvenus juſqu'à nous ? « C'eſt, répon-
» doit-il, *l. I. cont. Appion. c. 5*, c'eſt que les
» Juifs n'avoient rien de commun avec les au-
» tres pays ; au contraire ils leur étoient oppoſés
» quant à la religion, & quant aux mœurs ;
» & c'eſt ce qui fait qu'ils n'avoient aucune re-
» lation avec eux. Ils ne faiſoient ni commerce

» avec leurs voisins, ni incursions dans leur
» pays; différens en cela des Phéniciens & des
» Egyptiens, répandus par-tout par le commer-
» ce; & des Médes & des Perses, qui porte-
» rent leurs armes jusqu'en Scythie, en Thra-
» ce, en Grece...... Les peuples, continue
» Josephe, qui vivent plus avancés dans les ter-
» res, leur ont été également inconnus. Tels
» les Romains, déja célebres en Europe, lors-
» qu'Hérodote & Thucydide écrivoient, & dont
» cependant ils ne parlent pas : tels les Gaules
» & l'Espagne, dont les Grecs ne disent que des
» absurdités. Ces exemples suffisent, ajoute Jo-
» sephe, pour faire comprendre pourquoi ils
» n'ont fait aucune mention de nous ». D'ailleurs, Pline, *l. 5, Hist. nat. c. 29, & l. 8, ch.
56*, dit que Phérécide de Syrie enseignoit sous
le regne de Cyrus, à écrire en prose, & que Cadmus de Milet montroit aussi à écrire l'histoire
dans le même style. Or dans ce temps-là il y
avoit déja trois mille quatre cents ans que les
Juifs comptoient les générations directes de leur
race, en remontant jusqu'au premier homme.

Après les Olympiades, l'Histoire sainte s'accorde très-bien avec ce que les auteurs Hérodote, Xénophon, &c. nous apprennent des Babyloniens, des Assyriens, des Médes & des Perses. Si l'on ne peut de même comparer les événemens de l'histoire des Juifs avec ceux des autres Empires avant cette époque, c'est que les
auteurs qui vivoient alors, n'ayant point de
chronologie, confondoient tout. Par exemple,
Hérodote, Diodore, Strabon nous parlent de
différens rois d'Egypte, dont ils rapportent
quelques anecdotes; mais inutilement cherche-
roit-on dans leurs écrits le temps auquel ces
Princes ont vécu; ils ne savoient même à quel

siecle assigner leur regne. Et comment l'auroient-ils su, eux qui n'avoient aucune époque
commune & certaine dont ils pussent commencer à compter les temps ? Disons la même chose
de Jules l'Africain & du Syncelle. Ils nous ont
conservé les différentes dynasties ou familles des
Rois d'Egypte, mais ni l'un ni l'autre ne nous
disent pas plus qu'Hérodote, Diodore & Strabon, le temps auquel ces Princes ont occupé le
trône. Le célebre Censorien déploroit les inconvéniens perpétuels de ce vuide, & il ne demandoit qu'un point fixe & généralement reconnu pour régler toutes les histoires. Nul ordre de temps, nulle chronologie, sans une
histoire générale qui commence la premiere de
toutes, c'est-à-dire avec le monde ; qui soit sans
interruption, & sur laquelle vous puissiez présenter toutes les autres comme sur une mesure
graduée, pour en voir les hauteurs & les pro-
portions. Or l'histoire sainte a seule tous ces
avantages : il n'appartient qu'à elle de porter le
flambeau dans ces épaisses ténebres. On y voit
l'origine de l'homme & du monde : les générations y sont rapportées successivement, sans
aucune interruption, durant 4000 ans, avec
candeur & simplicité : on n'y remarque aucune
fable : ce sont dans chaque siecle les contemporains qui écrivent l'histoire : cette histoire, aussi-
bien que le code des loix, est précieusement
gardée par les chefs de la nation : l'une & l'autre s'y est conservée jusqu'à présent par une
tradition non interrompue ; & ce qui est très-
remarquable, on n'a jamais apporté aucun changement à ces loix, on n'y en a point ajouté
d'autres, pendant tant de siecles qu'a duré la
nation en corps de nation, parce qu'elle les
regardoit comme divines.

Quelle

Quelle différence, quand on examine ce que les plus estimés écrivains de la gentilité racontent sur l'origine de leur nation, ou de celle dont ils veulent donner l'histoire ! non-seulement on n'y trouve aucun ordre, aucune chronologie, aucun monument appuyé sur des témoignages certains ; mais tout y est farci de fables grossieres. Par exemple, Béroze tant vanté qui, trois cents ans avant Jesus-Christ, a composé l'histoire des Caldéens, l'a daté de quatre cent soixante-douze mille ans : Manéthon, sous Ptolomée Philadelphe, qui a écrit l'histoire des premiers Egyptiens, la fait remonter à trente-six mille ans : il forme différentes classes de Rois pour remplir un si grand espace : il compte le regne du soleil & de la lune & d'autres astres ; celui des dieux, des demi-dieux, & des hommes. Les Grecs, compilateurs des archives sacrées de l'Egypte avoient appris des Prêtres de ce pays-là les fables d'Osiris, d'Isis, d'Orus, de Thot, &c. qu'ils donnent pour des vérités incontestables : ce qu'ils disent de l'origine des royaumes de la Grece, est fondé de même sur des fables & sur toutes les folies de leur mythologie, sans qu'ils nous disent rien de l'origine du monde, ni de ce qui s'étoit passé avant la formation de ces Royaumes.

Quoique les anciens auteurs profanes aient peu connu le peuple Juif, avec lequel les autres nations n'avoient aucun rapport, comme l'observe l'Historien Josephe ; cependant la plupart des principaux traits de l'Histoire sainte s'étoient répandus parmi les païens, soit par tradition, soit par quelqu'autre voie ; & quoiqu'ils en aient défiguré la vérité par des fables & des narrations inexactes, ce qu'ils en disent suffit pour attester la vérité & la sincérité des

Tome II. M

récits de Moyse & des autres Auteurs sacrés, & pour fermer la bouche aux incrédules.

Ainsi Moyse dit d'abord au commencement de la Genese, qu'il y avoit, avant la formation du monde, un abîme confus, un chaos, une matiere informe ; tous les auteurs ont parlé de ce chaos.

Moyse parle des ténebres qui couvroient ce chaos : Sanchoniaton appelle ces ténebres *baan*, qui vient sans contredit de l'hébreu בהן, (*Gen.* 1.) Moyse dit que Dieu sépara la lumiere des ténebres, & la terre de la mer : tous les auteurs ont enseigné après lui la même chose. Voyez Homere, Hésiode, &c. La Théologie païenne met *Erébus* au rang des premieres divinités qui avoient produit toutes les autres. Pourquoi aller chercher la nuit, pour en faire l'origine des choses ?

Moyse nous représente la vie innocente des premiers hommes qui s'occupoient de l'agriculture, & se nourrissoient des fruits de la terre : les Poëtes & les Historiens donnent la même idée des premiers hommes & de l'état d'innocence qu'ils ont nommé *le siecle d'or*.

Moyse parle d'un jardin délicieux où nos premiers peres furent placés, de la défense que Dieu leur fit de manger d'un certain fruit, du démon qui les tenta sous la figure du serpent, & de leur chute qui entraîna celle du genre humain : tout le monde connoît les fameuses pommes d'or des Hespérides, le serpent qui les gardoit, & la boîte de Pandore d'où s'échapperent tous les biens en punition de la curiosité, & où il ne resta que les maux. Les Auteurs profanes se sont beaucoup occupés du serpent, de sa subtilité, de la part qu'ils lui attribuent dans les enchantemens. Que n'ont-ils pas écrit de Pithon, nom qui vient du mot hébreu נחש, qui signifie *aspic*. Eusebe, dans sa Préparation évangélique, rapporte plusieurs choses du culte qu'on a rendu au serpent, & du Dieu Ophion ou Python, qu'il a tiré du Traducteur de Sanchoniaton. Le même auteur nous apprend que les Egyptiens représentoient dans leurs hiéroglyphes, l'univers par un cercle, au milieu duquel il y avoit un serpent : saint Clément d'Alexandrie fait mention, dans les mysteres de Bacchus, d'un serpent, & de ces acclamations *eue, eue*. D'où viennent tant de remarques sur cet animal, si ce n'est à cause de l'histoire de la tentation ? Si nous passons au déluge, on sait ce qu'en rapporte la fable. Jupiter, dit Ovide, (*liv. 1 des Métamorphoses*) voyant la corruption générale des hommes, les extermina tous par le déluge. Il n'y eut que Deucalion & Pyrrha sa femme qui furent sauvés dans un bateau, parce qu'ils avoient gardé la justice & conservé l'innocence. Après le déluge ils allerent dans le temple de Thémis, la prier de leur fournir quelques moyens pour repeupler le monde. Cette Déesse leur ordonna de jetter derriere eux les os de leur mere. Ceux que jetta Deucalion furent changés en hommes, & ceux de Pyrrha en femmes. Mais les auteurs qui ont eu plus de connoissance de la tradition des Orientaux, ont parlé du déluge d'une maniere qui a un rapport plus manifeste à l'Ecriture-sainte. Alexandre l'Historien, Bérose & Abidenus font mention d'un navire, & d'un oiseau lâché trois fois pour reconnoître si les eaux se retiroient. Plutarque dit que c'étoit une colombe. Voici le texte d'Abidenus Assyrien, conservé par Eusebe (*Prép. Evang. l. 9, c. 12.*) « A ce Prince il en succéda » plusieurs, & entr'autres un nommé Seisithrus,

» auquel Saturne donna avis qu'il y auroit dans
» peu une pluie terrible qui inonderoit tout.
» Il commanda qu'on ferrât tous les écrits
» dans Héliopolis ville des Sippariens. Ce Prince
» ayant obéi au commandement du Dieu, en-
» treprit une navigation du côté de l'Armé-
» nie, durant laquelle il fut surpris par ces
» pluies qui lui avoient été prédites. Or trois
» jours après que la tempête eut commencé à
» se relâcher, il laissa aller des oiseaux, pour
» voir s'ils pourroient trouver quelque terre dé-
» couverte : mais ces oiseaux ne voyant par-
» tout qu'une vaste mer, & ne trouvant pas
» à mettre le pied, retournerent à Seisythrus ;
» & les oiseaux qu'il envoya ensuite, firent
» la même chose. Mais, après avoir fait cela
» par trois fois, il obtint ce qu'il désiroit :
» les oiseaux revinrent avec du limon à leurs
» plumes. Incontinent les Dieux le transpor-
» terent du milieu des hommes ; & il ne fut
» plus vu, (paroles qui paroissent avoir rap-
» port à l'enlèvement d'Enoch). Cependant son
» vaisseau s'alla rendre dans l'Arménie, & four-
» nit aux habitans du lieu du bois dont ils font
» des préservatifs & des remedes que l'on pend
» au cou ».

Alexandre Polyhistor, *apud S. Cyrill. contr. Jul.* dit aussi qu'il y eut un grand déluge dans le temps de Seisythrus, *magnum fuisse diluvium* ; mais que ce Prince en fut préservé, parce que Saturne le lui prédit, & lui conseilla de bâtir une arche, & de s'y enfermer avec des oiseaux, des reptiles & des bêtes de charge : *fabricandam sibi arcam, & in eâ cum volucribus, reptilibus atque jumentis esse navigandum*. Josephe l'His-torien s'est servi du témoignage de ces auteurs dans ses Antiquités ; & Appion son adversaire ni aucun autre ne se sont inscrits en faux. Lucien au contraire a confirmé ces autorités, (*Dial. de Deâ Syriâ*) en parlant du déluge, comme avoient fait ces auteurs; & ajoutant, qu'en mémoire de cet événement, on avoit coutume de verser une grande quantité d'eau au temple de Junon, proche de l'autel de Deucalion, & du goufre qui avoit englouti les eaux.

La tour de Babel n'a pas moins été connue des Anciens. Abidénus, dans Eusebe, a écrit que cette tour étoit dans l'endroit où fut bâtie Babylone; que les vents ayant prêté leur secours aux Dieux l'avoient renversée, & que Babylone avoit été bâtie de ses ruines. Eupolémus en parle aussi dans Alexandre l'Historien, & dit qu'elle fut renversée par la force des Dieux; & Estius remarque dans Josephe, (*Antiq. l. 1.*) que les Sacrificateurs qui se sauverent de ce grand désastre avec les choses sacrées destinées au culte de Jupiter le Vainqueur, vinrent en Sennaar de Babylone. C'est delà sans doute qu'est venue la fable des enfans de la terre, qui déclarerent la guerre aux Dieux, & entasserent plusieurs montagnes les unes sur les autres pour escalader le Ciel: ils furent foudroyés par Jupiter, & il naquit de leur sang des hommes très-méchans.

Quant à la confusion des langues, S. Cyrille & Eusebe *suprà* remarquent qu'Abidénus en parle. *Cùm verò ad id tempus*, dit cet Auteur, *homines unius linguæ fuissent, linguam diversam ipsis à Diis esse immissam*. Une certaine Sybille, dans Josephe, dit la même chose: *Cùm homines unius linguæ essent, turrim ædificârunt, tanquam in cœlum per eam ascensuri. Dii autem, ventis immissis, turrim everterunt, ac propriam unicuique linguam attribuerunt; undè factum est*

Babyloni nomen. Platon *in Politico* dit que du temps de Saturne, les hommes n'avoient qu'une même langue. Hyginus rapporte de même, qu'au commencement, sous le regne de Jupiter, les hommes vivoient sans ville, sans loix, & qu'ils n'avoient qu'un même langage, mais que Mercure leur en apprit plusieurs, d'où vient qu'il est appellé *Hermenentes*.

Les trois enfans de Saturne, Jupiter, Neptune & Pluton, qui, selon la fable, se répandirent & régnerent sur tout l'univers, sont une allusion sensible aux trois enfans de Noé, Sem, Cham & Japhet. Les Grecs ne connoissoient rien de plus ancien que Japhet, chef de la premiere colonie qui passa en Europe; *nil Japete antiquius*: c'étoit le proverbe commun chez eux. On peut consulter sur celà Bochart dans son *Canaan*, où il montre qu'on a attribué à Saturne & à ses enfans plusieurs traits de la vie de Noé & de ses trois fils.

Cette dispersion des descendans de Noé par toute la terre, après le déluge, & la confusion des langues a été connue aussi des auteurs païens: *Urbem Babylonem*, dit Eupolémus dans Eusebe, l. 9, *primùm ab illis fuisse conditam qui à diluvio servati sunt. Eos autem fuisse Gigantes, & celebrem illam turrim extruxisse, quâ, vi divinâ prostrati, Gigantes per universam terram fuisse dispersos.*

Tout ce que l'histoire nous apprend de l'origine des différens peuples, ne dévance point le temps marqué par Moyse, de la dispersion des hommes après le déluge: car ce que dit Manéthon de l'antiquité des Egyptiens, & Bérose de celle des Caldéens, est incontestablement fabuleux & controuvé; & l'histoire de la Chine que les incrédules objectent, ne remonte avec certitude qu'à huit cents ans avant l'Ere Chrétienne. Tout ce qui dévance cette époque, n'est appuyé sur aucun monument certain, selon les Chinois eux-mêmes. On peut voir sur cela les Mémoires de M. Freret de l'Académie des Inscriptions & Belles-Lettres.

Quoique les Epicuriens n'eussent d'autre intérêt que de prouver que le monde avoit eu un commencement, soit qu'il fut de cent mille ou de deux cent mille ans ; cependant, quand ils ont voulu démontrer la naissance du monde, ils ont été contraints de rentrer dans le système de Moyse. C'est ce qui paroît dans Lucrece, l. 5, où il prouve la nouveauté du monde, sur ce que les Poëtes n'ont rien chanté avant la guerre de Thebes & la ruine de Troyes. Il la prouve encore par la nouveauté des Arts, qui se perfectionnent tous les jours, & par celle des monumens qui subsistent dans le monde ; parce qu'il n'est pas croyable qu'on eût absolument perdu la mémoire de ce qui se seroit fait auparavant.

Il est parlé d'Abraham dans l'histoire de Nicolas de Damas, dans Justin, & dans plusieurs autres auteurs païens antérieurs à Jesus-Christ, & cités par Josephe & Eusebe. Les Ismaélites, qui subsistent encore, en ont conservé la mémoire, & le regardent comme le pere de leur Patriarche Ismaël. La plupart sont encore dans l'usage de voyager à la Mecque, pour y honorer le séjour d'Ismaël : & ce qui est singulier, c'est qu'une grande partie de leur dévotion consiste à contrefaire l'inquiétude où étoit Agar, craignant dans sa fuite au travers d'un désert aride, d'y voir mourir son fils faute d'eau, & à exprimer ensuite par d'autres gestes la joie qu'elle ressentit, en découvrant une source d'eau vive par l'indication de l'Ange.

Porphyre, dans Eufebe, *Prép. Evang. l. 1*, c. 10, & *l.* 4, c. 16, nous apprend que les Phéniciens avoient renfermé, fous leur Saturne plufieurs traits qui regardent Abraham; & furtout le facrifice d'Ifaac. Sanchoniaton, dans Eufebe de *Sanch.* dit auffi de Saturne, qu'il avoit offert fon fils unique en holocaufte; qu'il s'étoit coupé les parties de la génération, & qu'il avoit obligé fes compagnons à faire de même : ce qui eft pris vifiblement de ce qu'Abraham fe circoncit, & obligea tous les mâles de fa maifon d'en faire autant. Les auteurs païens parlent de la circoncifion des Juifs defcendans d'Abraham, & elle eft encore en ufage chez les Ifmaélites ou Arabes.

Juftin, *l.* 36, *c.* 2, fait les Juifs originaires de Damas, & dit que cette ville prit fon nom du Roi. Après Damas il met Azellus, & après Azellus, il parle d'Adores, d'Abraham & d'Ifraël, qui, felon lui, furent Rois de Damas. Il donne dix enfans à Ifraël, qu'on nomme Juifs, en mémoire de Juda. Il dit que Jofeph étoit le plus jeune, & que fes freres jaloux le vendirent à des marchands qui l'emmenerent en Egypte, où il devint habile dans l'art des Magiciens, & fut en peu de temps favori du Roi. Il parle des fonges qu'il expliqua touchant la famine qui devoit arriver. Moyfe, fuivant cet auteur, fut fils de Jofeph, & fe rendit recommandable par la fcience de fon pere; mais les Egyptiens accablés de maladies, le chafferent du pays avec tous les malades. Moyfe, devenu chef de ces malades bannis, emporta d'Egypte des chofes facrées. Les Egyptiens ayant voulu recouvrer par les armes le vol qu'on leur avoit fait, furent contraints de s'en retourner à caufe des tempêtes. Moyfe retournant à Damas leur premiere patrie, parvint à la montagne de Sina, fatigué d'un chemin de sept jours & d'une grande faim; & c'est pourquoi ils consacrerent le septieme jour au jeûne. Et comme ils avoient été chassés à cause de leurs maladies, ils affecterent de se distinguer des autres nations par leurs coutumes & leurs cérémonies. Après Moyse, son fils Arnas qui avoit été prêtre en Egypte, fut créé Roi; & depuis ce temps-là, la Royauté & le Sacerdoce ont toujours été unis chez les Juifs.

Josephe l'Historien, *l. 2 contr. Appion c. 5*; montre par le témoignage des Historiens d'Egypte & de Babylone, publics de son temps, & perdus aujourd'hui, que les Patriarches de la nation juive avoient passé en Egypte en qualité de Pasteurs, & qu'ils s'y annoncerent sous ce titre, parce que telle étoit l'occupation d'Abraham, d'Isaac & de Jacob. Manéthon rappelle la persécution qu'ils y souffrirent, & les durs travaux qu'on leur imposa. Les prodiges qui rendirent leur sortie célebre, avoient trop humilié l'Egypte, pour que les Prêtres en écrivissent l'histoire telle qu'elle s'étoit passée : les uns mirent dans leurs annales que les Hébreux avoient été chassés du pays, parce qu'ils s'étoient révoltés ; les autres dirent, qu'ayant été attaqués d'une lepre contagieuse, on avoit été contraint de les expulser du Royaume, & de les envoyer dans les déserts où ils ne communiqueroient avec personne. Manéthon, Chérémon & Lysimaque cités par Josephe adopterent ces fables. Il ne s'agit pas de les réfuter : nous nous bornons à tirer la conséquence du fait principal, qui atteste la grande ancienneté des Juifs, leur séjour en Egypte, les persécutions qu'ils y souffrirent, & leur fuite par le désert.

Tacite, *Hist. l. 5*, répete ces folies de Ma-

M v.

néthon, &c. sur l'origine des Juifs & leur sortie d'Egypte. Ils s'abstiennent, dit-il, de la viande de pourceau, de peur de la lepre : ils observent plusieurs jeûnes, à cause de la faim qu'ils endurerent en sortant de ce pays ; & se servent de pains sans levain, parce qu'ils furent contraints de vivre de pain dérobé : ils se reposent le septieme jour, parce que ce fut la fin de leur marche : & le repos leur ayant plu, ils consacrerent encore la septieme année à l'oisiveté : ils sont circoncis, & font recevoir la circoncision à tous ceux qui veulent embrasser leur religion ; comme aussi ils les engagent à mépriser les dieux : ils croient leurs ames éternelles, d'où leur vient le mépris de la mort : ils conçoivent en esprit l'idée d'une seule Divinité souveraine, éternelle & immuable, & tiennent pour profanes ceux qui représentent les dieux semblables à des créatures mortelles : ils n'ont aucune statue dans leur ville ni dans leurs temples.

Dans les fragmens de Diodore de Sicile, conservés dans Photius, *l. 34 & 40*, il paroît qu'il a écrit plusieurs choses des Juifs ; entr'autres, qu'ils furent chassés d'Egypte ; qu'avec Moyse leur chef ils allerent en Judée, où ils bâtirent Jérusalem : il parle du nombre de douze tribus, pour égaler les jours du mois ; de la défense de faire des images, parce qu'ils n'adorent pas Dieu sous la figure humaine : il ajoute qu'ils ont des loix, des coutumes & des cérémonies, opposées à celles de toutes les autres nations.

La mémoire du passage de la Mer Rouge s'est conservée chez les peuples circonvoisins. Diodore, *l. 3, c. 9*, rapporte que les Schtyophages, qui habitent le long des bords occidentaux de la Mer Rouge, tenoient par tradition qu'autrefois la mer s'étoit ouverte par un reflux violent, & que tout son fond avoit paru à sec, s'étant partagée en deux parties; mais qu'ensuite il étoit venu un flux impétueux qui réunit les eaux, & les remit dans leur état naturel.

Les Prêtres d'Héliopolis en Egypte en parloient d'une maniere plus positive. Selon Artapan, dans Eusebe, *Prép. Evang. l. 4, c. 2*, ils racontoient cet événement de la même maniere qu'il est rapporté par Moyse.

Enfin Trogue-Pompée, dans Justin, *l. 36*, raconte que Moyse, s'étant mis à la tête des Juifs chassés de l'Egypte, emporta avec lui les dieux du pays; & que les Egyptiens s'étant mis à le poursuivre, avoient été obligés de s'en retourner à cause des tempêtes dont ils furent effrayés. C'est là tournure qu'imaginerent les Egyptiens pour couvrir leur honte & leur défaite dans la Mer Rouge, qui submergea toute leur armée.

Plutarque, *l. de Isid. & Osirid. c. 14*, parlant de Typhon, divinité ennemie des Egyptiens, dit qu'il vint en Egypte monté sur un âne, pour faire la guerre à Isis & Osiris; & qu'après avoir perdu la bataille, il s'enfuit pendant sept jours sur un âne. Ensuite de quoi il engendra Jérosolimus & Judeus. Sur cela Plutarque fait cette réflexion : « Il est clair que ceux qui disent cela » veulent faire entrer l'histoire des Juifs dans » cette fable ». Cette guerre faite par Typhon à Isis & Osiris, n'est autre chose que les plaies de l'Egypte par Moyse, qui y retourna du pays de Madian, *ayant mis sa femme & son fils sur un âne*. La fuite de Typhon qui engendre ensuite Jerosolimus & Judeus est la sortie de Moyse de l'Egypte, à la tête du peuple d'Israël. Il est remarquable qu'on donne à ce Typhon soixante-douze hommes pour conseil.

Les Prêtres Egyptiens, dit encore Plutarque,

ibid. c. 15, ont en abomination la mer, & appellent le sel *écume de Typhon* ; & c'est une des choses qu'on leur défend de mettre sur la table : ils ne saluent jamais les pilotes & les gens de marine, parce qu'ils sont ordinairement sur la mer : ils ont aussi en horreur le poisson. Quand ils veulent représenter en hiéroglyphes la haine & l'abomination, ils peignent un poisson. Qui ne voit ici une suite & un mémorial de l'action de Moyse, qui submergea les Egyptiens dans la mer ?

Tous ces auteurs, comme on voit, ont connu Moyse, & l'ont regardé comme le chef & le législateur des Juifs qu'il a tirés de l'Egypte pour les établir dans la Phénicie. Josephe l'Historien, dans sa réponse à Appion, saint Clément d'Alexandrie & Eusebe, *Prép. Evang.*, citent beaucoup d'autres textes d'auteurs Egyptiens, Phéniciens & Grecs qui en font mention. Comment, à la vue de ces témoignages, les incrédules osent-ils donner Moyse pour un personnage postiche & fabuleux ? Il étoit si connu & si célebre, que les Poëtes Grecs, dont le génie étoit d'embellir par leurs fictions les objets intéressans que la suite des siecles avoit fait perdre de vue, l'ont chanté dans leurs vers sous le nom de leurs fausses divinités : Bacchus, Apollon, Mercure, Pan, &c. furent peints sous ses traits. Et pour nous borner au seul Bacchus le Conquérant, Moyse étoit originaire des confins de l'Arabie : plusieurs ont dit la même chose de Bacchus. Moyse fut exposé sur le Nil : les Poëtes publierent la même chose de Bacchus. L'un & l'autre tirent leur nom de ce qu'ils ont été sauvés des eaux. Orphée appelle Bacchus *Misas*. Le Poëte Nonnus dit que Bacchus se sauva vers la Mer Rouge : rien n'est plus précis pour Moyse. Les cornes & la couronne que l'on donne à Bacchus, sont une allusion manifeste aux rayons de lumiere qui parurent sur la tête de Moyse en descendant du Mont Sina. Le tyrse de l'un est son arme principale; l'autre opere des prodiges par sa verge. Jupiter envoie Iris à Bacchus pour lui ordonner d'aller détruire une nation impie dans les Indes. Moyse dépeuple presque l'Egypte par le fléau dont il la punit; & il charge Josué d'aller détruire au nom du Seigneur les peuples idolâtres de Canaan: Moyse avoit ses cérémonies publiques; & l'on faisoit célébrer à Bacchus ses fameuses Orgies. Enfin Moyse avoit fait sortir des fontaines d'un rocher: on dit que Bacchus frappa la terre de son tyrse, & qu'il en sortit des ruisseaux de vin.

On trouve aussi dans les païens des preuves des conquêtes de Josué en la terre de Canaan. Procope rapporte, dans son Histoire de la guerre des Vandales, qu'on voyoit de son temps, dans le voisinage de Tingis, à l'extrêmité de la Mauritanie, vers le détroit, deux colonnes de pierre élevées auprès d'une grande fontaine, pour conserver le souvenir de l'origine des habitans. On y lisoit cette inscription en caracteres Cananéens, c'est-à-dire Phéniciens: « Nous sommes » du nombre de ceux qui ont évité par la fuite » les brigandages de Josué fils de Navé ».

Les Poëtes ont vu le char du soleil arrêté par Phaéton *gressu obliquo, & idcirco diem quandam perturbantem;* ce qui paroît avoir rapport à l'événement du soleil arrêté par Josué devant Gabaon: c'est la réflexion de M. Shuckfors Anglois. *Hist. tom. 3. l. 11.*

On lit dans Aristophane, *Scol. in Acharn. art.* 2, que Bacchus étant irrité contre les Athéniens de ce qu'ils avoient méprisé ses images & ses cérémonies, lorsque Pégase les transporta de la Béotie dans l'Attique, il les frappa d'une maladie honteuse dans les parties naturelles, & qu'ils n'en furent délivrés qu'en lui consacrant, selon le conseil de l'oracle, des figures & représentations de ces parties affligées. Assurément cela ne peut être pris que de l'histoire des Philistins que Dieu frappa dans les secretes parties du corps, à cause du peu de respect qu'ils eurent pour l'Arche d'alliance, qu'ils avoient prise dans le combat avec le peuple d'Israël. Les Phéniciens dont les différentes colonies ont peuplé la Grece, apporterent avec eux ces histoires qui s'étoient passées sous leurs yeux; & les Grecs les attribuerent ensuite à leurs fausses divinités.

Josephe, *l. 2, cont. App. c. 6*, parle des Annales des Tyriens, qui font mention de David & de Salomon. Ménandre d'Ephese en parle aussi. *Ibid.*

Le schisme des dix tribus est attesté par les bandes de Caraïtes & de Samaritains, qui subsistent encore aujourd'hui en Orient avec leur Pentateuque, écrit en ancien hébreu, comme on l'écrivoit avant la captivité.

Josephe, *suprà, c. 8*, allegue Bérose qui parle de la captivité des Juifs; & pour le temps des Machabées (*Antiq. l. 12, c. 1.*) il cite Agatharchide Cnidien, au sujet de ce fait de l'Histoire des Juifs, que Ptolemée roi d'Egypte prit Jérusalem un jour de Sabbat, parce que les Juifs ne voulurent point se défendre en ce jour.

Hérodote fait mention des Syriens de la Palestine, qui observent la coutume de se faire circoncire; ce qui se doit manifestement entendre des Juifs. Martial, *Ep. 4, l. 4*, parle de leur jeûne: Diogene Laërte, *l. 1*, dit qu'ils font profeſſion de deviner & de prédire des choſes à venir ; ce qui ſe rapporte évidemment aux Prophetes : enfin nous avons vu Diodore leur reprocher d'avoir des loix, des coutumes & des cérémonies oppoſées à celles de toutes les autres nations.

On trouve encore d'autres traits ſemblable ſur les Juifs, tirés des auteurs profanes & de la fable, dans Scaliger, Voſſius, Bochart, Jacquelot, Huet, &c.

Il paroit par ces témoignages des auteurs profanes, que Moyſe & la nation des Juifs ne leur étoient point inconnus, comme le prétendent les incrédules, & qu'ils regardoient même cette nation comme très-ancienne. Il eſt vrai que ce qu'ils en diſent eſt extrêmement défiguré ; mais cela prouve qu'ils ne l'avoient point tiré des Annales de la nation, mais de ce qu'ils avoient appris par une tradition obſcure & confuſe qui s'étoit conſervée chez divers peuples. Les Juifs n'ayant aucun commerce avec les autres nations, ſuivant la remarque de Joſephe, ne leur communiquoient point la connoiſſance de leur hiſtoire, de leurs loix, de leurs cérémonies ; & c'eſt pourquoi les auteurs étrangers qui en ont voulu parler, n'en étant pas ſuffiſamment inſtruits, ont mélangé ce qu'ils en ont dit de fables & de faits altérés ou controuvés, ſelon le goût qui régnoit alors chez les païens. Cependant on apperçoit, au milieu de ces fables & de cette inexactitude, le fond de pluſieurs événemens importans rapportés par Moyſe & les autres auteurs ſacrés ; ce qui doit ſuffire pour convaincre les incrédules de bonne foi, que ces faits leur ont été connus indépendamment des livres des Juifs, & par conſéquent que Moyſe, ou quelque autre sous son nom, ne les avoit pas inventés.

Mais s'il est démontré contre les incrédules que les livres qui portent le nom de Moyse, n'ont point été fabriqués dans des temps postérieur à ce Législateur, peut-on dire la même chose de ceux des Prophetes ? Ne seroit-ce point l'ouvrage de quelque enthousiaste, qui auroit eu le secret d'en imposer aux chefs de la nation, & par eux à la nation entiere ?

Si les prophéties des Juifs avoient été fabriquées après-coup, par qui l'auroient-elles été ? par un seul faussaire ? Mais est-il aisé de comprendre qu'un faussaire ait eu assez de génie, (& il en falloit assurément) pour écrire toutes les prophéties Juives depuis Moyse jusqu'à Malachie, qu'il ait eu assez de connoissance des temps anciens & des temps plus modernes, pour lier toutes ces prophéties avec l'histoire de la nation & avec celle de tous les peuples voisins, sans tomber dans aucun de ces anachronismes qui décelent bientôt les imposteurs, & pour se conformer avec autant d'exactitude au langage, aux façons de parler & aux usages des différens siecles où il place ces prophéties & leurs auteurs ; assez de flexibilité de style pour avoir été pur, énergique & noble avec Moyse, élégant & sublime ave Isaïe, tendre & pathétique avec Jérémie, pompeux avec Ezéchiel, obscur avec Osée, rude & grossier avec Amos, &c.; assez de goût pour avoir su mettre dans ces divers écrits ces nuances qui distinguent les auteurs des différens siecles, enfin qu'il ait réuni à tant de qualités des idées aussi sublimes de la Divinité, des connnoissances aussi sûres des devoirs de l'homme, des notions aussi justes de la véritable piété, qu'on en trouve dans tous nos écrits prophétiques ? Dira-t-on plutôt que ces prophéties furent l'ouvrage de plusieurs faussaires ? Mais en multipliant ces imposteurs, sans lever les difficultés précédentes, on en ajoute de nouvelles : ce seroit rendre encore moins facile à concevoir l'accord qui regne dans ces différens ouvrages sur l'histoire, le langage, les mœurs, &c., & le succès de l'imposture plus improbable. Ne voit-on pas que plus il entre de fourbes dans un secret, plus ils risquent d'être découverts ? Comment tous ces faussaires auroient-ils réussi à cacher le leur ? Et combien ne leur aura-t-il pas fallu d'adresse pour faire adopter ces écrits supposés par les Juifs, c'est-à-dire, par le peuple le plus scrupuleusement attaché à l'authenticité de ses livres sacrés ? Mais comment d'un autre côté, ces fourbes si rusés ont-ils été assez mal-adroits pour laisser dans ces écrits tous les endroits qui choquent les incrédules, & dans lesquels ceux-ci prétendent trouver de la contradiction, du faux, du bas, &c. ? Ces imposteurs réunissoient donc la plus grande habileté avec la plus extrême maladresse. Mais enfin où & quand ces prophéties auroient-elles été supposées ? à Babylone, à Jérusalem, à Alexandrie ? A Babylone ? C'est-là, dit Voltaire, où les Juifs plongés de tout temps dans l'ignorance *commencerent à écrire*; & tout en commençant à écrire, ils écrivirent les prophéties de Moyse, de David, d'Isaïe, de Jérémie, chefs-d'œuvre de leur poésie & de leur éloquence. Ces Juifs ignorans avoient donc bien de l'esprit ? Mais quelque esprit qu'on leur suppose, ont-ils pu écrire à Babylone des événemens postérieurs à leur retour dans la Palestine ? la destruction de l'Empire des Perses par le Roi de Macédoine; les progrès rapides de ce conquérant, sa mort, les divisions de ses successeurs, les impiétés & les cruautés qu'un d'entre eux exerça dans Jérusalem, dans la Judée, &c. ? C'est apparemment pour obvier à ces difficultés, que d'autres incrédules disent que ces prophéties furent fabriquées à Jérusalem ou à Alexandrie. Il nous reste des ouvrages écrits par les Juifs depuis le retour de leur captivité à Jérusalem & dans Alexandrie, le livre d'Esdras, par exemple, & celui de la Sagesse. Un homme un peu versé dans l'hébreu sent la différence qu'il y a entre le style correct, élégant, noble d'Isaïe, & le langage demi-barbare d'Esdras; entre la tournure grecque du livre de la Sagesse, & la maniere antique des prophéties. Dans toutes les nations les siecles des Ecrivains se distinguent par ces différences de style. Mais d'ailleurs, si les prophéties avoient été fabriquées à Jérusalem ou dans Alexandrie, comment les imposteurs de Jérusalem auroient-ils pu les faire recevoir comme vrais par les Ecoles & les Synagogues de Babylone ? comment ceux d'Alexandrie les auroient-ils fait non-seulement adopter par leurs freres de Babylone & de Jérusalem, mais encore insérer dans le canon déja fermé des Ecritures ? & cela dans un temps où les Juifs veilloient avec un soin si scrupuleux à la conservation de l'intégrité de leurs livres, pendant que plusieurs ouvrages révérés, tels que Tobie, Judith, les Machabées, &c. n'ont pu y entrer. Non-seulement la chose n'est pas vraisemblable; elle n'est pas même moralement possible. Enfin les incrédules conviennent que toutes ces prophéties sont antérieures à Jesus-Christ; & nous verrons dans la suite qu'elles ont clairement prédit la venue du Messie, &

toutes les circonstances de sa vie, de sa mort, de sa résurrection, & des effets admirables qu'elles devoient produire dans tout l'univers; & que ces prédictions se sont ponctuellement accomplies dans la personne de Jesus-Christ. De plus, les mécréans ont comme nous sous les yeux deux faits frappans; la dispersion du peuple Juif, & sa conservation étonnante, malgré cette dispersion & tous les malheurs dont elle a été accompagnée. Or ces faits ont été prédits : ont-ils pu l'être par les prétendus imposteurs de Babylone, ou par ceux de Jérusalem & d'Alexandrie ? Dieu auroit donc parlé par là bouche de ces faussaires : car ils ne pouvoient ni conjecturer, ni prévoir par des combinaisons de pareils événemens. Il est donc démontré que les prophéties sont des auteurs dont elles portent le nom, selon la tradition non interrompue de la nation Juive ; qu'elles ont été écrites & annoncées dans les différens siecles, & sous les regnes des rois d'Israël & de Juda dont elles portent la date ; & qu'elles ont été insérées par l'autorité publique dans le canon des livres sacrés que les Juifs nous ont communiqués, & qu'ils ont eux-mêmes conservés précieusement jusqu'aujourd'hui.

Le fameux Rabin Aben-Esra, malgré le préjugé du commun des Juifs, qui pensoient que tout le Pentateuque, jusqu'aux moindres points & aux moindres syllabes, avoit été écrit par Moyse, crut y remarquer quelques endroits qui ne paroissoient pas pouvoir être attribués au saint Législateur : il les jugeoit d'une main plus récente, & probablement du temps des Rois. Voltaire en conclut après Spinosa, qu'Aben-Esra pensoit que le Pentateuque n'est point l'ouvrage de Moyse. Voici ce que dit sur cela le P. Simon. « Spinosa en

» impose à Aben-Esra, en assurant que ce Ra-
» bin n'a pas cru que Moyse fût l'auteur du
» Pentateuque. Ce qu'il rapporte d'Aben-Esra
» prouve seulement qu'on a inséré quelques ad-
» ditions à certains actes qu'on ne peut nier
» être de Moyse, ou au moins avoir été écrits
» de son temps & par son ordre ». Cependant
d'habiles critiques, tels qu'Abadie, Dupin, l'E-
vêque Kidder ont fait voir que la plupart des
passages mêmes qu'Aben-Esra croyoit postérieurs à Moyse, peuvent être de la main de ce
Législateur : on en peut voir les preuves dans
leurs ouvrages. Nous nous contenterons de ce
qu'en dit le fameux Leclerc. Voici ses paroles :
« Aben-Esra, dit-on, se fonde sur ces passa-
» ges des livres de Moyse. *Le Cananéen étoit*
» *alors dans le pays.... La montagne de Moria*
» *appellée la montagne de Dieu ... Le lit d'Og*
» *roi de Bazan se voit encore en Rabath...*, &
» *il appella tout ce pays de Bazan les villes de*
» *Jaïr jusqu'aujourd'hui... Il ne s'est jamais vû*
» *hors Israël de Prophete comme Moyse.* (Et
» tout le dernier chapitre du Deutéronome d'où
» ces paroles sont tirées, & où il est parlé de
» la mort de Moyse). Aben-Esra prétend que
» ces passages où il est question de choses arri-
» vées après Moyse ne peuvent être de Moyse;
» mais Leclerc nie qu'il s'agisse ici de choses
» arrivées après Moyse : il soutient que ce pre-
» mier passage, qu'on a traduit mal-à-propos
» par ces paroles « Le Cananéen étoit alors dans
» le pays » peut & doit se traduire ainsi, *le Ca-*
» *nanéen étoit dès-lors dans le pays*; ce qui étoit
» vrai, même du temps d'Abraham, & leve
» toute difficulté ; que le nom de *Moria*, c'est-
» à-dire, *l'Eternel y pourvoira*, donné à la mon-
» tagne où ce Patriarche mena son fils pour

» l'immoler, a pu être en usage peu après le
» sacrifice, & long-temps avant Moyse ; que
» ce Législateur écrivant probablement plusieurs
» mois après la défaite d'Og, a pu dire qu'on
» conservoit encore son lit en Rabath, & que
» les expressions qui répondent aux mots *en-
» core* & *jusqu'aujourd'hui*, s'emploient quel-
» quefois par les anciens Ecrivains sacrés &
» profanes, lors même qu'il n'est question que
» d'un temps peu éloigné ». Enfin il paroît que
le dernier chapitre du Deutéronome ne fait point
partie de ce livre, mais qu'il a été ajouté par Josué
après la mort de Moyse ; en sorte qu'on pourroit
le regarder comme une Préface du livre de Josué, quoique plusieurs Savans prétendent que
ce chapitre a pu être écrit par Moyse même,
éclairé d'une inspiration prophétique. On objecte
encore quelques endroits des livres de Moyse ;
tels que ceux où il est parlé des rois d'Edom
& d'Israël, avant que ces peuples eussent des
rois. Leclerc pense qu'ils paroissent ajoutés au
texte ; mais il soutient en même-temps que
» ces légeres additions faites par les Prophetes
» postérieurs à Moyse, ne doivent pas empê-
» cher qu'on ne le regarde comme l'auteur de
» ces livres ; puisqu'il y a d'ailleurs tant de
» preuves, qu'ils sont de lui ». On trouve
dans les auteurs profanes de semblables additions ou notes, passées de la marge dans le texte,
sans pour cela qu'on doute que les ouvrages
qu'on leur attribue leur appartiennent. Cependant d'autres Savans ont très-bien prouvé que
le mot hébreu, qu'on a traduit par le mot de
Rois (d'Edom & d'Israël,) peut l'être par celui
de *Prince*, de *Chef*, de *Commandant*, & qu'il
a même été appliqué à quelques-uns des Juges
d'Israël. Abadie a discuté & résolu cette objec-

tion, de manière à ne laisser aucun lieu à la réplique : on peut le consulter. Leclerc avoit d'abord soutenu que le Pentateuque n'étoit pas de Moyse; mais dans la suite il changea de sentiment; comme il paroît par la *Dissertation* qu'il a mise à la tête de son *Commentaire sur la Genèse*. Non-seulement il y répond aux difficultés d'Aben-Esra qu'on vient de rapporter ; il y résout encore celles qu'il avoit proposées lui-même dans ses *sentimens de quelques Théologiens d'Hollande* ; & en rendant compte de ce commentaire dans sa *Bibliothéque choisie*, il répete „ qu'on ne peut raisonnablement se refuser à „ regarder Moyse comme le véritable auteur „ du Pentateuque, ni les autres livres de l'E-„ criture, comme étant des auteurs dont ils „ portent le nom, & comme des écrits au-„ thentiques „.

Le célebre Newton qui étoit croyant, s'étoit imaginé que les livres de la loi avoient été perdus, lorsque les Philistins vainqueurs des Israélites s'emparerent de l'Arche ; que pour réparer cette perte, Samuel avoit ramassé ce qui restoit des écrits de Moyse & des Patriarches, & que ce fut sur ces mémoires qu'on rédigea le Pentateuque de la maniere que nous l'avons aujourd'hui. Mas 1°. tout ce systême porte sur une supposition gratuite & des conjectures vagues. Qui a dit à Newton, qu'au temps où l'Arche fut prise, il n'y avoit qu'un seul exemplaire de la loi ; & que, quand on renvoya l'arche, on ne renvoya pas de même cet unique exemplaire ? 2°. Ce systême ne s'accorde nullement avec celui des incrédules : il suppose le livre de la loi écrit, & des mémoires laissés par Moyse & les Patriarches. 3°. Quoique Newton ait cru le Pentateuque rédigé par Samuel, il étoit très-éloigné d'accuser d'abſurdité, comme les incrédules, le récit qu'il contient. Tous les autres, tels que Colins, Tindal, Shafkerburi, Bolingbroke, qui ont avancé que Moyſe n'étoit point auteur du Pentateuque étoient des incrédules décidés; & ils ne donnent d'autres preuves de cette prétention, que les mauvaiſes difficultés dont on vient de parler.

Avant d'aller plus loin, il eſt bon d'obſerver que l'Hiſtoire de Joſephe eſt un monument précieux qui conſtate la vérité des faits répandus dans les divines Ecritures. Il ne les avoit pas inventés : il les avoit trouvés dans les annales de ſa nation; & jamais les Juifs ne lui ont reproché d'en avoir impoſé.

2.º Dans l'impuiſſance d'enlever à Moyſe le Pentateuque, ſans tomber dans des abſurdités palpables, nombre d'incrédules ſe retranchent à dire, qu'au moins cet ouvrage, le plus ancien de tous ceux qui ſont parvenus juſqu'à nous, a dû ſouffrir dans la ſuite des temps des altérations & des changemens conſidérables; qu'il a été changé, falſifié, corrompu, mutilé; & qu'il renferme même des erreurs, des fables, des faits viſiblement controuvés & démontrés impoſſibles.

Diſons au contraire que c'eſt l'ouvrage qui a été le moins expoſé à un pareil ſort. Ce livre renferme tout ce qu'un grand peuple a de plus cher, ſon origne, ſa religion, ſa police, ſes mœurs, tout ce qui ſert à régler la vie, & tout ce qui unit & forme la ſociété. Le Juif y trouve l'hiſtoire de ſes ancêtres, ſes privileges au-deſſus des autres nations, ſes droits ſur la terre de Canaan, toutes les loix politiques ou ſacrées : des miniſtres publics étoient chargés de ce précieux dépôt : dans des temps marqués ils devoient lire la loi devant le peuple: tout y étoit réglé, les fêtes, les sacrifices, les cérémonies, toutes les actions publiques & particulieres, les jugemens, les contrats, les mariages, les funérailles, les successions, la forme même des habits, & en général tout ce qui regarde les mœurs: chaque particulier étoit obligé d'être instruit de cette loi, de la méditer le jour & la nuit, d'en recueillir des sentences, de les avoir toujours devant les yeux; la principale regle d'éducation pour les peres étoit de l'apprendre à leurs enfans, de leur inculquer, de leur faire observer cette loi; il étoit de la derniere conséquence d'en être instruit & d'y être fidele: manquer à certaines observances, c'étoit mériter la mort; la crainte seule des châtimens ne permettoit à personne de négliger ces livres. Il n'y a donc point d'ouvrage qui ait été moins exposé à des altérations & à des falsifications que le Pentateuque.

D'ailleurs, quel auroit été l'imposteur assez hardi pour composer une nouvelle loi des Juifs, ou pour défigurer & corrompre celle qui existoit? On n'en découvre ni le temps, ni l'occasion, ni la révolution; on voit au contraire des oppositions invincibles à l'exécution d'un tel projet. La falsification se seroit-elle faite sous Josué? Mais ce grand homme ne fut attentif qu'à faire observer les loix de son prédécesseur, & à les observer lui-même. Sous les Juges? Mais, sous leur gouvernement, il n'a jamais régné entre les tribus le concert qui eût été nécessaire pour altérer les livres de Moyse. Tôt ou tard une tribu auroit divulgué l'attentat sacrilège. Sous les Rois qui régnerent sur la nation entiere des Juifs? Mais, si Saül eût porté la main sur les livres de Moyse, David qui
faisoit

faisoit ses délices de ces livres, n'eût pas manqué de démasquer l'impie. La puissance absolue & paisible de Salomon ne l'eût pas mis à couvert, s'il eût été capable d'un pareil attentat. Le moindre changement dans des livres si respectés, lui eût été hautement reproché par Jéroboam sujet rebelle.

Depuis le schisme des dix tribus, l'altération ne fut plus possible. La division de ces tribus fut un obstacle insurmontable à tous les efforts des faussaires. Si quelqu'un parmi elles eût voulu changer ou altérer la loi, Juda lui auroit bientôt reproché sa prévarication. Si l'attentat fût venu de Jérusalem, Samarie n'auroit pas manqué de le révéler avec triomphe. Les dix tribus, il est vrai, furent arrachées de leur pays ; mais elles furent remplacées par des peuples ennemis de Juda, qui adopterent le Pentateuque, & qui connus encore aujourd'hui sous le nom de *Samaritains*, le conservent religieusement avec les anciens caracteres hébreux ; en sorte qu'une secte si foible ne semble durer si long-temps, que pour rendre témoignage à l'antiquité des livres de Moyse & à leur intégrité.

Les Prophetes qui ont vécu depuis ce malheureux schisme, paroissent pleins de zele pour l'observation de la loi, & ne cessent de reprocher au peuple le mépris qu'il en faisoit : que n'auroient-ils pas dit, si quelqu'un eût entrepris de l'altérer, en corrompant les livres de Moyse ? Or on ne voit rien dans leurs ouvrages qui montre qu'ils eussent été obligés de s'opposer à l'innovation.

On voit bien, du temps de Josias, que les Juifs ne s'occupoient point de la lecture de la loi. La longue persécution de Manassés avoit fait cacher plusieurs exemplaires de cette loi; à peine en trouva-t-on dans le temple : mais on ne pensoit à rien moins dans ce temps fâcheux, qu'à altérer le Pentateuque ni les livres prophétiques. Les Juifs Prêtres, ou autres, qui avoient de la piété, les conservoient secrétement & les méditoient, tandis que le gros de la nation se livroit à l'idolâtrie.

On dira peut-être que le temps de la captivité est celui que choisit l'imposture pour altérer ce dépôt; mais, pour le faire impunément & sans réclamation, il eût fallu que les Prophetes, les Prêtres & tout le peuple Juif fussent tombés tout-à-coup dans l'ignorance & dans l'indifférence la plus universelle. Or cette ignorance & cette indifférence peuvent-elles paroître compatibles avec les soins d'Ezéchiel, de Jérémie, de Baruch, de Daniel, qui, pendant la captivité eurent un recours perpétuel à la loi, comme à l'unique fondement de la religion & de la police de leur peuple ?

On ajoutera peut-être avec Spinosa qu'Esdras fit après la captivité de si grands changemens au Pentateuque, qu'il doit être regardé comme l'auteur de celui que nous avons entre les mains. Cette fausse idée est appuyée sur un ouvrage connu sous le faux titre *de quatrième Livre d'Esdras*; mais c'est un ouvrage manifestement supposé & apocryphe, également rejetté par les Juifs & les Chrétiens; tant les preuves de sa fausseté sont évidentes. L'auteur de ce prétendu livre d'Esdras établit pour fondement de sa thèse, que tous les livres de la loi, c'est-à-dire, ceux de Moyse, de Josué, des Juges, des Rois & des Prophetes avoient été brûlés ou perdus à l'incendie de Jérusalem & du temple, ou durant la captivité qui suivit. Or c'est ce qui est non-seulement faux, mais impossible : il faudroit pour cela qu'il n'y eût eu que très-peu d'exemplaires de ces livres ; & il est aisé de faire voir qu'ils étoient prodigieusement multipliés. Moyse avoit expressément ordonné (*Deut.* 6, 7 *& suiv.* 3. &c.) à tous les Israélites d'étudier & de méditer ses loix : il leur enjoint de les lire dans la maison en se levant & se couchant, dans les voyages : il veut qu'on en instruise les enfans, &c. il recommande spécialement aux Prêtres & aux Lévites de les étudier assiduement pour en suivre les regles dans les fonctions de leur ministere. A quel point les livres de la loi ne devoient-ils pas être multipliés ! & quand tous ceux de Jérusalem auroient été perdus, quel nombre n'en existoit-il pas dans les autres villes de Juda, & dans le peuple qui composoit le royaume de Samarie ! Il se peut bien faire que la cruauté du soldat ne permît pas à tous les captifs d'emporter leurs livres : mais il est incontestable que les Israélites fideles à la loi mirent parmi leurs effets ce précieux dépôt; & c'est pourquoi Jérémie, (*II Mach.* 2, 2,) les exhortoit, lorsqu'ils partirent, de méditer la loi & de la pratiquer. En un mot, la perte des livres saints au sac de Jérusalem est une fausseté d'autant plus manifeste, qu'il est dit dans la lettre des Juifs de Judée aux Juifs d'Egypte, rapportée au second livre des Machabées (*c.* 2, *v.* 13), « que Néhémie rassembla de divers pays, après „ la captivité, les livres des Prophetes, ceux de „ David & les lettres des Rois, & ce qui re- „ gardoit les dons faits au temple „. Cette même lettre ajoute : « Judas a encore recueilli „ tout ce qui s'étoit perdu pendant la guerre „ que nous avons eue ; & ce recueil est entre „ nos mains : que si vous désirez d'avoir ces

» écrits, envoyez-nous des personnes qui puis-
» sent vous les porter ». Il n'est donc pas vrai
que les livres saints des Juifs ne soient qu'un
ouvrage composé de mémoire par Esdras à son
retour de Babylone. Mais ce qui paroît certain,
c'est qu'il fit une collection complette de ces
livres sacrés, qu'il corrigea les fautes des copistes, & qu'il rédigea certains livres historiques sur les mémoires qu'il en avoit recueillis.
En cela toute la tradition l'a cru inspiré de Dieu,
comme Moyse, les Prophetes & les autres Agiographes. Esdras changea aussi les lettres hébraïques des livres saints en caracteres chaldaïques,
qui étoient plus en usage parmi les captifs de
Babylone; c'est-à-dire, qu'en conservant les
mots hébreux, il les écrivit en lettres chaldaïques; comme si l'on écrivoit en lettres grecques
un discours latin. Mais toucha-t-il à la substance des Ecritures? Y fit-il des changemens arbitraires? La chose n'est ni croyable ni possible.
Il rapporte lui-même cette ordonnance de Moyse: (*Deut.* 12, 31.) « Faites ce que je vous or-
» donne sans y rien ajouter ni retrancher », *nec
addas quicquam, nec minuas;* & en effet la conduite sévere de ce Docteur à l'égard des Prêtres,
des Lévites, des chefs de famille qui avoient
épousé des femmes étrangeres, n'est en aucune
sorte la conduite d'un novateur. La loi judaïque, les reproches, les menaces, les récits dés-
honorans pour le peuple & pour divers particuliers, qu'on lit dans le Pentateuque & dans
les écrits prophétiques, ne peuvent sortir que
de la plume de Moyse accrédité par les plus
grands miracles, & de Prophetes reconnus pour
tels par l'accomplissement exact de leurs prophéties. Si Esdras eût tenté d'imaginer toutes
ces choses, avec quelle force les Prêtres & le

peuple ne s'y feroient-ils pas oppofés ? Mais une preuve abfolument peremptoire de la fidélité d'Efdras, c'eft que le Pentateuque qu'il a publié dans fa collection, eft parfaitement conforme à celui des Samaritains que nous avons encore, & qui affurément ne l'avoient pas reçu de fa main ; foit parce qu'ils étoient ennemis jurés des Samaritains, foit parce que leur Pentateuque eft en anciens caracteres hébraïques, au lieu que celui d'Efdras eft en caracteres chaldaïques, comme on l'a dit plus haut.

Dans la fuite des temps s'éleverent trois Sectes parmi les Juifs ; celles des Efféniens, des Pharifiens & des Sadducéens, rivaux les uns des autres. Ceux-ci ne pouvoient changer un feul point de la loi, fans que ceux-là ne les dénonçaffent à la Synagogue comme coupables au premier chef ; mais leur hiftoire ne nous apprenant rien de pareilles difputes, il eft conftant qu'il ne s'y en éleva pas. Quand il n'y auroit que cette preuve de l'intégrité des livres faints, elle fuffiroit pour convaincre tout efprit raifonnable que nous les avons aujourd'hui tels qu'ils fortirent des mains de ceux qui en font les auteurs.

Terminons toutes ces preuves par une réflexion effentielle. Il y avoit parmi les Juifs comme deux hiftoires de Moyfe ; l'une écrite dans le Pentateuque ; l'autre gravée dans les cérémonies, dans les loix, & dans les autres chofes qui fervoient au culte public. Cette feconde efpece d'hiftoire étoit une preuve vivante, continuellement retracée aux yeux de tout le peuple, de tout ce qui étoit contenu dans les livres de Moyfe. La manne confervée dans l'arche étoit un monument authentique de la nourriture miraculeufe dans le défert : la verge d'Aaron qui avoit fleuri, affuroit pour toujours à sa postérité le souverain Sacerdoce : les tables de l'alliance mettoient sous les yeux l'établissement de la loi : l'Agneau paschal ne permettoit pas d'oublier le passage de l'Ange, &c.

Pour soupçonner donc que le Pentateuque est un livre supposé ou altéré, il faut nier que les Juifs aient eu leurs cérémonies, leurs loix, leurs fêtes, leurs sacrifices. Il faut porter plus loin le Pyrrhonisme : il faut nier qu'il y ait eu un peuple Juif ; car l'existence de ce peuple n'est pas plus certaine que ses loix, son législateur & ses livres.

Que répond à tout cela l'incrédule ? Il a recours à la diversité des leçons qui se trouve dans les différens exemplaires manuscrits. Cette diversité, dit-il, ne prouve-t-elle pas la fausseté, ou du moins ne rend-elle pas douteuse la vérité & l'intégrité des livres de Moyse & des autres Ecritures ? Mauvaise difficulté. Quel novice en littérature ignore que de tous les livres antérieurs à l'Imprimerie, ou même postérieurs à cet art, il n'en est aucun où l'on ne rencontre de ces variantes plus ou moins considérables, qui se sont glissées par la faute & la négligence des Copistes & des Imprimeurs ? Qu'on jette les yeux sur les éditions des *Variorum*, connus même des écoliers de college ; & l'on verra qu'il n'est aucun auteur qui ne soit taché de ces sortes de fautes, principalement ceux qui ont écrit dans la langue grecque, celle où la version de nos livres saints multiplie davantage les difficultés à cet égard. Mais, si ces variantes n'ont jamais permis de révoquer en doute l'authenticité & la vérité de ces ouvrages, où est le sens commun de nous dire gravement que l'on ne sait à quel exemplaire de l'Ancien Testament il faut s'en tenir, & que dès-lors ils font tous recufables ? Y eût-il même des lacunes confidérables dans les anciens manufcrits, ce ne feroit point encore un motif pour rejetter abfolument ces ouvrages, & les regarder comme faux ou comme corrompus: il y a cent exemples de livres où l'on trouve ces mots: *hic multa defunt*, & plus encore d'autres dont nous n'avons que des fragmens. Mais nous n'en fommes pas là pour nos faintes Ecritures : toutes les parties en font entieres; & pour les arguer de faux, ou les rejetter comme altérées & corrompues il faudroit montrer qu'elles font interpolées, & contradictoires à elles-mêmes; paradoxe que l'on ne prouva & qu'on ne prouvera jamais.

Au refte, on connoît très-diftinctement toutes les fautes de Copiftes & les variantes des différens exemplaires de l'Ecriture. Le célebre Louis Capelle a recueilli toutes les différentes leçons que les copies de copies faites fur d'autres copies, en remontant jufqu'aux premieres, ont pu depuis tant de fiecles introduire dans le texte facré: il a fu ce que la diftraction des Copiftes, l'équivoque des termes, la reffemblance des prononciations, les mécomptes des Traducteurs, les tranfpofitions de mots & de phrafes, le paffage des glofes dans le texte, y ont produit de défectueux: c'eft fur l'original, c'eft fur les verfions qu'il a porté fes immenfes recherches. Or il a fait voir que, dans ce prodigieux nombre de variantes qu'il a raffemblées, nulles n'importent à la foi, ni aux mœurs, ni à l'hiftoire: il va plus loin; il fait voir qu'en rigueur les altérations effentielles n'ont pas été poffibles, qu'elles n'ont pu fe gliffer de copies en copies, & que le texte ni les verfions n'ont pu recevoir d'atteinte, foit de l'ignorance, foit du zele mal entendu, foit des autres motifs, sources ordinaires de falsification. On peut consulter cet auteur, aussi-bien que le Pere Morin, & les notes critiques du Pere Houbigant ; & l'on se convaincra de plus en plus que nous avons le texte pur des saintes Ecritures ; qu'il est aisé de rétablir certaines fautes qui s'y sont glissées par l'impéritie & la distraction des Copistes ; & que les difficultés qui peuvent rester, ne roulent que sur quelques discussions grammaticales peu importantes en soi, & sur l'intelligence de quelques termes qui ne touchent en rien à la substance des choses.

Quant à ce qu'on dit de saint Irenée, de saint Justin & de quelques autres Peres, qu'ils se plaignent de ce que les Juifs avoient corrompu les livres saints, il est clair qu'on leur en impose. Ces Peres se plaignoient seulement de ce qu'ils les interprétoient mal, & de ce que plusieurs versions, telles que celles d'Aquila, de Symmaque & de Théodotion n'étoient pas exactes, ni en tout conformes au texte.

L'incrédule insiste. Plus de trois mille ans, dit-il, de distance entre moi & le prétendu législateur des Juifs, ne doivent-ils pas former un enchaînement de doutes aussi suivi que l'est celui des siecles ? A peine l'origine de notre Monarchie nous est-elle connue : mais si nous sommes étrangers dans notre propre patrie, si nous nous perdons dans l'espace d'environ quatorze cents ans, combien plus devons-nous être dépaysés au milieu d'un peuple qui a subi tant de révolutions différentes ; d'un peuple auquel nous n'appartenons en rien ; d'un peuple dont les faits doivent se perdre encore plus dans l'obscurité des temps !

Mais l'incrédule, en parlant ainsi, veut-il donc avoir poids & poids, mesure & mesure ?

Est-ce ainsi qu'il raisonne, lorsqu'il veut faire valoir la possession en sa faveur ? Plus il date de loin, & plus il se croit fort contre ceux qui oseroient lui disputer ou un héritage ou une noblesse d'extraction ? S'il tiroit de ses archives des titres qui le conduiroient pendant plusieurs siecles de génération en génération, dans la possession de son héritage ou de la noblesse ; le temps qui détruit & entraîne tout le reste avec la plus grande rapidité, n'assureroit-il pas ses droits dans une pareille occasion ? Si par-dessus cela dans cette longue suite de siecles, il produisoit un titre postérieur & tout-à-fait éclatant, qui confirmât incontestablement les titres antérieurs, n'en tireroit-il pas une preuve victorieuse & sans réplique, pour justifier la vérité des titres les plus anciens, & pour faire voir conséquemment qu'on ne pourroit sans attentat vouloir troubler sa possession ? Ce sont-là des maximes avouées de tout le monde ; & il n'est point d'incrédule qui ne les fît valoir en sa faveur, comme étant décisives, s'il avoit un pareil avantage dans le cours des choses humaines. Or voilà ma preuve, ou plutôt ma démonstration en faveur des livres de Moyse.

Qu'est-ce que les livres, soit historiques, soit prophétiques, soit moraux de l'Ancien Testament, qu'une suite de titres qui se confirment mutuellement ? Ceux qui sont postérieurs rendent témoignage à ceux qui sont antérieurs. Partout Moyse est cité ; par-tout les faits qu'il raconte, sont remis devant les yeux des Juifs ; par-tout les points de la loi qu'il avoit reçue de Dieu, leur sont rappellés ; par-tout l'observation leur en est recommandée comme d'une loi divine.

Mais quels ont été les auteurs de ces livres ?

Un Samuel, le dernier & le plus saint des Juges, un David, un Salomon; c'est-à dire, deux des plus grands Rois qui aient jamais rempli un trône, qui savoient l'histoire de leur nation, & à qui les archives de l'état politique & religieux étoient toujours ouvertes; un Daniel élevé à la Cour, & favori des Rois de Babylone, mais toujours fidele à son Dieu & à sa religion; un Isaïe, un Jérémie qui n'attendoient pour fruit de leurs témoignages & de leurs prophéties que les persécutions les plus opiniâtres. Quels ont été les auteurs de ces livres? des hommes que le royaume de Juda regarda toujours comme inspirés de Dieu; des hommes qui ne pourroient pas ne point l'être, l'événement ayant justifié leurs prophéties; des hommes enfin, pour le plus grand nombre, supérieurs à tout respect humain, & d'une vertu rigide. Du reste, nulle part, comme chez les Ecrivains profanes sur les autres matieres, on ne trouve chez eux, dans les témoignages qu'ils rendent à Moyse & à sa loi, & à ceux qu'ils se rendent les uns aux autres, de terme qui laisse entrevoir quelque doute: tout y est affirmatif. Fut-il jamais une piece munie d'autant de certificats plus authentiques que l'est le Pentateuque? Fut-il jamais une piece plus souvent & plus juridiquement légalisée, s'il est permis de parler ainsi? Et l'on doit dire la même chose des livres des Prophetes; tous les monumens de l'histoire des Juifs leur rendent témoignage. La longueur du temps en multipliant les témoins, ne multiplie-t-elle pas les preuves? ou plutôt les témoins multipliés successivement ne rapprochent-ils pas les temps? Que l'incrédule ne dise donc plus que la verité & la divinité du Pentateuque & des autres livres de l'Ecriture ne sont pas croyables, ou que ces ouvrages ont été changés, altérés, corrompus par des faussaires. Rien n'est plus absurde.

Enfin un dernier effort des incrédules pour faire croire que les écrits de Moyse & des autres Agiographes sont supposés ou corrompus, c'est, disent-ils, qu'ils sont remplis de faussetés, de contradictions, de fables, de faits controuvés, &c.; défauts qui ne peuvent se trouver dans des livres authentiques & inspirés de Dieu. Ils rapportent à ce sujet quantité d'endroits qu'ils expliquent à leur façon, ou qu'ils falsifient, & ils y ajoutent une foule de calomnies contre les auteurs sacrés : ce qui ne prouve autre chose que la force de leurs préjugés contre la religion. Il ne nous est pas possible d'entrer ici dans cette discussion ; il faudroit plusieurs volumes pour repousser toutes leurs insultes : mais comme ces misérables chicanes ont été réfutées supérieurement par un nombre d'auteurs qui sont entre les mains de tout le monde, nous nous bornerons à donner un petit échantillon de ces objections, & nous renverrons pour le reste aux auteurs qui ont pulvérisé ces vaines difficultés.

Ces incrédules objectent d'abord que Moyse en donnant l'époque du commencement du monde, a dit des absurdités contraires à l'idée que nous avons de Dieu. Voici leur raisonnement : « Ceux qui connoissent la nature, & qui ont
» de Dieu une idée raisonnable, peuvent-ils
» comprendre que la matiere & les choses
» créées n'aient que six mille ans ; que Dieu ait
» différé pendant toute l'éternité ses ouvrages,
» & n'ait usé que d'hier de sa puissance créatrice ? Seroit-ce ou parce qu'il ne l'auroit pas pu,
» ou parce qu'il ne l'auroit pas voulu ? Mais
» s'il ne l'a pas pu dans un temps, il ne l'a pas
» pu dans un autre : c'est donc parce qu'il ne

» l'a pas voulu ; mais comme il n'y a point de
» succession dans Dieu, si l'on admet qu'il ait
» voulu quelque chose une fois, il l'a voulu
» toujours & dès le commencement. Il ne faut
» donc pas, concluent-ils, compter les années
» du monde : le nombre des grains de sable de
» la mer ne leur est pas plus comparable qu'un
» instant. Cependant, continuent-ils, tous les
» Historiens nous parlent d'un Premier Pere : ils
» nous font voir la nature humaine naissante :
» n'est-il pas naturel de penser qu'Adam fut
» sauvé d'un malheur commun, comme Noé le
» fut du déluge ; & que ces grands événemens
» ont été fréquens sur la terre depuis la création
» du monde » ?

Ce raisonnement n'est qu'un misérable sophisme qui déroge à la souveraine liberté de Dieu, & ne prouve autre chose, sinon que les incrédules dont il s'agit ont de l'Etre souverainement libre une idée qui n'est rien moins que raisonnable. Si Dieu n'a pas créé le monde de toute éternité, ce n'est pas parce qu'il n'en a pas eu la puissance, ni parce qu'il n'en a pas eu la volonté : mais c'est parce que de toute éternité, il a voulu que le monde ne fût que lorsqu'il a été. La puissance de créer le monde est éternelle en Dieu : le décret de créer le monde est aussi éternel ; mais l'exécution de ce décret ne l'est pas. Ainsi le raisonnement des incrédules n'est qu'un pur sophisme, qui confond le décret de créer le monde avec l'exécution de ce décret. Le décret est en Dieu : c'est un acte de sa volonté, ou pour mieux dire, c'est Dieu lui-même voulant créer le monde ; & comme il n'y a ni mutabilité, ni succession en Dieu, si l'on admet une fois ce décret en lui, il l'a formé de toute éternité. Mais l'exécution de ce décret n'est pas en Dieu : c'est une opération qui se termine à produire un effet hors de lui & distingué de lui ; & l'on ne peut pas dire que si on admet une fois qu'il ait exécuté le décret de créer le monde, il doit l'avoir exécuté de toute éternité, puisque sa volonté étoit éternellement de n'exécuter ce décret que lorsqu'il lui a plu de l'exécuter. Si ce sophisme prouvoit quelque chose, il prouveroit tout aussi-bien que les Déistes qui le font, sont de toute éternité. Car Dieu a permis leur existence : pourquoi donc n'a-t-il pas permis qu'ils existassent de toute éternité ? Seroit-ce parce qu'il ne l'auroit pas pu, ou parce qu'il ne l'auroit pas voulu ? Mais s'il ne l'a pas pu permettre dans un temps, il ne l'a pas pu permettre dans un autre. C'est donc parce qu'il ne l'a pas voulu. Mais, comme il n'y a point de succession en Dieu, si l'on admet qu'il ait voulu le permettre une fois, il a voulu le permettre toujours, & dès le commencement. Il ne faut donc pas compter les années de nos Déistes : le nombre des grains de sable de la mer ne leur est pas plus comparable qu'un instant. Ce raisonnement que nous venons de faire pour prouver l'éternité de nos incrédules, est précisément le même que celui qu'ils font pour prouver l'éternité du monde. Nous les défions avec assurance d'y trouver la moindre ombre de disparité. Si donc, malgré notre raisonnement, ils ne se croient pas, & ont raison de ne se pas croire éternels, qu'ils ne s'imaginent point aussi avoir prouvé l'éternité du monde par le même raisonnement.

Au surplus, ces incrédules conviennent que Dieu a créé les êtres ; s'il les a créés, ils n'étoient donc pas auparavant ; & il faut leur fixer un commencement : mais pourquoi leur en chercher un autre que celui qui nous est rapporté par Moyse, & qui nous est attesté par tous les monumens du genre humain ? Pourquoi se livrer à des conjectures, à des *peut être*, contre lesquels on pourra faire les mêmes difficultés que contre le récit de Moyse ? c'est rejetter les preuves les plus claires, pour arborer un Scepticisme ridicule.

Les incrédules attaquent encore la narration de Moyse sur le déluge universel par deux moyens ; l'un direct, l'autre indirect. Ils l'attaquent directement, en prétendant avec Spinosa qu'il n'y a pas assez d'eau dans l'atmosphere pour submerger toute la terre, quand bien même elle se fondroit toute en pluie, pendant quarante jours & quarante nuits, comme Moyse le rapporte : ils l'attaquent indirectement, en supposant que les animaux & les semences n'ont pû être conservés que dans un vaisseau ou une arche. Or, disent-ils, l'arche de Noé n'étoit pas suffisante pour contenir toutes les especes d'animaux, avec les provisions qui étoient nécessaires pour leur entretien pendant un an, & toutes les semences & grains que nous connoissons. Si donc, ajoutent-ils, Moyse en a imposé dans la conservation des animaux & des semences, comme on peut l'en convaincre par les dimensions qu'il donne lui-même de l'arche, il en a également imposé sur l'universalité du déluge.

La discussion de ces faits nous jetteroit dans des calculs qu'il n'est gueres possible de transcrire ici : mais il est aisé d'y suppléer, en lisant la Dissertation de M. Pelletier, celle du Pere de la Berthonie, de Dom Calmet, tome 2 de ses ouvrages ; où ils prouvent 1°. qu'il y a assez d'eau au-dessus de la terre pour la submerger entièrement, si elle y retomboit toute en pluie; 2°. que l'arche de Noé étoit plus que suffisante pour contenir toutes les especes d'animaux, leurs provisions pour un an & leurs semences: la démonstration de ces deux points y est portée au dernier degré d'évidence.

M. de Tournefort, dans son voyage du Levant, en parlant de la campagne qui est autour des Trois-Eglises, bourg d'Arménie, dit que « cette campagne est extrêmement fer-
» tile, qu'elle est pleine de riz, de coton,
» & de beaux vignobles. Il n'y manque, ajou-
» te-t-il, que des oliviers; & je ne sais où
» la colombe qui sortit de l'arche fut cher-
» cher un rameau d'oliviers, supposé que l'ar-
» che se soit arrêtée sur le mont Ararat, ou
» sur quelqu'autre montagne d'Arménie: car
» on ne voit pas de ces sortes d'arbres aux en-
» virons; ou il faut que l'espece s'en soit per-
» due: cependant les oliviers sont des arbres
» immortels ». Cette observation de M. de Tournefort paroît aux incrédules une preuve invincible que Moyse n'a pu représenter la colombe retournant dans l'arche avec un rameau d'olivier à son bec; d'autant que la Genese se sert du mot זית dans l'hébreu, terme qui signifie constamment dans l'Ecriture un *olivier*.

Mais, outre qu'il faudroit examiner ce fait, en supposant comme vrai qu'il n'y a plus d'oliviers en Arménie, cela ne suffiroit pas pour convaincre Moyse d'erreur; il faudroit montrer qu'il n'y en a jamais eu. Mais c'est précisément le contraire. Nous avons un témoignage positif qui ne permet pas de douter que l'Arménie n'ait été autrefois peuplée d'oliviers: ce témoignage est celui de Strabon, Géographe très-estimé pour son exactitude; d'ailleurs païen,

& par conséquent irrécusable. Pour composer son ouvrage, il ne se contenta pas de recueillir les mémoires des voyageurs qui l'avoient précédé, il voyagea lui-même en plusieurs pays : ajoutons qu'il étoit né dans la Cappadoce, limitrophe de l'Arménie. Or voici ce qu'il en dit. « Il y a beaucoup de montagnes & de collines » dans l'Arménie, *où la vigne ne croît pas aisé-* » *ment*. Toute cette région est abondante en » fruits & en arbres cultivés : on y en voit aussi » de ceux qui conservent toujours leur verdure : » de ce nombre sont les *oliviers* ». Ainsi, suivant M. de Tournefort, l'Arménie possede de beaux vignobles & point d'oliviers : suivant Strabon, il y a des oliviers ; mais la vigne n'y croît pas aisément. Que conclure delà, sinon que les pays changent par la succession des siecles ? il y a mille exemples de pareilles révolutions : le mont-Liban si célebre par ses cédres, n'a plus aujourd'hui que vingt-trois de ces arbres. Quand bien même il n'y auroit point eu d'oliviers en Arménie du temps de Strabon, il ne s'ensuivroit pas qu'il ne pourroit pas y en avoir eu non plus au temps du déluge, c'est-à-dire, vingt-trois siecles auparavant : combien moins peut-on tirer cette conséquence, de ce que M. de Tournefort n'y a point vu d'arbres de cette espece dans le dix-septieme siecle ?

Voltaire trouve ridicule que Sodome, Gomorrhe & trois autres villes aient été métamorphosées, dit-il, en un lac bitumineux, selon le récit de Moyse. Mais cela est-il impossible à Dieu ? L'Asie, l'Afrique, l'Amérique peuvent en fournir des exemples : la foudre, les tremblemens de terre, les volcans n'ont que trop souvent changé les hommes en cendre, les lacs en montagnes, les villes en lacs. Cet impie se moque de même de ce qui est dit de la femme de Loth, qu'elle fut changée en statue de sel. Cette femme imprudente tourne la tête vers Sodome enflammée, malgré la défense de Dieu; & dans le moment un tourbillon de vapeurs sulfureuses, arsénicales, bitumineuses, chargé de sels métalliques, nitreux & autres l'étouffent; & son corps impregné de toutes ces substances reste immobile & sans vie. Qu'y a-t-il en cela qui ne puisse arriver & arriver plusieurs fois?

Voltaire objecte encore qu'il falloit au moins trois mois de travail pour jetter en fonte le Veau d'or, & qu'il est impossible à la Chimie la plus savante de réduire l'or en poudre: il ajoute qu'il étoit impossible aux Juifs de fournir assez d'or pour faire ce Veau, & qu'il n'est pas croyable qu'ils aient pu fournir auprès du mont Sinaï aux dépenses de la construction du Tabernacle & des autres ouvrages décrits dans l'Exode.

Mais tout ceci est avancé gratuitement: les plus habiles Chimistes conviennent qu'on peut réduire l'or en poudre; plusieurs en ont fait l'expérience (a). Pour juger que trois mois étoient nécessaires pour jetter en fonte le Veau d'or, il faudroit connoître toutes les manieres dont cette opération se peut faire, & en particulier celle dont on usa dans le désert, qui peut-être nous est inconnue. Enfin le peuple en sortant d'Egypte avec de grandes richesses, selon l'Ecriture, étoit très en état de fournir aux dépenses du Veau

---

(a) Voyez dans les Lettres des Juifs Portugais, Voltaire convaincu sur cet objet de la plus grossiere ignorance.

d'or, du Tabernacle & des autres ouvrages mentionnés dans l'Exode. Ces dépenses, selon les plus habiles Commentateurs, alloient à peine à cinq millions : mais portons-les, si l'on veut, à huit ou neuf millions de notre monnoie. On compte ordinairement deux millions d'Israélites qui sortirent de l'Egypte, sans compter les étrangers qui les accompagnoient : de ce nombre, supposons seulement que trois cents mille Israélites aient consacré à Dieu, dans cette rencontre, le cinquieme de leurs biens ; & ne leur donnons à chacun, l'un portant l'autre, que 150 livres. Or si vous multipliez 300,000 par 150, vous aurez un total de 45,000,000 : prenez le cinquieme, & vous aurez justement neuf millions.

Les Prophetes usoient souvent du langage typique, & employoient des allégories & des paraboles : ce langage, connu des anciens peuples, fut d'usage sur-tout en orient; & c'est pourquoi les Prophetes l'employerent. Le même Voltaire abuse de cet usage pour tourner en ridicule l'Ecriture-sainte; quoiqu'il soit très-propre à persuader des peuples grossiers, & à remuer leur imagination par des objets sensibles. Il est dit, par exemple, qu'Isaïe marcha nud; pour marquer que le Roi d'Assyrie emmeneroit d'Egypte une foule de captifs, qui n'auroient pas de quoi se couvrir. Cet auteur prétend qu'Isaïe alloit tout nud comme un Cynique, & qu'il est étonnant qu'il n'ait pas été repris de justice. Le terme hébreu ne signifie point *tout nud*, mais seulement *dépouillé de ses habits de dessus* : le Prophete marcha donc sans robe & sans tunique, comme les esclaves auxquels on laissoit de quoi couvrir leur nudité. Quand Virgile disoit aux laboureurs, *nudus ara*, *sere nudus*, dans ses Géorgiques, leur disoit-il de se mettre tout nuds ? On trouve cent exemples de cette maniere de parler dans les auteurs profanes.

Autre objection. Dieu, dans Osée, commande au Prophete de prendre une femme de fornication, & d'en avoir des enfans de fornication : or Dieu, dit-on, a-t-il pu ordonner à un Prophete d'être débauché ? Mais 1°. le texte hébreu dit simplement, Prenez une femme prostituée pour épouse, & les enfans qu'elle a eus de sa prostitution : 2°. En supposant que Dieu commande au Prophete d'épouser une prostituée, & d'en avoir des enfans de prostitution, c'est un mariage & non la débauche qu'il ordonne. N'est-il pas à croire qu'Osée en l'épousant devoit la tirer du désordre, & que les enfans nés de légitime mariage, n'étoient appellés enfans de fornication que relativement aux débauches précédentes de leur mere ? Des enfans nés de légitime mariage ne sont pas des enfans de prostitution. 3°. M. l'Abbé de Villefroy, dans les *Principes discutés*, entend de l'idolâtrie la fornication dont il s'agit. Il trouve qu'à la lettre le Seigneur dit à Osée : « Allez, prenez » une femme des fornications, & des enfans des » fornications, parce que la terre en forniquant » a forniqué d'après le Seigneur ». Et en effet les Prophetes se servent communément de ce terme *fornication*, pour signifier l'idolâtrie des Juifs. En ce sens, ce n'est ni sur la mere ni sur les enfans que doit tomber le terme de *prostitution*. Sur quoi doit-il donc tomber ? Sur cette terre qui, pour se prostituer aux idoles, quitta l'alliance du Seigneur. Or si c'est la terre qui se prostitue, comme dit le Prophete, cette femme qu'il va épouser par ordre du Seigneur, n'est pas une prostituée, mais une femme de la terre des prostitutions ; & les enfans qui en naîtront seront aussi des enfans de la terre des prostitutions, c'est-à-dire, d'une terre livrée à l'idolâtrie. 4°. Plusieurs Interprétes & Commentateurs croient que ces ordres donnés au Prophete n'étoient point réels, qu'ils ne furent point exécutés, mais que ce n'étoit que de simples figures d'élocution, des paraboles conformes au style & aux usages de ces anciens temps. Ainsi l'ont pensé le Paraphraste Chaldéen, les Rabins Aben-Esra, Maimonide, &c. saint Jérôme, Wilsins, &c.

Il est parlé dans le Prophete Ezéchiel des Pigmées ou Pigméens qui combattirent au siege de Tyr. Il a plu à Voltaire, pour jetter un ridicule sur cet endroit du Prophete, de dire que ces Pigmées n'étoient hauts que d'une coudée. La Vulgate fait mention de ces combattans au siege de Tyr : mais elle ne dit nulle part qu'ils n'eussent qu'un pied & demi de haut. Dans l'hébreu, ceux que la Vulgate appelle *Pigméens*, sont nommés *Gamadins* ; c'étoit, selon quelques Interpretes, le nom d'un peuple voisin de Tyr, d'autres déterminés par la racine de ce mot, croient qu'il ne signifie ici que *des hommes robustes*, des guerriers pleins de vigueur & de courage.

Le Prophete Ezéchiel, dit encore Voltaire en plaisantant, mange, suivant l'ordre de Dieu, le volume de parchemin qui lui est présenté : il demeure couché sur son côté gauche trois cent quatre-vingt-dix jours, & sur le côté droit quarante jours, pour signifier les années de la captivité : il se charge de chaînes ; *il couvre son pain d'excrémens*. Mais cet auteur, s'il étoit de bonne foi, n'auroit-il pas reconnu que tout cela se passoit en vision ? D'ailleurs, ces expressions *couvrir son pain d'excrémens*, ne signifient pas, comme il le donne à penser, se nourrir d'excrémens, mais cuire son pain sous des excrémens desséchés, auxquels on mettoit le feu. La coutume d'employer à cet usage les excrémens des animaux, sur-tout des bœufs, des chameaux, &c. étoit commune dans les pays pauvres d'Orient; & les voyageurs modernes nous apprennent qu'elle se conserve encore parmi les Arabes voisins de l'Euphrate, & en d'autres endroits. On étend sur une pierre la pâte sans levain & peu épaisse : on la couvre d'excrémens d'animaux : on les allume ; & le pain cuit assez promptement sous les cendres. C'est à cet usage qu'Ezéchiel fait allusion ; & c'est par-là qu'il annonce l'indigence à laquelle les Juifs alloient être réduits. On retrouve à-peu-près la même chose en France. Dans la Bretagne & autres Provinces, on ramasse des excrémens d'animaux qu'on fait sécher au soleil, en les appliquant contre les murs des maisons ; & au défaut d'autres matieres combustibles, on les emploie à chauffer les fours & cuire les alimens. Quelle impiété & quelle indécence dans Voltaire, de représenter Ezéchiel comme *mangeant de la merde à son déjeûner*, (ce sont ses expressions), & d'ajouter impudemment: *quiconque aime les prophéties d'Ezéchiel mérite de dejeûner avec lui*.

Nous nous bornons à ce petit nombre d'exemples, qui présentent une esquisse de la maniere dont nos plus fameux incrédules attaquent les saintes Ecritures. Les autres qu'on pourroit rapporter sont dans le même goût. Ce sont des sarcasmes, des puérilités, des traits d'ignorance, des invectives atroces & des calomnies contre le peuple Juif, des sens ridicules, des imputations absurdes, &c. Ceux qui seroient curieux d'entrer dans ce détail, peuvent lire le II tome de l'Ouvrage intitulé : *L'Oracle des nouveaux Philosophes*, par M. Guyon ; les *Lettres de quelques Juifs Portugais & Allemands à M. de Voltaire*, par M. Guenée ; l'Ouvrage du même Auteur contre les notes critiques dudit Voltaire sur la Bible, les *Réponses critiques à plusieurs difficultés proposées par les nouveaux incrédules sur divers endroits des Livres saints*, par M. Bullet ; & à l'égard des difficultés solides qu'on peut proposer sur certains endroits des mêmes Livres, il faut consulter les Commentateurs, & en particulier les grands Critiques, le Pere Morin, Capelle, le Pere Houbigant, &c.

Nous ne nous arrêterons pas non plus à venger les divines Ecritures du souverain mépris que les incrédules témoignent avoir, soit quant au style, soit quant au fond. Moyse & ses continuateurs, disent-ils, ne l'emportent pas sur Tite-Live, Salluste, César & Josephe ; tous gens qu'on ne soupçonne pas d'avoir écrit par inspiration ; mais, quoique ce ne soit ni l'agrément du style, ni les pensées sublimes que l'on doive chercher dans les Ecritures, dont l'unique but est la connoissance de la vérité & la réforme du cœur humain, elles ne le cedent pas néanmoins aux ouvrages profanes sur ces deux objets. Le seul Cantique de Moyse est un chef-d'œuvre d'éloquence. Lisez Hésiode, Homere, Pindare, Virgile, Horace, &c. ; & voyez si vous y trouverez autant d'élévation, de figures vives & de pensées sublimes dans un si court espace. ... Les Poëtes ont peint de leur mieux la colere de Jupiter tonnant, & ses terribles effets ; mais quelle différence dans les peintures vives, majestueuses & variées, dont nos Prophetes sont remplis !

Il n'y a que l'extrême prévention qui puisse ne pas reconnoître la sublimité du fond des pensées, des images, & du style des Ecrivains sacrés, que les plus habiles connoisseurs en ce genre ne peuvent se lasser d'admirer. Le langage des hommes n'atteignit jamais à ce caractere de grandeur, de noblesse & de majesté; sur-tout dans une suite d'Ecrivains tous originaux, & au milieu d'une nation grossiere, où les lettres ne furent jamais cultivées.

3°. Quand on seroit obligé d'avouer, disent les incrédules, que Moyse est le véritable auteur du Pentateuque, & que cet ouvrage est parvenu jusqu'à nous dans toute sa pureté; la raison & le bon sens ne nous autorisent pas à faire du témoignage d'un seul homme comme Moyse, ou comme tel autre qu'on voudra substituer à sa place, le fondement d'une démonstration morale souveraine au premier degré. Or, continuent-ils, le système de la révélation dont on veut établir la vérité, n'est appuyé que sur ce fondement unique, fondement ruineux, s'il en fut jamais; & dès-lors l'édifice entier s'écroule & se renverse.

J'avoue que le principe est vrai dans toute son étendue; mais l'application en est-elle juste? Il est certain que le témoignage d'un seul homme ne fut jamais, au tribunal de la raison, le fondement solide d'une démonstration morale souveraine au premier degré. Un homme, quel qu'il soit, est toujours un homme; & dès-lors il peut toujours être ou séduit ou séducteur, ou trompeur ou trompé, à moins qu'on ne le suppose *Theodidacte* ou inspiré. (Mais nos Déistes n'en connoissent point de cette espece): c'est une suite & comme un appanage bien humiliant, mais trop réel, de l'humanité corrompue par le péché. Aussi n'est-ce pas là ce que j'apporte en preuve: c'est sur le témoignage suivi & non interrompu d'une nation entiere que je me fonde, c'est sur le témoignage de témoins sans nombre qui ont vu & qui ont entendu la meilleure partie de ce que raconte leur Historien: c'est sur le témoignage d'un peuple intéressé à contredire quantité de faits fort désagréables, dont on a fait à ses yeux le détail mortifiant: c'est sur le témoignage d'une tradition transmise de bouche en bouche pendant une longue suite de siecles, & qui apprend aux descendans les plus reculés, & de la maniere la plus uniforme, l'histoire de leurs peres. Et quant à ce qui regarde le temps qui a précédé Moyse, en remontant jusqu'au commencement du monde, le témoignage n'en est pas moins certain, quand on considere le petit nombre d'hommes qu'il a fallu, pour transmettre les faits aux enfans de Jacob: car Adam a vécu cinquante-six ans avec Lamech; Lamech quatre-vingt-treize ans avec Sem; Sem cinquante avec Isaac, & Isaac trente-six avec Levi, qui a été le pere ou l'aïeul de la mere de Moyse nommée Jocabed, & laquelle assurément Lévi avoit vue; d'où il est visible que Moyse n'a rien écrit sur ces anciens temps, qui ne fût encore dans la mémoire de tous les hommes, puisqu'il n'étoit éloigné d'Adam que de 4 ou 5 générations. Jacob de même a vécu avec ceux qui en avoient connu d'autres qui avoient vu le Déluge, lequel par conséquent il ne pouvoit pas ignorer, comme on ne pouvoit pas ignorer, au temps du Déluge, ce qui s'étoit passé à la création du monde, puisqu'il y avoit beaucoup de gens qui en avoient vu d'autres qui avoient connu Adam même. Ainsi Adam ne pouvoit être inconnu à Noé & à Sem, ni ceux-ci ci à Abraham ou à Jacob, ni Jacob à Moyse, principalement en un temps où il n'y avoit point d'autres histoires auxquelles les hommes pussent s'appliquer, ou dont ils pussent s'entretenir. Enfin l'on trouve un dernier témoignage en faveur de la révélation annoncée par Moyse dans les fêtes établies chez les Juifs, & encore aujourd'hui observées parmi eux : témoignage également reçu & de ce qui reste de la nation Juive depuis sa dispersion, & des ennemis de la même nation, ou plutôt du rit avec lequel elle adore le Dieu qu'elle fait profession de connoître, & dont elle se fait un devoir d'avouer & de soutenir les révélations. Est-ce donc le témoignage d'un seul homme auquel on voudroit réduire tout le fondement de la révélation ?

Ce genre de preuve tiré des fêtes établies chez les Juifs, & dont nous avons déja dit quelque chose, mérite une attention d'autant plus particuliere, que dans toute l'antiquité on ne peut rien produire de semblable, du moins au même degré, pour justifier quelque fait historique que ce puisse être. En effet on ne convient pas toujours de l'origine de certaines fêtes établies chez les Païens, où l'on voit évidemment que ce qui a donné naissance aux autres fêtes est fabuleux ; ou elles sont accompagnées d'excès & d'indécences qui choquent l'honnêteté publique, & qui en font plutôt des abus sacrileges que de cérémonies de religion ; ou enfin ces fêtes & ces cérémonies sont postérieures quelquefois de beaucoup aux événemens dont elles doivent rappeller la mémoire.

Rien de semblable ne peut se dire des fêtes établies chez les Juifs : le temps où elles ont été instituées, le lieu où elles ont commencé, l'occasion, ou plutôt le fait, à l'occasion duquel elles ont été ordonnées : tout eſt marqué, tout eſt ſpécifié dans le dernier détail. Telle eſt la Pâque qui commence au paſſage de la mer Rouge ; mais tellement que la fête annonce le miracle, & y prépare, & que la mémoire du miracle eſt tous les ans renouvellée par la fête, pour en éternifer la reconnoiſſance. Telle eſt la Pentecôte des Juifs, inſtituée ſur le mont Sinaï, dans le douzieme campement des Iſraélites par ordre de Dieu, cinquante jours après leur ſortie d'Egypte, en mémoire & en actions de graces de ce qu'il leur avoit donné les Tables de la Loi. Telle eſt la Scénopégie, ou la fête des Tabernacles, inſtituée après que le peuple de Dieu fut poſſeſſeur de la terre de Canaan, en mémoire des quarante années qu'il avoit demeuré dans le déſert.

Dans ces fêtes nulle cérémonie qui, conſidérée en elle-même, ſoit indigne de la majeſté de Dieu qu'elles ont pour objet ; nulle cérémonie qui ne ſoit une expreſſion vive & ſenſible de la grace qu'on a reçue, & de la reconnoiſſance qu'on en doit. L'événement qui donne occaſion à la fête & l'inſtitution de la fête même ſe touchent : nul laps de temps qui puiſſe donner lieu de ſuppoſer la fête pour établir l'événement.

Ajouterai-je que, comme il n'eſt aucun peuple qui puiſſe montrer une antiquité de monumens auſſi grande que celle du peuple Hébreu, il ſe peut faire que le Paganiſme ait emprunté de ce peuple, par une imitation corrompue, quelques fêtes & quelques cérémonies ? C'eſt même le ſentiment de pluſieurs Péres, & d'un grand nombre de Sâvans. Mais il ne ſe peut pas faire que le peuple Hébreu ait rien emprunté du Paganiſme dans l'établiſſement de ſes fêtes & de ſes cérémonies. Peut-on en douter, quand on voit par-tout dans le Pentateuque, comme dans plusieurs autres Livres de l'Écriture, que la grande attention soit du Législateur des Israélites, soit des Prophetes, est de détourner le peuple de Dieu d'avoir rien de commun avec les idolâtres, avec leur culte, leurs sacrifices & leurs cérémonies ? Les plus terribles malédictions de la Loi ne tomberent-elles pas sur les imitateurs des superstitions païennes ? Or comment accorder avec cela l'insoutenable opinion, que ce saint Législateur ait pris des Païens ce qu'il ne cesse de condamner, de défendre, de punir de la maniere la plus éclatante ?

Il est vrai que Moyse, dans la Loi qu'il annonce, charge l'appareil des sacrifices d'une multitude prodigieuse de cérémonies extérieures : mais quel en étoit le but ? c'étoit, répondent unanimement tous ceux qui ont étudié à fond les Livres saints, c'étoit par ménagement pour un peuple dur, naturellement indocile, fortement enclin à la superstition, & pour faire diversion au malheureux penchant qu'il avoit à l'idolâtrie, il falloit lui faire oublier les cérémonies superstitieuses de l'Egypte : c'est pourquoi Dieu, par une économie digne de sa bonté toute paternelle envers son peuple choisi, ordonna à son serviteur Moyse de substituer aux cérémonies superstitieuses de l'Egypte, d'autres cérémonies plus saintes dans leur objet, plus majestueuses dans leurs rits, plus sublimes dans leur esprit qui demeuroit caché.

4°. Enfin la derniere ressource des incrédules pour décréditer le témoignage de Moyse, est de le représenter comme un imposteur & un fourbe, qui abuse de la simplicité des Israélites, peuple grossier & superstitieux, pour les tromper par de vains prestiges, & exercer sur eux une domination tyrannique : & alors difent-ils, en préfentant cette imagination folle & impie pour une preuve, à quoi fert le grand nombre de témoignages qu'on a rendus à Moyfe, dans les différens fiecles qui fe font écoulés depuis lui jufqu'à nous ? Ce qui eft faux dans fon origine, peut-il devenir vrai par le laps du temps ; & la prefcription a-t-elle lieu dans cette matiere?

Qui vous a dit que Moyfe n'en a pas ufé comme Numa Pompilius, qui, pour donner plus de crédit à fes loix, feignoit d'être en commerce avec la Nymphe Egérie, ou comme Lycurgue, qui prétendoit ne parler que d'après un Oracle ? Cela n'eft-il pas d'autant plus vraifemblable par rapport à Moyfe, que d'une part, outre le fond de génie que la nature lui avoit donné, il avoit été élevé à la Cour, qui eft le regne de l'artifice & la plus fine école du manège ; & que de l'autre part il avoit affaire à un peuple groffier, & fubjugué depuis plufieurs années par un dur efclavage auquel il a été réduit ?

La premiere chofe qui fe préfente à l'efprit eft de demander à un homme qui raifonne de la forte : D'où favez-vous fi bien l'hiftoire de la naiffance de Moyfe, celle de fon éducation à la Cour de Pharaon, celle de la fervitude des Hébreux en Egypte ? Ce ne peut être que des Livres de Moyfe lui-même. Mais, fi vous le jugez digne de créance fur ces points-là, pourquoi ne l'en jugez-vous pas digne fur les autres ? Sur quel fondement nous direz-vous : Là finit l'Hiftorien qui écrit la vérité, & commence l'impofteur qui publie des menfonges. Mais allons plus loin : donnez à Moyfe tout l'efprit du monde : & faites des Hébreux qui étoient fous fa conduite les plus ftupides des mortels, vous n'en ferez pas plus avancé. Car il ne s'agit point d'un ou de deux prodiges, qui n'aient eu que la durée d'une éclair, ou qui se soient passés dans des retraites impénétrables, & aux yeux d'un nombre de personnes. Il ne s'agit point d'un Bélus, qui ne rend ses oracles que la nuit, au haut d'une tour où il n'entre qu'une personne à la fois; d'un Zoroastre, qui dit avoir appris des choses divines dans le fond d'un antre; d'un Pythagore qui feint d'être descendu aux enfers, & d'y avoir appris tout ce qui s'étoit passé pendant son absence chez les Crotoniates; d'un Zamolko, qui débite en enthousiaste à des Scythes barbares les rêveries de ce Philosophe; d'un Solon qui fait paroître en grande pompe une femme inconnue, sous le nom & les parures de Minerve, pour engager les Athéniens à recevoir ses loix comme dictées par la Déesse; d'un Lycurgue qui prétendoit avoir reçu ses loix d'un Oracle; d'un Numa qui prétendoit avoir reçu les siennes de la Nymphe Egérie dans un bois écarté, & sur le bord d'une fontaine; enfin d'un Mahomet qui se donnoit pour un illuminé, à qui le Ciel révéloit ses plus profonds mystères dans de prétendues extases, & par le ministere d'une colombe, dont lui seul, disoit-il, entendoit le langage. Mais c'est en présence & sous les yeux de plusieurs centaines de milliers d'hommes, que la mer Rouge respectant les ordres de Moyse, sépare ses eaux, pour ouvrir au milieu de ses abîmes un chemin solide aux Israélites; & que se repliant sur elle-même, elle submergea Pharaon & son armée qui alloient à la poursuite : c'est en présence & sous les yeux de plusieurs centaines de milliers d'hommes, qu'un rocher docile aux impressions de la baguette de Moyse, fait couler de son sein une source abondante d'eau, pour désaltérer un peuple que la soif réduisoit aux dernieres extrémités ; & que tous ceux qui regardent le serpent d'airain élevé dans le désert, sont guéris des morsures des serpens qui causoient la mort à la multitude : c'est en présence & sous les yeux de plusieurs centaines de milliers d'hommes, que la manne tombe régulièrement tous les jours, excepté celui du sabbat, pour nourrir au milieu des déserts un peuple de voyageurs, & que leurs habits ne s'usent point pendant quarante ans : c'est en présence & sous les yeux de plusieurs centaines de milliers d'hommes, que les feux, les éclairs annoncent la majesté du Seigneur, qui confere avec son serviteur Moyse, & qui lui donne les Tables de la Loi sur la montagne fameuse de Sinaï : c'est en présence & sous les yeux de plusieurs centaines de milliers d'hommes que Moyse opere une multitude d'autres prodiges rapportés dans le Pentateuque, & dont plusieurs étoient annoncés avant l'événement. Nul mystere de la part de Moyse : il choisit pour témoins & des prédictions & de l'événement, le peuple entier qu'il conduit ; & quel peuple ? un peuple de murmurateurs, un peuple toujours prêt à se révolter, un peuple qui semble ne savoir céder qu'à des prodiges, un peuple dont la malice & le mauvais cœur auroit suppléé à l'esprit, quand il en auroit été dépourvu.

Si tout ceci n'est pas une démonstration complette de la vérité de tous ces prodiges, je ne vois plus qu'il soit possible de s'assurer d'aucun fait : toute l'histoire n'est qu'un Roman ; & tout ce qui tombe sous les sens, n'est qu'un jeu de l'imagination. Car enfin le fondement de toute la certitude humaine est que les hommes ne sont pas fous, & qu'il y a certaines regles dans la nature, dont ils ne s'écartent jamais que par un renversement total de la raison : s'il est permis de supposer une fois le contraire, il n'y a plus rien de constant. Or pour imputer à Moyse le dessein de tromper les Israélites, il faut supposer qu'il avoit perdu le sens. Un fourbe qui n'a point perdu l'esprit, prend-t-il à témoin de ses mensonges les yeux mêmes de ceux qu'il veut tromper ? Exige-t-il d'eux qu'ils prennent des précautions pour ne jamais oublier ce qu'ils ont vu & ce qu'ils voient actuellement, s'ils n'ont rien vu & s'ils ne voient rien ? Est-ce en les chargeant de loix pénibles, en les accablant de reproches, en les maltraitant, & en punissant de mort leurs prévarications, qu'il s'insinue dans leur esprit pour les mieux séduire ? Un enfant couvriroit de confusion un fourbe de cette espece, & lui fermeroit la bouche pour toujours.

S'il n'est pas possible d'allier dans Moyse la raison avec le dessein de tromper les Israélites, il est évident qu'il n'est pas plus possible d'accorder à ceux-ci le sens commun, ou de les supposer en même-temps séduits : car il faut être fou, pour se laisser persuader qu'on a traversé la mer à pied sec, qu'on a vu une montagne en feu, qu'on vit d'un aliment céleste, qu'on n'a point changé & qu'on ne change point de vêtemens, &c.; lorsqu'on n'est arrivé d'un rivage de la mer à l'autre, que par le long circuit de l'une de ses extrêmités, lorsqu'on n'a vu qu'une montagne escarpée, lorsqu'on ne doit sa nourriture qu'à son industrie & à la force de ses bras; lorsqu'on s'est vu & qu'on se voit dans la triste nécessité de se faire souvent des habits, &c., une telle illusion dans un peuple entier n'a pas l'ombre de vraisemblance : la supposition d'un sommeil de quarante ans, entretenu par des rêves agréables seroit moins absurde.

Supposez que les Israélites n'ont pas cru ces prodiges, c'est les supposer dans un autre genre de folie, plus triste à la vérité, mais qui ne le cede en rien au premier. Quoi ! tout un peuple, sans y être forcé, par les plus grands & les plus étonnans prodiges, se laisse traîner le long d'un désert aride, se laisse imposer des loix séveres, se laisse traiter avec un empire absolu, par un homme seul & sans forces, se laisse repaître de fables par un visionnaire, pratique, & s'oblige, sons peine de mort, à pratiquer des cérémonies eu mémoire de ces fables impertinentes ? Les Israélites étoient donc un peuple d'hypocondriaques, dont les accès n'avoient aucune interruption.

Mais ne pourroit-on pas supposer une convention entre Moyse & les Israélites, de décorer leur histoire de tant de belles fables, pour donner du lustre à la religion nouvelle qu'ils établissent, & rendre la nation vénérable à tous les peuples ? J'y consens, pourvu qu'on suppose Moyse & les Israélites moins sensés que les fous. Je ne prie pas d'expliquer comment avec de la raison les Israélites peuvent s'assujettir à une multitude de loix si rigoureuses, que des manquemens à de simples cérémonies sont punis de mort : si ces loix sont de leur invention, je demande s'ils peuvent sans folie compter sur le secret d'un peuple de fourbes. Le premier capricieux & mécontent ne publiera-t-il pas l'imposture, & ne convaincra-t-il pas la nation entière d'un mensonge concerté ? Peuvent-ils sans folie se flatter que les Egyptiens s'uniront à eux, pour transmettre à la postérité l'histoire des plaies dont on les dit frappés ; la mort de tous leurs premiers-nés par l'Ange exterminateur, la perte de leur armée dans la mer Rouge; & que les peuples voisins consentiront à réaliser les voies extraordinaires par lesquelles on feint qu'ils sont chassés de leur pays ?

Peut-on sans folie inventer des fables qui ne sont propres qu'à rendre plus éclatantes les infamies dont on s'avoue couvert ? On se vante d'avoir été délivré d'un pays cruel par les plus grands miracles; & à peine en est-on sorti qu'on s'abandonne au murmure, qu'on veut y retourner, qu'on veut lapider son libérateur, ce grand faiseur de miracles : quelle honte ! quelle ingratitude ! On se fait un mérite de recevoir du Ciel une nourriture; & l'on crie comme des enfans après les oignons & les poreaux d'Egypte : quelle légéreté ! Il faudroit transcrire tout le Pentateuque, si l'on vouloit rapporter tous les égaremens de ce peuple, qu'on suppose si amateur de la gloire. Si les Israélites ont feint les miracles, on ne peut leur prêter d'autres vues que d'apprendre à leurs descendans, que pendant quarante ans ils se sont efforcés d'égaler par leur scélératesse les bienfaits dont la Divinité les honoroit. Il est donc absurde de penser que tout ce que Moyse dit des miracles operés en Egypte & dans le désert, est une pure fiction de sa part pour tromper les Israélites, ou une fiction concertée entre lui & les Israélites.

En vain l'incrédule oppose-t-il que les Israélites étoient un peuple d'ignorans, & qu'il n'étoit pas si difficile qu'on le pense à un homme d'esprit, tel que Moyse, de leur faire accroire tout ce qu'il vouloit : rien de plus misérable que ce faux-fuyant. Quelque ignorans, quelque grossiers qu'on suppose les Israélites, la nature des faits est telle, comme on vient de voir, qu'il

O v.

étoit impossible à Moyse de les tromper, à moins qu'ils ne fussent entiérement privés de la raison. Ainsi on ne peut recuser ce peuple de témoins qu'en démontrant sa folie réelle; la grossiéreté des Israélites n'étoit propre qu'à les prévenir contre Moyse, & à les rendre plus défians & moins crédules, si les prodiges n'avoient été aussi clairs que les rayons du soleil.

On peut réussir à entretenir un peuple d'ignorans dans l'assujettissement à des loix anciennes auxquelles il est fait par une longue habitude, que les préjugés de l'éducation, l'exemple de ses ancêtres lui rendent respectable. Il est même très-difficile de le faire consentir à leur abolition. Il demeure scrupuleusement attaché à ses anciens usages : il n'est pas même impossible de lui faire accroire que ses peres ont reçu ces loix de la Divinité. Mais lorsqu'il s'agit de nouvelles loix & de nouveaux usages, un peuple d'ignorans & de grossiers est ennemi de ces changemens & de la dépendance, il est peu sensible à la beauté & à la sagesse des loix qu'on lui propose. On ne réussit gueres à le soumettre & à l'assujettir par la raison : il ne se rend qu'à la force & à la violence, ou à une évidence sensible & palpable. Moyse est sans appui & sans force, il ne peut avoir d'autre autorité que celle que peuvent lui donner des prodiges : il ne fonde celle qu'il s'attribue que sur les miracles qu'il opere actuellement. Les loix qu'il propose sont d'une grande beauté & d'une grande sagesse, mais en même-temps d'une extrême sévérité. Ce sont des loix nouvelles en grand nombre, ennemies de toutes les passions. Il ne les appuie pas sur d'antiques miracles, mais sur des miracles présens, sensibles, sur lesquels il est impossible de se tromper ; il en prend à témoin les ieux de ceux à qui il veut faire reconnoître son autorité & ses loix. Il faut donc que les miracles de Moyse soient d'une évidence palpable, puisqu'ils subjuguent un peuple d'ignorans & de grossiers.

Ajoutons ici une réflexion importante. Les incrédules aiment à regarder les Israélites comme un peuple bien plus ignorant & plus grossier que les Egyptiens, les Grecs & les Romains. Sur quoi porte une telle idée ? Sans doute c'est sur la pente des Israélites vers le sensible, leur asservissement à l'imagination, leur amour pour les objets terrestres, leur goût pour l'idolâtrie, la recherche de tout ce qui plaît aux passions. Mais ignore-t-on que ce sont-là des défauts communs à tous les peuples, des maux universels, des preuves certaines & générales de la corruption de l'homme. Pour juger sainement des Israélites & de ces autres nations qu'on leur préfere, comparons l'idée que les descendans d'Abraham ont toujours eu de la Divinité, leur religion & leur morale à l'idée qu'avoient de la Divinité les Egyptiens, les Grecs & les Romains dans leurs plus beaux jours, à leur religion, à leur morale ; on sera étonné de l'aveuglement & de la stupidité de ces peuples que l'on croit si sages, & l'on demeurera convaincu que la prééminence de raison que l'on remarque dans les Israélites ne peut être due qu'aux plus grands prodiges. Quelle pureté en effet dans leur morale ! quelle sagesse dans leur politique ! quelle religion dans leur culte ! Que si l'on ajoute ce que les Livres saints nous apprennent de leur habileté dans les arts, de leurs connoissances dans les sciences utiles, & de leur bravoure dans les combats, tous les vrais appréciateurs conviendront que les Juifs ne le cédoient en rien aux autres nations. Mais, dit l'incrédule, c'est leur trop grande crédulité qui doit les faire regarder comme stupides & grossiers. En quoi étoient-ils trop crédules ? parce qu'ils croyoient ce que les mécréans ne croient pas, & dont ils étoient témoins oculaires, c'est-à-dire, parce qu'ils croyoient aux prophéties & aux miracles. Mais s'ils les voyoient, pourquoi n'y pas croire, & en laisser le récit à la postérité ? Il faudroit donc donner sur cela des preuves de la trop grande crédulité des Israélites. Mais quelles preuves les incrédules en ont-ils ? C'est, disent-ils, que les prophéties & les miracles sont impossibles; ou du moins qu'il n'est pas possible de s'assurer que tel événement extraordinaire est prophétique ou miraculeux. Pure pétition de principe; d'un côté, on suppose ce qui est en question : fausseté manifeste de l'autre, ainsi qu'on l'a prouvé dans l'article précédent. Les incrédules ajoutent que les Historiens sacrés étoient prévenus en faveur de leur culte & de leur nation. Ils convertissoient en prodiges tout ce qui les flattoit. Encore une fois où en est la preuve ? D'ailleurs, parler ainsi, c'est ignorer ou feindre d'ignorer les reproches continuels d'idolâtrie, de mauvaise conduite & d'infidélité adressés aux Juifs dans les Livres de Moyse, de Josué, des Juges, des Rois & des Prophetes. Leurs Historiens n'étoient donc pas d'aveugles & de fades adulateurs de leurs freres; & ceux-ci n'auroient pas constamment & unanimement consenti à l'imposture, en convenant avoir vu & entendu ce qu'on ne leur auroit jamais ni dit, ni montré. La chose n'est ni vraisemblable, ni moralement possible. Enfin ces merveilles & ces productions dont il est parlé dans les Livres saints, paroissent enflées aux incrédules ; mais le sont-elles en effet ? c'est encore ce qu'ils ne prouvent point. Ont-ils du moins détruit les preuves que l'on donne de la certitude de ces prodiges ? ils ne les ont pas seulement effleurées. Aveuglés par la prévention, les démonstrations les plus claires ne leur font point d'impression. Ils n'ont aucune idée de la puissance de Dieu, ou ils s'en forment des idées fausses. Outre les Livres qu'on a indiqués plus haut, on peut encore consulter sur cette matiere l'ouvrage intitulé : *Preuves de la Religion de Jesus-Christ contre les Spinosistes & les Déistes*, par M. François, Tom. II.

Concluons de toutes ces réflexions que Moyse n'étoit pas seulement un historien vrai & sincere, & un sage Législateur ; mais encore un homme inspiré & envoyé de Dieu, qui a prouvé sa mission par une chaîne de miracles éclatans, incontestables, & opérés au grand jour & sous les yeux d'une nation entiere, & qui avoit encore reçu l'esprit prophétique, pour annoncer aux Israélites les volontés de Dieu, & les prodiges qui en confirmoient la vérité. Comment en effet, sans une inspiration divine, auroit-il su que Dieu devoit faire tel ou tel miracle dans telle circonstance ? comment auroit-il averti des différentes plaies dont l'Egypte fut frappée avant qu'elles arrivassent ? Comment auroit-il prédit la mort des premiers-nés de toutes les familles Egyptiennes, & ordonné aux Israélites de teindre leurs portes du sang de l'Agneau paschal, pour éviter la mort de leurs premiers-nés ? Comment savoit-il, qu'en frappant de sa verge les eaux de la mer Rouge, elle se sépareroit pour ouvrir un passage au peuple ? Comment auroit-il su qu'au lever du soleil le camp des Israélites seroit couvert de manne & de cailles ; que la manne dureroit tout le temps de leur séjour dans le désert, que Dieu leur parleroit du milieu des flammes sur le mont Sinaï, &c. Si une seule de ces choses prédites eût manqué, Moyse étoit convaincu d'imposture. Par quelle politique auroit-il pu conjecturer tous ces événemens, & par quel artifice ? auroit-il pu les faire croire au peuple, s'il n'en eût été témoin ? Or Moyse étant Thaumaturge & Prophete, peut-on douter que l'inspiration céleste ne s'étendît sur ses livres ? le mensonge auroit-il été enseigné par celui dont Dieu se servoit pour parler aux hommes, & leur faire connoître ses volontés ? Dieu auroit-il permis que celui qui a opéré tant de merveilles pour prouver sa mission, ait inventé l'erreur, quand il a parlé de la création & de tous les autres faits dont ses livres sont remplis. La religion ni la raison ne permettent pas de le penser.

Marques & caracteres auxquels on doit reconnoître le Messie, selon les Prophetes.

Pour procéder avec ordre & avec clarté dans cette matiere, il faut 1°. se borner aux principales prophéties qui regardent directement & immédiatement le Messie ; c'est-à-dire, ce Prophete que Moyse ordonne aux Juifs de la part de Dieu d'écouter lorsqu'il paroîtra, & qui a été annoncé dès le commencement du monde, & prédit pendant une longue suite de siecles comme le Médiateur qui devoit réconcilier l'homme pécheur avec le Ciel, ramener l'innocence sur la terre, & y établir un culte spirituel & agréable à Dieu : 2°. distinguer cinq sortes de prophéties qui regardent le Messie promis ; les unes déterminent le temps de sa venue, & le lieu de sa naissance ; les autres déclarent ce qui convient à sa personne; les troisiemes annoncent quelle sera son œuvre; les quatriemes, les moyens qu'il emploira pour l'accomplir; enfin les dernieres, l'état des Juifs après la venue du Messie.

Les Juifs ne pouvant se dissimuler que le temps de la venue du Messie marqué par leurs Prophetes est passé, font tous leurs efforts pour affoiblir les prophéties qui le concernent, ou pour les appliquer à d'autres objets. Nous repousserons leurs vaines subtilités à mesure que nous exposerons chaque prophétie; & à l'égard des incrédules qui n'attaquent gueres ces prophéties qu'en général, nous terminerons l'article suivant par la réponse à leurs objections.

1°. Nous avons quatre célebres prophéties qui déterminent le temps de la venue du Messie, & une qui annonce très-distinctement le lieu de sa naissance. La premiere est tirée de la Genese, c. 49. Jacob prophétisant à ses enfans ce qui devoit arriver aux tribus qui se formeroient de leur postérité, & qu'il établissoit dès-lors, parle ainsi à Juda son quatrieme fils : le sceptre ne se retirera point de Juda, ni le Prince de sa postérité jusqu'à la venue de celui qui doit être envoyé : & il sera l'attente des nations : *Non auferetur sceptrum* (שבט) *de Juda & dux de femore ejus,* (ומחקק) *donec veniat qui mittendus est* (שילה), *& ipse erit expectatio* (יקהת) *gentium.* Il y a dans ce texte de la Vulgate plusieurs fautes soit de Copistes, soit d'Interpretes, qui ne détruisent pas cependant le fond du sens qu'il renferme, & qu'il est aisé de rectifier. 1°. Le mot שילה n'est ni hébreu ni d'aucune autre langue. C'est un pur barbarisme causé par la faute des copistes. Il faut lire avec le Samaritain שלה *pacificus* ou *pacem faciens.*

Ceux qui ont traduit *mittendus est* ont lu שלח, le ה a été changé en ח par quelque mauvais copiste. 2°. *de femoribus ejus* (רבליו) ce qui n'a pas de sens. Le Samaritain lit רבליו qui est beaucoup mieux & la vraie leçon. On voit l'erreur qui consiste en ce que les copistes ont mis un ר au lieu d'un ד. Il ne s'agit, comme l'on voit, que d'une petite inflexion, inconvénient qui ne se trouve point dans les caractères samaritains, qui sont l'ancien caractère hébreu & original. 3°. *Expectatio gentium* יקהת. Le samaritain porte *obedientia* dans la version qu'on en a faite, parce que le Traducteur a tiré le mot de la racine יקה, ce qui est beaucoup mieux que de la tirer, comme on a fait dans la Vulgate, de la racine קוה *attendre*. Ainsi, selon le Pentateuque samaritain, dont le texte est pur, & sur lequel il faut rectifier l'hébreu d'aujourd'hui, on doit traduire « le sceptre ne sera point ôté de Juda, ni » le Prince du milieu de ses étendards jusqu'à » la venue de celui qui doit apporter la paix » sur la terre, & à qui les nations obéiront », *non auferetur virga, vel sceptrum de Juda, & dux de vexillis ejus, donec veniat pacificus, & ei obtemperabunt nationes.* Les fautes de notre hébreu sont anciennes ; car les Septante lisoient רגליו *de femoribus ejus* ; leur manuscrit portoit שלה comme le samaritain ; mais ils ont pris ce terme pour אשר לו *cujus est*, c'est-à-dire, *ad quem pertinet sceptrum*. Aquila traduit de même. Saint Jérôme a lu שלח *mittendus*; la version syriaque & arabique traduisent comme Aquila & les Septante : la paraphrase chaldaïque dit *donec veniat Messias, & ei obedient populi*, apparemment de משל *regnare*, d'où vient משלה *potentia, regnum*, où ils ont lu משיח

oint, Meſſie de משח *oindre* & conſacrer.

Il eſt évident que Jacob parle ici de celui qui lui avoit été promis, auſſi-bien qu'à Abraham & à Iſaac, & qui devoit être la bénédiction de tous les peuples, il le déſigne par le terme de *pacifique*, qui eſt attribué ſpécialement au Meſſie dans les Livres ſaints. Il eſt évident que Jacob regarde la venue de celui dont il parle, comme le bien public de toutes les nations : caractere propre au Meſſie que lui donnent tous les Prophetes ; & il n'eſt pas poſſible d'en feindre un autre à qui ce caractere convienne. Jacob prédit donc que ce Médiateur promis naîtra de la tribu de Juda, & que cette tribu ſubſiſtera en corps de République avec ſes loix, ſa juriſdiction, ſes magiſtrats, juſqu'à ce qu'il vienne. Car le terme hébreu שבט *ſceptrum* ne ſignifie pas la ſeule royauté, comme l'uſage de notre langue le pourroit faire croire ; mais il ſignifie encore le bâton de commandement, l'autorité, la puiſſance, la magiſtrature. Il ſigifie auſſi une *tribu*; ſans doute, parce qu'une tribu eſt une collection de peuple ſous le gouvernement d'un ou de pluſieurs magiſtrats. Or il y a près de dix-huit cents ans que la tribu de Juda a ceſſé de former une république libre & ſouveraine, qu'elle a ſubi les loix des différentes nations parmi leſquelles elle a été diſperſée, qu'elle a même été confondue avec les autres tribus ; de maniere qu'il n'eſt plus poſſible de la connoître & de la diſtinguer d'elles, & qu'elles-mêmes ſont également confondues. Il y a donc près de dix-huit cents ans que le Meſſie doit être venu, ou la prophétie eſt fauſſe.

Les Juifs croyant que le Meſſie n'eſt point encore venu, & voyant que la tribu de Juda a perdu depuis long-temps ſon autorité, ſont extrêmement embarrassés de cette prophétie. Ils se partagent pour en éluder la force. Les uns conviennent qu'elle regarde & prédit le Messie; mais ils soutiennent qu'elle peut subsister sans qu'il soit encore venu. Les autres plus hardis appliquent les paroles de la prophétie à d'autres événemens.

Selon les premiers, le mot שבט que nous traduisons par *sceptrum*, signifie *verge de châtiment*. Et voici le sens qu'ils donnent à la prophétie de Jacob. « La verge de châtiment ne se » retirera point de Juda jusqu'à ce que le Mes- » sie soit venu ». Par cette interprétation les Juifs dont il s'agit se mettent au large, le misérable état de dispersion où ils sont, bien loin d'être une preuve que le Messie soit venu, montre au contraire qu'il ne l'est pas, & que tant qu'ils seront châtiés ils doivent l'attendre. Mais cette interprétation, loin de leur être avantageuse prouve leur mauvaise foi. Car le mot employé par Jacob signifie bâton ou verge, mais bâton ou verge de commandement, & non de châtiment. Lorsque l'Ecriture parle de la verge de châtiment, elle n'emploie pas ordinairement le mot שבט mais le mot מטה, comme il paroît dans l'Exode, chap. 4, v. 24, 17 & 20; dans Isaïe, chap. 9, v. 4; dans Jérémie, chap. 51, v. 19; dans Amos, 1, 5; dans le Psaume 44, selon l'hébreu, 45, v. 7, &c. mais quand même on prouveroit par quelque exemple que le mot שבט signifie indifféremment l'un & l'autre, le second membre de la prophétie de Jacob en fixe la signification à ce lo de sceptre ou de bâton de commandement. Jacob dit que, jusqu'à ce que le Messie vienne, le שבט ne se retirera point de Juda, ni le Prince, le Chef, le Législateur du milieu de ses étendards.

Il est clair comme le jour, que tant que la postérité de Juda aura le pouvoir législatif, elle aura aussi la puissance souveraine marquée par le sceptre. L'un ne peut être sans l'autre. Aussi le mot שבט ne peut marquer en cet endroit que le pouvoir législatif inséparable de l'autorité.

D'autres Juifs prétendent que ce mot עד כי, qu'on rend *donec* ou *usquedum*, signifie *in æternum, postquam*, en faisant deux mots de cette particule, & traduisent ainsi : « L'autorité sera » pour jamais dans Juda quand le Messie lui » sera donné ». Mais 1°. עד כי n'a jamais été entendu en ce sens dans aucun endroit de l'Ecriture, on l'a toujours pris pour une préposition qui signifie *donec*. (Voyez entr'autres, Genes. chap. 26, 13) ; & c'est pourquoi toutes les anciennes versions portent *donec*. Ainsi la Version Samaritaine, les Septante, la Paraphrase Chaldaïque, celle de Jérusalem, celle de Jonathas, Aquila, Simmaque, la version syriaque, arabique & persique, la Vulgate, &c. Il est donc clair que quelques Juifs modernes n'ont inventé cette subtilité que pour éluder la prophétie. D'ailleurs, l'état actuel des Juifs & la confusion des tribus ne s'accorde point avec le sens qu'on lui donne ici. La prophétie dit clairement que la puissance de Juda subsistera jusqu'au Messie.

Autre explication. Cette prophétie, disent certains Rabins, est conditionnelle & non absolue ; elle assure à Juda l'autorité jusqu'à la manifestation du Messie, mais supposé que les Juifs demeurent inviolablement attachés à la loi. Or le contraire est arrivé. Il n'est donc pas étonnant que la prophétie soit demeurée sans effet. Pure subtilité. Dieu parut, il est vrai, promettre sans restriction aux Juifs la terre de Canaan, mais il ajouta néanmoins une condition; & ils en ont été chassés, parce qu'ils ne l'ont pas remplie; mais la prophétie de Jacob est entiérement absolue. Elle ne renferme aucune condition. Et il faut remarquer qu'il en est de même dans toutes les autres prophéties du Messie. Dieu a promis sans restriction de l'envoyer, & il a scellé sa promesse par le serment.

L'exposition des Juifs qui refusent d'appliquer au Messie cette prophétie, est si ridicule, que nous ne nous y arrêterons pas; ils disent que par le mot (ou le barbarisme) שילה, il faut entendre la ville de Silo, & que cela signifie que le Messie ne viendra point jusqu'à ce que la ville de Silo soit détruite. Réflexion pitoyable. Il s'agit dans la prophétie d'une personne, & non pas d'une ville. De plus, après la destruction de Silo, l'autorité n'a pas cessé dans Juda. C'est pourquoi d'autres disent : jusqu'à ce que Saül reçoive la puissance en Silo; d'autres jusqu'à ce que Silo soit détruite, & David couronné. D'autres ont attribué la prophétie à Jéroboam; d'autres enfin à Nabuchodonosor au temps de la captivité. Mais toutes ces variations marquent leur embarras. 1°. Aucun de ces Princes n'a été regardé comme le Messie par la nation, & cependant la nation a toujours entendu la prophétie du Messie. 2°. Saül ni David n'ont été élus ni sacrés en Silo. 3°. L'arche étoit hors de Silo avant que David fût Roi. 4°. Jéroboam n'a pas non plus été sacré à Silo. 5°. Nabuchodonosor n'étant ni Juif, ni de la tribu de Juda, n'a pu être reconnu pour le Messie. Bien loin d'avoir été le Chef des Juifs, il a toujours été leur ennemi; & enfin la tribu de Juda n'a perdu son autorité ni sous lui, ni sous les Rois dont on vient de parler.

La seconde & la troisieme prophétie qui marque le temps de la venue du Messie sont tirées d'Aggée, ch. 11, v. 7, 8 & 10; & de Malachie, chap. 3, v. 1, lorsque les soixante-dix années de la captivité de Babylone furent expirées, Cyrus devenu maître de l'Empire des Babyloniens, rendit la liberté au peuple juif; & renvoya en Judée Zorobabel, fils de Salathiel, & petit-fils de Jéchonias, Roi de Juda, avec tous ceux des Juifs qui voulurent le suivre pour rebâtir le temple de Jérusalem. Ils revinrent donc au nombre de quarante mille trois cents hommes, & ils bâtirent un nouveau temple dans l'emplacement du premier. Alors Dieu leur envoya les Prophetes Aggée & Zacharie pour les encourager au travail, & les consoler; & voici ce qu'Aggée leur dit touchant la gloire de ce second temple. « Voici ce que dit le Seigneur
» des armées : Encore une fois & dans peu de
» temps j'ébranlerai le ciel & la terre, la mer
» & l'élément aride. J'ébranlerai tous les peu-
» ples, & le Désiré de toutes les nations vien-
» dra, & je remplirai de gloire cette maison
» (par sa présence) dit le Seigneur des ar-
» mées. La gloire de cette derniere maison sera
» encore plus grande que celle de la premiere,
» dit le Seigneur des armées, & je donnerai la
» paix en ce lieu, dit le Seigneur des armées ».
Malachie, le dernier des Prophetes, fut envoyé ensuite pour confirmer & éclaircir cette prophétie. Il dit donc aux Juifs qui travailloient à la construction de ce second temple, laquelle dura quarante-six ans. » Je vais envoyer mon
» Ange qui préparera la voie devant ma face, &
» aussi-tôt le Dominateur que vous cherchez,
» & l'Ange de l'alliance que vous désirez vien-

» dra dans son temple. Le voici qui vient, dit
» le Seigneur des armées ».

Non-seulement tous les Rabins sont d'accord que *le Désiré de toutes les nations*, le *Dominateur* cherché par les Juifs, & l'*Ange de l'alliance* si désiré d'eux, ne sont que trois dénominations du Messie ; mais il est clair que ces expressions ont un rapport direct à la promesse faite à Abraham, Isaac & à Jacob, que toutes les nations seroient bénies dans celui qui sortiroit de leur race, qui apporteroit sur la terre la véritable paix, & qui seroit le Médiateur de l'alliance éternelle, qui ne renfermeroit pas seulement le peuple Juif, mais encore tous les peuples de la terre : caracteres qui désignent clairement le Messie promis dès l'origine du monde. Cela posé, la gloire du second temple bâti par Zorobabel devoit, selon le Prophete Aggée, surpasser celle du premier temple bâti par Salomon, à l'arrivée du Messie ; & ce devoit être en ce que le Messie, selon le Prophete Malachie, viendroit dans ce second temple ; gloire que n'avoit pas eu le premier. Il étoit donc prédit que le Messie devoit honorer de sa présence le second temple. Or il y a dix-sept siecles que ce second temple ne subsiste plus, & il n'a jamais été rebâti : donc, puisque le Messie a dû y venir, il y a au moins dix-sept siecles que le Messie doit être venu, ou les prophéties d'Aggée & de Malachie sont fausses.

Le Prophete Malachie ajoute que le Messie qui devoit entrer dans le second temple auroit un Précurseur envoyé de Dieu pour annoncer sa venue, & que ce Messie viendroit lui-même peu de temps après. Le Prophete Isaïe, chap. 40, v. 3. & suiv. désigne très-clairement ce Précurseur du Messie, & son ministere qui consistera à prêcher la pénitence, & à préparer les hommes « à la manifestation de la gloire du Seigneur » que toute chair verra ».

Les Juifs n'ont rien à objecter contre le texte de ces prophéties, & nous verrons dans la suite combien ils se trompent dans l'application qu'ils en font.

La quatrieme prophétie sur le temps de la venue du Messie, se trouve dans le chap. 9 du Prophete Daniel. Voici ce que l'Ange Gabriel révele de la part de Dieu à ce saint Prophete. « Dieu a fixé le temps de soixante-dix semaines
» sur vôtre peuple & sur votre ville sainte, afin
» que les prévarications soient abolies, que le
» péché trouve sa fin, que l'iniquité soit expiée,
» que la justice éternelle vienne sur la terre,
» que les visions & les prophéties soient scellées
» par l'événement, & que le Saint des Saints
» soit oint de l'huile sacrée. Sachez donc & comprenez que, depuis l'ordre qui sera donné pour
» rétablir & rebâtir Jérusalem, jusqu'à ce que
» le Messie soit le conducteur de son peuple,
» il y aura sept semaines & soixante-deux semaines. Les places & les murailles seront bâties
» de nouveau parmi des temps fâcheux, & après
» les soixante-deux semaines, le Christ sera mis
» à mort, & le peuple qui l'aura renoncé ne
» sera plus son peuple. Un autre peuple dépendant d'un Chef qui doit venir, détruira la
» ville & le sanctuaire. Car le sanctuaire trouvera sa fin dans le déluge de maux, & la
» guerre ne finira que par l'extrême désolation
» à laquelle la ville sera condamnée, il (le
» Christ ou le Messie) confirmera l'alliance avec
» plusieurs dans une semaine ; & à la moitié de
» cette semaine, il mettra fin aux sacrifices &

» oblations. Le temple ayant été souillé par
» des abominations sera désolé, & la désola-
» tion se répandra sur le peuple étonné jusqu'à
» une ruine entière & inévitable ».

Comme ce texte est des plus importans, &
qu'il servira dans la suite à marquer plusieurs
autres caractères du Messie, nous le rapporterons en latin avec quelques endroits du texte
original pour l'éclaircir de plus en plus. *Septua-
ginta hebdomades abbreviatæ sunt* (נחתך *de-
cisæ, id est definitæ) super populum & super urbem sanctam tuam, ut consummetur prævaricatio,
& finem accipiat peccatum, & deleatur iniquitas,
& adducatur justitia sempiterna, & impleatur visio
& prophetia, & ungatur Sanctus Sanctorum. Scito
ergo & animadverte, ab exitu sermonis ut iterùm
ædificetur Jerusalem usque ad Christum Ducem*
(צר משיח נגיר *quâ voce* נגיר *Messias desi-
gnatur Paralip.* 5). *Hebdomades septem, &
hebdomades sexaginta duæ erunt. Et vel NAM
rursum ædificabitur platea & muri in angustiâ
temporum; & post hebdomades (septem) sexaginta duas, occidetur* (יכרת *exscindetur) quæ
vox usurpatur sæpè ad significandam pœnam ca-
pitalem judicis sententiâ inflictam) Christus, &
non erit ejus populus qui eum negaturus est,*
(ואין לו *id est, & nemo ei,* personne pour lui,
vel non ejus, personne ne prendra son parti,
tout le monde l'abandonnera. *Supplet vulgatus
Interpres erit populus; vel non ei, supple judi-
cium, vel non sibi, id est, non propter sua pec-
cata occidetur). Et civitatem & sanctuarium dis-
sipabit populus cum Duce venturo, & finis ejus
vastitas, & post finem belli statuta desolatio,*
(ועד קץ מלחמה *usque ad finem belli.*) *Con-
firmabit autem pactum multis hebdomadâ unâ,
& in dimidio hebdomadis deficiet hostia & sacri-
ficium,*

ficium, & erit in templo abominatio desolationis, & usque ad consummationem & finem perseverabit desolatio.

On ne peut douter que Daniel ne peigne ici le Messie promis dans les Ecritures, & attendu des Juifs comme leur libérateur; il l'appelle par son nom, & les titres augustes qu'il lui donne sont incommunicables à tout autre; car il l'appelle le Saint des saints, la Justice éternelle, le Christ par excellence, en qui les prophéties seront accomplies, & qui mettra fin à l'iniquité; qui expiera le péché, & qui en abolissant les sacrifices & la religion judaïque, établira cette nouvelle alliance à laquelle toutes les nations participeront. Or il fixe ce renouvellement qui doit être opéré par le Messie à soixante-dix semaines; & il présente pour époque du commencement de ces semaines l'ordre qui sera donné après la captivité par les Rois de Perse pour rétablir & rebâtir Jérusalem. Il s'agit de savoir si ce sont des semaines ordinaires de jours ou des semaines d'années : car on trouve dans l'Ecriture sainte ces deux sortes de semaines. Il est parlé dans le vingt-deuxieme chapitre de l'Exode, v. 15 & 16, de semaines de jours, & dans le vingt-cinquieme, v. 8, de semaines d'années, en ces termes : Vous compterez aussi sept semaines d'années, sept fois sept ans, ces sept semaines faisant quarante-neuf ans. Il est aussi parlé de semaines d'années dans la Genèse, chapitre 29; dans Ezéchiel, chapitre 4; dans l'Apocalypse, chapitre 12. Cette maniere de compter étoit de même suivie chez les Païens & les auteurs profanes. Aristote, chap. 26, livre 7, en parle assez ouvertement; & Varron ne l'a pas oublié dans ses livres intitulés *Les Semaines*. Cela posé, il est clair que les événemens

Tome II. P

prédits par Daniel ne peuvent s'ajuster avec des semaines de jours. Car il faut, suivant la prophétie, qu'au milieu de la soixante-dixieme, ou derniere semaine, le Christ soit rejetté & mis à mort par son peuple ; qu'aussi-tôt après il se passe des abominations dans le lieu saint ; qu'un chef conduise un autre peuple contre Jérusalem, qu'il la détruise, ainsi que son temple, & que cette désolation s'étende sur tout le peuple Juif jusqu'à une ruine entiere & inévitable. Or tous ces événemens ne sont pas arrivés dans la Judée soixante-dix semaines de jours après le rétablissement de Jérusalem, c'est-à-dire, un peu plus de seize mois : d'ailleurs, Daniel, dans ses autres prophéties, prédit l'établissement & la ruine de plusieurs grandes Monarchies avant le regne du Messie, qui doit toujours durer, selon ce Prophete. De si grands événemens se seroient-ils passés en seize mois ? Qui ne voit qu'il falloit non-seulement plusieurs années, mais plusieurs siecles pour les accomplir ? Il est donc incontestable que Daniel n'a pu parler que de semaines d'années, & qu'il prédit dans cette prophétie que, depuis l'ordre donné par les Rois de Perse pour rebâtir Jérusalem jusqu'à la fin de l'œuvre du Messie, il y aura quatre cent quatre-vingt-dix ans. Cet ordre de rebâtir Jérusalem ne peut être que l'édit de Cyrus, ou celui de Darius le Mede la seconde année de son regne, ou celui d'Artaxercès Longuemain la septieme année de son regne, ou enfin celui que ce Prince donna la vingtieme année. Nous verrons laquelle de ces époques est la plus vraisemblable, en faisant l'application de cette prophétie. Contentons-nous d'observer ici ou que la prophétie est fausse, ou que le Messie doit être venu : observation qui auroit lieu à plus forte raison, quand il ne s'agiroit que de semaines de jours.

Rien n'est plus fort contre les Juifs que le témoignage même de leurs peres, qui dans l'origine, & avant toute prévention de controverse, appliquoient unanimement au Messie l'oracle de Daniel. Les Rabins Baraochim, Moyse Bennaosman, Samuel, n'ont pas douté que le Sauveur promis dans les Ecritures ne le fût encore plus expressément dans le neuvieme chapitre de Daniel ; & comme les soixante-dix semaines d'années, c'est-à-dire, quatre cent quatre-vingt-dix ans marqués dans la prophétie, conduisoient à la fin du quatrieme millenaire du monde, suivant la chronologie de l'Hébreu. C'étoit aussi l'ancienne tradition des Juifs que le Messie devoit paroître vers la fin de ce quatrieme millenaire. Un Etre très-respecté parmi eux l'avoit ainsi enseigné dès avant l'ére chrétienne, & la mémoire s'en est conservée dans le Talmud. Gem. Tract. San. c. 11. Mais les Juifs modernes qui entendent, comme les anciens, du Messie la prophétie de Daniel, & qui veulent qu'il ne soit point encore venu, ont imaginé, pour se mettre au large, qu'il ne s'agissoit point dans cette prophétie de simples années, mais de semaines de dix ans ; en sorte que chaque semaine soit composée de 70 ans, ce qui feroit en tout quatre mille neuf cents ans. D'autres ont feint que c'étoit des semaines jubilaires, chacune de cinquante ans ; quelques-uns ont été jusqu'à des semaines de cent ans : d'où ils concluent que les temps du Messie ne sont point encore arrivés, & n'arriveront de long-temps. Mais de pareilles fictions n'ont pas besoin de réponse. On ne trouve aucun vestige dans l'Ecriture, ni dans les auteurs profanes, de ces semaines exorbitantes. Au reste, en supposant même ces semaines de dix ans, de cinquante ans, de cent ans, l'événement sera contre elles ; car il est prédit qu'à la fin des soixante-dix semaines le temple & la ville seront détruits. Or ce temps est passé : il est dit que les sacrifices cesseront ; or ils ont cessé ; il faut donc ou que la prophétie soit fausse, ou que le Messie soit venu ; mais comme il n'y a aucun Juif qui osât dire que la prophétie soit fausse, quelques-uns prétendent qu'elle ne regarde point le Messie. Enfin, d'autres comprenant qu'on ne peut l'attribuer qu'au Messie, si on l'entend d'une personne, ont imaginé qu'elle ne regarde que les deux destructions du temple de Jérusalem. Ils disent en conséquence que les 70 semaines de la prophétie de Daniel commencent à la premiere destruction du temple par Nabuchodonosor. Ils comptent ensuite soixante-dix ans pour le temps qu'il fut enseveli sous ses ruines, & quatre cent vingt ans depuis qu'il fut retabli jusqu'à sa destruction par les Romains. Or, disent-ils, ces nombres ajoutés font quatre cent quatre-vingt-dix ans. Mais, outre qu'il ne s'agit point du temple dans la prophétie, mais du Messie Chef du peuple, qui doit être mis à mort, &c. leur calcul n'est pas juste. Car depuis la destruction du temple par Nabuchodonosor jusqu'à Tite qui détruisit le second temple, il y a, non pas soixante-dix, mais quatre-vingt-quatorze semaines d'années.

Il nous reste une derniere prophétie qui marque le lieu de la naissance du Messie. Elle est tirée du Prophete Michée, chap. 5, v. 2, & porte : « Bethléem Ephrata, vous êtes regardée
» comme très-peu considérable pour donner des
» Princes à Juda ; mais c'est de vous, dit le
» Seigneur, que sortira celui qui est à moi ;

» pour être le Dominateur d'Ifraël ; & fa for-
» tie (ou fa génération eft dès avant, dès les
» jours du fiecle מקדם), (dès-avant ou dès
» l'antiquité, מימי עולם), (dès le jour du fie-
» cle ou dès l'éternité)... C'eft lui qui fera
» la paix ». Celui qui eft au Seigneur d'une
maniere particuliere, & qui doit être le Dominateur dans Ifraël; celui qui en naiffant dans
le temps a une autre naiffance avant tous les
temps, & qui doit apporter la paix fur la terre,
eft inconteftablement le Meffie, fuivant le ftyle
perpétuel des faintes Ecritures. Or ce même,
fuivant la prophétie de Michée, doit fortir de
Bethléem Ephrata. Les Juifs en étoient fi per-
fuadés, que lorfque Hérode demanda aux Princes des Prêtres & aux Docteurs du peuple où
le Chrift devoit naître, ils répondirent auffi-
tôt, à *Bethléem de Juda*, & lui alléguerent cette
prophétie de Michée.

2°. La feconde efpece des prophéties qui annoncent le Meffie regarde fa perfonne. On a
vu plus haut par la prophétie de Jacob, que le
Meffie devoit fortir de la tribu de Juda. L'E-
criture va plus loin ; elle marque encore fa famille : c'eft celle de David ; & c'étoit un point
de croyance fi populaire parmi les Juifs, que,
fuivant S. Jean l'Evangélifte, » le peuple ayant
» entendu les difcours de Jefus-Chrift, les uns
» difoient, C'eft le Chrift ; mais quelques-uns
» difoient au contraire : Le Chrift viendra-t-il
» de Galilée ? L'Ecriture ne dit-elle pas que le
» Chrift viendra de la race de David, & de la
» petite ville de Bethléem d'où étoit David »?
En effet, Ifaïe & Jérémie font defcendre le Meffie de Jeffé & de David. Voici les paroles d'I-
faïe, chap. 11, v. 14 : « Il fortira un rejetton du
» tronc coupé de Jeffé, & une fleur naîtra de

» sa racine ». Or le Prophete dans la suite du chapitre peint ce rejetton par des traits propres au seul Messie, c'est-à-dire, à ce Prince qui doit apporter la paix sur la terre & convertir les nations. « L'esprit de Dieu, dit-il, se repo-
» sera sur lui : il jugera les pauvres dans la jus-
» tice, il se déclarera le juste vengeur des hum-
» bles de la terre. Il la frappera par la verge
» de sa bouche, & il tuera l'impie par le souf-
» fle de ses levres. La justice sera la ceinture
» de ses reins, & la fidélité son baudrier....
» Ce rejetton de Jessé sera exposé comme un
» étendard devant tous les peuples ; les nations
» viendront lui offrir leurs prieres ». Ce n'est point ici un Roi semblable aux Rois de la terre ; c'est un juge que rien ne peut tromper, & il ne l'est que pour protéger les pauvres & les humbles. Il est indépendant de tout autre secours que du sien. C'est lui seul qui fait tout. Il est la justice & la vérité même... Il est lui-même sa force & sa défense, & il se fera connoître aux nations qui lui offriront leurs vœux & leurs prieres.

En vain les Juifs tâchent-ils de détourner cette prophétie à Ezéchias ; outre que ce Prince vivoit depuis plusieurs années lorsqu'Isaïe la prononça, & qu'on ne peut lui attribuer les qualités que ce Prophete donne au rejetton de Jessé dont il est question, il est clair qu'il s'agit ici d'un Roi futur, qui naîtra de la maison même de Jessé lorsque le tronc en sera coupé, c'est-à-dire, lorsque le sceptre en sera sorti, & qu'elle sera tombée dans l'obscurité. Ce qui montre que les Juifs ne peuvent pas plus appliquer la prophétie à Josias Roi très-pieux, qu'à Ezéchias, ni aux Princes Asmonéens qui n'étoient point de la tribu de Juda, ni par conséquent de la famille de David.

Jérémie, chap. 23, v. 5 & 6, n'eſt pas moins précis. « Le temps vient, dit le Seigneur, (ce » ſont les paroles de la prophétie), & je ſuſci- » terai à David une race juſte. Un Roi régnera, » & il ſera plein d'intelligence ; il agira avec » équité, & il rendra la juſtice ſur la terre ». On verra dans l'inſtant que ce Roi de la famille de David n'eſt autre que le Meſſie promis, ce qu'on ne peut attribuer ſelon cette prophétie à aucun des Princes qui ont régné ſur la tribu de Juda.

Les prophéties dont nous allons parler confirment de plus en plus que le Meſſie doit naître de la famille de David.

Perſonne n'a jamais conteſté que le Meſſie ne dût être homme. Il eſt repréſenté dans toutes les prophéties qui en parlent comme un Prince, un Chef, un Légiſlateur, un Roi, un Prêtre éternel & unique, &c. ; mais elles ne ſe bornent pas là, elles l'annoncent encore comme Fils de Dieu, & Dieu lui-même, non par adoption, mais par nature.

Rappellons-nous la prophétie de Michée, rapportée dans la page précédente. Ce Prophete reconnoît dans le Meſſie deux ſorties, deux générations, deux naiſſances ; l'une, par laquelle il doit ſortir de Bethléem & de la famille de David : voilà ſa naiſſance comme homme ; l'autre, par laquelle il ſort de Dieu dès l'éternité, il eſt à Dieu d'une façon toute particuliere comme ſon Fils engendré de lui : voilà ſa naiſſance éternelle comme Dieu, Fils de Dieu ! donc, ſuivant la prophétie de Michée, le Meſſie Fils de Dieu dès l'éternité doit ſe rendre auſſi dans le temps Fils de l'homme dans Bethléem : donc le Meſſie annoncé par Michée doit être un Dieu homme.

Le Prophete Iſaïe nous donne la même idée

du Messie. Rasin Roi de Syrie, & Phacée Roi d'Israël s'étoient ligués pour envahir le royaume de Juda, & pour exterminer la maison de David. A la nouvelle de cette ligue, le cœur d'Achas Roi de Juda & de son peuple fut saisi de crainte. Toute la maison de David se crut perdue sans ressource ; & si ces deux Rois ligués eussent réussi dans leur entreprise, que seroient devenues les promesses que Dieu avoit faites à David selon les Ecritures ; l'une, de conserver toujours un Prince à la maison de David ; l'autre, de faire naître de sa postérité le Messie ? Sur ces entrefaites Dieu envoie Isaïe à Achaz pour le rassurer, & lui confirmer ces deux promesses ; mais ce Prince impie étant incrédule à la parole de Dieu qui lui étoit portée par ce Prophete, le Seigneur lui fait offrir des miracles pour le rassurer. « Demandez au Seigneur, » lui dit Isaïe, qu'il vous accorde un prodige, » ou du fond de la terre ou du plus haut du » ciel ». Achaz persistant dans son incrédulité & sa méfiance répond : « Je ne demanderai point » de prodige, & je ne tenterai point le Sei- » gneur ». Alors Isaïe voyant que ce Prince endurci comptoit uniquement sur le Roi des Assyriens qu'il venoit d'appeller à son secours, & qu'il avoit entiérement perdu la foi aux promesses de Dieu, il s'adresse à la maison de David, & malgré le désespoir de son Prince, il lui confirme la promesse du Messie qui emporte avec elle la conservation de la race de David jusqu'à sa venue. « Ecoutez donc, dit-il, maison de » David : Ne vous suffit-il pas de lasser la pa- » tience des hommes, sans lasser encore celle » de mon Dieu ? C'est pourquoi le Seigneur vous » donnera lui-même un prodige. Voici que la » Vierge (qui m'est montrée) concevra & en-

» fantera un fils (Vierge,) vous le nommerez
» *Emmanuel*, Dieu avec nous ». C'est donc
d'abondance, pour ainsi dire, que le Seigneur
promet de donner un prodige à la maison de
David. Or ce ne seroit point un prodige qu'une
vierge, qui cesseroit de l'être par les approches
d'un homme, conçût & enfantât un homme,
c'est le cours de la nature; & si le Prophete
n'eût promis d'autre prodige que celui-là, il
se seroit moqué de la maison de David. Mais
qu'une vierge, sans cesser de l'être, conçoive &
enfante un homme, c'est un prodige très-grand
de la toute-puissance du Créateur, & digne
qu'il le fasse annoncer par son Prophete. Or
celui que cette vierge doit enfanter, n'est pas
seulement un homme, mais il est Dieu; il s'appellera *Emmanuel*, Dieu avec nous. C'est ce
qu'Isaïe répéte encore dans la prophétie du chapitre 9, qui a le même objet. « Un petit enfant
» nous est né, & un fils nous a été donné;
» il portera sur son épaule la marque de sa
» principauté, & il sera appellé l'Admirable,
» le Conseiller, Dieu, le Fort, le Pere d'une
» famille éternelle (ou suivant l'hébreu) le
» Pere de l'éternité, le Prince de la paix ».
Voilà bien clairement le Messie homme, puisqu'il est un petit enfant né dans le temps,
& tout ensemble Dieu & Pere de l'éternité.
Mais comment Isaïe pouvoit-il présenter aux
Juifs incrédules la promesse du Messie, dont
l'accomplissement étoit encore si éloigné, comme une garantie certaine de la protection de
Dieu sur eux, dans le péril où les mettoit la
ligue de Rasin & de Phacée? Dieu leur en donne un signe plus prochain, en les assurant qu'il
va naître un fils à Isaïe; & avant que cet enfant prophétique soit en âge de discerner le

bien & le mal, les deux royaumes de Syrie & d'Ifraël feront défolés à caufe de leurs Rois; comme s'il leur difoit: incrédules que vous êtes, je vais donner à Ifaïe un enfant que je nommerai *Celui qui fe hâte de prendre les dépouilles*. Avant que cet enfant foit en âge de raifon, j'accomplirai la promeffe que je vous fais de vous délivrer de la main de Rafin & de Phacée, fils de Romelie, & de défoler leurs royaumes; & quand vous verrez cette promeffe accomplie, ce même enfant d'Ifaïe qui aura été pour vous un figne & un gage de ma fidélité à l'accomplir, vous fera également un gage & un figne de ma fidélité à accomplir l'autre promeffe dont l'exécution eft plus éloignée, qui eft de conferver toujours la maifon de David, jufqu'à ce que par un prodige du plus haut du ciel une vierge de cette maifon conçoive & enfante le Meffie *Emmanuel* Dieu avec nous.

Et en effet, Dieu fut fidele à accomplir fa promeffe. Avant que le fils d'Ifaïe fût en état de difcerner le bien & le mal, la ligue des deux Rois éclata. Rafin & Phacée vinrent affiéger Jérufalem, mais ils furent obligés de lever le fiege pour défendre leurs pays des ravages de Téglathphalaffar Roi d'Affyrie qui prit Damas, ôta la vie à Rafin, défola la Syrie, entra dans le royaume d'Ifraël, où Ofée venoit de s'emparer du trône par le meurtre de Phacée, & défola les dix tribus fchifmatiques dont il emmena une partie en captivité. Achaz qui avoit appellé ce Prince pour le défendre, au lieu de mettre fa confiance en Dieu, fut puni de fon incrédulité. Téglathphalaffar lui vendit cherement fon fecours, il le pilla, & emporta tous fes tréfors; mais Achaz demeura poffeffeur de fon royaume fuivant la promeffe de Dieu.

Ces prophéties d'Isaïe tourmentent extrêmement les Juifs modernes ; car pour ceux qui ont écrit avant l'ére chrétienne, & même les auteurs de leur *targum* ou paraphrases, ils les ont toujours entendues du Messie. C'est que ces Rabins Paraphrastes, qui vivoient dans les premiers temps de l'ére chrétienne, n'avoient pas encore perdu toute espérance de voir arriver le Messie. C'est pourquoi il ne leur venoit pas dans l'esprit de détourner les prophéties à un autre sens. Mais les Juifs modernes ne comprenant plus rien aux prophéties, se sont avisés de ne plus voir le Messie dans la plupart de celles où leurs anciens Rabins l'ont vu. La prophétie qui nous occupe leur est d'autant plus difficile à expliquer, que toutes leurs tribus sont confondues, & qu'on n'y peut plus reconnoître ni celle de Juda, ni la famille de David qu'on peut supposer éteinte, sans qu'ils puissent prouver le contraire. C'est pourquoi ils commencent par chicaner sur le terme de *vierge*, & disent que le mot hébreu העלמה, que nous traduisons par celui de vierge, signifie également une fille qui a été corrompue en secret & une fille qui s'est maintenue vierge. Le mot hébreu qui signifie proprement *vierge*, ajoutent-ils, est בתולה ; mais bien loin que בתולה soit le seul mot hébreu qui signifie proprement *vierge*, le mot העלמה ajoute encore quelque chose à celui de vierge, & signifie une vierge entièrement retirée & cachée aux yeux des hommes ; car il est dérivé du verbe עלם, qui veut dire se tenir caché. Et en effet, on ne trouve ce mot que six fois dans l'Ecriture, Genés. chap. 24, v. 16 ; Exod. chap. 11, v. 8 ; Ps. 68, v. 26 ; Proverb. chap. 30, v. 19 ; Cantiq. des Cantiq. chap. 1, v. 2. Dans ces cinq endroits le mot

חלמה signifie une vierge inconnue à tout homme. Par où donc les Juifs pourroient-ils prouver que dans le seul passage d'Isaïe ce mot n'a pas la même signification ? C'est précisément le contraire; car si la signification de ce mot étoit douteuse dans les cinq autres passages, elle se trouveroit fixée par celui d'Isaïe, qui annonçant l'enfantement de la Vierge qui lui est montrée comme un prodige donné de Dieu, ne peut être entendu que d'une vierge inconnue à tout homme.

Les Juifs modernes veulent encore que les deux enfans dont il est parlé, chap. 7, 8 & 9, c'est-à-dire, le fils de la Vierge & le fils de la Prophétesse femme d'Isaïe, ne soient qu'un seul & même enfant d'Isaïe. Mais 1°. la femme d'Isaïe ne pouvoit être appellée vierge, ayant déja eu un enfant de ce Prophete, que l'Ecriture appelle *Sear-Jasub*. 2°. Ces deux enfans sont clairement distingués dans Isaïe, & nommés différemment : l'enfant de la Vierge doit s'appeller *Emmanuel*, Dieu *avec nous*, & l'enfant qu'Isaïe doit avoir de la Prophétesse, *Celui qui se hâte de prendre les dépouilles*. Enfin Isaïe adressant la parole au fils de la Vierge, lui dit : « L'Assyrien » se répandra dans tout le pays de Juda : il l'i- » nondera & le submergera. Il étendra ses ailes, » & il en couvrira toute l'étendue de votre ter- » re, ô Emmanuel ». Le Prophete parle ici au fils de la Vierge à Emmanuel, comme au souverain Seigneur de la terre de Juda, comme à celui qui a fait de cette terre son propre héritage. Osera-t-on dire que par ce souverain Seigneur de Juda, cet Emmanuel, ce Dieu avec nous, Isaïe a voulu désigner son propre fils qu'il eut de la Prophétesse ? Le fils de la Vierge & le fils de la Prophétesse sont donc deux enfans différens.

Le premier est le Messie, Fils éternel de Dieu, Dieu lui-même, souverain Seigneur de la terre de Juda, conçu & enfanté comme homme par une Vierge : le second est un enfant prophétique d'Isaïe.

Il est vrai qu'immédiatement après la promesse du prodige de l'enfantement de la Vierge qui mettra au monde Emmanuel, il est dit : « Il mangera le beurre & le miel ; en sorte qu'il » sache rejetter le mal & choisir le bien ; car » avant que l'enfant sache rejetter le mal & » choisir le bien, les deux pays que vous dé- » testez à cause de leurs deux Rois seront aban- » donnés ». Or il semble que ces paroles se rapportent à Emmanuel Fils de la Vierge ; ce qui ne s'accorderoit pas avec l'idée du Messie, mais bien plutôt avec celle du fils d'Isaïe. Mais cette difficulté n'en est pas une pour ceux qui sont au fait du style des Prophetes. Lorsqu'ils parlent de plusieurs événemens dont l'un est la figure ou le garant de l'autre, ils passent souvent de l'un à l'autre sans en avertir, & c'est en particulier ce qui est très-ordinaire dans Isaïe : il n'y a point alors d'erreur à craindre pour les personnes attentives, parce que chaque événement prédit porte des caracteres qui le font aisément discerner. Ainsi dans l'endroit d'Isaïe dont il s'agit, quoique ce Prophete, après avoir parlé d'Emmanuel fils de la Vierge, dise tout de suite *Avant que l'enfant soit en état*, &c. il répéte ces mêmes paroles, ch. 8, & les applique, non à Emmanuel, mais au fils qu'il devoit avoir de la Prophétesse sa femme, & qu'il distingue clairement d'Emmanuel, auquel il applique des titres & des qualités qui ne peuvent convenir à son fils nommé *Celui qui se hâte de prendre les dépouilles*. Aussi cette prétendue difficulté n'a point empêché les anciens Rabins, accoutumés au style des Prophetes, d'appliquer au Messie la prophétie, & de le distinguer expressément du fils d'Isaïe.

Je n'insiste point sur un autre subterfuge ridicule des Juifs modernes, qui appliquent au Roi Ezéchias ces paroles d'Isaïe : « Un petit en-
» fant nous est né, & un fils nous a été donné;
» il sera appellé l'Admirable, le Conseiller,
» Dieu, le Fort, le Pere de l'éternité, le Prince
» de la paix ». Car 1°. Ezéchias ayant neuf ans, selon l'Ecriture, lorsque cette prophétie fut prononcée, Isaïe n'en pouvoit parler comme d'un Prince nouvellement né. 2°. Les Juifs devroient nous montrer quand est-ce qu'Ezéchias (ou tout autre Roi de Juda) a été, ou a pu être appellé sans blasphême l'Admirable, le Conseiller, Dieu, &c.

Long-temps auparavant David avoit considéré le Messie promis aux Juifs, & persévéramment attendu par ce peuple comme un Dieu-Homme. Ce saint Roi a toujours été reconnu dans sa nation pour un Prophete du premier ordre ; & il suffit de jetter les yeux sur ses Psaumes pour voir que c'est une prophétie perpétuelle du Messie qui devoit naître de sa race, & qui est appellé dans les Prophetes & les autres Ecrivains sacrés *fils de David*, & même quelquefois simplement *David*.

Nous lisons dans saint Matthieu que les Pharisiens étant assemblés, « Jesus-Christ leur fit
» cette question : Que vous semble du Christ?
» de qui est-il fils ? Ils lui répondirent : de Da-
» vid. Et comment donc, leur dit-il, David étant
» inspiré l'appelle-t-il son Seigneur par ces pa-
» roles (du Psaume 169) : Le Seigneur a dit à
» mon Seigneur : Asseïez-vous à ma droite jus-

» qu'à ce que je réduife vos ennemis à vous
» fervir de marchepied ? Si donc David l'ap-
» pelle fon Seigneur, comment eft-il Fils de
» David ? perfonne ne put lui rien répondre ».
Néanmoins la réponfe à cette queftion fe trouve
dans ce même Pfaume ; car ce même Chrift qui
eft indubitablement Fils de David y eft auffi déclaré Fils de Dieu, engendré de fon fein dès
l'éternité. Il eft donc Dieu & Homme, & comme Dieu, engendré de Dieu, il eft Seigneur de
David. C'eft ce qui eft établi clairement dans
ce Pfaume. « Le Seigneur יהוה a dit à mon
» Seigneur לאדני : Affeïez-vous à ma droite,
» jufqu'à ce que j'aie réduit vos ennemis à vous
» fervir de marche-pied. Le Seigneur fera for-
» tir de Sion le fceptre de votre puiffance :
» régnez avec empire au milieu de vos enne-
» mis....., je vous ai engendré de mon fein
» avant la lumiere ». Voici un raifonnement fort
fimple. Ce Pfaume eft prophétique du Meffie.
Les Juifs en conviennent, & il n'eft pas poffible de l'attribuer à aucun autre homme. Or il
y eft dit que le Meffie eft forti du fein de Dieu
avant la lumiere, c'eft-à-dire, qu'il eft engendré & né de Dieu dès l'éternité. Le Meffie eft
donc le Fils éternel de Dieu ; & comme tout
fils véritable eft néceffairement de même nature que fon pere, le Meffie eft donc de même
nature que Dieu qui l'engendre dès l'éternité ;
il eft donc Dieu comme fon Pere. Mais les Juifs
ne conteftent point que le Meffie ne foit auffi
le Fils de David, & par conféquent homme.
Et en effet, il eft dit dans le même Pfaume que
Dieu a établi celui qui en fait l'objet Prêtre
felon l'ordre de Melchifédech par un ferment
irrévocable, & que dans le chemin il boira de
l'eau du torrent. Or il ne pouvoit être établi

Prêtre, s'il n'étoit homme, car les sacrifices s'offrent à Dieu seul. Ce n'est donc pas la Divinité qui peut les offrir, & être revêtue de la Prêtrise ; mais c'est dans sa nature humaine que le Messie est établi Prêtre. De même il ne pouvoit être voyageur, & boire dans le chemin de l'eau du torrent, c'est à-dire, souffrir sur la terre tout ce que les prophéties & David lui-même ont prédit qu'il y souffriroit, pour être ensuite élevé en gloire, s'il n'avoit la nature humaine, par laquelle seule il peut être voyageur, souffrir, & être élevé en gloire.

Dans le Pseaume 44, le Messie y est aussi représenté comme Dieu-Homme. Le Prophete commence ainsi ce Pseaume : « Mon cœur pousse au dehors une excellente parole ; c'est au Roi que je consacre ce Cantique. Ma langue est la plume d'un très-léger Ecrivain ». Ce magnifique exorde annonce que le Prophete a de grandes choses à dire, & que ce Roi à qui il consacre son cantique, n'est ni David ni Salomon, mais le Messie, le Roi par excellence ; & la suite acheve de le prouver. Car le Prophete s'adressant toujours à ce Roi de gloire, poursuit ainsi : Vous surpassez en beauté tous les enfans des hommes : La grace est répandue sur vos levres : c'est pourquoi Dieu vous a béni pour jamais. O très-fort, ceignez-vous de votre épée, montez sur votre char pour les intérêts de la vérité, de la douceur & de la justice ; votre droite vous suffira pour faire les choses les plus terribles.... Votre trône, ô Dieu, est un trône durable & éternel. Le sceptre de votre empire est un sceptre d'équité. Vous aimez la justice & vous haïssez l'iniquité ; c'est pourquoi, ô Dieu, votre Dieu vous a sacré d'une huile de joie d'une maniere plus

„ excellente que tous ceux qui vous feront affo-
„ ciés ». L'humanité du Meſſie eſt ici clairement marquée. La controverfe ne roule pas fur
ce point avoué des Juifs, mais la queſtion eſt de
favoir ſi le Meſſie eſt également Dieu. Or rien
n'eſt plus exprès par ce Pſaume. Non-feulement
le Prophete lui dit : « Votre droite, c'eſt-à-dire,
„ votre puiſſance vous ſuffira pour faire les cho-
„ ſes les plus terribles ». Ce qui, dit d'un pur
homme, feroit un blaſphême, l'homme n'étant
par lui-même que foibleſſe; mais encore ce Prophete l'appelle *Dieu* abſolument & ſans reſ-
triction : « Votre trône, ô Dieu, eſt un trône
„ durable & éternel ».

Les Juifs diront peut-être que ces paroles ne
s'adreſſent pas au Meſſie, mais à Dieu dont
le trône eſt le ſeul durable & éternel ; mais
c'eſt précifément parce que le trône de Dieu
eſt le ſeul durable & éternel, que ſi le Prophete adreſſe ces paroles au Meſſie, il faut que
le Meſſie ſoit Dieu. Or que ces paroles s'a-
dreſſent au Meſſie, la fuite le démontre ; car le
Prophete dit à celui-là même qu'il vient d'appeller Dieu, & dont il a dit que le trône eſt
éternel : Vous aimez la juſtice, & vous haïſſez
l'impiété ; c'eſt pourquoi, ô Dieu, votre Dieu
vous a facré d'une huile de joie d'une maniere
plus excellente que tous ceux qui vous font
aſſociés. Voilà viſiblement un Dieu qui facre,
& un Dieu qui eſt facré. C'eſt celui-là même
à qui le Prophete a dit : « Votre trône, ô
» Dieu, eſt un trône éternel »; c'eſt, dis-je,
celui-là même à qui le Prophete dit encore
que ſon Dieu l'a facré d'une huile de joie
d'une maniere plus excellente que tous ſes aſſociés, parce qu'il aime la juſtice & qu'il hait
l'impiété. Il n'eſt donc plus douteux que le

Meſſie qui aime la juſtice, & qui doit, ſelon Daniel, la faire régner ſur la terre, qui hait l'impiété, & doit auſſi, ſelon le même Daniel, y mettre fin, ne ſoit le Dieu dont le trône eſt éternel, & que Dieu ſon Pere a ſacré d'une huile de joie, c'eſt-à-dire, de l'onction de la Divinité qu'il lui communique toute entiere par nature, en l'engendrant de lui-même; au lieu qu'il ne la communique que par grace & par meſure à ceux qui ſont aſſociés au Meſſie, & qui ne ſont que les enfans adoptifs de Dieu. Voyez auſſi le Pſaume 2.

Jérémie confirme de plus en plus que le Meſſie doit être Dieu, non par adoption, mais par nature dans cette belle prophétie, chap. 23. « Le ,, temps vient, dit le Seigneur, que je ſuſcite,, rai à David une race juſte. Un Roi régnera ,, qui ſera ſage, qui agira ſelon l'équité, & ,, rendra la juſtice ſur la terre... » Dans les jours de ſon regne Juda ſera ſauvé, & Iſraël habitera avec aſſurance; & voici le nom qu'ils donneront à ce Roi צדקנו יהוה, *le Seigneur notre juſtice.* Pour bien ſentir toute la force de ce texte, il faut obſerver que Dieu dans l'Ecriture-Sainte eſt déſigné par pluſieurs noms; ſavoir, *Jehovah, Adonaï, El* ou *Elohim*, comme nous le déſignons en françois par les noms de *Dieu*, de *Seigneur*, de *Tout-puiſſant*, d'*Etre ſuprême;* mais comme en françois, lorſque nous parlons des créatures & des faux dieux, nous ne les appellons pas des *Etres ſuprêmes*, parce qu'il ne peut y en avoir qu'un, & que nous ne faiſons aucune difficulté d'appeller *Seigneur* un Roi, un Prince, un Grand: de même dans l'hébreu les noms *Adonaï, El, Elohim* ſont donnés indifféremment au vrai Dieu, aux Anges, aux Princes & aux Idoles, avec cette différence néanmoins, que quand on le donne abſolument & ſans y rien ajouter, on entend toujours le vrai Dieu ; mais le nom יהוה *Jehovah*, qui ſignifie *l'Etre par eſſence*, *l'Etre éternel*, *Celui qui eſt*, ne s'attribue qu'au ſeul vrai Dieu, à l'excluſion de tout ce qui n'eſt pas lui.

Ces Juifs avoient autrefois un ſi grand reſpect pour ce nom auguſte, que, dans la crainte de le profaner, ils s'en étoient interdits la prononciation. Le Grand-Prêtre ſeul, un ſeul jour de l'année, ſavoir le jour de l'expiation, le prononçoit une ſeule fois. Dans toutes les autres occaſions le peuple Juif, ſans en excepter le Grand-Prêtre, par-tout où il trouvoit le nom *Jehovah*, y ſubſtituoit le nom *Adonaï*, excepté lorſqu'il trouvoit écrit *Adonaï Jehovah*. Car alors pour ne pas dire deux fois *Adonaï*, il diſoit *Adonaï-Elohim*. Les Juifs conſervent encore le même reſpect pour le nom *Jehovah*, & ils l'ont pouſſé ſi loin, qu'il les a portés à des ſuperſtitions ridicules qu'il n'eſt pas néceſſaire de rapporter ici.

Mais de tout cela il réſulte que les Juifs ont cru de tout temps que le nom Jehovah יהוה eſt le nom propre & caractériſtique de Dieu, & ne peut être donné qu'à lui ſeul. Sur quoi voici un raiſonnement fort ſimple ſur la prophétie de Jérémie : Un Roi qui ſera de la race de David ſera certainement un homme ; & un Roi qui ſera le Seigneur Jehova יהוה, ſera certainement Dieu par nature & eſſence. Or, ſelon Jérémie, le Meſſie ſera tout enſemble ce Roi de la race de David, & le Roi Seigneur *Jehovah* יהוה : donc le Meſſie ſera homme & Dieu tout enſemble. Et c'eſt ainſi que les Juifs eux-mêmes entendoient autrefois cette prophétie : en voici la preuve : elle se trouve dans le livre *Ika-rim*, c'est-à-dire *des choses précieuses*, discours 2, chap. 28, où le Rabin auteur de ce livre, dit en propres termes : L'Ecriture appelle le Messie צדקנו יהוה, *le Seigneur notre justice*, (Jer. 23, 6,) parce qu'il sera Dieu Médiateur, par la main de qui nous recevrons la justice de Dieu lui-même, & c'est pour cela qu'elle lui donne le nom de Jehovah, יהוה. Le même Rabin appuie encore là-dessus dans le discours 3, chap. 25 ; mais les Juifs d'aujourd'hui gardent un profond silence sur ces sortes de prophéties qui les accablent.

A la prophétie de Jérémie il faut joindre celle de Baruch son secretaire, son fidele interprete, & Prophete lui-même. « Celui qui sait tout, dit-il, chap. 3, v. 32 & suiv., connoît la sagesse, & il l'a trouvée par sa prudence, lui qui a affermi la terre pour jamais.... C'est lui qui envoie la lumiere, & elle part aussi-tôt ; il l'appelle, & elle lui obéit avec tremblement. Les étoiles ont répandu leur lumiere, & elles ont été dans la joie. Dieu les a appellées, & elles ont dit : Nous voici. Elles ont pris plaisir à luire pour celui qui les a créées ; c'est lui qui est notre Dieu, & nul autre ne peut lui être comparé ; c'est lui qui a trouvé toutes les voies de la vraie science, & qui l'a donnée à Jacob son serviteur & à Israël son bien-aimé ». Certainement les Juifs ni aucun autre ne nieront pas que les Prophetes ne parlent ici du vrai Dieu, du Dieu d'Abraham, d'Isaac & de Jacob. Or voici ce qu'il ajoute : « Après cela (ce même Dieu d'Abraham, d'Isaac & de Jacob) *a été vu sur la terre, & a conversé avec les hommes*. Or comment Dieu peut-il être vu sur la terre,

& converser avec les hommes, s'il ne prend un corps, s'il ne se fait homme, fils de l'homme, & semblable aux hommes? Voilà donc bien clairement le Messie Dieu & homme tout ensemble.

3°. La troisieme espece de prophéties qui prédisent le Messie, annonce quelle sera l'œuvre qu'il doit venir opérer sur la terre.

L'homme n'est pas plutôt tombé, que Dieu lui fait envisager sa ressource dans la promesse du Messie. Après avoir tiré d'Adam & d'Eve la confession de leur crime, il dit au démon qui dans le corps du serpent les avoit séduits : « Je mettrai une inimitié entre toi & la femme, entre ta race & la sienne. Cette race te brisera la tête, & tu lui briseras le talon ». Il n'est pas nécessaire de répéter que le serpent n'est ici que la figure du démon, qui s'en étoit servi comme d'un instrument pour faire tomber nos premiers parens; & qu'ainsi la malédiction que Dieu prononce contre cet animal, incapable de bien & de mal, ne peut tomber que sur le démon : par conséquent la promesse que Dieu fait à nos premiers parens, en leur disant que la race de la femme brisera la tête du serpent, ne peut signifier autre chose, sinon que cette race bénie de la femme, détruira l'empire que le démon venoit d'usurper sur l'homme, en l'entraînant dans le péché; & c'est-là en général en quoi consiste l'œuvre du Messie.

Cette promesse renferme clairement celle de l'Incarnation. Car il n'y a que Dieu qui puisse détruire l'empire du démon sur les hommes; mais il se revêtira pour cela de la nature humaine, afin que le démon soit vaincu par l'homme même qu'il avoit asservi. Il brisera la tête du serpent, & ce sera alors que lui serpent lui brisera le talon. Expression figurée & prophétique, qui signifie que ce sera par les souffrances qui auront le démon pour instigateur, que le Messie détruira le cruel empire de ce tyran des hommes. En effet, nous avons déja vu dans le nombre précédent que le Messie est le Fils éternel de Dieu qui doit s'anéantir jusqu'à prendre la nature de l'homme. Comme donc le talon est ce qu'il y a de plus bas dans le corps ; comme il en est la partie inférieure, il est visible que dans cette promesse énigmatique, mais qu'Adam & ceux de ses enfans qui vivoient de la foi, comprenoient très-bien, le talon du Messie ne peut signifier que l'humanité, cette nature infirme & abjecte dont le Messie sera revêtu, & que le démon brisera par la main des hommes.

Mais cette promesse ne devant s'accomplir, suivant le dessein de Dieu que long-temps après, il étoit nécessaire que la mémoire en fût conservée, sur-tout afin que les justes pussent y mettre leur confiance ; & que la vraie religion ne s'abolît point parmi les hommes, au milieu des désordres auxquels la justice de Dieu les abandonna, pour leur faire connoître par une longue expérience la grandeur de leur corruption, l'énormité du péché, & le besoin qu'ils avoient d'un Sauveur. C'est pourquoi Dieu fit alliance avec Abraham, & le rendit lui & sa postérité dépositaires de la promesse du Messie. Mais on a vu plus haut que ce fut une double alliance, l'une purement temporelle, & qui ne regardoit que les descendans d'Abraham : l'autre, éternelle, qui devoit renfermer non-seulement la postérité de ce Patriarche, mais encore toutes les nations de la terre. On a vu que l'alliance établie sur le mont Sina par le ministere de Moyse

entre Dieu & les Israélites, avant de les introduire dans la terre de Canaan, appartenoit à l'alliance temporelle. Dieu leur promit cette terre, à condition qu'ils observeroient ses loix & ses préceptes; & ils lui promirent l'obéissance qu'il exigeoit; mais ils violerent continuellement cette alliance conditionnelle, & Dieu les livra entre les mains de leurs ennemis, qui les ont enfin chassé de cette terre de Canaan. Il n'en étoit pas de même de l'alliance éternelle, qui devoit renfermer toutes les nations. Elle étoit absolue, & Dieu se chargea d'en prouver lui-même l'accomplissement, comme il paroît par ces paroles du Prophete Jérémie, chap. 32, v. 31, 35 : « Le temps vient, dit le Seigneur,
» dans lequel je ferai une nouvelle alliance avec
» la maison d'Israël & la maison de Juda; non,
» selon l'alliance que je fis avec leurs peres
» au jour que je les pris par la main pour les
» faire sortir de l'Egypte; car de leur part ils
» ont violé mon alliance, & moi je les ai
» traités comme un maître sévere, dit le Sei-
» gneur : mais voici l'alliance que je ferai avec
» la maison d'Israël; après que ce temps-là sera
» venu, dit le Seigneur, j'imprimerai ma loi
» dans leurs entrailles, & je l'écrirai dans leurs
» cœurs. Je serai leur Dieu, & ils seront mon
» peuple ». Le Prophete Baruch, chap. 11 v.
» 31 & 35, prédit la même chose. « Les Juifs
» sauront enfin, dit Dieu par la bouche de ce
» Prophete, que je suis le Seigneur leur Dieu :
» je leur donnerai un cœur, & ils compren-
» dront; des oreilles, & ils entendront... Je fe-
» rai avec eux une autre alliance qui sera éter-
» nelle, afin que je sois leur Dieu, & qu'ils
» soient mon peuple »; & c'est le Messie promis qui doit être le Médiateur de cette alliance

éternelle. « Je vais envoyer mon Ange, dit Dieu
» par le Prophete Malachie, qui préparera la
» voie devant ma face, & aussi-tôt le Domi-
» nateur que vous cherchez, & l'Ange de
» l'alliance que vous desirez, viendra dans son
» temps ». Le Messie est appellé ici l'*Ange de
l'alliance*, c'est-à-dire, celui qui sera envoyé pour
l'établir & la cimenter ; suivant ce que dit le
Prophete Daniel dans la prophétie rapportée
plus haut, que « le Christ, le Saint des Saints,
» confirmera (cette nouvelle) alliance avec
» plusieurs dans une semaine ; & à la moitié de
» cette semaine il mettra fin aux sacrifices & aux
» oblations » de l'ancienne alliance, qui sera
réprouvée. Enfin Isaïe parlant du rejetton de
Jessé, qu'on a vu plus haut être le Messie,
Dieu dit par sa bouche, en adressant la parole au Messie même. » Moi qui suis le Sei-
» gneur je vous ai appellé dans la justice : je
» vous ai pris par la main & vous ai con-
» servé. Je vous ai établi pour être le *Mé-
» diateur de l'alliance* du peuple, & la lumiere
» des nations ». Il faut bien remarquer ces
dernieres paroles. Quoique les nations soient
comprises dans l'alliance éternelle, ce n'est
point avec elles, mais avec les descendans d'A-
braham par Isaac qu'elle a été faite. Dieu n'a-
voit rien promis aux Gentils. Et c'est pourquoi
il dit dans Jérémie, sans parler d'eux en aucune sorte. Je ferai une nouvelle alliance avec
la maison d'Israël & la maison de Juda ; mais il
avoit prédit qu'ils auroient part à la bénédiction
promise à Abraham & à sa postérité, & que le
Messie qui devoit naître de la race de ce Patriarche, seroit aussi leur lumiere & leur Sauveur. C'est ce que les Prophetes annoncent
de la maniere la plus expresse & la plus énergique

gique en une infinité d'endroits. Dans le chap. 49 d'Isaïe, v. 6, le Messie parle en ces termes : « Le Seigneur m'a dit : C'est peu que vous me serviez pour rétablir les tribus de Jacob, & pour réparer les ruines d'Israël. Je vous ai établi pour être la lumiere des nations, & le salut que j'envoie aux extrêmités de la terre » : paroles qui montrent que le principal objet de l'envoi du Messie n'est pas le rétablissement des tribus de Jacob, mais qu'il est surtout envoyé pour être la lumiere & le salut des nations jusqu'aux extrêmités de la terre. Dans le chap. 52 le Prophete ajoute, que le Messie purifiera la multitude des nations ; « que les Rois se tiendront devant lui dans le silence, parce que ceux auxquels il n'avoit point été annoncé le verront, & que ceux qui n'avoient point entendu parler de lui, le contempleront avec intelligence ». Enfin chapitre 25, Dieu parle ainsi du Messie : « Voici mon serviteur, dont je prendrai la défense. Voici celui que j'ai choisi : j'ai mis en lui toute mon affection ; je l'ai rempli de mon esprit, & il rendra justice aux nations .... Il établira la justice sur la terre, & *les Iles* attendront sa loi ». Par les îles l'Ecriture désigne toujours les nations des Gentils, & particuliérement celles d'Europe, dont la partie la plus connue aux Juifs étoit l'Archipel, c'est-à-dire, les îles de la Grece. On peut lire encore les derniers chapitres d'Isaïe, où la conversion des Gentils par le Messie est annoncée très-clairement.

Dieu avoit fait voir à David ce changement miraculeux des nations plusieurs siecles auparavant. La plupart de ses Pseaumes en font mention, mais sur-tout le soixante douzieme, selon l'hébreu. Ce Pseaume fut composé pour célébrer

Tome II.   Q

la gloire du regne de Salomon que David venoit d'établir fur fon trône. Mais l'efprit de Dieu, (comme on le voit communément dans les écrits prophétiques) élevant celui du Prophete, & lui faifant voir dans ce Roi pacifique une image & une figure de celui qu'Ifaïe appelle le Pere d'une génération éternelle & le Prince de la paix, il célebre fous l'emblême de Salomon la gloire du regne du Meffie, qui eft par excellence le fils de David, & plus en gloire que Salomon. Il voit donc, v. 5, que « toutes les races le recevront tant que le foleil & la lune fubfifteront ". On ne peut certainement entendre ces paroles de Salomon, dont le regne ne devoit durer que 40 ans. Il voit, v. 8, « que fa domination s'étendra depuis une mer jufqu'à l'autre, & depuis le fleuve, (c'eft le Nil ou l'Euphrate) jufqu'aux extrêmités de la terre ". Salomon n'a jamais étendu fa domination jufqu'aux extrêmités du monde. Il voit, v. 9 & 11, que « fes ennemis baifferont la tête devant lui, & que toutes les nations lui feront affujetties ". Nous avons vu ailleurs que le Seigneur (Jehovah) doit faire affeoir le Meffie à fa droite, jufqu'à ce qu'il ait réduit fes ennemis à lui fervir de marche-pied. Enfin, v. 10, le Prophete voit « que les Rois l'adoreront, qu'on le bénira pendant tout le jour ; que fon nom fera révéré dans tous les fiecles ; que fon nom fe perpétuera comme le foleil, & que toutes les nations fe glorifieront en lui, & chanteront fes louanges ".

Les derniers Prophetes ne font pas moins précis. Aggée nous a dit plus haut que le Meffie feroit le *Défiré des nations*, c'eft-à-dire, celui que les nations défireroient & rechercheroient comme leur Sauveur. Le Prophete Zacharie le peint sous les mêmes traits. « Filles de Sion, dit-il, soyez comblées de joie : filles de Jérusalem, poussez des cris d'alégresse. Voici votre Roi qui vient à vous ; votre Roi juste & Sauveur ». On ne peut douter que le Prophete ne parle du Messie. Quel autre Roi peut combler de joie Jérusalem ? Il n'y a que lui qui puisse être appellé Juste & Sauveur. Or Zacharie ajoute que « ce même Roi annoncera la paix aux nations, & que sa puissance s'étendra depuis une mer jusqu'à l'autre, & depuis le fleuve jusqu'aux extrêmités du monde ». Voilà le vrai caractere du Messie, d'être porteur de la paix aux nations ; c'est le même Roi *juste & Sauveur*. Qui ne reconnoît dans toutes ces prophéties ce *Roi pacifique* qui doit descendre d'Abraham & de David, & en qui *toutes les nations de la terre doivent être bénies*; ce *Prince de paix* à qui *toutes les nations obéiront* suivant la prophétie de Jacob ?

Les Juifs reconnoissent comme nous que le Messie régnera sur les nations ; mais étant grossiers & charnels, ils réduisent ce regné tout spirituel à un empire temporel & tyrannique, qui soumettra tous les peuples sous leur puissance. Se voyant humiliés sous la domination de ces mêmes Gentils, l'esprit de haine & de vengeance qui les anime leur fait espérer que le Messie viendra porter la désolation parmi toutes les nations ; qu'il leur donnera des fers, qu'il les soumettra comme des esclaves ; & que par ce moyen ils leur rendront au centuple tout le mal qu'ils prétendent en avoir reçu ; & c'est dans ce sens qu'ils entendent ces paroles du Psaume 2 que Dieu adresse au Messie : « Demandez-moi, & je vous donnerai les

» nations pour votre héritage, & j'étendrai vo-
» tre possession jusqu'aux extrêmités de la ter-
» re ; vous les gouvernerez avec un sceptre de
» fer, & vous les briserez comme le vaisseau du
» potier ».

Mais est-ce la promesse faite aux Patriarches, & si magnifiquement annoncée par les Prophetes ? n'en est-ce pas plutôt le contre-pied ? Un pareil Messie pourroit-il être l'objet des désirs des Gentils ? N'auroient-ils pas plutôt intérêt qu'il n'arrivât jamais ; & ne craindroient-ils pas sa venue comme le plus grand de tous les malheurs ? Cependant les mêmes Ecritures divines qui disent que le Messie est *le Désiré* des Juifs, disent aussi qu'il est le désiré de toutes les nations. Elles disent qu'il sera leur lumiere & leur salut, envoyé de Dieu jusqu'aux extrêmités de la terre ; elles disent que tous les Rois de la terre l'adoreront, & que toutes les nations le serviront & lui obéiront ; elles disent enfin qu'il fera cesser la malédiction portée contre eux à cause de leurs iniquités ; qu'il la changera en bénédictions ; qu'il sera enfin leur Rédempteur, leur Sauveur, leur Réconciliateur avec Dieu. Delà vient que David, Isaïe, &c. exhortent si souvent ces Gentils à tressaillir de joie, & à louer le Seigneur. Lors donc qu'il est dit dans le Psaume 2 que le Messie gouvernera les nations avec une verge de fer, & qu'il les brisera comme le vaisseau d'un potier, ces paroles ne peuvent s'entendre que de ceux des Gentils qui rejetteront le salut qu'il leur offrira, & qui se déclareront ses ennemis ; & c'est pourquoi le Psalmiste ajoute : « O Rois, ouvrez votre cœur
» à l'intelligence : recevez les instructions, vous
» qui jugez la terre : servez le Seigneur dans
» la crainte, & réjouissez-vous en lui avec

„ tremblement : *Adorez le Fils de Dieu, adorate*
„ *Filium*, selon l'hébreu, (celui dont il est dit
„ dans le même Pseaume, *Je vous ai engendré*
„ *aujourd'hui ;* paroles qui désignent le Messie
„ ou le Fils de Dieu fait homme) de peur qu'il
„ ne se mette en colere, & que vous ne péris-
„ siez. Heureux tous ceux qui mettent en lui
„ leur confiance „. Ils auront part à la bénédiction promise, au lieu que les autres seront
traités comme ses ennemis, & *réduits à lui ser-*
vir de marche-pied. Pseaume 109.

Mais afin de comprendre de plus en plus que le regne du Messie ne sera point un empire temporel, mais tout spirituel, il faut considérer les caracteres de l'alliance éternelle dont il doit être le Médiateur, & qui doit comprendre les Gentils comme les Juifs. Selon les Prophetes, cette nouvelle alliance ne sera point conditionnelle comme l'ancienne ; elle renfermera une promesse absolue, c'est-à-dire, que Dieu se chargera lui-même de la faire accomplir par la puissance de sa grace. „ Le temps vient, dit
„ Dieu par Jérémie, chap. 31, dans lequel je
„ ferai une nouvelle alliance avec la maison
„ d'Israël & la maison de Juda, non selon l'al-
„ liance que je fis avec leurs peres au jour que
„ je les pris par la main pour les faire sortir de
„ l'Egypte ; car de leur part ils ont violé mon
„ alliance, & moi je les ai traités comme un
„ maître sévere, dit le Seigneur. Mais voici
„ l'alliance que je ferai avec la maison d'Israël :
„ après que ce temps-là sera venu, dit le Sei-
„ gneur, j'imprimerai ma loi dans leurs entrail-
„ les, & je l'écrirai dans leurs cœurs ; je serai
„ leur Dieu, & ils seront mon peuple ; & cha-
„ cun n'enseignera plus son prochain & son
„ frere, en disant, Connoissez le Seigneur, parce

» que tous me connoîtront, depuis le plus petit
» d'entre eux jusqu'au plus grand, dit le Sei-
» gneur; car je leur pardonnerai leur iniquité,
» & je ne me souviendrai plus de leurs péchés ».

Dieu distingue ici très-clairement cette nouvelle alliance, de celle qu'il avoit faite avec les Juifs sur le mont Sinaï. L'alliance faite par la médiation de Moyse ne fut qu'extérieure. Dieu ne grava sa loi que sur la pierre; celle qui doit être faite par la médiation du Messie sera toute intérieure; Dieu gravera alors sa loi dans les cœurs. Par l'alliance de Moyse, les Israélites avoient contracté l'obligation d'accomplir la loi de Dieu; c'est ce qu'ils reconnoissent, Exod. chap. 19 & 24 : « Nous ferons tout ce que le
» Seigneur a dit, répond le peuple tout d'une
» voix : nous ferons toutes les choses que le Sei-
» gneur a prescrites ». Mais pour accomplir la loi, l'homme avoit besoin du secours de Dieu, qui ne lui étoit pas dû, ni donné en vertu & comme une condition de cette alliance; & ce peuple présomptueux croyant pouvoir tout de lui-même, ne pensoit pas à demander ce secours nécessaire. Delà il arrivoit que l'homme ajoutoit au péché la prévarication, & que la loi, quoique bonne, juste & sainte, étoit néanmoins un ministere de mort, parce que donnant à l'homme la connoissance du mal sans lui donner la grace de l'éviter, la cupidité ne faisoit que s'enflammer à cette connoissance du mal, & l'homme se livroit par son propre poids au funeste penchant qui l'y entraînoit. Au reste, que le don de la grace ne fût point une des conditions de cette alliance, Moyse le dit expressément au peuple pendant quarante ans après l'alliance faite. « Le Seigneur, lui dit-il, Deut.
» 19, ne vous a pas donné jusqu'aujourd'hui un

» cœur qui eût de l'intelligence, des yeux qui
» puſſent voir, des oreilles qui puſſent enten-
» dre „. Lors donc qu'il eſt dit que Dieu par-
donnoit à ſon peuple, cela ne ſignifie pas qu'il
lui remît ſes péchés, & que le rendant juſte,
il ſe le réconciliât ; mais cela veut dire ſeulement qu'il n'exécutoit point la menace qu'il
lui avoit faite de l'exterminer de deſſus la terre;
mais ſon péché ſubſiſtoit toujours, & Dieu en
réſervoit la vengeance pour l'autre vie. C'eſt
encore Dieu lui-même qui nous l'apprend,
lorſqu'appaiſé par la priere de Moyſe, il ſe
repentit du mal qu'il avoit dit qu'il feroit à
ſon peuple ; « Mais, ajoute-t-il, Exod. 33, au
» jour de la vengeance je les punirai du crime
» qu'ils ont commis „.

Il n'en eſt pas ainſi de l'alliance éternelle
dont le Meſſie doit être le Médiateur. Les hommes contractent également par elle l'obligation
d'accomplir la loi de Dieu, mais la condition
propre de cette alliance, eſt que Dieu les favoriſe du ſecours tout-puiſſant de ſa grace pour
vaincre la cupidité ; qu'il les lave & les puri-
fie de leurs péchés, qu'il ne s'en ſouvient
plus ; qu'il leur donne un cœur pour accomplir ſa loi ; qu'il l'imprime dans leurs eſprits,
& la grave dans leurs cœurs, & qu'il les faſſe
marcher dans la voie de ſes préceptes. Telle
eſt donc l'œuvre du Meſſie, & non pas, comme
les Juifs ſe l'imaginent, de venir mettre tout
à feu & à ſang ſur la terre, la remplir de
carnage & d'horreur, & donner des fers à ceux
des Gentils qu'il lui plaira d'épargner ; & cela
uniquement pour rendre les Juifs riches, grands,
ſeigneurs & maîtres du Monde. Ce peut bien
être là un envoyé du diable pour perdre irré-
médiablement les hommes par la cupidité des

richesses, & par tous les crimes qu'elles donnent les moyens & la facilité de commettre; mais on n'y pourra jamais reconnoître sans blasphême *l'Envoyé de Dieu*, *l'Oint du Seigneur*, *le Prince de la paix*, *le Saint d'Israël*, *le Sauveur*, *le Seigneur*, *notre justice*, en un mot, le *Messie* promis & prédit dans les saintes Ecritures.

Dieu nous donne la même idée de l'œuvre du Messie dans les Prophetes Baruch & Ezéchiel. « Les Juifs, dit-il par la bouche du premier, chap. 2, sauront enfin que je suis le Seigneur leur Dieu. Je leur donnerai un cœur, & ils comprendront; des oreilles, & ils entendront.... Je ferai avec eux une autre alliance qui sera éternelle, afin que je sois leur Dieu, & qu'ils soient mon peuple „ ; & dans Ezéchiel, chap. 36 : „ Je répandrai sur vous, ô maison de Juda & d'Israël, de l'eau pure, & vous serez purifiée de toutes vos souillures, & je vous purifierai de toutes les ordures de vos idoles. Je vous donnerai un cœur nouveau. Je mettrai au milieu de vous un esprit nouveau. J'ôterai de votre chair le cœur de pierre, & je vous donnerai un cœur de chair. Je mettrai mon esprit au milieu de vous : je ferai que vous marcherez dans la voie de mes préceptes, que vous garderez mes ordonnances, & que vous les pratiquerez ... Vous serez mon peuple, & moi je serai votre Dieu „.

En vain les Juifs diroient-ils qu'il ne s'agit dans ces prophéties de Jérémie, de Baruch & d'Ezéchiel, que du retour de la captivité de Babylone. Il est vrai qu'elles ont été annoncées à l'occasion de cet événement; mais elles ne l'avoient pas directement pour objet. Nous avons déja observé que souvent les Prophetes en prédisant un événement prochain, passent tout-d'un-coup, & sans en avertir, à un événement plus éloigné, dont l'autre est la figure ou le garant; & c'est ce qui a lieu ici. Le retour de la captivité étoit la figure de la délivrance de l'empire du démon par le Messie; & à cette occasion les Prophetes annoncent cette délivrance par l'établissement d'une nouvelle alliance dont le Messie doit être le Médiateur, & qui fait l'objet direct & unique des paroles de leurs prophéties que nous venons de rapporter. On ne peut en effet les attribuer en aucune sorte au retour de la captivité. 1°. Il est dit dans ces prophéties que Dieu doit faire une nouvelle alliance avec son peuple. Or Dieu n'a fait aucune alliance nouvelle avec les Juifs lorsqu'ils revinrent dans leur pays. Ils demeurerent toujours sous l'alliance Mosaïque établie sur le mont Sinaï. 2°. Les conditions de l'alliance nouvelle & éternelle dont il parle dans les mêmes prophéties, c'est que Dieu donnera lui-même un cœur de chair & un esprit nouveau, pour qu'elle soit accomplie, & que toutes les nations auront part à ce précieux don. Or les Juifs n'ont point reçu ce cœur de chair & cet esprit nouveau aussi-tôt après leur captivité, & les nations ne se convertirent point alors. Car le Prophete Zacharie (chap. 12) qui n'a prophétisé qu'après le retour, le leur promet encore pour le temps à venir. ,, Je répandrai, dit le Seigneur, sur la maison ,, de David & sur les habitans de Jérusalem l'es- ,, prit de grace & de prieres. Ils arrêteront les ,, ieux sur moi qu'ils auront percé de plaies ,,. Et Malachie le dernier des Prophetes, bien loin de convenir qu'à leur retour de Babylone, ils eussent reçu ce cœur & cet esprit nouveau qui les auroit rendus le vrai peuple de Dieu, leur annonce au contraire leur réprobation en ces termes, chap. 1, v. 10 : ,, Mon affection n'est ,, point en vous, dit le Seigneur, & je ne re- ,, cevrai point d'oblation de votre main ; car ,, depuis le lever du soleil jusqu'au couchant ,, mon nom sera grand parmi les nations ; de ,, sorte que l'on sacrifiera en tout lieu, & que ,, l'on offrira à mon nom une oblation toute ,, pure, parce que mon nom est grand parmi ,, les nations, dit le Seigneur des armées ,,.

Ajoutons encore à toutes ces prophéties celle de Daniel, chap. 9, dont on a rapporté ci-dessus les paroles. Elle est si claire, qu'il n'y a qu'un aveugle de mauvaise foi ou de punition qui puisse n'y pas reconnoître en quoi consiste véritablement l'œuvre du Messie, & l'erreur des Juifs touchant cette œuvre salutaire. L'œuvre du Messie, selon ce Prophete, sera d'abolir les prévarications, de mettre fin au péché, d'expier l'iniquité, de faire venir sur la terre la justice éternelle, de sceller les visions & les prophéties par l'événement, & de faire cesser les sacrifices & les oblations de la loi, qui appartenant à l'alliance de Moyse doivent cesser par le sacrifice & l'oblation du Messie, lorsqu'il confirmera par son sang l'alliance avec plusieurs au milieu de la soixante-dixieme & derniere semaine. Trouve-t-on là le moindre rapport & la moindre vraisemblance avec l'œuvre que les Juifs attribuent au Messie, qu'ils attendent encore, & qui sera, s'il faut les en croire, de rendre toutes les autres nations esclaves de la leur, & de rétablir Jérusalem, son temple & ses sacrifices abolis depuis plus de dix-sept siecles ?

4°. La quatrieme espece des prophéties qui annoncent le Messie, prédit les moyens qu'il doit employer pour accomplir l'œuvre dont on vient de parler.

Le Meſſie doit être Dieu & homme tout enſemble, ſelon les Prophetes, & ſon œuvre eſt d'effacer les péchés du genre humain, & de le réconcilier avec Dieu. Or il doit, ſelon les mêmes Prophetes, accomplir cette œuvre, en s'offrant lui-même en ſacrifice pour l'expiation du péché, en ſouffrant la mort dans ſa nature humaine, en portant lui-même la peine due à nos péchés, & en donnant comme Dieu un prix infini à ſes ſouffrances. On voit par-là que le Meſſie eſt tout enſemble le Prêtre & la Victime de ſon ſacrifice ; celui qui l'offre, celui qui eſt offert, & celui à qui il eſt offert.

Le Pſaume 109, ainſi qu'on l'a remarqué, eſt tout prophétique du Meſſie. Or voici ce qui y eſt dit, v. 4. « Le Seigneur a fait ce ſerment, & il ne le retractera point : vous êtes le Prêtre éternel, ſelon l'ordre de Melchiſédech ». On voit là deux choſes ; l'une, que par le ſerment irrévocable du Seigneur, le Meſſie eſt établi Prêtre ; l'autre, que ſa Prêtriſe n'eſt pas ſelon l'ordre d'Aaron, mais de Melchiſédech ; s'il eſt Prêtre, ce ne peut être que pour offrir à Dieu un ſacrifice ; & s'il eſt Prêtre, ſelon l'ordre de Melchiſédech, il doit donc offrir à Dieu un autre ſacrifice que ceux qui étoient offerts par Aaron & les Prêtres de ſon ordre. Son ſacrifice doit donc être comme celui de Melchiſédech ; par où l'on voit clairement que le Roi de Salem, qui étoit *Prêtre du Dieu très-haut* (Gen. 14.) a été une figure du Meſſie. Voyons donc ce que l'Ecriture nous apprend du ſacrifice de Melchiſédech, & nous connoîtrons par-là quel doit être celui du Meſſie. Il eſt dit (Gen. *ibid.*) que Melchiſédech offrit *du pain & du vin* ; le Messie doit donc offrir aussi du pain & du vin : mais jusques-là tout seroit égal, & la vérité ne seroit rien de plus que la figure. Il faut donc que le pain & le vin offerts par le Messie soient quelque chose de plus excellent que ces deux alimens communs offerts par Melchisédech. Si donc il est une fois prouvé que la victime du Messie est lui même, qu'il a offert son propre corps & son propre sang inséparablement unis à son ame & à sa Divinité, il s'ensuivra que, sous les symboles du pain & du vin, le Messie offre à Dieu son propre corps & son propre sang ; & que, comme il faut manger la chair du sacrifice pour en recevoir les fruits, le Messie donnera aux hommes sa propre chair à manger & son propre sang à boire sous les symboles du pain & du vin ; 1°. pour perpétuer son sacrifice, & rendre les hommes participans de la Victime jusqu'à la fin des siecles ; 2°. pour leur ôter l'horreur qu'ils auroient de manger de la chair en sa forme de chair, & de boire du sang en sa forme de sang.

Or que la Victime du sacrifice du Messie soit lui-même, cela paroît d'abord par le Pseaume 39, selon l'hébreu 40, où il dit à Dieu son Pere : « Vous n'avez point voulu de victimes ni d'of-
 „ frandes, mais vous m'avez percé l'oreille.
 „ Vous n'avez point demandé d'holocaustes ni
 „ d'hosties pour le péché ; alors j'ai dit : Me
 „ voici, je viens, selon qu'il est écrit de moi
 „ dans votre Livre, pour faire, ô mon Dieu,
 „ votre volonté „. Ce Livre dont il est ici parlé, n'est autre chose que les cinq livres de Moyse qui n'en faisoient qu'un, qu'on appelloit *le Livre de la Loi* ; ou simplement *le Livre*. Celui qui parle dans ce Pseaume dit, que dans toute la suite de ce Livre il a été écrit qu'il

viendroit pour faire la volonté de Dieu. Or Moyse auteur de ce Livre, n'a certainement jamais été occupé de David, né de près de trois cents ans après lui; mais il a été occupé du Messie, dont il rapporte la promesse faite d'abord à Adam, ensuite à Abraham, à Isaac, à Jacob, à Juda. Il le promet lui-même à tous les enfans d'Israël. C'est donc le Messie qui par la bouche de David parle dans ce Pseaume. Et qu'y dit-il? Il dit que, pour exécuter la volonté de son Pere, selon qu'il est écrit de lui dans toute la suite du Livre de Moyse, il vient se mettre à la tête de toutes les victimes impuissantes de la loi, dont le sang ne pouvoit effacer les péchés, ni rendre les hommes purs devant Dieu. Il dit que les sacrifices des taureaux, des boucs, des agneaux, ne sont pas ceux que Dieu veut pour l'expiation du péché, qu'il ne les a par conséquent établis que pour un temps, & pour figurer aux hommes le seul sacrifice qui doit expier leurs péchés, & les réconcilier avec lui; & que ce temps expiré lui-même, Dieu engendré de Dieu dès l'éternité se rendra le serviteur & l'esclave de son Pere dans la nature humaine qu'il prendra, & qu'il s'immolera dans cette même nature humaine pour satisfaire à la justice de Dieu, expier les péchés des hommes, & les réconcilier avec le Ciel. Ces paroles, *Vous m'avez percé l'oreille* comme à votre esclave pour vous obéir jusqu'à la mort, font allusion à la loi qui ordonnoit que l'esclave Israélite seroit libre au bout de sept ans de servitude; mais que s'il vouloit rester avec son maître, on lui perceroit l'oreille avec une aleine devant le Juge, & qu'il resteroit esclave toute sa vie.

David n'annonce pas seulement en général le sacrifice du Messie, qui doit abolir tous les autres qui n'en étoient que la figure; il marque encore les principales circonstances de ce sacrifice dans le Psaume 21, ou selon l'hébreu 22; & c'est encore le Messie qui parle dans ce Psaume, qui ne peut être entendu d'aucun autre.

« Mon Dieu, mon Dieu, y dit-il, pourquoi m'avez-vous abandonné ? Je suis un ver de terre, & non un homme : je suis l'opprobre des hommes, & l'objet du mépris du peuple. Tous ceux qui me voient m'insultent; ils remuent les levres, & secouent la tête, en disant : Il a mis son espérance au Seigneur; qu'il le délivre, qu'il le sauve, s'il est vrai qu'il l'aime.... Ne vous éloignez point de moi, car l'affliction est proche, & il n'y a personne qui me secoure. Un grand nombre de jeunes taureaux m'ont environné; des taureaux gras & forts m'ont affligé de toutes parts; ils ont ouvert leur bouche pour me dévorer comme un lion ravissant & rugissant. Je me suis écoulé comme l'eau; ma vigueur s'est desséchée comme l'argile cuite au feu. Ma langue s'est attachée à mon palais, & vous allez me faire descendre dans la poussiere avec les morts. Car je suis environné d'une troupe de chiens; une multitude de gens qui veulent me perdre, m'assiégent : *Ils ont percé mes mains & mes pieds* : ils prennent plaisir à me considérer en cet état. Ils partagent mes vêtemens, & jettent au sort à qui aura ma robe; mais vous, Seigneur, ne vous éloignez point de moi, &c. »

Il n'est pas nécessaire de prouver que rien de tout cela n'est arrivé à David. Il a eu à souffrir, il est vrai, lorsqu'il étoit persécuté par Saül, mais on ne lui a jamais percé les mains ni les pieds; il n'a jamais été en tel état de souffrance que l'on pût compter tous ses os : on ne s'est jamais arrêté pour se donner le plaisir cruel de le considérer en cet état de tourment : on ne l'a jamais dépouillé pour partager ses vêtemens, & jetter sa robe au sort. Il n'a enfin jamais été dans le cas d'avoir sa langue attachée à son palais, par la brûlante soif que lui causoient ses souffrances, & n'est pas descendu dans la poussiere du tombeau par une mort violente. Puis donc que rien de tout cela n'est arrivé à David, c'est un autre que lui qui parle dans ce Psaume. Et qui, sinon le Messie, son Fils comme homme, & son Seigneur comme Dieu, dont il étoit d'autant plus occupé, que Dieu lui avoit révélé qu'il naîtroit de sa race? Et d'ailleurs, tout ce qui est dit dans la suite de ce Psaume, lui convient parfaitement, comme on le montrera plus bas, & ne peut convenir à aucun autre. Toutes ces souffrances & ces ignominies que David n'a pas réellement éprouvées, sont donc les circonstances qui doivent accompagner le sacrifice que le Messie fera de sa vie.

J'observe en passant sur ces paroles du Psaume 21, *Ils ont percé mes pieds & mes mains ; Foderunt manus meas & pedes meos*, que dans l'hébreu d'aujourd'hui on lit באֲרִי, *sicut leo*, & non pas כארו *foderunt*. Mais il est manifeste que c'est une faute grossiere, qui vient de l'inattention des copistes, & peut être de la fraude des Juifs, qui, pour éviter la force de la prophétie, ont substitué באֲרִי à כארו, qui est l'ancienne leçon : car non-seulement la Vulgate, mais les Septante, Aquila, saint Jérôme, les Traducteurs Syriaques, Arabes, Ethiopiens ont tous lu כארו, & traduit *foderunt*. Ces paroles, *sicut leo manus meas & pedes meos*, n'ont pas de sens, & ne s'accordent ni avec ce qui précede ni avec ce qui suit. Il y a plus : les Massorettes eux-mêmes qui lisoient כארי, *sicut leo*, ont reconnu qu'un grand nombre de Manuscrits d'une antiquité respectable portoient כרו, *foderunt*. S'il n'y a point de fraude dans ce changement, l'erreur aura pu venir de ce que quelque copiste aura ajouté א voyelle auxiliaire, & que ו aura été changé en י.

David dans un autre Psaume (le 68) qui est tout entier prophétique, ajoute encore deux autres circonstances particulieres de sa mort ; la premiere, c'est que personne ne le consolera dans ses maux ; tout le monde l'abandonnera : la seconde, c'est qu'on l'abreuvera dans sa soif de fiel & de vinaigre. Le Prophete Zacharie prédit d'abord en général, chap. 12, que le Messie sera percé de plaies par son peuple ; & dans le chapitre suivant il exprime en particulier, comme David, qu'il aura les mains percées, c'est-à-dire, qu'il sera attaché à une croix comme les scélérats. « Alors on lui dira (ce sont les paroles du Prophete,) D'où viennent ces plaies que vous avez au milieu des mains ? & il répondra : J'ai été percé de ces plaies dans la maison de ceux qui m'aimoient ». Le Prophete ajoute plus bas, que « quand le Pasteur d'Israël aura été ainsi frappé, les brebis se disperseront, c'est-à-dire, l'abandonneront ».

Mais, dit-on, ce passage de Zacharie n'est point applicable au Messie ; car il parle en cet endroit du faux-prophete qui invente des mensonges, & que son pere & sa mere livreront à la mort pour avoir ainsi prophétisé. Mais 1°. on ne peut pas entendre ainsi le premier texte de Zacharie d'un faux-prophete ; car celui dont il dit que les Juifs le considéreront après l'avoir percé, est précisément le même que celui dont il dit au même endroit qu'il répandra sur la maison de David & sur Jérusalem un esprit de grace & de prieres. Ce qui ne peut s'entendre que du Messie. 2°. Il est vrai que Zacharie dans le second passage fait allusion à la peine capitale dont il étoit ordonné de punir les Prophetes menteurs, mais il ne s'y borne pas : il passe, suivant le style ordinaire des Prophetes, à une autre image bien différente, & fait une prédiction formelle du supplice du Messie. La preuve, c'est qu'il représente d'abord le faux-prophete puni de mort par sa famille, puis il le montre après percé de plaies qu'on lui a faites aux mains. Or ce dernier supplice n'est point un supplice capital, il n'étoit pas même ordonné, & jamais il n'a été en usage chez les Juifs. Ce n'est donc point du faux-prophete seulement dont parle Zacharie ; il avoit en vue le Messie, qui devoit un jour être regardé par les siens comme un prophete séducteur.

Isaïe, chap. 59, sous l'emblême de la délivrance du peuple de la captivité de Babylone, dont il parle souvent, & dans le même chapitre désigne la délivrance du genre humain de la captivité du démon, qui sera opérée par le sacrifice & la mort du Messie. Et d'abord dès les trois derniers versets du chapitre précédent, l'Esprit de Dieu lui révele la grandeur de cet Homme-Dieu qui vient apporter la paix sur la terre. « Mon serviteur, dit-il, sera rempli d'intelli » gence ; il sera grand & élevé, il montera au » plus haut comble de gloire ». Mais il faudra pour cela qu'il s'abaisse, qu'il s'anéantisse, qu'il souffre & qu'il meure, pour être mis en possession de cette gloire infinie qu'il a de toute éternité comme Dieu, mais qu'il doit mériter com-

me homme. « Ainsi, continue l'Esprit divin qui
» parle par le Prophete, son visage sera plus dé-
» figuré que celui d'aucun autre homme, & sa
» forme moins reconnoissable que celle des en-
» fans des hommes ». C'est ce que le Prophete
développe dans le chapitre 53. « Qui a cru, dit-
» il, à ce qu'il nous a ouï prêcher, & à qui le
» bras du Seigneur a-t-il été révélé » ? C'est un
reproche que le Prophete fait aux Juifs de leur
incrédulité, ou, plutôt une prédiction de celle
qui leur fera rejetter le Messie. Ce Seigneur
dont le bras n'a point été révélé aux Juifs, c'est-
à-dire, le Messie, « s'est élevé comme un foible
» arbrisseau, & comme un rejetton qui sort
» d'une terre seche. Il a été sans beauté & sans
» éclat : nous l'avons vu, & il n'avoit rien
» qui attirât les regards. Nous l'avons désiré,
» mais il nous a paru méprisable, le dernier
» des hommes, un homme de douleurs, &
» qui sait par expérience ce que c'est que souf-
» frir. Il s'est véritablement chargé de nos ma-
» ladies, & il a porté nos douleurs ; nous l'a-
» vons regardé comme un homme frappé de
» lepre, comme un criminel que Dieu frap-
» poit, & qui étoit humilié pour ses péchés ;
» mais c'est pour nos iniquités qu'il a été percé
» de plaies ; c'est pour nos crimes qu'il a été
» brisé. Le châtiment qui nous devoit procurer
» la paix est tombé sur lui, & nous avons été
» guéris par ses meurtrissures. Nous nous som-
» mes tous égarés comme des brebis ; chacun
» de nous s'est détourné pour suivre sa propre
» voie, & le Seigneur l'a chargé de l'iniquité
» de nous tous. On lui a demandé ce qu'il ne
» devoit pas, & il a été extrêmement humilié ;
» mais il n'a point ouvert la bouche. Il a été
» mené à la mort comme un agneau, & comme

« une brebis qui est muette devant celui qui le « tond ». Il n'est pas possible de marquer plus clairement que le Messie doit mourir au milieu des tourmens ; que ne devant rien à la justice de Dieu, il se rendra caution pour ceux qui étoient débiteurs de cette souveraine justice ; que chargé de l'iniquité de nous tous, il se rendra victime pour les pécheurs ; qu'il prendra sur lui nos maladies & les douleurs que nous avions mérité de souffrir éternellement ; qu'il nous procurera enfin la paix avec Dieu, en portant lui-même le châtiment que nous méritions, & que nous serons guéris par ses meurtrissures.

Que ce Messie est différent de celui que les Juifs attendoient ! Aussi ont-ils tâché d'appliquer cette prophétie d'Isaïe, tantôt à Moyse, tantôt à Josias. Mais qu'on en examine bien toutes les expressions, on verra clairement qu'on ne peut pas dire de Moyse, ni de Josias, qu'ils ont été méconnus comme les derniers des hommes, qu'ils sont morts au milieu des tourmens ; qu'ils ont été brisés pour nos crimes, & que nous avons été guéris par leurs meurtrissures. Mais, ajoutent d'autres Rabins, c'est le peuple entier des Juifs qu'Isaïe aura voulu peindre. Idée si folle & si contraire au texte de la prophétie, qui parle d'un homme, & non d'un peuple, qu'il n'est pas nécessaire de s'y arrêter.

Grotius entêté de son faux système sur les prophéties, c'est-à-dire, qu'il n'y en a point de purement littérales par rapport au Messie, mais qu'elles ont toutes un double sens, applique à Jérémie le cinquante-troisieme chapitre d'Isaïe dans son sens naturel, ajoutant qu'il regarde aussi le Messie figuré par Jérémie. Mais il y a au moins la moitié du chapitre qui ne peut être adapté à ce Prophete que dans un sens forcé & absolument faux; en sorte que le sens figuratif de la prophétie seroit plus littéral, que le sens littéral lui-même. Peut-on dire de Jérémie qu'il a pris sur lui nos iniquités, qu'il a été percé de plaies pour nos péchés, qu'il a été brisé pour nos crimes, que le châtiment qui devoit nous procurer la paix, est tombé sur lui, que nous avons été guéris par ses meurtrissures, qu'il a été conduit à la mort sans avoir ouvert la bouche (tandis qu'il s'écrioit, chap. 2, Maudit le jour auquel je suis né)? Le reste du chapitre qu'on verra plus bas, lui convient encore moins. Par ce faux système, Grotius affoiblit les preuves qu'on peut tirer des prophéties qui regardent le Messie, sur-tout vis-à-vis des incrédules qui se moquent de ces sens figuratifs, qu'on peut appliquer, disent-ils, comme l'on veut, & à qui l'on veut.

Enfin passons au Prophete Daniel. Sur la mort du Messie dans la célebre prophétie que nous avons rapportée en entier ci-dessus, remarquons d'abord que ce Prophete y parle expressément du Messie. « Sachez & comprenez, lui dit l'Ange » Gabriel que, depuis l'ordre qui sera donné » pour rétablir & rebâtir Jérusalem, jusqu'à ce » que le Messie ou l'Oint du Seigneur משיח, » soit le conducteur de son peuple, il y aura » sept semaines & soixante-deux semaines, » &c. ». Or le prophete dit tout de suite que le Messie משיח sera mis à mort, & qu'il sera renoncé par son peuple. Il est donc plus clair que le jour que celui qui, selon David, doit avoir les mains & les pieds percés, & être l'objet du mépris de son peuple; & que celui qui, selon Isaïe, doit être méprisé, rejetté, condamné, & souffrir la mort sans ouvrir la bouche, font abfolument le même, qui, felon Daniel, doit être mis à mort & renoncé par fon peuple. Mais ce qui eft bien à remarquer, c'eft que Daniel ne défiroit point d'être inftruit fi le Meffie feroit mis à mort & renoncé par fa nation. Il le favoit deja par ce que la Loi, les Pfaumes & les Prophetes fes predeceffeurs lui en avoient appris : le facrifice & la mort du Meffie étoit l'objet de fa foi & de fon efpérance, parce qu'il envifageoit les fruits de ce grand facrifice. Son defir ardent étoit de favoir en quel temps ce facrifice feroit offert ; & c'eft pour l'en inftruire que l'Ange Gabriël lui eft envoyé. Il part donc d'après ce que David, Ifaïe & les autres prophetes en avoient prédit, & il ne fait que marquer le temps auquel leurs prédictions feront accomplies, & quelles feront les fuites de cet accompliffement par rapport au peuple qui renoncera le Meffie.

Les anciens Rabins font tous convenus que le Meffie promis dans les Ecritures devoit mourir dans les tourmens. Le Rabin Moyfe Hadarfan, Expofition de la Génefe, traite au long du Meffie. Il y repréfente fatan qui demande à Dieu la permiffion de le tourmenter. Dieu la lui accorde, & le Meffie s'y foumet : il raconte les douleurs qu'il doit fouffrir, fes opprobres, fes perfécutions. Il eft vrai que ce dialogue entre Dieu, fatan, & le Meffie, eft un conte de l'invention du Rabin ; mais toujours eft-il évident qu'il a fuivi la tradition de fes peres fur les fouffrances du Sauveur. Le Talmud *in Mifna* dit en termes formels que les derniers jours du Meffie feront pour lui des jours d'opprobres & d'outrages. L'Auteur de l'Explication des Pfaumes, (Midas Tehilim, pfalm. 18.) dit que quand le Meffie viendra, tous les cantiques cefferont jufqu'à ce qu'il soit raſſaſié d'inſultes. La paraphraſe chaldaïque ſur le Pſaume 129 porte, que les pécheurs laboureront ſur le corps du Meſſie, qu'ils y traceront des ſillons, & qu'il ſera comme une terre fatiguée par le tranchant de la charrue. La même paraphraſe explique du Meſſie le cinquante-troiſieme chapitre d'Iſaïe. Or on ſait de quelle autorité cette paraphraſe ou *targum* eſt chez les Juifs. C'eſt un crime d'en attaquer le ſens, & cet ouvrage eſt après l'Ecriture celui qu'ils reſpectent le plus. Tous les anciens Talmudiſtes, de l'aveu de Kimki, attribuent de concert au Meſſie cet endroit de Zacharie. « Ils jetteront les yeux ſur moi qu'ils » auront percé de plaies ». Ce que dit le Pſaume 69 que le Meſſie doit être abreuvé de fiel & de vinaigre, eſt encore entendu du Meſſie par la foule des Rabins. Enfin il n'y a rien de plus univerſellement avoué par les anciens Juifs que la mort du Meſſie dans les tourmens, & même (ce qui eſt remarquable) par le ſupplice honteux de la croix. Tous leurs médraxims ou commentaires ſont preſque unanimes ſur ce point.

Mais comme les Juifs modernes ont bien compris qu'en penſant autrement, c'étoit condamner leurs ancêtres, & que, d'une part, forcés de reconnoître que le Meſſie devoit être condamné & mis à mort, ils n'ont pu d'un autre côté ſe défaire de la fauſſe idée d'un Meſſie conquérant, qui rendroit eſclaves toutes les nations, & qui combleroit les Juifs de toutes ſortes de biens temporels. Quelques-uns d'eux ont inventé la chimere d'un double Meſſie, dont l'un ſeroit très ſupérieur à l'autre. Ce ſyſtême inouï dans les premiers temps ſuppoſe un Meſſie fils de David qui n'eſt point encore venu, un autre fils de Joſeph qui a paru du temps du grand Hérode : celui-là toujours grand, heureux, & maître du monde ; celui-ci méprisé, pauvre, malheureux, & condamné à la mort. Avec cette clef, disent-ils, tout s'ouvre dans l'Ecriture ; tout ce que vous y lisez de grand & de pompeux, appliquez-le au fils de David : tout ce qui préfage des peines, des douleurs, des perfécutions, attribuez-le au fils de Joseph. Mais où font ces prophéties qui divifent ainfi le Meffie qu'ils promettent ? Les Juifs n'ont-ils pas eux-mêmes entendu conftamment & unanimement du même Meffie ces textes qui paroiffent oppofés ? N'ont-ils pas écrit que celui qui feroit envoyé comme le défiré des nations, feroit celui-là même qui devoit porter nos langueurs ? N'ont-ils pas dit tous avec le Rabin Abarban (*in cap. 53 Isaiæ*) que le Meffie ne devoit parvenir au triomphe que par les combats, & à la gloire que par la route des fouffrances ?

Mais ces Juifs charnels & amateurs du fiecle auroient aifément concilié ces endroits de l'Ecriture qui préfentent le Meffie tantôt anéanti jufqu'à la mort, tantôt comblé de gloire & de bonheur, fi, au lieu de s'en former l'idée d'un conquérant qui devoit appefantir fon joug fur les nations pour rendre les Juifs heureux, & devenir le Maître du monde, ils l'euffent confidéré, fuivant les mêmes Ecritures, comme un Dieu Sauveur qui venoit fur la terre racheter les hommes, effacer leurs péchés, leur communiquer la vraie juftice, & les rendre dignes de la gloire du ciel. Ils auroient vu le Meffie reffufcité après la mort cruelle qu'il devoit fouffrir, dans ces paroles de David, Pfaume 15 ; « Vous ne laifferés
» pas mon ame dans l'enfer, & vous ne fouffri-
» rez pas que votre Saint éprouve la corrup-
» tion » : paroles qui ne peuvent convenir qu'au

Messie. Car, suivant la remarque de saint Pierre dans les Actes, le Patriarche David est mort, il a été enseveli, il est resté dans le tombeau, il y a éprouvé la corruption. Ce n'est donc pas de lui-même qu'il parle dans le Pseaume. Et quel autre auroit-il pu avoir eu en vue que le Messie, qui devoit naître de sa race, & qui devant être, selon les Prophetes, Dieu & Homme tout ensemble, ne pouvoit être retenu dans les liens de la mort ? Les Juifs auroient encore vu le Messie monté au ciel après sa résurrection, & gouvernant delà tout son peuple par une grace & une protection continuelles, dans ces paroles du Pseaume 109, qui est tout entier prophétique du Messie. « Le Seigneur a dit à mon „ Seigneur : Asséyez-vous à ma droite jusqu'à „ ce que j'aie réduit vos ennemis à vous servir „ de marchepied „. Et c'est ce qui est admirablement développé dans le Pseaume 21, & dans le chapitre 53 d'Isaïe, immédiatement après ce que nous en avons rapporté sur la mort du Messie.

En effet, à peine le Messie qui parle dans ce Pseaume a-t il fait l'énumération de ses souffrances, qu'il poursuit ainsi en s'adressant toujours à Dieu : « J'annoncerai votre nom à mes „ freres. Je vous louerai au milieu de l'assem- „ blée „ (des peuples). Souvenons nous qu'on lui a percé les mains & les pieds, & qu'il est descendu avec les morts dans la poussiere du tombeau ; & cependant il annoncera ensuite le nom du Seigneur à ses freres, il le louera au milieu de l'assemblée des peuples : il reprendra donc la vie après l'avoir quittée, il ressuscitera donc, & sortira du tombeau. Il continue : « Les bien- „ faits que j'ai reçus de vous, ô mon Dieu, „ feront le sujet de mes louanges dans une
„ grande

« grande assemblée, je rendrai mes vœux au
« Seigneur en présence de ceux qui le crain-
« dront ». Voilà le Messie ressuscité qui se trouve à la tête d'une église ou d'une grande Assemblée, & qui loue son Pere des biens qu'il en
a reçus ; car « Dieu lui donnera toutes les na-
« tions pour son héritage, & pour possession
« toute l'étendue de la terre, (Psaum. 2, 7!,
« &c.) C'est donc dans cette grande Assem-
« blée, dans cette Eglise composée de toutes
« les nations, que le Messie perpétuera son
« sacrifice en actions de graces de la posté-
« rité innombrable que le Seigneur lui aura
« donnée ». Les Pauvres participeront à la vic-
« time, & ils seront rassasiés, dit le Psal-
« miste ; ils loueront le Seigneur, ils le recher-
« cheront ; leur cœur vivra éternellement ».
Voilà bien évidemment l'explication des paroles
précédentes. Le Messie ressuscité louera éternellement le Seigneur, & lui rendra ses vœux en
présence de toute son Eglise, en offrant continuellement au milieu d'elle son sacrifice d'actions de graces, dont il sera le Prêtre & la Victime. D'abord il n'y aura que des pauvres,
des indigens, ce qu'il y a de plus abject aux
yeux du monde, qui participeront à la Victime,
& en seront rassasiés ; mais bientôt après, ajoute
le Psaume, « Tous les peuples jusqu'aux extré-
« mités de la terre se souviendront du Seigneur,
« & retourneront à lui (en entrant en foule
« dans son Eglise) : toutes les tribus des na-
« tions se prosterneront devant vous, (ô mon
« Dieu ;) car c'est au Seigneur qu'il appartient
« de régner, & il gouvernera les nations, &
« alors tous les riches de la terre mangeront
« de son sacrifice, & l'adoreront ; tous se pros-
« terneront devant lui, s'humiliant jusqu'à la

Tome II. R

,, poussiere ,,. Les fruits du sacrifice du Messie seront donc d'amener toutes les nations à la connoissance du vrai Dieu, de les faire entrer dans la grande Assemblée ou Eglise dont il sera le Chef, de leur faire rendre au Seigneur l'adoration qui lui est due, de ne plus faire de distinction de riche & de pauvre, de prince & de sujet, de libre & d'esclave, de Juif & de Gentil, de Grec & de barbare ; mais de les admettre tous à la participation de la Victime de leur salut, & d'en faire le Royaume spirituel qui commencera à se former sur la terre, & qui durera éternellement dans le ciel.

La seconde partie du chapitre 53 d'Isaïe n'est pas moins claire sur la résurrection du Messie, & sur la grande assemblée des nations dont il sera la lumiere, le Chef, & le Sauveur. Car après ces paroles du Prophete rapportées ci-dessus, (le Messie « a été mené à la mort comme un ,, agneau sans ouvrir la bouche ,,), on lit tout de suite : « Il a été pris pour être élevé en gloire ,, du milieu de l'angoisse & du supplice auquel ,, il avoit été condamné. Qui racontera tout ,, l'accroissement de sa postérité en conséquence ,, de ce qu'il a été retranché de la terre des vi- ,, vans, & frappé de plaies pour le crime de mon ,, peuple » ? Il n'y a plus à s'y méprendre. Le Messie doit être frappé de plaies pour le crime du peuple que Dieu doit se former ; il doit être retranché de la terre des vivans; il doit enfin mourir par un supplice auquel il sera condamné, & en conséquence il doit être élevé en gloire, & avoir une postérité innombrable : il doit donc vaincre la mort par une résurrection glorieuse. « Dieu, continue Isaïe, ,, lui donnera la conversion des impies pour ,, le prix de sa sépulture, & celle des riches

,, pour la récompense des supplices qui lui
,, ont ôté la vie, parce qu'il n'a point com-
,, mis d'iniquité, & que le mensonge n'a ja-
,, mais été dans sa bouche. Le Seigneur l'a
,, voulu briser, il l'a rendu foible ; mais lors-
,, qu'il aura livré sa vie en sacrifice pour le
,, péché, il verra une longue postérité, & la
,, volonté de Dieu s'accomplira parfaitement
,, par son ministere ; il verra le fruit de ce que
,, son ame aura souffert, & il en sera rassasié ;
,, comme mon serviteur est infiniment juste
,, (ou le Juste par excellence,) il en justifiera
,, plusieurs par la connoissance qu'ils auront de
,, lui, & il portera lui-même leurs iniquités ,,.
Le Messie doit donc donner sa vie en sacrifice
pour le péché, à la place de tous ces holocaustes
& sacrifices impuissans de la loi qui ne pouvoient effacer les péchés. Il méritera donc par
ce grand sacrifice que Dieu lui donne une longue postérité, une postérité éternelle, qui par
son ministere, c'est-à-dire, par la grace dont
il est le ministre, le dispensateur & la source,
accomplira parfaitement la volonté de Dieu.
Telle est donc la postérité qui sera donnée au
Messie pour avoir livré sa vie en sacrifice pour
le péché : il la verra après sa mort : il verra dans
la sainteté de ses enfans le fruit de ce que son
ame aura souffert, & il en sera rassasié. Il vivra
donc après sa mort : il ressuscitera donc pour ne
plus mourir. Juste par lui-même, auteur de
toute justice ; ou, comme dit Jérémie, le Seigneur notre paix, notre justice ; il la communi-
quera à plusieurs par la foi qu'ils auront en lui,
& il effacera leurs iniquités dont il s'est chargé, & qu'il aura expiées par son sacrifice.

Enfin Isaïe termine sa prophétie par ces paroles que Dieu adresse au Messie, & qui sont

la récapitulation de tout ce qu'il vient de dire. « Je lui donnerai pour son partage la dépouille » des forts, parce qu'il a livré son ame à la » mort, & qu'il a été mis au nombre des scé-» lérats ; qu'il a porté les péchés de plusieurs, » & qu'il a prié pour les violateurs de la loi ». Dieu a donné au Messie toutes les nations, non pour les soumettre aux Juifs, mais pour les soumettre à Dieu en portant leurs péchés, en priant son Pere de pardonner aux violateurs de la loi, en les réconciliant avec lui, en faveur du sang qu'il répandra pour eux, & des ignominies qu'il souffrira jusqu'à être mis au nombre des scélérats, &c.

Il est donc prouvé par les Prophetes que la mort du Messie doit être un véritable sacrifice, & que la victime de ce sacrifice est lui-même, qui offrira son corps & son sang inséparablement unis à son ame & à sa divinité. Il est prouvé que dans tous les peuples qui seront son héritage, les pauvres & les riches participeront à cette victime sans tache, & mangeront de ce sacrifice jusqu'à la fin des siecles. Et comment s'en nourriront-ils ? On a vu que le Messie doit être Prêtre selon l'ordre de Melchisédech, c'est-à-dire, qu'il offrira comme Melchisédech un sacrifice de pain & de vin ; mais un sacrifice qui aura plus d'excellence, & qui renfermera la vérité dont le sacrifice de Melchisédech n'étoit que la figure. En conclurons-nous que le sacrifice non sanglant du Messie sera différent de son sacrifice sanglant ? Ce seroit supposer que celui qu'il offrira par sa mort, ne seroit pas suffisant ; & de plus, c'est de la victime du sacrifice où le Messie sera immolé que les pauvres & les riches mangeront. Le sacrifice qu'il offrira jusqu'à la fin des siecles, sous les symboles du pain & du vin, ne sera donc que la continuation de celui par lequel il est mort pour expier les péchés des hommes, & le moyen qui servira à les faire participer à cette victime ressuscitée & pleine de gloire qui les fera vivre de la vie de Dieu même. Il est manifeste que c'est ce sacrifice universel & non sanglant que Dieu prédit dans Malachie, 1, 10, par ces paroles : « Mon affection n'est point en vous (c'est aux Juifs qu'il parle,) & je ne recevrai point d'oblation de vos mains. Car depuis le lever du soleil jusqu'au couchant, mon nom sera grand parmi les nations ». Qu'on pese toutes ces paroles, & l'on sera convaincu qu'il ne s'agit point ici d'un simple culte intérieur, ou de pures cérémonies, mais d'un vrai sacrifice institué par le Messie. En effet le Prophete oppose le sacrifice dont il parle aux sacrifices de la loi ; il rejette ces derniers. Le sacrifice nouveau n'est donc pas un simple sacrifice intérieur & spirituel : un tel sacrifice ne seroit pas opposé aux sacrifices de la loi ; ceux-ci ne devoient pas être séparés de l'intérieur ; tous les justes de l'ancienne loi unissoient toujours ces deux especes de sacrifices. Ce nouveau sacrifice sera offert dans tous les lieux ; au lieu que les autres ne pouvoient être offerts que sur un seul autel & dans un seul temple. Si l'on restreint le sacrifice nouveau à des prieres, il n'y a plus aucune merveille que l'on en offre à Dieu dans tous les lieux ; & les victimes extérieures pourront encore être réservées à un seul autel. Cependant le Prophete donne pour une merveille que le sacrifice dont il parle soit offert dans tous les lieux, & c'est sur ce sacrifice universel qu'il fonde le mépris des sacrifices Judaïques.

Le Dieu des armées veut ici donner une marque à laquelle on reconnoîtra qu'il sera adoré de tous les peuples. Il donne le sacrifice universel pour cette marque. Que deviendra-t-elle cette marque, si le sacrifice des nations n'est pas extérieur, & s'il est réduit à quelque culte invisible ? Les sacrifices offerts à Jérusalem étoient une marque publique du culte suprême qui y étoit rendu à Dieu. Les nations auront donc dans leur sacrifice une preuve publique que Dieu est le grand Roi, & que son nom est terrible parmi elles depuis le lever du soleil jusqu'à son coucher.

Ce sacrifice des nations est une oblation pure. Il faut donc que sa sainteté soit indépendante des prêtres & du peuple, & qu'elle soit toujours agréable aux yeux de Dieu. Cette oblation ne consiste donc point précisément dans les prieres, qui n'ont point cet avantage d'être toujours une oblation pure. Il n'y a qu'une hostie sainte par elle-même de qui on puisse le dire. Il est donc constant que le sacrifice universel prédit par Malachie est un sacrifice visible, & qu'il sera institué par le Messie ; car lui seul peut établir un sacrifice d'une bonne odeur ; il n'y a que lui qui puisse être une hostie sainte par elle-même. N'est-ce pas en lui que toutes les nations seront bénies ? Elles ne le seront qu'autant qu'elles connoîtront Dieu pour le grand Roi. C'est donc au Messie à leur donner cette connoissance, & à leur fournir le moyen de lui rendre le culte suprême, en mettant dans leurs mains une oblation pure.

Après avoir converti les nations, dit Isaïe, le Messie « choisira parmi elles des Prêtres & » des Lévites ». (chap. 66,) sans doute pour offrir à Dieu ce que le peuple ne sauroit offrir :

comme les Prêtres & les Lévites offroient parmi les Juifs ce que les simples particuliers n'avoient pas droit d'immoler, le Messie instituera donc un nouveau sacrifice : autrement de quel usage seroient ces nouveaux Prêtres & ces nouveaux Lévites ?

5°. Enfin la derniere espece des prophéties dont il est ici question, concerne l'état des Juifs après la venue du Messie.

Daniel, dans sa célebre prophétie du chap. 9, prédit en peu de mots, mais d'une maniere très-claire & très-énergique, ce qui doit arriver après la venue du Messie. Il prédit, comme Isaïe, qu'ils le rejetteront & qu'ils le mettront à mort, & qu'en punition de ce crime, ce peuple que Dieu avoit choisi préférablement aux autres, & qu'il avoit fait dépositaire de ses promesses, « ne sera plus son peuple », parce qu'il les aura méprisées, en renonçant son Sauveur. « Un autre peuple, continue Daniel (ou
„ plutôt l'Ange Gabriël qui lui révéloit ces
„ grands mysteres) un autre peuple dépendant
„ d'un autre chef qui doit venir, détruira la
„ ville (de Jérusalem) & le sanctuaire. Car le
„ sanctuaire trouvera sa fin dans ce déluge de
„ maux, & la guerre ne finira que par l'ex-
„ trême désolation à laquelle (cette ville) sera
„ condamnée. Le Messie confirmera l'alliance
„ éternelle qu'il a promis d'établir avec plu-
„ sieurs (d'entre les Juifs,) & il mettra fin
„ aux sacrifices & aux oblations de la loi. Le
„ temple ayant été souillé par des abominations
„ sera désolé, & la désolation se répandra sur
„ le peuple étonné, jusqu'à une ruine entiere
„ & inévitable „.

Le Prophete Isaïe, chapitre 65, avoit déja annoncé aux Juifs ce terrible châtiment, que

Daniel dit ici devoir être la punition de la mort du Messie. « Je me suis fait rechercher, dit Dieu, par ceux qui ne me cherchoient point, ils m'ont trouvé. J'ai dit à une nation qui n'invoquoit point mon nom auparavant: Me voici, me voici ». On ne peut marquer plus expressément les Gentils; & même Isaïe les nomme dans ce chapitre. Voici maintenant les Juifs; « mais en vain, continue le Seigneur, j'ai étendu mes mains pendant tout le jour vers un peuple incrédule qui marche dans une voie qui n'est pas bonne, en suivant ses pensées; vers un peuple... qui dit aux autres: Retire-toi, ne m'approche point; je suis plus pur que toi. Ils excitent mon indignation & le feu de ma colere qui brûlera toujours ». Voici maintenant quel sera le sort de ce peuple incrédule. « Leur péché est écrit devant mes yeux: je ne le dissimulerai plus; mais je leur en ferai porter la peine, & je verserai dans leur sein ce qu'ils méritent..... Voici ce que dit le Seigneur: Comme, lorsqu'on trouve un beau grain dans une grappe, on dit: Ne le gâtez point, parce qu'il a été béni de Dieu, ainsi en faveur de mes serviteurs je n'exterminerai pas tout dans Israël. Je ferai sortir de Jacob une postérité, & de Juda celui qui possédera mes montagnes: ceux que j'ai élus seront héritiers de cette terre, & mes serviteurs y habiteront ». Dieu a donc résolu d'exterminer les Juifs; mais néanmoins, en faveur de ses serviteurs & de ses élus qu'il tirera d'entre les Gentils, par lesquels il doit se faire rechercher & invoquer, il n'exterminera pas tout dans Israël: il fera sortir auparavant de Jacob & de Juda le Messie, qui convertira les Gentils, & les rendra héritiers, à la place du peuple Juif, de la terre de bénédiction,

Ils y habiteront, & y serviront l'auteur de leur salut. « Mais vous (Juifs) qui avez abandonné le Seigneur, poursuit Dieu dans la même prophétie.... je vous compterai en vous livrant à l'épée, & vous baisserez tous la tête pour être égorgés, parce que quand j'ai appellé vous n'avez pas répondu ; quand j'ai parlé vous n'avez point entendu. C'est pourquoi voici ce que dit le Seigneur : Mes serviteurs (les Gentils convertis) mangeront, & vous (Juifs rejettés) vous souffrirez la faim ; mes serviteurs boiront, & vous souffrirez la soif ; mes serviteurs se réjouiront, & vous serez couverts de confusion ; mes serviteurs éclateront par des cantiques de louanges dans le ravissement de leurs cœurs, & vous éclaterez par de grands cris dans l'amertume de votre cœur, & en de tristes hurlemens, dans le déchirement de votre ame, & vous rendrez votre nom à mes élus un nom d'imprécation ; le Seigneur vous fera périr, & il donnera à ses serviteurs un autre nom ». Les Gentils auront donc en abondance les biens spirituels, en s'attachant au Messie ; au lieu que les Juifs, en le rejettant, seront dans une disette affreuse de tous ces biens, plongés dans l'abattement, l'amertume & la désolation : aussi leur nom deviendra-t-il pour les élus de Dieu un nom d'imprécation, & Dieu donnera à ses serviteurs un autre nom, & il prendra parmi eux, c'est-à-dire parmi ces Gentils convertis *ses Prêtres & ses Lévites*. (chap. 66.)

En vain les Juifs voudroient-ils expliquer cette prédiction d'Isaïe de la captivité de Babylone, & du retour d'une partie du peuple de cette captivité. Car 1°. il est marqué positivement dans cette prophétie que ce seront les Gentils convertis qui prendront la place des Juifs que Dieu rejettera. 2°. Quand Dieu fit revenir les Juifs de Babylone, il ne leur donna point un autre nom : ils continuerent d'être appellés les enfans de Jacob, ou d'Ifraël, ou de Juda. Dieu ne cessa pas de prendre toujours les Lévites dans la race d'Aaron & de la tribu de Levi : l'interprétation des Juifs est donc fausse & illusoire.

En vain diroient-ils encore qu'Isaïe ne leur prédit pas ces châtimens comme la punition d'avoir rejetté & mis à mort le Messie. Mais 1°. qu'on compare le chapitre 65 avec le 53 où Isaïe parle de la mort du Messie, & il ne sera pas difficile de voir que la punition marquée dans le chapitre 65, a un rapport marqué avec le crime, en parlant du châtiment qu'il doit attirer. L'esprit qui a inspiré les Prophetes est le même dans tous : c'est l'esprit de Dieu. Il leur a fait prédire ce qu'il a voulu, & autant qu'il l'a voulu ; à celui-ci une chose, à celui-là une autre ; & ce qu'on ne trouve pas marqué dans l'un, il faut l'aller chercher dans l'autre. Il nous suffit que Daniel, & comme nous verrons ci-après, Zacharie, aient prédit que ce châtiment tomberoit sur les Juifs pour avoir renoncé & mis à mort le Messie, pour être bien fondés à conclure que les autres Prophetes qui prédisent le même châtiment, l'attribuent aux mêmes crimes, encore que le Saint-Esprit ne leur en ait pas fait faire une mention expresse.

Le Prophete Osée prédisant cette désolation générale du peuple Juif sous différens emblêmes, après avoir dit que le peuple d'Ifraël ne seroit plus alors le peuple de Dieu, & que le Seigneur cesseroit d'être son Dieu, ajoute « : Les en-
„ fans d'Ifraël seront pendant un long-temps
„ sans Roi, sans Prince, sans Sacrifice, sans
„ Autel, sans Ephod,,, ; mais il les console par

ces paroles de paix. « Après cela les enfans d'Is-
» raël reviendront. Ils chercheront le Seigneur
» leur Dieu, & David leur Roi, & dans les
» derniers jours ils recevront avec une frayeur
» respectueuse le Seigneur, & les graces qu'il leur
» doit faire ». La nation des Juifs ne sera pas détruite, mais ces meutriers du Messie seront dispersés par toute la terre ; & après avoir subi ce terrible châtiment pendant une longue suite de siecles, ils reviendront dans les derniers jours chercher le Seigneur leur Dieu, & David leur roi, non cet ancien Roi qui portoit ce nom, qui est mort il y a trois mille ans, & dont il n'a jamais été dit comme d'Elie qu'il reviendra sur la terre, mais le vrai David, fils de cet ancien Roi selon la chair, & en même-temps son Seigneur, & Fils de Dieu, toujours vivant & éternel, que le Seigneur, Jehova, a fait asseoir à sa droite sur son trône, selon le Pseaume 109.

Mais les Juifs voudroient donner le change sur cette prophétie, & l'appliquer au temps de la captivité, où les enfans d'Israël & de Juda ont été sans Roi, sans sacrifice, sans autel, & au retour de cette captivité sous la conduite de Zorobabel. Mais 1°. il est faux que durant cette captivité les enfans de Juda n'aient plus été le peuple de Dieu : ils furent toujours son peuple, mais châtié pour un certain temps. 2°. Les enfans d'Israël qui se joignirent à ceux de Juda pour retourner à Jérusalem avec Zorobabel, ne furent qu'en très-petit nombre. Cependant il est dit au même endroit que les enfans d'Israël qui se réuniront aux enfans de Juda pour rechercher le Seigneur, & David leur Roi,
« seront comme le sable de la mer, qui ne peut
» ni se mesurer ni se compter ». Cette prophétie n'a donc point été accomplie au retour de

la captivité de Babylone, & ne la regarde pas. 3°. Les enfans d'Ifraël & de Juda réunis doivent s'établir un même chef, felon Ofée, & ce chef doit être celui que le Prophete défigne fous le nom de David leur Roi. Néanmoins il n'y eut après la captivité que Zorobabel de la maifon de ce Roi, & Néhémie qui étoit de la tribu de Juda, fans qu'on fache qu'il fût de la maifon royale; il n'y eut, dis-je, que ces deux chefs du peuple qui fuffent enfans de Juda; tous les autres chefs qu'eurent les Juifs jufqu'à leur entiere difperfion par les Romains, furent leurs Grands-Prêtres, enfans d'Aaron. Enfin le Prophete Ezéchiel, après avoir parlé comme les Prophetes précédens de la difperfion de toutes les tribus, dit, comme Ofée, qu'elles reviendront au Seigneur. Et c'eft Dieu lui-même qui parle ainfi par la bouche du Prophete. « Je vais
" prendre les enfans d'Ifraël du milieu des na-
" tions où elles étoient allées. Je les raffemblerai
" de toutes parts .... Il n'y aura plus qu'un feul
" Roi qui les commandera tous ; & à l'avenir
" ils ne feront plus divifés en deux peuples ni
" en deux royaumes ; ils ne fe fouilleront plus
" à l'avenir par leurs idoles, par leurs abomi-
" nations & par toutes leurs iniquités. Je les
" retirerai fains & faufs de tous les lieux où
" ils avoient péché. Je les purifierai, & ils fe-
" ront mon peuple, & je ferai leur Dieu : mon
" ferviteur David régnera fur eux ; ils n'auront
" plus qu'un feul pafteur : ils marcheront dans
" la voie de mes ordonnances : ils garderont
" mes commandemens, & ils les pratiqueront.
" Ils habiteront fur la terre que j'ai donnée à
" mon ferviteur Jacob, & où leurs peres ont
" habité ; ils y habiteront eux & leurs enfans,
" & les enfans de leurs enfans jufqu'à jamais.

„ & mon serviteur David sera leur Prince dans
„ la succession de tous les âges : je ferai avec
„ eux une alliance de paix : mon alliance avec
„ eux sera éternelle. Je les établirai sur un
„ ferme fondement : je les multiplierai, & j'é-
„ tablirai pour jamais mon sanctuaire au milieu
„ d'eux. Mon tabernacle sera dans eux. Je serai
„ leur Dieu, & ils seront mon peuple ; & les
„ nations sauront que je suis le Seigneur &
„ Sanctificateur d'Israël, lorsque mon sanctuaire
„ sera pour jamais au milieu d'eux ,,. Rien de
plus magnifique que ces promesses que Dieu fait
à tous les enfans de Jacob sans exception. Qui
oseroit dire qu'elles ont eu leur accomplissement au retour de la captivité ? & même quand on
pourroit appliquer à ce temps quelques expressions de cette prophétie, la plus grande partie
de ces promesses ne lui convient en aucune
sorte.

Mais si les miséricordes que Dieu, par le Prophete Ezéchiel, promettoit de faire à tout Israël,
ont eu leur effet lorsqu'il a tiré son peuple
de Babylone, les Prophetes que Dieu a envoyés après le retour de Babylone n'ont plus
dû les prédire; car on ne prédit point le passé,
ni le présent, mais le seul avenir. Cependant
les Prophetes que Dieu a envoyés après le retour de Babylone, ont prédit & promis les mêmes miséricordes. Dieu depuis ce retour n'en
a envoyé que trois, Aggée, Zacharie & Malachie. Aggée prophétisoit lorsque Zorobabel
bâtissoit le second temple, & il parle ainsi :
« Voici ce que dit le Seigneur : Dans peu de
„ temps j'ébranlerai le ciel & la terre, &
„ le Désiré des nations viendra, & je rem-
„ plirai de gloire cette maison ,,. *Ce Désiré de
toutes les nations* dont parle Aggée, est le mê-

me que ce *David Pasteur & Roi* de tout Israël dont parlent Osée, Ezéchiel & Jérémie, & que Malachie annonce aussi comme *le Dominateur désiré des Juifs*. En un mot, c'est le Messie, & les miséricordes du Seigneur ne doivent avoir leur effet à l'égard des Juifs, que quand ils auront le Messie pour Pasteur & pour Roi. Or le Messie n'étoit point encore le Pasteur & le Roi des Juifs du temps d'Aggée, c'est-à-dire, après le retour de la captivité de Babylone, puisque le Prophete l'annonce comme devant venir dans la suite : les miséricordes du Seigneur à l'égard des Juifs n'ont donc pas eu leur effet par le retour de cette captivité. Il est vrai qu'Aggée annonce le Messie comme devant venir dans un peu de temps ; mais autre chose est qu'il vienne, & autre chose est qu'il soit déja reçu par les Juifs comme leur Pasteur & leur Roi. Aggée annonce le premier, & n'a garde d'annoncer le second. Il annonce que le Messie viendra dans peu de temps, & que se rendant en personne dans le second temple qu'on bâtissoit, il lui donnera plus de gloire que n'en avoit eu le premier ; mais il étoit prédit qu'il seroit rejetté & mis à mort par son peuple, & qu'en punition de ce crime ce temple seroit détruit pour toujours, & les Juifs seroient dispersés. Comme donc ce second temple est détruit depuis dix-sept siecles, & que les Juifs sont toujours depuis ce temps-là dans l'état d'abandon où nous les voyons, que peut-on conclure, sinon ou que les propheties sont fausses, ou qu'ils ont méconnu le Messie quand il est venu dans ce second temple, & que le temps de son regne sur eux n'est point encore arrivé.

Zacharie est le second Prophete que Dieu envoya aux Juifs après le retour de la captivité de Babylone, & il parle des miséricordes du Seigneur à l'égard des enfans de Juda, comme Ezéchiel & Aggée, je veux dire, comme n'ayant point encore eu leur effet, & ne devant l'avoir que pour leur faire connoître le Messie qu'ils auront auparavant rejetté & percé de plaies. Voici ses paroles, chap. 12. « En ce temps-là, dit le » Seigneur, je répandrai sur la maison de Da- » vid & sur les habitans de Jérusalem l'esprit de » grace & de prieres. Ils arrêteront les yeux sur » moi qu'ils auront percé de plaies ; ils pleu- » reront avec gémissement celui qu'ils auront » blessé comme on pleure un fils unique, & » ils seront pénétrés de douleur à son sujet, » comme on l'est à la mort d'un fils aîné ». Cet esprit de grace & de prieres que Dieu promet aux Juifs par Zacharie, est l'esprit de justice & de vie qui leur a été promis par les autres Prophetes ; & le premier effet de cet esprit doit être de leur faire arrêter les yeux sur le Seigneur qui répandra sur eux cet esprit, & qu'ils auront néanmoins percé de plaies ; de pleurer avec gémissement celui qu'ils auront blessé, & d'être pénétrés de douleur à son sujet. Mais ni au retour de la captivité, ni depuis, & jusqu'à présent les Juifs n'ont pleuré personne qu'ils aient percé de plaies : l'esprit de grace & de prieres qui doit produire en eux ce premier effet, ne leur a donc pas encore été donné.

Enfin le troisieme & dernier Prophete envoyé aux Juifs depuis le retour de la captivité de Babylone, est Malachie ; & bien loin de leur dire que Dieu a fait avec eux, en les retirant de la captivité, cette alliance éternelle qui leur avoit été promise par Ezéchiel, il leur déclare au contraire que Dieu va les rejetter avec leurs oblations, & qu'il ne recevra plus que celle qui lui sera offerte par les Gentils dans toute la terre. « Mon affection n'est point dans Juda, dit le » Seigneur des armées, & je ne recevrai point » d'oblation de votre main. Car depuis le lever » du soleil jusqu'au couchant mon nom sera » grand parmi les nations ; de sorte que l'on » sacrifiera en tout lieu, & que l'on offrira » à mon nom une oblation toute pure ».

Bien plus, ce Prophete n'annonce aux Juifs leur réconciliation avec le Dieu de leurs peres que pour un temps fort éloigné. Ensuite il les renvoie à la loi de Moyse pour leur faire entendre qu'ils ne seront plus instruits désormais par le ministere prophétique, & qu'ils n'ont plus à attendre que le Messie, l'Ange de l'alliance, le Dominateur dont il leur a annoncé la venue prochaine dans le chapitre précédent : & enfin prévoyant qu'ils rejetteront le Messie, & qu'ils seront dans l'affreux abandon prédit par les Prophetes, il leur annonce la mission du Prophete Elie pour les réconcilier avec leurs peres, qui ont cru en ce même Messie que leurs enfans auront si long-temps rejetté. « Je vous enverrai » le Prophete Elie avant que le grand & épou- » vantable jour du Seigneur arrive ; & il réu- » nira le cœur des peres avec leurs enfans, » & le cœur des enfans avec leurs peres, de » peur qu'en venant je ne frappe la terre d'ana- » thême ». Le cœur des Juifs est donc, & continuera d'être opposé à celui de leurs peres les Patriarches & les Prophetes, jusqu'à ce que le Messie qu'ils ont rejetté & mis à mort, mais qui ressuscitera glorieux, les réunisse par les ministere d'Elie ; & cela n'arrivera, selon Osée, que vers la fin des temps.

Fin du Tome II. Premiere Partie.

EXPOSITION
SUCCINTE
ET
COMPARAISON
DE LA DOCTRINE DES ANCIENS
ET DES NOUVEAUX PHILOSOPHES.

TOME SECOND. PARTIE II.

Le Messie prédit par les Prophetes est-il venu ? A-t-il paru quelqu'un sur la terre à qui tous les caracteres qu'ils lui attribuent, puissent convenir ?

LES Chrétiens font profession de croire que Jesus, fils d'une femme nommée Marie, de la tribu de Juda & de la famille de David, & qui a paru dans la Judée il y a près de deux mille ans, sous le regne du grand Hérode, est le Messie promis par les Prophetes, parce qu'en lui seul se rencontrent tous les caracteres du Messie que ces hommes divins ont annoncés, & que lui seul a accompli tout ce qu'ils avoient prédit du Messie. Les preuves de ce fait important se présentent d'elles-mêmes d'une maniere incontestable ; mais afin de les faire paroître dans tout leur jour, reprenons les cinq sortes de prophéties du Messie dont on vient de parler, & voyons si elles s'appliquent effectivement au fils de Marie, à l'exclusion de tout autre.

La premiere sorte de prophétie détermine le temps de la venue du Messie, & le lieu de sa naissance ; il devoit naître à Bethléhem, ville de Juda, quand le sceptre ou l'autorité seroit sorti de Juda. Il devoit honorer le second temple de sa présence, & avoir un Précurseur qui l'annonçât, & qui prêchât la pénitence. Enfin il devoit venir sur la terre, & être mis à mort avant la destruction du second temple, & vers la fin du cinquieme siecle qui a suivi l'ordre donné aux Juifs captifs par les Rois de Perse de rebâtir Jérusalem. Or tous ces caracteres conviennent parfaitement à Jesus, fils de Marie. Il est né à Bethléhem, lorsque le sceptre ou l'autorité venoit

Tome II. Seconde Partie.

de sortir de Juda par l'élévation d'Hérode l'Iduméen sur le trône: il a eu un Précurseur dans la personne de saint Jean-Baptiste, qui l'a annoncé en prêchant la pénitence: il a honoré le second temple de sa présence: il a paru sur la terre précisément dans le temps marqué par le Prophete Daniel; savoir, vers la fin du cinquieme siecle qui a suivi l'ordre donné aux Juifs captifs par les Rois de Perse de rebâtir Jérusalem.

On fait quelques difficultés, outre celles des Juifs que nous avons résolues, sur l'accomplissement de cette prophétie de Daniel, aussi-bien que sur celle où Jacob prédit que l'autorité perséverera dans Juda jusqu'à la venue du Messie. L'autorité, dit-on, a cessé d'être dans la tribu de Juda dès le temps de la captivité, & sous les Princes Asmonéens. Or Jésus, fils de Marie n'a paru sur la terre que long-temps après cette époque.

Rien de plus foible que cette objection. Tous les Israélites qui, après la division des dix tribus se réunirent à Roboam, quoique n'étant pas de la tribu de Juda, furent censés incorporés à cette tribu, aussi-bien que celle de Benjamin; & ce qui resta de toutes les tribus, lorsqu'elles furent transportées en Assyrie, se joignit aussi à celle de Juda, & tomba effectivement sous l'obéissance de cette seule tribu. Depuis ce temps-là toute la nation fut appellée, non le peuple d'Israël, mais le peuple de Juda, ou les Juifs.

Le sceptre de Juda, considéré comme tribu, ne lui fut point ôté du temps de la captivité. Les Juifs vécurent à Babylone comme un peuple séparé: ils avoient leurs propres Gouverneurs & leurs Juges, comme il paroît par le livre d'Esther & l'histoire de Suzanne. Ils y ordonnoient des jours de fêtes & des jeûnes, & ils y régloient par eux-mêmes toutes leurs affaires, tant civiles qu'ecclésiastiques. On voit par Jérémie, ch. 29, 5, 7, qu'ils n'étoient pas dans un état d'esclavage à Babylone ; ils y vivoient, comme leurs peres en Egypte, sous l'autorité du Prince : car cette autorité de Juda avoit commencé en Egypte, & s'étoit conservée au milieu de toutes les révolutions qui arriverent dans la suite. On fait certainement, par ce qu'on en trouve répandu dans les Livres d'Esdras & de Néhémie, que les tribus de Juda & de Benjamin subsisterent sur le pied de tribu durant la captivité, & conserverent des mémoires très-exacts de leur généalogie. Il est parlé dans ces mêmes Livres de leurs chefs, & des Anciens du peuple, qui faisoient au milieu d'eux la fonction de Magistrats & de Juges. Il est vrai que depuis le temps de la captivité ce peuple ne fut plus si libre qu'il l'avoit été auparavant : il passa successivement sous la domination des Perses, des Grecs & des Romains jusqu'à sa derniere ruine ; mais cependant il vécut toujours comme une nation distincte, gouvernée par sa propre loi ; & sous Simon le Machabée il s'affranchit de tout tribut, & redevint un peuple entiérement indépendant de toutes dominations étrangeres. Enfin, quoique les Princes Asmonéens, ou les Machabées, fussent de la tribu de Lévi, ils reçurent leur autorité de celle de Juda. C'est ce qui paroît par divers passages des livres des Machabées, & sur-tout par les préambules des alliances que les Juifs firent alors avec les Romains & les Lacédémoniens. Quand Simon fut élu Gouverneur après la mort de ses freres, son autorité lui fut conférée *dans la grande assemblée des Sacrificateurs, & des principaux du peuple de la nation, & des anciens du païs* (I. Mach. 14.) Ce ne fut que sous Hérode-le-Grand que les Juifs commencerent à perdre pour toujours la puissance souveraine. Ce Prince, d'ailleurs étranger à la nation juive, & Iduméen, fut le premier qui obtint d'Auguste le Royaume de Judée, & lui en fit hommage comme d'un fief de l'Empire. Auguste fit faire sous ce même Hérode le dénombrement des Juifs comme de ses autres sujets : il démembra les états d'Hérode, & les partagea arbitrairement à ses enfans. Les Juifs payerent les impôts publics à César : ils eurent des Magistrats Romains, tel que Ponce-Pilate, pour exercer la justice au nom de César. Ils déclarerent eux-mêmes qu'ils n'avoient point d'autre Roi que César. Enfin 38 ans après, leur Capitale, leur Temple & leur République furent renversés de fond en comble, & eux emmenés captifs, non pour vivre selon leur loi comme un peuple distinct dans une terre étrangere, mais pour être dispersés par toute la terre; en sorte que depuis cette dispersion ils n'ont eu ni Princes ni Législateurs au milieu d'eux ; & malgré leurs prétentions ils seront toujours incapables de produire aucune preuve, ni aucune marque de sceptre ou d'autorité dans leur nation, à moins qu'ils ne puissent découvrir ce pays inconnu *où jamais homme n'habita*, dans lequel l'Auteur du quatrieme livre d'Esdras, chap. 13, v. 41, a placé leurs freres des dix tribus.

Mais pourquoi, dira-t-on, la prophétie de Jacob si manifeste, selon les Chrétiens, n'a-t-elle jamais été ni citée par J. C. ni par les Apôtres qui rapportent tant d'autres prédictions de l'Ancien Testament, dont l'évidence frappe beaucoup moins ? 1°. Ce silence, quelle cause qu'il ait, ne détruit point l'évidence de la prophétie. 2°. Il paroît que

Jesus-Christ ne s'est point appliqué les paroles de Jacob en preuve de sa mission, parce que les Juifs d'alors auroient pu en éluder la force, en disant: nous sommes sans Prince de notre race, nous sommes gouvernés par des étrangers, mais, malgré cela, nous nous gouvernons encore, au moins en partie, selon nos premieres loix. La tribu de Juda & de Benjamin conservent encore une forme de République, quoiqu'assujettie aux Romains. Nous avons encore un Conseil de nos vieillards & de nos Prêtres qui conservent l'ancien dépôt. Or le Messie ne doit paroître qu'au temps de l'extinction totale de l'autorité judaïque. Ainsi vous n'êtes pas le Messie. Quoique ce raisonnement ne fût pas concluant, ce qu'on auroit répliqué seroit devenu la source de mille controverses. Il n'étoit ni de la sagesse de Jesus-Christ, ni de la prudence des Apôtres de prendre avantage d'un texte encore contestable. Mais après la dispersion des Juifs, ceux-ci n'ayant plus la même ressource, leur malheur met en évidence le signe de la prédiction, & justifie l'accomplissement en la personne de Jesus-Christ.

L'autre prophétie dont plusieurs contestent l'application à Jesus-Christ, est celle de Daniel. Il y a, dit-on, de l'obscurité dans son texte, & les commentaires qu'on est obligé de lui donner, en sont la preuve. Si les soixante-dix semaines d'années dont il parle étoient sans ténebres, verroit-on si peu d'uniformité dans les explications qu'on en donne? Un Chronologiste prendroit-il une date rejettée par un autre, qui dispute pour la préférence d'une époque différente? Certainement l'évidence ne compatit pas avec ces variétés.

Mais de ce que les Savans ne conviennent pas

du point juste où les soixante-dix semaines ont commencé, il ne s'ensuit pas que la prophétie soit obscure en elle-même. L'histoire profane est seule comptable des diversités de supputations qu'elle occasionna parmi les Savans. Si elle s'accordoit avec elle-même, on feroit bientôt unanime.

Parmi les Anciens, Hyppolite (*apud Hyer. in cap. 9 Danielis*) fixe le commencement des soixante-dix semaines à la quarante-unieme Olympiade, c'est-à-dire, cinquante ans après la sortie de Babylone. Saint Clément d'Alexandrie, dans ces Stromates, veut que ce soit à la premiere année de Cyrus. Eusebe, qui rapporte cette opinion, liv. 8 de sa Démonstration Evangélique, préfere la sienne qui place l'époque en question à la sixieme année de Darius fils d'Hidaspe; mais ces divers systêmes, quoiqu'il soit possible de les soutenir suivant la chronologie qu'on embrasse, n'ont point paru les plus vraisemblables aux Modernes. Il faut distinguer parmi ces Modernes, ceux qui ont tâché d'obscurcir la prophétie, en ne l'appliquant point littéralement à Jesus-Christ, mais à Onias ou à Antiochus-l'Illustre, ou à Judas Machabée, d'avec ceux qui enseignent, conformément à la doctrine de l'Eglise, qu'elle ne peut regarder que le Messie promis, dans son sens propre & littéral.

Le premier de ces faux Interpretes de la prophétie de Daniel est le Chevalier Marsham dans sa Chronique *ad Seculum 18*. Il soutient que les paroles de l'Ange Gabriël rapportées au chap. 9 de Daniel, ne marquent que ce qui devoit se passer dans la république des Juifs depuis la vingt-unieme année de la captivité de Babylone jusqu'à la profanation du Temple par

Antiochus-Epiphane. D'abord il suppose que la priere de Daniel, & les paroles de l'Ange qui renferment la prophétie, lui furent annoncées trois semaines d'années, ou vingt-un ans après le commencement de la captivité de Babylone. La preuve qu'il en donne, c'est que l'Ange n'apparut qu'après la priere & le jeûne du Prophete. Or Daniel parlant de lui-même dit qu'il avoit jeûné l'espace de trois semaines : paroles que Marsham explique de semaines d'années. Cela posé pour indubitable, quoique très-arbitraire, il distingue les différens nombres de semaines marquées dans Daniel, c'est-à-dire, qu'il les divise en sept, en soixante-deux, & une & demie : les deux premieres selon lui sont les quarante-neuf années qui restoient depuis la vingt-unieme année de la captivité jusqu'au commencement du regne de Cyrus, qui est dans la doctrine de Marsham celui que le Prophete appelle le Christ, *unctum ducem*. Les soixante-deux semaines, il les compte depuis la ruine du Temple jusqu'au commencement du regne d'Antiochus-l'Illustre. A l'entendre, la semaine suivante n'est autre chose que les sept premieres années du regne de ce Prince, durant lesquelles il n'affligea point le peuple de Dieu. Enfin la derniere demi-semaine renferme les trois ans & demi qui forment l'espace funeste où l'autel demeura renversé, le sanctuaire profané, & l'idole de Jupiter-Olympien placée dans le lieu où elle ne devoit pas être. Ainsi, selon la pensée de l'Auteur Anglois, depuis le temps où l'Ange parloit au Prophete jusqu'à Cyrus, il s'est écoulé sept semaines, ou quarante-neuf ans, qui joints aux vingt-un du jeûne de Daniel font les soixante-dix ans de la captivité ; & de l'autre part, les soixante-six autres semaines commencent au retour de Babylone, & finissent à la désolation de la ville & du temple sous Antiochus-Epiphanes ou l'Illustre.

Mais 1°. Marsham a pris dans sa tête que Daniel avoit jeûné vingt-un ans, ce qui ne s'accorde pas avec sa chronologie même. Car le Prophete dit qu'il jeûna la troisième année du regne de Cyrus, *anno tertio Cyri Regis*. Ce n'étoit donc pas la vingt-unieme de la captivité, mais cinquante-un ans après. Voyez le chap. 10, où ce jeûne est postérieur à la prophétie du chapitre 9 dont il s'agit. 2°. Marsham prétend que les sept premieres semaines, ou quarante-neuf premieres années se terminent au commencement du regne de Cyrus, puis il prend les soixante-deux semaines qui restent, auxquelles il ajoute la semaine & demie dont il est parlé au verset 27; en sorte que ces soixante trois semaines & demie reviennent à quatre cent quarante-quatre ans & demi. Or, depuis Cyrus jusqu'à Antiochus-Epiphanes, cette durée est trop longue : car il n'y a que trois cent quatre-vingt-trois ans. Le calcul de Marsham, tout arbitraire qu'il est, excede donc de soixante-un ans : donc tout son systême est renversé par lui-même. Cet auteur l'a senti ; c'est pourquoi il a eu recours à de nouveaux calculs & à de nouvelles époques, mais en vain. Car, suivant ces nouveaux calculs, au lieu que l'Ange dit au Prophete que Dieu avoit fixé le temps à soixante-dix semaines, il faudra dire que Dieu l'avoit fixé à soixante, comme l'Abbé Houteville l'a montré dans sa Religion Chrétienne prouvée par les faits, pag. 181 : on peut le consulter.

Le fameux Pere Hardouin rapporte la prophétie de Daniel au même temps de Marsham.

Il commence les soixante-dix semaines à la première année de la captivité de Babylone, & compte sept semaines jusqu'à l'an où Cyrus commença à régner sur les Medes. C'est ce Cyrus, selon lui, qui est le Christ ou le Chef dont parle Daniel : ensuite il compte soixante-deux semaines, & trouve un autre Christ, savoir Judas Machabée. Enfin il admet un troisieme Christ qui devoit être mis à mort. C'est le Pontife Onias, figure du vrai Messie. Il explique le reste de la prophétie littéralement, comme Marsham, de la persécution d'Antiochus qu'il dit être la figure de la derniere calamité des Juifs ; & dans l'espace de ces soixante-dix ans abrégés, c'est-à-dire réduits à soixante-trois, l'ancienne prévarication des Juifs sera abolie, le culte de leur religion se rétablira, la ville sera rebâtie, le sacerdoce rétabli aussi-bien que le sanctuaire, & les prophéties accomplies.

Que le Pere Hardouin, dont l'objet étoit de corrompre & de travestir les Livres saints, ait donné dans ces fausses idées, cela n'est pas étonnant ; mais on ne conçoit pas comment Calmet s'est employé lui-même à défigurer & diminuer la force de cette prophétie ; il pense comme Hardouin, à quelques différences près. Il commence les soixante-dix semaines à la prophétie de Jérémie, chap. 50, qui regarde le retour de la captivité, & il suppose qu'elle a été prononcée l'année de la destruction de Jérusalem par les Chaldéens. Il entend Cyrus par le Christ, *Christum ducem*, non pas Cyrus commençant à régner sur les Medes, suivant l'idée d'Hardouin, mais régnant à Babylone, & renvoyant les Juifs de captivité. Jusqu'à ce Prince il compte les sept premieres semaines, & après ces sept semaines il place ce qui est dit dans la prophétie de la destruction du péché, & de la justice qui doit en prendre la place, qu'il applique au rétablissement des Juifs dans leur pays; ensuite il compte soixante-deux semaines jusqu'à la mort d'Onias, qui, selon lui, est le Christ qui devoit être mis à mort, & il explique le reste de la prophétie de ce qui est arrivé sous Antiochus-Epiphanes.

Non-seulement toutes ces explications sont purement arbitraires, mais elles ne peuvent convenir en aucune sorte à la prophétie de Daniel. 1º. Lorsqu'il est dit dans cette prophétie : *depuis l'ordre qui sera donné pour rétablir Jérusalem*, ces paroles ne peuvent signifier la prédiction du retour de la captivité, qu'on ne peut regarder, sans faire violence aux termes, comme un ordre donné de rebâtir Jérusalem; elles ne peuvent s'entendre que des édits des Rois de Perse, portant permission ou ordre de la rebâtir. 2º. On y distingue trois Christs : il ne s'agit dans la prophétie que du même Christ chef du peuple, & qui doit être mis à mort. On ne peut pas dire non plus que cette prophétie ait deux sens, parce que le premier sens qu'on lui donneroit, ne pourroit être appliqué ni à Cyrus qui n'a point été mis à mort, ni à Judas-Machabée, ni à Onias, qui ne peuvent être appellés en aucun sens le Messie, ni le Saint des saints. 3º. On ne peut appliquer à Antiochus ce qui est dit du Chef qui détruira la ville, qui abolira les sacrifices, & qui mettra la désolation dans le lieu saint, désolation qui durera jusqu'à la fin. Car trois ou quatre ans après, le temple fut purifié, les Prêtres & les sacrifices rétablis, & le culte devint aussi brillant qu'il l'avoit été auparavant.

Parmi les Modernes qui ont appliqué la prophétie de Daniel à Jésus-Christ seul, selon son sens littéral, Scaliger, *de Emend. Temporum*, a donné une explication particuliere. Il croit en marchant sur les traces de Sulpice-Sévere, Hist. l. 2, que les soixante-dix semaines commencent à la seconde année de Darius, non le fils d'Hidaspe, mais celui que l'on nomme Nothus, fils & successeur d'Artaxercès-Longuemain. Il les fait terminer à la douzieme année de Néron, où s'alluma la guerre entre les Juifs & les Romains; puis ajoutant trois ans & demi, il se trouve conduit à la ruine de Jérusalem. Scaliger fait plus: il range les soixante-dix semaines en trois classes, & ne veut pas qu'elles aient toutes un commencement, une époque, une date commune. Les soixante-deux dont parle Daniel, il les fait commencer à la cinquieme année d'Arxercès surnommé *Memnon* & de bonne mémoire, & les étend, & les continue jusqu'à la Passion de Jesus-Christ : les sept premieres il les commence à la seconde année de Darius-Nothus, & les conduit jusqu'à la trente-unieme année d'Artaxerxès-Memnon : pour la soixantedixieme il la partage encore en deux. Selon lui, les quatre premieres années & demie commencent au baptême de Jesus-Christ, & vont jusqu'à la fin de la guerre des Juifs.

Tout ce système de Scaliger n'est appuyé, comme les précédens, que sur l'arbitraire. Selon Daniel, les soixante-dix semaines commencent à l'édit des Rois de Perse pour le rétablissement de Jérusalem. Or on ne connoît que quatre édits qui aient ce rétablissement pour objet; l'un de Cyrus, le second de Darius Hydaspes, le troisieme & le quatrieme d'Artaxerxès Longuemain. Celui que Scaliger suppose avoir été donné par Darius-Nothus, la seconde année de son regne, est un édit imaginaire, dont on ne voit aucune trace, ni dans l'Ecriture ni ailleurs. Il faut donc en revenir à l'un des quatre édits dont on vient de parler, & commencer à cette époque les soixante-dix semaines, mais alors le système ne peut plus se soutenir.

Enfin il y a deux autres sentimens parmi les Modernes. Le premier est celui des deux Capelles, Jacque, Hist. sacr. & Loins, Chronol. sacr. Ils font commencer les soixante-dix semaines à la septieme année d'Artaxercès-Longuemain, & les font finir à la mort de Jésus-Christ. Le second est du gros des Auteurs, & le plus suivi, adopté par MM. Huet, Bossuet, Grotius, Petau, Ussérius, &c. qui font commencer les soixante-dix semaines à la seconde année d'Artaxercès, lorsque ce Prince envoya Néhémie avec des lettres pour les Gouverneurs du pays pour rétablir les murailles de Jérusalem.

Les partisans du premier sentiment objectent qu'on ne peut commencer les soixante-dix semaines à cette époque de la vingtieme année d'Artaxercès-Longuemain, parce qu'il y auroit erreur de treize ans, ou au moins de huit ans après la mort de Jésus-Christ. Car, disent-ils, suivant les meilleurs Chronologistes, la vingtieme année d'Artaxercès tombe à l'an 445 avant l'Ere chrétienne. Or si de cette année vous comptez soixante-dix semaines, ou 490 ans, vous irez jusqu'à l'an 45 de l'Ere vulgaire ; & alors la derniere semaine dans laquelle la mort du Christ doit arriver, soit au milieu, soit à la fin de cette semaine, sera postérieure de plusieurs années à la mort de Jésus-Christ, que les Savans fixent à l'an 33 de l'Ere vulgaire ; & par conséquent, selon cette interprétation, les soixante-dix semaines passeront les bornes qu'elles doivent avoir, soit au moins de huit ans, soit, selon d'autres interprétations, de treize ans, & même plus : au lieu que si l'on commence, suivant le calcul des Capelles, à compter les soixante-dix semaines la septieme année d'Artaxercès-Longuemain, année dans laquelle il donna un édit célebre pour le rétablissement de l'état des Juifs, tout s'accomplit à merveille dans la prophétie. Car, suivant les auteurs anciens, Xercès est mort quatre cent soixante-quatre ans avant l'Ere chrétienne : par conséquent l'an 7 d'Artaxercès son successeur tombe à l'an 457 ; de laquelle année si vous comptez quatre cent quatre-vingt-dix ans formés par les soixante-dix semaines, vous tomberez à l'an 33 de l'Ere chrétienne, où Jesus-Christ est mort selon l'opinion la plus commune.

Les défenseurs de la seconde opinion répondent à cela, que l'édit donné par Artaxercès la septieme année de son regne, ne permettoit à Esdras que de rebâtir le temple, sans parler de la ville ; au lieu que dans la prophétie, il est parlé de l'ordre donné pour rebâtir Jérusalem. Mais, répliquent les autres, il n'y a pas dans le texte hébreu, *per sermonem ut iterùm ædificetur Jerusalem*, ainsi que traduit la Vulgate ; mais *ad reverti faciendum ædificandam Jerusalem*. On avoit déja commencé, en bâtissant le temple, de bâtir Jérusalem ; mais du temps de Cyrus & de ses successeurs jusqu'à Artaxercès, elle ne faisoit point encore un corps de ville. Par l'édit de la septieme année de ce Prince, le reste des captifs fut renvoyé avec Esdras pour achever ce qu'il y avoit encore à faire. Par le même édit l'état civil & ecclésiastique des Juifs fut rétabli : on leur rendit la liberté entiere de se conduire par leurs loix, & Jérusalem prit une forme de ville : en sorte que quand Néhémie y vint treize ans après, il ne s'agissoit nullement de rebâtir la ville, qui l'étoit, mais seulement les murailles qui étoient encore détruites. Aussi Néhémie en demandant permission de couper du bois dans les forêts du Prince, n'en demanda que pour bâtir sa maison, & pour couvrir les tours du temple & les murailles. Il est parlé dans le chapitre troisieme de Néhémie, de ceux qui s'employerent à rebâtir. Or on y voit que chacun ne bâtissoit que la portion des murs qui étoit dans son quartier, & quelques coins de rues; en sorte qu'on peut dire que les lettres données à Néhémie ne furent qu'un nouvel ordre de procurer l'exécution de ce qui avoit été ordonné par l'édit de la septieme année d'Artaxercès, dans lequel il n'est point parlé de bâtir le temple, qui l'étoit, mais seulement des offrandes nécessaires, & du rétablissement des sacrifices.

Quant à ce que les partisans de la premiere opinion objectent à ceux de la seconde, qu'il y a dans leur calcul une erreur de treize ans, ou au moins de huit ans, ceux-ci repoussent cette difficulté, en supposant que les années dont parle Daniel sont des années lunaires: c'est un faux-fuyant, répliquent les autres; car il est certain que les Juifs usoient autrefois d'années solaires, ou que, s'ils se sont servis d'années lunaires, ils les ont réduites aux solaires par les intercalations. M. Huet qui tient pour la seconde opinion répond que, quand Daniel reçut cette prophétie, c'étoit sous le regne de Darius le Mede, & qu'il y a tout lieu de croire qu'il a parlé d'années telles qu'elles étoient en usage chez les Chaldéens, les Medes & les Perses. Mais 1°. disent les adversaires, il est incertain si les années de ces peuples étoient lunaires ou solaires. 2°. Le

Pere Pétau a prouvé que, selon l'ére de Nabopolassur dont les Chaldéens usoient, les années étoient solaires, & non lunaires. Ussérius, Lancelot & M. Bossuet qui suivent aussi la seconde opinion, se tirent de la difficulté en retranchant huit ans du regne de Xercès qu'ils ajoutent aux années d'Artaxercès-Longuemain son fils qu'ils font régner quarante-huit ans. Ce Prince, répondent les défenseurs de la premiere opinion, n'a régné que quarante ans, & non quarante-huit, selon tous les Chronologistes anciens, Ptolémée, Diodore de Sicile, Eusebe, &c. qui assurent que Xercès a régné vingt ans, & non pas seulement douze ans. Ussérius & M. Bossuet s'autorisent de ce que Thémistocle se réfugia vers Artaxercès après la bataille de Salamine. Ils se trompent, replique-t-on ; car, selon Dinon, Clitorque, Héraclide, Josephe l'Historien, Diodore de Sicile, Plutarque, & beaucoup d'autres Historiens, ce fut vers Xercès qui avoit perdu la bataille de Salamine, & non Artaxercès son fils que Thémistocle se réfugia. Le Pere Pétau, Lirin, Tournemine & d'autres attachés à la seconde opinion, ne pouvant résister à ces autorités, ni par conséquent s'empêcher de donner vingt ans à Xercès, tâchent de soutenir leur calcul, en supposant que Xercès associa son fils Artaxercès à l'empire plusieurs années avant sa mort. Mais, outre qu'ils ne conviennent plus du nombre des années qu'Artaxercès auroit été associé à son pere, c'est une pure supposition, ajoutent les partisans de l'autre opinion, qui n'est fondée sur aucune preuve historique, claire & constante.

On a vu que Daniel divise le total des soixante-dix semaines en sept, en soixante-deux, en une, & la moitié d'une. Les uns prétendent que le Prophete n'a pas entendu pour cela séparer les sept premieres des suivantes, d'autant plus que cette maniere d'énoncer par parties un tout, n'étoit point extraordinaire chez les Juifs, comme il paroît par le quarante-cinquieme chapitre d'Ezéchiel, v. 12. D'autres pensent au contraire que les sept premieres semaines ont rapport au rétablissement de Jérusalem quarante-neuf ans après l'édit d'Artaxercès, que les 62 suivantes, jointes à ces sept, font soixante-neuf semaines ou quatre cent quatre-vingt-trois ans, & se terminent à la premiere année de la prédication de Jesus-Christ, & que la derniere semaine renferme la confirmation de l'alliance, l'abolition des sacrifices, & la mort de Jesus-Christ.

Il s'ensuit de toutes ces réflexions qu'il faut opter entre l'une ou l'autre des deux dernieres expositions de la prophétie de Daniel, & s'en tenir à celle des deux qui paroîtra la plus conforme à l'exactitude chronologique. Cependant la chronologie de ces anciens temps se trouvant sujette à beaucoup d'incertitudes & de discussions, sur lesquelles les auteurs ne paroissent pas d'accord, il faut avouer qu'il n'est guères possible de calculer les soixante-dix semaines d'une maniere si claire & si juste, qu'on en fasse une démonstration capable de fixer tous les esprits par son évidence; mais cette démonstration scrupuleuse n'est pas nécessaire pour l'accomplissement de la prophétie & son application à Jesus-Christ; il suffit que tout ce qu'elle annonce du Messie convienne à Jesus-Christ, qu'il soit venu vers la fin du cinquieme siecle après l'ordre donné aux Juifs de rebâtir Jérusalem, soit que cet ordre ait été donné la septieme année ou la vingtieme du regne d'Artaxercès-Longuemain, qu'il soit mort dans ce temps-là pour expier le péché & faire régner la justice, & qu'aussi-tôt après sa mort les sacrifices aient été abolis, que Jérusalem ait été détruite, & que le peuple juif ait été rejetté de Dieu & dispersé par toute la terre ; dans ce cas toutes les erreurs de calcul retombent à plomb sur l'inexactitude des auteurs qui auroient mal présenté la chronologie, & non sur la prophétie même, qui se trouvant ponctuellement accomplie, prouve par-là qu'il s'est effectivement passé quatre cent quatre-vingt-dix ans depuis l'ordre de rebâtir Jérusalem jusqu'à l'accomplissement des mysteres de Jesus-Christ qu'elle annonce. Ce qui fait dire à M. Bossuet : « Dieu a tranché la difficulté, s'il y en avoit, » par une décision qui ne souffre aucune répli- » que. Un événement manifeste nous met au- » dessus de tous les rafinemens des Chronolo- » gistes. La ruine totale des Juifs qui a suivi de » si près la mort de Jesus-Christ, fait entendre » aux moins clairvoyans l'accomplissement de » la prophétie ; & c'est pourquoi saint Jérôme » dans sa Préface sur Daniel, & saint Augustin » dans sa lettre à Sesyebains, se sont contentés » d'appliquer la prophétie de Daniel à Jesus- » Christ sans entrer dans les discussions chro- » nologiques, ni chercher à concilier la diver- » sité du calcul des soixante-dix semaines dans » les auteurs qui les avoient précédées ». Mais revenons à l'application des anciennes prophéties à la personne de Jesus-Christ.

La seconde espece de prophéties du Messie regarde sa personne. Il devoit sortir de la tribu de Juda, & de la famille de David. Il devoit être Roi, mais d'un Royaume tout spirituel, en faisant régner la justice sur la terre, dont elle

S v.

avoit été bannie. Il devoit être le Fils même de Dieu, engendré de toute éternité, Dieu & Homme tout ensemble ; il devoit enfin naître d'une Vierge. Or Jesus Fils de Marie étoit de la tribu de Juda, & descendoit en droite ligne de David : il regne spirituellement sur l'Eglise qu'il a formée, & à laquelle il a donné des loix pleines de justice & de sagesse. Il s'est annoncé comme Fils de Dieu, Dieu & Homme tout ensemble ; & il l'a prouvé non-seulement par la sainteté de sa vie, mais encore par une foule de prodiges qu'il a opérés par sa propre autorité : prodiges qui démontrent d'autant plus clairement sa divinité, que Dieu ne peut tromper les hommes, & que ç'auroit été les induire en erreur, que de communiquer à un imposteur une si grande puissance. Enfin, quoiqu'il ne parût pas extérieurement que Jesus fût né d'une vierge sans l'entremise d'aucun homme, c'est un fait non-seulement attesté par Marie sa mere, mais encore renfermé dans le dépôt des dogmes de la Religion qu'il a établie sur des preuves incontestables.

La troisieme espece de prophétie du Messie déclare quelle sera son œuvre sur la terre. Elle consiste à détruire l'empire du démon, auquel l'homme s'étoit assujetti par le péché d'Adam ; mais cette œuvre ne devoit s'opérer que long-temps après cette prévarication de nos premiers parens. Le Messie devoit abolir l'ancienne alliance qui avoit été violée, & lui en substituer une autre toute différente de celle de Moyse. Il ne devoit pas seulement rétablir par cette nouvelle alliance les tribus de Jacob, dont les prévarications avoient été continuelles sous l'ancienne, mais encore être la lumiere & le salut des nations, qui devoient toutes être bénies en lui. Il devoit leur donner un cœur de chair & un esprit nouveau, c'est-à-dire, les convertir à Dieu, & leur inspirer par sa grace la volonté & la force d'accomplir exactement ses commandemens, de renoncer à l'iniquité, & de mener une vie pieuse & persévérante dans la justice. Or tous ces caracteres se retrouvent encore dans Jesus Fils de Marie. Il n'a paru sur la terre que long-temps après le péché d'Adam. Il a attaqué dans ses prédications les œuvres du démon, & s'est annoncé comme le Sauveur des hommes assujettis à sa puissance. Il a aboli l'ancienne alliance, & lui en a substitué une nouvelle qui doit durer jusqu'à la fin des siecles. Non-seulement les Juifs ont eu part à cette nouvelle alliance, mais encore les Gentils qui étoient sans Dieu & sans espérance en ce monde. Toutes les nations ont été bénies en lui; il a été leur lumiere & leur salut, & il a changé tout-d'un-coup par une puissance qui ne peut être attribuée qu'à Dieu seul, toute la face de la terre, soit en détruisant l'idolâtrie, soit en faisant connoître par-tout le culte du vrai Dieu, soit en changeant les mœurs de ceux qui ont cru en lui, soit en leur donnant un cœur de chair & un esprit nouveau, c'est-à-dire la force de surmonter toutes leurs passions, d'accomplir toutes les vertus, & de marcher persévéramment dans la voie de la justice & de la vérité qu'ils ignoroient auparavant.

La quatrieme espece de prophéties qui regardent le Messie, prédit les moyens qu'il devoit prendre pour accomplir l'œuvre dont on vient de parler. Il devoit recevoir toutes sortes d'insultes de la part de son peuple, qui, malgré les bienfaits dont il seroit comblé, le renonceroit & le condamneroit à un supplice cruel &

honteux : il devoit s'y laisser conduire sans se plaindre ni se défendre, comme un agneau est muet devant celui qui le tond, avoir les mains & les pieds percés, c'est-à-dire, être crucifié après avoir été vendu par un traître, & abandonné par ses freres : il devoit changer ce supplice ignominieux en un sacrifice dont il seroit le Prêtre & la victime, en s'immolant lui-même, & en s'offrant à Dieu comme un holocauste d'un prix infini pour expier les iniquités des hommes dont il se chargeroit, & les réconcilier avec le Ciel : il devoit cimenter par l'effusion volontaire de son sang l'alliance nouvelle qu'il venoit établir, & continuer jusqu'à la fin des siecles ce sacrifice unique, qui feroit cesser tous ceux de la Loi comme insuffisans & figuratifs, par l'institution d'un sacrifice non sanglant qui s'offriroit en tout lieu. Enfin le Messie ne devoit pas éprouver la corruption du tombeau, mais ressusciter glorieux, monter au ciel, & être le chef d'une postérité innombrable, c'est-à-dire de l'Eglise qu'il établiroit, qu'il composeroit de toutes les nations bénies en lui, & qu'il gouverneroit jusqu'à la consommation des siecles. Or tous ces nouveaux caracteres du Messie conviennent littéralement à Jesus Fils de Marie. Il a été renoncé, rejetté & condamné au supplice le plus honteux par son propre peuple : il a été conduit sans ouvrir la bouche : il a eu les mains & les pieds percés sur la croix après avoir été vendu par Judas, & abandonné par ses Disciples : il a changé son sacrifice en un sacrifice volontaire, dont il a été le Prêtre & la victime, en s'immolant lui-même, & en s'offrant à Dieu comme un holocauste d'agréable odeur pour expier le péché, abolir les prévarications, & réconcilier les hommes avec le Ciel.

« Je donne ma vie pour mes brebis, dit-il lui-
» même; personne ne me la ravit, c'est de moi-
» même que je la quitte pour la reprendre ».
Aussi Jesus-Christ n'a point éprouvé la corruption du tombeau : il est ressuscité glorieux, & monté au ciel, après avoir cimenté par son sang l'alliance nouvelle & éternelle qu'il venoit établir : toutes les nations, comme une postérité nombreuse bénie en lui, sont entrées dans cette alliance, & participent au sacrifice qui les a rachetés par l'oblation non sanglante de son Corps & de son Sang qu'il continue de verser dans tous les lieux de la terre ; & l'on voit sensiblement par la sainteté de ceux qui lui sont vraiment attachés, qu'il leur a donné un cœur de chair & un esprit nouveau, suivant les promesses de l'alliance, par l'influence continuelle de la grace qu'il nous a méritée. Enfin il leur a promis que les puissances de l'enfer qu'il a vaincues ne prévaudront jamais contre l'Eglise ou la société sainte qui les renferme, & qu'il gouverne invisiblement par le ministere extérieur des pasteurs qui le représentent sur la terre.

La cinquieme espece de prophétie concerne l'état des Juifs après la venue du Messie, en punition du crime énorme qu'ils auront commis en le rejettant & en le condamnant à la mort. Ce peuple que Dieu avoit choisi ne sera plus son peuple; Jérusalem sera détruite de fond en comble, son sanctuaire renversé, son culte aboli, & toute la nation chassée, méprisée par-tout, & dispersée çà & là dans le monde, sans temple, sans autel, sans sacrifice, sans Prince, sans éphod. Cependant Dieu ne l'abandonnera pas pour toujours. Les Gentils dont Dieu avoit eu pitié, quoiqu'ils n'eussent point eu de part aux promesses, seront reprouvés à leur tour pour avoir abusé de la grace que Dieu leur avoit faite de les substituer à son peuple. Les Juifs reviendront vers la fin des temps, & reconnoîtront enfin le Messie, qui répandra sur eux un esprit de grace & de prieres, & ils pleureront amèrement celui que leurs peres auront percé ou crucifié. Or il est manifeste que peu après la mort de Jesus-Christ, les Juifs ont été rejettés de Dieu, Jérusalem détruite, son sanctuaire renversé, son culte aboli, & ce peuple ingrat dispersé parmi les nations, sans faire corps avec aucune, sans temple, sans autel, sans sacrifice & sans Prince, méprisé & couvert d'opprobres. Les Juifs subsistent encore, & demeurent toujours sous cet anathême : preuve sensible que le reste de la prophétie s'accomplira ; qu'ils reviendront à Dieu, & qu'ils reconnoîtront un jour pour le Messie Jesus-Christ qu'ils ont crucifié.

N'omettons pas ici deux observations très-importantes. La premiere, que tous ces caracteres du Messie annoncés par les Prophetes, non-seulement conviennent à Jesus-Christ, mais ne conviennent qu'à lui seul. On défie de produire aucune autre personne à qui l'on puisse en faire l'application : il est donc le Messie promis dans les Ecritures. 2º. On ne doit pas regarder ces prophéties comme autant de prédictions indépendantes les unes des autres. On ne peut bien juger de l'argument, qu'on n'en tire la vérité du Christianisme ; ni être en état de satisfaire aux objections des Incrédules, qu'en réunissant tous les rapports qu'elles ont entr'elles. Cette réunion est d'une force invincible ; au lieu qu'en les séparant, les unes ne prouveront rien, & il seroit aisé à des gens qui ont des talens & de la subtilité de jetter des nuages sur la plupart des autres. Si quelqu'un, par exemple, se bornant à la prophétie de Michée, raisonnoit ainsi : Le Messie, selon les Prophetes, devoit naître à Bethléhem ; Jesus-Christ est né à Bethléhem : donc il est le Messie, cet argument n'auroit aucune force. Jesus-Christ n'est pas le seul homme qui soit né à Bethléhem. Si quelqu'autre se bornant à celle de Jacob, disoit : Le Messie devoit paroître, selon la prédiction du Patriarche, aussi-tôt que le sceptre ou l'autorité seroit sorti de Juda. Or Jesus-Christ est né quand cette autorité de Juda lui a été enlevée : donc il est le Messie, cet argument ne seroit pas plus convaincant. D'autres personnes sont nées dans la même circonstance. La prophétie même de Daniel, prise en particulier, & celle d'Isaïe qui annonce la conversion des Gentils par le Messie, quelque claires qu'elles soient, pourroient de même être affoiblies par des interprétations subtiles & arbitraires, comme on a tenté de le faire. Mais en rapprochant ces prophéties de toutes les autres, les difficultés s'évanouissent, & la preuve devient invincible : car, quand on seroit forcé d'avouer que, quelques-unes prises séparément, peuvent aussi-bien s'appliquer à d'autres qu'à Jesus-Christ, il n'est pas possible de les réunir toutes sur une autre tête que la sienne.

Dieu auroit pu faire annoncer tous les caracteres du Messie en même-temps, & par un seul Prophete; mais la preuve qu'on en tireroit, quoiqu'invincible en elle-même, seroit moins frappante, & moins à l'abri des insultes de l'incrédule. Ainsi, pour la rendre plus forte, & supérieure à toute chicane & à toute accusation de fraude, Dieu a mieux aimé faire annoncer ces caracteres les uns après les autres, par différens

Prophetes & en divers temps, parce qu'il n'est pas possible qu'une longue suite de prophéties qui s'étendent au-delà de plusieurs milliers d'années, qui ont été prononcées en différens temps, & qui néanmoins servent toutes à une seule & même dispensation de la Providence depuis le commencement jusqu'à la fin, soit l'effet de l'artifice. On ne conçoit pas que pendant tant de siecles on ait pu trouver successivement des personnes propres à ménager cette prétendue fraude, sans qu'il s'en soit jamais rencontré aucune qui ait eu intérêt de la découvrir, ou assez de bonne-foi ou d'attachement au vrai pour le faire. Toutes les prophéties que nous avons rapportées sont donc clairement marquées au coin de la Divinité, & elles ne peuvent s'appliquer qu'à Jesus-Christ : donc il est le Messie promis dans les Ecritures.

Les incrédules objectent que les prophéties rapportées dans l'Ancien Testament sont toutes typiques, allégoriques, mystiques, énigmatiques, & que plusieurs, de l'aveu même des Chrétiens, renferment un double sens; & ils en concluent qu'elles n'ont rien de naturel, rien de fixe sur quoi l'on puisse bâtir, mais que chacun les explique comme il lui plaît; en un mot, qu'elles sont si obscures & si incertaines, qu'elles ne prouvent rien.

1°. Jesus-Christ ayant dit qu'il étoit le Messie promis par les Prophetes, il nous importe tout-à-fait de savoir s'il est effectivement celui que les anciens Oracles avoient annoncé. Pour cela il n'est pas question d'examiner si tous ces Oracles sont clairs ou obscurs, mais seulement si ce qu'il y a de clair l'est assez pour en conclure que Jesus-Christ est certainement la personne prédite. De cette maniere tout ce que les incrédules disent des prédictions allégoriques, mystiques, typiques, ou énigmatiques s'en va en fumée, & ne sauroit faire tort à la religion. Les prophéties claires doivent convaincre les incrédules, & lorsqu'ils sont convaincus, il leur est aisé de voir le sens des allégories.

En effet, il faut distinguer dans les livres de l'Ancien Testament trois sortes de prophéties ; les unes sont littérales, claires, incontestables : les autres ont un double sens ; l'un prochain, qui regarde quelque événement temporel de la république des Juifs ; l'autre plus éloigné, qui a pour objet Jesus-Christ ou l'Eglise : les dernières enfin sont cachées sous des emblêmes, des figures, des allégories. Or il n'y a que les prophéties claires & littérales qui puissent prouver vis-à-vis des incrédules ; & c'est pourquoi nous ne leur avons opposé que ces sortes de prophéties qui suffisent pour démontrer à tous ceux qui ne ferment point volontairement les yeux, que Dieu a promis à l'homme pécheur un Libérateur & un Sauveur, & que ce Libérateur est Jesus-Christ. Les deux autres sortes de prophéties sont inintelligibles à l'incrédule, & l'on ne peut le convaincre de leur réalité, que lorsqu'il est persuadé par les prophéties littérales du mystere de Jesus-Christ. Alors le voile tombe, la lumiere s'étend, un immense tableau se présente à ses yeux. Il apprend par les livres du Nouveau Testament, & par la tradition de l'Eglise, quels sont les divers objets des prophéties qui ont un double sens, & il distingue clairement celui qui regarde quelque événement temporel des Juifs, & celui qui, sous cet écorce, renferme ce qui devoit arriver à Jesus-Christ & à son Eglise. Il voit dans ces sources sacrées que toute l'histoire de l'Ancien Testament seroit passée en figures des temps à venir, *omnia in figurâ contingebant illis*, dit saint Paul ; que Sara & Agar, Jacob & Esaü, l'Agneau paschal, les eaux de la Mer-Rouge, la promulgation de la Loi, le Serpent d'airain, le Rocher qui jette de l'eau, la Manne, le Tabernacle, les Sacrifices, étoient autant de figures & d'ombres prophétiques de ce qui devoit arriver quand le Messie seroit venu ; & qu'il en étoit de même de la vie des Patriarches, de leurs mariages, de leurs enfans, & de la plupart de leurs actions. Il apperçoit que toute l'économie de l'ancien culte n'étoit qu'une préparation symbolique au sacerdoce & à la médiation de Jesus-Christ, qui a rempli tout ce que Dieu a figuré sous les ombres du Ministere Lévitique, &c. &c. Cette vaste étendue de lumiere le confirme de plus dans la foi, en lui retraçant d'une maniere sensible tout le plan de Dieu dans la réparation de l'homme pécheur, & en lui montrant comme aux autres fideles Jesus-Christ Sauveur, non-seulement dans quelques prophéties claires & littérales, mais presque à chaque page des Livres saints de l'Ancien Testament, soit à découvert, soit sous le voile des figures & des allégories.

2°. Saint Pierre parlant des prophéties, dit que c'est un flambeau qui luit dans un lieu obscur, & qu'il faut s'y rendre attentifs jusqu'à ce que le jour commence à paroître ; mais cela ne signifie pas que les prophéties soient obscures, même du temps de l'Evangile, mais seulement que jusqu'à la manifestation & l'événement la prophétie, quelque littérale & claire qu'elle soit en elle-même, renferme toujours quelque obscurité. Les Prophetes en prédisant le Messie, savoient bien qu'ils le prédisoient ; mais Dieu ne leur révéloit pas en même-temps toutes les circonstances & la maniere dont leur prophétie devoit s'accomplir. Elle étoit donc obscure à leur égard, au moins quant à ces circonstances & cette maniere... A combien plus forte raison devoit-elle l'être au commun des Juifs. Moyse en disant qu'il falloit écouter le Prophete qu'il prédisoit, ne savoit pas la maniere dont il prêcheroit, ni toutes les circonstances de sa prédication. De même Michée en prédisant qu'il naîtroit à Bethléhem, Isaïe & Daniel qu'il mourroit & qu'il ressusciteroit, pouvoient savoir quelques circonstances, comme David lorsqu'il dit : *Ils ont percé mes pieds & mes mains*; & Zacharie : *Ils pleureront sur celui qu'ils ont percé*, c'est-à-dire ils savoient qu'il seroit crucifié, mais ils ne le savoient qu'en général, & non avec toutes les circonstances qui ont accompagné sa mort & sa résurrection. Il en a été de même des prophéties qui se sont accomplies du temps des Juifs, telles que celles qui regardoient la ruine de Babylone, la captivité, &c.; elles n'ont paru parfaitement claires que par l'événement. A plus forte raison doit-on dire la même chose des prophéties cachées sous des sens figurés.

3°. La description des prophéties même littérales avant l'événement ne vient point de ce que c'est un récit ou la description d'une chose future. Il est aussi facile de parler très-clairement des choses à venir, que des choses passées. Qui dit : Cette riviere débordera l'année prochaine, parle aussi clairement que s'il disoit : Cette riviere s'est débordée l'année précédente. Il n'est donc pas de l'essence de la prophétie d'être obscure; les anciennes prophéties ne sont pas toutes d'une égale clarté. Par exemple, celles dont on infere la résurrection de Jesus-Christ pa roiſſoient obſcures, vu l'incompatibilité apparente des diverſes parties qui les compoſoient. Il eſt dit que le Meſſie ſeroit mépriſé & rejetté des hommes, qu'il ſeroit l'homme de douleurs, que les peines qu'il devoit ſouffrir l'accompagneroient juſqu'au tombeau, & que nonobſtant toutes ſes ſouffrances & ſa mort, il prolongeroit ſes jours, il obtiendroit une domination éternelle, & verroit l'œuvre du Seigneur proſpérer entre ſes mains (Iſaïe, 53, v. 21). La réſurrection concilie ces difficultés & ces incompatibilités apparentes : d'où il s'enſuit que les prophéties les plus littérales ont reçu leur plus grande confirmation & leurs principales lumieres de l'événement. La difficulté ne conſiſtant pas ici dans l'obſcurité de l'expreſſion, mais dans l'impoſſibilité apparente de l'objet prédit, l'événement l'a entiérement diſſipée. Ainſi quelque obſcures & ténébreuſes que paroiſſent d'abord les anciennes prophéties, elles deviennent très-claires comparées avec l'événement.

4°. Nous n'avons point droit à la connoiſſance de l'avenir : donc il eſt manifeſte que, dès que nous jouiſſons de cette eſpece de connoiſſance, en quelque meſure que ce ſoit, nous devons l'attribuer à des raiſons particulieres de la Providence ; leſquelles ſeules peuvent limiter le degré d'évidence qui doit accompagner la prophétie. Il ſuffit que les Oracles fourniſſent autant de lumiere qu'il en faut pour répondre pleinement aux fins que Dieu s'eſt propoſées en nous les donnant. Or cela dépend de lui ſeul ; & nous n'avons point à nous plaindre de ce qu'il ne nous a point donné toutes les lumieres & les inſtructions que nous ſouhaiterions. Nous devons nous contenter de celles qu'il a jugé à propos de nous communiquer. Demander pourquoi les anciennes prophéties ne sont pas plus claires, c'est comme si l'on demandoit pourquoi Dieu ne nous a pas donné plus de raison, & ne nous a pas fait aussi intelligens que les Anges. Dans le plan que Dieu s'étoit proposé, & dont il étoit pleinement le maître, les prophéties même les plus claires après l'événement devoient renfermer des obscurités avant l'événement, au moins par rapport aux circonstances. Il vouloit que l'homme méritât, en se soumettant à ces oracles divins lorsqu'il les verroit accomplis, & que les agens libres coopérassent à leur exécution. Elle devoit donc avoir quelque obscurité avant l'événement, autrement cette intention de Dieu n'auroit pu avoir son effet, sans changer d'une maniere miraculeuse le caractere ordinaire des hommes & leurs inclinations naturelles ; ce qui n'entroit pas dans l'ordre de sa providence. Si les prophéties eussent présenté une histoire anticipée de Jesus-Christ avec toutes ses circonstances ; qu'elles eussent dit, par exemple, qu'il devoit naître de Marie vierge, quoique mariée avec saint Joseph, par l'opération du Saint-Esprit ; que Joseph & Marie viendroient de Nazareth à Bethléhem, où cette naissance devoit arriver, afin d'obéir à l'édit de l'Empereur Auguste ; que des Mages viendroient de l'Orient pour adorer Jesus-Christ naissant, qu'ensuite ses parens fuiroient en Egypte pour le sauver de la fureur d'Hérode ; qu'après la mort de ce Prince, ils le rameneroient à Nazareth, qu'il y demeureroit jusqu'à l'âge de trente ans sans exercer son ministere ; qu'il seroit baptisé à cet âge dans le Jourdain par Jean son Précurseur ; qu'il prêcheroit ensuite pendant trois ans dans toute la Judée, qu'il y opéreroit tel ou tel miracle particulier pour prouver sa mission ; que les Pharisiens s'opposeroient de toutes leurs forces à sa doctrine & à ses œuvres ; que Caïphe, Grand-Prêtre des Juifs, le jugeroit digne de mort, & le livreroit à Pilate Gouverneur de la Judée pour les Romains ; qu'on le crucifieroit entre deux voleurs, qu'il ressusciteroit trois jours après, & qu'avant de monter au ciel il enverroit ses Disciples prêcher par toute la terre, &c. ; dans ce cas, seroit-il croyable que les Juifs eussent méconnu le Messie, que les Pharisiens l'eussent persécuté, que Caïphe & Pilate eussent osé le condamner à la mort, & le traiter de séducteur & d'impie ? Tout cela néanmoins étoit prédit, & ne pouvoit s'accomplir, à moins de changer la nature & le caractere des hommes, qu'en conséquence de l'obscurité de la prophétie. Elle devoit avoir assez de clarté pour convaincre les cœurs droits, & leur faire reconnoître Jesus-Christ, & assez d'obscurité pour aveugler les esprits superbes, & le leur faire rejetter.

5°. Le parti que les incrédules devroient prendre, s'ils vouloient tirer avantage des anciennes prophéties pour attaquer la religion de Jesus-Christ, seroit de montrer par ces prophéties que le Messie, par exemple, devoit être crucifié, & ressusciter des morts, & puis de prouver qu'en effet Jesus-Christ n'a point été crucifié, ou s'il l'a été, qu'il n'est point ressuscité : alors la conséquence seroit manifeste. Mais si cette méthode ne leur plaît pas, qu'ils ne touchent plus aux prophéties : car si Jesus-Christ n'est ni mort ni ressuscité, y a-t-il du mal que les anciens Oracles ne l'aient pas prédit ; & s'ils accordent la vérité de ce fait, que gagnent-ils en décréditant les prophéties ?

6º. On peut demander à ce sujet si les miracles qu'on attribue à Jesus-Christ ne suffisoient pas pour prouver sa mission? Oui sans doute, les prophéties n'étoient point absolument nécessaires pour cela. Mais cette surabondance de preuve ne doit-elle pas plutôt exciter notre reconnoissance que nos plaintes? Moyse, sans avoir été prédit, a prouvé sa mission par ses œuvres ; mais il a prédit un autre Prophete, & les Prophetes qui ont suivi ont parlé plus amplement de l'office, du caractere, des souffrances & de la gloire du *Sauveur d'Israël & du Désiré de toutes les nations*: ce qui étoit nécessaire dans le plan de Dieu, qui ne devoit envoyer ce Sauveur que long-temps après le péché, afin de fournir à l'homme disgracié de Dieu des espérances suffisantes de rentrer en grace, & d'entretenir la vraie religion & la piété dans le monde. Or, entre les caracteres que Jesus-Christ s'est attribués dans l'Evangile, nous trouvons celui-ci, qu'il est la personne dont Moyse & les Prophetes ont parlé. Pour savoir s'il est effectivement cette personne, il faut en juger par les termes des anciens Prophetes; & c'est ce qui rend l'argument qu'on en tire nécessaire pour établir la vérité de l'Evangile. Les miracles ne peuvent être ici d'aucun secours. Si les Prophetes n'ont pas parlé de Jesus-Christ, tous les miracles du monde ne sauroient prouver qu'ils en aient parlé. Ces réflexions suffisent pour montrer jusqu'où l'argument tiré des prophéties intéresse nécessairement l'Evangile. Jesus-Christ a fait des merveilles qu'aucun homme ne fit jamais, & a donné par-là la plus grande évidence d'une mission divine. Mais de plus il a prétendu être la personne prédite dans la Loi & dans les Prophetes. Or la vérité étant une, & ne pouvant jamais impliquer contradiction, il faut que cette prétention soit bien fondée, ou toutes les autres tombent nécessairement. Voici donc quel est le point à décider par les prophéties. *Jesus-Christ est-il cette personne décrite & prédite dans l'Ancien Testament, ou ne l'est-il pas?* Pour cela il importe peu de savoir si tous les oracles qui se rapportent au Messie, sont clairs ou obscurs; il s'agit simplement d'examiner si ce qu'il y a de clair l'est assez pour nous convaincre que Jesus-Christ est la personne prédite sous la loi : or nous l'avons abondamment prouvé dans tout ce que nous venons de dire sur les prophéties. Ainsi la question est décidée.

Mais s'il y a assez de clarté dans les anciennes prophéties pour y reconnoître que Jesus-Christ est la personne prédite, & le Messie promis, au moins après l'événement, pourquoi les Juifs dépositaires de ces prophéties ne l'y ont-ils pas reconnu? Pourquoi même l'ont-ils rejetté comme un imposteur, & condamné à la mort comme un scélérat? Quel intérêt avoient-ils de rejetter la lumière, si elle étoit assez vive pour convaincre? Et comment les Chrétiens voient-ils dans ces prédictions ce que le peuple de Dieu à qui elles étoient adressées, n'y a jamais apperçu?

1°. Le grand dessein de Dieu en inspirant les Prophetes étoit de préparer des preuves à la Religion Chrétienne; mais le gros du peuple, qui alloit être dépositaire de tant de prédictions, devoit lui-même ne pas comprendre, parce qu'il devoit être rejetté. Ainsi dans le plan de la Providence il falloit que les prophéties eussent à l'égard des Juifs de la clarté & de l'obscurité tout ensemble : de la clarté dans ce qui concernoit l'état temporel de leur nation; autrement ils n'auroient eu pour elles que de l'indifférence; de l'obscurité dans ce qui concernoit l'histoire du Libérateur, parce que les fruits de sa mission n'étoient pas directement pour eux. C'est afin de concilier & de remplir ce dessein que Dieu a mis dans un grand nombre des anciennes prédictions un double sens, & que dans celles dont le sens littéral regarde uniquement le Messie, il se trouve des contradictions apparentes, difficiles à concilier pour un peuple grossier & charnel, telles que la grandeur & les humiliations de ce Messie, &c. Quant au sens qui regardoit littéralement la nation des Juifs, ils avoient des avantages qui nous manquent, parce qu'ils avoient des rapports inévitables avec les peuples qui les environnoient, & que nous ne connoissons qu'imparfaitement, & dont les Prophetes parlent d'une maniere si rapide, qu'elle en est obscure pour nous. En effet, les Annales profanes ni l'Ecriture ne nous parlent point en détail du Royaume des Iduméens, des Philistins, des Amalécites, des Ammonites, des Moabites &c., & c'est ce qui fait que nous ne voyons point clairement l'accomplissement de tout ce que les Prophetes disent d'eux. Mais les Juifs le voyoient, & cela suffisoit pour établir l'autorité de leurs Prophetes; & quoique l'histoire nous apprenne plus de choses sur les grands Empires, & qu'on voie l'accomplissement de plusieurs prophéties qui les regardoient, cependant il y a beaucoup de circonstances sur lesquelles nous n'avons aucune lumiere. Mais d'une autre part, ce qui regarde les prédictions du Messie dont nous voyons l'accomplissement, sans qu'aucun préjugé nous en détourne, nous est incomparablement mieux connu qu'il ne l'étoit aux Juifs; & c'est pour cela qu'ils en prenoient mal le sens, & qu'ils se

Tome II.   T

sont formés une fausse idée du Libérateur promis. Ces observations montrent ce qu'il faut penser de cette proposition qu'un certain monde ne cesse de répéter : Les Juifs doivent naturellement être plus instruits que nous du vrai sens de leurs prophéties. Cela est vrai dans ce qui regardoit le gouvernement politique, mais non pas dans ce qui regarde les prédictions du Messie, & de l'Eglise qu'il a établie.

2°. Moyse Législateur des Juifs n'étant que le serviteur, & non l'héritier des promesses spirituelles, n'avoit pu promettre aux observateurs de la loi que des biens terrestres, qui, pour ceux qui entroient dans l'esprit de la loi, & qui étoient en petit nombre, n'étoient que des figures des biens célestes que le Messie devoit leur apporter. Ce grand homme n'avoit pourtant pas laissé de leur indiquer ces biens éternels cachés sous l'enveloppe & le voile des temporels, en les assurant que Dieu leur susciteroit un Prophete semblable à lui, c'est-à-dire Législateur comme lui, qui seroit de leur nation & d'entre leurs freres ; & en leur ordonnant de l'écouter. C'étoit bien là leur annoncer que l'alliance conclue au mont Sinaï ne devoit pas durer toujours ; qu'elle avoit même été rompue par leur idolâtrie, qu'elle n'étoit que l'annonce d'une autre alliance plus parfaite, qu'elle étoit par conséquent insuffisante pour remplir les vues qu'avoit Dieu de se former un peuple saint & selon son cœur ; & qu'ainsi ils devoient tourner tous leurs désirs vers cette autre alliance, qui seule rempliroit les vues de la miséricorde de Dieu & les besoins de l'homme. Mais ce peuple grossier & charnel, amateur des biens du monde, ne s'arrêtoit qu'à l'écorce, & il ne voyoit que les biens temporels qui lui étoient montrés ; il n'aimoit qu'eux,

& ne défiroit qu'eux; il ne mettoit fa félicité qu'en eux, il ne fe foumettoit à la loi que pour eux. D'où vient que les Prophetes, à commencer par Moyfe lui-même, ne ceffent de lui reprocher qu'il a des yeux, & ne voit point, des oreilles, & n'entend point, un cœur de pierre & fans intelligence, que le livre de la loi eft pour lui un livre fermé & fcellé, qu'il eft enfin un peuple dur, inflexible & fans fageffe.

Voilà la véritable raifon pour laquelle les Juifs ont méconnu & rejetté, & s'obftinent encore à rejetter Jefus-Chrift le Meffie, quoique fi clairement promis, prédit & dépeint dans les prophéties. Leurs peres prévenus de cette folle idée, qu'en qualité de peuple de Dieu, tous les biens de la terre leur étoient dus, ne fe voyoient pas plutôt dans l'oppreffion fous la puiffance de divers peuples, que Dieu fufcitoit contre eux, comme les miniftres de fa vengeance, qu'ils demandoient un Sauveur qui les tirât d'oppreffion. Ces Sauveurs, tels que Gédeon, Jephté, Samfon, &c. étoient autant de figures de Jefus-Chrift le vrai Sauveur, qui devoit délivrer fon peuple de fes péchés & de la tyrannie du démon, l'oppreffeur du genre humain. Mais leurs peres ne portoient pas leurs vues fi loin, ni fi haut; ils ne voyoient dans ces fauveurs que des hommes extraordinaires fufcités de Dieu pour les rétablir dans leurs maifons, leurs vignes, leurs champs & leurs héritages. Menacés par Moyfe & par tous les Prophetes d'une difperfion générale & illimitée, ils s'accoutumerent à regarder le Meffie qui leur étoit promis, comme le Sauveur deftiné de Dieu à les délivrer de la plus grande des calamités temporelles qui leur feroit jamais furvenue, & dont on les menaçoit ; & ils n'attendoient jamais de lui que des prospérités terrestres, unique objet de leurs désirs, & la vengeance de leurs ennemis, dont ils auroient été si long-temps le jouet & la fable.

Cette fausse idée du Messie s'accrut & se fortifia merveilleusement parmi eux, lorsqu'ils se virent sous la puissance formidable des Romains, & sous un Roi étranger (Hérode Iduméen) qui tenoit des Romains sa couronne. Ils répandirent cette fausse idée dans tout l'Orient. Tacite & Suétone, Historiens Romains & Païens, nous l'attestent : « Il s'étoit, disent-ils, répandu un
„ grand bruit dans tout l'Orient, qu'il étoit
„ porté dans les destinées que des Conquérans
„ venus de la Judée se rendroient les maîtres de
„ l'Empire ». On reconnoît aisément à ces paroles les grossieres & fausses interprétations que les Juifs donnoient aux prophéties. Le calcul des semaines de Daniel leur avoit appris le vrai temps de la venue du Messie; ils l'attendoient au temps qu'il est arrivé. Les mauvaises raisons alléguées par les Rabins Talmudistes, & qu'on a rapportées plus haut, sont une preuve sans réplique que la nation l'attendoit pour le temps où nous leur prouvons qu'il a dû venir, & qu'il est venu. Mais leur cupidité les aveugla au sujet de Jesus-Christ. Les Pharisiens, qui étoient orgueilleux, avares, & enivrés de leur prétendue justice ; les Sadducéens, qui ne connoissoient d'autre vie que celle-ci, & qui mettoient en conséquence leur fin & leur bonheur dans la jouissance des biens temporels; le gros de la nation qui suivoit l'une ou l'autre de ces deux Sectes, ne purent jamais s'accommoder d'un Messie humble, pénitent, & qui leur prêchoit le renoncement à soi-même, & le détachement de toutes les choses du monde, pour ne s'occu-

per que de Dieu, de la justice qui vient de lui seul, de la pratique de toutes les vertus, & d'une vie éternelle différente de celle-ci. Ils rejetterent donc ce Messie qui ne vouloit les rendre riches que des biens de la grace & du salut. L'éclat de ses miracles ne put dissiper leur aveuglement. Embarrassés de cette foule de prodiges qu'il opéroit, ou ils les méprisoient sous le vain prétexte qu'il ne gardoit pas exactement le sabbat, ou ils les attribuerent au démon. Ils détournerent de même les propheties les plus claires qui s'accomplissoient en lui, à des sens faux & arbitraires, suivant l'idée qu'ils s'étoient formée d'un Messie conquerant qui devoit subjuguer toutes les nations. Enfin, jaloux de sa vertu, & piqués au vif des reproches charitables qu'il leur faisoit, ils ne mirent plus de bornes à leur fureur; ils le firent condamner à la mort par Pilate, Gouverneur de la Judée pour les Romains, comme Daniel & les autres Prophetes l'avoient prédit. Et comme un abîme en attire un autre, ils se livrerent aveuglément à une foule d'imposteurs, qui se donnant pour le Messie les engagerent à prendre les armes contre les Romains, & à s'attirer ce déluge de maux qui aboutirent à la ruine entiere de Jérusalem, de son Temple, & de toute la Nation (*a*). Par-là ils accomplirent les pro-

---

(*a*). Vers le temps où Jesus-Christ a paru, les Juifs attendoient le Messie comme devant bientôt paroître. Comme ils pensoient que l'accomplissement des prédictions pourroit avoir une certaine étendue, pendant cent ans on ne parloit dans la nation que de faux-Christs qui se faisoient suivre, & de faux prophetes qui les annonçoient. Les Juifs ne prodiguerent le nom de *Christ* ni à Judas Machabée, ni à Simon, ni à Hircan, ni à d'autres. Le temps & les autres signes ne convenoient point

phéties. Les deux funestes sources de ce voile épais que les Juifs ont sur le cœur, & qui les empêche encore aujourd'hui de reconnoître dans Jesus-Christ le Messie, sont donc la vraie confiance en leur propre justice, qui leur fait croire qu'ils n'ont besoin que d'eux-

---

encore; & ce n'est que dans le siecle de Jesus Christ qu'on commença à parler sérieusement de tous ces Messies. L'aveuglement ou la flatterie en donnerent le titre au premier Hérode. Josephe l'historien l'attribua à Vespasien. » Les Oracles de l'Ecriture, dit-il, *Liv.* 7. *Chap.* 3, » désignoient ce Prince déclaré Empereur dans la Judée. » Aveugle, dit M. Bossuet, *Hist. Univ.* qui transportoit » aux étrangers l'espérance de Jacob & de Judas, qui » cherchoit en Vespasien le fils d'Abraham & de David, » & qui attribuoit à un Prince idolâtre le titre de celui » qui devoit retirer les Gentils de l'idolâtrie ; la conjonc- » ture des temps le favorisoit, poursuit le Prélat ; mais » pendant qu'il attribuoit à Vespasien ce qui étoit dit du » Christ, les zélés qui défendoient Jérusalem, se l'attri- » buoient à eux-mêmes. C'est sur ce seul fondement qu'ils » se promettoient l'empire du monde, comme Josephe » le raconte *Liv.* 7, plus raisonnables que lui, en ce que » du moins ils ne sortoient pas de la nation pour cher- » cher l'accomplissement des promesses faites à leurs » peres ». Jusques chez les Samaritains on ne doutoit pas, du temps de Jesus-Christ, que le Messie ne fût près d'arriver. La fameuse Samaritaine (Jean 4, 25.) avoit dit au Sauveur lui-même que le Christ *alloit paroître*; & ce fut sans doute sur cette apparence, que le Peuple couroit après tant de Messies. Dosithée fut le premier, mais l'éblouissement qui fit croire en lui ne dura pas. Simon le magicien vint après, & fut suivi de Ménandre, qui se qualifioit de Sauveur du Monde. Un malheureux Barcokebas, abusant du rapport de son nom avec ce qui est écrit au Livre des Nombres sur l'étoile de Jacob, hasarda de se faire reconnoître pour le Messie. Il y réussit. Les Juifs l'oignirent, & le consacrerent comme leur Roi. Il y en eut parmi les principaux Rabins qui lui déférerent les honneurs dus au Messie. Il les reçut, & continua de tromper, jusqu'à ce qu'enfin devenu chef de révolte, il périt avec sa troupe sous l'empire d'Adrien. *Voyez* Eusebe, Chron. & Gut. *Liv.* 4. S. Justin Hist. Apol., le Talmud, &c.

mêmes pour observer la loi, & la basse cupidité des biens de la terre.

Ainsi, bien loin de conclure que les prophéties du Messie n'ont point été accomplies en Jesus-Christ, parce que les Juifs ne veulent pas le voir dans ces prophéties ; concluons au contraire que leur aveuglement sur ce point constate le parfait accomplissement de ces oracles divins ; car il étoit prédit qu'ils rejetteroient le Messie. S'ils l'eussent reconnu, la prédiction auroit été fausse, & cette fausseté auroit décrédité toutes les autres prophéties. Cependant tous les Juifs n'ont pas rejetté Jesus-Christ : il étoit prédit qu'un nombre reconnoîtroit le Messie, & que vers la fin des temps toute la nation se convertiroit à lui. C'est en effet ce qui s'est accompli dès la prédication des Apôtres. Des milliers de Juifs se sont rangés sous les étendards de Jesus-Christ, & l'ont apperçu clairement dans les anciennes prophéties. Chaque siecle présente de même la conversion d'un certain nombre, qu'on doit regarder comme le gage du retour de la nation entiere vers la fin des temps. Témoignage accablant contre l'aveuglement de leurs freres, qui, après s'être tourmentés en tout sens, & avoir compris eux-mêmes que, bien loin d'expliquer les prophéties, ils en éludoient le vrai sens par leurs interprétations arbitraires & forcées, en sont venus à ce mot terrible qui renonce à toutes les prophéties, & ont fait un article de foi de cette parole que tous les siecles liront avec surprise dans le Talmud : *Maudits soient ceux qui supputent les temps de l'arrivée du Messie.*

Les incrédules attaquent encore les prophéties des Livres saints par un jugement de comparaison entre ces Oracles & ceux du Paganisme. Toutes les nations, disent-ils, ont pensé que leurs dieux prédisoient l'avenir. On les consultoit, & leurs réponses annonçoient les événemens futurs. Etoit-ce Dieu qui faisoit rendre ces Oracles par les Prêtres idolâtres, ou bien étoit-ce quelque mauvais principe? Si l'on dit que c'étoit Dieu, la conséquence qui en résulte est que les prophéties, communes aux fausses religions & à la véritable, ne peuvent servir à les distinguer. Si c'est un mauvais principe qui entretenoit le faux culte par des Oracles, ce même principe, disent-ils, a pu rendre tous ceux que nous lisons dans les livres canoniques des Juifs.

Il n'y a peut-être point de difficulté contre le Christianisme plus ancienne que celle-ci. Celse la faisoit déjà du temps d'Origenes, l. 3 & 4, & tous ceux qui depuis ont combattu la Religion chrétienne, n'ont cessé de la répéter.

Ce jugement de comparaison entre nos Prophéties & les Oracles du Paganisme, ne peut être qu'un argument *ad hominem* de la part des incrédules; car ils regardoient tous les Oracles du Paganisme comme une fourberie des idoles pour flatter les Princes & séduire le peuple; & la conséquence qu'ils voudroient qu'on en tirât, c'est qu'il en étoit de même des prophéties rapportées dans les Livres de l'Ancien Testament. Le célebre Fontenelle a prétendu le prouver dans son *Histoire des Oracles*, où il n'a fait qu'abréger le Traité que Vandale, Médecin Anabaptiste de Harlem, a fait sur le même sujet. Plusieurs Apologistes de la Religion Chrétienne ont embrassé le même systême, & se débarrassent par-là de l'objection proposée; mais ils prennent en même-temps la défense des prophéties de l'Ancien Testament, & font voir aux incrédules qu'il ne s'enfuit nullement de ce que les Oracles du Paganisme n'étoient qu'imposture, qu'il en soit de même de ces prédictions si clairement marquées au coin de la Divinité, ainsi qu'on en peut juger par la discussion que nous en avons faite.

Qu'il se soit glissé de la fourberie de la part des Prêtres dans certains Oracles du Paganisme, c'est un fait attesté par les Auteurs profanes, qui nous apprennent en même-temps qu'on punissoit sévérement ces Prêtres lorsqu'on les découvroit. Mais en étoit-il de même dans tous les Oracles ? N'y rendoit-on que des réponses illusoires & controuvées ? Tout s'y bornoit-il à l'imposture de Prêtres intéressés ? Le Pere Balthus, dans son excellent Ouvrage contre l'Histoire des Oracles de Fontenelle, a démontré le contraire d'une maniere si évidente, que ce dernier Auteur, quelque subtil & érudit qu'il fût, n'a pas osé repliquer. Il y prouve non-seulement par l'autorité des Ecritures & des saints Docteurs de l'Eglise, mais encore par le témoignage de l'Histoire & des Auteurs païens les plus accrédités, que cet Apollon & les autres fausses divinités qui rendoient des oracles, n'étoient pas toujours des êtres chimériques : les démons, qui se faisoient adorer sous le nom de ces faux dieux, y présidoient, & s'arrogeoient la puissance divine par des prédictions & des révélations qui étonnoient étrangement les Païens. Aussi ces Oracles ont-ils subsisté plus de deux mille ans, consultés, admirés, & respectés de tout le paganisme & des peuples les plus éclairés. En un mot, les Grecs & les Romains les ont considérés pendant tout ce temps-là comme ce qu'il y avoit de plus auguste dans leur Religion : ce qu'assurément ils n'auroient pas fait s'il eût été constant que tous ces Oracles n'étoient qu'un jeu honteux de Prêtres intéressés. On peut consulter sur tout cela l'ouvrage du Pere Balthus.

Mais les auteurs de l'objection ont-ils droit de conclure raisonnablement, qu'il s'ensuit de ces réflexions que les prophéties des Juifs n'ont pas plus d'autorité que celles des Oracles du Paganisme, & que ces prophéties étant communes à toutes les religions, ne sauroient distinguer la vraie religion de celles qui sont fausses ? C'est ce qu'il est important d'examiner.

Pour juger, sans péril d'erreur, de quel côté sont les vrais Oracles, du côté du Judaïsme ou de l'Idolâtrie, il ne faut que les discuter sur la notion que nous avons tous d'un être infiniment juste, saint, & parfait; c'est-à-dire, qu'il ne faut qu'examiner par leurs circonstances s'ils viennent d'un bon ou d'un mauvais principe. Or je soutiens, à ne raisonner que sur le fait, que les Oracles du Paganisme naissoient visiblement d'un esprit malin, dont les prestiges ne tendent qu'à tromper les hommes par le mensonge, & qu'il étoit facile aux Païens mêmes de le reconnoître.

C'étoit une créance commune parmi eux, aussi bien que parmi nous, qu'il y a de bons & de mauvais esprits, que nous appellons *Anges* ou *démons*, & qu'ils comprenoient tous sous le titre général de *démon* ; les uns portés au bien des hommes, les autres dont la pente est maligne, & ne cherchant qu'à leur être une occasion de chute, un instrument d'erreur & de misere. Comment ont-ils découvert cette vérité ? Est-ce par la lumiere naturelle, ou l'auroient-ils puisée dans une tradition primitive, ou dans les Livres saints ? N'importe. Le fait est qu'ils l'ont crue; & sur cela je soutiens que les Oracles si célebres dans le Paganisme étoient les réponses de ces esprits impurs & séducteurs; au lieu que nos Oracles rapportés dans nos Livres saints, & qui ne respirent que vérité & bienfaisance, portent tous les caracteres de la Divinité.

1°. Les Oracles du Paganisme ordonnoient qu'on immolât des hommes aux Dieux, & ce barbare sacrifice étoit plus ordinairement souhaité par Apollon. (Voyez Denys d'Halicarnasse, & Diodore de Sicile dans Eusebe, *Prép. Evang. l. 4, chap. 7.*) Œnomans, Plutarque, Justin, Clément d'Alexandrie remarquent la même chose. Œnomans fait de vifs reproches à l'Oracle qui avoit commandé aux Athéniens, afin d'appaiser l'ombre d'Androgée, fils de Minos, d'envoyer tous les ans sept hommes & sept femmes en Crete pour y être sacrifiés : ce qui s'exécuta près de cinq siecles, & jusqu'au temps de Socrate. Peut-on rien imaginer de plus incompatible avec l'idée pure de la Divinité, rien qui porte davantage le caractere d'un ennemi des hommes, rien qui autorise le crime plus ouvertement ? Aussi ne voit-on rien de semblable dans les prophéties des Juifs; ils s'élevent au contraire contre cette barbare impiété à laquelle plusieurs se livroient en s'abandonnant à l'idolâtrie.

Les Auteurs, tels qu'Ovide, (*Fast. l. 5*); Porphyre (*l. 2, de Esu Animal.*) ; S. Aug. (*l. 10, de Civit. Dei, c. 11.*) Origenes, (*contra Cels. l. 3 & 8, &c.*) témoignent que les Oracles ordonnoient des cérémonies impures, des adulteres, des incestes, des débauches, des jeux indécens & dissolus. De tels ordres pouvoient-ils venir de la Divinité? Les Prophetes du vrai Dieu n'ont cessé de tonner contre ces crimes.

3°. Selon la droite raison, & de l'aveu des Déistes, tout système qui ne s'accorde pas avec l'unité d'un Dieu, est un faux système qui ne peut venir que d'un génie aveugle ou séducteur. Or tous les Oracles du Paganisme favorisoient & supposoient la pluralité des Dieux : c'étoit pour en conserver le culte qu'ils avoient été établis. Il est donc évident que les Oracles supposés ou non supposés par les Prêtres, ne pouvoient être les réponses que d'un mauvais esprit qui cherchoit à séduire. Les prédictions même des Sybilles, si soigneusement gardées par les Romains, & qu'on consultoit dans les nécessités pressantes, ordonnoient de faire quelques sacrifices aux Dieux, ou d'attacher un clou dans le Capitole, ou de célébrer des jeux en l'honneur de Jupiter, ou de bâtir un temple à Vénus, ou d'immoler des victimes aux Dieux infernaux, &c. C'est ce que nous apprenons des auteurs qui en ont conservé quelques lambeaux ; car les vrais livres des Sybilles furent brûlés dans les incendies de Rome. Ceux que nous avons aujourd'hui sont apocryphes, & fabriqués par des Chrétiens du second siecle. Tous les écrits des Prophetes qui ont paru parmi les Juifs ne tendent au contraire qu'à ramener les hommes à la croyance de l'unité de Dieu, & à montrer le faux & l'impiété des Dieux du Paganisme.

4°. Les démons ne connoissant point l'avenir avec certitude, leurs Oracles étoient souvent en contradiction. Par exemple, les réponses que les uns donnoient à Clarus, étoient quelquefois contraires à celles que les autres donnoient à Delphes. Celles de Dodone étoient opposées aux deux précédentes, & cela sur la même question. Il falloit pour s'excufer qu'Apollon avouât qu'il mentoit de temps en temps, mais qu'il y étoit forcé par le Deftin, comme Porphyre nous l'apprend dans Eufebe, (Prép. Evang. l. 6, c. 5.) Rien de femblable dans les Prophetes de l'Ecriture. On ne voit point qu'un Prophete ait prédit le contraire de ce qu'un autre Prophete prédifoit ailleurs.

5°. Cependant, pour éviter, autant qu'il étoit poffible, ces contradictions, & que les Oracles ne paffaffent pas pour de fimples confeils ou des conjectures, ce qui les auroit décrédités, les démons avoient foin, au moins en certaines circonftances, de les propofer d'une maniere ambiguë, équivoque, fufceptible d'un double fens ; en forte que leurs réponfes avoient un côté favorable à l'événement, quel qu'il fût, & de quelque maniere qu'il arrivât. Créfus, Roi de Lydie, (*Voyez* Hérodote, l. 1,) fur le point de commencer la guerre contre les Perfes, confulte le Dieu prétendu de Delphes fur le fuccès qu'il en doit attendre : l'Oracle répond qu'il lui eft réfervé de détruire un grand Royaume. Créfus à ce préfage croit la victoire pour lui ; il attaque les Perfes : au lieu de triompher, il eft vaincu par eux, & perd fes états. Ainfi l'Oracle de Delphes voit deux grands Princes armés l'un contre l'autre. Quel fera le deftin des combats ? Il ne le fait pas ; mais il fauvera tout par une réponfe à deux ententes. Créfus détruira un grand empire ; voilà l'Oracle. Que les Lydiens ou les Perfes foient vainqueurs, n'importe : il fera toujours vrai qu'un grand royaume a été détruit : mais l'Oracle prudent fe garde bien d'expliquer lequel des deux peuples éprouvera ce trifte fort. Il laiffe à l'événement le foin d'en inftruire, content de s'être fauvé lui-même de l'embarras de la consultation. Dans d'autres cas, la simple conjecture suffisoit pour indiquer assez sûrement le parti qu'il falloit prendre, sauf à donner, si elle n'eût pas réussi, un autre sens aux termes ambigus dont l'Oracle se servoit. Par exemple, dans l'expédition de Xerxès, Léonidas Général des Lacédémoniens n'ayant pu soutenir l'effort de ce Prince aux Thermopiles, il étoit clair que Xerxès alloit entrer dans la Grece, & la ravager. Les Athéniens eurent recours à l'Oracle, qui les avertit de se sauver dans des murailles de bois. Suivant ce conseil ils se mirent sous la conduite de Thémistocle, quitterent leur patrie, & monterent sur des vaisseaux avec toute leur famille. Et en effet, Xerxès étant entré dans l'Attique, brûla la ville d'Athènes. Il n'étoit pas difficile à l'Oracle de le conjecturer, & de donner un pareil avis, sauf à expliquer ce qu'on entendoit par ces murailles de bois, si quelque événement eût empêché Xerxès d'entrer en Grece.

Les prophéties des Juifs ont au contraire une unité de sens soutenue. Les révolutions des villes & des empires y sont décrites avec un amas de circonstances qui fixent le fait, à l'exclusion de tout autre. Les temps y sont marqués par des dates précises, & les lieux désignés par des caracteres propres, souvent même par leur nom, pour éviter qu'on ne les confonde. Par exemple, Isaïe (13, 14, 21, 24,) voit la gloire de Nabuchodonosor & son regne orgueilleux long-temps avant la naissance de ce Prince ; puis il montre sa chute soudaine & celle de son empire : Babylone pourtant n'étoit rien alors. Cyrus qui doit être le vainqueur de cette nation superbe, est vu par le Prophete Isaïe près de deux cents ans avant sa naissance,

& ce qui y a été prodigieux, il le nomme par son nom. La captivité du peuple Juif est prédite, & Jérémie, dont les prédictions avoient été si précises, pour marquer à ce peuple ingrat sa perte certaine, lui promet son retour dans la terre de ses peres après soixante-dix ans d'esclavage. « Toute cette terre, dit Dieu par son » Prophete, ne sera plus qu'un désert affreux, » un spectacle d'horreur à ceux qui le verront, » & tout le peuple sera assujetti au Roi de Ba- » bylone durant soixante ans ; mais lorsqu'ils » seront finis, je visiterai dans ma colere le » Roi de Babylone lui-même, & je désolerai » pour jamais le pays des Chaldéens ». Cyrus part en effet à la tête des Medes & des Perses, (Hérodote, l. I.) sa marche lente & incertaine, souvent même interrompue, cache ses desseins contre Babylone (Xénophon, l. 2.) ; le Prophete l'avoit ainsi marqué. Mais enfin il se détermine ; & tandis que Balthazar, petit-fils de Nabuchodonosor, se rassure contre la présence de l'ennemi par ses richesses immenses, le nombre de ses troupes & la prodigieuse enceinte des murs de sa capitale (Xénophon, l. 7), Cyrus détourne l'Euphrate dans les fossés qu'il avoit faits ; & le lit de ce fleuve découvert presque tout-à-coup, lui fait une ouverture subite dans Babylone. C'est de point en point ce qu'avoit annoncé Isaïe, 13, & Jérémie, 50 ; ils avoient dit de Babylone que ses eaux seroient desséchées pour ouvrir un chemin libre à son vainqueur ; qu'endormie, enivrée, trahie par l'excès de sa puissance, elle seroit prise comme dans un filet sans s'en appercevoir ; que ses idoles seroient brisées, (Isaïe, 46), Bel renversé, & Nabo le grand Dieu, dont les Rois Chaldéens empruntoient leur nom, détruit pour toujours, & foulé aux pieds dans la place publique. Mais en même-temps que Babylone est détruite, finissent les soixante-dix ans de la captivité. Cyrus par sa conquête devenu maître de l'Orient favorise le peuple Juif, quoique humilié. Il lit de ses yeux dans les Oracles de ce peuple ceux qui lui promettent tant de victoires : il sent qu'il ne doit son empire qu'au Dieu véritable servi par ce peuple. Dès les premieres années de son regne il rend la liberté aux Juifs, & les renvoie dans leur pays.

Voici d'autres prophéties non moins claires. Daniel voit de loin, & montre à découvert les quatre Monarchies sous lesquelles devoient vivre les Israélites, & les désigne toutes par leur caractere propre (7, 8, 10, 11). D'abord s'offre à ses yeux Alexandre le Grand, ce rapide vainqueur devant qui la terre devoit se tenir en silence : il découvre ce regne heureux, mais court, suivi d'un autre affoibli par ses divisions, & il est manifeste que c'est celui d'Antipater, de Séleucus, de Ptolemée & d'Antigone. Il apperçoit ensuite la succession des Rois de Syrie, l'orgueil d'Antiochus l'Illustre, ennemi implacable du peuple de Dieu ; la courte durée de son regne lui est connue, & la prompte punition de ses excès. Enfin il voit & il nomme la puissance des Romains, cet empire redoutable qui devoit réunir en soi la force, les richesses, l'étendue de tous les autres : cet empire sous lequel devoit naître le Messie dont le regne est éternel, & dont la grandeur immuable ne passera pas à un autre empire.

On a vu plus haut que les prophéties particulieres qui regardent le Messie, ne sont pas moins circonstanciées ; qu'elles ne renferment aucune équivoque, aucune ambiguité, & que les caracteres qu'elles lui attribuent, ne peuvent en aucun sens être appliqués à aucun autre qu'à Jesus-Christ.

6°. Les Oracles des Païens étant pleins d'incertitudes & d'ambiguités, ne leur concilioient aucune autorité : une réponse n'en confirmoit point une autre ; & les peuples n'y étoient si attachés que par superstition, & par le désir que les hommes ont naturellement de connoître l'avenir & de savoir leur destinée. Quelle différence dans les prophéties des Juifs ! l'inspiration divine s'y faisoit reconnoître pour tous les temps par les faits singuliers & prochains que les Prophetes prédisoient, & dont l'accomplissement étoit le garant de celui des prédictions plus éloignées. Telle est, par exemple, la prédiction faite contre la famille d'Héli (*I Reg.* 2.), que l'accomplissement justifia de si près ; celle de Samuel (*I Reg.* 10, 15.) qui prédit à Saül qu'il seroit Roi, & ensuite que sa couronne passeroit de sa maison dans une autre, c'est-à-dire dans la maison de David : celle de Nathan (*2 Reg.* 7.), sur l'affermissement du trône de ce dernier Prince, & l'érection du temple : celle d'Ahias (*3 Reg.* 14.) contre la maison de Jéroboam : celle d'Elie contre Ochosias (*4 Reg.* 1.), & du même contre Joram, celle d'Elisée (*4 Reg.* 6, 7), quand Benadad, Roi de Syrie, fit le siege de Samarie : celle de Jérémie contre Ananias (*c. 38*) : celle d'Ezéchiel contre Sédécias (*c. 12*), & de Jérémie contre le même Prince, & mille autres dont les livres des Rois & des Prophetes sont pleins. C'est ainsi que les vrais Prophetes s'attiroient la créance. Les événemens prochains qu'ils avoient annoncés, & que l'on voyoit de ses yeux, étoient les garans de ce qui ne devoit arriver que long-temps après. On ne doutoit pas que les descendans ne fuſſent témoins de la vérité prédite, puiſqu'on l'avoit été tant de fois foi-même, & delà naiſſoit la confiance qu'avoient les Juifs en leurs Prophetes, & le foin de recueillir & de conſerver précieuſement leurs prophéties; au lieu que les Oracles des Païens ne parlant preſque jamais d'eux-mêmes, mais feulement quand on les conſultoit, leurs réponſes, qui éludoient ſouvent la conſultation, bien loin d'y ſatisfaire clairement, étoient négligées; on y prenoit peu d'intérêt, on ne s'empreſſoit pas de les conſerver; & c'eſt pourquoi il ne nous eſt reſté que quelques fragmens rapportés par occaſions dans les auteurs profanes.

7°. Il faut cependant remarquer que tous les Oracles du Paganiſme n'étoient pas ambigus. Il y en avoit d'extrêmement clairs & certains; ſavoir, ceux qui ſe réduiſoient à des faits actuels, & feulement éloignés des lieux où ſe rendoit l'Oracle, c'eſt-à-dire, qu'Apollon ou autre fauſſe Divinité diſoit dans un lieu ce qui ſe paſſoit dans un autre, le mal qu'il alloit faire, ou la ceſſation de celui qu'il avoit commencé; ce qui étonnoit très-fort les Païens, & leur faiſoit croire qu'il y avoit quelque choſe de ſurnaturel & de divin dans ces Oracles. Ce merveilleux couvroit les réponſes équivoques qu'ils rendoient ſur d'autres objets qui leur étoient inconnus, & ſembloit prouver que le Ciel autoriſoit le culte idolâtre. On en voit un exemple frappant, lorſque Créſus voulut éprouver la divinité de l'Oracle de Delphes. On ſait que ce démon devina fort juſte, & qu'il dit préciſément aux envoyés de ce Prince ce que leur maître faiſoit à Sardes dans le moment même qu'ils le conſultoient. De même les Oracles prédiſoient en Egypte le temps auquel le Nil devoit inonder les campagnes, après avoir vu en Ethiopie les pluies abondantes qui y étoient tombées. Ces fortes d'exemples qui montrent que les démons prédifoient dans un lieu ce qu'ils avoient vu dans un autre, ou faifoient cesser les maux & les calamités qu'ils avoient fufcités, font en grand nombre dans les Auteurs profanes. Cicéron en rapporte plufieurs (*l. 2 de Naturâ Deorum*), qui font auffi rapportés par Valere-Maxime, Denys d'Halicarnaffe, Strabon, Florus, &c. Plutarque dans la vie de Paul-Emile & Sylla en ajoutent encore d'autres, mais un fur-tout arrivé fous Domitien. Il les attribue tous à la bonté de Dieu; mais Lactance, Minutius Félix, Tertullien, & faint Auguftin les attribuent avec raifon à l'impofture des démons qui ont la facilité de fe transporter en un moment en différens lieux. Car cette connoiffance ne furpaffe point les bornes d'un efprit dégagé de la matiere; & ne peut paffer pour une prophétie proprement dite, dont l'objet eft l'avenir, & non le préfent. Or par quelle adreffe les Prêtres des idoles auroient-ils pu connoître actuellement ce qui fe paffoit dans des pays éloignés? Comment ceux de Delphes auroient-ils pu favoir que dans le même temps que les envoyés de Créfus confultoient l'Oracle, ce Prince faifoit cuire à Sardes une tortue avec un agneau? Cela montre bien clairement qu'il n'y avoit point de fourberie de la part des Prêtres dans ces fortes d'Oracles, & que le démon feul en pouvoit être l'auteur; car de ce qu'il eft dit que la Prêtreffe de Delphes fe laiffoit corrompre par les préfens de Philippe Roi de Macédoine, il ne s'enfuit point du tout, comme quelques-uns l'ont penfé, que les démons ne fuffent point auteurs des Oracles. Parmi les Prophetes inspirés de Dieu, n'y en a-t-il pas eu quelqu'un, comme celui de Béthel, qui s'est laissé corrompre? Les démons qui ne cherchent qu'à tromper, se repaissent de ces sortes de mensonges. Il leur est indifférent de dire vrai ou faux, pourvu qu'ils induisent les hommes en erreur; & d'ailleurs la Prêtresse de Delphes pouvoit parler d'elle-même, & sans être inspirée, vis-à-vis de Philippe pour satisfaire son avarice. Il est à noter que ce n'étoient point les statues, comme dit Fontenelle, mais les hommes qui rendoient les Oracles. C'est encore à tort que cet Auteur objecte le secret des Oracles: ce secret regardoit les mysteres, & non les Oracles. Il n'est pas nécessaire d'observer ici que les Prophetes des Juifs ne se sont pas contentés de découvrir dans un lieu ce qui se passoit dans un autre. L'esprit qui les animoit les faisoit percer jusques dans les siecles les plus reculés: & ce qu'ils ont annoncé s'est parfaitement accompli.

8°. Il suffit de jetter les yeux sur ce qui nous reste des Oracles du Paganisme, pour se convaincre qu'il n'y en a aucun qui ait prophétisé plusieurs siecles auparavant des faits dépendans de causes libres ou contingentes, étrangeres & indéterminées; on n'en produira jamais aucun exemple; il le faudroit cependant pour faire une objection importante & sérieuse. Car le caractere propre de la prophétie est de prédire l'avenir; & plus les objets sont éloignés, plus il est clair qu'il n'y a que Dieu qui puisse en donner la connoissance, sur-tout lorsqu'il s'agit de causes libres & contingentes. Aussi ne voit-on rien de plus répandu dans l'Ecriture que ces reproches d'ignorance impuissante qu'elle fait aux faux Dieux du Paganisme: *Annoncez-nous ce qui doit arriver,* leur dit Dieu par ses Prophetes, *& nous* reconnoîtrons que vous êtes des dieux (Isaïe, 41, 44,). Parler ainsi, qu'étoit-ce dire, sinon : Si vous êtes des Dieux, vous pouvez connoître l'avenir, ce qui est le propre de la Divinité. Vous ne le connoissez pas, vous n'êtes donc pas des dieux, mais des esprits bornés à la connoissance du présent. Or les Prophetes des Juifs ont prédit l'avenir. Chaque page de leurs écrits en fait foi : ils l'ont prédit, non-seulement à l'égard des événemens prochains, mais un grand nombre de siecles auparavant, ils ont prédit des événemens qui dépendoient de causes libres & contingentes : & nous avons prouvé que leurs prophéties du Messie avoient été ponctuellement accomplies en Jesus-Christ. Les autres prophéties qui regardoient l'état temporel des Juifs, & le renversement des anciennes Monarchies, ne l'ont pas moins été : ils ont donc connu l'avenir : ils étoient donc de vrais Prophetes. On ne peut les taxer d'imposture ; la fourberie peut conjecturer, mais elle ne peut connoître exactement les siecles à venir ; on ne peut les accuser d'avoir reçu leurs connoissances des démons : non-seulement ces mauvais esprits ne peuvent pénétrer dans l'avenir, mais ç'auroit été travailler à détruire leur propre empire. Les Prophetes des Juifs n'ont donc reçu leurs lumieres que de Dieu seul. Ils ont parlé en son nom, & c'est pourquoi tout ce qu'ils ont dit, quelque éloigné, quelque étonnant, quelque incroyable qu'il parût, s'est accompli. Rien n'est donc plus faux, plus frivole & plus ridicule, que la comparaison que les incrédules voudroient établir entre les Oracles du Paganisme & les Prophéties de l'Ancien Testament.

Jesus-Christ si clairement annoncé par les Prophetes, a prouvé de plus qu'il étoit le Messie promis, & l'Envoyé de Dieu, par la sainteté de sa vie, & par les Miracles éclatans qu'il a opérés.

1°. Le Messie, suivant les Prophetes, ne devoit pas être un pur homme, mais Dieu & Homme tout ensemble, le Fils de Dieu, Dieu lui-même. Il devoit être le Seigneur (Jehova), notre justice : il devoit en conséquence abolir les prévarications, effacer le péché, & faire régner sur la terre l'innocence qui en avoit été bannie par la prévarication de nos premiers parens. Il étoit donc nécessaire qu'un Sauveur qui devoit opérer de si grands miracles sur les ames, fût lui-même d'une extraordinaire sainteté; que le péché n'eût aucun empire sur lui, & qu'il possédât toutes les vertus dans le degré le plus parfait & le plus éminent : or c'est ce que nous remarquons en Jesus-Christ seul. Jamais homme n'a approché de la sainteté qu'il a fait paroître pendant tout le cours de sa vie. Aussi disoit-il lui-même aux Juifs : *Qui de vous me convaincra de péché?* voulant leur faire entendre qu'il étoit ce Juste par excellence qui leur étoit promis, & sans lequel ils ne pouvoient parvenir à la vraie justice. C'est ce dont il est aisé de se convaincre, en considérant avec attention ce que l'Evangile nous apprend de la vie de Jesus-Christ. Nous ne pouvons rien faire de mieux que d'emprunter ici les réflexions du célebre M. Nicole sur l'Evangile du Dimanche de la Passion. Ceux, dit-il, qui ont fait réflexion de près à la vie des plus grands hommes, ont toujours été forcés d'y reconnoître quelques défauts, & d'avouer qu'ils étoient hommes par quelque endroit. Mais plus on fait de réflexion à celle de Jesus-Christ, plus on y voit paroître par-tout une totale exemption de défauts. Il ne faut pour cela que considérer la source générale des défauts des hommes, & voir ensuite si l'on en trouvera quelques traces & quelques vestiges dans la vie de Jesus-Christ.

Tous les péchés des hommes ont leur racine & leur origine dans la triple concupiscence, marquée par saint Jean dans ces paroles : « Tout » ce qui est dans le monde, est concupiscence » de la chair, ou concupiscence des yeux, ou » orgueil de la vie : ce qui ne vient du Pere, » mais du monde ».

Mais on ne voit rien en Jesus-Christ de cette triple concupiscence. On n'y remarque pas un regard, pas une action, pas une parole où il en paroisse le moindre vestige.

Qu'on lise tout ce que les Evangélistes rapportent de la vie de Jesus-Christ, & qu'on examine toutes les circonstances de ses actions, on ne trouvera point qu'il y ait jamais recherché aucun plaisir. Tout y est conduit par la raison, par la charité, par la vue de la gloire de Dieu. Il vit avec les hommes, mais c'est uniquement pour le bien des hommes. S'il mange quelquefois chez les riches, parce qu'il devoit montrer qu'il ne les excluoit pas de sa grace & du salut qu'il est venu apporter au monde, il mange presque toujours avec les pauvres, & chez les pauvres, de ce qui s'y trouve : ce qui étoit joint avec une extrême mortification. Sa vie est une vie toute de fatigues, & d'un travail sans relâche & sans délassement, toujours tendue, toujours occupée à ses fonctions. On ne parle pas même dans sa vie de mortifications & d'austérités parce qu'encore qu'elle en fût toute remplie, néanmoins ce n'étoient point des mortifications où il parût de l'effort. Jesus-Christ n'avoit rien à combattre de ce côté-là ni d'aucun autre : il a donc embrassé la vie de la croix, parce qu'il en vouloit donner l'exemple, mais non par le désir de mortifier en lui-même quelque mauvaise inclination, puisqu'il n'en pouvoit avoir. Ceux qui ont quelque chose à vaincre en eux-mêmes, sont obligés de faire des efforts pour se garantir de cet ennemi ; on ne voit rien de cela dans Jesus-Christ : il n'a point dit de lui, comme saint Paul : *Je traite rudement mon corps, & je le réduits en servitude.* La privation de tout plaisir paroît en lui souverainement ; mais elle y paroît sans effort, & par une pure suite de sa volonté.

Jamais il n'y eut une extinction plus absolue & plus entiere de toute curiosité, que celle qui paroît dans la vie de Jesus-Christ : il n'y a pas un discours qui puisse appliquer l'esprit aux choses du monde & à la beauté des créatures ; c'est lui qui savoit toutes les choses passées, présentes & futures, qui pénétroit le fond des cœurs, qui lisoit dans l'avenir, connoissoit à plus forte raison tous les secrets de la nature, toutes les inventions utiles à la vie humaine, & ce qu'il y a de vrai dans toutes les sciences & dans tous les arts : cependant il n'en parle jamais. Il n'apprend rien à ses disciples d'aucun art, ni d'aucune science humaine : les esprits des hommes étoient occupés de son temps de certains objets qui les remplissoient, des Romains, des Grecs, des Empereurs, d'Hérode & de sa famille. Jesus-Christ en parle aussi peu que s'ils n'eussent point été au monde. Il nomme seulement une fois le nom de César pour se défendre

fendre d'une question captieuse qui lui avoit été faite, mais c'étoit après se l'être fait nommer, pour marque qu'il ne se portoit pas de lui-même à en parler; il n'explique à ses Apôtres aucune des difficultés de l'Ecriture qui pouvoient tenir quelque chose de la curiosité : son esprit ne paroît occupé que de Dieu, du salut des hommes, & des choses éternelles. Qu'on examine tous les hommes que nous pouvons connoître par les livres, & que l'on voie s'il y a rien qui approche de ce caractere. Socrate, qui paroît le plus singulier de tous, est un homme tout rempli de petites idées & de petits raisonnemens qui ne regardent que la vie présente; un homme qui prend plaisir à discourir de vérités pour la plupart inutiles au réglement des mœurs, & qui ne tendent qu'à éclairer l'esprit à l'égard de quelques objets humains, sans néanmoins vouloir rien décider de fixe sur les matieres qu'il traitoit, comme le remarque saint Augustin. Mais on ne voit rien ni dans lui, ni dans aucun des autres hommes, du caractere de Jésus-Christ, de cette élévation au-dessus du monde présent & de toutes les choses de la terre, & de cette application unique à ce qui regarde l'autre vie.

Enfin l'exemption totale de la troisieme concupiscence, que saint Jean appelle *l'orgueil de la vie*, n'y paroît pas avec moins d'éclat. Que ne pouvoit pas faire un homme maître des vents & des tempêtes, à qui toute la nature étoit soumise, s'il eût eu quelque mouvement de cette passion qui remue tous les autres hommes. Ce n'étoit rien pour lui que de se faire Roi du monde, & de se faire suivre par tous les hommes; il n'avoit qu'à leur montrer les merveilles de son pouvoir, ne les point contredire dans leurs passions, ou les effrayer par l'éclat de sa grandeur & les effets de sa puissance ; mais tout cela étoit indigne de Jesus-Christ. Il passe trente ans de sa vie sans être connu de qui que ce soit ; & lorsqu'il se fait connoître, c'est d'une maniere si éloignée de la grandeur & de la pompe du monde, qu'elle n'en pouvoit inspirer le désir ni l'amour à qui que ce soit ; il évite tout ce qui pouvoit avoir de l'éclat. Il ne paroît point à la Cour des Rois : il ne se signale point auprès des grands : il prêche ordinairement aux pauvres, & ne se fait suivre que par des Disciples pauvres : il ne fait aucun établissement dans le monde, & il y marche toujours dans la vue de la mort, & d'une mort cruelle & honteuse dont il avoit toutes les circonstances présentes.

Ce caractere si singulier d'être totalement exempt de toutes les passions, de tous les désirs, & de toutes les vues des autres hommes, qui se remarquent continuellement dans leurs actions, & dans toute la conduite de leur vie, n'est qu'une suite d'un autre caractere aussi particulier ; c'est celui de ne vivre point pour la vie présente, de rapporter tout à une autre vie, & de n'instruire les hommes que par rapport à ce qu'ils doivent craindre ou espérer après la mort.

Qu'on considere toutes les actions & les paroles de Jesus-Christ, aucune ne se rapporte à la vie présente ; il ne paroît point qu'il en désire la moindre chose, ni qu'il en ait inspiré le désir à personne ; il ne la compte pour rien, il est tout occupé d'une autre vie & d'autres objets invisibles aux sens : c'est ce qui ne se voit en aucun autre. Quoiqu'il y ait eu nombre de Philosophes persuadés de l'immortalité de l'ame, & par conséquent convaincus que la vie présente n'est qu'un instant dans la durée infinie de nos ames, ils n'ont pas laissé de donner à cette vie d'un moment les principaux de leurs soins : ce qui devoit arriver en l'autre vie n'a été que le sujet de quelques entretiens stériles dont ils ne tiroient aucune conséquence pour leur conduite. Il est étrange même que les Prophetes, & Moyse le plus grand d'entr'eux, parlent peu de l'autre vie, quoique sans doute ils y pensassent beaucoup. Il n'y a que Jesus-Christ seul qui non-seulement en paroît occupé, mais qui ne paroît occupé d'aucune autre chose, & qui en fait l'unique objet de sa vie & de ses paroles. Par-là il est clair qu'il ne devoit prendre aucune part à tous les désirs & à toutes les passions des hommes, parce qu'elles ont toutes pour objet les choses présentes & sensibles : sa vie donc est un caractere suivi & si singulier, qu'il est plus différent en cela des autres hommes, que les hommes ne sont différens des bêtes.

Ce qui paroît plus étrange, c'est que, surtout parmi les Juifs, on s'accordoit assez, si l'on en excepte les Sadducéens, dans cette vérité capitale, que non-seulement il y avoit un Dieu, mais encore qu'il récompenseroit dans une autre vie les bonnes actions, & puniroit les mauvaises. Or supposé ce principe, il s'ensuit que la vie présente doit être conduite par rapport à cette autre vie ; que tout ce qui nous arrive en celle-ci, prospérité, affliction, élévation, bassesse, biens, maux, est de nulle considération, que l'autre vie nous doit entiérement occuper, & qu'il n'y a que cet objet qui mérite qu'on s'y applique. Cependant personne n'avoit tiré avant Jesus-Christ ces conséquences si justes, si naturelles, si nécessaires, & n'en avoit paru pleinement & totalement pénétré. Les Saints mêmes de l'Ancien Testament avoient paru assez frappés des biens & des maux de cette vie, & les avoient comptés pour quelque chose de considérable. Jesus-Christ seul les a regardés comme la raison obligeoit de les regarder. Jesus-Christ seul a vécu & parlé conformément à ses principes, sans se démentir en aucune chose, sans que la coutume, & l'exemple des autres, ait fait aucune impression sur lui. Ainsi il est le seul qui ait vécu selon la raison, & dont la vie n'ait été qu'une suite des principes dont il étoit rempli ; il est le seul dont les pensées, les actions, les paroles se soient parfaitement accordées : ce ne sont que contrariétés dans les autres hommes ; ils vivent selon certaines vues, & ils parlent selon d'autres : leurs pensées se combattent, & n'ont aucune uniformité ni aucune suite. Tout est égal en Jesus-Christ : rien ne se dément ; tout s'entretient, se soutient : tout tend au même but ; & ce but est un but de lumiere & de raison, & non de caprice & de passion.

Ce caractere si singulier de sainteté étoit une preuve qui devoit obliger les Juifs à se soumettre à ce que leur disoit le plus raisonnable de tous les hommes, & à le regarder comme ce Prophete que Moyse leur avoit ordonné d'écouter, & comme ce Saint des Saints dont Daniel avoit parlé, & qui devoit rétablir la justice sur la terre. Personne n'avoit droit de préférer ses pensées à celles de celui en qui on voyoit des lumieres si solides & si élevées au-dessus de celles des autres hommes. Il n'y a donc eu qu'une corruption de cœur, un aveuglement palpable, & une haine secrete de la vérité qui ait porté les Juifs à y fermer les yeux, & à rejetter celui qui leur présentoit un modele si parfait de sagesse & de sainteté.

2°. Quoique les prophéties que nous avons exposées, & la sainteté de la vie de Jesus-Christ, fussent une preuve invincible qu'il étoit le Messie promis dans les Ecritures, cependant sa sainteté ne frappa pas, comme elle auroit dû faire, les esprits charnels, qui n'étoient touchés que des choses sensibles, & les prophéties ne pouvoient prouver que par leur accomplissement. Or les principales n'étoient point encore accomplies lorsque J. C. a commencé sa prédication. Il étoit donc nécessaire, qu'outre cette éclatante sainteté qu'il faisoit paroître, & les prophéties qui l'annonçoient, il prouvât sa mission par des œuvres éclatantes & miraculeuses, qui montrassent actuellement & sans réplique qu'il étoit l'Envoyé de Dieu. Autrement les Juifs auroient pu le méconnoître sans être coupables ; & c'est ce qu'il leur disoit lui-même par ces paroles que saint Jean rapporte (chap. 10, v. 37) : « Si je ne fais pas des œuvres » (miraculeuses pour prouver que je suis envoyé de Dieu) « ne me croyez pas ; mais si je les fais, quand même vous ne me voudriez pas croire, croyez à mes œuvres ». Dieu avoit dit la même chose au sujet des miracles de Moyse : « Jusqu'à quand, reprochoit-il aux Juifs, ce peuple ne me croira-t-il point après tous les miracles que j'ai faits devant leurs yeux » ? C'est donc principalement par les miracles que Jesus-Christ a commencé à prouver qu'il étoit le Messie promis, & le corps des prophéties qui le regardoient, n'a mis le comble à cette preuve vis-à-vis des hommes, que lorsque ses mysteres ont été accomplis. Or, comme il s'agissoit de l'œuvre la plus importante pour la gloire de Dieu & le salut du genre humain, Dieu a voulu que cette preuve tirée des miracles fût au-dessus de tout soupçon, & portée au dernier degré d'évidence. Et c'est pourquoi 1°. Jesus-Christ ne s'est point contenté d'opérer quelques œuvres miraculeuses qui auroient fait peu de sensation, & sur lesquelles des gens difficiles auroient pu former des difficultés ; il a fait une multitude prodigieuse de miracles, plus éclatans les uns que les autres, pendant le cours de trois années consécutives qu'a duré sa prédication. Tantôt ce sont des tempêtes appaisées subitement ; tantôt des possédés délivrés de la tyrannie des démons ; tantôt des aveugles de naissance, & autres ; des paralytiques, des boiteux, des sourds & muets, des lépreux, des hydropiques, & d'autres malades de toute espece parfaitement guéris ; tantôt des morts rendus à la vie. Les Evangélistes en ont fait le détail, en remarquant qu'ils ne rapportoient qu'une petite partie de ces opérations miraculeuses. 2°. Cette foule de miracles ne se sont point opérés dans le secret, ou sous les yeux d'un petit nombre de témoins, mais dans les rues, dans les carrefours, dans les places publiques, à la vue de tout un peuple, qui en les admirant ne pouvoit s'empêcher de glorifier Dieu, & de s'écrier dans les transports de son étonnement : Un grand Prophete s'est élevé parmi nous. 3°. Les miracles de Jesus-Christ n'étoient pas seulement des œuvres de bienfaisance, il les donnoit encore en confirmation de sa mission, & en preuve qu'il étoit l'Envoyé de Dieu. On ne pouvoit les détourner à d'autres fins, parce qu'il les rapportoit continuellement au salut des hommes qu'il venoit opérer, & que Dieu ne pouvoit autoriser par tant de prodiges, une mission dont il n'auroit point été l'auteur. 4°. Enfin Jesus-Christ n'opéroit point ses miracles par voie d'impétration, ni comme simple ministre. Son humanité sainte en étoit l'instrument, & sa divinité la source; car, suivant les Prophetes, le Messie devant être Dieu & Homme tout ensemble, il devoit opérer ses miracles en Dieu & par sa propre puissance; aussi Jesus-Christ agissoit-il en maître de la nature comme de la grace. *Je le veux*, dit-il à un lépreux, *& à l'instant sa lepre fut guérie... J'irai, & je le guérirai*: c'est la réponse qu'il fait au Centenier qui lui expose l'état d'un de ses serviteurs attaqué de paralysie, & qui lui parle comme au souverain Seigneur, qui n'a besoin que d'*une parole* pour opérer la guérison qui lui est demandée. *Qu'il soit fait comme vous le demandez*, dit-il encore à la Cananéenne qui le conjuroit avec une infatigable foi de guérir sa fille, en l'appellant *Seigneur*, & en *l'adorant*.

Opérer ainsi des miracles, c'est visiblement faire entendre qu'on les produit par sa propre vertu, & non par une puissance étrangere; vertu qui s'est rendue si sensible, qu'au ton seul dont le Sauveur imposoit silence aux démons, & les chassoit avec *menaces*, les peuples étonnés se demandoient les uns aux autres: « Qu'est-ce » que ceci? Quelle est cette nouvelle doctrine? » Il commande avec autorité aux esprits im- » purs, & ils obéissent ».

L'effusion spontanée, si on l'ose dire, qui se faisoit des miracles de Jesus-Christ, prouvoit encore avec évidence qu'ils avoient pour auteur un Dieu habitant parmi les hommes. *Tout le peuple cherchoit à le toucher*, est-il dit dans S. Luc, (chap. 9.) *parce qu'il sortoit de lui une vertu qui les guérissoit tous.* L'expression est pleine d'énergie; elle marque une source qui répand ses influences sans pouvoir s'épuiser, une force invincible contre laquelle aucune maladie ne sauroit tenir. L'Evangile remarque dans plus d'un endroit ce caractere des miracles de Jesus-Christ; il nous le fait encore observer dans la guérison de l'Hémorroïsse. (Marc 5.)

Que ce caractere est grand! Qu'il met de distance entre Jesus-Christ & les autres Thaumaturges! Il n'y a qu'un Dieu dont une vertu guérissante découle ainsi de source. Les Saints les plus favorisés du don des miracles n'en ont jamais fait que par un pouvoir précaire ; ils ont dépendu d'un mouvement particulier qui leur a été donné. Au lieu d'avoir en eux une vertu vivifiante qui fût le principe des effets extraordinaires qu'ils opéroient, ils n'étoient que de foibles instrumens employés par une puissance étrangere qui n'avoit aucun besoin d'eux.

Avec l'idée naturellement gravée dans l'esprit de tous les hommes, que jamais miracle n'a pu découler en premier d'aucun être créé, il étoit aisé de reconnoître, à la *vertu* qui sortoit de Jesus-Christ, qui il étoit. Ici l'ombre thaumaturgique de saint Pierre, les mouchoirs & les linges qui avoient touché le corps de saint Paul ne doivent pas être allégués. Outre une multitude de différences qui distinguent la personne de Jesus-Christ de celle des deux Apôtres, saint Pierre & saint Paul n'ont eux-mêmes prétendu opérer leurs miracles qu'au nom du Sauveur, & non par une efficace qui leur fût propre. *Je n'ai ni or ni argent*, disoit le premier à un célebre boiteux, *mais tout ce que j'ai je vous le donne ; levez-vous au nom de Jesus de Nazareth, & marchez.* (Act. 3.)

Jesus-Christ au contraire a donné ses miracles comme faits par sa propre puissance. S'il les attribue à son Pere (Joann. 5.), il s'en dit l'auteur conjointement avec lui par une unité

de nature & d'action. « Mon Pere, dit-il, ne
» cesse point d'agir jusqu'aujourd'hui, & j'agis
» incessamment ». C'étoit trancher la difficulté
par le fond ; car on ne peut pas s'attribuer plus
clairement la divinité : les Juifs le comprirent
parfaitement ; & au lieu de profiter de cette
lumiere, « ils cherchoient à faire mourir Jesus-
» Christ, voyant qu'il disoit que Dieu étoit son
» Pere, se faisant ainsi égal à Dieu ». Si les
Juifs avoient mal pris la pensée du Sauveur, il
étoit de sa bonté de les détromper. Le fait-il ?
Il en est si éloigné, qu'il confirme avec une nouvelle force le dogme capital qu'il venoit d'avancer. « En vérité, en vérité je vous le dis : le Fils
» ne peut agir par lui-même, mais il ne fait
» que ce qu'il voit faire au Pere ; car tout ce
» que le Pere fait, le Fils le fait aussi comme
» lui, parce que le Pere aime le Fils, & il lui
» montre tout ce qu'il fait, & il lui montrera
» des œuvres encore plus grandes que celles-ci ;
» en sorte que vous en serez vous-mêmes rem-
» plis d'admiration. Car comme le Pere ressus-
» cite les morts, & leur rend la vie, ainsi le Fils
» donne la vie à qui il lui plaît ».

Rien de plus exprès que ces paroles ; on y
voit que Jesus-Christ n'a point à chercher ailleurs qu'en lui-même le pouvoir de faire des
miracles. S'il y est dit que *le Fils peut agir par
lui-même*, la raison que le Texte sacré en apporte, est la preuve la plus complette de la puissance du Sauveur. Recevant la divinité du Pere,
selon la foi qu'il nous a enseignée, le Fils par
une suite nécessaire tient de lui l'action ; mais
par l'ineffable communication d'une nature indi-
viduelle, tout ce que le Fils voit faire au Pere,
il le fait *comme lui* & avec lui par *indivis*, par
une même puissance & une même autorité. L'a-

mour nécessaire que le Pere a pour le Fils le porte à lui *montrer tout ce qu'il fait* : tous deux ils opérent par une action commune. Si les Juifs s'obstinent à en douter, de plus grandes œuvres encore repousseront leur opiniâtreté. La résurrection des morts est aussi-bien dans la main du Fils que dans celle du Pere ; il les rappelle du tombeau avec la même liberté que le Pere : la mort lui obéit avec la même promptitude. « Il est la résurrection & la vie : comme le Pere » a la vie en lui-même, il a aussi donné au » Fils d'avoir la vie en lui-même ». Parce que Jesus-Christ annonce qu'il doit opérer des résurrections de morts, il ne faut pas croire pour cela qu'il renvoie à des miracles futurs pour donner à celui qu'il vient de faire une authenticité qu'il n'auroit pas séparée d'eux. A presser le texte de saint Jean, il faudroit également dire que des résurrections auroient besoin d'être prédites pour porter une empreinte de divinité ; ce que personne jusqu'ici n'a osé avancer. Chaque miracle de Jesus-Christ portoit cette empreinte, & par conséquent étoit concluant indépendamment des résurrections des morts, dont il devoit donner au monde l'étonnant spectacle. Si dans la suite il a commandé à la mort même, gardons-nous bien de penser que de tels miracles fussent nécessaires pour consacrer ses guérisons ; il vouloit simplement par un excès de bonté accumuler les preuves, & ôter aux plus incrédules tous les faux prétextes dont ils pourroient user pour rejetter les miracles qui paroîtroient moins éclatans. Puis donc que Jesus-Christ a donné ses guérisons comme étant faites par sa propre vertu, il falloit le croire, ou avoir d'étranges preuves qu'il étoit un imposteur. On ne peut nier que les miracles comme les siens ne fussent capables de faire les impressions les plus fortes. Ils étoient opérés avec tant de dignité, avec des mœurs si pures, avec l'enseignement d'une doctrine si sainte, qu'ils ne pouvoient qu'être analogues avec la vraie piété. Mais où est la réclamation que Dieu a faite contre ces miracles de Jesus, contre la gloire qu'il usurpe, en se donnant pour en être le véritable auteur? De tout temps Dieu a prémuni contre les faux-prophetes. Seroit-il possible que le Fils de Marie fût le seul contre la séduction duquel on n'eût été précautionné par aucune prophétie? Ne le fera-t-on point au moins par les caracteres généraux que l'Ecriture applique aux prophetes trompeurs? Au défaut de ces moyens comprend-on que Dieu n'ait pas suscité quelque autre Thaumaturge, plus puissant encore en œuvres & en paroles, pour combattre un séducteur si capable d'en imposer? Qu'on pousse le Pyrrhonisme si loin qu'on voudra, il faut nécessairement avouer que dans de pareilles circonstances, des miracles signifient tout ce que dit celui qui les fait, ou qu'il n'y a point de Providence qui veille sur les hommes.

Ce n'est pas tout: Jesus-Christ envoie d'abord ses Disciples prêcher la pénitence en son nom dans tous les lieux de la Judée; il leur confere le don des miracles pour être le sceau de leur mission. Sur le point de consommer son sacrifice, il les assure que « Celui qui croit en » lui, fera les œuvres qu'il fait lui-même, & » en fera encore de plus grandes ». (Joan. 14.) Prêt à monter au ciel, il confirme de nouveau le pouvoir miraculeux qu'il leur avoit donné durant sa vie mortelle. La promesse qu'il leur fait n'a ni bornes ni exceptions, & l'effet l'a suivie par-tout avec une profusion & une magnificence qui a étonné tout l'univers.

Aucun imposteur n'a donné un tel pouvoir à ses disciples durant sa vie : aucun ne le leur a continué après sa mort ; s'il s'en est trouvé d'assez extravagans pour promettre qu'ils le feroient, leur promesse n'a point été confirmée par l'exécution. L'insigne séducteur Apollonius de Thiane n'a laissé ni disciples ni sectateurs, dit M. Fleury (Hist. Eccl. l. 2, n. 58.); « & » ce grand éclat de réputation dont il éblouit » les peuples pendant la vie, n'eut aucun effet » solide. Sa mémoire encore honorée pendant » quelque temps, s'évanouit bientôt avec les » ténèbres de l'idolâtrie ». Il en a été bien autrement de la mémoire de Jesus-Christ : les miracles qui se sont perpétués en son nom lui ont par-tout dressé des autels, que la révolution des siecles n'a fait que multiplier.

Ainsi Jesus-Christ a non-seulement prouvé par ses miracles qu'il étoit l'Envoyé de Dieu, mais il a prouvé encore ce que les Prophetes avoient spécialement annoncé du Messie, & ce qui paroissoit plus difficile à croire, savoir, qu'il seroit le Fils de Dieu fait Homme, Dieu lui-même, conversant avec les hommes pour opérer leur réconciliation.

Le même aveuglement qui a empêché les Juifs de voir en Jesus-Christ l'accomplissement des prophéties concernant le Messie, leur a fait chercher toutes sortes de fausses raisons pour éluder la force de ses miracles. Les Sadducéens ne reconnoissant ni esprits ni vie future, & n'ayant d'autre désir que d'être heureux sur la terre, les négligeoient ou les attribuoient sans aucun examen à quelque secret naturel, & ne penſoient qu'à les affoiblir dans l'eſprit du peuple, dans la crainte de déplaire aux Romains qui auroient pu prendre pour révolte l'attachement à Jeſus-Chriſt. « Les Princes des Prêtres, » dit ſaint Jean, (chap. 11,) & les Phariſiens » s'aſſemblèrent, & dirent entre eux : Que fai- » ſons-nous ? Cet homme fait pluſieurs mira- » cles. Si nous le laiſſons faire, tous croiront en » lui, & les Romains viendront, & ruineront » notre ville & notre nation ». Pluſieurs Phariſiens ne parloient pas ſi clairement. Remplis de haine & d'envie contre Jeſus-Chriſt qui dévoiloit leur hypocriſie, ils attribuoient ſes miracles au démon ; & pour les décréditer de plus en plus, ils le faiſoient paſſer pour un ſéducteur & un violateur de la loi. Leurs deſcendans après la ruine de Jéruſalem moins paſſionnés qu'eux, ne donnèrent pas dans ces excès. Ils reconnurent les miracles de Jeſus-Chriſt pour de vrais miracles : mais ne voulant pas plus que leurs ancêtres le reconnoître pour le Meſſie, parce qu'il n'avoit propoſé que des biens ſpirituels, tandis qu'ils attendoient un conquérant qui les rendroit maîtres de l'univers, ils ont fabriqué une fable ridicule, par laquelle, ſans nier les faits merveilleux de l'Evangile, ils ſe ſont aveuglés d'une manière irrémédiable ſur l'autorité des miracles du Sauveur.

Nous avons déja obſervé plus haut que Dieu eſt déſigné dans l'Ecriture-Sainte par pluſieurs noms, ſavoir, *Jehovah*, *Adonaï*, *El*, *Elahim*. Le premier nom, c'eſt-à-dire *Jehovah*, ſignifie l'Etre par eſſence, l'Etre éternel, celui qui eſt. Les autres noms ſignifient *Seigneur*. Avant la venue de Jeſus-Chiſt, les Juifs avoient un ſi grand reſpect pour le nom de *Jehovah*, que, par la crainte de le profaner, ils s'en étoient interdits la prononciation. Le Grand-Prêtre seul, un seul jour de l'année, savoir le jour de l'Expiation, le prononçoit une seule fois. Dans toutes les autres occasions le peuple Juif, par-tout où il trouvoit le nom *Jehovah*, y substituoit le mot *Adonaï*, *El* ou *Elahim*. Mais ce respect des Juifs pour le nom de Dieu, a dégénéré en superstitions ridicules depuis que Dieu, en punition du crime qu'ils ont commis, les a livrés à leur aveuglement. Ils ont non-seulement continué de s'interdire la prononciation de ce nom, mais ils ont encore décerné la peine de mort contre quiconque le prononceroit, & ils ont exécuté plus d'une fois ce cruel décret. De plus, ils ont imaginé mille vertus occultes dans la combinaison des quatre lettres qui composent ce nom en hébreu, qui sont le *jod*, le *hé*, le *vau*, & le *he*; les uns ont voulu que cette combinaison se fît en un certain nombre de mots, qui tous ensemble n'eussent que douze lettres, & qui exprimassent la propre signification du nom *Jehovah* : les autres ont cru qu'il falloit des mots qui tous ensemble eussent quarante-deux lettres. Ils ont appellé cette combinaison de mots explicatifs de *Jehovah* le *Schemmanphorasch*, c'est-à-dire, le nom expliqué. Ils ont prétendu que Moyse & Jesus-Christ ont fait tous leurs miracles par le *Schemmanphorasch*, que le premier avoit reçu de Dieu, & portoit gravé sur sa verge; & que le second avoit trouvé dans le temple, & avoit caché dans une incision qu'il s'étoit faite au pied. Enfin ils ont avancé fort sérieusement, que s'il n'y avoit pas de dispute entre eux sur le nombre des lettres dont doit être composé le *Schemmanphorasch*, ils opéreroient indubitablement les mêmes miracles que Moyse & Jesus-Christ.

Mais laissons-là ces inepties, & voyons ce

que les incrédules objectent contre les miracles du Sauveur. Les uns regardent les prophéties & les miracles comme impossibles en eux-mêmes; les autres, sans aller si loin, leur opposent des conditions qui les rendent au moins impossibles par le fait. C'est ce que nous avons examiné, & pleinement réfuté dans un article particulier (*suprà*,) auquel il est inutile de revenir. Nous ne rapporterons ici que les autres objections dont les incrédules font trophée pour affoiblir & décréditer les miracles du Sauveur, & tous ceux qui se sont opérés en son nom jusqu'à présent.

La multitude, disent-ils, est aisée à tromper, sur-tout pour le merveilleux. Voilà pourquoi les premiers Historiens ont tant chargé leurs récits d'aventures étonnantes. Ils savoient que c'étoit le secret infaillible de se faire lire. C'est encore sur le goût général de la multitude que les Politiques habiles ont semé dans tous les temps ces miraculeuses histoires, ou pour contenir les peuples dans l'ancienne Religion, ou pour en autoriser de nouvelles. Aujourd'hui même qu'il sembleroit que cette fausse crédulité devroit être épuisée, que ne croit-on pas ? Que de miracles sont rapportés & reçus dans le vulgaire, tandis que ceux qui sont à la source ne voient rien que de naturel ou de faux ? Un homme superstitieux & passionné en persuade mille, qui à leur tour en entraînent une multitude innombrable. Or, poursuivent les incrédules, les hommes ont été les mêmes dans tous les siecles : si donc nous voyons sous nos yeux tant de miracles imaginaires, autorisés comme vrais par la multitude, qui nous prouvera que ceux de Jesus-Christ ont plus de réalité ? Si ceux qui les rapportent ne sont pas suspects du côté de l'artifice, ils le sont par leur simplicité.

Vagues déclamations sur les penchans humains; rien de plus ordinaire que de s'y tromper dans l'application. De tout temps on a répandu de faux miracles, & souvent le peuple superstitieux leur a donné la créance qui n'est due qu'aux véritables, cela est vrai; mais c'est se faire une illusion grossiere que de s'imaginer que les miracles attribués à Jesus-Christ, n'ont que ce principe trompeur.

Sans examiner aucun miracle en particulier, il est certain qu'il y en a eu de vrais, ne fusse que par cela seul qu'il y en a eu de faux. Le faux n'est que l'exclusion, le néant ou l'absence du vrai : donc il le suppose. On ne contrefait que ce qui est réel : donc les prodiges feints ne sont que l'imitation des véritables. D'où vient qu'il y a eu tant de vaines religions? C'est qu'on a voulu innover sur le plan de la premiere. D'où vient qu'il y a tant de faux actes? C'est que l'intérêt veut surprendre par la ressemblance des vrais actes. D'où viennent tant de prédictions frivoles? C'est qu'il y en a eu d'incontestables. « S'il n'y avoit rien eu de tout cela, dit » M. Pascal, (Pens. art. 27.) il feroit comme » impossible que les hommes se le fussent ima» giné; & encore plus, que tant d'autres l'eus» sent cru ». Cela posé, il est aisé de voir que si quelquefois les faux miracles s'accréditent, ce sont les vrais qui occasionnent ce mécompte.

Si quelqu'un se vantoit d'avoir l'infaillible secret de rendre les hommes immortels, qui est-ce qui croiroit à sa parole? Personne. Et pourquoi? c'est qu'on n'a point vu d'exemple d'immortalité sur la terre. Cependant, qu'un imposteur vienne hautement publier qu'il a des remedes spécifiques, & qu'il en garantit le succès, nous courons à lui sur la foi de ce discours, & nous ne craignons pas de lui confier notre vie. D'où peut naître cette différence? C'est qu'il y a de vrais remedes, & que parmi ces inconnus qui se sont vantés de nous guérir, il s'en est trouvé de fideles à leurs promesses. Mais si tous les maux eussent été incurables de leur nature, si nul remede n'avoit rendu la santé une fois perdue, je soutiens qu'on donneroit aussi peu de créance à celui qui promettroit de la ramener par ses remedes, qu'à celui qui s'engageroit à nous faire par ses secrets le présent de l'immortalité.

Maintenant venons au point précis de l'objection. Je nie que les miracles attribués à Jesus-Christ puissent, comme on le suppose, n'avoir d'autre fondement que la crédulité des peuples. 1°. Les faux prodiges n'ont jamais donné lieu qu'à des séductions courtes & passageres. S'ils ont eu quelque éclat dans la premiere surprise, quand on y a fait réflexion, la créance s'en est dissipée. Pour détromper la multitude de ce qui d'abord l'enchantoit, il ne faut que l'abandonner au cours de son admiration. Cet éclair qui l'éblouit finit bientôt, quand la vérité ne le soutient pas. Il est vrai qu'il y a quelques ames superstitieuses que le temps ne guérit point de leurs préventions. La vérité, non plus que l'erreur, n'est jamais pleinement victorieuse de tous les esprits; mais du moins il est certain qu'en général ce qui est faux, change, s'affoiblit, & se dissipe à la fin. Depuis dix-sept siecles cependant la mémoire & la créance des miracles de Jesus-Christ se sont soutenues sans altération & sans atteinte: dans cette longue succession d'années on ne sauroit assigner un temps où l'on les a cru véritables, & un autre où l'on a cessé de le faire ; un temps où ils étoient en honneur, & un autre où ils étoient en oubli. Ces prodiges tirent donc leur certitude d'eux-mêmes, & non du penchant des peuples à croire des fables merveilleuses.

2°. Autre caractere des faux prodiges. On les révére dans les lieux où l'imposture les enfante, mais on les néglige dans les climats écartés où la Renommée les porte : ils n'ont que des témoignages partagés. On les adopte en un endroit, on les dédaigne en un autre, & ailleurs ils demeurent ignorés ; jamais un cri général ne dépose pour eux ; ceux de Jesus Christ au contraire s'attirent une acclamation universelle. Toute la Judée les voit & les admire, malgré ses préventions. Ils sortent de ces bornes étroites : tout l'Orient les croit : ils pénetrent jusqu'aux extrêmités du monde ; personne ne les conteste, pas même ceux qui ne se rendent point à la religion que ces miracles autorisent. Second caractere qui distingue les miracles de Jesus-Christ de tous les miracles feints & suspects.

3°. Les faux prodiges ont toujours trois vices essentiels. Ils sont *secrets*, *uniques*, *mal-circonstanciés*. Ils sont *secrets* ; chacun en parle, nul ne dit ni ne prouve qu'il les a vus : celui qui les croit, ne peut citer aucun témoin fidele, éclairé, impartial & respectable : *uniques* ; jamais un second ne leve les doutes causés par le premier : *mal-circonstanciés* ; on ne voit pas deux récits qui se ressemblent dans l'histoire qu'on en rapporte ; ce ne sont que variations continuelles, & circonstances contradictoires. Qu'on examine les miracles de Jesus-Christ sur ce plan : prétendra-t-on qu'ils étoient cachés ? Son histoire montre qu'ils étoient publics, &

opérés presque tous à la vue du soleil. Prétendra-t-on qu'ils n'étoient pas assez fréquens pour donner au doute le lieu de s'éclaircir ? L'Evangile n'est qu'un récit continuel de prodiges ; il y en a du même ordre, il y en a d'especes différentes. Les Apôtres viennent après, ils annoncent les miracles du Sauveur ; & pour en démontrer la certitude à ceux qui n'ont pu les voir, ils en font eux-mêmes en son nom. Une puissance égale se communique par eux aux Chrétiens des siecles suivans. Enfin prétendra-t-on que ces prodiges sont mal-circonstanciés ? Le temps, le lieu, les témoins, les conjonctures, les personnes, leur rang, leur naissance, leur nom, tout est marqué dans l'Evangile : cet Evangile s'est répandu lors même que la mémoire des faits étoit toute récente. Donc les miracles de Jesus-Christ ont tous les caracteres de vrais miracles, & n'en ont aucun des prodiges feints ou suspects.

Mais, continue l'incrédule, en supposant la certitude des miracles de Jesus-Christ, que peut-on conclure de ces miracles ? que la parole de Jesus-Christ est véritable, & sa religion divine ? Cette conséquence n'est point juste. N'a-t-on pas vu des miracles faits par les Païens mêmes ? L'Ecriture en fournit plus d'un exemple, entre autres les Magiciens de Pharaon. Il est donc évident que ce signe est équivoque, commun aux vraies & aux fausses doctrines. Il y a plus : Jesus-Christ défend lui-même de croire aux miracles. Il s'élevera, dit-il, de faux-Christs & de faux-prophetes, qui feront des prodiges & des choses étonnantes, jusqu'à séduire les élus mêmes, s'il étoit possible : & le plus grand de ces faux-prophetes sera l'Antechrist. Auroit-il ainsi parlé, s'il eût voulu faire croire que les mitacles justifient la doctrine ? Loin donc qu'il faille conclure : les miracles de Jésus-Christ sont incontestables : donc sa doctrine est divine, il faut dire : Les miracles, selon Jésus-Christ même, sont des signes incertains : donc il faut examiner sa doctrine, indépendamment des faits merveilleux qui semblent porter à la croire.

1º. Il y a des Auteurs qui répondent à cette objection, en disant que tous les miracles, comme les prédictions, attribués aux Païens, sont des impostures ; & qu'à l'égard des prodiges des faux-prophètes & de l'Antechrist, ils sont appellés des prodiges trompeurs, qui par conséquent ne doivent consister que dans des apparences de miracles, plutôt que des prodiges réels.

Ces prodiges des Païens que l'on vante sont de deux sortes. Les uns ne sont que des fables populaires, ou des effets purement naturels, ou des météores extraordinaires. Par exemple, on lit dans Tite-Live que les Statuts de Romulus demeurerent intacts au milieu d'un incendie ; qu'un bœuf avoit parlé, qu'une poule avoit été changée en coq, & mille autres contes semblables qui amusoient la populace. De même on donne dans les Auteurs païens comme des prodiges, que le temple & la statue de Jupiter furent frappés de la foudre, que des oiseaux avoient fait leur nid dans le temple de Junon : qu'un agneau étoit né mâle & femelle, &c. toutes choses qui peuvent arriver naturellement. Enfin les Païens mettoient encore au nombre des prodiges certains météores extraordinaires, tels que les aurores boréales, les éclipses, les grêles considérables, &c.

Les autres sortes de prodiges vantés par les Païens consistoient dans la guérison de certaines maladies, telles que celles d'un paralytique, d'un aveugle, d'un boiteux ou d'un perclus, ou d'une fièvre, d'un crachement de sang, &c. Les plus fameux de ces prodiges se sont opérés, selon les auteurs profanes, dans les temples d'Esculape & de Sérapis : & l'on rapporte entre autres deux miracles de Vespasien cités par Tacite & Suétone. Ce Prince, dit-on, étant à Alexandrie, il se présenta devant lui un aveugle qui lui dit que le Dieu Sérapis lui avoit ordonné en songe de se présenter devant lui pour recouvrer la vue, en le priant de lui cracher sur les yeux. Il s'en présenta un second, perclus de la main, qui demanda de même sa guérison à Vespasien, en le priant de lui marcher sur la main malade. Vespasien du premier abord s'en moqua, & les méprisa; mais les malades continuant à le prier, & les assistans se joignant à eux, l'Empereur consentit à cracher aux yeux de l'un, & à marcher sur la main de l'autre; & ils furent guéris, dit Tacite qui rapporte ce fait, (Histoire, l. 4, n. 81.); cet Historien ajoute que les Médecins, qui convenoient de la maladie de ces deux hommes, avoient témoigné que le mal n'étoit pas incurable, & qu'ils pouvoient être guéris par des remedes. Suétone, (l. 8, n. 7,) rapporte le même fait comme incontestable, & Josephe l'Historien en fait aussi mention. Ceux qui prétendent que tous les miracles du Paganisme n'étoient qu'imposture, répondent à ces faits que c'étoit un tour des Prêtres Egyptiens qui voulurent s'attirer la faveur de Vespasien, en lui faisant accroire qu'il avoit fait un miracle; mais que les hommes qui s'étoient présentés à ce Prince pour être guéris, avoient été gagnés par ces Prêtres connus pour des fourbes; ils avoient persuadé à l'un de faire l'aveugle, & à l'autre le perclus. Et quant aux miracles de guérison attribués à

Esculape & à Sérapis, ils répondent que ces guérifons ne fe faifoient que par l'indication de remedes naturels, que les Prêtres de ces fauffes divinités, qui étoient tous Médecins, confeilloient aux malades, & que ces remedes même n'étoient pas toujours efficaces. Si on leur demande la preuve de ces affertions, ils citent quelques anciens Auteurs chrétiens, tels que l'Auteur des Homélies de faint Clément, Arnobe, &c. qui ne nient pas les faits, mais qui font feulement voir que ces guérifons ne portent pas les caracteres de celles qui viennent de Dieu.

Mais afin de montrer que ceux qui regardent ces prodiges comme de pures fables, fe font illufion, il s'agit de rapporter ce que les Auteurs les plus véridiques du Paganifme affurent d'une voix unanime. On n'en eft pas quitte pour nier tout ce qui ne s'accorde pas avec nos idées ; il faut des preuves quand il eft queftion de nier des faits univerfellement reconnus par les contemporains. Ils témoignent tous qu'il venoit un grand nombre de malades dormir dans les temples d'Efculape & de Sérapis, & qu'ils y avoient des fonges qui leur indiquoient les remedes dont ils devoient fe fervir pour guérir. Tertull. (Apolog.) reconnoît qu'Efculape avoit rendu la fanté par cette voie à trois perfonnes qu'il nomme ; & l'infcription grecque qui fe trouve dans Grutter (p. 61,) dit du même Efculape ; « A un aveugle appellé Caius l'Oracle dit
» de s'approcher de l'autel, & de fe mettre à ge-
» noux, de paffer enfuite au côté gauche ; de
» mettre fa main fur l'autel, & de la porter en-
» fuite fur fes yeux : ce qu'on lui fit faire, & la
» vue lui fut rendue en préfence du peuple, qui
» témoigna fa joie de ce qu'il fe faifoit de fi

» grands prodiges sous notre Empereur Anto-
» nin. A Lucius attaqué d'une paralysie, & dés-
» espéré de tout le monde, l'Oracle dit de s'ap-
» procher, de prendre des cendres sur l'autel,
» de les mêler avec du vin, & de les appli-
» quer sur son côté ; après quoi il fut guéri.
» Il rendit publiquement graces au (faux) Dieu
» du rétablissement de sa santé, & le peuple
» s'en conjouit avec lui ».

Mais Tertullien n'a-t-il pas pu être trompé par une trop grande crédulité ? Qui nous a dit que l'inscription rapportée par Grutter n'a point été faite par des imposteurs ? C'est ce qu'il faudroit prouver. Avec de pareilles possibilités il n'y a aucun fait qu'on ne puisse révoquer en doute, & cela sans en donner de raison. Mais si l'on ne veut pas croire Tertullien & l'inscription, qu'on donne le démenti à un nombre infini d'Auteurs qui rapportent la même chose. L'osera-t-on ? Si l'on rejette l'autorité de ce Pere, qu'on croie au moins l'Epicurien Celse, qui n'étoit pas crédule, (Orig. cont. Celf. l. 3.) & qui néanmoins étoit persuadé des apparitions en songe & des guérisons merveilleuses d'Esculape comme d'une chose de notoriété publique, & appuyée par le témoignage & l'expérience des Grecs & des Barbares. Qu'on croie Jamblique, (l. des Mystères, sect. 3, chap. 3.) qui assure la même chose, & ajoute qu'il s'étoit fait & se faisoit encore tant de choses extraordinaires en cette matière, que cela surpassoit tout ce qu'on en pourroit dire. Qu'on croie Strabon, (l. 22 Geog.) qui rapporte que « Sérapis étoit reli-
» gieusement honoré en Egypte, & qu'il gué-
» rissoit les maladies, jusques-là que les per-
» sonnes les plus considérables du pays en étoient
» persuadées, & alloient dormir dans son tem-

» ple, afin d'apprendre des remedes pour leurs
» maladies & pour celles de leurs amis, & qu'il
» y avoit des Auteurs qui avoient mis par écrit
» les guérisons merveilleuses qui s'y étoient fai-
» tes en cette maniere. Il ajoute (l. 8.) : Les
» temples d'Esculape qui étoient à Epidaure en
» Cos & à Tricéa, étoient continuellement rem-
» plis de malades qui attendoient leur guérison ;
» & l'on y voyoit une infinité de tableaux qui
» marquoient les différentes especes de mala-
» dies » qu'on croyoit avoir été guéries par cette
fausse divinité. Qu'on croie l'Empereur Marc-
Antonin (l. 1 de ses Réflexions de la Traduction
de Dacier) qui, entre les bienfaits qu'il croyoit
avoir reçus des dieux, dit qu'une grande marque du soin qu'ils prenoient de lui, c'est que
dans ses songes ils lui avoient enseigné des remedes pour ses maux, & principalement pour
ses vertiges & ses crachemens de sang. Qu'on
croie Elien (l. 11 de Animalib. c. 34, 35,) qui
rapporte trois différentes guérisons merveilleuses
opérées, dit-il, par le dieu Sérapis. Qu'on croie
Julien l'Apostat (*apud Cyrillum*, l. 7,) qui pro-
teste qu'il a été guéri de la même maniere en
songe par Esculape. Qu'on croie enfin Suétone
& Tacite (*suprà*) qui assurent que ce fut pareil-
lement par un avertissement donné de la même
maniere par Sérapis, que ces deux malades dont
ils parlent dans leurs livres s'adresserent à Vespasien pour être guéris.

Ce que nous voulons conclure de toutes ces
autorités qu'on pourroit encore augmenter, n'est
pas que tous les malades qui alloient dormir
dans les temples d'Esculape & de Sérapis, fussent
guéris, & apprissent en songe des remedes à leurs
maux. Mais ce que nous concluons, c'est que
jamais ces fausses divinités n'auroient passé si
universellement

universellement dans le Paganisme pour guérir les maladies, si le démon ne s'en étoit mêlé souvent, & n'avoit débité sous leurs noms & dans leurs temples quantité d'illusions & de miracles trompeurs, en apparoissant sous la forme d'Esculape & de Sérapis, & en guérissant certaines maladies, sur-tout celles qu'il avoit causées lui-même ; & cela pour affermir les Païens dans leur fausse religion, & la leur faire croire divine. Ce que je prétends encore, c'est qu'il n'est pas possible d'expliquer autrement d'une maniere qui satisfasse un esprit raisonnable ce que les Auteurs profanes assurent si positivement & si unanimement sur ce sujet. Cependant, disent les Adversaires, n'a-t-on pas pu aposter des gens pour faire les malades, ou mettre de véritables malades dans le temple d'Esculape, en leur faisant dire qu'ils avoient songé ce que les Prêtres qui savoient la médecine leur avoient conseillé ?

On donne toujours là des possibilités chimériques, au lieu de preuves & de faits. Je dis *chimériques* ; car est-ce une chose possible ou vraisemblable que, pendant deux mille ans, on ne s'est jamais apperçu que tous ces gens dont il est question, contrefissent les malades, quoiqu'ils se portassent bien ; ou que ceux qui l'étoient en effet, fussent apostés par les Prêtres des idoles pour mentir en leur faveur ? Croirons-nous que les Empereurs Vespasien & Marc-Antonin aient été apostés de la même maniere ; l'un, pour jouer son personnage dans la fourberie des Prêtres de Sérapis ; & l'autre, pour attribuer dans un ouvrage aussi sérieux que l'est celui de ses *Réflexions*, la guérison de ses vertiges & de ses crachemens de sang à des songes qu'il n'a jamais eus ? Croirons-nous que

Tome II. X

tous les Auteurs qui rapportent ces songes & guérisons merveilleuses, fussent aux gages des Prêtres pour débiter des fables ? Croirons-nous que ces personnes de la premiere qualité, qui, selon Strabon, alloient dormir dans le temple de Sérapis à Conope, pour apprendre des remedes à leurs maladies ou à celles de leurs amis, fussent aussi du nombre de ces fourbes apostés ?

Mais comment les Epicuriens, qui se moquoient de Sérapis & d'Esculape comme de tous les autres dieux, n'ont-ils point reconnu l'imposture ? Comment tous les Académiciens n'ont-ils point opposé que tous ces songes & ces maladies étoient des songes & des maladies de commande ? Les Païens, comme Celse & Julien l'Apostat, auroient-ils osé objecter aux Chrétiens, comme ils ont fait, ces sortes de prodiges, si l'on avoit pu y soupçonner de l'imposture ; & les Peres de l'Eglise, comme Origènes & saint Cyrille, qui ont réfuté ces deux calomniateurs, n'auroient-ils point employé cette réponse si aisée, si elle avoit eu quelque vraisemblance ? Ils n'en disent rien néanmoins ; & Origènes en particulier, bien loin de traiter de fourberie les songes & les guérisons qu'on attribuoit à Esculape, accorde à Celse que cela pouvoit être, mais qu'on ne devoit pas en conséquence le reconnoître pour un dieu, ni même pour un bon démon : « Puisque guérir précisément des malades étoit de soi-même une chose indifférente, qui pourroit autant convenir à un mauvais esprit qu'à un bon ; & que d'ailleurs entre ceux qu'on disoit avoir été guéris par cette fausse divinité, il y en avoit qui étoient reconnus pour des scélérats plus dignes d'être punis des Dieux, que d'en recevoir des bienfaits ».

En vain diroit-on encore qu'on auroit pu conseiller aux malades en question plusieurs remedes, & qu'ensuite ils pouvoient songer qu'Esculape les leur conseilloit : cette réponse seroit moins mauvaise, si les remedes qu'Esculape conseilloit eussent été bons en effet, & dans l'usage commun. Mais c'étoit tout le contraire ; car, comme le remarque Tertullien (Apolog. c. 22.) c'étoit des remedes moins extraordinaires, & qui devoient plutôt nuire que faire du bien. C'étoit d'ordinaire, comme le témoigne Antonin (Réflex. l. 5.) d'aller à cheval, de se baigner dans l'eau froide, ou de marcher nuds pieds. Selon l'inscription de Gutter, le remede ordonné par Esculape à Caius aveugle, étoit de s'approcher de l'autel, se mettre à genoux, mettre la main sur l'autel, l'élever, & la porter sur ses yeux. Celui qui fut ordonné à Lucius, fut de prendre des cendres sur l'autel, les mêler avec du vin, & les appliquer sur son mal (*Ibid.*) ; à Julien qui crachoit le sang, de manger pendant trois jours des pommes de pin avec du miel; à un aveugle appellé Valérius Aper. de prendre du sang d'un coq blanc avec du miel, & de l'appliquer durant trois jours sur ses yeux (*Ibid.*). Ne voilà-t-il pas des remedes fort naturels, & bien propres à guérir ces maladies ? Ceux de Sérapis ne l'étoient pas davantage. Nous en pouvons juger par ces deux malades qui s'adresserent, suivant l'ordre de cette fausse divinité, à Vespasien pour être guéris. L'un, qui étoit aveugle, devoit prier ce Prince de lui cracher au visage ; l'autre qui étoit perclus de la main, devoit lui demander de vouloir bien marcher dessus. Ceux que le même Sérapis prescrivit à ces trois malades dont parle Elien, étoient à-peu-près de la même espece. Le premier qui avoit avalé des œufs de serpent, & qui étoit en danger de mourir, fut guéri par le moyen d'une lamproie qu'il acheta par ordre de Sérapis, & dont il se fit mordre la main ; le second, qui crachoit le sang, fut tiré d'affaire en buvant du sang de taureau, quoiqu'il ait toujours passé pour un poison ; le troisieme, qui fut attaqué de pthysie, fut rétabli parfaitement après avoir mangé de la chair d'âne, suivant ce qui lui fut ordonné par le même Oracle. Peut-on méconnoître dans tous ces remedes l'illusion des démons ?

Nous ne parlons point des deux aveugles que Spartien dit avoir été guéris par l'Empereur Adrien ; car cet Auteur avoue en même-temps qu'un Historien, plus ancien que lui, dit que c'étoient des miracles feints & une adresse d'Antonin associé à l'Empire, qui vouloit encourager Adrien à espérer de guérir, afin qu'il supportât son mal avec plus de patience. Les douleurs de la maladie dans laquelle il tomba, & dont il mourut, étoient si grandes, qu'il demanda plusieurs fois une épée & du poison pour finir sa vie. Mais Antonin veilloit extrêmement à la conservation de sa vie, craignant de passer pour parricide, s'il eût agi autrement.

Nous ne parlons point non plus d'Apollonius de Thiane, non pas qu'il n'ait fait des choses prodigieuses, soit par le secret de l'art magique, soit par des secrets naturels qu'il auroit appris dans ses voyages. Mais tout ce que l'on dit de lui n'est nullement constaté. On prétend, sur la déposition de Philostrate son Historien, qu'Apollonius revenu des Indes ne trouva point dans la Grece de maux invincibles à son pouvoir. 1°. Ce n'est ici qu'une assertion vague. Aucune de ces prétendues guérisons n'est détaillée ni prouvée : si ces guérisons innombrables eussent eu tant de témoins, pourquoi se trouve-t-il le seul qui nous en instruise ? 2°. Philostrate ne savoit cela que sur des oui-dires : il n'étoit point témoin oculaire ; il n'a écrit l'histoire d'Apollonius que plus de cent ans après sa mort. Et sur quels mémoires ? Sur les mémoires fideles & secrets, dit-on, de Maxime d'Eges, de Maragenes, & de Damis son fidele disciple ; mais on n'exigera pas que nous ayons de Maxime d'Eges & de Maragenes une opinion plus favorable que Philostrate lui-même ? il ne veut pas qu'on se repose sur la foi du dernier (l. 1, c. 3.), & Eusebe (*in Hierocl. c. 1.*) remarque que l'autre n'avoit écrit qu'une histoire très-informe d'Apollonius. A l'égard de Damis, comment prouver que ses mémoires étoient aussi fideles qu'on le prétend ? Ce ne fut point Damis qui les donna de sa main à l'Impératrice Julie, femme de Sévere. Ce fut je ne sais quel ami de Damis qui les fit voir à l'Impératrice, d'où ils passerent entre les mains de Philostrate. Mais quand Damis auroit été sincere, ce personnage inconnu l'étoit-il ? Ne pouvoit-il pas ajouter ou retrancher à son gré dans cet écrit sans autorité ?

Cependant, entre les prodiges vagues attribués par Philostrate à Apollonius, il en est un qu'il particularise. Il ne s'agit de rien moins que de la résurrection d'un mort. « A Rome, dit-il, » (l. 4, c. 16,) Apollonius rendit le jour à » une fille d'une maison consulaire ». Mais le détail qu'il fait des circonstances de ce prodige se tourne contre lui. D'abord il éleve jusqu'aux nues le miracle prétendu, puis tout-d'un-coup il s'embarrasse ; il hésite, il flotte, & se dément. Ce n'est plus une résurrection dans la rigueur du terme ; c'est une espece de résurrection. La fille Romaine n'étoit point morte, seulement elle paroissoit l'être, *obiisse videbatur*; la vie ne l'avoit point quittée; une foiblesse seulement en avoit suspendu les opérations & les signes sensibles. Apollonius n'eut donc, en supposant le fait vrai, que l'avantage fortuit d'une circonstance heureuse; & c'est effectivement ce qu'insinuent ces termes choisis avec art: *Puellam excitavit ex hâc morte quam videbatur oppetiisse*. Ce qui est remarquable. « Etoit-ce, dit Philostrate, qu'il » restoit encore dans cette masse froide & lé- » thargique quelque étincelle, *scintillam*, quel- » que reste de sentiment engourdi ? Etoit-ce » qu'Apollonius ranima des esprits entiérement » glacés, *animam penitùs extinctam* ? Je ne le sais, » & je le comprends aussi peu que ceux qui en » furent témoins (l. 4, c. 16) ». Mais si c'eût été une vraie résurrection, faite dans la premiere ville du monde, dit Eusebe (*in Hierol. l. c. 4*), l'Empereur l'auroit-il ignoré ? Les Grands de sa Cour, les Philosophes, le Peuple, si disposé aux acclamations dans les spectacles, eussent-ils de concert gardé le silence ? Aucun Auteur contemporain n'en auroit-il point parlé ? Et comment un tel prodige auroit-il été dans l'oubli pendant plus de cent ans, pour n'être ensuite représenté par l'Apologiste d'Apollonius que comme l'état d'une fille en léthargie qui revient à elle-même? Car on ne dit point comment Apollonius la fit revenir, ni quels moyens il employa pour cela. Au reste, on a vu dans le premier tome, à l'article d'Apollonius, que c'étoit un orgueilleux rempli d'ostentation, qu'il excitoit les peuples à la révolte, & qu'il menoit une vie licencieuse. Qu'il ait fait dans un endroit quelque prédiction de choses qui se passoient actuellement dans un autre, ou qu'il ait guéri quelques malades par l'art diabolique de la magie, il n'y a rien de surprenant; mais sa doctrine montre assez qu'il n'étoit point envoyé de Dieu, puisqu'il tenoit à la Métempsycose, au Polythéisme & au culte idolâtre. Ne seroit-ce pas le comble de l'aveuglement & de la folie de comparer de tels prestiges avec les miracles de Jesus-Christ ?

En général, les saints Peres enseignent que les démons peuvent opérer des guérisons. Tertullien (Apol. c. 22), saint Cyprien (*de vanitate Idolorum*) Eusebe de Césarée (Prépar. Evang. l. 5, c. 2.) Arnobe, &c. croient communément qu'ils ne guérissent que les maladies dont ils sont eux-mêmes la cause. Mais il est rare depuis ces premiers temps de trouver cette restriction dans les Auteurs ecclésiastiques. Saint Augustin (*Serm.* 286, *l.* 8 *de Civit. Dei,* c. 29; *l. de Unit. Eccles.* c. 19, *l.* 2. *de Doct. Christ.* c. 23, &c.) saint Chrysostôme, (*Homil.* 1 adverf. *Judæos*); saint Grégoire le Grand (*in Job,* l. 34, c. 3); saint Thomas, (*qq. disp. q.* 16 ad 1, & à 9 ad 3, q. 5 ad 6.) pensent tous que le démon peut opérer des guérisons, avec cette différence, que saint Chrysostôme & saint Augustin établissent qu'il est difficile de fixer jusqu'à quel point Dieu peut permettre que ce pouvoir accordé au démon, s'étende ; au lieu que saint Thomas pense que ce pouvoir ne s'étend qu'à ce qui surpasse les forces humaines. Le saint Docteur (1, 2, q. 114 à 4) dans un article qui a pour titre : *Utrùm dæmones possint homines seducere miraculis,* restreint la signification propre du terme de *miracles* aux seuls effets qui sont au-dessus du pouvoir de toutes les causes secondes, *præter ordinem totius naturæ creatæ* ; & il dit qu'en ce sens les démons ne peuvent point faire de miracles, ni même aucune créature, mais

Dieu seul. Si l'on prend au contraire le terme de miracles *largè* pour ce qui surpasse les forces humaines, *quod excedit humanam facultatem*, les démons peuvent faire des miracles, *dæmones possunt facere miracula*. Il observe que ces miracles sont des effets réels, *veræ res*, quoique ce ne soient pas des miracles proprement dits ; & il apporte pour exemple les Mages de Pharaon, qui, par la vertu des démons, produisirent de vrais serpens & de vraies grenouilles ; cela ne surpasse point leur pouvoir, parce qu'ils peuvent trouver dans la nature des semences cachées de tous les corps, & leur donner un prompt accroissement. Il n'en est pas de même des choses qui surpassent le pouvoir de toutes les causes secondes, comme de ressusciter un mort. Si les démons ont fait quelquefois des choses semblables, ce n'a point été *secundùm rei veritatem*, *sed secundùm apparentiam tantùm*. Saint Augustin (*l. 3 de Trinit. c. 7*,) a cru de même que les Magiciens de Pharaon produisirent de vrais serpens & de vraies grenouilles ; mais on ne doit pas pour cela, dit le saint Docteur, regarder les mauvais Anges comme des créateurs. Ce ne furent point eux qui créèrent ces animaux ; ils en trouverent la semence dans la nature. Ce qui embarrasse, continue S. Augustin, c'est la promptitude avec laquelle ces animaux s'accrurent ; mais cela ne doit pas étonner, quand on pense à la subtilité & agilité des démons. Cependant il n'y a que celui qui a donné la premiere forme qui soit vraiment créateur ; & on ne peut rendre d'autre raison, dit encore ce Pere, pourquoi les Magiciens après avoir fait des grenouilles & des serpens, n'ont pu faire de petits moucherons, sinon parce qu'ils furent arrêtés par une plus grande puissance.

Mais, pour revenir à saint Thomas, il n'y a, selon lui, que les Anges & les Saints qui puissent faire des miracles qui surpassent le pouvoir des causes secondes, parce que Dieu en accorde souvent à leurs prieres ; mais il n'accorde jamais au démon le pouvoir d'agir au-dessus de sa nature. S. Thomas en excepte seulement les miracles de punition. Il faut bien se souvenir de ce sens rigoureux auquel le S. Docteur prend le terme de *miracles*. Plusieurs personnes s'y sont méprises, & en conséquence ont fort mal pris le sentiment de saint Thomas. C'est dans le même sens que Sylvius, Testat, & beaucoup d'autres Théologiens disent que le démon ne peut faire de vrais miracles, ou simplement des miracles ; mais ils n'en ont pas moins cru pour cela qu'il peut faire des guérisons surnaturelles & des prodiges, aussi-bien que saint Thomas, qui dit positivement (*ibid. q. 6 ad 2.*) : « Rien n'empêche que les démons ne puissent
» guérir plus promptement que ne le peut la
» nature. Il ne paroît pas cependant qu'ils puis-
» sent le faire tout-d'un-coup. Mais si cela ar-
» rivoit, ce ne seroit pas un miracle, parce
» qu'ils ne pourroient l'exécuter que par des
» moyens naturels. ». Ainsi le diable ne peut opérer de vraies résurrections, guérir des boiteux, des aveugles, des sourds de naissance dont les organes sont absolument perdus, ou tellement endommagés qu'il n'y a rien dans toute la nature qui puisse les rétablir ; mais il pourra guérir toutes les maladies qui peuvent l'être à la longue par des remedes naturels, rétablir des parties brisées, affaissées, percées, redresser des membres perclus, mettre en mouvement des parties congelées, &c. exciter des tempêtes, renverser des villes, produire des

tremblemens de terre, faire descendre le feu du ciel, corrompre l'air, répandre des maladies, des pestes qui fassent mourir beaucoup de monde. Et en effet, cela n'est pas plus difficile que de produire des serpens, des grenouilles, & les autres plaies d'Egypte, mais le diable ne peut faire toutes ces choses que par la permission de Dieu.

Il paroît, comme on l'a observé ci-dessus, que les Peres de l'Eglise n'ont pas tant restreint le pouvoir du démon que saint Thomas. Ils n'ont pas décidé que Dieu ne puisse lui permettre, & même se servir de lui pour faire des choses qui surpasseroient le pouvoir des causes secondes. Saint Thomas convient lui-même que cela peut arriver dans les miracles de punition. Mais ne peut-on pas mettre avec saint Chrysostôme au nombre de ces miracles de punition, des guérisons même bienfaisantes en elles-mêmes, & qui surpasseroient le pouvoir des causes secondes ? Car dans ce cas le démon, dit ce Pere, ne guérit que pour tromper, & Dieu le permet, & peut donner une très-grande puissance au démon pour cet effet, afin d'aveugler & de punir ceux qui méritent de l'être, sans influer en aucune sorte dans la malice de cet ange de ténebres ; & c'est pourquoi plusieurs Auteurs ne craignent pas d'attribuer à Dieu tout ce que firent les Magiciens de Pharaon, en ce sens que c'est Dieu qui donna au démon la permission, la force & les moyens de produire les mêmes effets miraculeux que Moyse, afin d'endurcir de plus en plus Pharaon, dont l'orgueil méritoit ce châtiment, & de relever la gloire de l'Etre souverain que ce Prince vouloit étouffer. Si le miracle des moucherons en fut excepté, ce fut pour montrer la supériorité de Moyse qui agissoit directement par le doigt & la puissance de Dieu ; au lieu que les Magiciens étoient sous la direction du démon. Il a pu même se faire que Dieu ait fait des prodiges par lui-même, ou par le ministere des Anges parmi les Païens, sans que les démons y aient eu la moindre part. Saint Thomas penche à croire que ce fut par une protection miraculeuse de Dieu qu'une Vestale avoit porté de l'eau dans un crible pour prouver son innocence ; & qu'une autre avec sa ceinture entraîna très-aisément un vaisseau qu'un grand nombre d'hommes ne pouvoient venir à bout de remuer. Le saint Docteur croit que Dieu aura pu faire ces miracles pour imprimer du respect envers la chasteté, &c.

Ces préliminaires établis, il faut maintenant répondre à l'objection que les incrédules tirent des prodiges opérés dans le Paganisme pour affoiblir l'autorité des miracles de Jesus-Christ. Ou ces Mécréans regardent tous les miracles & prodiges qu'on dit avoir été opérés chez les Païens comme des impostures, ou ils croient qu'ils avoient de la réalité. S'ils les regardent comme des fables, ils ne peuvent plus faire des comparaisons entre ces prétendus miracles & ceux du Sauveur, qu'en prétendant que ceux-ci sont des faits controuvés. Mais, outre qu'ils ne le prouvent point, ils n'ont jamais répondu aux démonstrations invincibles que les Chrétiens ont données dans tous les temps de la réalité de ces prodiges, dont les Juifs & les Païens mêmes n'ont pas douté : nous exposerons dans la suite ces preuves de la vérité des faits de l'Evangile. Si au contraire les incrédules pensent que les prodiges arrivés chez les Païens, étoient réels, ou que ne les croyant point réels, ils les supposent tels, & les objectent comme un argument *ad hominem* aux Chrétiens qui les croient non-seulement possibles, mais réels, après les Peres de l'Eglise & les Théologiens ; & cela pour en conclure que les miracles de Jesus-Christ, en les supposant vrais, sont des signes incertains qui ne prouvent point la vérité de sa mission & de sa doctrine, mais qu'il faut examiner l'une & l'autre par la raison, & indépendamment de ces faits merveilleux qui portent à les croire, il ne sera pas difficile de montrer le faux & l'illusion de cette objection.

Il s'est fait des prodiges dans le sein même de l'Idolâtrie : il s'en est fait par de faux-prophetes opposés à Jesus-Christ & à sa doctrine, & il s'en fera par l'Antechrist prédit, capables même de séduire les élus, s'il étoit possible. Tout cela est fondé sur l'Ecriture. Mais à l'égard des faits je dis :

Dieu peut-il être l'auteur de la chute des hommes ? Peut-il leur tendre des piéges inévitables ? Peut-il employer sa puissance pour les tromper ? Peut-il les mettre dans l'indispensable obligation de croire à l'imposture ? Non, sans doute : car un être infiniment vrai & sage hait l'erreur, & un être infiniment bon & juste aime sa créature : il ne peut ni vouloir ni préparer sa perte. C'est ce dont tout Déiste doit convenir avec nous.

Ce n'est point assez ; & si le Déiste raisonne juste, il faut qu'il convienne que Dieu se doit à lui-même de donner aux hommes un secours contre les miracles qui favoriseroient le mensonge, soit que ces miracles fussent faits par lui-même pour nous éprouver, soit qu'ils viennent d'un mauvais principe qui cherche à nous séduire : c'est encore une vérité établie sur sa sagesse, sa puissance & sa bonté.

Or que peut-il, que se doit-il à lui-même pour n'être pas complice de nos chutes, & ne nous pas engager dans un acquiescement forcé au mensonge ? Deux choses : ou nous avertir de ces miracles, & nous défendre d'y croire en les prédisant ; ou faire des miracles supérieurs à ceux qui tentent notre fidélité.

Donc par-tout où il y a des miracles avérés, que nulle défense n'interdit de croire, des miracles qui ne sont ni effacés ni combattus par d'autres, il faut nous soumettre : car il n'y a que le vrai Dieu qui ait un empire souverain sur la nature ; & tout ce qui dérange ses loix ordinaires, est un signe manifeste de sa volonté, sur-tout quand le miracle est fait en confirmation d'une mission ou d'une doctrine. Car c'est par ce canal que Dieu a voulu nous parler dans l'ordre surnaturel, ainsi qu'on l'a prouvé dans un autre article (*suprà*). Tout de même, lorsqu'il y a des miracles prédits avec défense d'y croire, ou des miracles plus grands qui décréditent les premiers, c'est à nous à nous montrer fideles : car il n'y a que le vrai Dieu qui prédise l'avenir ; il n'y a que lui seul dont la puissance soit au-dessus des bornes de la nature.

Par ces principes, la premiere partie de l'objection tombe en ruine. Les miracles faits en confirmation de la doctrine demeurent en possession de l'autoriser, & ceux qui se sont faits dans le sein de l'Idolâtrie ne peuvent contribuer en rien à prouver le contraire. Les Egyptiens font de grands prodiges en présence de Pharaon, ils imitent ceux de Moyse ; mais Aaron frappant la poussiere de la terre, & cette poussiere se changeant en autant de moucherons, les Magiciens de Pharaon s'efforcent d'atteindre au même prodige. Leurs efforts sont vains ; ils confessent leur impuissance, & disent : C'est le doigt de Dieu qui agit ici. Par-là l'Etre souverain manifeste sa puissance : il écarte le piége, & fixe les esprits qui commençoient à douter. Les miracles de Moyse prouvoient donc pour le Dieu véritable, & ceux des Magiciens ne pouvoient en détruire l'autorité ; ils n'en rendoient la vérité que plus éclatante.

Mais, continue l'objection, Jesus-Christ n'a-t-il pas défendu lui-même de croire aux miracles ? Oui, à tels ou tels miracles, mais non à tout miracle en général ; & c'est ce qu'il ne faut pas confondre. Il a défendu de croire aux faux-christs, c'est-à-dire, à ceux qui après lui oseroient se vanter d'être lui-même ; il a défendu de croire aux miracles des faux-prophetes, c'est-à-dire, de ceux qui innoveroient dans la doctrine ; enfin il a défendu de croire aux miracles de l'Antechrist qui doit s'élever à la fin des siecles ; mais en tout cela Dieu donne des secours contre l'imposture, parce qu'il prédit les miracles dont elle doit s'autoriser, & qu'il les décrédite en les prédisant, avec ordre positif & formel de n'y pas croire. Les miracles ont en effet un pouvoir légitime & naturel sur notre esprit : nous sommes comme forcés de nous soumettre à la doctrine de celui qui s'en autorise. » Si je n'avois pas fait parmi eux (les Juifs) des » œuvres que nul autre n'a faites, ils n'auroient » point le péché qu'ils ont ». Par conséquent nous avons besoin, pour nous soutenir contre une autorité si puissante, ou que Dieu fasse des prodiges plus grands que ceux des séducteurs, ou qu'il prédise leurs œuvres ; ce qui est le plus grand des miracles. Or il a fait l'un & l'autre, 1°. dans le combat des Magiciens contre Moyse ; 2°. dans la prédiction de Jesus-Christ contre les faux-prophetes, & sur-tout contre l'Antechrist. Donc les miracles discernent la doctrine; & loin que les paroles de Jesus-Christ en infirment la force, rien au contraire n'en marque davantage l'autorité, puisqu'il a fallu prédire ceux que l'imposture doit faire pour lui ravir le signe de la vérité.

Mais entrons encore plus avant dans cette matiere. Il y a des miracles qui sont des preuves certaines de vérité, & il y en a qui ne sont point des preuves certaines de vérité. Par conséquent il faut une marque infaillible qui en découvre la distinction, autrement ils resteroient toujours équivoques, inutiles, & incapables de déterminer; or ils ne sont pas inutiles, puisqu'ils sont des fondemens de créance. Quelle est donc cette regle? C'est 1°. de discerner les miracles par la doctrine. Je le démontre.

Il est impossible que Dieu emploie sa puissance, ou qu'il en permette l'usage contre lui-même. Rien de plus évident : or il seroit auteur de ce désordre, s'il faisoit ou s'il permettoit des miracles qui combattissent la vérité connue; car la fin principale des miracles est de servir de témoignage à la vérité connue, & la vérité ne peut se combattre elle-même : donc si Dieu faisoit ou permettoit des miracles opposés à la vérité connue, ses miracles se tourneroient contre lui, & ses attributs agiroient contre d'autres attributs, sa puissance contre sa véracité; ce qui est impossible : donc il est impossible que Dieu fasse des miracles protecteurs du mensonge connu : donc ces miracles, quand il en arrive, sont ou faux, ou des tentations, ou les œuvres d'un esprit malin ennemi de Dieu & des hommes. C'est aussi cette regle simple, mais si féconde & si belle, que Moyse donnoit aux

Juifs (*Deut*. 11). « S'il s'éleve au milieu de vous, difoit-il, un Prophete, ou quelqu'un qui dife qu'il a eu une vifion ou un fonge, & qui préfage quelque chofe d'extraordinaire, fi ce qu'il dit arrive, & qu'il ajoute en même-temps : *Allons, & fuivons des dieux étrangers qui vous étoient inconnus, & fervez-les*, gardez-vous d'écouter les paroles de ce prophete ou de cet inventeur de vifions & de fonges, parce que le Seigneur votre Dieu vous éprouve, afin qu'il paroiffe fi vous l'aimez ». Saint Chryfoftôme (*Hom. 1 adversùs Judæos*), examinant ce paffage : « Voilà, dit-il, ce que cela fignifie. S'il s'éleve quelque Prophete, & qu'il donne un figne, comme de reffufciter un mort, ou de guérir un lépreux ou quelqu'autre malade, & qu'il fe ferve de ce figne pour vous porter à quelque impiété, ne lui obéiffez pas en confidération de ce prodige. Pourquoi ? parce que le Seigneur votre Dieu vous tente pour connoître fi vous l'aimez ». Le faint Docteur conclut delà qu'il eft conftant que les démons ne guériffent pas ; c'eft-à-dire, que quand ils le font, ce n'eft point par leur propre vertu & fans la permiffion de Dieu ; car il ajoute tout de fuite : « Et fi par la permiffion de Dieu les démons guériffent quelquefois comme font les hommes, c'eft Dieu qui leur donne cette permiffion pour vous éprouver. Ce n'eft point à fon infu, (ni comme une puiffance rivale), mais afin que vous fachiez que vous devez fuir les démons mêmes quand ils guériffent ». Saint Chryfoftôme explique enfuite en quel fens il avoit dit que les démons ne guériffent point véritablement. « C'eft, dit-il, que s'ils vous guériffent, ils vous font plus de mal que de bien....; car ils ne guériffent le corps que

» pour précipiter l'ame dans l'abîme, & lui faire
» perdre la vie ».

Il est donc clair que la doctrine doit discerner les miracles, & que pour juger s'ils sont ou ne sont pas de Dieu, il n'est question que d'observer si ce qu'ils autorisent est conforme ou contraire aux notions, soit naturelles, soit révélées. Or qu'on parcoure tous ceux qui se sont faits hors le sein de la Synagogue, on trouvera qu'ils introduisoient ou servoient à maintenir la pluralité des dieux, des fables grossieres, des licences de mœurs, & des impiétés manifestes. Ces miracles n'étoient donc point de Dieu, puisqu'ils s'opposoient au regne de la vérité connue, ou qui pouvoit l'être ; & les hommes en raisonnant ne devoient pas y croire.

Mais, ajoute-t-on, si la doctrine discerne les miracles, les miracles ne discernent donc point la doctrine ; & alors il étoit inutile que J. C. en fît en preuve de la sienne : fausse conséquence. L'un & l'autre est véritable sans se contredire : il faut que la doctrine donne du poids aux miracles, & qu'à leur tour les miracles appuient la doctrine : c'est ce qui nous reste à éclaircir.

Les miracles considérés en eux-mêmes, & sans les circonstances qui les accompagnent, ne sont point une preuve infaillible de la vérité, puisqu'ils accompagnent quelquefois l'erreur : d'une autre part, la doctrine, quand elle est extraordinaire, ne sauroit suffire à se démontrer elle-même : donc, pour lever tous les doutes, il faut deux choses ; 1°. que ce qu'il y a d'extraordinaire dans la doctrine, ne combatte pas ce qu'il y a déja dans l'esprit de connoissances évidentes & révélées ; 2°. que ce qu'il y a dans la doctrine d'ultérieur à l'évidence & à la vérité connue ou révélée, soit prouvé par les miracles :

en ce cas, les miracles sont justifiés par la doctrine, & la doctrine par les miracles. Ces conditions ne sont pas opposées, au contraire elles se portent un mutuel secours.

Les Juifs avoient la doctrine de Moyse: doctrine divine, & confirmée par nombre de miracles. Cette doctrine portoit expresse défense de croire aux prodiges faits en témoignage d'une doctrine contraire. Elle ordonnoit de recourir au Grand-Prêtre dans le cas de doute, & d'acquiescer à sa décision; conclura-t-on delà que les Juifs ne devoient pas croire à Jesus-Christ rejetté par le Grand-Prêtre & la Synagogue, ni à ce que les Apôtres enseignoient en son nom? Il faut tirer au contraire une conséquence toute opposée, en suivant cette gradation de raisonnemens.

Que demandoit Jesus-Christ? Que l'on crût qu'il étoit le Messie promis, & que la nation attendoit: il en prend le titre; mais comment juger qu'il l'étoit véritablement? L'Ecriture portoit qu'en un certain temps viendroit un grand Prophete; que c'étoit lui qu'il falloit écouter & suivre; & que par son moyen Dieu établiroit une nouvelle alliance avec la maison de Jacob. Mais quoique ce fût-là, au moins en gros, la croyance de la Synagogue, elle pouvoit s'y méprendre dans l'application, d'autant plus qu'on s'étoit formé parmi les Juifs une idée du Messie toute différente de celle que présentoient les Ecritures. Falloit-il recourir au Grand-Prêtre? Mais, outre qu'il n'y avoit point de promesses qu'il ne se méprendroit pas, & qu'il y avoit au contraire des prédictions formelles qui marquoient que la Synagogue rejetteroit le Messie, comment le Grand-Prêtre pouvoit-il infailliblement décider? Devoit-il s'en rapporter aux miracles ou à la doctrine ? A l'un & à l'autre. Car, d'un côté, la doctrine de Jesus-Christ prouvoit que ses miracles étoient de Dieu, parce qu'elle étoit conforme à la doctrine de Moyse, doctrine elle-même autorisée par de grands prodiges; & ses miracles prouvoient qu'il étoit le Sauveur promis, & qu'on devoit écouter & suivre la doctrine qu'il enseignoit.

Si Jesus-Christ n'eût fait que des miracles, en rejettant les vérités déja reçues, sa mission n'eût pas été véritable; & s'il n'en eût point fait, ce qu'il ajoutoit au-delà des articles reçus, demeuroit sans preuve. Mais en appuyant, comme il a fait, l'un par l'autre, il a mis en évidence les titres de sa mission, & coupé toute difficulté jusqu'à la racine. La Synagogue & le Grand-Prêtre en le rejettant s'opposoient visiblement à Dieu même, & par conséquent ne méritoient point d'être écoutés.

Aussi remarque-t-on dans l'Evangile que Jesus-Christ ne cesse de dire deux choses décisives; l'une, qu'il n'étoit point venu pour détruire, mais pour accomplir la loi; l'autre, qu'il faisoit des miracles qu'avant lui nul n'avoit tenté ni pu faire; comme s'il eût dit : J'annonce des vérités qui vous étonnent; mais loin d'ébranler celles dont Moyse instruisoit vos peres, elles n'en sont que l'explication & l'accomplissement. Au surplus, ce qui vous semble extraordinaire dans ma doctrine est suffisamment vérifié par les miracles sans nombre que je fais sous vos yeux.

Mais, disent les incrédules, votre principe laisse encore des difficultés qu'il ne résoud pas. Jesus-Christ a prouvé sa doctrine par des miracles; d'accord : mais ne pouvoit-il pas feindre d'approuver celle de Moyse, pour ouvrir à la sienne de plus sûres entrées dans les esprits?

c'est de cette sorte qu'en usent les Novateurs. Ils ne commencent jamais par décrier l'ancien culte, ils se décrieroient eux-mêmes ; mais, sous le prétexte spécieux d'expliquer la créance établie, on glisse la nouvelle, & le mensonge se confond avec la vérité qu'il retient ; d'où il s'ensuit que si les miracles en général ne sont pas toujours des preuves incontestables de vérité, la Religion Chrétienne fondée sur les miracles demeure sans autorité, sans appui, sans caractere.

Cette instance n'est qu'un sophisme, fondé sur une supposition impossible. Il n'est jamais arrivé, & il n'arrivera jamais qu'un homme cachant sa mauvaise doctrine, sous la confession extérieure de la vérité, fasse des miracles pour donner du poids à ses erreurs.

Les hommes doivent recevoir la loi que Dieu leur impose ; mais Dieu se doit à lui-même de ne les point induire en erreur ; or ils y seroient inévitablement conduits, s'il permettoit qu'un Docteur hypocrite confessant la vérité ancienne, fît des prodiges pour la mêler avec le mensonge. Il est donc impossible que ce cas arrive. On sait bien que Dieu peut nous éprouver ; mais éprouver, & induire en erreur, sont deux choses bien différentes. Eprouver, c'est présenter ou ne point écarter les occasions & les appas qui sollicitent, sans imposer de nécessité ; & cela ne contredit point l'idée d'un Etre sage : induire en erreur, ce n'est point solliciter seulement, c'est contraindre, c'est préparer une infaillible & nécessaire détermination à la fausseté : or c'est ce que Dieu ne peut faire. Il faut bien distinguer entre un homme qui ne seroit pas pour Dieu, tels que les faux-prophetes & l'Antechrist, & un homme qui feindroit d'être pour Dieu, quoiqu'il fût contre lui. Le premier pourroit faire des miracles, le dernier ne le pourroit pas. Pourquoi ? C'est que le premier ne pourroit séduire que ceux qui voudroient l'être, ceux qui ne suivroient la regle qu'à demi, & qui jugeroient par les miracles seuls, sans égard à la doctrine ; mais le dernier tromperoit ceux mêmes qui resteroient scrupuleusement fideles à toute l'étendue de la regle. Ils auroient contre eux tout-à-la-fois & l'autorité des miracles, & la profession extérieure de la saine doctrine. Les hommes qui ne lisent point le secret des cœurs ne sauroient par où se dégager d'un piége si subtil, & Dieu qui les auroit conduits par l'interposition de sa puissance manifestée dans les prodiges, seroit seul comptable de leurs erreurs : donc, puisqu'il ne peut l'être, il est démontré que l'hypothèse d'un hypocrite qui, sous prétexte de maintenir la vérité, feroit des prodiges pour établir ses mensonges, seroit une hypothèse chimérique & contradictoire : donc les miracles de Jesus-Christ ont tous les caracteres qui prouvent dans la plus extrême rigueur, & d'autant plus que Moyse avoit annoncé un Prophete qui devoit enseigner ce qu'il n'avoit point annoncé lui-même. Mais Jesus-Christ ayant enseigné toute vérité, desorte qu'il n'y a plus de nouvelle révélation à attendre, on ne peut supposer depuis lui un homme qui fasse des prodiges pour ajouter à sa doctrine ; car ce seroit visiblement un imposteur, & Dieu nous a prévenu contre les miracles qu'il pourroit faire.

Les incrédules n'en demeurent pas là ; ils poussent encore plus loin leur objection. On ne peut avancer, disent-ils, qu'une action soit un prodige véritable, quoiqu'elle soit au-dessus des forces humaines, tant qu'on peut la supposer produite par un être supérieur à l'homme, & cependant inférieur à Dieu ; or rien n'empêche de croire, sans sortir de l'hypothèse même des Chrétiens, que Jesus-Christ n'a donné tant de signes sur la terre que par l'interposition de quelque substance, telle qu'on vient de la dépeindre ; car des Chrétiens admettent de ces substances spirituelles bonnes ou mauvaises entre Dieu & l'homme. Cela posé, nous convenons que les Magiciens de Pharaon sentirent les bornes de leur pouvoir dans l'inutilité de leurs efforts pour atteindre aux œuvres de Moyse : mais qu'en conclure ? que le bras de Dieu étoit plus avec Moyse qu'avec les Prêtres de Pharaon ? Nullement. Les Magiciens avoient un démon, Moyse avoit le sien ; & celui-ci étoit d'un ordre supérieur à celui des Magiciens. Ainsi Moyse ni les Magiciens n'ont point fait de miracles. Et pour venir à Jesus-Christ, s'il a fait des œuvres ignorées jusqu'alors dans l'univers, c'est que le Génie dont il éprouvoit le secours, étoit plus puissant que celui de Moyse même. Par conséquent ni les uns ni les autres n'ont été les auteurs de vrais miracles ; seulement ils ont donné le spectacle de quelques merveilles inouies, chacun suivant le pouvoir du Génie dont il étoit protégé.

Une pareille objection n'est qu'une fiction ridicule, une chymere que l'on monte sur le ton grave du raisonnement. Il est clair que ces substances spirituelles dont on parle, peuvent produire des effets auxquels nos forces ne peuvent atteindre. Quelque restriction qu'il y ait à mettre à cette proposition, n'en mettons point cependant pour le présent ; mais s'ensuit-il qu'aucun prodige ne soit au-dessus de nous & de ces puissances ? N'est-il pas évident au contraire que Dieu peut faire quand il lui plaît ce qui est inexécutable à tout autre qu'à lui ? Par conséquent il n'est question que de savoir si ce que Jesus-Christ a fait de prodigieux, peut être l'opération d'un être borné, quoique supérieur à l'homme, ou s'il est nécessaire que la puissance divine soit intervenue dans ses miracles ; ce dernier parti est aisé à prouver.

Dieu est sage : il ne peut agir contre lui-même. Dieu est juste & bon : il ne peut tendre aux hommes un piége inévitable. Tout cela cependant seroit arrivé, si Jesus-Christ faisant des prodiges au nom de Dieu, ne les avoit opérés qu'à l'aide d'un Génie supérieur qui le guidoit ; en ce cas Dieu ne seroit pas juste : il auroit ouvertement récompensé la fraude : il auroit permis que son nom servît de prétexte au mensonge ; en ce cas il auroit agi contre lui-même : il auroit laissé à sa créature une puissance qu'elle auroit tourné contre lui ; il se seroit ravi les moyens extérieurs de faire discerner le vrai d'avec le faux. L'empire de la nature partagé entre un nombre infini de puissances, le monde ne seroit plus que le théâtre de leurs prestiges, & parmi tant de maîtres nous ne pourrions plus reconnoître le véritable.

Mais approfondissons : Je demande de quelle nature étoit ce Génie étranger qui présidoit aux œuvres de Jesus-Christ : étoit-ce un esprit malin, ou une intelligence bienfaisante ? Si c'étoit un esprit malin, cet esprit auroit donc inspiré la morale la plus saine & la plus sublime ; il auroit rendu les hommes équitables, vrais, chastes, patiens, &c. & leur auroit fait un crime des dispositions contraires ; il auroit détruit le Polithéisme, & établi le culte du vrai Dieu. Mais n'est-ce pas là le faire combattre contre lui-même ? Il aime le mal, & il fait le bien ; il est le principe de l'erreur, & il enseigne la vérité ; il cherche à nuire, & il rend heureux l'homme qui suit ses leçons, & cela persévéramment. Quelle contradiction ! C'est le raisonnement invincible que Jesus-Christ faisoit aux Pharisiens, qui disoient qu'il chassoit les démons par la puissance des démons.

Un pareil système se charge de toutes les extravagances du Manichéisme : car qu'y a-t-il de plus ressemblant au double principe, que l'existence d'un être qui feroit des prodiges auxquels Dieu n'auroit aucune part ; d'un être qui disposeroit de la nature comme de son propre fonds ; d'un être qui combattroit le Dieu Créateur, en faisant faire des prodiges à un homme qui se dit le Ministre de Dieu quand il n'est pas envoyé de lui ? Est-ce que Dieu ne pouvoit pas s'opposer à la puissance de cet être, ou bien est-ce qu'il ne l'auroit pas voulu ? Dans le premier cas, il ne seroit plus Dieu ; dans le second, il autoriseroit l'imposture, & laisseroit les hommes sans ressource contre l'illusion.

Mais si l'on se retranche à dire qu'une intelligence, amie de Dieu & des hommes, opéroit en Jesus-Christ & par Jesus-Christ les merveilles que l'histoire rapporte, où en est-on ? Il faudra dire de deux choses l'une ; ou que Dieu approuvoit les miracles produits par une intelligence bienfaisante & juste, qui ne feroit en cela que se conformer à ses desseins, & alors on retomberoit dans l'aveu qu'on voudroit éviter ; ou bien, que ce principe bon & saint agissoit indépendamment des volontés divines, ce qui est le comble de la contradiction,

puisqu'il

puisqu'il n'y a de justice & de sainteté que dans l'obéissance parfaite aux desseins de Dieu.

Remarquons de plus que Jesus-Christ ne faisoit tant de miracles qu'au nom de Dieu, & comme Fils de Dieu. Si donc ils n'eussent été que l'effet d'une autre puissance bonne & sage, quoique finie, cet autre principe auroit autorisé par son action un mensonge odieux ; il auroit fait à Dieu l'attribution d'un ouvrage qui n'étoit pas de Dieu : Dieu auroit donc favorisé l'imposture, & seroit devenu lui-même la cause principale de la séduction ; idée incompatible avec la notion d'une Intelligence juste & sainte.

Enfin résumons en peu de mots tous ces principes sur les miracles. Il faut distinguer les miracles qui sont le fondement d'une mission & d'une doctrine extraordinaire, d'avec les miracles qui se font après l'établissement de cette mission & de cette doctrine. Nous ne voyons que deux époques de ces miracles fondamentaux ; celle de Moyse & celle de J. C. Moyse & Jesus-Christ n'ont pu s'écarter des vérités déja connues & établies sur l'autorité de Dieu : en ne s'en écartant point, les miracles qu'ils ont faits au nom de Dieu pour confirmer leur mission & leur doctrine, prouvoient invinciblement qu'ils étoient envoyés de Dieu : il n'y avoit point d'autre marque de discernement. Ainsi Moyse en reconnoissant le vrai Dieu, la loi naturelle & la tradition des anciens Patriarches, a prouvé invinciblement sa mission, par ses miracles. Jesus-Christ en reconnoissant la loi de Moyse fondée sur des miracles qui venoient de Dieu, a prouvé de même invinciblement sa mission, & la doctrine qu'il a enseignée, par les prodiges dont il a rempli la Judée. Tout miracle distingué de ces miracles fondamentaux qui au-

Tome II.

roit attaqué la mission & la doctrine de Moyse, ou qui attaqueroit celle de Jesus-Christ, ne pourroit venir de Dieu, ni rien prouver contre cette doctrine. C'est Dieu lui-même qui nous a prescrit cette regle, & qui nous a prémunis par-là contre tous les prodiges trompeurs. Jesus-Christ en abolissant l'ancienne alliance, n'a point agi contre la loi; il l'a accomplie, comme il le dit lui-même : cette alliance n'étoit que figurative. Elle devoit cesser quand la Vérité paroîtroit, & faire place à une nouvelle alliance qui doit être éternelle. Jesus-Christ a prouvé par ses miracles qu'il étoit celui qui devoit, selon les Ecritures, cimenter cette alliance. Ainsi ses miracles, bien loin de s'opposer à la loi, en montroient l'accomplissement; & ce n'a été que par un aveuglement inconcevable que la Synagogue l'a méconnu. Les miracles du Sauveur & des Apôtres sont donc devenus le fondement de la nouvelle alliance & de la doctrine qu'elle renferme : or cette alliance ne devant pas finir comme l'ancienne, mais étant éternelle, & la doctrine qu'elle renferme ne pouvant être abolie, ni changée, ni recevoir de nouvelles vérités, tout miracle qui tendroit directement ou indirectement à renverser la mission de Jesus-Christ, la Religion qu'il a établie, la doctrine qu'il a enseignée, ou à lui porter la moindre atteinte, ne pourroit être qu'un miracle trompeur, qu'il faudroit rejetter, ou un miracle de tentation, par lequel Dieu voudroit éprouver la fidélité des Chrétiens. Par une raison contraire, tout miracle grand ou petit, de création, ou autrement, fait au nom de Dieu & de Jesus-Christ dans l'Eglise qu'il a rendue dépositaire de son autorité & de sa doctrine, & qui n'est ni contre Dieu, ni contre Jesus-Christ & sa doctrine; en un mot qui ne renferme rien qui soit défavantageux ou superstitieux, mais qui paroît clairement marqué au sceau de la Divinité, doit être reconnu pour un miracle divin qui confirmera de plus en plus la mission du Sauveur qui console ses Disciples, & récompense leur foi, en les rendant spectateurs des merveilles qui l'ont établie dès le commencement. Mais ce miracle décideroit-il infailliblement dans le cas où l'on seroit partagé sur quelques points de doctrine dans l'Eglise Catholique, au moins s'il étoit fait en confirmation d'une doctrine contestée ? Il est hors de doute qu'un tel miracle fait dans l'Eglise, & qui ne présenteroit rien qui pût le rendre douteux ou suspect, confirmeroit la vérité de la doctrine contestée. J'ai dit, *s'il étoit fait en confirmation de cette doctrine ;* car autrement il ne feroit pas preuve pour cet objet. 1°. Dieu accorde quelquefois le pouvoir de faire de vrais miracles à des personnes qui sont engagées de bonne-foi dans quelque erreur ; mais il est clair que la fin de ces miracles n'est pas de confirmer l'erreur : ils ont un objet tout différent. : 2°. si quelqu'un faisoit un miracle pour prouver que Dieu dispense telle ou telle personne de quelque article de la loi naturelle ou divine, ce miracle qui sembleroit détourner de la loi de Dieu, deviendroit par cela même suspect ; & il ne prouveroit pas, quand même il paroîtroit fait en confirmation de la dispense ; il faudroit alors juger, ou qu'il a une autre fin que nous n'appercevons pas, ou que c'est Dieu qui veut nous éprouver pour voir si nous sommes fideles à sa loi, ou enfin pour que ce miracle, s'il est accompagné de circonstances défavorables ou superstitieuses, vienne d'un mauvais principe. L'objet essentiel des miracles divins est de confirmer la foi & les mœurs, & non pas de notifier les dispenses de la loi : rien ne seroit plus dangereux, & cela pourroit conduire à l'illusion. Aussi n'y a-t-il aucun exemple dans l'Ecriture & la Tradition de ces dispenses autorisées par des miracles ; & c'est pourquoi les Peres de l'Eglise veulent pour ces sortes de dispenses qui sont exrrêmement rares, & qui n'ont lieu qu'à l'égard d'un très-petit nombre de personnes, une jussion & une lumiere divine qui soit aussi claire que le précepte de la loi dont on est dispensé : jussion qui ne regarde que la personne dispensée, & qui ne peut s'étendre à d'autres, à qui elle ne seroit pas également intimée par une lumiere intérieure & divine. On peut même dire que cette jussion n'est pas à proprement parler une dispense de la loi, mais qu'elle est renfermée dans l'objet de la loi, parce que la même loi qui ordonnoit, par exemple, à Abraham de ne pas tuer son fils de son autorité privée, lui ordonnoit de le faire, si Dieu lui en faisoit le commandement : 3º. enfin les miracles qui auroient tous les caracteres de prodiges divins, & qui, dans un temps de partage seroient faits en confirmation d'une doctrine contestée, ne la confirmeroient pas néanmoins, de façon que ceux qui y résisteroient pussent être regardés comme hérétiques, ou hors de la voie du salut ; & la raison en est que, depuis l'établissement de l'Eglise, les miracles même les plus éclatans ne sont point la derniere regle qui doive décider dans un temps de partage. Ces miracles affermissent de plus en plus ceux qui soutiennent la doctrine qu'ils renferment ; ils doivent rendre plus attentifs ceux qui la combattent ; ils doivent les porter à examiner avec soin les preuves de tradition qui autorisent cette doctrine qu'ils contestent : mais on ne peut les traiter d'hérétiques, ni soutenir qu'ils sont hors de la voie du salut, qu'après la décision de l'Eglise, en cas qu'ils y résistassent opiniâtrément. Cette décision, quand l'Eglise a vraiment parlé, est claire & à la portée de tout le monde. Elle est fondée sur l'infaillibilité que Jesus-Christ a promise à son Eglise ; au lieu que les miracles même les plus certains sont sujets à contestation. Ceux qui ont intérêt de la nier, parce qu'ils combattent leur doctrine, ne manquent pas de les obscurcir tant qu'ils peuvent. Si plusieurs en sont persuadés, d'autres sont flottans & incertains. Les personnes éloignées ne peuvent s'en assurer aisément : en un mot, le privilége de l'infaillibilité ne leur a point été accordé. Les définitions de l'Eglise ne sont point exposées à ces inconvéniens ; aussi l'Eglise n'a-t-elle jamais défini aucune doctrine contestée en s'appuyant sur des miracles, mais sur l'Ecriture & la Tradition. Quelque autorité qu'on veuille donner aux miracles qui se sont faits dans le cours des siecles, ils ne sont point la derniere regle à laquelle on ne puisse refuser de se soumettre, sans être traité *comme un Païen & un Publicain.*

Revenons aux objections des incrédules. Si ce qu'ils ont opposé jusqu'à présent aux miracles de Jesus-Christ n'a aucune solidité, ce que plusieurs ajoutent doit plutôt passer pour une extravagance, que pour un raisonnement. Nous ne nions pas absolument, disent-ils, que Jesus-Christ n'ait rendu en un certain sens la vue aux aveugles, l'ouie aux sourds, la parole aux muets, l'usage des membres aux paralytiques, la santé aux malades, la vie aux morts ; nous disons seulement qu'en bonne Métaphyfique il n'est pas évident que ce soient là des miracles ; ce pourroit n'être que des résultats naturels de l'application de certaines causes physiques, qui, pour nous être inconnues, n'en sont pas moins réelles. Les combinaisons des êtres qui composent l'Univers, varient à l'infini ; il doit par conséquent en résulter une infinité d'effets ; comme des différentes combinaisons des lettres de l'alphabet, il en résulte une infinité de mots. Ne pourroit-il donc pas se faire que, suivant une telle combinaison, il doive arriver qu'un aveugle recouvre la vue, un sourd l'ouie, un muet la parole, un paralytique l'usage des membres, un malade la santé, un mort la vie ? Et si cela se peut, comme rien ne nous prouve évidemment le contraire, Jesus-Christ n'auroit fait en ce cas que se faire honneur de certains événemens rares que la nature seule auroit produits.

S'il en étoit ainsi, ce Jesus-Christ à qui l'incrédule refuse la divinité étoit donc bien habile, puisqu'il connoissoit d'avance ces heureuses combinaisons, & le moment précis auquel elles devoient arriver ; & qu'il les connoissoit au point de ne s'y méprendre jamais, & de pouvoir se donner pour auteur des effets qui en devoient résulter ? Que s'ensuit-il de ce dénouement admirable qu'on donne aux miracles du Sauveur qu'on ne peut contester ? Il en suit la plus étonnante & la plus inconcevable de toutes les merveilles, auprès de laquelle les mysteres les plus profonds & les plus obscurs sont de la derniere évidence ; savoir, que le fils d'un artisan sans éducation, sans étude, sans lettres, (car c'est-là l'idée que nos Philosophes se font de Jesus-Christ) connoissoit néanmoins, & connoissoit infailliblement ce que tous les hommes ensemble n'ont ni connu ni pu connoître jusqu'à présent ; & ce qu'à coup sûr, ils ne pourront jamais connoître, je veux dire les différentes combinaisons des êtres, & entr'autres celles d'où résulteroient la guérison subite des maladies les plus incurables, & la résurrection des morts ensevelis depuis quatre jours. Mais qui lui a communiqué ses lumieres ? Sans doute il ne les a pas reçues des hommes, qui ne les avoient pas, ne les ont point encore, & ne les auront jamais ; c'est donc Dieu même qui les lui a communiquées ; il étoit donc en communication avec Dieu. Mais dès qu'il faut en venir à dire que Jesus-Christ étoit en communication avec Dieu, ce seroit abuser honteusement de sa raison, si l'on n'ajoutoit pas une foi pleine & entiere à ce qu'il nous apprend lui-même du principe par lequel il opéroit ses miracles préférablement à ce qu'en disent de nouveaux venus qui nous renvoient à des combinaisons d'êtres qui ne leur sont pas moins inconnus qu'à tout le reste des hommes.

Mais ces Messieurs voudroient-ils bien expliquer sur quel fondement, sur quel principe, sur quelle loi de la nature ils s'appuient, lorsqu'ils viennent nous dire qu'il peut y avoir telle combinaison des êtres, par laquelle il doit arriver qu'un aveugle recouvre subitement la vue; qu'un paralytique de trente-huit ans se leve à l'instant, marche & porte son grabat ; qu'un mort enseveli depuis quatre jours, & infect, revienne à la vie plein de santé ; n'est-ce pas là une de ces absurdes & pitoyables défaites, auxquelles ceux qui se sentent confondus & poussés à bout, ont recours lorsqu'ils n'ont ni assez de bonne-foi, ni assez de sentiment pour s'avouer vaincus, & rendre hommage à la vérité ?

Ces combinaisons, disons mieux, ces termes magiques sont pourtant la clef de tout le système des Déistes. Ils ne veulent point passer pour Athées: ils disent qu'ils admettent un Dieu Créateur, ou au moins moteur & ordonnateur de l'Univers, qui a établi ces loix de combinaisons, ces regles invariables de mouvement après lesquelles il n'y a plus qu'à laisser agir toutes les parties de l'Univers: par une suite nécessaire de ces loix elles se mêleront, se combineront, s'arrangeront, & il en résultera tout ce qu'on veut, sans qu'il soit nécessaire que Dieu se donne la peine d'y concourir. Moyennant cette clef, rien ne les embarrasse: tous les secrets de la Nature, de la Politique, de la Morale, & de la Religion, leur sont dévoilés: ils n'ont qu'à combiner la force qui éloigne les corps du centre de leur mouvement avec celle qui les approche, avec leur densité, & leurs autres qualités sensibles, & ils trouvent aussi-tôt qu'il doit en résulter une telle distance du soleil, une telle position, une telle rotation, une telle révolution, un tel physique de climat dans chaque pays; & par conséquent une telle disposition des esprits, une telle forme de gouvernement, de tels principes de Morale, de telles idées de Religion. Il n'est guères possible de porter plus loin la folie.

D'autres Déistes prennent une route différente pour combattre le merveilleux & le divin des miracles de Jesus-Christ, changeant à leur gré les circonstances rapportées par les Evangélistes, ils font d'un miracle de la toute-puissance de Dieu l'opération de l'homme la plus naturelle. Jesus-Christ, disent-ils, a rendu la vue à un aveugle-né. Qu'y a-t-il là de si merveilleux? Un habile Oculiste de Londres en a fait autant de nos jours fans miracle. Voici comme ils racontent le fait. Un habile Oculiste ayant foupçonné qu'on pourroit rendre la vue à un jeune homme de quatorze ans aveugle-né, fi on abattoit les cataractes qui s'étoient formées fur fes yeux peu après fa naiffance, entreprit l'opération, & y réuffit. Pourquoi Jefus-Chrift n'en auroit-il pas fait de même à l'égard de l'aveugle-né de l'Evangile ? Un aveugle-né qui avoit perdu la vue après fa naiffance ! L'expreffion n'eft pas heureufe : paffons-la néanmoins, & venons au fait. Il faut avouer que les Prêtres, les Scribes, & les Pharifiens étoient bien fimples de fe laiffer déconcerter par ce miracle de Jefus-Chrift. Comment ne leur vint-il pas dans l'efprit qu'avec un peu de boue, Jefus-Chrift avoit fubtilement abattu les cataractes formées fur les yeux de l'aveugle-né, qui ne l'étoit peut-être que depuis fa naiffance ? Falloit-il un fi grand effort de génie pour deviner un moyen de guérifon auffi naturel ? Il eft vrai que les Déiftes nous apprennent que ces Chefs de la Synagogue n'étoient ni moins ignorans, ni moins ftupides que le refte de la nation, & qu'ils n'avoient garde par conféquent de foupçonner que la guérifon de cet aveugle étoit la chofe du monde la plus naturelle. S'ils euffent été Philofophes, ils n'auroient pas donné dans une pareille méprife.

Mais l'étonnante merveille dont on a parlé ci-deffus revient ici de nouveau : Jefus-Chrift, felon les Déiftes, n'eft rien moins que Dieu : il n'a été qu'un homme comme les autres, dont l'ignorance & la ftupidité, s'il faut les en croire, étoient extrêmes. Il n'avoit ni étude, ni lettres, ni connoiffances acquifes. Nous ne voyons pas qu'il ait jamais appris ni Anatomie, ni Chirurgie, ni Médecine, ni Philosophie, & cependant il fait abattre des cataractes avec un peu de boue, ouvrir avec de la salive des oreilles qui n'ont jamais entendu, guérir des paralytiques de trente-huit ans d'une seule parole. Il en fait bien plus encore; & voici un secret que personne n'a connu que lui; c'est de tirer des portes de la mort, & de guérir à l'instant le fils d'un Officier étant à une journée de distance. Enfin son habileté va jusqu'à redonner le mouvement & la vie à des morts ensevelis depuis quatre jours. Nous, esprits foibles, nous nous croyons en droit de conclure de ces guérisons subites, & de ces résurrections opérées d'une seule parole, que leur auteur étoit au moins envoyé de Dieu, comme il le disoit. Mais des esprits forts, comme nos Déistes, ne donnent pas dans cette sotte crédulité. Ils savent parfaitement que ce ne sont-là que des opérations très-naturelles, & que rien n'est moins étonnant que de voir un homme à peine âgé de trente ans, sans étude, sans lettres, sans connoissances, non-seulement être le plus habile & le plus savant homme qui ait jamais été, mais même avoir lui seul infiniment plus de science & d'habileté que tout le genre humain ensemble. Car enfin toutes les connoissances passées & présentes du genre humain n'ont pu encore parvenir à opérer les guérisons que Jésus-Christ a opérées, ni de la maniere qu'il les a opérées : toutes les connoissances du genre humain n'ont pu encore parvenir à faire revivre des morts, ni à nourrir plus de cinq mille personnes avec cinq pains qu'un enfant est en état de porter. Spinosa disoit qu'il mettroit en piéces tout son systême, & qu'il embrasseroit la foi des Chrétiens, s'il pouvoit seulement se persuader la résurrection de Lazare :

aussi prend-t-il le parti de tourner en allégorie celle de Jesus-Christ. Nos Philosophes moins réservés que cet Athée ont trouvé un moyen de se tirer d'embarras, depuis que par leurs savantes recherches ils ont découvert que toute génération vient de la corruption, & que la Nature seule produit les corps organiques : les miracles de Jesus-Christ ne les déconcertent plus. Ils veulent bien les admettre, mais comme des effets purement naturels que nous opérerions, si nous avions le secret des causes qui les produisent, & la maniere de les appliquer : à la bonne-heure ; mais nous ne l'avons pas ce secret ; ni les Egyptiens, ni les Chaldéens, ni les Grecs, ni les Romains, ni les anciens Philosophes, ni ceux de notre temps qui savent, ou qui s'imaginent savoir de quelle maniere le ciel, la terre, les élémens, les plantes, & les animaux ont été formés ; personne enfin n'a eu, ni n'a encore cette connoissance ; & cependant Jesus-Christ l'a eue ! Est-il rien de plus singulier ; car du surnaturel & du merveilleux il n'en est plus question. Les Déistes l'ont ainsi décidé. Avons-nous tort après cela de dire que ces Philosophes conséquens sont forcés de restituer à Jesus-Christ d'une main la Divinité qu'ils tâchent de lui enlever de l'autre ?

A quoi bon tant insister sur les miracles de Jesus-Christ, disent d'autres Déistes d'un ton dédaigneux, tel que l'Auteur de la *Religion essentielle* : Un mort ressuscité, des malades guéris ; qu'est-ce que cela prouve ? Non, Douleur, s'écrioit un fou de Stoïcien cruellement tourmenté d'un accès de goute, tu ne me forceras pas d'avouer que tu sois un mal. Comment donc arracher aux incrédules dont il s'agit un aveu qu'ils sont bien décidés à ne pas faire. Ils demandent : Qu'est-ce que cela prouve ? Le voici : cela prouve qu'ils sont à bout ; qu'ils ne savent plus où ils en sont ; que leur incrédulité ne trouve plus de ressource, & qu'ils sont semblables à un phrénétique qui se creveroit les yeux pour se faire une raison de nier que la lumiere serve à discerner les objets. *Un mort ressuscité, qu'est-ce que cela prouve ?* Un homme qui parle de la sorte, se connoît-il en preuves ? Est-il disposé à se rendre si on lui en donne ? Cherche-t-il de bonne-foi la vérité ? Et mérite-t-il qu'on l'écoute ? On peut relire ici ce qui est dit plus haut (Psaume 101) sur la possibilité des miracles.

Quelques autres Incrédules font un personnage tout différent, & ils l'empruntent des Sociniens, ennemis déclarés de la Divinité de Jesus-Christ. Cette classe de Mécréans reconnoît que Jesus-Christ a fait les miracles rapportés par les Evangélistes ; & de ces miracles ils concluent qu'il étoit un homme favorisé de Dieu, un saint homme, & non pas qu'il fût véritablement Dieu ; autrement, disent-ils, il faudroit aussi regarder Moyse & les Prophetes comme des dieux, puisqu'ils ont également fait des miracles. En vain, répondroit-on, ajoutent-ils, que Jesus-Christ a fait les siens par sa propre puissance, & que les autres ont seulement obtenu de Dieu ceux qu'ils ont faits ; car Jesus-Christ demandoit aussi les siens à Dieu, & lui en rendoit graces après les avoir obtenus, comme on peut le voir dans l'histoire de la résurrection de Lazare. Qui nous empêche donc, de croire, concluent-ils, que Dieu a bien voulu accorder des miracles à Jesus-Christ comme à d'autres, pour autoriser la saine Morale de la Religion naturelle qu'il enseignoit ; & que tout le reste qui est dit dans l'Evangile de sa qualité de Verbe divin, de son Incarnation, de sa Résurrection, de son Ascension au ciel, de l'Envoi de son Esprit à ses Apôtres, n'est qu'un langage figuré & allégorique, très en usage parmi les Orientaux, tels qu'étoient les Auteurs des Evangiles.

Il faut avouer qu'on ne peut rien imaginer de plus plausible, lorsque, par une abstraction d'esprit qui ne coûte rien, on met ainsi à l'écart la liaison intime qu'ont les miracles de Jesus-Christ avec sa doctrine, ses œuvres & celles de ses Disciples. Mais heureusement tout ce bel édifice d'imagination s'écroule dès qu'on vient à considérer cette liaison. Or comme la cause des Déistes n'est pas en tout point la même que celle des Sociniens, puisque ceux-ci reçoivent au moins la révélation que les autres rejettent, il faut répondre à part aux uns & aux autres. L'unique point de notre controverse avec les Déistes est de savoir si Jesus-Christ est véritablement envoyé de Dieu, & si ses miracles prouvent sa divine mission. Ceux dont il s'agit ici adoptent ses miracles, puisqu'ils les comparent à ceux de Moyse & des Prophetes. Il faut donc qu'ils en tirent la même conséquence que de ceux de Moyse & des Prophetes.

Lorsqu'un homme avance un fait, & s'engage à le prouver par un miracle, cet homme appelle Dieu même, seul auteur des miracles, en garantie de ce fait : & si Dieu en conséquence se rend sensiblement présent en opérant ce miracle, il se rend lui-même témoin, & témoin irrécusable du fait dont on l'a pris pour garant. Moyse dit aux enfans d'Israël & à Pharaon que Dieu l'a envoyé pour retirer son peuple de l'Egypte. Il s'engage à prouver la vérité de sa mission par des miracles : il appelle donc le Tout-puissant en garantie de sa mission. Dieu dégage les promesses de Moyse, & opère les miracles qu'il a annoncés : il atteste donc la vérité de la mission qu'il a donnée à Moyse, & par conséquent il n'y a plus à douter de la vérité de cette mission. Il en est de même des Prophetes. Ils se sont dits envoyés de Dieu ; & pour prouver la vérité de leur mission, ils ont offert, demandé, & obtenu des miracles : leur mission est donc indubitable.

Faisons présentement l'application de ce raisonnement à Jesus-Christ. Les incrédules en question nous renvoient à l'histoire de la résurrection de Lazare ; & parce que Jesus-Christ en cette occasion a rendu graces à son Pere de ce qu'il l'avoit exaucé, ils en concluent une vérité que personne ne conteste ; savoir que Jesus-Christ demandoit à son Pere les miracles qu'il vouloit opérer. Mais qu'ils suivent la narration de l'Evangéliste, ils y trouveront que Jesus-Christ, après avoir rendu graces à son Pere de ce qu'il l'avoit exaucé, & avoir déclaré que son Pere l'exauce toujours, ajoute qu'il dit ces choses, afin que ceux qui vont être témoins de la résurrection de Lazare, croient que c'est Dieu qui l'a envoyé : il s'engage donc à prouver la vérité de sa divine mission par le miracle de la résurrection de Lazare. Or Dieu dégage la promesse de J. C. & ressuscite Lazare. Il est donc indubitable que J. C. est envoyé de Dieu.

Savoir maintenant pour quel sujet il est envoyé ; si c'est uniquement pour enseigner la sainte morale de la loi naturelle, comme les Déistes le prétendent avec les Sociniens. Ce n'eſt ni des uns ni des autres que nous devons apprendre le motif & l'objet de la miſſion du Sauveur. Ils n'ont été ni les Notaires ni les Témoins de l'acte paſſé entre Jeſus-Chriſt & Dieu qu'il appelle ſon Pere. C'eſt à Jeſus-Chriſt ſeul à nous en inſtruire ; & ce qu'il nous en a dit n'eſt nullement conforme à leurs fauſſes idées. Que diroit-on de certains Spéculatifs politiques qui voudroient qu'on s'en rapportât à leurs conjectures ſur le ſujet d'une ambaſſade envoyée au Roi par un Prince étranger, & nullement à ce que l'Ambaſſadeur déclareroit lui-même du ſujet qui l'amene ? Voilà ce que font les Déiſtes & les Sociniens. Mais pour en venir en particulier à l'erreur de ces derniers ſur la divinité de J. C. que nous avons déja refutée plus haut ; en ce que J. C. demandoit à Dieu ſes miracles : donc, diſent-ils, il ne les faiſoit point par ſa propre vertu; donc il n'étoit pas Dieu ; & tout ce qui eſt dit dans les Evangéliſtes de ſa qualité de Verbe divin, de ſon Incarnation, de ſa Réſurrection, & de ſes autres myſteres, n'eſt qu'un langage figuré & allégorique très en uſage chez les Orientaux. Que Jeſus-Chriſt demandât à Dieu des miracles : on en convient ; & nous en verrons bientôt la raiſon. Mais n'a-t-il pas dit également qu'il faiſoit lui-même les œuvres que fait ſon Pere, & qu'il avoit tout ce qu'a ſon Pere ? N'a-t-il pas dit que ſon Pere & lui ſont une même choſe ? La Synagogue entiere n'a-t-elle pas été perſuadée que Jeſus-Chriſt par ces paroles ſe diſoit véritablement Dieu. Si donc les Sociniens ajoutent foi à Jeſus-Chriſt lorſqu'il dit qu'il demande ſes miracles à ſon Pere, pourquoi ne le croient-ils pas auſſi quand il dit, qu'il fait les œuvres que fait ſon Pere, & qu'il eſt une même choſe avec lui ? Y auroit-il de la contradiction à demander comme homme ce qu'il faisoit comme Dieu? Quoi? nous demandons à Dieu tous les jours, à raison de notre dépendance & de notre infirmité, ce que nous opérons nous-mêmes à raison de nos facultés & de notre libre arbitre; & Jesus-Christ n'aura pas pu demander à raison de son humanité ce qu'il opéroit comme Dieu? S'il y a là de la contradiction, elle n'est pas dans la chose, mais seulement dans l'imbécillité de la raison, qui de deux vérités n'en adopte qu'une, & veut la mettre en opposition avec l'autre, au lieu de les adopter toutes les deux. Oui, Jesus-Christ comme homme demandoit ses miracles à son Pere; & comme un même Dieu avec son Pere, il les opéroit par sa propre vertu.

Quant aux figures & aux allégories que les Sociniens veulent trouver dans l'Evangile, ils sont venus trop tard pour désabuser l'Eglise de sa croyance. Nous savons que Jesus-Christ n'a été mis en croix que pour s'être dit le Fils de Dieu, non par allégorie, mais par nature: nous savons que sa nation lui en a fait un crime & un blasphême digne de mort. Nous savons que les Apôtres, leurs Disciples, & des milliers de Gentils convertis au Christianisme durant trois cents ans, ont fini leur vie dans les plus horribles supplices pour soutenir que Jesus-Christ est véritablement & proprement Fils de Dieu, Dieu lui-même. Nous savons enfin que rien n'eût été plus facile à Jesus-Christ, à ses Apôtres, & à ses Martyrs que d'éviter la mort, s'ils n'eussent entendu que dans un sens figuré & allégorique, ce que nous croyons présentement sur sa divinité. Ils n'avoient qu'à dire un mot pour désabuser les juges, & leur faire connoître que ce n'étoient-là que des figures & des allégories.

Est-il concevable que de tant de milliers de Martyrs qui ont donné leur vie pour la divinité de Jesus-Christ, aucun ne se soit avisé d'expliquer clairement ce que les Sociniens prétendent avoir été leur foi ; savoir, que Jesus-Christ n'étoit Dieu & le Verbe de Dieu qu'en figure ? Est-il concevable de même que, de tant de Chrétiens que les persécutions ont fait tomber, & dont la plupart ne tomboient qu'à regret, aucun d'eux n'ait pensé à mettre sa vie à couvert, sans abandonner la foi, en déclarant ouvertement ce que les Sociniens prétendent avoir été la doctrine commune ? La Synagogue, la Gentilité, & l'Eglise, & par-là l'Univers entier, par la qualité de Dieu que Jesus-Christ s'approprioit, ont entendu la nature divine proprement dite ; & quinze ou seize cents ans après, de nouveaux venus veulent nous persuader que la Synagogue, la Gentilité & l'Eglise n'ont point entendu ce qu'elles ont entendu ; & que les uns ont persécuté, tourmenté, mis à mort, & les autres se sont fait persécuter, tourmenter, mettre à mort pour des allégories & des figures. Fut-il jamais prétention plus absurde & plus insensée ?

Toutes ces preuves sur la mission & la divinité de Jesus-Christ, déja invincibles par elles-mêmes, le deviennent encore davantage, si nous considérons la liaison qu'ont les miracles de Jesus-Christ avec ceux des Apôtres. Cette liaison saute aux yeux. Jesus-Christ ordonne à ses Disciples d'aller instruire toutes les nations, & de leur annoncer les vérités du salut, dont la premiere qui est le fondement de toutes les autres, est sa mission divine pour la réparation & le salut des hommes. Non-seulement il fait lui-même des miracles éclatans qui convainquent les

Apôtres de sa divine mission ; mais il leur promet encore qu'ils feront eux-mêmes de semblables miracles, pour convaincre les autres de la même vérité ; & que ceux qui croiront à leur prédication, auront à leur tour la même puissance. Si l'événement ne justifie point la promesse, Jesus-Christ n'est point envoyé de Dieu, comme il s'en est vanté ; mais si la promesse est vérifiée par l'événement, sa mission divine est incontestable. Or qu'arrive-t-il ? Les Apôtres invoquent son nom, & par cette invocation ils font des miracles sans nombre ; & ceux qu'ils convertissent font des miracles semblables. Le Déisme peut-il avoir encore quelque asyle pour se mettre à couvert de la conséquence qui résulte de tous ces faits en faveur de la mission divine de Jesus-Christ ?

Une seconde conséquence de cette liaison des miracles du Sauveur avec ceux des Apôtres & des premiers Fideles, c'est que Jesus-Christ est véritablement & proprement Dieu comme son Pere. En effet, c'est une vérité déja établie, que Dieu seul est auteur des miracles ; que les hommes les obtiennent en invoquant le Dieu tout-puissant avec une foi vive, mais que c'est Dieu seul qui les fait à leurs prieres, lorsque sa gloire est intéressée à confirmer leur mission ou leur témoignage par ces effets merveilleux. Or les Apôtres & les premiers Fideles ont invoqué Jesus-Christ dans leurs miracles. C'est au nom de Jesus-Christ que Pierre ordonne au boiteux de naissance de se lever & de marcher : c'est au nom de Jesus-Christ que le même Apôtre guérit le paralytique Enée par ces paroles remarquables : Enée, le Seigneur Jesus-Christ vous guérit, &c. Jesus-Christ est donc le seul auteur véritable des miracles dont les Apôtres & les premiers Fideles ont été les ministres : il est donc véritablement & proprement Dieu, puisque Dieu seul est auteur des miracles. D'ailleurs, les Apôtres & les premiers Fideles ont indubitablement annoncé, invoqué & adoré Jesus-Christ comme Dieu : or c'est une autre vérité déja établie que Dieu ne peut point faire des miracles pour autoriser le mensonge : donc, puisque les Apôtres & les premiers Fideles ont obtenu de Dieu des miracles pour faire croire aux hommes que Jesus-Christ est Dieu, pour les obliger à croire en lui, à l'invoquer & à l'adorer comme Dieu, il n'y a plus à douter que Jesus-Christ ne soit véritablement & proprement Dieu.

Cette conséquence détruit sans ressource la vaine conjecture que nous avons entendu proposer par les Sociniens, & par les Déistes leurs échos, contre la divinité de Jesus-Christ, & qui est uniquement fondée sur le parallele qu'ils font entre ses miracles & ceux de Moyse & des Prophetes. Moyse & les Prophetes n'ont jamais promis que l'on feroit des miracles par l'invocation de leur nom. Personne n'en a jamais fait non plus au nom de Moyse, d'Isaïe ou de Pierre, ou de Paul ; mais Jesus-Christ a promis qu'on en feroit en son nom. « Voici, dit-il à ses Disciples, les » miracles que feront ceux qui auront reçu la » foi. Ils chasseront les démons en mon nom, » ils parleront de nouvelles langues, ils guéri- » ront les malades, &c. ». Aussi est-ce au nom de ce Sauveur tout-puissant que tous les miracles de l'Eglise Chrétienne ont été faits : donc le parallele entre ses miracles & ceux de Moyse & des Prophetes ne peut être employé que pour montrer que Jesus-Christ doit être cru dans ce qu'il établit & confirme par ses miracles, comme Moyse & les Prophetes devoient être crus dans ce qu'ils établiſſoient & confirmoient par la même voie. Mais ce parallele laiſſe ſubſiſter en entier la différence infinie qu'il y a entre Jeſus-Chriſt, & Moyſe & les Prophetes, dont les miracles concourent tous à prouver, non leur propre divinité, mais celle du Meſſie qu'ils promettoient de la part de Dieu.

Il reſte encore à réſoudre une objection qui ne nous arrêtera pas long-temps, parce que nous y avons déja répondu en partie dans l'article des Prophetes (*ſuprà*). Ceux qui ſont frappés des miracles qu'on attribue à Jeſus-Chriſt, diſent les Incrédules, peuvent les regarder, s'ils le veulent, comme une preuve invincible & triomphante de ſa miſſion & de ſa divinité. Mais tout le monde n'eſt pas obligé d'embraſſer leur maniere de penſer. On ne nous perſuadera point que tous ceux qui parmi les Juifs & les Gentils ont vu ces miracles, & ne s'y ſont pas rendus, manquaſſent d'eſprit ou de bonne-foi. Si ces prodiges ne leur ont point fait d'impreſſion, c'eſt qu'ils ne leur ont point paru convaincans.

Cela peut être, mais il ne s'enſuit point delà que les miracles de Jeſus-Chriſt & des Apôtres ne ſoient point effectivement convaincans. Sur quoi doit-on juger de la force d'une preuve ? Eſt-ce par l'impreſſion qu'elle fait ſur les eſprits, ou par celle qu'elle devroit y faire. La queſtion ne doit pas ſouffrir de difficulté. On appelle preuve invincible, celle qui de ſa nature doit ſubjuguer, pour ainſi dire, l'eſprit, & lui arracher ſon conſentement : telle eſt une démonſtration mathématique ; mais produit-elle toujours cet effet ? Et combien d'eſprits lourds & inappliqués, ſur leſquels ces ſortes de démonſtrations ne font pas la plus légere impreſfion ! Dira-t-on pour cela qu'elles ne font pas des preuves invincibles ? Or il en eſt de même de la preuve des miracles ? Elle eſt de nature à ſubjuguer l'eſprit, & à lui arracher ſon conſentement ; mais les paſſions viennent à la traverſe : on eſt prévenu contre une doctrine qui les condamne & les gêne ; le cœur corrompt & aveugle l'eſprit, & l'on ferme l'oreille à la voix de Dieu qui ſe fait entendre. C'eſt ce qui eſt arrivé à ces Juifs & à ces Gentils qui ne ſe ſont pas rendus aux miracles de Jeſus-Chriſt & des Apôtres. Les premiers n'en étoient-ils pas venus à cet excès de fureur, que de vouloir tuer Lazare, dont ils ne pouvoient nier la réſurrection ? Les ſeconds n'intentoient-ils pas aux Chrétiens la folle accuſation de magie, plutôt que de reconnoître le doigt de Dieu dans leurs miracles ? Et voilà les hommes de bon-ſens & de bonne-foi que les Déiſtes nous allèguent contre la preuve invincible de la miſſion divine de Jeſus-Chriſt qui réſulte de ſes miracles & de ceux de ſes Apôtres !

D'ailleurs, ce principe des Mécréans, qu'une preuve ne doit être claire & triomphante, que lorſqu'elle eſt univerſellement adoptée, ouvre la porte au Pyrrhoniſme, & même à l'Athéiſme. Car 1°. quelle eſt la vérité, quelque excellente preuve qu'on en donne, qui n'ait trouvé des adverſaires, & quelle eſt l'erreur ſi abſurde qu'elle ſoit qui n'ait trouvé des protecteurs ? Ce qui fait dire à Cicéron (*lib. de Divinat.*) Il n'y a rien de ſi déraiſonnable qui ne trouve quelque défenſeur parmi les Philoſophes & les Savans. Ainſi dans ce ſyſtême tout ſeroit flottant & incertain dans le dogme, dans la morale, dans les ſciences profanes, ſur leſquelles il s'en faut de beaucoup que tous les hommes ſoient d'accord, les uns trouvant clair & prouvé ce que les autres estiment obscur & peu fondé. La vérité porte toujours avec elle sa démonstration; & si tout le monde ne l'apperçoit pas, c'est l'effet de la foiblesse de l'esprit, ou de la force des passions. 2°. Ce principe conduit à l'Athéisme. En effet les Athées ne trouvent rien moins qu'invincibles & triomphantes les preuves que l'on donne de l'existence de Dieu. Faudra-t-il pour cela qu'on les regarde comme incertaines, & qu'on mette ce dogme capital au rang des opinions indifférentes, qu'on peut suivre ou abandonner sans inconvénient? Les Déistes eux-mêmes le souffriroient-ils? Et pour revenir à l'objection; qui ne sent pas que l'orgueilleuse idée d'un Messie conquérant avoit mis sous les yeux de la plupart des Juifs attachés aux choses de la terre, un bandeau que les miracles mêmes d'un Messie pauvre, humble & méprisé, ne pouvoient entiérement arracher. Et à l'égard des Gentils, un grand nombre enivré des folies du Paganisme, ne vouloit rien voir de plus clair dans les miracles du Sauveur que dans les vains prestiges de l'idolâtrie, comme il paroît par Celse, Julien l'Apostat, & beaucoup d'autres dont les passions interceptoient les vives lumieres de l'Evangile. Tel a été le principe de l'aveuglement des uns & des autres.

Jesus-Christ lui-même résume en deux mots (Jean 5) tout ce que nous avons dit du témoignage des prophéties & des miracles. « Si je rends
» témoignage de moi-même, dit-il, mon témoi-
» gnage n'est pas véritable ». Il ajoute : « Ce n'est
» pas non plus des hommes que je reçois témoi-
» gnage; mais c'est mon Pere qui m'a envoyé
» qui rend lui-même (un double) témoignage
» de moi ». Le second, ce sont les œuvres que

son Pere lui a donné pouvoir de faire. « Ces œu-
» vres que je fais, continue-t-il, rendent témoi-
» gnage pour moi que c'est le Pere qui m'a
» envoyé ».

La Résurrection de Jesus-Christ est le plus grand
de tous ses miracles ; elle met le comble à
tous les autres, & prouve invinciblement sa
mission & sa divinité. On en démontre la cer-
titude.

Le miracle de la résurrection de Jesus-Christ
étant prouvé, tous les autres le sont. Si cette
résurrection n'étoit pas vraie, Jesus-Christ qui
l'avoit prédite, ne pourroit pas être regardé
comme le Messie promis, & tous les miracles
que les Apôtres rapportent seroient ou des
prestiges, ou de pures fables ; mais si Jesus-
Christ est ressuscité, tous les miracles que les
Apôtres assurent qu'il a faits pendant sa vie, sont
vrais à la lettre ; car Dieu auroit-il muni un imposteur du sceau de son approbation en le res-
suscitant des morts ? Et celui qui auroit fait le
plus, ne pouvoit-il pas faire le moins ? Celui
qui s'est ressuscité lui-même, n'auroit-il pas pu
ressusciter d'autres personnes, rendre la vue aux
aveugles, l'ouie aux sourds ? &c. Tout dépend
donc dans la mission & l'œuvre de Jesus-Christ
de la certitude de sa résurrection ; & c'est pourquoi S. Paul disoit aux Corinthiens : « Si Jesus-
» Christ n'est point ressuscité, notre prédication
» est vaine, & votre foi est vaine aussi ; vous
» êtes encore engagés dans vos péchés. Nous
» sommes même convaincus d'être de faux
» témoins à l'égard de Dieu, comme ayant
» rendu ce témoignage contre Dieu même qu'il
» a ressuscité Jesus-Christ, qu'il n'auroit pas

» néanmoins ressuscité ». Or le témoignage que les Apôtres ont donné de la résurrection de Jesus-Christ, & qui fait le fondement de sa certitude, est inébranlable, soit en lui-même, soit par le témoignage de Dieu même, qui l'a confirmé de la maniere la plus éclatante.

1º. Le témoignage donné par les Apôtres à la résurrection de Jesus-Christ ne peut nous tromper. Ils étoient contemporains du fait qu'ils annonçoient. Ce n'est point sur des rapports mal approfondis ; c'est un événement qu'ils ont vu de leurs yeux. On ne peut donc croire qu'ils aient été trompés, moins encore qu'ils fussent trompeurs. Comment l'auroient-ils été ? Sont-ce des hommes dressés à la science de feindre, ou sont-ils d'un crédit à soumettre la multitude par leur autorité ? Ont-ils des appuis secrets ? La politique a-t-elle intérêt de fortifier la séduction ? Ce qu'ils racontent est-il de l'ordre naturel des choses ? Prêchent-ils ces événemens en tremblant, & en se cachant ? Leurs discours sont-ils enveloppés comme ceux des imposteurs ? Ont-ils tout à gagner s'ils persuadent ? N'ont-ils rien à perdre s'ils sont démentis ? Sont-ils favorisés par les préjugés de la nation ? Enfin, reconnoît-on leur fraude à quelques traits ? Se sont-ils contredits ? Non. Une persécution inévitable se présente à eux : ils sont menacés de tourmens & de la mort. Il n'y a de salut pour eux que dans la rétractation, & jamais le dédit n'échappe de leur bouche. Etrange imposture ! Des hommes soutiennent sans intérêt un mensonge inutile : ils soutiennent contre tout intérêt un mensonge qui va les perdre ! Il n'y a point d'exemple d'une pareille imposture. Il est inconcevable qu'on aille délibérément à la mort, en vue d'une fausseté connue comme telle. Un homme de ce caractere seroit un prodige, mais douze hommes de même génie, cela n'est pas concevable. On peut montrer une foule de Grecs & de Romains qui se sont dévoués à la mort pour la Patrie & la Religion, pour la gloire & la réputation d'un grand nom ; mais a-t-on vu un seul homme s'exposer à une mort certaine pour soutenir une imposture qu'il regardoit comme telle, & qui ne pouvoit que lui attirer une éternelle infamie ? Il est vrai que le cœur humain est capable de grandes extravagances ; mais nous ne voulons néanmoins que ce qui peut nous rendre heureux, soit que cette béatitude soit réelle, soit qu'elle soit imaginaire. Quel est donc le grand avantage que les Apôtres pouvoient se promettre en mourant pour une imposture connue comme telle ? Seroit-ce l'espoir d'une éclatante réputation ? Mais en considérant le caractere des Apôtres, peut-on les supposer épris d'une pareille chimere ? quand ils l'auroient été, est-ce par la fourberie qu'on s'éternise avec honneur ? Ils vouloient établir la réputation de Jesus-Christ. Il avoit dit que trois jours après sa mort il ressusciteroit. S'il n'est pas ressuscité, devoient dire les Disciples, il est un faux-prophete, un trompeur ; or il n'est point ressuscité, nous le savons : donc il est absurde de croire en lui. Ce raisonnement est très-simple, & l'on ne sauroit se défendre de croire que les Apôtres l'auroient fait dans la supposition que Jesus-Christ ne fut pas ressuscité. Mais s'ils l'ont fait, comment ont-ils affronté les supplices & le martyre pour la gloire d'un imposteur dont la fausse prédiction déposoit contre lui ? S'il les avoit trompés durant sa vie, n'étoit-ce pas ici qu'il falloit s'en désabuser ? Dira-t-on que la honte de se dédire ait été

Cr Tome II.

plus puissante en eux que l'amour de la vie ; qu'ils aient parcouru toute la terre pour la soumettre à ce qu'ils ne croyoient pas eux-mêmes, & qu'ils aient scellé ce faux-témoignage de leur sang. Si cela étoit, il faudroit aller jusqu'à dire que les Apôtres étoient des Athées qui ne croyoient rien après la mort, ni qu'il y eût un Dieu vengeur de l'imposture & des sermens. Comment concilier ce système impie avec les travaux immenses de l'Apostolat ? Comment l'unir avec ces notions de la Divinité si sublimes, si vives, si nobles, dont leurs discours sont remplis, & avec cette morale qui ne respire que le dégoût des biens présens & l'amour des biens éternels.

2°. Tout le monde convient qu'un fait devient plus constant, à mesure de la répugnance que ceux qui l'annoncent ont eue d'abord à le croire eux-mêmes. Le doute des Apôtres & des Disciples, leur refus de croire, prouvent qu'ils ont été précautionnés contre l'erreur, & qu'ils firent ce que nous aurions fait en pareil cas pour l'éviter. Or jamais hommes ne furent moins portés que les Apôtres à croire le prodige de la résurrection de leur Maître. Qu'on lise l'Evangile, on ne peut guères concevoir une incrédulité plus opiniâtre. Si donc ils l'ont cru, c'est qu'ils en étoient convaincus par la force de l'évidence ; & j'entends celle des sens, de toutes les dépositions la moins suspecte & la plus fidele. S'ils doutoient après une premiere apparition, une seconde les rassuroit ; si après une seconde ils doutoient, la troisieme écartoit toute hésitation. De jour en jour se déployoient pour eux de sensibles démonstrations d'un même fait ; & dix apparitions successives en divers lieux, temps, personnes, circonstances toujours nouvelles, achevoient de porter le prodige au plus haut degré de certitude.

3°. Quand il y a deux partis opposés, dont l'un publie un fait important & contraire à l'intérêt de l'autre; quand d'ailleurs ce fait ne porte point de marques qu'il soit avancé par dépit ou par vengeance, si le parti au désavantage duquel ce fait est produit, ne prend pour s'en défendre un soin proportionné à l'importance de l'accusation, on peut dire qu'il avoue tacitement le fait, & qu'il abandonne sa cause comme perdue. C'est un principe universellement adopté, & par lequel se termine dans nos Tribunaux une partie de nos disputes. Or voilà deux partis: Les Juifs accusent les Disciples d'avoir enlevé le corps de Jesus-Christ: les Disciples répondent que les Juifs sont des menteurs & des calomniateurs, & ils produisent plus de cinq cents témoins de la résurrection de Jesus-Christ. La présomption d'abord est pour eux; car il leur étoit cent fois plus difficile d'avoir gagné un si grand nombre de témoins, qu'aux Juifs d'avoir gagné quelques soldats à force d'argent. La calomnie n'est donc pas sans apparence. Mais si elle tombe sur les Juifs, elle déshonore sur-tout les Prêtres & les Juges, c'est-à-dire, ce qu'il y a de plus respecté dans la nation; & alors ce sont des hommes sans probité, sans conscience, sans honneur, sans religion, qui ont eu recours à la voie honteuse du faux-témoignage. Cependant que font-ils pour se justifier du reproche des Apôtres? Rien du tout. Que disent-ils? Pas un mot. En citant les Apôtres à leur tribunal, ils ne leur reprochent point d'avoir enlevé le corps de Jesus, ni de les avoir calomniés, en disant qu'ils avoient corrompu la garde. Il y a plus: l'histoire de l'Evangile se répand; elle passe jusqu'aux peuples les plus reculés. Les Juifs y sont accusés d'imposture, & la Synagogue n'oppose aucun écrit, aucune apologie, nulle réponse. Elle peut contraindre les Chrétiens de vérifier ce qu'ils avancent; elle le doit, elle a la force en main. Qu'a-t-elle à craindre d'une secte qui ne fait que de naître ? Toutefois elle se tait, & laisse sans opposition s'accréditer le reproche qui la condamne. Ce silence n'est-il pas la pleine conviction des coupables qui ne savent où prendre des répliques ?

On auroit beau dire : Les Juifs pensoient que le Christianisme tomberoit dès sa naissance, & voilà pourquoi ils ont négligé de répondre à l'imputation des Apôtres. Mais 1°. ç'auroit été le faire tomber effectivement dès sa naissance, que de montrer la prétendue imposture des Apôtres. 2°. Quand la foi commença à s'étendre par-tout, & qu'un grand nombre même de Juifs l'embrasserent, c'étoit le moment, ou jamais, de se récrier contre l'imposture, & de rompre le silence. Dans une conjoncture si pressante, ne rien dire, c'étoit parler contre soi; c'étoit consentir à sa propre diffamation. En vain, ajouteroit-on : Les Juifs ont persécuté l'Eglise pendant les quarante ans que leur République a subsisté depuis la résurrection de Jesus-Christ. Cela ne suffisoit-il pas ? Non. Est-ce que c'étoit par des moyens violens qu'il falloit détruire des raisons & des faits ? Plus il est vrai que les Juifs n'ont embrassé que cette ressource, plus il est démontré qu'ils n'avoient qu'elle, & que le chagrin d'être convaincus, & de ne pouvoir rien opposer, ne les portoit plus qu'à des excès. 4°. C'est une maxime inébranlable, qu'un fait est certain, lorsque ceux qui ont le plus d'intérêt à le nier, ne lui opposent qu'une explication absurde, & recourent à un dénouement impossible. La maniere naturelle de procéder à la réfutation d'un fait, est de montrer qu'il ne peut être, ou parce que les circonstances en sont contradictoires, ou parce que les témoignages de ceux qui le rapportent se contrarient, ou parce que d'autres, d'une égale ou d'une plus grande autorité, les détruisent. C'est de la sorte qu'on a toujours éclairci les faits douteux, & la critique ne connoît point d'autre regle pour guider ses jugemens. Si les Juifs vouloient contester la résurrection de Jesus-Christ, il falloit donc la montrer impossible ; ils ne l'ont pas fait : en attaquer les circonstances, ils n'y ont seulement pas pensé : infirmer par de solides raisons le témoignage des Disciples, & lui en opposer de plus authentiques, ils ne l'ont pas même entrepris. Qu'est-ce donc qu'ils ont fait ? Ce qu'ils pouvoient faire de plus absurde. Ils ont dit que les Apôtres avoient enlevé le corps de leur Maître, & qu'ils avoient répandu qu'il étoit sorti vivant du tombeau. Mais c'est une fable démentie par la conduite même des Juifs. N'est-il pas avoué par eux qu'ils avoient mis des gardes au tombeau pour en défendre les approches, & qu'ils en avoient scellé la pierre ? Ils ont donc pris pour se garantir du piege tout ce que la prudence humaine pouvoit imaginer de mesures. Comment les Disciples auroient-ils pu tromper cette vigilance ? Ils sont venus pendant la nuit lorsque la garde dormoit. Mais quoi ! pas un des soldats ne s'est éveillé par le bruit qu'il falloit faire en renversant la pierre du tombeau. Voilà ce qu'on ne peut croire, & qu'on a honte de réfuter. D'ailleurs, si les soldats dormoient, comment ont-ils pu savoir qui avoit enlevé le corps ?

comment peut-on en conclure que Dieu n'auroit pas reſſuſcité Jeſus-Chriſt ? Quels témoins que des témoins endormis !

Qu'on nous accorde que les Apôtres ont été des hommes tant ſoit peu raiſonnables, on le doit juger par toute leur conduite : je dis que dans cette ſuppoſition ils n'ont pu concevoir le projet qu'on leur impute. J'avoue pour un inſtant que le projet en étoit poſſible, mais auſſi l'entrepriſe pouvoit échouer. Si le hazard l'a ſecondé, les Apôtres réuſſiront dans leur impoſture ; mais ſi le hazard la déconcerte, Jeſus-Chriſt & ſes Apôtres ſont flétris, & leur mémoire eſt en exécration à jamais. Or il y avoit pour un mille à parier, que l'entrepriſe ne réuſſiroit pas. Un coup heureux pouvoit naître, mais les dangers & les contre-temps funeſtes étoient ſans aucune comparaiſon plus vraiſemblables ; & s'il en arrivoit un, tout le fondement du Chriſtianiſme étoit renverſé. Or eſt-il croyable que dans une conjoncture ſi délicate, où il y avoit tout à riſquer, & toutes les apparences concevables de perdre, les Apôtres, en leur accordant quelques rayons de bon-ſens & de raiſon, aient penſé à l'enlevement de leur Maître pour annoncer après comme véritable ſa feinte réſurrection, ſur-tout ſi l'on ſe repréſente d'une part qu'ils étoient d'un caractere timide, qu'ils s'étoient enfui durant ſa Paſſion, & qu'ils avoient rougi de le reconnoître ; & de l'autre, que l'idée d'un homme reſſuſcité étoit étrangement éloignée de leurs penſées, & qu'ils avoient eu toutes les peines du monde à croire ſa réſurrection. Dira-t-on que pour l'exécution ils employerent des hommes auſſi perdus qu'eux, mais plus hardis ? C'eſt conjecturer ſans aucun motif de conjecture. Quel prix, quelle récompenſe ces impoſteurs subalternes pouvoient-ils recevoir des Apôtres ? Eux-mêmes étoient dans l'indigence, & n'avoient à attendre que des persécutions. Est-ce en pareille circonstance que des hommes, sans aucune espérance qu'il puisse leur en revenir d'autre avantage que d'être poursuivis, si on les découvre, favoriseront le crime & l'injustice ?

5°. Enfin un fait est certain lorsqu'on ne peut le nier, qu'aussi-tôt on ne tombe en des absurdités insoutenables. Les Géometres emploient souvent cette maniere de raisonner, & elle décide. On n'a pas toujours des preuves directes ; elles sont suppléées par la voie des conséquences absurdes, toujours inséparables de faux principes. Or en supposant que Jesus-Christ n'est pas ressuscité, l'incrédule tombe dans une foule d'inconséquences de cette espece.

1°. Si Jesus-Christ n'est pas ressuscité, il sera vrai que douze pêcheurs, sans expérience & sans aucun appui, l'auront emporté par la fraude la plus grossiere sur les ennemis de leur doctrine les plus éclairés, les plus instruits, les plus artificieux. Une poignée d'hommes méprisés, haïs, persécutés, sans talens pour plaire, sans preuves pour convaincre, auront fait plier tout-à-la-fois l'autorité, la politique, la multitude, il sera vrai qu'en promenant par toute la terre une doctrine bizarre, contraire à la Religion de tous les peuples, combattue par tous les Savans & les Philosophes, inconcevable à la raison humaine, opposée aux préjugés universels, auront renversé toutes ces religions, fait taire tous les Sages, dissipé toutes les préventions, changé toutes les idées ; & cela par la seule exposition du fait le plus extravagant en apparence, & le plus destitué de certitude. Il sera vrai que les hommes les plus vils auront fait ce que les puissances les plus accréditées, les plus absolues, ne sauroient accomplir, n'oseroient même entreprendre. Il sera vrai que durant dix-huit cents ans, on n'aura su trouver le mot de l'énigme, ni inventer un dénouement tant soit peu vraisemblable à ce prodige de séduction.

2°. Si Jesus-Christ n'est point ressuscité, il devient évident que Dieu favorise le mensonge ; c'est lui qui auroit rendu croyable la feinte résurrection d'un imposteur par les miracles innombrables, dont ce même imposteur auroit garanti la vérité de sa parole ; c'est lui qui auroit tendu des pieges à la raison humaine par la puissance des prodiges qu'il accordoit aux Apôtres en témoignage d'un fait chimérique. Or Dieu ne pouvant ainsi induire les hommes en erreur, il s'ensuit incontestablement, non-seulement que le témoignage donné par les Apôtres à la certitude de la résurrection de Jesus-Christ est inébranlable en soi, mais encore qu'il a été confirmé par le témoignage infaillible de Dieu même.

Or la résurrection de Jesus-Christ une fois démontrée, la Religion Chrétienne est nécessairement vraie, sa divinité est incontestable, & l'incrédulité réduite au silence : Aussi est-ce contre cet article fondamental que les Mécréans anciens & modernes ont spécialement dirigé leurs attaques, mais sans succès : ils ne prouvent ni n'établissent rien ; tous leurs assauts se bornent à former des difficultés dont la futilité n'est pas difficile à découvrir, comme on va le voir dans la discussion abrégée que nous en allons faire.

Ces Messieurs produisent deux sortes d'objections ou d'accusations contre la résurrection de Jesus-Christ. Par les unes ils soutiennent que la résurrection elle-même, ou ce qui se passa dans cette rencontre, n'étoit que fourberie ; & par les autres ils prétendent que le témoignage rendu en faveur de cette résurrection est un témoignage supposé & insuffisant pour établir la créance d'un événement si extraordinaire.

Il y a aussi, selon eux, trois différens temps ou périodes à considérer. Le premier comprend le ministere de Jesus-Christ, & finit à sa mort. Ils supposent que durant ce période la fraude fut concertée & ménagée ; le second s'étend depuis sa mort jusqu'à sa resurrection. Ils prétendent que durant ce période la fraude fut exécutée ; le troisieme commence à la résurrection, & renferme tout le ministere des Apôtres.

A l'égard du premier de ces périodes, & de la fraude dont on accuse Jesus, cette accusation n'est soutenue d'aucune preuve, & même tout ce que les Evangélistes rapportent de ce divin Sauveur la combat formellement. Supposer, comme font les incrédules, que si nous avions des livres Juifs de ce temps-là, nous découvririons peut-être l'imposture, ce n'est pas alléguer des preuves, mais en désirer. Car comment l'incrédule sait-il qu'il y a eu de tels livres ; & puisqu'ils sont perdus, comment sait-il ce qu'ils contenoient ? Peut-être que si nous les avions aujourd'hui, ils prouveroient d'une maniere incontestable la vérité des faits rapportés dans les Evangiles.

L'incrédule représente les Juifs comme un peuple fort crédule & superstitieux, très-attaché aux prédictions & aux prophéties ; & qui en particulier attendoit impatiemment, environ dans le temps où Jesus-Christ parut, la venue d'un

Prince victorieux qui devoit s'élever au milieu d'eux, & leur soumettre toute la terre. Les Mécréans produisent ce fait comme le fondement des soupçons qu'ils font; & ils observent qu'en effet plusieurs imposteurs établirent sur ces notions du peuple leurs prétentions à la qualité de Messie : d'où ils inferent que Jesus-Christ en profita aussi pour former son plan là-dessus.

Mais en examinant la chose sans prévention, il paroît clairement que Jesus-Christ étoit si éloigné de tirer avantage des fausses notions dont il s'agit, & d'abuser de la crédulité du peuple, que son principal soin fut de dissiper ces préjugés, & de combattre ces superstitions; de maniere, qu'au lieu de se concilier ses compatriotes, comme il l'auroit dû faire dans le plan qu'on lui attribue, il s'attira leur disgrace, & souffrit la mort qu'il pouvoit éviter, comme un homme qui dans leur opinion renversoit la Loi & les Prophetes. Loin d'aspirer à un pouvoir temporel, il le refuse quand on le lui offre; loin de donner à ses Disciples la moindre espérance de grandeur mondaine, il les exhorte à *porter leur croix, & à le suivre;* & c'est à ces conditions qu'il invite les hommes à embrasser sa doctrine. C'est même une chose très-remarquable, qu'après qu'il eut prédit sa mort & sa résurrection, il continua d'avertir ses Disciples des maux qu'ils auroient à souffrir, de leur dire que le monde les haïroit, & les maltraiteroit : ce qui arriva effectivement, & montre qu'il n'y a aucune apparence qu'il tramât alors un complot, & qu'il encourageât ses Disciples à l'exécuter.

Mais quelque mal-fondée que soit cette accusation, les incrédules ne peuvent éviter de la faire. Car Jesus-Christ ayant prédit sa résurrection, si cette résurrection n'est qu'une imposture, il en étoit certainement complice, & par conséquent le complot avoit été formé pendant sa vie. Mais supposer que Jesus-Christ fût capable d'une pareille fraude dans les circonstances où il se trouvoit, c'est faire une supposition contraire à la vraisemblance. Il n'est nullement probable que ni lui, ni aucun homme au monde, eût voulu, sans y être porté par aucune tentation, forger une imposture qui ne devoit avoir lieu qu'après sa mort. Et quand on accorderoit que cela pourroit être, n'est-ce pas une chose absolument incroyable qu'il eût voulu en avertir publiquement tout le monde, & par là faire que chacun se tînt en garde contre l'imposture, sur-tout si l'on considere qu'il n'y avoit que quelques femmes & douze hommes sans biens, sans crédit, sans éducation, sans science, sans politique, pour ménager ce complot, tandis qu'il y avoit le pouvoir réuni des Juifs & des Romains pour s'y opposer?

Les incrédules sentent la difficulté, & pour s'en tirer, ils représentent Jesus-Christ comme un enthousiaste, & ses Disciples comme les seuls imposteurs. Mais ils ne se soutiennent pas dans ce poste, qu'ils ne peuvent prouver être tenable, d'autant plus que l'enthousiaste est aussi opposé au caractere & à toute la conduite de Jesus-Christ, que la fraude même peut l'être : outre que cette supposition, quand on accorderoit qu'elle seroit bien fondée, ne regarde que lui seul, & fait retomber l'accusation de fraude dans toute son étendue sur les personnes qui ménageront le complot depuis sa mort; & par conséquent elle n'est d'aucun usage, à moins que la fraude ne paroisse manifestement après ce temps-là. Car si la résurrection de Jesus-Christ fut réelle, cela suffit pour répondre à l'accusation d'enthousiaste.

Passons donc à la seconde période, ou à ce qui arriva entre la mort & la résurrection de Jesus-Christ. Ici les incrédules & les Chrétiens conviennent de part & d'autre qu'en effet il mourut, & fut mis dans le tombeau. Jusques-là il n'y avoit donc point de fraude. Pour mieux comprendre l'accusation qu'on forme dans cet endroit, il faut se rappeller que les Juifs demanderent des gardes à Pilate, selon l'un des Evangélistes ; que Pilate les leur accorda, & qu'ils scellerent la pierre du sepulcre. Le même Evangéliste ajoute que les gardes virent des Anges rouler la pierre du sépulcre, & qu'ils furent si effrayés, qu'ils en devinrent comme morts. Revenus à eux ils s'enfuirent, & quelques-uns d'entr'eux étant allés à la ville rapporterent aux principaux Sacrificateurs ce qui venoit de se passer. Aussi-tôt le Conseil s'assembla, & on y résolut d'engager à force d'argent les soldats à publier que, pendant qu'ils dormoient, on avoit enlevé le corps de Jesus, comme aussi de les excuser auprès de Pilate de ce qu'ils s'étoient tous endormis, dans le temps qu'ils étoient en fonction.

Les incrédules soutiennent que le rapport des soldats, après qu'ils eurent été subornés par les principaux Sacrificateurs, est l'histoire fidele de cette prétendue résurrection. Ils sentent néanmoins très-bien une difficulté qui se présente naturellement ici ; savoir comment les Juifs ajouterent foi à la prédiction de Jesus-Christ. Car s'il étoit vrai, comme ils le disent, que les Juifs le regardoient comme un imposteur, quelle raison avoient-ils de faire attention à sa prédiction ? Par conséquent cette précaution-là même qu'ils prirent, prouve l'intérêt qu'ils y avoient, & même qu'ils n'étoient pas convaincus que ses prétentions fussent mal-fondées. Pour obvier à cette difficulté, ces Messieurs disent que les Juifs avoient auparavant découvert une grande fourberie dans la résurrection de Lazare ; de sorte que, craignant quelque chose de semblable dans Jesus-Christ qui avoit prédit qu'il ressusciteroit, ils prirent la précaution des gardes & du scellé. Mais cet argument tiré du cas de Lazare, n'a aucun fondement dans l'Histoire : c'est une pure supposition ; & d'ailleurs, on ne trouve point la moindre chose qui puisse donner lieu de penser que les Juifs dans toute cette affaire eussent aucun égard particulier à la résurrection de Lazare. De plus, s'ils avoient eu un juste sujet d'y soupçonner de la fraude, pourquoi n'en firent-ils pas mention dans le procès de Jesus-Christ ? C'étoit-là une belle occasion de dévoiler toute cette imposture, & de désabuser le peuple.

Une autre circonstance à examiner, c'est celle du sceau qu'on apposa à la pierre qui fermoit le sépulcre. Les incrédules supposent à cet égard une espece de traité entre les Juifs & les Disciples de Jesus-Christ ; mais c'est ce dont il n'y a pas la moindre preuve, & qui est même contraire à toute la suite de l'Histoire. Quand Jesus-Christ fut arrêté, les Disciples s'enfuirent & se cacherent, appréhendant qu'on ne les fît mourir avec leur Maître ; & après sa mort ils étoient si éloignés de s'engager à quoi que ce soit en faveur de sa résurrection, ou d'entrer dans aucune convention avec les Princes des Prêtres, que tout leur soin fut de se dérober à leur perquisition. La simple exposition du fait détruit toute pareille hypothese. Les Juifs ayant posé une garde près du sépulcre en scellerent l'entrée, pour prévenir toute espece de complot & de fraude de la part des soldats eux-mêmes ; ce qui paroît être une raison claire & satisfaisante de leur conduite dans cette rencontre. A cela l'incrédule répond qu'il est certain que le scellé des Juifs fut rompu, & que, s'ils l'avoient apposé pour tenir en bride les soldats Romains, ceux-ci consentirent donc probablement à la fraude ; & alors il est aisé de comprendre comment le corps de Jesus-Christ fut enlevé. Remarquons ici que ce soupçon ne s'accorde ni avec la relation des Evangélistes, ni avec la fable que les Juifs firent courir dans le monde ; de sorte qu'il n'est absolument soutenu d'aucune preuve. Il n'a pas non plus la moindre probabilité ; car qu'est-ce qui auroit pu porter les soldats Romains à laisser enlever le corps de J. C. pour faire croire au peuple qu'il étoit ressuscité ?

Quel avantage auroient-ils trouvé à tremper dans cette fourberie ? Les Apôtres, quand ils en auroient été capables, étoient-ils en état de les récompenser, soit par des sommes d'argent, soit par leur crédit ? Et que n'auroient pas risqué ces soldats très-gratuitement, si cet horrible complot eût été découvert ?

Une troisieme circonstance sur laquelle l'incrédule insiste, comme sur une preuve de fraude, c'est que Jesus-Christ ressuscita avant le temps qu'il avoit lui-même prédit. Ces impies supposent que les Disciples hâterent l'éxécution de leur complot, sachant bien qu'ils ne pourroient en venir à bout en présence d'une multitude de peuples qui viendroient le jour marqué au sépulcre, afin de voir ce qui s'y passeroit. Mais comment l'auroient-ils fait ? Ils étoient dispersés, & ils se tenoient cachés, parce qu'ils craignoient les Juifs. Eh ! qu'auroient-ils gagné, en avançant l'exécution de ce prétendu complot ? Les gardes n'étoient-ils pas auprès du sépulcre lorsque la résurrection arriva, & probablement en assez grand nombre pour s'opposer à la violence, & certainement assez pour s'en appercevoir. Il faudroit donc dire qu'ils étoient eux-mêmes du complot ; mais on vient de voir combien cette idée est fausse & peu fondée.

Cette difficulté est donc uniquement appuyée sur la maniere de compter le temps. Jesus-Christ mourut le Vendredi, & ressuscita le Dimanche matin. Il s'agit de savoir si l'on peut dire en conséquence qu'il est ressuscité le troisieme jour, comme il l'avoit prédit. La chose est aisée à éclaircir, quand on sait que c'étoit une maniere de parler commune aux Juifs & aux autres peuples, lorsqu'ils faisoient mention d'un certain nombre de jours & d'années, d'y comprendre le premier & le dernier de ces jours, ou la premiere ou la derniere des années pour former la somme totale. Jesus-Christ (en saint Jean, 2,) dit : Détruisez ce temple, je le rebâtirai en trois jours ; (en saint Luc, 24), les Anges disent aux femmes : Il falloit que le Fils de l'Homme fût crucifié, & qu'il ressuscitât le troisieme jour ; (en S. Marc, 8,) il est dit : Qu'il devoit ressusciter après trois jours, ou au bout de trois jours ; (en saint Matthieu, 12) Qu'il devoit être dans le sein de la terre trois jours & trois nuits. Ces expressions sont équivalentes ; car on comprend toujours la nuit dans le jour, quand on désigne un certain espace de temps par tant de jours. Ainsi deux jours ou deux jours & deux nuits sont la même chose. Grotius (*in Matth.*

27, 63,) & d'autres Commentateurs ont prouvé que cette expreſſion *après trois jours* marque trois jours incluſivement. Or Jeſus mourut le Vendredi ; il demeura tout le Samedi dans le ſépulcre, & reſſuſcita le Dimanche matin. Les Juifs ne pouvoient avoir aucun doute à cet égard ; car c'eſt ainſi qu'ils l'entendoient dans l'un des plus grands points de leur loi. Tout enfant mâle devoit être circoncis le huitieme jour. Comment comptoient-ils les jours ? Le jour de la naiſſance en étoit un, & le jour de la Circonciſion un autre ; & quoique l'enfant fût né vers la fin du premier jour, il pouvoit être circoncis à quelque heure que ce fût du huitieme jour. Ce n'eſt donc pas une choſe ni nouvelle ni étrange, que dans le cas que nous examinons, le troiſieme jour ſoit compris dans le nombre marqué, quoique Jeſus-Chriſt reſſuſcitât au commencement même de ce jour-là. Il paroît bien plus étrange de compter les années de cette maniere; & cependant c'eſt la méthode conſtante du canon de Ptolémée. Si un Roi a vécu au-delà du premier jour d'une année, & qu'il ſoit mort la ſemaine d'après, cette année entiere eſt miſe au nombre des années de ſon regne.

Comme les objections qui ont rapport à cette ſeconde période, ſont fondées ſur la fable de l'enlevement du corps de Jeſus-Chriſt, il eſt aiſé de montrer par l'Hiſtoire que les Juifs eux-mêmes n'y ajouterent aucune foi. Car 1°. lorſqu'ils eurent les Diſciples en leur pouvoir, ils ne les rechercherent point pour cette impoſture, comme on l'a remarqué plus haut : cependant qui ne voit qu'ils y avoient un intérêt tout particulier à le faire ? On n'imagine pas ce que les incrédules peuvent répliquer à cet argument.

2°. Cela paroît encore par la maniere dont le Roi Agrippa répondit à saint Paul: *Peu s'en faut que vous ne me persuadiez de devenir Chrétien*; déclaration qu'un Prince n'auroit pu faire à un homme engagé dans une imposture manifeste.

3°. La même chose se prouve par l'avis que Gamaliel donna au Conseil des Juifs de laisser aller les Apôtres sans leur faire aucun mal; *de peur*, dit-il, *qu'ils ne se missent en danger de combattre contre Dieu même*. Supposition absolument incompatible avec la persuasion où l'on veut que les principaux Juifs fussent, que les Apôtres s'étoient rendus coupables de fraude en ménageant le complot de la résurrection de Jesus-Christ. Les incrédules répliquent : L'avis de Gamaliel ne portoit que sur le grand nombre de gens qui avoient été séduits, & ne renfermoit autre chose, sinon qu'il croyoit qu'il n'étoit pas de la prudence d'en venir à des extrêmités, jusqu'à ce que le peuple fût dans de meilleures dispositions. Cette réponse n'est pas solide; car les paroles de Gamaliel sont expresses : *De peur*, dit-il, *que vous ne vous mettiez en danger de combattre contre Dieu même*; raison qui se rapporte à Dieu, & non pas au peuple, & qui suppose que la main de Dieu pouvoit bien être avec les Apôtres. Assurément cette expression ne lui seroit pas échappée, & le Conseil ne l'auroit pas appouvée, s'ils eussent cru que la résurrection de Jesus-Christ n'étoit qu'une imposture.

Enfin, le dernier période qu'il faut considérer commence à la résurrection de Jesus-Christ, & comprend le témoignage sur lequel la croyance de ce fait est fondée.

Les incrédules, pour détruire le fait de la résurrection de Jesus-Christ, tâchent d'abord d'établir que la résurrection d'un mort, étant une chose contraire au cours de la nature, le témoignage de la nature, qui se présente à nous dans les opérations constantes & régulieres, est une preuve plus forte contre la possibilité d'une résurrection, qu'aucun témoignage humain ne peut l'être pour la réalité d'un fait semblable.

Pour détruire ce sophisme, on répond que la résurrection d'un mort est une chose dont nos sens doivent être juges. C'est ce qu'on ne sauroit révoquer en doute. Nous connoissons tous quand un homme est mort; & supposé qu'il retournât à la vie, nous pourrions juger s'il est vivant ou non, par les mêmes moyens qui nous servent à juger que ceux qui nous environnent, sont des hommes vivans. On répond en second lieu que l'idée d'une résurrection ne contredit aucun principe de la droite raison, & n'est opposé à aucune loi de la nature. Dès qu'on admet que Dieu a premièrement donné la vie à l'homme, on ne peut douter qu'il n'ait le pouvoir de la lui rendre quand il l'a perdue. On répond 3°. que d'en appeller ici au cours constant de la nature, c'est vouloir décider du fait en question, non par les regles & les maximes de la raison & de la fausse Philosophie, mais par les préjugés & les erreurs des hommes qui varient à l'infini. Dans les pays froids tout le monde juge qu'il est conforme au cours de la nature que l'eau gele, tandis que dans les pays chauds on juge que c'est une chose contraire à ce même cours. Ainsi, pour prouver qu'une chose est contraire aux loix de la nature, il ne suffit pas de dire qu'elle ne s'accorde pas avec notre expérience ordinaire ou constante : par conséquent, quoique selon le cours ordinaire les hommes meurent & ne ressuscitent point, cependant ce n'est point là une preuve qui détruise la possibilité d'un tel fait.

L'incrédule forme une autre difficulté contre la réalité du Corps de Jesus-Christ après être sorti du tombeau; & ils la fondent sur ce que les Evangélistes nous apprennent qu'il apparoissoit & qu'il disparoissoit aux yeux de ses Disciples; qu'il entroit chez eux, les portes étant fermées, & qu'il avoit conservé ses plaies récentes & ouvertes.

Mais un vrai corps ne peut-il disparoître en aucune maniere ? Faites-en l'épreuve. Eteignez le soir la chandelle, tout le monde disparoîtra. Si un homme s'endort le jour, toutes choses disparoissent à ses yeux; & néanmoins tous les objets qui l'environnent ne laissent pas d'être réels: or, comme en empêchant toute lumiere de venir jusqu'à nous, on feroit disparoître toutes choses; de même en interceptant les rayons de lumiere que réfléchit un corps particulier, on le feroit entiérement disparoître. Cela est-il hors de la puissance de Dieu ? Quoi qu'il en soit, la conclusion de l'incrédule n'est fondée sur aucun principe de vraie Philosophie; car il ne s'ensuit point qu'un corps ne soit pas réel, parce qu'il se dérobe tout-d'un-coup à ma vue. Si l'on dit que cette maniere d'expliquer le passage est merveilleuse, & hors du cours ordinaire des choses, à la bonne heure: mais qu'en conclure ? S'attend-on que, pour prouver la réalité du plus grand miracle qui fut jamais, on fasse voir qu'il n'y avoit rien de miraculeux, mais que tout arriva selon le cours ordinaire des choses ? Tout ce que le Chrétien a à faire, c'est de montrer que les passages en question n'emportent point que le corps de Jesus-Christ après sa résurection n'étoit pas un vrai corps.

Quant à la seconde objection; savoir que Jesus-Christ entra, les portes fermées, on n'en peut tirer aucune conséquence contre la réalité de son corps. Ce prodige a pu arriver de plusieurs manieres, sans que ce corps en fût moins réel. Il n'est pas dit en effet comment il entra, beaucoup moins qu'il passa au travers de la porte, ou par le trou de la serrure, suivant les sarcasmes des Mécréans; & quelque chose qu'on leur allégue pour prouver le contraire, il put fort bien entrer par la porte, quoique les Disciples ne la vissent pas ouvrir, & ne l'apperçussent pas lui-même jusqu'à ce qu'il fût au milieu d'eux; ou enfin il put y entrer par quelque moyen surnaturel que nous ne connoissons pas; mais cela ne prouve point dutout qu'ils virent un spectre au lieu de Jesus-Christ.

Tout le monde convient qu'une des propriétés de la matiere est d'être impénétrable; mais s'ensuit-il delà que J. C. ne put entrer, les portes fermées, dans l'endroit où étoient les Apôtres? Ce fait étant miraculeux, & l'Ecriture ne disant pas comment il est arrivé, ce seroit une imprudence de vouloir l'expliquer. Il suffit de savoir que rien n'est impossible à Dieu; & que, sans nier que la matiere, telle que nous la concevons, soit impénétrable, nous ne connoissons point les divers états, situations ou changemens qu'elle peut éprouver, ni les moyens que Dieu peut prendre pour qu'un corps passe au-travers sans qu'on s'en apperçoive. Ainsi ces paroles : *Jesus-Christ entra, les portes fermées*, ne signifient point nécessairement qu'il passa au-travers des murs & des portes, sans souffrir dans son corps, ni occasionner dans les murs aucun changement, mais un changement miraculeux que nous ne comprenons pas ; & Jesus-Christ se faisant ensuite toucher à ses Disciples, & les assurant qu'il avoit un corps de chair & d'os, leur fit assez comprendre que, quoiqu'il fût entré, les portes fermées, il ne s'ensuivoit point qu'ils ne vissent qu'un esprit qui faisoit illusion à leurs sens. Enfin chaque homme ne subsistant dans l'endroit où il est, que parce que Dieu l'y conserve par une création continuelle, Dieu qui dans l'instant A le conservoit hors d'une chambre bien fermée, peut dans l'instant B le conserver dans cette même chambre, sans l'avoir fait passer par l'espace nécessaire pour y parvenir suivant le cours ordinaire. Dans cette hypothèse on comprend aisément comment Jesus-Christ est entré chez les Apôtres, quoique les portes fussent fermées. Au reste, du raisonnement de ceux qui font l'objection on pourroit conclure la spiritualité des murs & des portes, aussi-bien que la spiritualité du corps de Jesus-Christ. Car, pourroit-on dire, le corps de Jesus-Christ étoit matériel, puisqu'il fut touché par les Disciples; or, selon eux, ce corps pénétra au travers des murs & des portes fermées, sans que ces murs & ces portes aient souffert aucun changement : donc les murs & les portes étoient des murs spirituels ; puisqu'il est contraire aux loix de la nature qu'un corps matériel & solide en pénetre un autre.

Enfin la troisieme partie de l'objection n'est pas difficile à résoudre. De ce que Jesus-Christ dit à saint Thomas de regarder ses mains & ses pieds, & de mettre la main dans son côté ; il ne s'ensuit nullement que ses plaies étoient encore ouvertes, sanglantes, & non guéries, (ce qui montreroit au surplus, quand elles l'auroient été, que c'étoit un vrai corps). Jesus-Christ conserva simplement les cicatrices de ses plaies ; & son côté pouvoit être ouvert jusqu'à un certain point. Un corps ressuscité pouvoit vivre sans doute avec ce côté ouvert, sans que cela empêchât que le corps ne fût réel, & ne pût vivre.

Passons à une autre objection; elle est prise de ce que Jesus - Christ après sa résurrection ne parut pas publiquement à tout le peuple, & en particulier aux Princes des Prêtres & aux Sénateurs Juifs. Sa mission, disent les incrédules, les regardoit, suivant les Chrétiens, d'une maniere particuliere. N'est-il pas étrange que la principale preuve de cette mission, savoir sa résurrection, ne leur fût pas exposée & rendue sensible; mais que l'on choisît des témoins particuliers pour être les spectateurs de cette grande merveille?

1°. Où a-t-on pris que, pour renverser un fait positif, il suffit d'employer contre lui des moyens négatifs? Ce qui n'est pas, ne sauroit être admis en preuve ; si ce n'est lorsque la circonstance qui manque est telle, que l'événement ne peut être conçu sans elle : or il n'en est pas ainsi dans la question présente. Il faut, quoi qu'il en coûte, accorder que Jesus-Christ a pu sortir vivant du tombeau, sans se montrer à tous les Juifs. Ici la publicité du fait n'est pas inséparable de la vérité du fait, & le fait peut subsister sans elle. Donc ce moyen négatif ne peut détruire, ni même balancer, ce qu'il y a de preuves positives d'ailleurs.

Quand on produit assez de témoins d'un fait, il n'y a ni Juges ni Conseillers qui se plaignent de ce qu'on n'en produit pas davantage ; & par conséquent, si les témoins que nous avons de la résurrection de Jesus - Christ sont suffisans, on ne sauroit objecter avec raison que les Chrétiens n'en ont pas d'autres, ni en plus grand nombre. Si trois hommes dignes de foi, (&

c'est autant que les loix en exigent) rendent témoignage à la validité d'un testament, s'avise-t-on de demander pourquoi toute la ville n'a pas été mandée pour y signer ? Mais d'où vient que Jesus - Christ choisit certaines personnes pour être témoins de sa résurrection ? C'est sans doute parce qu'il voulut avoir des témoins irréprochables.

Quand l'absence de la circonstance dont il s'agit seroit contre les Chrétiens une raison aussi forte qu'elle est évidemment fausse, ce n'en pourroit jamais être une de douter. On convient unanimement qu'une objection, lors même qu'il est impossible de la résoudre, n'emporte pas la ruine des preuves qui démontrent la thèse ; & ce principe incontestable en général l'est encore bien plus quand la difficulté n'est insoluble, qu'à cause de l'ignorance où nous sommes des desseins de Dieu en ce cas, je puis tout-à-la-fois reconnoître mon impuissance à répondre, & me tenir inébranlable sur mes preuves. Je ne juge pas de ce que Dieu n'a pas fait & qu'il pouvoit faire : je me regle sur ce que je sais qu'il a fait par les preuves que j'en ai. Que diroit-on d'un homme qui avanceroit : Il y a cent preuves convaincantes d'un tel fait ; mais parce que j'en demande encore une, & qu'on ne me la donne pas, je rejette ces cent preuves comme fausses & vaines ?

Mais est-ce avec raison que l'incrédule se plaint de ce que les Juifs n'ont pas été du nombre des témoins de la résurrection ? Jesus-Christ souffrit publiquement à leurs yeux, & ils savoient si bien qu'il avoit prédit sa résurrection, qu'ils mirent des gardes auprès de son sépulcre ; & ce fut de ces gardes mêmes qu'ils apprirent la vérité. Chaque soldat étoit pour eux un témoin de la résurrection qu'ils avoient eux-mêmes choisi ; mais ils étoient si opposés à croire, qu'ils étoufferent ce témoignage. Après cela ils eurent non-seulement un seul Apôtre, mais tous les Apôtres avec plusieurs autres personnes pour témoins de ce fait ; &, pour confirmer leurs témoignages, ces Apôtres opérerent publiquement des miracles au nom de Jesus-Christ ; miracles de la vérité desquels les Juifs mêmes & le Sanedrin convenoient : par conséquent les Juifs ont moins de raison de se plaindre à cet égard, que tous les autres peuples de la terre. Mais le mépris qu'ils firent de Jesus-Christ pendant sa vie, la mort injuste & ignominieuse à laquelle ils le condamnerent, & leur acharnement à étouffer les preuves que Dieu leur donnoit de sa résurrection, les rendoit absolument indignes que Jesus-Christ se manifestât à eux ; & quand même il l'auroit fait, cette disposition d'incrédulité les auroit visiblement portés à le rejetter comme un fantôme séducteur, & à détourner le peuple de croire en lui.

Cependant Jesus-Christ avoit dit dans l'Evangile en parlant des Juifs : Cette race corrompue & adultere demande un prodige ; mais on ne lui en donnera point d'autre que celui du Prophete Jonas ; car, comme Jonas a été trois jours & trois nuits dans le ventre de la baleine, ainsi le Fils de l'homme sera trois jours & trois nuits dans le cœur de la terre. Or ne paroît-il pas par ces paroles que Jesus-Christ promettoit de se montrer après sa résurrection à une race corrompue & adultere, c'est-à-dire, aux Juifs, distingués de ses Disciples & de ses Apôtres ? Il est vrai que Jesus-Christ promet de donner à cette race corrompue des preuves suffisantes de sa résurrection, après avoir été trois jours dans le tombeau; mais il n'est pas vrai qu'il leur promette de se montrer à eux; & l'on ne sauroit le prouver par ce passage.

2°. L'objection va plus loin: on y dit que Jesus-Christ étoit envoyé aux Juifs avec le caractere particulier de leur Messie; & que, comme sa résurrection étoit la principale preuve de sa mission, il auroit dû se montrer aux principaux des Juifs, ressuscité.

Suivant l'idée que nous donnent les Ecrivains sacrés, Jesus-Christ avoit deux offices distincts; l'un, comme Messie particuliérement promis aux Juifs; l'autre, comme devant être le Rédempteur du monde entier. C'est pourquoi il disoit, eu égard au premier de ces offices, (Matth. 15,) qu'il n'étoit envoyé qu'aux brebis perdues de la maison d'Israël; & (ch. 10,) il défendit aux Apôtres d'aller vers les Gentils & les Samaritains; mais, allez, leur dit-il, vers les brebis perdues de la maison d'Israël. Jesus-Christ continua cet office particulier durant le cours de sa vie naturelle jusqu'à ce qu'il eût été finalement rejetté par les Juifs; & c'est une chose remarquable, que la derniere fois qu'il leur parla en public, il prit congé d'eux d'une maniere solemnelle, & mit fin à sa commission. (Matth. 23.) « Jérusalem, Jérusalem, dit-il, » combien de fois ai-je voulu rassembler tes en- » fans comme une poule rassemble ses petits sous » ses ailes, & tu ne l'as pas voulu !.... Désor- » mais vous ne me verrez plus jusqu'à ce que » vous disiez : Béni soit celui qui vient au nom » du Seigneur ». Depuis que Jesus-Christ eut fait cette déclaration, il n'adressa plus ses discours qu'à ses Disciples, comme on le voit dans saint Matthieu. Il ne pouvoit donc plus apparoître aux Juifs après sa résurrection sans contredire sa prédiction qu'ils ne le verroient plus ; les Juifs n'étant pas alors plus disposés qu'à présent à le reconnoître, & à dire : *Béni soit celui qui vient au nom du Seigneur.*

La résurrection de Jesus-Christ rejetté des Juifs étoit le fondement de son second office qui s'étendoit à tout le monde. Ce fut après cet événement qu'il dit que tout pouvoir lui étoit donné dans le ciel & sur la terre, & qu'il envoya ses Disciples enseigner toutes les nations. Sous cette commission les Juifs eurent cet avantage que l'Evangile leur fut premiérement annoncé, mais non pas d'une autre maniere qu'il le fut à tout le reste du monde : or on ne dira pas sans doute que, depuis les Apôtres jusqu'à présent, Jesus-Christ ressuscité ait été obligé de se montrer de siecle en siecle à toutes les nations de la terre. Comme la résurrection de Jesus-Christ faisoit l'ouverture d'une nouvelle commission à laquelle tout le monde avoit intérêt; aussi ce qui importoit à tout le monde, étoit d'avoir des preuves capables d'établir cette vérité, & qui fussent d'un poids égal pour tous les hommes. Ces preuves ne dépendoient pas de la satisfaction qu'on pouvoit donner à quelques particuliers, Magistrats ou non, mais de la conviction de ceux dont l'office devoit être de rendre témoignage à cette vérité dans le monde, c'est-à-dire, des Apôtres. Ce n'est pas qu'il n'y ait eu d'autres personnes que les Apôtres qui ont vu Jesus-Christ ressuscité, outre les femmes & plusieurs Disciples. Quand il apparut aux onze Apôtres, il y avoit d'autres Disciples avec eux ; quand on choisit saint Matthias parmi ceux dont la principale qualité devoit être qu'il pût porter témoignage de la résurrection du Sauveur, il y avoit six vingts personnes présentes à l'élection, & capables de rendre un tel témoignage. Enfin saint Paul assure que Jesus-Christ fut vu par plus de cinq cents freres à la fois, dont plusieurs, dit-il, vivent encore, & il en appelle à leur témoignage. Ainsi les incrédules se trompent, lorsqu'ils s'imaginent qu'il n'y eut qu'un petit nombre de gens choisis pour voir le Sauveur après sa résurrection. Ce qu'il y a de vrai, c'est que parmi ceux qui le virent, il y en eut quelques-uns qui furent particuliérement choisis pour en rendre témoignage au monde, & qui par cette raison eurent de plus fortes preuves de la vérité de ce fait, afin d'en pouvoir d'autant mieux convaincre les autres. Qu'y a-t-il dans cette conduite qui puisse faire naître quelque doute ou quelque soupçon ?

L'incrédule tâche encore d'invalider au moins le témoignage des Anges & des femmes, en disant que l'Histoire rapporte simplement que les femmes virent de jeunes hommes au sépulcre, que la crainte & la superstition leur fit prendre pour des Anges.

A cela l'on répond que les Anges ne sont pas proprement mis au rang des témoins de la résurrection : ils n'étoient pas du nombre des témoins choisis ou envoyés pour en rendre témoignage dans le monde, mais seulement destinés & chargés, comme Ministres de Dieu, de servir & d'assister à ce merveilleux événement. On ne peut raisonnablement douter que Dieu n'ait de tels Ministres. D'ailleurs, nous croyons que c'étoit des Anges, non sur le rapport des femmes, mais sur la foi des Evangélistes qui l'affirment. 2°. L'incrédule recuse les femmes, parce que c'étoit des femmes, & qu'il lui plaît de les traiter de simples & de crédules. Mais les femmes ont des yeux & des oreilles auſſi-bien que les hommes ; & elles peuvent dire ce qu'elles ont ouï & vu : d'ailleurs, ces femmes furent ſi peu crédules, qu'elles n'ajouterent point foi au rapport des Anges, & qu'elles eurent beaucoup de peine à en croire leurs propres ſens. Après tout, ces femmes ne ſont point du nombre des témoins choiſis ; & quand elles le ſeroient, le témoignage des hommes ne doit pas être rejetté, ſous prétexte que les femmes ont vu ce qu'ils ont vu. Cette objection eſt d'autant moins ſolide, que jamais les Apôtres dans leurs prédications n'ont appuyé leurs témoignages ſur celui des femmes. Les Evangéliſtes paroiſſent même n'avoir rapporté les apparitions faites aux femmes, que parce qu'elles ſont liées avec d'autres parties plus importantes. La raiſon en eſt que leur témoignage, quoique d'un grand poids, ne devenoit plus qu'une preuve d'ouï-dire pour ceux qui n'en auroient été informés que par les Apôtres. Auſſi les Apôtres n'ont-ils jamais manqué d'inſiſter ſur cette circonſtance, qu'ils avoient vu eux-mêmes leur Maître depuis qu'il étoit reſſuſcité; & aucun d'eux ne l'a omiſe parmi les preuves qu'il donnoit de ſa réſurrection.

Il faut encore obſerver ici que les Anges n'apparurent pas ſeulement aux femmes, mais encore aux ſoldats ; & cette apparition étoit néceſſaire pour mettre ceux-ci en fuite, & pour ouvrir le ſépulcre, afin que les femmes & les Diſciples puſſent y entrer librement, & voir que le corps de Jéſus-Chriſt n'y étoit pas, Jéſus-Chriſt étant reſſuſcité : ſi l'entrée étoit reſtée fermée, & ſi les ſoldats avoient continué d'y faire la garde, il n'auroit pas été poſſible d'en approcher ; or les ſoldats auroient-ils été effrayés de maniere à quitter leur poſte & s'enfuir, ſi, au lieu d'un Ange, dont le visage étoit brillant comme un éclair, dit saint Matthieu, ils n'eussent apperçu qu'un jeune homme ordinaire, qui seroit venu briser le sceau, & renverser la pierre du sépulcre ? Il en étoit de même des femmes. Si elles n'eussent apperçu qu'un ou deux jeunes gens, qui leur eussent dit simplement : Celui que vous cherchez est ressuscité, auroient-elles été saisies d'effroi, comme l'Ecriture le marque ? &, loin de s'enfuir, n'auroient-elles pas demandé la preuve de ce qu'on leur annonçoit ? Mais il est visible qu'elles apperçurent dans ces Anges, revêtus d'une forme humaine, quelque chose d'extraordinaire & de divin, qui leur fit conclure que c'étoient des Anges ; & elles furent de plus en plus convaincues par les discours qu'ils leur tinrent. Aussi d'autres incrédules supposent que ces figures d'Anges étoient de purs fantômes, ou des esprits séducteurs. Mais d'un côté Dieu ne permettra jamais une pareille séduction ; & de l'autre, les miracles sans nombre qui ont autorisé la résurrection du Sauveur, joints à toutes ses apparitions aux Apôtres, aux Disciples, montrent invinciblement que c'étoit ici l'ouvrage de Dieu, qui envoyoit ses Anges pour les préparer à croire sans aucun doute ce grand événement, & à en rendre témoignage par toute la terre.

Ces mêmes incrédules jettent des soupçons qui ne sont pas moins injurieux à la vérité, sur la maniere dont il est dit que Jesus-Christ apparut aux Disciples d'Emmaüs. 1º. Ces Disciples, disent-ils, ne reconnurent point Jesus dans le chemin. 2º. Quand ils le reconnurent à la fraction du pain, il disparut si subitement, qu'ils semblent n'avoir pas eu assez de temps pour dissiper les doutes qu'ils devoient avoir, & s'assurer que ce n'étoit point un fantôme ou un esprit séducteur.

L'Evangéliste qui rapporte ce fait fournit lui-même la réponse à la premiere partie de l'objection, en disant que les yeux des deux Disciples étoient retenus afin qu'ils ne reconnussent point Jesus-Christ. En répandant ce nuage sur les yeux de leurs corps, il vouloit que libres de tout préjugé, ils pussent dissiper, par la lumiere pure de la raison, les ténebres qui cachoient aux yeux de leur esprit le véritable sens des prophéties & des figures dans lesquelles ses souffrances, sa mort, & sa résurrection étoient prédites. Il se déguisa, mais il leur expliqua les Ecritures, il enflamma leur cœur, il arracha le bandeau qui les empêchoit d'avoir la véritable idée du Messie. Enfin il se découvrit lui-même, & les laissa convaincus par les Ecritures & par leurs sens qu'il étoit ressuscité. Cette réflexion nous mene à la solution de la seconde partie de l'objection. Observons d'abord que les Disciples ne purent douter de trois choses : savoir 1°. que celui qui s'étoit joint à eux sur la route d'Emmaüs, & qui leur avoit expliqué les Ectitures, étoit le même qu'ils reconnurent pour Jesus-Christ à la fraction du pain ; 2°. qu'au moment qu'ils le reconnurent, ils apperçurent en eux-mêmes & en lui quelque changement qui découvrit l'erreur où ils avoient été avant qu'ils le reconnussent ; 3°. que ce changement leur dut paroître surnaturel & miraculeux ; d'où ils durent conclure que celui qu'ils reconnurent pour leur Maître, étoit revêtu d'un pouvoir plus qu'humain. Or ils n'avoient pu croire que ce fût quelqu'autre que J. C. sans supposer, ce qui eût été un blasphême, que Dieu avoit permis que quelque esprit, bon ou mauvais, eût pris la figure de son Fils pour autoriser le mensonge & l'imposture ; & ils le pouvoient d'autant moins, que Jesus-Christ dans la conversation qu'il avoit eue avec eux, venoit de leur expliquer les Ecritures, & de leur prouver par Moyse & les Prophetes, que le Christ devoit souffrir, mourir, & ressusciter.

On a vu ci-dessus qu'une des plus fortes preuves de la sincérité des Apôtres, furent les souffrances & la mort auxquelles ils se sont exposés pour confirmer la vérité de leur témoignage. L'incrédule répond que toutes les Religions vraies ou fausses ont eu leurs martyrs, & qu'il n'y a point d'opinion si absurde qui n'ait été soutenue par la mort de quelqu'un.

Pour éclaircir cette matiere, il faut voir quel est ici l'état des choses. Nous avons remarqué que les Apôtres étoient des témoins choisis pour rendre témoignage à la résurrection de Jesus-Christ, & que pour cette raison ils eurent les preuves les plus convaincantes de la vérité de ce fait qu'il fût possible d'avoir, non-seulement en voyant ce divin Sauveur une ou deux fois après sa mort, mais encore en conversant fréquemment avec lui pendant quarante jours. Il paroît par l'Histoire que c'est à cela proprement qu'ils furent appellés. Car nous voyons (Act. I. 22 ;) que choisir un Apôtre, c'étoit la même chose que *choisir une personne pour rendre témoignage de la résurrection*. Qu'on examine la prédication des Apôtres, on verra que c'étoit-là le grand article sur lequel elle rouloit ; & c'est pourquoi saint Paul dit : *Si Jesus-Christ n'est point ressuscité, notre foi est vaine*. Ainsi ce que les Apôtres ont attesté, & ce pourquoi ils ont souffert, c'est la vérité de la réfurrection de Jefus-Chrift, qui eft une pure queftion de fait.

Examinons maintenant la force de l'objection propofée par les Incrédules. Ils difent qu'il eft ordinaire aux hommes de mourir pour de fauffes opinions: quand cela feroit vrai, leurs fouffrances feroient une preuve de leur fincérité; mais fi l'on confidere que les Apôtres font morts pour la vérité d'un fait dont ils avoient été témoins, on verra combien dans ce cas leur témoignage a de force. Les hommes fe trompent fouvent en matiere de doctrine & d'opinions, & il ne fuffit pas pour me déterminer à fuivre le fentiment d'un autre, que je fois perfuadé qu'il eft fincere dans la profeffion qu'il en fait; mais quand un homme me rapporte un fait extraordinaire, & cependant tel qu'il eft de fa nature un véritable objet des fens, fi je ne le crois pas, ce n'eft pas que je me défie de fa vue & de fon attouchement, mais parce que je doute de fa fincérité. Si je voyois la même chofe, j'en croirois mes propres yeux; & par conféquent mon foupçon ne vient pas de ce que les fens humains ne font pas juges compétens de ce fait, mais de ce que je révoque en doute la fincérité de celui qui me le rapporte. Ainfi dans ces fortes de cas, il n'y a autre chofe à prouver, finon que le témoin qui dépofe eft fincere. Et puifque les maux qu'on endure volontairement pour la vérité font au moins une preuve de fincérité, les fouffrances des Apôtres pour la vérité de la réfurrection forment en leur faveur une preuve complette & fans réplique.

L'incrédule répond: Il y a plufieurs exemples de gens qui ont fouffert, ou qui font morts en niant obſtinément des faits clairement prouvés. Un criminel, par exemple, niera les faits dont il eſt certain, pour ſauver ſa vie.

Ce criminel, il eſt vrai, niera un fait évident au milieu des tourmens de la torture qu'on lui donnera pour le lui faire avouer; mais on voit qu'il a une raiſon pour cela; ſavoir d'éviter le ſupplice, d'obtenir ſa grace, ou du moins un répit. Mais qu'eſt-ce qu'un tel exemple fait à notre ſujet? Tous les gens de cette eſpece ſouffrent dans l'eſpérance d'échapper à la condamnation, & d'exciter la compaſſion des juges. Mais peut-on produire des exemples de perſonnes qui ſoient mortes volontairement pour ſoutenir un fait qu'il ſavoient être faux? On en a vu ſoutenir la mort pour ne vouloir pas reconnoître le Pape comme Chef de l'Egliſe, mais croit-on qu'il ſe trouvât un ſeul homme qui voulût mourir pour prouver que le Pape eſt ſur le trône de France? Or les Apôtres ſont morts pour confirmer la vérité de la réſurrection de Jeſus-Chriſt. Il fut toujours à leur pouvoir de renoncer à leur témoignage, & de ſauver leur vie. Leurs plus violens ennemis, même les Juifs, n'exigeoient autre choſe d'eux, ſinon qu'ils ſe tuſſent (Act. 4 & 5). Ceux dont on allegue l'exemple, ont nié des faits vrais, ou ſoutenu des faits faux, dans l'eſpérance de ſauver leur vie lorſqu'ils étoient actuellement condamnés à mort. Mais les Apôtres ont atteſté un fait aux dépens de leur vie, laquelle ils auroient pu conſerver, en niant ou taiſant la vérité. Ainſi il y a cette différence entre les criminels dont il s'agit & les Apôtres; c'eſt que les premiers nient la vérité pour ſauver leur vie, au lieu que les ſeconds ont sacrifié volontairement leur vie, plutôt que de nier la vérité.

Mais ne peut-on pas supposer que les Apôtres pleins d'ambition, & dans l'espoir de se faire un nom, & de former une secte étendue, auront enseigné la résurrection, en risquant le tout pour le tout, & en sacrifiant leur vie pour parvenir à cette gloire chimérique ?

Non, personne ne peut pas le supposer raisonnablement, ainsi qu'on l'a déja prouvé au commencement de cet article. Car, quand quelques-uns auroient été dans ce sentiment, c'est un cas métaphysique de supposer que douze personnes sans crédit & sans autorité, eussent voulu donner leur vie pour un complot si insensé, & dont ils ne pouvoient attendre, au lieu d'une grande réputation, qu'une infamie certaine, à moins qu'on ne supposât qu'ils avoient tous perdu la tête. D'ailleurs, il faudroit dire dans ce cas, qu'ils n'attendoient ni récompense ni châtimens après cette vie ; ce qui ne peut se concilier avec leur sainteté, ni avec leur doctrine, ni avec leur caractere, ni avec les miracles éclatans qu'ils firent pour autoriser leur mission.

Nous convenons qu'il faut de plus grandes preuves pour fonder la croyance de la résurrection de Jesus-Christ, vu que c'est un événement fort extraordinaire, & même unique, qu'il n'en faut dans les cas ordinaires. Or le témoignage extraordinaire sur lequel ce fait est fondé, est celui du Saint-Esprit, Esprit de force & de sagesse qui fut donné aux Apôtres pour les mettre en état de confirmer leur propre témoignage par des prodiges & des miracles de toute espece.

Si vingt hommes venoient en France, d'un pays éloigné, publier un fait semblable à celui que nous examinons, peut-être n'y trouveroit-on pas un pareil nombre de gens qui ajoutaſſent foi à leur atteſtation, quelque ſincere que parût leur témoignage; & c'eſt pourquoi Dieu n'a pas voulu faire dépendre la croyance de la réſurrection de Jeſus-Chriſt du ſimple témoignage des hommes. Le Sauveur nous apprend lui-même ſur quel témoignage elle devoit être principalement fondée, quand il dit à ſes Diſciples: *L'eſprit de vérité qui procede de mon Pere, rendra témoignage de moi, & vous auſſi vous en rendrez témoignage, parce que vous avez été avec moi dès le commencement* (Jean 15). Delà vient que, quoique les Apôtres euſſent converſé avec Jeſus-Chriſt pendant quarante jours après ſa réſurrection, & qu'ils euſſent reçu la miſſion d'aller enſeigner toutes les Nations, cependant il leur défend expreſſément d'entrer dans les fonctions de leur miniſtere avant qu'ils euſſent reçu le Saint-Eſprit (Act. 1. Luc, 24.). Or quels étoient ces dons extraordinaires que les Apôtres reçurent, ſinon les dons de ſageſſe & de courage, dont ils étoient fort éloignés avant la Pentecôte, qui les mirent en état de paroître devant les Magiſtrats & les Princes, & d'affronter tous les dangers, le pouvoir de faire des miracles, & des miracles très-éclatans & manifeſtement divins, tels que celui de reſſuſciter les morts, &c. par leſquels ils convainquoient le monde que Dieu étoit avec eux en ce qu'ils diſoient & faiſoient : Et c'eſt pourquoi S. Jean dit : *Si nous recevons le témoignage des hommes, le témoignage de Dieu eſt plus grand* (1 Jean, 3.). Ajoutez que les Apôtres eurent le pouvoir de communiquer aux Fideles ces dons extraordinaires. Est-il surprenant que ceux qui y participoient, & qui les sentoient en eux-mêmes, en crussent la réalité ?

Et c'est en vain qu'on oppose que les Apôtres se séparerent pour travailler à l'œuvre de leur ministere, & que par conséquent la créance de la résurrection fut originairement établie partout sur le témoignage d'un seul homme. Cela n'est pas exactement vrai ; mais supposons-le un instant ; ce témoin marchoit-il seul, quand il étoit accompagné du pouvoir du ciel ? Les aveugles, les boiteux, les morts ressuscités au nom de J. C., n'étoient-ils pas autant de témoins de la vérité qu'il publioit ? D'ailleurs, quand les peuples des différens pays vinrent à se communiquer ce qui leur avoit été annoncé, & qu'ils virent qu'ils avoient tous reçu la même histoire de Jesus-Christ & de sa doctrine, alors certainement le témoignage de ces témoins séparés, ainsi réuni, en devint bien plus fort que s'ils avoient prêché l'Evangile tous ensemble.

L'incrédule forme deux objections contre ce témoignage du Saint-Esprit. La premiere est, que, puisqu'on a constamment soutenu que la résurrection de Jesus-Christ étoit un fait & un objet des sens, recourir à des miracles pour en prouver la vérité, c'est lui ôter la preuve qui lui convient ; savoir le témoignage des sens, pour l'établir sur un autre qui ne lui convient pas. Car, dit-on, un miracle qu'on voit n'est point une preuve qu'un autre miracle ait été fait avant celui-là. Par exemple, guérir miraculeusement un malade, ce n'est pas prouver qu'un homme a été ressuscité auparavant.

Il est vrai qu'un miracle isolé ne prouve rien en lui-même, si ce n'est qu'il y a une cause capable de produire l'effet qu'on voit. Supposé qu'on vît un homme ressuscité, & que cet homme s'en allât ensuite sans rien dire, vous ne penseriez pas qu'aucun fait ou qu'aucune doctrine eût été prouvé ou réfuté par ce miracle ; mais s'il déclaroit au nom de celui par le pouvoir duquel il est ressuscité, que telle doctrine est bonne ou mauvaise, vous auriez alors une bonne preuve pour ou contre cette doctrine. Comment cela ? Ce n'est pas parce que ce miracle consideré en lui-même prouve quelque chose par rapport à cet article, mais parce que la déclaration de cet homme est appuyée de l'autorité de celui qui l'a ressuscité pour confirmer sa doctrine, & par conséquent les miracles faits en confirmation sont une preuve directe de l'autorité des personnes, & de la vérité des choses qu'ils prétendent prouver par ces miracles.

Appliquons ce principe aux Apôtres. S'ils avoient fait des miracles, sans parler de la résurrection de Jesus-Christ, ces miracles n'auroient prouvé ni pour ni contre ce fait ; mais quand ils ont attesté comme témoins oculaires la vérité de cette résurrection, & opéré des miracles pour établir leur autorité, ces miracles confirment & mettent à couvert de tout soupçon la preuve naturelle de ce fait, je veux dire la déposition des témoins oculaires, & y ajoutent le témoignage de Dieu même. Le fait est donc toujours fondé sur le témoignage des sens, confirmé & fortifié par l'autorité du Saint-Esprit.

La seconde objection, c'est qu'au moins ce témoignage de l'esprit, quelque bon qu'il puisse être de sa nature, ne prouve rien par rapport à nous.

Pour lever cette difficulté, il faut remarquer

que le témoignage en question n'étoit pas un témoignage secret du Saint-Esprit, ou une lumiere intérieure, semblable à celle dont les enthousiastes se vantent, mais un témoignage qui paroissoit dans les opérations visibles & manifestes du Saint-Esprit. Et ce témoignage pouvoit être, & nous a été actuellement transmis, avec des preuves d'une autorité incontestable. Or dire que ce témoignage a été concluant dans les premiers siecles du Christianisme, mais qu'il ne l'est pas aujourd'hui, c'est choquer les regles de la raison. Car si nous avons assez de lumiere pour juger que les premiers Chrétiens ont eu raison de croire ce témoignage, nous devons nécessairement en avoir assez pour conclure qu'il est raisonnable que nous y ajoutions aussi foi.

Les Incrédules, peu heureux dans toutes les difficultés qu'ils ont proposées sur la résurrection de Jesus-Christ, en présentent une nouvelle, qu'ils regardent comme triomphante; savoir, que les récits de cette étonnante résurrection faits par les Evangélistes se détruisent les uns les autres, qu'ils sont pleins de contradictions grossieres, & par conséquent qu'on ne peut compter sur leur narration, ni sur la vérité de tout ce qu'ils avancent au sujet d'un fait si extraordinaire & si peu vraisemblable. Ils objectent en particulier que, selon S. Matthieu, Marie-Madeleine & Marie mere de Jacques allerent vers le sépulcre lorsque le jour commençoit à luire; selon saint Marc, qu'elles y vinrent après le lever du soleil; selon saint Marc, qu'elles y vinrent après le lever du soleil; &, selon S. Jean, lorsqu'il étoit encore nuit. Ils ajoutent que dans le récit de saint Luc il y a nombre de circonstances qui different beaucoup de celles que les autres Evangélistes ont rapportées. 1°. Les femmes entrent dans le sépulcre, & elles n'y voient ni un, ni plusieurs Anges : ce qui est démenti par les autres Evangélistes ; 2°. n'y trouvant point le corps de Jesus, elles tombent dans une grande incertitude : 3°. tandis qu'elles étoient dans cette perplexité, deux hommes vêtus de robes brillantes paroissent à leurs yeux ; 4°. Ces hommes leur disent des choses fort différentes de ce que saint Matthieu & saint Marc font dire à un Ange qui leur apparut, au lieu de deux ; 5°. Lorsque les femmes revenues du sépulcre rapportent aux onze Apôtres & aux autres Disciples ce qui venoit de se passer, S. Pierre se trouve présent ; & sur leur rapport il court au sépulcre. Dans saint Jean, on lit que S. Pierre entra dans le sépulcre, & saint Jean après lui : Saint Luc dit qu'il n'y entra point, mais qu'il regarda seulement dans le sépulcre, & qu'ensuite il s'en alla. Il ne parle point de saint Jean, &c. Peut-on voir, disent les incrédules, des narrations d'un même fait plus contradictoires ?

Il paroît ici, je l'avoue, des circonstances différentes ; mais elles doivent, ce semble, empêcher de confondre le rapport de Jean dans saint Luc, & le voyage de saint Pierre, avec tout ce qui est raconté par les autres Evangélistes touchant les Maries. Ces différences ont été également remarquées par les Commentateurs chrétiens & par les incrédules. Ceux-ci les ont produites pour justifier le reproche de contradiction qu'ils faisoient aux Ecrivains sacrés ; pendant que les premiers, éblouis par quelques traits de ressemblance, convenoient avec ces impies que ces différens faits n'étoient qu'un seul & même fait, & niant toutes les conséquences qu'on avoit voulu en tirer, ils se sont bornés à tâcher de les concilier par des interprétations forcées, qui ont montré plus d'embarras que de lumiere. La seule voie de réfuter ce reproche des incrédules est de faire voir qu'il est fondé sur une erreur que les Evangélistes rapportent des faits différens & non contradictoires, & qu'au lieu de s'exclure & de se contredire mutuellement, ces faits s'éclaircissent, se soutiennent, & servent de preuve l'un à l'autre. Il suffit pour cela de remarquer que S. Pierre alla deux fois au sépulcre, que les femmes y allerent en différens temps & en différentes bandes, & que le rapport de ces femmes fut aussi fait en divers temps; alors tout se concilie. C'est ce que nous allons montrer, en marquant l'ordre dans lequel arriverent différens incidens qui accompagnerent la résurrection de Jesus-Christ.

Jesus-Christ fut crucifié le vendredi, veille du Sabbat, sur les trois heures après-midi, & fut mis dans le tombeau le soir avant le commencement du Sabbat, qui commençoit la veille au soir, au lever des étoiles, & finissoit le lendemain à la même heure. Ce fut vers la fin du jour du Sabbat que les Princes des Prêtres obtinrent de Pilate des Gardes pour les mettre au sépulcre jusqu'à la fin du troisieme jour, de peur que les Disciples de Jesus n'enlevassent le corps de leur Maître, &c. Marie-Madeleine, Marie mere de Jacques, Jeanne, Salomé, & les autres femmes de Galilée ne sachant pas que Nicodeme avoit embaumé le corps de Jesus, acheterent des parfums avant le jour du Sabbat, ou à la fin du jour du Sabbat, pour lui rendre ce devoir. Elles préparerent ces parfums pendant la nuit, & se donnerent parole de se trouver au sépulcre en différentes bandes après le lever du soleil. Mais Marie-Madeleine, & Marie mere de Jacques, qui demeuroient peut-être dans la même maison, ou proche l'une de l'autre, prévinrent le lever du soleil. Elles partirent au premier crépuscule, & prirent avec elles Salomé, ou la rencontrerent, & partirent ainsi dès la pointe du jour, dit saint Matthieu, & lorsqu'il faisoit encore obscur, dit saint Jean, pour voir le sépulcre, & y attendre Jeanne & les autres femmes de Galilée qui avoient préparé les parfums durant la nuit, & qui devoient les apporter.

Vers le temps de leur départ il arriva un grand tremblement de terre au sépulcre. L'Ange du Seigneur descendit du ciel, & renversa la pierre qui en fermoit l'entrée, & s'assit dessus. Les gardes effrayés devinrent comme morts ; mais revenus de leur saisissement ils prirent la fuite, & vinrent à la ville. Ce fut dans l'instant de la visite de l'Ange que Jesus-Christ ressuscita ; c'est-à-dire, entre l'aurore & le lever du soleil. Alors l'Ange entra dans le sépulcre, & y arrangea les linceuls & le voile, comme saint Pierre & saint Jean les trouverent ensuite. Cependant Marie-Madeleine & l'autre Marie avec Salomé étoient en chemin pour aller au sépulcre, où elles arriverent au lever du soleil. Comme elles approchoient, elles se disoient : Qui nous ôtera la pierre qui est au-devant du sépulcre ? Elles l'avoient vu placer, & avoient remarqué la peine qu'on avoit eue à l'y mettre. Il ne paroît pas qu'elles aient su qu'on y eût mis des gardes, car dans ce cas elles auroient sans doute parlé de ce nouvel obstacle. Mais en approchant du sépulcre, & levant les yeux, elles s'apperçurent que la pierre étoit ôtée. Etonnées d'une circonstance aussi imprévue, Marie-Madeleine en conclut qu'on avoit enlevé le corps de Jesus. Elle courut aussi-tôt à la ville en informer S. Pierre & S. Jean, laissant-là Marie mere de Jacques & Salomé, afin que si Jeanne & les autres femmes de Galilée venoient, elles les trouvassent là, suivant la convention. Tandis que Madeleine étoit allée vers Pierre & Jean, Marie & Salomé arriverent au sépulcre, & y entrerent. Elles y virent un Ange assis à la droite, qui leur dit que J. C. étoit ressuscité, & qu'elles allassent dire aux Disciples & à Pierre qu'ils le verroient en Galilée, comme il le leur avoit promis. Elles, saisies de crainte, s'acheminerent pour revenir à la ville, sans rien dire à personne durant le chemin, tant leur frayeur étoit grande. Après le départ de Marie & de Salomé, arriverent Jean & Pierre avec Marie-Madeleine qui les avoit avertis que la pierre étoit ôtée. Pierre entra dans le sépulcre, où il vit les linceuls & le voile pliés à part. Saint Jean y entra aussi; après quoi les deux Disciples, sans avoir vu d'Anges, ni Jesus-Christ ressuscité, retournerent chez eux, & Marie-Madeleine demeura auprès du sépulcre en pleurant; alors s'étant baissée pour regarder dedans, elle vit deux Anges qui lui dirent: Pourquoi pleurez-vous? Parce qu'ils ont enlevé mon Seigneur, répondit-elle. Alors elle se retourne, & vit Jesus, qu'elle prit pour le jardinier, & qui ensuite se fit connoître à elle, & lui dit: Ne me touchez pas, car je ne suis pas encore monté vers mon Pere; mais allez trouver mes freres, & dites-leur de ma part: Je monte vers mon Pere & votre Pere, vers mon Dieu & votre Dieu.

Il y a des Peres & d'autres Auteurs ecclé-

siastiques qui supposent que Jesus-Christ défendit à Madeleine de le toucher pour quelque raison mystique. Mais alors on a de la peine à comprendre le sens de ce qu'il lui dit de rapporter à ses Disciples ; & plus encore d'expliquer pourquoi peu après il permit aux autres femmes & aux Apôtres de le toucher. Ceux qui prétendent que cette défense étoit fondée sur la nature spirituelle du corps de Jesus-Christ, ne prennent pas mieux le sens du passage, & d'ailleurs sont de même réfutés par la conduite de Jesus-Christ à l'égard des autres femmes & des Apôtres. Le sens naturel de ces paroles de Jesus-Christ, *Ne me touchez pas*, &c. se réduit à celles-ci : » Ne vous arrêtez pas à
» me toucher ; vous aurez le temps de me re-
» voir, & de vous assurer de plus en plus de
» ma résurrection. Pour le présent, allez promp-
» tement dire à mes freres : Je monte vers mon
» Pere, &c. » ; paroles qui font allusion au discours que Jesus-Christ tint à ses Apôtres la nuit qu'il fut trahi, & dans lequel il leur dit :
» Je m'en vais à mon Pere, je m'en retourne
» vers mon Pere » ; & ces autres paroles qu'il ajouta : « Je ne suis pas encore monté vers mon
» Pere », durent leur faire espérer l'accomplissement de l'autre promesse qu'il avoit faite de les revoir avant son Ascension » ; « Encore un
» un peu de temps, & vous ne me verrez plus ;
» encore un peu de temps, & vous me reverrez,
» parce que je m'en vais à mon Pere ». Or s'il permit presque aussi-tôt à Marie mere de Jacques & à Salomé de le toucher, c'est qu'étant pleines de trouble, il voulut les rassurer, & leur inspirer de la confiance : & la joie que ses paroles durent répandre dans leurs cœurs ne put que devenir plus sensible, par la permission qu'il

leur donna d'embrasser ses pieds ; au lieu que la douleur dont Madeleine étoit remplie fut dissipée, lorsqu'elle entendit Jesus-Christ l'appeller par son nom. Elle fut à l'instant convaincue que c'étoit Jesus-Christ, & elle n'eut pas besoin d'autres preuves. Elle voulut cependant se jetter à ses pieds ; mais comme il n'étoit point nécessaire de la rassurer comme les autres femmes, Jesus-Christ lui dit : Ne me touchez pas : vous aurez le temps de me revoir ; mais allez promptement, &c. Revenons maintenant au récit des Evangélistes.

Après l'apparition de Jesus-Christ à Marie-Madeleine, qui est, comme nous l'apprend saint Marc, la premiere à qui Jesus-Christ se fit voir, & qui s'en retourna aussi-tôt à la ville, Marie mere de Jacques & Salomé, qui s'étoient enfuies du sépulcre avec tant de frayeur, qu'elles ne dirent rien à personne, c'est-à-dire aux personnes de leur connoissance qu'elles rencontrerent, virent Jesus-Christ qui se présenta à elles dans le chemin, & qui leur dit : Je vous salue. Elles lui baiserent les pieds, & l'adorerent. Alors Jesus leur dit : Ne craignez point ; allez dire à mes freres qu'ils aillent en Galilée, & qu'ils m'y verront.

A peine toutes ces femmes & les deux Apôtres saint Pierre & saint Jean eurent-ils quitté le sépulcre, que Jeanne & les autres femmes de Galilée (qui ne savoient rien de tout ce qui s'étoit passé, & qui par conséquent n'avoient pas rencontré les deux Apôtres ni Marie-Madeleine, ni Marie mere de Jacques & Salomé, étant venues visiblement par un autre chemin) arriverent au sépulcre de bon matin, dit saint Luc, c'est-à-dire, à-peu-près une heure depuis le lever du soleil, apportant, suivant la couvention, les parfums qu'elles avoient préparés pour embaumer le corps de Jesus. Mais d'un côté n'y trouvant point les deux Maries, ni Salomé; & de l'autre, voyant que la pierre du sépulcre avoit été ôtée, elles entrerent dedans, & n'y ayant point trouvé le corps de Jesus, elles tomberent dans l'incertitude & le trouble. En même-temps deux hommes parurent avec des robes brillantes; & comme elles étoient saisies de frayeur, ils leur dirent : « Pourquoi » cherchez-vous parmi les morts celui qui est » vivant ? Il n'est point ici, il est ressuscité. » Souvenez-vous de quelle maniere il vous a » parlé lorsqu'il étoit encore en Galilée, & » qu'il disoit : Il faut que le Fils de l'homme » soit livré entre les mains des pécheurs, qu'il » soit crucifié, & qu'il ressuscite le troisieme » jour ». Ces femmes étant revenues du sépulcre, raconterent tout ceci aux onze Apôtres & aux autres Disciples ; mais ils regarderent tout ce qu'elles leur disoient comme des rêveries, & ils ne les crurent pas. Cependant Pierre, qui, sur le rapport de Marie-Madeleine, étoit allé au sépulcre avec saint Jean, commença, sur le rapport de Jeanne, à soupçonner la résurrection, apprenant qu'elle avoit eu au sépulcre une vision d'Anges, qui l'avoient assurée que Jesus-Christ étoit ressuscité. D'ailleurs, on va voir que Marie-Madeleine, l'autre Marie & Salomé avoient dû rapporter quelque chose de plus; savoir, qu'elles avoient vu Jesus-Christ. C'est pourquoi Pierre se leva aussi-tôt, & courut une seconde fois au sépulcre ; & sachant que s'il y avoit des Anges au sépulcre, il pourroit les appercevoir sans y entrer, il n'entra pas, comme il avoit fait auparavant ; mais s'étant baissé il regarda d'assez loin pour voir les linceuls,

& s'en retourna, admirant en lui-même ce qui étoit arrivé. En même-temps Pierre, ou peu après lui, d'autres Disciples qui étoient présens, quand Jeanne & les autres femmes firent leurs rapports, allerent aussi au sépulcre, & ils trouverent les choses telles qu'elles les avoient dites.

Une seule chose dans ce récit pourroit faire difficulté : c'est que saint Luc dit que ce rapport de Jeanne fut fait aussi par Marie-Madeleine & Marie mere de Jacques, quoique dans l'hypothèse qu'on vient d'exposer, elles ne fussent point avec Jeanne, lorsque les deux hommes dont on a parlé, apparurent à cette derniere & à ses compagnes pour leur dire que Jesus-Christ étoit ressuscité. Mais 1°. Marie Madeleine & Marie mere de Jacques étoient revenues à Jérusalem quand Jeanne fit son rapport. Or elles purent très-bien se joindre à elle pour faire ce rapport ; & peut-être Jeanne les trouva-t-elle avec les Apôtres, & qu'elles leur avoient déja rapporté ce qu'elles avoient vu. M. de Sacy traduit mal en disant : Celles qui firent ce rapport, étoient Marie-Madeleine, Jeanne, Marie mere de Jacques & les autres. Il falloit traduire (selon le grec,) Marie-Madeleine, Jeanne, Marie mere de Jacques & les autres *raconterent* toutes ces choses, ou ces événemens. Mais 2°. quand même Marie-Madeleine & l'autre Marie n'auroient point assisté au rapport de Jeanne, on peut très-bien dire que, (comme saint Pierre & saint Jean venoient d'annoncer aux Apôtres, sur le rapport des deux Maries, & avant le retour de Jeanne, que la pierre qui fermoit l'entrée du sépulcre avoit été renversée, & que le corps de Jesus-Christ n'y étoit plus, ces mêmes Maries d'ailleurs ayant visiblement parlé aux Apôtres & aux Disciples des Anges, & de Jesus-Christ même qui leur étoit apparu), saint Luc qui rapporte tout cela en gros, sans entrer dans tous les détails des autres Evangélistes, aura cru qu'il étoit à propos de les citer avec Jeanne, comme témoins de ces faits.

On voit dans saint Luc que le même jour de la résurrection, Jesus-Christ apparut à Pierre, & sur le soir aux deux Disciples d'Emmaüs, & qu'enfin, lorsque les Apôtres étoient à souper, il se trouva au milieu d'eux. Il leur apparut encore huit jours après; ensuite sur la mer de Tibériade en Galilée, où il fut vu de plus de cinq cents freres. Il apparut aussi à ses Apôtres plusieurs fois pendant quarante jours, leur faisant voir par beaucoup de preuves qu'il étoit vivant, & leur parlant du royaume de Dieu; enfin sur la montagne des Oliviers, d'où il monta au ciel.

Tel est l'ordre dans lequel il paroît qu'arriverent les divers événemens que nous venons de rapporter. Il s'accorde parfaitement avec les expressions & les textes des Evangélistes pris dans leur sens ordinaire & naturel. 1°. Tous ces événemens s'y suivent naturellement, & semblent naître les uns des autres : ainsi la narration des Evangélistes est mise à couvert de tout reproche de confusion & de contradiction. 2°. Les preuves de la résurrection sont bien plus solidement établies, en supposant que les femmes étoient partagées en deux ou trois bandes; que dans la supposition contraire, où on les fait aller toutes ensemble au sépulcre. Car dans ce dernier cas, au lieu de trois apparitions des Anges aux femmes, & de deux de Jesus-Christ, nous n'en trouvons qu'une de Jesus-Christ & une des Anges; mais dans notre supposition c'est une suite de témoignages, une succession d'événemens miraculeux qui se soutiennent & se fortifient les uns les autres, & concourent également & conjointement à prouver la vérité de la résurrection du Sauveur.

On demande pourquoi Jesus-Christ se montra à ses Disciples en Galilée, plutôt que de les faire rester à Jérusalem. On peut en apporter plusieurs raisons. 1°. C'est que la Galilée étoit le pays où Jesus-Christ avoit demeuré plus de trente ans; c'étoit-là qu'il avoit commencé à prêcher & à faire des miracles. Ainsi il devoit y être plus connu, & y avoir plus de Disciples que partout ailleurs. Il paroît donc qu'une des raisons qu'il eut de se montrer en Galilée après sa résurrection, c'étoit qu'y étant connu particuliérement il y trouveroit un plus grand nombre de témoins irréprochables de sa résurrection. Aussi lisons-nous dans saint Paul qu'il fut vu par plus de cinq cents freres à la fois, ce qui arriva en Galilée, selon toutes les apparences, & sur la montagne où saint Matthieu nous apprend que Jesus avoit ordonné à ses Disciples de s'y rendre pour l'y voir. 2°. La Galilée étoit aussi le lieu natal, sinon de tous les Apôtres & de tous les Disciples, au moins de la plupart d'entr'eux; ils y demeuroient & y vivoient, eux & leur famille, du travail de leurs mains. Il étoit donc naturel qu'étant venus à la fête de Pâques, ils s'en retournassent en Galilée, dès qu'ils l'auroient célébrée; & c'est dans cette supposition qu'avant sa mort le Sauveur leur avoit promis, qu'après sa résurrection *il iroit devant eux en Galilée.* Il est vrai que Jesus-Christ leur ordonna par les femmes d'aller en Galilée, mais cela n'est point opposé au dessein qu'ils avoient d'y retourner; mais c'est que
les

ses événemens de la résurrection auroient pu les faire changer d'avis, & les retenir à Jérusalem, jusqu'à ce que Jesus-Christ leur eût marqué ce qu'ils devoient faire. 3°. Un autre motif qui dût encore engager Jesus-Christ à se montrer à ses Disciples en Galilée, & qui prouve que les apparitions dont il est parlé dans les Actes arriverent pour la plupart en ce pays, c'est la matiere même & le sujet des entretiens qu'il eut avec ses Disciples. *Il leur parloit*, dit saint Luc, *des choses qui concernent le Royaume de Dieu*. Avant qu'ils commençassent le grand ouvrage de la prédication de l'Evangile, il étoit nécessaire qu'ils fussent instruits à fond de la doctrine qu'ils devoient prêcher, & des différentes fonctions du ministere apostolique. Mais si rien ne pouvoit contribuer plus efficacement à produire ces heureux effets, que les fréquens entretiens de Jesus-Christ avec ses Apôtres, quel lieu y étoit plus propre que la Galilée? Les Apôtres y ayant leurs demeures, pouvoient y résider sans donner du soupçon contr'eux, & s'y rassembler sans craindre les persécuteurs & les meurtriers de leur Maître, ni le Gouverneur Romain, puisque la Galilée étoit de la jurisdiction d'Hérode. Au contraire, s'ils fussent restés à Jérusalem, & qu'ils eussent continué de s'y assembler, pendant que la résurrection de Jesus-Christ y faisoit beaucoup de bruit, ils auroient eu des obstacles à vaincre plus forts que leur vertu actuelle : obstacles qui n'auroient pu être levés que par des miracles qui n'étoient pas dans l'ordre de Dieu. Ces considérations montrent que ce fut en Galilée que se firent les apparitions de Jesus-Christ à ses Apôtres; excepté les deux premieres, & la derniere qui arriva à Jérusalem sur la montagne des Oliviers le jour

Tome II. B b

de l'Ascension. Quand les Disciples retournerent de la Galilée à Jérusalem, ils n'avoient plus à craindre d'y donner de l'ombrage, en y restant jusqu'au temps de leur entrée dans le ministere apostolique; le devoir d'y célébrer la fête des Semaines, ou de la Pentecôte, les mettoit à couvert de tout soupçon; & c'étoit dans cette fête solemnelle qu'ils devoient, selon la promesse de leur Maître, être remplis de l'Esprit saint, revêtus d'un courage supérieur à tous les dangers, & rendus capables de surmonter tous les obstacles qu'ils pourroient trouver à la prédication de l'Evangile.

Les objections des incrédules ne sont point encore épuisées. Ils révoquent encore en doute la résurrection de Jesus-Christ, parce que, disent-ils, l'Histoire n'en est pas rapportée dans les Historiens profanes.

C'est toujours, comme on voit, la même méthode. Jamais de preuves positives, mais des argumens négatifs, & rien de plus. Que nous importe ce qui n'a point été dit? Les témoignages qui manquent sont de nulle autorité, puisqu'ils ne sont point. C'est aux Actes qui restent à décider pour ou contre dans la controverse. Il faut montrer, ou que ces actes sont faux, ou qu'ils ne portent pas avec évidence ce qu'on leur fait dire, ou qu'on en tire de fausses conclusions. On peut cependant répondre directement à cette difficulté. L'incrédule prétend que si le miracle de la résurrection étoit vrai, la foule des contemporains l'auroient rapporté. Mais si quelques-uns de ces contemporains ont négligé ce qu'ils en avoient entendu dire, sans vouloir examiner, ce qui est très-commun parmi les hommes, quand ils ne regardent pas un fait comme intéressant pour eux, ceux de ces contemporains qui se sont convertis sur la certitude parfaite de ce miracle, ne forment-ils pas le témoignage que l'incrédule demande ? Je me tairois, dit-il, si l'on me produisoit sept ou huit textes d'Ecrivains profanes. Mais voilà qu'on produit la multitude immense de Juifs & de Gentils que ce prodige a rendus Chrétiens. Si l'on produisoit des textes, l'incrédule diroit : Ils ne sont pas assez clairs ; cet Auteur n'a point été témoin oculaire : ou bien, il a copié la bévue d'un autre mal instruit & crédule : ou bien, ces textes ont été insérés dans les Auteurs par des mains chrétiennes. Combien de fois les Mécréans ont-ils eu recours à ces frivoles défenses ? Mais ici la réponse est démonstrative. Tant de morts endurées en preuve de la résurrection de Jesus-Christ sont au-dessus de tous les textes. *J'en crois volontiers les témoins qui se font égorger*, dit Pascal. Dix hommes qui se sacrifient pour la vérité d'un fait, sont plus croyables que dix mille qui le nient; & à plus forte raison plus croyables que cent mille qui, sans le nier, n'en parlent point. Mais est-il vrai que les Historiens profanes ne parlent point de la résurrection de J. C. ? C'est assurément parler de ce prodige, que de raconter l'inébranlable fermeté de ceux qui mouroient pour en confirmer la certitude. Or il est indubitable que la foule des Auteurs, Historiens, Philosophes, ou Poëtes, ne cessent de dire que les Chrétiens souffroient avec constance les plus grands supplices en témoignage de la résurrection de Jesus-Christ. On peut voir de plus les textes de cent Rabbins fidélement rapportés dans Galatin, l. 8, chap. 22.

Mais voici le comble de l'extravagance. L'Auteur des *Pensées philosophiques* n'a pas rougi de comparer la résurrection de Jesus-Christ avec le prétendu enlevement de Romulus au ciel. On voit dans Tite-Live les divers sentimens des Historiens sur la mort de ce Prince fondateur de Rome. Les uns le font disparoître de dessus la terre, au milieu d'un orage horrible, accompagné de tonnerres & de vents impétueux ; les autres le font périr au milieu du Sénat, par les mains des Sénateurs mécontens de n'avoir plus aucune part aux affaires. Quoi qu'il en soit, le peuple, d'abord consterné de la mort de son Roi, se rassura bientôt, & se consola, en se laissant persuader que Romulus ne les avoit quittés, que pour aller prendre une place parmi les Dieux. Proculus Julia, distingué entre les Patriciens, pour affermir cette croyance, soutint que ce nouveau Dieu descendu subitement du ciel, s'étoit présenté à lui, & l'avoit chargé d'annoncer aux Romains, que la volonté des Dieux étoit que *la ville de Rome devînt la capitale de l'univers ; qu'ainsi ils eussent soin de s'appliquer de tout leur pouvoir à l'art militaire*. On lui dressa des autels, on lui consacra des temples ; on fit un Dieu de celui dont on ne pouvoit plus supporter la tyrannie.

Quel rapport peut-on appercevoir entre cet événement & la résurrection de Jesus-Christ ? La mort de Romulus est sans doute certaine, soit qu'il ait été frappé par la foudre, soit qu'il ait été massacré par les Sénateurs. Mais sur quelles preuves porte son enlevement au ciel ? Où sont les témoins d'un tel fait ? Proculus est le seul à qui ce prétendu Dieu a apparu.

N'est-ce pas une vraie folie de vouloir qu'on compare ce personnage, intéressé à feindre & à mentir pour décharger les Sénateurs du crime dont on les soupçonnoit, malgré les bruits qu'ils avoient affecté de répandre sur la divinité de leur chef ; n'est-ce pas, dis-je, une folie de vouloir que l'on compare un témoin si suspect, ou plutôt si trompeur, à cinq cents témoins intéressés à tenir secretes les apparitions de leur Maître, quelque réelles qu'elles fussent, pour leur propre sûreté & pour l'honneur de leur nation ? N'est-ce pas une folie de vouloir que l'on compare Proculus, de concert avec le Sénat, avançant un fait propre à lui concilier la bienveillance du peuple Romain, aux Disciples de Jesus-Christ, publiant un fait odieux à leurs Pontifes, à leurs Magistrats, & propre à soulever contr'eux le peuple Juif ? N'est-ce pas une folie de vouloir que l'on compare les Apôtres souffrant tout, & s'estimant heureux de tout souffrir pour le nom de Jesus-Christ ressuscité, opérant, par l'invocation de ce nom puissant, toute sorte de miracles, à un Païen & un Idolâtre tel que Proculus loué, félicité, récompensé pour son mensonge, & dénué de toute autre preuve que de son effronterie ? En un mot, n'est-ce pas une folie de vouloir que l'on compare Proculus engagé à soutenir sa fiction, par les honneurs & par les applaudissemens, c'est-à-dire, par tout ce qui peut flatter un cœur moins attaché à la Religion qu'à la gloire, aux Apôtres sollicités de taire la vérité par les menaces, par la prison, par les traitemens les plus indignes, c'est-à-dire, par tout ce qui est le plus capable d'ébranler la constance d'un cœur moins attaché à la Religion qu'à son repos & à sa tranquillité ? Les incrédules le sentent aussi bien que les Chrétiens ; mais tout leur est bon, pourvu qu'ils jettent des nuages sur les vérités les plus claires. Et c'est en vain qu'ils vantent la prédiction attribuée à Romulus, sur la grandeur future de l'Empire Romain. Ils la regardent eux-mêmes comme la fourberie d'un Politique, qui, pour encourager un peuple guerrier à cultiver le plus funeste des arts, prend en général le ton de Prophete, sans rien circonstancier de particulier : ou plutôt ils ne sont pas assez simples pour croire que cette prétendue prédiction soit effectivement de Proculus, & antérieure à l'événement. On en trouve un grand nombre d'autres pareilles attribuées à d'anciens personnages dans les Ecrivains de Rome païenne, soit Historiens, soit Poëtes, sur-tout dans Horace & dans Virgile. Il faudroit être étrangement crédule pour se persuader que ces prédictions n'ont pas été faites après coup, & pour ne les pas regarder comme l'effet de la flatterie d'Auteurs idolâtres de la grandeur de Rome, qui cherchoient à faire leur cour à un peuple épris de la même fureur, sur-tout à l'Empereur Auguste devenu le Maître du monde. Et il faut être étrangement prévenu & dénué de pudeur, pour oser comparer à ces fables impertinentes les prédictions des Livres saints, dont nous avons démontré l'antiquité, la sincérité, la certitude & le parfait accomplissement.

Il nous reste à résoudre une dernière objection, dont nous avons déja traité quelque chose, & que les incrédules ne proposent qu'en supposant le systême des Chrétiens sur les bons & les mauvais Anges. Selon l'Evangile, Jesus-Christ après sa résurrection se trouva tout-d'un-coup au milieu des Apôtres pendant qu'ils étoient à table, & les épouvanta de telle sorte, qu'ils croyoient voir un fantôme, & non un véritable corps. Il les convainquit que c'étoit lui-même, en leur montrant ses pieds & ses mains qui portoient encore les marques des cloux qui les avoient percés. Il leur fit toucher sa chair, en leur disant qu'un esprit n'avoit point de chair, ni d'os. Mais ces preuves, dit-on, étoient-elles convaincantes ? Car ne se pouvoit-il pas faire qu'un démon, ayant emprunté la forme d'un corps, y imprimât ces mêmes marques, & les fit ensuite toucher ? Que d'exemples ne voit-on pas dans les Ecritures, d'Anges, bons ou mauvais, qui ont pris ainsi la forme d'un corps, & qui mangeoient & s'acquittoient des autres fonctions humaines ? Quelle assurance avons-nous donc que la premiere pensée des Apôtres ne fût pas véritable, & que ce ne fût pas un esprit trompeur qui les ait engagés par-là à rendre témoignage à la fausseté ?

Mais 1°. il n'est pas possible que Dieu permette que le démon fasse une telle illusion aux sens de plusieurs personnes ; parce qu'autrement tout seroit incertain ; & il seroit aussi aisé de douter de la naissance, de la vie, & de la mort de Jesus-Christ que de sa résurrection. Car on pourroit supposer de même que tout cela s'est fait par le moyen d'un démon qui, s'étant revêtu d'une forme humaine, auroit fait ce qu'on attribue à Jesus-Christ durant sa vie. Or il est contraire à la vérité de Dieu de permettre une telle séduction. On doit croire ce qui paroît ainsi à plusieurs personnes, sans qu'il y ait aucune marque pour reconnoître la fausseté. Ce seroit donc un devoir de croire le faux ; & c'est ce que Dieu ne peut permettre.

2°. Il faut remarquer qu'il ne s'agit point ici de l'illusion d'une seule personne, ni de celle de plusieurs personnes une seule fois. Il y eut un nombre d'apparitions de Jesus-Christ à ses Apôtres & à ses Disciples, dans lesquelles il se fit reconnoître par toutes les marques par lesquelles on reconnoît les autres hommes. Si donc il étoit incertain, après ces preuves, que J. C. fût ressuscité, il faudroit que toutes les choses du monde passassent pour incertaines. Abraham, Moyse, David, Salomon, Alexandre, César pourroient n'avoir été que des illusions, & on pourroit les faire passer tous pour des fantômes & des démons revêtus de corps, avec autant de vraisemblance que Jesus-Christ ressuscité. C'est donc un principe, supposé dans toutes les connoissances les plus assurées que les hommes puissent avoir des faits, que la vérité de Dieu ne peut permettre que le démon se joue ainsi de la croyance des hommes. La vérité de tous les faits est appuyée sur ce principe. Ainsi la résurrection de Jesus-Christ est mise par-là au même degré de certitude, que tout ce qu'il y a de certain & d'indubitable dans le monde.

3°. On peut dire même que cette certitude va plus loin que celle de tous les autres faits humains, & qu'il y a des choses qui autorisent le fait de la résurrection de J. C. qui n'autorisent pas tous les autres faits. Car, outre que les Apôtres en ont eu la même assurance qu'ils avoient de toutes les autres choses du monde, outre que cette assurance n'a point été démentie par aucun fait contraire, ce qui arrive aussi dans les autres faits que nous avons remarqués, ils avoient de plus certaines assurances particulieres de la résurrection de J. C., qu'ils n'en avoient pas des autres choses du monde. Cette résurrection avoit été prédite par les Prophetes, & très-expressément par J. C. pendant sa vie mortelle. Ces prédictions, jointes à ce qui arriva, les mettoient donc dans la nécessité de croire que Jesus-Christ étoit ressuscité. Ainsi il auroit fallu qu'il y eût eu un devoir & une nécessité parmi les hommes, de croire la fausseté. De plus, ce Jesus-Christ qui parut aux Apôtres & aux Disciples, leur donna le pouvoir de faire des miracles, & de guérir les maladies. Ils les guérissoient au nom de J. C. ressuscité, & ils étoient témoins de l'effet ; cet effet étant une preuve certaine de la vérité de celui qui leur avoit donné ce pouvoir, on peut dire que toute la vie des Apôtres & des Disciples, & de tous les premiers Chrétiens, a été une confirmation continuelle de la résurrection de Jesus-Christ. Nous n'avons donc qu'à le remercier sans cesse de ce qu'il a bien voulu mettre cet article fondamental de notre Religion dans ce degré éminent de certitude, qui égale & surpasse celle de toutes les choses du monde.

Nous ne parlerons point du système de Spinosa sur la résurrection de Jesus-Christ. Il est si extravagant, qu'il porte avec soi sa réfutation. Il prétend qu'avant lui tout le monde avoit pris à contre-sens le récit des Evangélistes, & soutient en conséquence qu'il ne faut pas prendre ce récit à la lettre, mais dans le sens de l'allégorie, c'est-à-dire, que la résurrection de Jesus-Christ ne fut point réelle & positive, mais seulement spirituelle & mystique. Il dit la même chose de son Incarnation, de ses miracles, de sa passion, de sa mort, & de tous les autres mystères.

Prophéties de Jesus-Christ, leur accomplissement. Nouvelle preuve de sa Mission & de sa Divinité.

Que Jesus-Christ ait fait diverses prédictions de ce qui devoit lui arriver, & de ce qui devoit arriver à ses Disciples, aux Juifs & aux Gentils,

cela paroît clairement par l'histoire de l'Evangile. 1°. Jesus-Christ a prédit sa mort. On l'avertit qu'Hérode avoit résolu de le faire mourir. « Allez dire à ce renard, répondit-il, j'ai
» encore à chasser les démons, & à rendre la
» santé aux malades aujourd'hui & demain ; &
» le troisieme jour je serai consommé. Cependant
» il faut que je continue à marcher aujourd'hui
» & demain, & le jour d'après : car il ne faut
» pas qu'un Prophete souffre la mort ailleurs
» que dans Jérusalem ». 2°. Il prédit le genre de sa mort. Il se compare au serpent d'airain élevé sur le bois par Moyse dans le désert.
« Comme Moyse, dit-il, éleva dans le désert le
» serpent d'airain, il faut de même que le Fils
» de l'homme soit élevé en haut ; afin que tout
» homme qui croit en lui ne périsse pas, mais
» qu'il ait la vie éternelle ». 3°. Il prédit les circonstances de sa mort : prenant à part ses douze Apôtres, il leur dit : « Nous allons à Jé-
» rusalem ; & tout ce qui a été écrit par les
» Prophetes touchant le Fils de l'homme y va
» être accompli ; car il sera livré aux Gentils,
» il sera fouetté ; on lui crachera au visage ; &,
» après qu'ils l'auront fouetté, ils le feront
» mourir par le supplice de la croix ». 4°. Il prédit à ses Apôtres que sa mort leur sera un sujet de scandale. « Jesus leur dit : Je vous serai
» à tous cette nuit une occasion de scandale ;
» car il est écrit : Je frapperai le pasteur, &
» les brebis du troupeau seront dispersées ». 5°. Il prédit la chute de saint Pierre, malgré toutes les protestations que lui fait cet Apôtre, d'une fidélité inviolable. « Je vous dis, & je
» vous en assure, lui annonça-t-il, qu'en cette
» même nuit, avant que le coq chante, vous me
» renoncerez trois fois ». 6°. Il prédit au même

Disciple sa conversion. « Simon, Simon, satan
» a demandé pour vous cribler comme on cri-
» ble le froment; mais j'ai prié pour vous,
» afin que votre foi ne défaille point ». 7°. Il
a prédit qu'il seroit trois jours & trois nuits
dans le tombeau. « Comme Jonas, dit-il, fut
» trois jours & trois nuits dans le ventre de la
» baleine, ainsi le Fils de l'homme sera trois
» jours & trois nuits dans le cœur de la ter-
» re ». 8o. Il a prédit qu'il ressusciteroit trois
jours après sa mort. Lorsque les Apôtres étoient
en Galilée, Jesus leur dit : « Le Fils de l'hom-
» me doit être livré entre les mains des hom-
» mes, & ils le feront mourir; & il ressuscitera
» le troisieme jour ». 9°. Il a prédit son Ascension au ciel. « Encore un peu de temps, dit-il à
» ses Apôtres avant la derniere Cene, & vous
» ne me verrez plus, parce que je m'en vais
» à mon Pere ». Paroles qu'il rappella après sa
résurrection, lorsqu'il dit à Marie-Madeleine :
« Allez trouver mes freres, & dites-leur de ma
» part : Je monte vers mon Pere & votre Pere,
» vers mon Dieu & votre Dieu ». 10°. Il a prédit qu'il enverroit le Saint-Esprit à ses Apôtres,
en leur parlant ainsi : « Le Consolateur, qui est
» le Saint-Esprit, que mon Pere enverra en
» mon nom, sera celui qui vous enseignera tou-
» tes choses, & qui vous fera ressouvenir de
» tout ce que je vous ai dit.... Lorsque cet
» Esprit de vérité qui procede du Pere, que je
» vous enverrai de la part de mon Pere, sera
» venu, il rendra témoignage de moi...... il
» vous enseignera toute vérité ; car il ne par-
» lera pas de lui-même, mais il dira tout ce
» qu'il aura entendu, & il vous annoncera les
» choses à venir. Il me glorifiera, parce qu'il
» recevra de ce qui est à moi, & vous l'annon-

cera ». 11°. Il prédit à ses Disciples, des persécutions. « Ils vous chasseront des Synagogues; & le temps vient, que quiconque vous fera mourir, croira faire une chose agréable à Dieu. On vous livrera aux Magistrats pour être tourmentés, & on vous fera mourir, & vous serez haïs de toutes les nations à cause de mon nom. » 12°. Il prédit la ruine de Jérusalem, parce qu'elle aura rejetté le Messie. « Ah ! ville infortunée, s'écrie-t-il, si tu connoissois du moins, en ce jour qui t'est encore donné, ce qui pourroit t'apporter la paix. Mais maintenant tout ceci est caché à tes yeux. Viendra le temps. (Il venoit de dire plus haut *le temps s'approche*) que tes ennemis t'environneront de tranchées, & t'enfermeront, & te serreront de toutes parts, & te détruiront entiérement, toi & tes enfans, & ne laisseront en toi pierre sur pierre, parce que tu n'as pas connu le temps auquel Dieu t'a visitée ». 13°. Il a prédit la conversion des Gentils à la prédication de l'Evangile. « Allez, dit-il à ses Apôtres & à ses Disciples, instruisez tous les peuples, les baptisant au nom du Pere & du Fils & du Saint-Esprit, & leur apprenant à observer toutes les choses que je vous ai commandées ; & assurez-vous que je serai avec vous jusqu'à la consommation des siecles ». 14°. Il a prédit que la foi s'établiroit par les miracles. Après avoir dit à ses Apôtres : « Allez par tout le monde, prêchez l'Evangile à toutes les créatures », il ajoute : « Ces miracles accompagneront ceux qui auront cru : ils chasseront les démons en mon nom ; ils parleront de nouvelles langues ; ils imposeront les mains sur les malades, & ils seront guéris ».

Or toutes ces prédictions de Jesus-Christ ont été ponctuellement accomplies; & cet accomplissement prouve 1°. qu'il étoit envoyé de Dieu: car on voit par le détail dans lequel nous venons d'entrer, que Jesus-Christ connoissoit parfaitement tous les événemens qui devoient se passer dans son œuvre, avant qu'ils arrivassent; & il n'y avoit que Dieu seul dont ils dépendoient, qui pût lui donner cette parfaite connoissance. Il n'y a point d'homme qui puisse prévoir exactement & certainement par lui-même de pareils événemens. 2°. L'accomplissement de ces prophéties prouve que Jesus-Christ est Dieu. Car, (& c'est ce qu'il faut bien remarquer) il ne se contente pas de prédire l'avenir à la maniere des Prophetes qui l'ont précédé; mais il s'engage même souvent de faire ce qu'il prédit, c'est-à-dire, qu'il parle manifestement en Dieu. Ainsi non-seulement il prédit, mais il promet de ressusciter son corps, de donner le succès à son Evangile, de convertir les Gentils par sa mort, de punir les Juifs, d'envoyer à ses Apôtres le Saint-Esprit, de leur donner la sagesse, la force, le courage, le don des miracles, & de ne les jamais abandonner. 1°. Il promet de ressusciter son corps : « Détruisez ce » temple, dit-il, je le rebâtirai en trois jours »; ce qu'il entendoit du temple de son corps, comme le remarque l'Evangéliste. 2°. Il promet de donner le succès à son Evangile : » Le monde, » dit-il, va être jugé, le Prince du monde va » être chassé dehors; & pour moi quand j'aurai » été élevé de la terre, je tirerai tout à moi ».
3°. Il promet de convertir les Gentils, & de punir les Juifs : « Je vous déclare, dit-il, à » ceux-ci, que plusieurs viendront d'Orient & » d'Occident, & auront place dans le royaume

„ des cieux avec Abraham, Isaac, & Jacob;
„ mais que les enfans du royaume seront jettés
„ dans les ténebres extérieures ». La même
menace se trouve répétée de temps en temps
dans l'Evangile, entr'autres, dans la parabole
des noces qu'un Roi fait à son fils; par celle
des vignerons ingrats & injustes, & par celle
d'un homme de haute naissance qui va dans
un pays éloigné prendre possession d'un royaume. On y voit que c'est Jesus-Christ lui-même
qui se vengera de ses sujets rebelles, c'est-à-dire, des Juifs, & qui leur substituera d'autres peuples, c'est-à-dire, les Gentils. 4°. Jesus-Christ promet à ses Apôtres de leur donner la sagesse. Après leur avoir prédit qu'ils seront amenés par force devant les Rois & les Gouverneurs à cause de son nom; « Gravez, leur
„ dit-il, cette pensée dans vos cœurs, de ne
„ point préméditer ce que vous devez répon-
„ dre; car je vous donnerai moi-même une
„ bouche & une sagesse à laquelle tous vos
„ ennemis ne pourront résister, & qu'ils ne
„ pourront contredire ». 5°. Il leur promet encore la force & le courage pour surmonter tous les obstacles : « Demeurez, leur dit-il, dans Jé-
„ rusalem, jusqu'à ce que vous ayez été revêtus
„ de la force d'en-haut. Vous recevrez la vertu
„ du Saint-Esprit qui descendra sur vous, & vous
„ me rendrez témoignage dans Jérusalem & dans
„ toute la Judée, & la Samarie, & jusqu'aux
„ extrêmités de la terre ». Il leur avoit dit auparavant : « Vous aurez des afflictions dans le
„ monde; mais ayez confiance: j'ai vaincu le
„ monde. J'enverrai sur vous le don de mon
„ Pere qui vous a été promis ». 6°. On a vu ci-dessus que Jesus-Christ promet aux mêmes Apôtres de leur envoyer le Saint-Esprit, de leur

donner le pouvoir de faire des miracles, & d'être avec eux jusqu'à la consommation des siecles. Or toutes ces promesses, dont l'accomplissement n'est possible qu'à Dieu, ont été exécutées; & Jesus-Christ assure que c'est lui-même qui les exécutera: donc Jesus-Christ est Dieu; & quand il n'auroit pas dit qu'il étoit le Fils de Dieu, pourroit-on le méconnoître à tant de marques de sa puissance? Mais il nous assure qu'il est dans le sein de Dieu; qu'il est né de lui; qu'il est une même chose avec lui, qu'il est dans lui, qu'il fait tout ce que Dieu son Pere fait; en conséquence il promet en Dieu, il agit en Dieu; ses promesses & l'exécution de ses promesses sont donc une démontration aussi évidente de la vérité de sa parole, que de l'infinité de sa puissance.

Mais, quoique ces prédictions de Jesus-Christ soient également probantes, & sur-tout par leur réunion; il en est deux principales qu'il est à propos de développer, parce qu'elles jettent un très-grand jour sur la question que nous traitons: je veux dire, celle qui regarde la ruine de Jérusalem, & celle qui concerne le progrès de l'Evangile parmi les nations. Commençons par celle qui annonce la ruine de Jérusalem.

Jesus-Christ prédit d'abord à ses Disciples qu'il s'elevera de faux-christs & de faux-prophetes qui séduiront le peuple; qu'ensuite la terre sera ravagée par des tremblemens, des pestes, des famines, des guerres, que toutes les nations seront en mouvement, & que les Royaumes s'eleveront contre les Royaumes; qu'aussi-tôt après les ennemis de Jérusalem l'environneront de tranchées, l'enfermeront & la serreront de toutes parts; qu'ils la détruiront de fond en comble, elle & son temple; & qu'enfin il n'y restera plus pierre sur pierre. Jusques-là cette prédiction de Jesus-Christ est conforme, en ce qui regarde le sort particulier de Jérusalem, à celle que Daniel en avoit déja faite; & Jesus-Christ ne manque pas de la rappeller; mais il ajoute que la génération d'hommes qui vivoient alors, ne passeroit point que ces choses ne fussent accomplies. Le Prophete avoit dit qu'après le meurtre du Christ, l'abomination de la désolation seroit dans le lieu saint; mais cet événement devoit-il se passer immédiatement après, ou dans des siecles plus reculés? La désolation de Jérusalem devoit-elle être éternelle, ou pour un temps limité? C'est ce que Daniel n'avoit point annoncé. Jesus-Christ détaille la prophétie : il y ajoute la prédiction des circonstances générales qui en précéderont l'accomplissement; il commande à ses Disciples de quitter Jérusalem, dès qu'ils verront l'abomination de la désolation dressée dans le lieu saint : il annonce que les hommes nés de son temps, verront la ruine de cette ville infortunée, & qu'enfin il n'y restera plus pierre sur pierre. Il faut donc pour l'honneur de sa prédiction, que les hommes nés de son temps en aient vu l'accomplissement. Les choses sont-elles arrivées au temps & de la maniere qu'il les avoit prédites? C'est ce qu'il faut examiner.

Consultons des Auteurs qu'on ne peut soupçonner d'avoir voulu favoriser Jesus-Christ ni son œuvre. L'Historien Josephe, Juif de naissance & de religion, nous apprend que, dès le temps même de l'Empereur Tibere & de ses premiers successeurs, il s'éleva dans la Judée plusieurs faux-christs, plusieurs imposteurs qui séduisirent le peuple, l'attirerent au désert, & le porterent à la révolte contre les Romains : delà le commencement de la guerre. Les Juifs, mécontens de Florus leur Gouverneur, demandent son rappel à Cestius Gallus Gouverneur de Syrie. Ils sont refusés, & prennent les armes. Cestius Gallus entre dans la Terre-Sainte avec une armée, & vient mettre le siege devant Jérusalem. Les Chrétiens voyant l'abomination de la désolation, c'est-à-dire, les Aigles Romaines chargées d'idoles, dans le lieu saint; (car c'est ainsi que les Juifs nommoient toute la Palestine,) sortent de Jérusalem, selon le précepte que Jesus-Christ leur en avoit fait, & se retirent à la petite ville de Pella. Cestius Gallus ne pousse pas ses premiers avantages, & se retire avec perte : ces succès enflent le cœur des Juifs, & les font courir à leur ruine. La division se met parmi eux ; l'esprit de faction & de parti les anime ; ils s'égorgent les uns les autres, Jérusalem fume du sang de ses habitans ; le feu de la discorde se communique en Syrie & en Egypte ; on y fait des massacres horribles de Juifs, qui, à leur tour, n'épargnent pas le sang de leurs ennemis. Le reste du monde n'est pas plus tranquille. Tacite ne nous parle que des tremblemens de terre, des pestes, des famines qui ravageoient l'Europe & l'Asie. Tout l'Empire s'ébranle : quatre concurrens, à la tête de leurs légions, se disputent la souveraine puissance, & font couler des ruisseaux de sang. Vespasien, l'un d'eux, vient mettre le siege devant Jérusalem ; & parvenu à l'Empire, après la mort prompte & funeste de ses compétiteurs, il laisse à Tite son fils la conduite du siege. Ce Prince surprend la nation Juive, tandis qu'elle étoit rassemblée dans la ville, pour la fête de Pâque ; il la renferme par une horrible circonvallation, & la serre de toutes parts : les malheureux assiégés sont encore consumés par leurs divisions intestines, par la peste & par la famine : les meres dévorent leurs enfans : la ville est enfin prise d'assaut. Quelques précautions que prenne le vainqueur, le temple est entiérement consumé par les flammes, qu'aucun secours ne peut éteindre. Le vainqueur, tout païen qu'il est, reconnoît lui-même la main de Dieu qui châtie cette ville criminelle, & gémit de ne pouvoir exercer sa clémence sur elle : elle n'est plus qu'un affreux monceau de pierres ; & tous ces événemens se sont passés dans le court espace de trente-huit ou quarante ans, après la prédiction qu'en avoit fait Jesus-Christ.

De quelle façon le Déiste s'y prend-il, pour éluder la conséquence qui résulte de l'accomplissement de cette prophétie en faveur de la mission divine de Jesus-Christ ? Il a dit lui-même que tous ces malheurs ne devoient tomber sur Jérusalem, que pour l'avoir rejetté, & n'avoir pas voulu connoître le temps auquel Dieu l'avoit visitée dans sa miséricorde. Le châtiment est survenu, comme Jesus-Christ l'avoit prédit : donc le crime a été commis ; & quel crime ? sinon celui dont Jesus Christ parle, qui est d'avoir rejetté sa divine mission. Qu'oppose à cela le Déiste ? Il fait de J. C. un habile Politique, qui, voyant l'impatience de ceux de sa nation à porter le joug des Romains, leurs dispositions prochaines à la révolte, le préjugé où ils sont que le Messie doit bientôt venir les tirer d'oppression, & rétablir le royaume temporel de David, conjecture avec fondement qu'ils vont bientôt s'attirer les armes des Romains, & procurer la destruction de leur capitale. Toutes les circonstances de cet événement n'ont rien qui passe la prévoyance d'un

Politique fensé. Jésus-Christ n'ignoroit pas que ceux de sa nation attendoient un Messie conquérant, &, qu'en supputant les semaines de Daniel, ils trouvoient que le temps de son arrivée alloit expirer. Il pouvoit donc prévoir qu'il s'éleveroit de faux-christs qui séduiroient un peuple déja disposé à cette flatteuse séduction, & l'engageroient à prendre les armes pour recouvrer sa liberté : delà s'ensuit naturellement la guerre avec les Romains ; & comme Jesus-Christ connoissoit la puissance formidable de ces Maîtres du monde, & l'extrême foiblesse de sa nation, il ne lui étoit pas difficile de conclure que l'événement seroit funeste à sa patrie.

Jusqu'ici la réponse des Déistes paroît assez plausible ; mais il reste encore des circonstances auxquelles il faut donner une explication : autrement tout le système du christ politique tombe en ruine. Qu'ils nous expliquent donc par quels principes, par quelles regles de politique Jesus-Christ a prévu, qu'avant la destruction de Jérusalem, la terre seroit affligée de pestes & de famines. La prévoyance de ces fléaux en différens lieux est-elle du ressort de la sagacité humaine ? qu'il ait prévu la guerre des Romains contre les Juifs, à la bonne heure ; mais par quelles lumieres a-t-il pu prévoir s'il n'est pas le Messie, les autres guerres qu'il annonce de nation contre nation, de royaume contre royaume ? Avoit-il le secret du cabinet de tous les Potentats ? Connoissoit-il à fond les intérêts & les dispositions de tous les Princes ? Ou savoit-il ce qui devoit se passer dans le cœur de Galba, d'Othon, de Vitellius, de Vespasien, des armées qu'ils commanderoient, & des alliés qu'ils auroient ? Quel intérêt d'état lui avoit appris qu'il y auroit en divers lieux de grands tremblemens de terre ? Ces accidens font-ils une suite des arrangemens politiques ? Ils font néanmoins tous arrivés, comme il les avoit prédits : Par quelle lumiere a-t-il donc pu les prédire ? Ce n'est pas tout ; & voici ce qui passe la prévoyance d'un Politique. Jesus-Christ assure positivement & sans obscurité qu'il ne restera pas pierre sur pierre dans Jérusalem ni dans son temple. Si le sort de toutes les villes assiégées, prises d'assaut & détruites, étoit de ne pouvoir plus être rétablies ; sans doute Jesus-Christ, en prévoyant la destruction de Jérusalem, n'auroit pas eu besoin d'une lumiere prophétique, pour assurer qu'elle ne seroit plus relevée ; mais toutes villes prises d'assaut n'ont pas un sort si funeste, & même on en trouve plusieurs qui, après avoir été détruites & rasées, n'ont pas laissé de se relever sur leurs propres ruines. Tel a été le sort de Tyr & de Carthage. Tel avoit été celui de Jérusalem après sa ruine par Nabuchodonosor. Mais il n'en doit pas être de même après sa seconde destruction par Tite. Jesus-Christ prononce irrévocablement cet arrêt contre la ville meurtriere des Prophetes & du Messie, qu'il n'y restera plus pierre sur pierre ; & il y a dix-sept cents ans qu'il n'y reste plus pierre sur pierre. Adrien entreprend de la rebâtir sous le nom d'Aëlia, & il met le dernier sceau à l'accomplissement de la prophétie de Jesus-Christ. C'est dans le voisinage de l'ancienne Jérusalem, qu'il fait construire la nouvelle ; & en y faisant employer les matériaux qui restoient de l'ancienne, il n'y laisse plus pierre sur pierre.

Tout le monde sait, & les Déistes comme les autres, que Julien l'Apostat, en haine de Jesus-Christ, & pour convaincre de faux sa prophétie, entreprit de rebâtir le temple de Jérusalem. Ce n'est pas que ce Prince impie aimât plus la Religion des Juifs que celle des Chrétiens. Il détestoit Moyse autant que Jesus-Christ; mais il vouloit convaincre le Galiléen, (c'est ainsi que cet Apostat nommoit Jesus-Christ par mépris,) il vouloit, dis-je, le convaincre de faux. On acheva donc de démolir jusqu'aux fondemens tout ce qui restoit de l'ancien temple; on en creusa de nouveaux; & l'on touchoit au moment où le Galiléen alloit être reconnu faux-prophete. Mais on n'a fait jusques-là que contribuer à l'accomplissement parfait de la prophétie. Ecoutons le récit, non pas des Chrétiens qui seroient suspects aux Incrédules, mais d'un Historien idolâtre, contemporain & panégyriste continuel de Julien : c'est Ammien Marcellin dont je parle. Il nous apprend que d'horribles tourbillons de flammes s'éleverent des fondemens qu'on avoit creusés, qu'ils rejetterent en dehors les matériaux qu'on y avoit jettés; qu'ils consumerent à diverses reprises & les instrumens & les ouvriers, & forcerent enfin l'Empereur & les Juifs d'abandonner l'entreprise. Je le demande aux Déistes : Est-ce la politique qui a prévu cet événement? Et doutera-t-on encore de la lumiere prophétique de Jesus-Christ, lorsqu'on voit par quelles voies extraordinaires sa prédiction a été littéralement accomplie? Si, dans la destruction de Jérusalem par Tite, on ne veut voir qu'un résultat naturel des arrangemens politiques que les Romains devoient prendre à l'égard des Juifs, dont Jesus-Christ pouvoit prévoir la revolte, qu'on reconnoisse du moins dans l'entreprise de Julien un dessein formé de rebâtir le temple, & tous les moyens propres à le faire réussir. Qu'est-ce donc qui en empêche le succès? Ce n'est ni l'inconstance, ni la foiblesse du Prince qui l'a formé, ni l'indolence ou le défaut de zele de ceux qui sont employés à son exécution: au contraire, si quelqu'entreprise doit humainement réussir, c'est celle-là plus que toute autre; cependant, & celui qui l'a formée, & ceux qui sont pleins d'ardeur pour l'exécuter, sont forcés malgré eux de l'abandonner, parce qu'il a été prononcé par Jesus-Christ qu'il ne resteroit plus pierre sur pierre, ni dans Jérusalem ni dans son temple. Ne faut-il donc pas vouloir s'aveugler, comme Julien & les Juifs, pour ne pas conclure de cet événement, que, puisque Jesus-Christ l'a annoncé comme devant être la punition du crime dont sa nation se rendroit coupable en le rejettant & en refusant de le reconnoître pour l'Envoyé de Dieu; il est indubitablement l'Envoyé de Dieu qui a été rejetté par sa nation.

Passons maintenant à l'autre prophétie de Jesus-Christ, qui concerne l'établissement & le progrès de l'Evangile. Il est un point fixe qu'il ne faut point perdre de vue ; c'est que Jesus-Christ s'est dit le Messie promis par les Prophetes ; & que non-seulement il s'est appliqué à lui-même, mais a voulu qu'on lui appliquât tout ce qui avoit été prédit du Messie promis : or, parmi un grand nombre de prédictions qui regardoient le Messie & son œuvre, il en est dont le temps de l'accomplissement est fixé, de maniere que passé ce temps, quand même on verroit arriver les choses prédites, on ne pourroit plus y reconnoître l'œuvre du Messie. Ramassons en peu de mots ces prédictions. Il falloit, selon les Prophetes, que le Messie honorât de sa présence le second temple, & que par conséquent il parût avant la destruction de ce temple par Tite. Il falloit que la Loi sortît de Sion, & la parole du Seigneur, de Jérusalem; ce qui n'a pu arriver depuis que Sion & Jérusalem n'ont plus pierre sur pierre. Il falloit que la doctrine du Messie fût répandue dans les îles, c'est-à-dire, dans l'Europe (car c'est-là le nom que les divines Ecritures donnent à cette partie du monde, sans doute à cause de l'Archipel qui étoit plus voisin & plus connu des Ecrivains sacrés que le reste de l'Europe); il falloit, dis-je, que sa doctrine fût répandue dans les îles & parmi les autres nations idolâtres, & que l'on offrît en tous lieux au Seigneur l'oblation pure, avant que les sacrifices de la Loi cessassent pour toujours d'être offerts, & que la tribu de Juda fût dispersée comme les autres, & ne formât plus un corps de République. Or J. C. est né indubitablement avant la destruction du second temple; & depuis sa mort jusqu'à cette destruction, il ne s'est passé que trente-huit ou quarante ans. Il faut donc que dans ce court intervalle, l'Evangile soit suffisamment annoncé dans tout le monde connu; car s'il demeure concentré dans la Judée jusqu'à la ruine du second temple, Jesus-Christ ne peut plus être le Messie promis, dont la doctrine doit être reçue des nations avant cet événement. Un imposteur qui auroit voulu se faire passer faussement pour le Messie, auroit donné plus de temps pour l'exécution de ce vaste projet ; ou, se voyant gêné par les prophéties, il en auroit restreint le sens tant qu'il auroit pu, & se seroit hâté d'en venir à l'exécution. Néanmoins Jesus-Christ évite durant toute sa vie de porter sa doctrine aux Gentils ; il n'en choisit aucun pour être parmi ses Disciples ;

il ne prend aucune mesure humaine pour les instruire, &, s'appliquant avec assurance les prédictions qui regardent le Messie, il prédit lui-même à ses Disciples que leur témoignage, malgré mille contradictions qu'il leur annonce, malgré le scandale & l'opprobre de sa croix, sera reçu à Jérusalem, à Samarie & jusqu'aux extrémités de la terre. Il est mis à mort : cinquante jours après, ses Apôtres annoncent publiquement sa doctrine; elle est reçue d'abord à Jérusalem, ensuite à Samarie ; elle passe bientôt après à Damas, à Antioche, à Corinthe, à Philippes, à Colosses, à Ephese, à Thessalonique, en Achaïe, en Macédoine, en Galatie, en Bythinie, en Cappadoce, en Pamphilie, dans les îles de Crete & de Chypre, dans le Pont, dans l'Asie Mineure, en Italie & à Rome même. Il n'y a pas encore trente ans que Jesus-Christ est mort ; & le nombre des Chrétiens est déja si grand dans cette capitale du monde, qu'il s'en trouve même parmi les Officiers de Néron, & que ce Tyran commence à leur faire la guerre. Leur nombre se multiplie toujours davantage. Déja le Christianisme a passé de bien loin les bornes de l'Empire Romain, & a pénétré jusqu'aux Scythes, jusqu'aux peuples les plus barbares, lorsqu'enfin Tite est le ministre de la vengeance divine sur Jérusalem, & disperse pour toujours la tribu de Juda. Après un accomplissement si visible de la prédiction de Jesus-Christ, qui peut encore douter qu'il ne soit le Messie annoncé par les Prophetes ?

Et c'est en vain qu'on objecteroit que l'Evangile n'a point été annoncé à toutes les nations, comme Jesus-Christ l'avoit ordonné aux Apôtres, & que toutes n'ont point été bénies en lui,

suivant

suivant les promesses faites à Abraham, à Isaac & à Jacob. Car 1°. il n'est point dit dans l'Evangile que la doctrine de Jesus-Christ doit être prêchée en même-temps dans toutes les nations, mais successivement. Nous voyons dans saint Paul qu'il y a des pays que Dieu éclaire, les uns plutôt les autres plus tard, & qu'il empêche quelquefois qu'on ne prêche dans ces derniers avant le temps qu'il a marqué. La foi est comme le soleil, qui aujourd'hui se leve sur un peuple, & demain sur un autre. Les Juifs ont été rejettés; les nations ont pris leur place; la Gentilité sera reprouvée à son tour, & les Juifs reviendront, & ameneront à Jesus-Christ celles des nations qui n'auront point encore été éclairées des lumieres de la foi. En un mot, l'Evangile sera répandu dès le commencement jusqu'aux extrêmités du monde, & il sera prêché par-tout, sans en excepter aucun peuple, avant le second avénement du Sauveur. C'est en ce sens que J. C. a dit à ses Apôtres: *Allez, enseignez toutes les nations*; & l'Evangile aura été prêché à toutes les nations, lorsque le Fils de l'homme viendra (à la fin des temps). 2°. Ces paroles, *Toutes les nations seront bénies en Jesus-Christ*, ne signifient point que toutes les nations recevront l'application des mérites de son Sang, ni que dans celles qui auront part à cette grace, chaque particulier se convertira; mais seulement qu'il y aura dans tous les siecles des nations bénies en Jesus-Christ, & à qui ses mérites seront communiqués, & que toutes celles qui seront bénies dans ceux de leurs membres qui participeront à la foi, ne le seront qu'en Jesus-Christ. En un mot, la rédemption du Sauveur sera pour toutes les nations. Il n'y en aura aucune, soit Juifs, soit Grecs, soit Barbares, &c.

Tome II.   C c

DOCTRINE DES ANCIENS

qui soit exclue de la grace de l'Evangile.

Mais revenons à la preuve précédente, & donnons-lui une nouvelle forme, en considérant les mesures que J. C. a prises pour faire recevoir sa doctrine aux nations idolâtres. Si son œuvre est une œuvre toute humaine, il faut convenir nécessairement que quelque esprit, quelque pénétration qu'on lui suppose d'ailleurs, il a pris directement toutes les mesures qui pouvoient faire échouer son projet. En effet, il conçoit le dessein de retirer les Gentils de l'idolâtrie, & de les ramener au culte du vrai Dieu. Ce dessein est beau & digne d'une grande ame. Mais pourquoi déclare-t-il qu'il n'est venu que pour les brebis perdues d'Israël ? Pourquoi s'abstient-il d'instruire lui-même les Gentils ? Pourquoi ne leur envoie-t-il pas du moins quelques-uns de ses Disciples durant sa vie. On le suppose assez habile politique pour prévoir avec certitude que sa nation va bientôt s'attirer les armes des Romains, & que Jérusalem sera détruite avec son temple. Il faut cependant qu'avant cet événement, qu'il prévoit être si prochain, les Gentils jusqu'aux extrémités de la terre aient reçu sa doctrine: autrement il ne pourra réussir à se faire regarder comme le Messie. Le temps presse donc, & néanmoins il ne se presse pas lui-même d'instruire les Gentils, ni de leur envoyer de ses Disciples pour les instruire. Premiere mesure contraire au succès de son dessein.

Pour faire recevoir sa doctrine des Gentils, il doit leur faire proposer des vérités simples, claires, évidentes, à la portée de tous les esprits, autrement on rejettera sa doctrine, comme un amas de nouvelles fables, plus absurdes que celles qu'il veut détruire ; & cependant il veut que ses Disciples ne leur parlent que d'un

Dieu en trois Personnes, d'un Verbe de Dieu fait chair, & crucifié par les hommes. Seconde mesure contraire au succès de son dessein.

Ces mysteres, dira-t-on, ont un air de merveilleux auquel le commun des hommes est naturellement porté. Ils avoient déja reçu les merveilles absurdes du Paganisme ; l'attrait de la nouveauté pouvoit bien leur faire recevoir celles du Christianisme : Je le veux ; mais du moins falloit-il intéresser le cœur des hommes par une morale qui flattât leurs passions, & qui, pour les engager à adopter ces nouvelles merveilles, ne leur fît rien perdre du côté des plaisirs des sens. C'est tout le contraire : il veut qu'on se prive de tout, qu'on embrasse la pénitence ; qu'on se renonce soi-même, qu'on se haïsse soi-même, qu'on porte sa croix chaque jour, & que l'on donne sa vie pour lui. Troisieme mesure contraire au succès de son dessein.

On pourroit néanmoins encore espérer un heureux succès, s'il avoit soin de choisir pour Apôtres, des Gentils, des hommes d'un génie supérieur, d'une éloquence rare, d'une subtilité d'esprit capable d'en imposer au peuple, & de donner aux choses les plus absurdes un air de vraisemblance & de probabilité. Cette précaution étoit d'autant plus nécessaire, que ceux des Gentils qui étoient les plus à portée d'entendre parler de sa doctrine, étoient les Grecs & les Romains, nations éclairées, spirituelles, & remplies de Savans, d'Orateurs & de Philosophes. Cependant il ne leur envoie que de misérables pêcheurs, qui n'ont ni étude, ni lettres, ni talent, & qui ne savent prêcher que Jesus-Christ crucifié, scandale pour les Juifs & folie pour les Gentils. Quatrieme mesure contraire au succès de son dessein.

Que ne se tourne-t-il du moins du côté de la force; que ne s'attache-t-il à gagner quelque Prince puissant & les Grands de sa Cour, qui prennent à cœur de faire recevoir sa doctrine, & qui fournissent des Missionnaires armés? Que ne s'en ménage-t-il lui-même lorsqu'il voit le peuple disposé en sa faveur? Peut-être eût-il eu le succès que Mahomet eut dans la suite. Point du tout. Il irrite les Grands, en leur reprochant leurs vices; il ne confie le soin d'annoncer son Evangile qu'à ce qu'il y a de plus foible & de plus abject parmi les hommes: & bien loin d'autoriser qui que ce soit à prendre les armes pour le faire recevoir, il exige au contraire que ses Disciples se laissent égorger: il les envoie comme des brebis parmi les loups. Cinquieme mesure contraire au succès de son dessein.

Pour juger maintenant de son œuvre selon les vues de la sagesse humaine, faisons une supposition conforme à l'opinion que les Déistes ont de J. C. Supposons donc que le Fils de Marie ayant conçu le dessein de se faire passer pour le Messie que sa nation attendoit, en fasse confidence à des Philosophes tels que les Déistes de nos jours, & leur propose tout son plan pour avoir leur avis là-dessus. Voici ce que nous pouvons concevoir qu'il leur dira : Le peuple où je suis né attend un Messie. Qu'il ait tort ou raison de l'attendre, cela ne fait rien. Il est toujours certain que des hommes qu'il regarde comme Prophetes l'en ont flatté, & qu'il l'attend. J'ai supputé le temps auquel ce peuple se promet que ce Messie viendra, & j'ai trouvé par le calcul des semaines de Daniel, que s'il doit jamais arriver, ce ne peut être que de mon temps. La nation fatiguée du joug des Romains est d'autant plus disposée à le recevoir, qu'elle s'imagine qu'il doit la tirer d'oppression. J'ai résolu de profiter d'une disposition si favorable, & de me donner moi-même pour le Messie. Je sens toute la difficulté de l'entreprise, & je suis gêné d'ailleurs par les prophéties. Suivant elles, le Messie doit être mis à mort, & néanmoins il doit régner dans toute la terre. Toutes les nations doivent se soumettre à lui, excepté la sienne qui doit le rejetter; & tout cela doit se passer avant la catastrophe de Jérusalem & de la nature Juive, qui me paroît très-prochaine. Car dans l'état où sont présentement les choses parmi les Juifs, je prévois bien qu'ils ne tarderont pas à se révolter contre les Romains, & à s'attirer ce déluge de malheurs. Il faut donc, si je veux réussir à passer pour le Messie, que je me hâte d'exécuter mon projet avant que ces choses arrivent. Voici donc quel est mon plan.

Issu, comme je suis, de David, je persuaderai à douze matelots ignorans que je suis le Messie; & s'ils m'opposent que le Messie doit les tirer d'oppression, & rendre la nation triomphante, je tournerai tout en allégories, & je leur ferai croire que c'est de l'oppression du péché, & non des Romains que le Messie doit les tirer. Je choquerai par-là toutes les idées de ma nation, & même j'inveetiverai si fortement contre les Pharisiens & les Prêtres, que je les obligerai à me condamner au dernier supplice, pour avoir ce trait de conformité avec ce que les Prophetes ont dit du Messie; seulement j'aurai soin d'en prévenir les douze ignorans que j'aurai pris pour mes Disciples, afin qu'ils ne soient pas scandalisés & rebutés par une mort ignominieuse: je les engagerai au contraire à répandre que je suis ressuscité, & à s'en aller tête baissée après ma mort affronter le même supplice, attaquer le culte établi parmi les Grecs, les Romains, & les autres nations, & leur dire qu'elles aient à se soumettre sans repliquer à tout ce que ces douze ignorans leur annonceront de ma part, & à adorer comme leur Dieu un homme supplicié par ceux de sa nation. Je leur ferai croire qu'ils ont le don des langues & des miracles, & je leur recommanderai de faire croire la même chose aux peuples chez lesquels ils annonceront ma doctrine, & je leur promettrai enfin d'un ton prophétique, que leur témoignage sera reçu à Jérusalem, à Samarie, & jusqu'aux extrémités de la terre. Que pensez-vous présentement de mon projet, & des moyens que je veux prendre pour y réussir ?

Si les Déistes veulent nous dire naturellement ce qu'ils en pensent eux-mêmes, ou ce qu'en auroient pensé ces Philosophes que nous supposons consultés par le Fils de Marie, ils avoueront que rien n'est plus extravagant, ni plus insensé que ce projet, & les mesures prises pour son exécution ; que ces mesures sont autant d'obstacles invincibles au succès de l'entreprise ; & à moins qu'on ne suppose que tous les hommes ont perdu l'esprit, il est impossible que l'Evangile fasse un seul prosélyte. Voilà jusqu'où il en faut venir, & le seul jugement que l'on puisse porter de Jesus-Christ & de son œuvre, s'il n'est pas cet Envoyé de Dieu que son peuple attend.

Laissons présentement aux Déistes le soin de concilier l'idée qu'ils ont de l'habileté de Jesus-Christ avec un projet qu'ils sont forcés de regarder comme le comble de l'extravagance & de la folie, & jugeons par l'événement, tant du projet, que de celui qui l'a formé. Quarante ans ne se sont pas encore écoulés depuis la mort de Jesus-Christ ; & déja sa doctrine, comme il l'avoit prédit, est reçue à Jérusalem, à Samarie, & jusqu'aux extrêmités de la terre. Pierre, le premier de ses Apôtres, parle deux fois en public à Jérusalem, & huit mille personnes reçoivent le baptême au nom de Jesus-Christ, qu'on venoit tout récemment de crucifier, & dor: il annonce la résurrection. Samarie imite bientôt après Jérusalem ; & malgré la haine invétérée de ses habitans contre les Juifs, malgré sa jalousie contre le temple de Sion, elle reçoit la parole qu'un Ministre de Jesus-Christ crucifié lui annonce. Les Gentils y sont appellés comme les Juifs & les Samaritains : le Centenier Corneille & toute sa maison en deviennent les prémices. Cette même parole est portée à Antioche ; le nombre des prosélytes qu'elle y fait à Jesus-Christ est si grand, qu'on commence à les distinguer par le nom de *Chrétiens*. Les Actes & les Epîtres des Apôtres nous apprennent la rapidité étonnante de l'Evangile, & les différentes contrées qui l'ont reçu avant la treizieme année de Néron ; c'est-à-dire, environ vingt-deux ans après la mort de Jesus-Christ. Par-tout enfin la folie de la croix triomphe de la sagesse du monde. Le Grec & le Romain, le Barbare & le Scythe, l'Indien & l'Ethiopien, tous changent de mœurs, tous abandonnent leurs idoles, tous n'adorent plus qu'un seul Dieu qui a fait le ciel & la terre ; tous reconnoissent & adorent Jesus-Christ comme l'Envoyé de Dieu, comme un même Dieu avec le Pere & le Saint-Esprit. Voilà donc le projet de Jesus-Christ pleinement exécuté par les mêmes moyens que les Déïstes ont regardé comme autant d'obstacles insurmontables. Que conclute delà, sinon que Jesus-Christ est véritablement l'Envoyé de Dieu, comme il l'a prétendu ; que son œuvre est divine ; qu'après sa mort il est le Maître souverain des cœurs, qu'il les ouvre lui-même à son Evangile ; & que son Apôtre a eu raison de dire, que ce qui paroît foiblesse & folie en lui, est plus fort que toute la force, & plus sage que toute la sagesse des hommes. En deux mots, si l'œuvre de J. C. eût été purement humaine, il étoit évidemment impossible qu'elle réussît par les moyens dont il s'est servi. C'est ce que les incrédules ne sauroient contester, sans renverser toutes les idées du sens commun : cependant cette œuvre a parfaitement réussi par ces mêmes moyens. Ce n'étoit donc pas une œuvre purement humaine ; c'étoit donc une œuvre divine ; & par conséquent Jesus-Christ est l'Envoyé de Dieu.

Les réponses que font les incrédules à ce changement merveilleux que la prédication des Apôtres a opéré parmi les nations, sont si pitoyables, qu'on pourroit les passer sous silence. Il est bon cependant de les rapporter, pour faire voir qu'ils n'ont rien de solide à opposer à ce phénomene, où la puissance de Dieu & la mission divine de Jesus-Christ ont paru d'une maniere si éclatante.

Il n'y avoit rien, disent-ils d'abord, de si insensé que l'Idolâtrie : y a-t-il quelque chose de bien étonnant qu'on l'ait abandonnée ?

Si cela est, pourquoi les Païens y étoient-ils si attachés, les uns en croyant toutes les folies du Paganisme, les autres en se persuadant qu'il falloit amuser le peuple par toutes ces fables, & lui cacher la connoissance du vrai Dieu ? Pourquoi y a-t-il eu pendant trois cents ans des persécutions violentes pour soutenir l'Idolâtrie contre les Chrétiens qui la combattoient, & qui donnoient leur vie plutôt que d'adorer les faux-dieux, & de participer à leurs fêtes ? Il est vrai que Voltaire, dans son Histoire générale, soutient qu'il n'y a pas eu la millieme partie des Martyrs dont nos Historiens anciens & modernes font mention. Il suit en cela la Dissertation du fameux Dodwel sur *le petit nombre des Martyrs*. Mais il va beaucoup plus loin que lui. Il prétend que les roues, les chevalets, les ongles de fer, les chaudieres bouillantes, les buchers sont autant de fables inventées dans les siecles d'ignorance & de superstition par les faiseurs de Légendes. Il soutient que les Empereurs dans les trois premiers siecles n'ont point persécuté les Chrétiens, & tout ce qu'en disent Suétone, Sulpice-Sévere, Paul Orose, saint Justin, Tatien, Athenagore dans leurs Apologétiques, Lactance, Eusebe, &c. tous témoins oculaires, sont des fables. Dodwel n'avoit pas ainsi frondé les autorités les plus respectables. Il reconnoissoit les Actes des Martyrs ; mais il les réduisoit à un petit nombre, & il l'a fait aux dépens de sa réputation. Car un célebre Bénédictin (Dom Ruinart) pour fermer éternellement la bouche à cet Auteur & à ses semblables, n'a eu besoin que de donner au public le Recueil des vrais Actes des Martyrs, & de ce que des Ecrivains respectables ont laissé à la postérité touchant le martyre de ceux dont les Actes ne sont point parvenus jusqu'à nous. Selon ces actes & ces témoignages authentiques, il est démontré que le nombre des Martyrs, je ne dis pas dans la totalité du monde, mais dans chaque province où le nom de Jesus-Christ a été porté dans les trois premiers siecles de l'Eglise, monte à plusieurs milliers. C'est donc une fausseté manifeste de prétendre que l'Idolâtrie s'est détruite d'elle-même, & parce que les hommes avoient enfin compris qu'il n'y avoit rien de plus insensé. Si l'on eût été dans cette idée, auroit-on fait mourir dans toute l'étendue de la terre par les supplices les plus cruels, & pendant trois siecles des milliers de personnes pour avoir reconnu cette folie : persécutions qui n'ont cessé que par un miracle éclatant, qui convertit l'Empereur Constantin, & fit régner paisiblement dans tout le monde la Religion Chrétienne, suivant que les Prophetes l'avoient prédit ? Et quel témoignage en faveur de cette Religion que celui de cette foule innombrable de Martyrs, qui ont sacrifié leur vie pour Jesus-Christ, & qui ne l'ont fait que parce qu'ils étoient persuadés de la vérité des témoignages des Apôtres, & que Dieu leur donnoit un courage invincible au-dessus des forces humaines, & fortifiés par les miracles qu'ils faisoient eux-mêmes, ou que Dieu opéroit sur eux pour les rendre supérieurs à tous les efforts de l'enfer !

Tout étoit fait pour le plaisir dans la religion païenne, les spectacles, les fêtes, les sacrifices, les jeux publics, tout attiroit le peuple aux plaisirs des sens. Etoit-il fort aisé d'abandonner ces divertissemens voluptueux, pour mener une vie sainte, exacte, pénitente, ennemie de toutes les passions ? D'ailleurs, l'intérêt aidoit à soutenir le Paganisme. Des villes innombrables n'étoient riches & puissantes que par leurs temples, où les peuples accouroient en foule dans les jours de célébrité. Ephese, par exemple, ne devoit sa grandeur & ses priviléges qu'au temple de Diane. Toutes les contrées voisines de Delphes, de Claros & de Dodone n'étoient opulentes que par les Oracles rendus en ces lieux

A l'intérêt des villes s'unissoit celui des Prêtres, dont la troupe immense ne subsistoit que par les erreurs dans lesquelles elle entretenoit le peuple. Les Philosophes, les Orateurs, les Poëtes soutenoient d'un autre côté l'Idolatrie par leurs fictions & leur éloquence. Enfin l'Etat & sa politique contribuoit plus que tout le reste encore à conserver le culte des Dieux. Le Paganisme trouvoit donc de tous côtés un appui: l'antiquité de la tradition, l'attrait du plaisir, l'intérêt & la fortune des villes, le besoin des Prêtres, l'aveuglement du peuple, les fictions agréables des Poëtes, la politique des Empereurs, tout concouroit à éterniser l'erreur; & à faire de la conversion du monde l'ouvrage de la plus difficile exécution. Cependant douze pauvres pêcheurs sans crédit, sans richesses, sans éloquence, sans talens, sans secours, & persécutés par-tout, triomphent de Rome & de la Grece. Leurs discours n'ont rien d'orné, ni leur morale de flatteur. Et, comme dit saint Paul, ce qu'il y avoit de plus vil & de plus méprisable est choisi pour détruire ce qu'il y a de plus grand. N'y a-t-il rien en cela que de naturel? Un événement si étrange est-il l'effet du hazard? Ou plutôt n'est-ce pas manifestement l'œuvre du Tout-puissant?

Autre réponse encore plus misérable que celle que l'on vient de réfuter. Elle est de M. de Montesquieu, Auteur du Livre intitulé: *L'Esprit des Loix.* Cet Auteur prétend que la rapidité étonnante de l'Evangile étoit toute naturelle; que le physique du climat des pays où les Apôtres l'ont porté favorisoit sa propagation; que la Religion Chrétienne, comme plus douce que les autres, convenoit mieux à des peuples policés, tels que les Romains & les Grecs: &

qu'étant par elle-même intolérante, elle a dû inspirer à ses prédicateurs un grand zele pour son accroissement.

On ne peut s'empêcher de rire de ces songes philosophiques, & on n'a besoin que des mêmes principes pour les réfuter. Car si le physique du climat influe dans la propagation d'une Religion, il doit également influer dans la conservation de celle dont il a déja favorisé la propagation ; & l'Auteur en convient, puisqu'il établit que l'ancienne Religion s'accorde au climat, & que souvent la nouvelle s'y refuse. La Religion idolâtre s'accordoit donc avec le climat de toutes les nations, puisqu'elle étoit la Religion ancienne. Mais ce qui ne s'accorde, ni avec les principes de l'Auteur, ni avec les regles du raisonnement, c'est ce que ce même climat ne se soit point refusé à la Religion Chrétienne, & qu'au contraire il en ait si merveilleusement favorisé la propagation ; c'est encore que ce même climat ayant favorisé la Religion Chrétienne durant près de mille ans, ait changé à propos de rien dans de vastes contrées, & ait accordé ses faveurs à la Religion Mahométane. Voilà sans doute un climat bien inconstant & bien bizarre dans ses attachemens. De plus, si la Religion Chrétienne, comme plus douce que les autres, convenoit mieux aux peuples policés, tels que les Romains & les Grecs, elle convenoit donc très-peu aux peuples barbares. Et néanmoins non-seulement elle en a adouci les mœurs, mais le même Auteur nous apprend que ces peuples barbares l'ont embrassée sans aucune peine, quoiqu'elle ne leur convînt guères. Enfin, si l'intolérantisme d'une Religion donne du zele pour son accroissement dans le conflit de la Religion païenne avec la chrétienne, la première auroit dû l'emporter & anéantir entièrement la seconde, puisqu'elle avoit la force en main, & que la persécution qu'elle a faite aux Chrétiens pendant trois siecles avec une cruauté inouie, marque assez qu'elle n'étoit rien moins que tolérante. Tout le contraire est cependant arrivé ; & le Christianisme a prévalu sans peine, & en peu de temps sur l'idolâtrie. Nous ne sommes que d'hier, disoit Tertullien aux Païens du second siecle, & l'on nous trouve par-tout : nous remplissons vos villes, vos bourgs, vos iles, vos places publiques, vos marchés, vos camps, le Sénat, le palais même de vos Empereurs. Le Royaume de Jesus-Christ, ajoutoit-il dans un autre endroit, n'est borné par aucune terre : il est étendu par-tout : les nations les plus reculées, les Babyloniens, les Parthes, ceux qui habitent l'Inde, l'Ethiopie, l'Asie, la Germanie, la Bretagne, les Maures, les Gétules, les Romains, tous se soumettent à son Empire, tous font profession du Christianisme. Avouons que voilà bien des climats différens ; & néanmoins tous alors étoient favorables à l'Evangile. Ne seroit-ce point que Jesus-Christ les avoit rendus tels, en ordonnant à ses Apôtres d'aller annoncer cet Evangile à toutes les nations & dans tout le monde ? Quoi qu'il en soit, Jesus-Christ avoit tout contre lui, préjugés, éducation, culte établi, passions, intérêts, loix, coutumes, puissance. Il a néanmoins prédit qu'il subjugueroit tout ; il l'a fait : il est donc l'Envoyé de Dieu. On peut consulter sur ce système de M. de Montesquieu *La Religion vengée*, &c. par M. l'Abbé Flovis. Il est très-bien réfuté dans le second volume de cet Ouvrage.

Ecoutons maintenant Rousseau de Genève. Il

ne peut s'empêcher, comme les autres, de reconnoître la rapidité de la propagation de l'Evangile ; mais il la méprise, sous prétexte que l'Evangile n'a été annoncé que par des hommes. Voici donc comme il raisonne : « Dieu, » dit-on, a parlé aux hommes, & je n'ai rien » entendu. Il a chargé, ajoute-t-on, d'autres » hommes de me rendre sa parole. J'aimerois » mieux avoir entendu Dieu même. J'aurois été » à l'abri de la séduction ».

A quoi se borne ce raisonnement ? Il se borne à dire : Dieu pouvoit me parler à moi-même : il ne l'a pas fait : donc je ne dois pas le croire lorsqu'il me parle par d'autres. J'aurois mieux aimé avoir entendu Dieu lui-même : donc il devoit me parler lui-même. Ajoutez, pour rendre l'argument complet ; *parce que Dieu doit faire ce que j'aime le mieux.* Quand Dieu nous parle par le canal des autres hommes, & qu'il est certain que c'est lui qui parle, on est autant à l'abri de la séduction que s'il parloit lui-même à découvert. Mais comment Rousseau voudroit-il que Dieu nous parlât ? Est-ce par des miracles ? Non ; il pense au contraire que personne ne peut s'assurer que telle action est miraculeuse, quoiqu'elle le paroisse ; mais ce qu'il voudroit, c'est que Dieu parlât à chacun au fond du cœur ; c'est-à-dire, par une révélation particuliere qui ne laissât aucun lieu de douter que c'est lui qui parleroit. Idée manifestement fausse. On doit écouter Dieu avec respect, soit qu'il nous parle immédiatement, soit qu'il veuille nous parler par l'entremise des autres hommes. Or il a créé les hommes sociables, & il a voulu que la Religion fût le lien de cette société : conséquemment il a réglé que les hommes apprendroient par d'autres hommes ce qui concerne cette Religion, comme ils apprennent les devoirs de la vie sociale, comme les incrédules apprennent eux mêmes aux autres les points de leur Religion naturelle. A cela nul inconvénient. Il y en auroit au contraire un très-grand à vouloir que Dieu parlât immédiatement à chaque homme en particulier. Outre que chaque particulier seroit toujours aussi libre de rejetter la parole divine qui contrediroit ses idées, la Religion de chaque particulier ne seroit plus la Religion de la société, & chacun s'en formeroit une à sa mode. Rousseau n'envisage la Religion Chrétienne que comme un système de Philosophie, que l'on peut apprendre tout seul. Il se trompe lourdement. C'est une alliance de Dieu avec les hommes ; il n'a point voulu faire cette alliance avec chacun en particulier, mais avec le genre humain ; & Jesus-Christ qui en a été le Médiateur, a voulu qu'elle fût annoncée par un corps d'Ambassadeurs, à qui il a donné tous les caracteres nécessaires pour se faire reconnoître. Car à la vue des miracles & des prodiges opérés par les Apôtres, tous les esprits sages devoient conclure qu'ils étoient véritablement inspirés de Dieu, avec autant de certitude que l'on conclut de la beauté, de l'ordre & de la magnificence qui règne dans l'univers, que c'est Dieu qui l'a créé ; & par une suite de l'autorité de cette premiere ambassade, on doit écouter leurs successeurs, lorsqu'ils ont la mission légitime de l'Eglise, & qu'ils ne s'écartent point de la doctrine Apostolique dont elle est dépositaire.

Rousseau de Geneve ne se plaint pas seulement de ce que ce sont des hommes qui nous ont attesté la parole de Dieu, mais encore de ce qu'ils l'ont fait en des langues qui nous sont inconnues. Plainte tout-à-fait injuste. Quand Moyse & Jesus-Christ ont parlé aux Juifs de la part de Dieu, ils leur ont parlé dans la langue des Juifs. Quand les Apôtres ont parlé ou écrit aux différens peuples qu'ils vouloient instruire, ils se sont servis de la langue de ces peuples ; & si saint Paul écrit aux Romains en grec, c'est qu'on entendoit à Rome aussi communément le grec que le latin. Quand les Apôtres ont chargé leurs successeurs de prêcher, après eux, ils ne leur ont pas commandé de le faire dans des langues étrangeres à leurs auditeurs. Si depuis les langues ont changé dans plusieurs pays, on y a conservé la connoissance des anciennes langues, & l'on a fait des traductions des anciens ouvrages, écrits en ces langues d'autant plus exactes, que tous les peuples ont toujours entendu l'Ecriture & les Dogmes consignés dans les monumens de la Tradition de la même maniere, comme il paroît par les Ouvrages des différentes nations sur la Religion. Enfin, quoique l'Eglise Latine, pour de bonnes raisons, ne célebre point les Offices divins en langue vulgaire, il n'en est pas de même de la Prédication : elle se fait par-tout dans la langue du pays. On n'a jamais vu, & on ne verra jamais prêcher dans les Eglises de France en Anglois, en Allemand, ou en Espagnol, ni dans les Eglises de ces pays en françois; & d'ailleurs, quant à l'Office divin, dans les pays éclairés, on y a suppléé par de bonnes traductions.

Terminons toutes ces mauvaises défaites des Incrédules de nos jours, par une autre beaucoup plus insensée. Ils ne rougissent pas de comparer Jesus-Christ à Mahomet, & la propagation de l'Evangile à celle du Mahométisme.

Et comme ils ne regardent pas la religion de Mahomet comme vraie, non plus que celle de Jesus-Christ, ils en concluent que la célérité avec laquelle le Christanisme s'est répandu partout, ne prouve pas plus que ce soit une Religion véritable & divine, que celle avec laquelle le Mahométisme s'est étendu dans tout l'Orient. Il est fâcheux d'être obligé de traiter une pareille question, mais il faut confondre l'insolence & l'impiété des incrédules, en montrant combien la comparaison qu'ils font de Jesus-Christ avec Mahomet, est fausse, odieuse, extravagante & blasphématoire.

1º. L'établissement du Mahométisme ne peut faire impression que sur un homme qui ne pense poin. Qu'est-ce que Mahomet ? Quel est l'auteur de sa mission ; Quels sont ses miracles ? Quelles prophéties l'ont annoncé ? Quelle lumiere a-t-il répandue sur la terre ? Quels furent ses premiers disciples ? Quelle est la cause des progrès de sa Secte ?

Mahomet se dit envoyé de Dieu, & instruit de ses volontés par le ministere de l'Ange Gabriel. Quel imposteur ne peut pas tenir le même langage ? On lui demande des preuves de sa mission. Vous ne devineriez jamais ce qu'il répond à une demande si naturelle. « Venez, dit-il
» dans l'Alcoran traduit par M. du Ryer, &
» apportez quelques chapitres semblables à l'Al-
» coran, quelque chose qui lui ressemble en doc-
» trine, en instruction, en éloquence, & ap-
» pellez, pour vous aider, les idoles que vous
» adorez. Si vous êtes gens de bien, s'ils n'exau-
» cent pas vos prieres, & ne vous donnent
» point du secours, connoissez alors que l'Al-
» coran est descendu du ciel par la permission de

» Dieu ». Gabriel lui suggéra d'autres réponses également convaincantes.

« Nous t'avons envoyé des préceptes clairs
» & intelligibles : personne ne les abjurera que
» les méchans.... Les infideles ont dit : Si Dieu
» ne nous parle, ou si tu ne fais des miracles,
» nous ne te croirons pas. Ceux qui les ont
» précédés en ont dit autant, & leurs paroles
» ont été semblables à leur cœur. Rien ne nous
» empêche de faire paroître les miracles que
» désirent voir les habitans de la Mecque, que
» le mépris que leurs prédécesseurs en ont fait.
» Dis à ces hommes qui exigent des miracles :
» Je ne suis envoyé que pour prêcher la parole
» de Dieu. Il a envoyé des personnes à chaque
» nation pour leur enseigner le droit chemin.....
» Qui sait que la vérité contenue dans ce Li-
» vre ne t'a pas été envoyée de Dieu ? Celui
» qui en doute est aveuglé. Les personnes d'es-
» prit n'en doutent pas..... Les Prophetes ne
» peuvent point faire des miracles sans la per-
» mission de Dieu ».

Gabriel ajoute : « Nous avons fait paroître les
» miracles aux gens de bien.... : mais la plus
» grande partie d'entre vous ne les connoissent
» point. Les animaux qui marchent sur la terre,
» & les oiseaux qui volent en l'air, sont au
» nombre des créatures de Dieu..... Dis-leur :
» Je ne vous dis pas que j'aie en mon pouvoir
» tous les trésors de Dieu, ni que je sache le
» futur & le passé. Je ne vous dis pas que je suis
» un Ange. Je ne fais que ce qui m'a été ins-
» piré..... Dieu est juge de toutes choses. Je
» ne puis pas vous faire voir promptement les
» tourmens de l'enfer ni les châtimens de Dieu...
» cela dépend de sa divine Majesté. Si j'avois

» ce pouvoir, notre différend feroit bientôt
» fini... Les miracles procedent de Dieu : Ils
» ne favent pas le temps qu'il les fera paroître.
» Encore qu'ils verroient des miracles, ils ne
» fe convertiroient pas ».

Mahomet fentant bien que ces lieux communs étoient peu propres à vaincre l'incrédulité de ceux qu'il appelle *Infideles*, s'adreffe aux vrais Croyans, & leur met fans ceffe devant les yeux la victoire qu'ils avoient remportée à Beder. Il l'attribue à des milliers d'Anges qui avoient combattu pour eux, & la donne pour *un figne évident de la divinité de fa miffion*. Il leur parle auffi d'un autre prodige opéré en fa faveur : c'eft *la lune partagée en deux*. Ses Sectateurs lui en prêtent d'autres qui ne font ni moins grands ni moins étranges. Une partie de la lune, difent-ils, tomba dans la manche du Prophete qui la reftitua à la planete, pour ne la pas défigurer, en la privant de fa rondeur. Il avoit des conférences pendant la nuit avec un chameau. Une colombe lui parloit à l'oreille : Monté fur la monture des Prophetes qui eft la bête Alborac, il arriva en une nuit de la Mecque à Jérufalem, & delà il monta au ciel dont il prit toutes les dimenfions. Quels prodiges ! Penfe-t-on que ceux qui débitent de pareils contes, aient affez de fimplicité pour les croire ?

2°. Mais fi Mahomet n'a ni opéré des miracles, ni prédit l'avenir, au moins n'a-t-il pas été prédit ? Il rapporte deux prophéties ; l'une, qu'il attribue à Moyfe ; & l'autre à Jefus-Chrift même. « Ma miféricorde embraffe tout le mon-
» de, dit Dieu à Moyfe, qui le prie de pardonner aux Ifraélites adorateurs du Veau d'or. Elle eft pour ceux « qui croient au Prophete qui
» ne fait ni lire, ni écrire, & en ce qui eft écrit

» de lui dans l'Ancien Testament & dans l'E-
» vangile : il enseignera les choses honnêtes ».
Voici l'autre prophétie : « Souviens-toi que Jesus
» Fils de Marie dit aux enfans d'Israël : Je suis
» Messager de Dieu ; il m'a envoyé pour con-
» firmer l'ancien Testament, & pour vous an-
» noncer qu'il viendra un Prophete après moi
» qui aura nom *Mahomet* ».

Il n'y a pas un mot de ces prétendues prophéties dans l'Ecriture des Juifs & des Chrétiens. Que conclure delà ? Que Mahomet est un
menteur. S'il a été prédit, c'est par saint Pierre
& par saint Paul, quand ils avertissent les Fideles qu'il s'élevera des maîtres de mensonge,
des hommes audacieux & pleins d'eux-mêmes,
vivans selon la chair, méprisant les Puissances,
renonçant le Seigneur qui les a rachetés, attaquant par leurs blasphêmes ce qu'ils ignorent. A ces traits peut-on méconnoître Mahomet ?

3°. N'attendons aucune lumiere de cet esprit
ténébreux. A l'exception de quelques regles de
Morale propres aux Juifs & aux Chrétiens, on
n'apprend dans l'Alcoran qu'à se tourner du
côté de la Mecque dans ses prieres ; à y aller
en pelerinage ; à y sacrifier la femelle du chameau sur ses pieds ; à tuer les infideles ; à avoir
quatre femmes, & autant de concubines esclaves qu'on peut en nourrir ; à répudier ses
femmes, & à les reprendre plusieurs fois ; à se
laver dans l'eau en divers cas, & si on ne
trouve point d'eau, à mettre la main sur le
sable, & s'essuyer la face & les deux mains ;
à s'abstenir de certains animaux ; à croire à
Mahomet. Nous verrons quelle récompense est
promise aux observateurs de ces loix. Voyons
auparavant quelques preuves de la profonde éru-
dition de Mahomet.

ET DES NOUVEAUX PHILOSOPHES. 611

» Adam, dit-il, manifesta aux Anges les
» noms de toutes choses. Les démons sont les An-
» ges qui refuserent de s'humilier devant Adam,
» & de l'adorer, prétendant être plus que lui,
» parce qu'ils avoient été créés du feu sans fu-
» mée, au lieu qu'Adam n'avoit été créé que de
» la boue de la terre. Après le meurtre d'Abel,
» un corbeau fit une fosse en terre, & montra à
» Caïn la façon d'ensevelir le corps de son frere:
» ce qui fit dire au meurtrier : Que ne suis-je
» semblable à ce corbeau ! Noé prêche l'unité
» de Dieu, il entre dans l'Arche. Un de ses en-
» fant ne veut point y entrer avec lui ; il aime
» mieux chercher son salut sur une montagne ».
« C'est Abraham qui a bâti le temple de la
» Mecque. Ce Patriarche convainquit d'erreur
» les Idolâtres, fit la guerre à leurs Idoles, les
» rompit à coups de hache, excepté le plus
» grand auquel il pendit sa hache, & dit : Peut-
» être qu'ils l'accuseront d'avoir rompu les au-
» tres. On voulut le brûler ; mais le feu per-
» dit sa chaleur. Lorsque les Anges lui annon-
» cerent qu'il auroit un fils, sa femme s'approcha,
» & cria à haute voix, en se battant la face :
» Une vieille stérile ne fait point d'enfans ».
« Jacob recouvre la vue par une chemise que
» lui envoya Joseph, & qu'on jetta sur sa face.
» Joseph fut déclaré innocent du crime que lui
» imputoit sa maitresse par un enfant au ber-
» ceau, & cette maitresse impudique justifia
» sa passion honteuse, en faisant entrer Joseph
» dans un grand festin, auquel elle avoit invité
» les Dames de la ville. Ces convives occupées
» dans ce moment à couper la viande, furent
» tellement surprises & interdites de la beauté
» du jeune esclave, qu'elles se couperent leurs

„ doigts, au lieu de couper la viande „.

« Moyſe convertit par ſes miracles les Magi-
„ ciens de Pharaon. La montagne ſur laquelle il
„ paſſa quarante jours fut réduite en cendres,
„ lorſque le Seigneur parut avec ſa lumiere.
„ Quand il revint vers les Iſraélites qui avoient
„ adoré le Veau d'or, il prit Aaron par la tête,
„ le tira par la barbe & par les cheveux, di-
„ ſant: Fils de ma mere, comme tu as gou-
„ verné ce peuple „!

« Pour confirmer l'élection de Saül, Samuël
„ dit au peuple: Le ſigne de ton regne ſera
„ que l'Arche vous apparoîtra de la part de
„ Dieu pour aſſurer vos cœurs, dans laquelle
„ ſera contenu le reſte de ce qu'a délaiſſé le
„ peuple de Moyſe & d'Aaron, & ſera porté
„ par les Anges. Cela vous ſervira de ſigne
„ pour ſon regne, ſi vous croyez en Dieu „.

« Salomon dit au peuple: Nous ſavons la lan-
„ gue des oiſeaux. Son armée s'eſt un jour aſ-
„ ſemblée auprès de lui, compoſée d'hommes,
„ de démons & d'oiſeaux; il l'a conduite à la
„ vallée des fourmis; une fourmi leur reine a
„ crié: ô fourmis, entrez dans vos maiſons,
„ de peur que Salomon & ſes troupes ne vous
„ foulent aux pieds ſans le connoître. La huppe
„ ne ſe trouve point à cette armée. Salomon
„ demande où elle eſt. Elle ſe préſente: lui dit
„ qu'elle vient du royaume de Saba, où elle
„ a une reine qui adore le ſoleil. Salomon veut
„ avoir le ſiege royal de cette reine. Un d'entre
„ les démons s'offre de le lui apporter dans un
„ clin d'œil. La Reine de Saba arrive auprès
„ de Salomon, reconnoît ſon ſiege royal, &
„ promet d'adorer le Dieu de l'univers. Salo-
„ mon mourut. Rien ne fit connoître ſa mort

» aux démons, que les vers qui avoient rongé
» le bout de son bâton où il étoit appuyé. Lors-
» que les démons l'ont vu choeir, ils ont connu
» que s'ils eussent connu le futur, & ce qui
» leur étoit caché, ils n'auroient pas si long-
» temps pati à son service ».

« Zacharie eut soin de l'éducation de la sainte
» Vierge. Toutes les fois qu'il entroit dans son
» oratoire, il y trouvoit mille sortes de diffé-
» rens fruits de diverses saisons. Il dit un jour:
» O Marie, d'où procedent ces biens? Elle ré-
» pondit: Ils procedent de Dieu qui enrichit
» sans compte qui bon lui semble. Après que
» l'Ange eut annoncé à cette bienheureuse Vier-
» ge le mystere qui devoit s'opérer en elle,
» elle se retira quelque temps en un lieu éloi-
» gné du peuple, où elle sentit les douleurs
» de l'enfantement au pied d'un palmier, &
» dit: Que ne suis-je morte! Pourquoi ne suis-
» je pas au nombre des personnes oubliées!
» L'Ange lui dit: Ne t'afflige pas; Dieu a mis
» un ruisseau au-dessus de toi. Ebranle le pied
» de ce palmier; les dattes tomberont; amasse-
» les; mange & bois; & lave tes yeux. Dis
» à ceux que tu rencontreras que tu jeûnes,
» & que tu as fait vœu de ne parler à per-
» sonne que ton jeûne ne soit accompli. Ses
» parens l'ont rencontrée qu'elle portoit son
» enfant, & lui ont dit: O Marie, voilà une
» chose étrange. O sœur d'Aaron, ton pere ne
» t'a pas commandé de faire mal, & ta mere
» n'étoit pas une impudique. Elle a fait signe
» à son enfant de leur répondre, & ils ont
» dit: Comment parlera l'enfant qui est dans
» le berceau? Alors son enfant a parlé, & a
» dit: Je suis serviteur de Dieu. Il m'a ensei-
» gné l'Ecriture, il m'a fait Prophete, il m'a

» béni en tous lieux, & m'a commandé de
» le prier. Il m'a recommandé la pureté tout
» le temps de ma vie, & d'honorer mes pere
» & mere. Il ne m'a créé ni violent ni mali-
» cieux. Loué fera le jour où je reffufciterai.
» Ainfi parla Jefus fils de Marie. Ce même
» Jefus a dit aux enfans d'Ifraël : Je fuis venu
» à vous avec des fignes évidens de miffion
» de la part de votre Seigneur. Je vous ferai
» du limon de la terre la figure d'un oifeau.
» Je foufflerai contre. Incontinent elle fera oi-
» feau, & volera par la permiffion de Dieu.
» Ses Apôtres lui demanderent de faire def-
» cendre du ciel une table couverte de mets
» pour les raffafier ,,.

Si cet échantillon des profondes connoiffances de Mahomet ne fuffit pas, on peut puifer à la fource. L'Alcoran eft plein de pareils contes ridicules, de même que d'ignorances & de contradictions. On vient de l'entendre confondre la fainte Vierge avec Marie fœur d'Aaron. Quelle ignorance plus marquée ? Souhaite-t-on un exemple de contradiction. Ce prétendu prophete fait dire à Jefus-Chrift qu'il mourra : il le fait dire à Dieu même. *O Jefus, je te ferai mourir ;* & il nie bientôt après qu'il foit mort. « Les Juifs ont
» dit : Nous avons tué le Meffie, Jefus, Fils
» de Marie, Prophete & Apôtre de Dieu. Cer-
» tainement ils ne l'ont pas tué ni crucifié. Ils
» ont crucifié un d'entr'eux qui lui reffembloit.
» Ceux qui en doutent font dans une erreur ma-
» nifefte, & n'en parlent que par opinion. Cer-
» tainement ils ne l'ont pas tué ; au contraire
» Dieu l'a enlevé en foi ,,. La contradiction eft fenfible. En voici d'autres.

Mahomet, en une infinité d'endroits de l'Alcoran, fe dit envoyé *pour confirmer les anciennes Ecritures*

Ecritures. Nous avons vu qu'il ne se défend que par ce moyen contre ceux qui lui demandent des miracles qui autorisent la mission. Il rend témoignage à la divinité de la Loi. « Nous avons
„ donné à Moyse le livre qui distingue le bien
„ d'avec le mal. Certainement nous avons don-
„ né la loi à Moyse „. Quel éloge ne fait-il pas de Jesus-Christ ? « Nous avons inspiré la science
„ à Jesus Fils de Marie, & l'avons fortifié par
„ le Saint-Esprit. Jean assurera que le Messie
„ est le Verbe de Dieu. O Marie, Dieu t'an-
„ nonce un Verbe duquel procédera le Messie
„ nommé Jesus „. Dieu lui dit : « O Jesus, je
„ préférerai ceux qui t'auront obéi aux infideles
„ au jour du jugement „. Il est « le Prophete,
„ l'Apôtre de Dieu, son Verbe & son Esprit „. Dieu « lui a donné l'Evangile plein de lumiere,
„ pour conduire le peuple au droit chemin „. En un mot, il faut « croire à Moyse & à Jesus.
„ Celui-là sera justifié au jour du jugement qui
„ croira aux Ecritures „.

Il est naturel de conclure de ces discours qu'il faut embrasser la doctrine des Ecritures; qu'il faut s'attacher à Jesus-Christ, croire à sa parole, lui obéir. Ce n'est pas ce que Mahomet conclut. Il propose une Religion nouvelle ; il condamne impitoyablement à la mort & à l'enfer tous ceux qui n'adoptent pas ses rêveries. Il traite d'impies & d'idolâtres les Chrétiens, parce qu'ils donnent un fils à Dieu. Que résulte-t-il delà, sinon que Mahomet est un visionnaire, qui ne sait absolument ce qu'il dit ? On répondra peut-être qu'il ne seroit pas possible de se refuser à cette conséquence, si Mahomet avouoit que la Religion qu'il propose fût nouvelle, & que l'Evangile fût dans sa pureté ; mais c'est ce qu'il n'avoue pas. Il prétend au contraire, ne faire revivre que la Religion d'Abraham, qui n'étoit, dit-il, *ni Juif ni Chrétien ;* & il accuse les Chrétiens d'avoir corrompu l'Evangile.

Ce ne sont là, comme l'on voit, que des mots vuides de sens. Il est insensé de vouloir faire revivre la Religion d'Abraham & d'Ismaël, aux dépens de celle que Jesus-Christ, *le Prophete, l'Apôtre de Dieu, son Verbe, son Esprit,* est venu établir par tant de miracles, de l'aveu même de Mahomet. Il est insensé de distinguer la Religion d'Abraham de celle des Chrétiens au sujet de Jesus-Christ : car Abraham a cru en Jesus-Christ comme les Chrétiens y croient. « Il a désiré avec ardeur de voir son jour ; il l'a vu, & il en a été rempli de joie ». (Jean, 8, 56.) Il est insensé de distinguer Abraham des Chrétiens, en ce qu'Abraham n'a reconnu qu'un seul Dieu : les Chrétiens ont la même foi. Il est insensé de reprocher aux Chrétiens d'admettre plusieurs Dieux, parce qu'ils donnent un Fils à Dieu. Le Pere & le Fils, suivant les Chrétiens, ne sont qu'un seul Dieu, parce qu'ils n'ont qu'une seule & même nature. Mahomet, en disant contre ce dogme que *Dieu n'a point de femmes,* montre qu'il n'avoit aucune idée d'une substance spirituelle & immatérielle. En un mot, ou l'Evangile est vrai, ou il est faux. Si l'Evangile est vrai, Mahomet est un impie, puisqu'il établit une Religion qui lui est contraire. Si l'Evangile est faux, Mahomet est un impie & un imposteur : un impie, puisque, sans avoir aucune preuve de sa fausseté, il le contredit : un imposteur, puisqu'il s'en autorise, & qu'il se dit envoyé pour le confirmer.

Mais n'espérons ni précision ni justesse d'un Epileptique. L'Alcoran n'est qu'un tissu d'Histoires altérées de l'Ancien & du Nouveau Testament, un tissu de fables cent fois répétées, & de lieux communs sur la majesté de Dieu, sa puissance, sa bonté, l'ingratitude des hommes, la résurrection, les peines & les récompenses de l'autre vie; sans ordre, sans liaison, sans raisonnement; mais il n'est pas fait sans dessein. Il est visible que Mahomet est un homme ambitieux & intéressé qui veut dominer & s'enrichir. Malgré les protestations qu'il fait de son désintéressement dans le *Chapitre des choses dispersées*, il se montre tel qu'il est dans les Chapitres du *Butin*, de l'*Exil*, de la *Dispute*, de la *Rondeur*. « Le Butin, dit-il, appartient à Dieu » & à son Prophete. Dieu vous ordonne de don- » ner au Prophete une partie des conquêtes que » vous ferez sur la Mecque ». *Vous devez obéir au peuple*, & n'avoir *aucun secret pour lui*. Il exige même un respect pour sa personne, qui aille jusqu'à *ne pas parler à haute voix* en sa présence.

Qu'est-ce donc que Mahomet ? C'est un fourbe. Il contrefait le prophete & l'inspiré; il débite des fables en termes pompeux, avec une assurance qui tient du prodige. Il séduit quelques Arabes : il leur met les armes à la main : il acquiert de nouveaux disciples par la force & la violence, ou par l'attrait des conquêtes : il prêche une Religion sensuelle, qui, par la polygamie portée au dernier excès, conduit à une béatitude scandaleuse. Disons un mot de cette béatitude, pour ne rien laisser à désirer sur Mahomet.

Dans son Paradis, « sont de beaux jardins or- » nés de fontaines, où coulent des fleuves d'une » eau inaltérable, des fleuves de lait incor- » ruptibles, des fleuves de vin délicieux au

„ goût, & de toute saison „. On y trouve « tou-
„ tes sortes de fruits, beaux & savoureux, des
„ dattes, des grenades, &c. „. Les vrais
Croyans, « vêtus de pourpre, arrangés sur
„ des lits délicieux, avec des verres remplis
„ d'un breuvage agréable au goût, se voyant
„ face à face, se présentent la tasse l'un à
„ l'autre pour boire, ayant des Pages à l'en-
„ tour d'eux pour les servir, beaux com-
„ me des perles enfilées, buvant & mangeant
„ à leur contentement, auront des femmes pu-
„ res & nettes, blanches comme des œufs frais,
„ semblables au corail & aux rubis, avec des
„ yeux très-noirs „.

Ne mettons point notre esprit à la torture pour chercher quelque sens caché sous ces expressions charnelles. Le prophete parle ici de l'abondance du cœur. Si ses discours étoient moins clairs, on trouveroit dans sa conduite tout ce qu'il faudroit pour en lever l'obscurité. Il n'y a pas un mot dans ses révélations, ni un seul trait dans sa vie, d'où l'on puisse conclure qu'il ait eu la plus sombre idée des plaisirs spirituels.

Ne nous y trompons pas ; la béatitude de Mahomet n'est que pour ceux qui auront cru en lui. Si vous êtes Non-croyant, il faut vous attendre à être placé « auprès de Zacon, arbre
„ d'enfer, & à être nourri de son fruit. Cet
„ arbre sort du fond de l'enfer ; il s'élève en
„ haut, & ses branches semblent des têtes de
„ diables „.

Nous renvoyons à l'Histoire pour avoir une idée des premiers disciples de ce maître si dissolu, si cruel, si extravagant. On ne sera pas surpris qu'à la tête des Sarrasins, peuple sans mœurs, sans foi, sans humanité, accoutumés à courir & à piller les terres de leurs voisins, Mahomet fit des conquêtes, & que sa Religion en suivît les progrès. Il falloit, de gré ou de force, que les vaincus adoptassent les rêveries d'un soi-disant prophete, qui avoit pour maxime d'exterminer les infideles, & qui regardoit comme tel quiconque ne croyoit pas en lui ; & c'étoit une des principales finesses de ce phrénétique de rendre ainsi les hommes brigands par des vues de Religion. Quand même il n'eût pas usé de violence & de contrainte, le succès de ses armes devoit faire le succès de sa doctrine. On connoît les hommes. La Religion du Prince devient aisément celle des sujets : la cupidité y trouve son avantage. C'est le plus sûr moyen de parvenir aux honneurs, ou du moins de vivre en paix, & d'éviter les disgraces & les persécutions. Au reste, il faudroit être insensé pour regarder comme un prodige les grands & rapides brigandages de Mahomet : étrange prodige qui est commun avec tant de Princes impies, tant de peuples barbares, & de nations idolâtres. Qu'est-ce que c'est que les conquêtes de Mahomet, si on les compare à celle des Romains, dévoués au culte de Jupiter ?

Lorsque l'on réfléchit sérieusement sur l'établissement de tant de fausses Religions, on rougit pour l'humanité. Je sais que l'homme apporte en naissant une inclination pour la Religion; c'est une suite de l'idée de Dieu si profondément gravée dans son ame. Mais s'il ne peut, sans résister à la nature, ne pas recevoir une Religion qui est appuyée sur des preuves divines, peut-il, sans oublier qu'il est raisonnable, écouter un visionnaire, qui, sans autre preuve que son impudence, vient lui dire : Voici de quelle maniere la Divinité veut être honorée. C'est elle qui m'envoie vous inftruire de fes volontés : croyez-m'en fur ma parole. A peine l'expérience de tant de fiecles rend-elle croyable une fi honteufe dégradation de la raifon. Plaignons le malheur de tant d'hommes qui, dans tous les temps, ont été les dupes de l'impofture; mais plaignons encore plus l'aveuglement de nos incrédules qui ont ofé comparer Mahomet & l'établiffement de fa Secte, avec Jefus-Chrift & la propagation du Chriftianifme, c'eft-à-dire, la fouveraine Sageffe avec le fanatifme le plus outré, & un affreux brigandage avec un établiffement fage, pacifique, manifeftement divin, & portant par-tout la lumiere & la réforme des mœurs. Peut-on imaginer une comparaifon plus folle, plus impertinente, & plus odieufe?

Dieu a dans les tréfors de fa fageffe une infinité de moyens de nous éclairer, de nous convaincre & de nous perfuader; mais on ne peut fe laffer d'admirer ceux qu'il a mis en œuvre par Jefus-Chrift. Ils font vifiblement faits pour la raifon, & font une preuve bien claire que celui qui agit ici eft l'Auteur même de la raifon.

Nous portions en nous-mêmes une idée bien diftincte de l'Etre fuprême. En confultant cette idée, nous avions découvert que lui feul peut difpofer des loix de la nature, parce que ces loix ne font que ces volontés libres; que lui feul peut manifefter l'avenir, parce que lui feul eft le Maître de tous les temps, & que tout eft préfent à fon éternité : que lui feul peut faire & exécuter des promeffes dont l'effet fuppofe une puiffance infinie; & qu'il ne peut employer fa puiffance pour rendre fon nom témoin du menfonge, parce qu'il eft la vérité.

Le Fils de Dieu vient en perfonne nous inftruire. Veut-il que nous l'écoutions sur sa parole ? Nous le ferions avec la soumission la plus parfaite, si nous étions certains que c'est lui qui nous parle. Mais nous craignons de lui déplaire, si nous lui offrons le sacrifice de notre raison, sans être assurés de sa présence. Jesus-Christ ne veut point être cru sur sa parole. Il administre à notre raison toutes les preuves qu'elle peut désirer. Il nous dit : Je suis le Fils de Dieu. C'est moi dont tant de Prophetes, parlant au nom de Dieu, ont annoncé la venue. Voyez les miracles que j'opère au nom de Dieu ; comparez les prophéties que je fais au nom de Dieu avec l'événement. Jugez de ma personne par mes promesses & par leur accomplissement. Nous voyons en effet toutes les anciennes prophéties vérifiées en sa personne; nous voyons ses miracles plus admirables par leur nature, que par leur nombre & leur grandeur ; nous voyons la vérité de ses prophéties ; nous voyons l'effet de ses promesses. Ce n'est ni par le fer, ni par le feu qu'il établit par toute la terre sa Religion, si sublime dans sa doctrine, si pure dans sa morale, si consolante dans ses secours, si magnifique dans ses promesses, si terrible dans ses menaces. C'est malgré le fer & le feu ; c'est par l'esprit de vérité & de sainteté qu'il inspire à ses Disciples ; c'est par les miracles qu'il leur fait opérer ; c'est par la sagesse & le courage qu'il leur donne ; c'est par les persécutions qu'il leur fait soutenir ; c'est par l'effusion de leur sang ; c'est par la perte de leur vie, jusqu'à ce qu'il lui plaise de changer les Rois, qui la persécutoient, en protecteurs zélés pour la défendre. Pouvons-nous résister à de telles preuves, & ne pas tomber aux pieds de Jesus-Christ pour l'adorer comme le Fils de Dieu!

Certitude des Faits rapportés dans l'Evangile & les autres Livres du Nouveau Testament. Ces Faits sont parvenus jusqu'à nous sans altération.

Les difficultés des Mécréans contre les preuves de la Religion Chrétienne qu'on vient de rapporter, n'entament pas même ces preuves invincibles, bien loin de les détruire. Je crois, l'avoir fait voir suffisamment ; & les incrédules eux-mêmes, s'ils ont quelqu'ombre de bonne-foi, doivent convenir avec Bayle (Pensées sur la Comete) qu'on ne peut faire de démonstration contre cette Religion divine & unique, & que toutes les objections qu'ils proposent, ne roulent que sur des principes arbitraires, des maximes de commande, des possibilités chimériques, des doutes affectés, des comparaisons peu justes, de fausses vraisemblances, &c. incapables de renverser une bonne preuve. Mais dans le désespoir où ils sont de proposer des difficultés raisonnables, & qui soient tirées du fond & de la nature des choses, ils ont une derniere ressource qu'ils font valoir, autant qu'ils peuvent, vis-à-vis des esprits légers qui n'examinent rien à fond, & de ces hommes sans mœurs qui désireroient pouvoir anéantir toute Religion, afin de satisfaire leurs passions avec plus de liberté. Cette derniere ressource consiste à jetter des nuages de toute espece sur la certitude des faits rapportés dans l'Evangile & dans les autres Livres du Nouveau-Testament. Les uns plus hardis, tels que Voltaire & d'autres, font semblant de regarder toute l'Histoire ancienne, sans en excepter les Livres saints, comme un tissu de fables & de contes puériles. Cet impie porte le Pyrthonisme sur ce point, dans son *Essai d'Histoire générale*, jusqu'à dire qu'il ne faut proprement commencer l'étude de l'Histoire, que vers le temps de François I; d'autres, moins fanatiques, se contentent de proposer des doutes sur l'authenticité des saintes Ecritures : tantôt ils traitent les Evangélistes & les Apôtres de gens simples & crédules, tantôt ils les accusent de fourberie & d'imposture. Ou s'ils paroissent quelquefois convenir de leur droiture & de leur sincérité, ils prétendent que leurs Ouvrages, dans le laps du temps, ont été falsifiés, qu'ils ne sont pas venus jusqu'à nous tels qu'ils sont sortis de leur plume, ou qu'on y a inséré une multitude de faits absolument faux, & de prodiges controuvés, pour fabriquer une Histoire plus merveilleuse. Ils tournent même en ridicule, & travestissent certains endroits de ces Oracles sacrés, pour les rendre méprisables au peuple; ils en attaquent le style, l'exactitude, la chronologie, &c. & par les incertitudes & les obscurités qu'ils répandent à pleines mains sur les sources de la foi chrétienne, ils tâchent de sapper avec adresse le fondement même de la Révélation.

On a vu ci-dessus, p. 259 & suiv. qu'ils ont proposé les mêmes difficultés sur les Livres de Moyse & les autres Livres de l'Ancien-Testament. Nous y avons amplement répondu; & il est bon de rapprocher ici ces réponses, & de les joindre à celles que nous allons faire à ce qu'ils objectent sur la certitude des faits de l'Evangile. Cette question est d'autant plus importante, que tout ce que nous avons traité jusqu'à présent en dépend : car si les Livres du Nouveau-Testament étoient apocryphes ou corrompus, ils ne pourroient plus faire preuve. Si l'on prouve au

D d v

contraire que tous les faits qu'ils renferment sont parfaitement exacts, & que ces Livres sont venus jusqu'à nous sans altération, il faut que les incrédules s'avouent vaincus : & c'est ce qui les porte sans doute à déprécier, tant qu'ils peuvent, ces Livres divins. Ils comprennent eux-mêmes que si l'on ne peut en attaquer la vérité, l'exactitude & la sincérité, la Religion Chrétienne est démontrée.

Observons premièrement que la Révélation ne se prouve point par des raisonnemens métaphysiques, dont tous les esprits ne sont point susceptibles. C'est un fait dont tout le monde, savant ou ignorant, peut se convaincre aisément. Dieu a-t-il parlé aux hommes, ou ne leur a-t-il pas parlé ? S'il leur a parlé, comment l'a-t-il fait ? Par quelle voie l'a-t-il fait ? Que leur a-t-il dit ? Tout se borne-là. Voyez ci-dessus ce qu'on a déjà dit sur cette matière, pag. 174 & suiv.

Observons en second lieu que cette révélation de la part de Dieu est possible. Ayant créé l'homme, il peut se manifester à lui de la manière qui lui plaît. Voyez ci-dessus, pag. 156.

Observons troisièmement, qu'on ne démontre pas la vérité d'un fait par les mêmes principes qu'on emploie pour démontrer une vérité philosophique. Celle-ci dépend d'une combinaison, d'un rapport & d'une convenance d'idées ; l'autre se prouve par des témoignages, par des textes & par des autorités. Mais ces genres de preuves, quoique différens, ont chacun leur certitude ; & chacun dans son espece peut être conduit au plus haut degré d'évidence concevable, comme nous l'avons encore montré plus haut, pag. 176 & suiv.

Cela posé, a-t-il paru, il y a près de deux mille ans, dans la Judée un homme appellé *Jesus*, qui s'est dit envoyé de Dieu, qui a enseigné des dogmes particuliers, qui a donné des préceptes de morale, qui s'est choisi un nombre de Disciples, & qui les a envoyés par toute la terre prêcher cette doctrine; qui s'est dit l'objet d'anciennes prophéties, lesquelles annonçoient sa venue, sa mission & les différentes particularités de sa vie; qui a fait lui-même des prédictions, & qui a confirmé sa mission & sa doctrine par une foule de miracles; qui a été condamné par les Juifs à la mort ignominieuse de la croix; qui est ressuscité, & monté aux cieux? Ses Disciples ont-ils effectivement annoncé toutes ces choses, & prêché sa doctrine par toute la terre? Et les nations ont-elles quitté leurs idoles & leurs superstitions pour embrasser cette Religion que Jesus-Christ est venu établir dans le monde? Tels sont en gros les principaux faits renfermés dans les Ecritures du Nouveau-Testament. Il ne s'agit pas encore de tirer les conséquences de ces faits, mais seulement d'examiner si on peut en démontrer la certitude.

Pour qu'un fait soit porté au plus haut degré d'évidence, & qu'on ne puisse l'attaquer par aucun endroit, il faut 1°. qu'il soit possible, c'est-à-dire, qu'il ne renferme ni absurdité, ni contradiction. Ainsi, par exemple, si quelqu'un disoit qu'on a vu des montagnes sans vallées, un corps sans dimensions, on nieroit avec raison ces faits extravagans, parce qu'ils sont absolument impossibles; 2°. il faut que le fait dont il s'agit, soit annoncé par des témoins oculaires, ou contemporains; 3°. que ces témoins soient tellement vrais & sinceres, qu'on ne puisse révoquer en doute leur témoignage, sans être évidemment déraisonnable ; 4°. que si ce fait est plus ou moins éloigné, il soit démontré qu'il est venu jusqu'à nous sans altération ; 5°. enfin ce fait devient encore plus évident, & reçoit une surabondance de lumiere qui le rend absolument inattaquable, 1°. s'il est public & très-intéressant pour les hommes. 2°. S'il est lié avec des faits postérieurs qui en constatent de plus en plus la certitude. 3°. S'il est reconnu pour certain & indubitable par ceux mêmes à qui il est contraire, & qui ont le plus grand intérêt de le nier. Il est vrai qu'un fait, pour être véritable & démontré tel, n'a pas besoin de passer par toutes ces épreuves. Combien en croyons-nous sur des titres moins autorisés ! Mais il faut avouer que, quand il a tous ces caracteres, il est au-dessus de tout soupçon, & parfaitement démontré. Or il est aisé de prouver que les faits rapportés dans l'Evangile sont appuyés sur ce fondement inébranlable.

I. Ces faits sont possibles. Il n'y a ni absurdité ni contradiction qu'un homme se soit dit envoyé de Dieu ; qu'il ait enseigné telle ou telle doctrine ; qu'il se soit fait des disciples ; qu'il les ait envoyés prêcher par toute la terre ; qu'il se soit dit annoncé par des Prophetes, qu'il ait lui-même fait des prédictions & opéré des miracles pour confirmer & prouver sa mission. Il n'y auroit que ces deux derniers points sur lesquels on pourroit contester. Nous avons vu Spinosa & d'autres impies soutenir que les prophéties & les miracles sont impossibles. Plusieurs, tels que Rousseau & d'autres, sans aller si loin, pensent qu'il n'est guères possible de s'assurer que telle ou telle œuvre soit miraculeuse. Mais nous avons réfuté ces absurdités, pag. 210. & suiv., ce qui nous dispense d'en dire ici davantage sur cette matiere. Nous remarquerons seulement qu'il y a des Incrédules qui prennent un autre tour pour revenir au même point. Ils ne parlent pas aussi cruement que Spinosa, Rousseau, &c., mais ils prétendent qu'il n'est pas croyable que Jesus-Christ ait fait la foule des miracles qu'on lui attribue, qu'il ait ressuscité des morts, qu'il se soit ressuscité lui-même, qu'il soit monté au ciel, &c. Mais pourquoi ces faits ne sont-ils pas croyables, s'ils sont suffisamment attestés ? Ils le doivent certainement paroître; si l'on reconnoît un Dieu Créateur : car la volonté du Créateur est le seul lien qui entretient l'ordre du Monde. Si donc les miracles paroissent plus incroyables que les effets ordinaires de la nature, ce n'est pas qu'ils soient plus difficiles au Créateur; mais c'est parce qu'ils sont plus rares, comme ils doivent l'être pour être des miracles, c'est-à-dire, des actions extraordinaires, par lesquelles Dieu se manifeste plus particuliérement aux hommes pour leur notifier ses volontés. Car s'ils étoient ordinaires, ils rentreroient, en quelque sorte, dans l'ordre commun, & n'auroient plus rien de surprenant. Il suffit donc de s'assurer de la vérité du miracle. Dès qu'il est prouvé, il est croyable. Mais ce qui est vraiment incroyable, c'est que le Monde se soit converti, si Jesus-Christ ni les Apôtres n'avoient fait aucun miracle. Avant le regne de Tibere, le nom Chrétien étoit inconnu dans le Monde. Après la mort de Tibere, sous les regnes de Claude & de Néron, il y avoit dans tout l'Empire Romain un grand nombre de Chrétiens. L'Auteur de ce nom étoit *Jesus* appellé *Christ*, qui passoit pour le fils d'un artisan, qui avoit été accusé par les Juifs, condamné à mourir sur une croix par Ponce-Pilate, Gouverneur de Judée. Les Disciples de ce *Jesus crucifié*, qui en un petit intervalle de temps l'ont fait adorer, & ont fait recevoir sa doctrine par tant de milliers d'hommes, sont quelques pauvres Juifs de la lie du peuple, pêcheurs & simples artisans, sans crédit, sans armes, sans richesses, sans éloquence, méprisés, persécutés, suppliciés. L'événement est certain; il est attesté par les Auteurs les moins suspects. Ce ne sont pas les Chrétiens seuls qui nous l'apprennent, ce sont les Juifs & les Païens. Or un tel événement est-il croyable? Est-il naturel qu'une doctrine si étrange au premier aspect, si contraire au préjugé & à l'éducation, si ennemie des passions, annoncée par des hommes si vils, se répande en si peu de temps par tout l'Univers sans aucun secours humain, malgré les plus grands obstacles, & soit défendue par une multitude de gens de tout âge, de tout sexe, de toute condition, au milieu des tourmens & des supplices? Tout cela est possible, & même très-vraisemblable, si l'on suppose la vérité des miracles de Jesus-Christ, des Apôtres, & des premiers Chrétiens: mais ôtez les miracles, l'établissement du Christianisme n'a plus de vraisemblance. Les faits de l'Evangile, envisagés avec leurs suites & leurs effets, sont donc non-seulement croyables, mais il est incroyable qu'ils ne soient pas arrivés.

II. Les faits de l'Evangile sont annoncés par des Auteurs oculaires & contemporains. Il est certain que saint Matthieu, le premier dans l'ordre des Evangélistes, étoit contemporain de

Jesus-Christ. Il nous apprend lui-même comment il fut mis au rang des Apôtres, & qu'il ne cessa d'accompagner Jesus-Christ pendant sa prédication. A la mort de son Maître il demeura dans Jérusalem, où il annonçoit les prodiges qu'il avoit vus, & les mysteres qu'il avoit appris. Peu après, & sur le point de passer en d'autres lieux, il composa son Evangile, afin, dit Eusebe, (Hist. Eccl. l. 3, c. 24) de laisser aux Hébreux convertis un monument instructif qui les consolât de son absence. Ce fut environ l'an 35 de Jesus-Christ que parut cet Ouvrage; & la preuve en est indubitable, puisqu'au rapport des plus habiles Chronologistes, les Apôtres se séparerent en 36, & qu'aucun d'eux n'étoit à Jérusalem lorsque saint Paul y vint en 37. Voilà donc parmi nos Evangélistes un Auteur évidemment contemporain, & témoin oculaire des faits de son Histoire.

Saint Jean, le dernier des Evangélistes, étoit de Bethsaïde en Galilée. Il fut appellé par Jesus-Christ avec Jacques son frere. Ils l'accompagnerent, comme les autres Apôtres, pendant tout le temps de sa prédication. Saint Jean le suivit au jardin des Oliviers, & jusqu'à la croix. Il fut le premier témoin de sa résurrection, & le premier à la publier. Voilà en gros ce que l'Evangile nous apprend de cet Apôtre. L'Histoire de l'Eglise nous instruit des autres circonstances de sa vie. Ainsi l'Evangile qui porte son nom, & que l'antiquité nous a transmis de siecle en siecle, ne sauroit être d'un témoin plus instruit. Il parut dans l'Eglise environ l'an 98, à ce que l'on croit, pour être, dit Eusebe, (l. 3, c. 24.) le supplément de ce qui manquoit à l'Histoire de Jesus-Christ dans les autres ouvrages apoſtoliques. Peut-être auſſi, comme dit ſaint Jérôme (*Præm. in Matthæum*) pour ſatisfaire au zele empreſſé des nouveaux Fideles, & plus vraiſemblablement, ſelon d'autres, pour réfuter l'héréſie de Cérinthe & d'Ebion.

A l'égard de ſaint Marc, il n'eſt pas conſtant qu'il ait été, quoique contemporain, témoin oculaire des faits qu'il rapporte. Il y a cependant quelques Auteurs dans l'antiquité qui le placent au nombre des ſoixante-douze Diſciples. Le torrent des Peres décide qu'il n'a été que le Diſciple des Apôtres : d'où il faut conclure qu'il n'a publié que ce qu'il avoit appris des Apôtres, & ſur-tout de ſaint Pierre, dont il étoit le Sécretaire, dit ſaint Irénée, *Marcus Interpres & Sectator Petri*. (*l. 3. adv. hæref.* c. 1.) Ce fut à Rome, & lorſque ſaint Pierre y alla pour la ſeconde fois après ſa délivrance de la priſon d'Hérode, que ſaint Marc écrivit ſon Evangile. Saint Jérôme (*de Script. Eccleſ. in Marc.*) dit que cet Apôtre approuva l'ouvrage de ſaint Marc, & qu'il autoriſa les Egliſes à en faire uſage. C'eſt apparemment ce qui donna lieu d'appeller cet Evangile, *l'Evangile de ſaint Pierre*; car Tertullien nous apprend que telle étoit la croyance commune de ſon temps : d'où il s'enſuit que le recueil de ſaint Marc, appuyé du ſuffrage de ſaint Pierre, a la même force que s'il étoit l'ouvrage de ſaint Pierre lui-même. Le premier n'étoit pas témoin oculaire, mais il eſt évident qu'il l'eſt en quelque ſorte, en ne répétant que les diſcours fideles de celui qui l'étoit.

Diſons à peu près la même choſe de ſaint Luc. Il n'avoit point vu Jeſus-Chriſt, mais il prévient lui-même la conſéquence qu'on en pourroit tirer contre son Histoire, dans la Préface qu'il y a jointe. Il assure qu'il n'avance rien que sur le rapport fidele de témoins oculaires de ce qu'il raconte. Et assurément on ne peut soupçonner la foi de ses récits, en le jugeant selon la plus rigoureuse critique. D'abord on sait qu'il étoit né dans les lieux voisins de la Palestine, & qu'il voyagea long-temps dans toute la Syrie. Il lui fut donc aisé de s'instruire de la vérité des faits. De plus, il écrivoit dans un temps où les Apôtres vivoient encore, & pouvoient juger de son ouvrage. Le cours qu'il eut dans l'Eglise est donc une preuve de l'adoption qu'ils en firent. En le laissant dans la main des Fideles, c'étoit reconnoître qu'ils y trouveroient leur propre doctrine, & la vérité des faits qu'ils prêchoient eux-mêmes.

Enfin, quant au Livre des Actes des Apôtres, l'Histoire qu'il renferme ne pouvoit être écrite par un Auteur plus instruit. C'est le même saint Luc qui avoit écrit l'Evangile, & l'on sait qu'il fut témoin des principaux événemens qu'il raconte.

Que pourroit-on objecter ? 1°. L'incrédule dira-t-il que les Evangiles ne sont point des Auteurs dont ils portent le nom ? Mais comment le prouvera-t-il ? On lui en fait le défi. Jamais personne n'en a douté, ni Chrétiens, ni Juifs, ni Païens. Tous sont convenus dans les premiers siecles que les quatre Evangiles étoient l'ouvrage de saint Matthieu, de saint Marc, de saint Luc & de saint Jean ; & ce fait est parvenu de siecle en siecle jusqu'à nous, sans qu'aucun Auteur l'ait attaqué, l'ait même soupçonné de faux ou d'incertain. Si ce n'est pas là une preuve solide de vérité, il n'y a aucun fait, si évident qu'il soit, qu'on ne puisse révoquer en doute. On peut consulter sur cela la Démonstration Evangélique de M. Huet, Evêque d'Avranches, qui a démontré d'une manière si palpable & si étendue que les Evangiles sont des Auteurs dont ils portent les noms, qu'il a mis ce fait hors de toute atteinte, & même de toute chicane. 2º. L'incrédule ajoutera-t-il que, quand même l'Evangile seroit des Auteurs dont ils porte le nom, les faits qu'il rapporte sont trop éloignés pour qu'on puisse y ajouter foi. Raisonnement misérable. La certitude ou l'incertitude des faits ne vient ni de l'éloignement, ni de la proximité des temps, mais uniquement des Ecrivains qui les ont consignés à la postérité. Si un événement qui n'est éloigné de nous que de deux ou trois cents ans, & même moins, ne nous est transmis que par des Ecrivains peu judicieux, & qui n'ont pas été contemporains, la proximité de cet événement ne lui donne aucun degré de certitude, & nous laisse dans l'ignorance & dans les ténèbres. Si au contraire un événement ancien nous vient par le canal d'Ecrivains qui aient été des hommes de bon-sens, contemporains, témoins, & acteurs, ou qui aient été à portée de s'instruire avec exactitude; en un mot, que nous ne puissions raisonnablement soupçonner d'avoir voulu tromper, ni de l'avoir été, l'ancienneté de cet événement ne lui ôte rien de sa certitude ; les témoins qui nous l'attestent, le rapprochent de nous, & nous rendent, en quelque façon, contemporains nous-mêmes. Voilà d'où dépend la certitude ou l'incertitude des faits, soit qu'ils soient plus éloignés de nous, soit qu'ils en soient moins éloignés. On ne peut s'écarter d'un principe si simple & si naturel, sans se livrer à des absurdités intolérables.

Il faudra donc avouer que les titres de noblesse, la distinction entre les familles, la possession des domaines, les loix fondamentales des Etats & des Monarchies, ne sont que des fables; car ce sont-là des faits qui n'ont point d'autre fondement que le principe qu'on vient d'établir. Il faudra même aller plus loin, & convenir qu'on pourroit dire avec raison dans deux cents ans, que tous ceux qui vivent aujourd'hui ne vivent point, que ceux qui écrivent n'écrivent point, que les Rois qui regnent ne regnent point, & généralement que tout ce qui se passe aujourd'hui de grand & de remarquable dans le monde, n'est qu'une fable: puisque, dans deux cents ans, on ne saura plus rien de ce qui se fait aujourd'hui, que ce qui s'en pourra lire dans les histoires; & que, s'il nous est permis de mépriser l'autorité de tous les Historiens des siecles passés, il sera bien permis aussi à ceux qui nous suivront, de ne rien croire de toutes les histoires de notre siecle. Voilà jusqu'où conduit le Pyrrhonisme de nos incrédules, qui veulent qu'un fait consigné à la postérité par des Auteurs contemporains les plus dignes de foi, soit fabuleux, parce qu'il est ancien.

Mais quand on pourroit douter d'une infinité de faits anciens; s'il y a eu, par exemple, un Platon, un Aristote, un Alexandre, un César, un Cicéron, & s'ils sont Auteurs des Ouvrages qui portent leurs noms, malgré tout ce qu'en ont dit les Historiens de leur temps, malgré l'opinion commune de tous les hommes qui ont succédé les uns aux autres jusqu'à nous, le doute sur la vérité des faits rapportés dans les Livres du Nouveau-Testament n'en seroit pas plus raisonnable, parce que la réalité de Platon, d'Alexandre, de César, d'Aristote, de Cicéron, &

celle de leurs Ouvrages, n'ont aucune liaison nécessaire avec des faits qui subsistent aujourd'hui ; au lieu que les faits rapportés dans les Livres du Nouveau-Testament sont liés avec la première formation de la société chrétienne, avec sa durée & sa conservation, avec son état actuel & subsistant, comme on verra plus amplement dans la suite.

Les incrédules ne pourroient opposer à tout cela qu'une chose ; savoir, que les Apôtres & les Evangélistes, quoique contemporains des faits qu'ils nous ont voulu faire croire, n'ont dans le fond fabriqué qu'une Histoire fabuleuse pour tromper la postérité, & relever la gloire de leur Maître : c'est ce qu'il faudroit prouver ; mais nos Mécréans supposent volontiers les choses les plus absurdes, & ne prouvent jamais rien. Ne nous contentons pas de repousser cette accusation par une réponse négative, en attendant les preuves des Déistes. Faisons voir qu'elle est absolument fausse & insoutenable.

III. Les faits de l'Evangile sont attestés par des témoins sinceres & vrais. On peut avoir contre un Historien des présomptions si fortes, qu'elles tiennent au moins en suspens sur la vérité de ses récits, si elles ne vont pas jusqu'à les révoquer en doute. Mais enfin on allegue ses présomptions quand on en a ; on expose les raisons de ses doutes, & le sujet de ses défiances. Ce n'est pas-là, comme on vient de le remarquer, la méthode des Déistes vis-à-vis des Auteurs sacrés. N'ayant de positif à objecter contre leur sincérité, il leur plaît de les supposer trompeurs, simplement sur de vagues possibilités, & sur le fondement unique de la malignité des hommes en général. C'est-là publier foi-même fa défaite. Il est aifé de leur fermer la bouche, en montrant, par le caractere des Apôtres, par leur conduite, & par les circonstances de la publication de leurs ouvrages, que les témoins des œuvres & de la doctrine de Jefus-Chrift ont été non-feulement très-éloignés de vouloir tromper, mais que tout en eux ne refpire que fincérité, candeur, amour de la vérité. 1°. Le caractere des Apôtres. Tout ce qu'il y a d'ouvrages anciens, favorables ou contraires à la Foi, nous repréfentent les premiers Difciples de Jefus-Chrift, & furtout les Auteurs de fa vie, comme des hommes fimples, ignorans, bornés, fans éducation & fans culture, & d'une condition rabaiffée, qui ont écrit fans ornement, fans art, fans éloquence. Ils fe contentent d'expofer les faits tels qu'ils les ont vus, ou qu'ils les ont appris de témoins oculaires, à qui on ne peut reprocher le moindre artifice. Ce n'eft point là le caractere des féducteurs. 2°. La conduite des Apôtres. Ce font des hommes d'une innocence fans nuage. Les plus implacables ennemis du Chriftianifme n'ont rien à dire contre leurs mœurs, ni contre leur maniere de vivre. Ils ne peuvent les accufer d'aucune intrigue. Ce font des hommes fi peu ambitieux, qu'ils abandonnent le peu dont ils jouiffent pour fe dévouer à l'indigence, & aux travaux de l'Apoftolat : facrifice auffi rare que celui de grandes richeffes. Ce font des hommes fi naïfs, fi ingénus, qu'ils donnent à la fidélité de l'Hiftoire le compte fidele de leurs foibleffes, de leur ignorance, de leurs murmures, de leurs difputes, de leurs défiances, de leur défertion, de leur incrédulité. Ce font des hommes fi pacifiques & fi patiens, qu'ils ne fe permettent aucune plainte, aucun reproche contre la nation qui les persécute. Ce sont des hommes que nul intérêt temporel n'engage à prendre la défense de Jesus-Christ ; au contraire toutes les vues humaines les en détournent. Enfin ce sont des hommes qui meurent pour attester ce qu'ils ont vu, & qui meurent au milieu des plus cruels supplices ; des hommes que nul Historien ne contredit, au moins sur les faits dont il s'agit ; des hommes reconnus si sinceres dans le temps même où l'on pouvoit encore s'instruire de la vérité récente par ceux qui en avoient été témoins, que l'univers presque entier se réforme à leur parole, & sur leurs traces court au martyre pour la défendre. Est-il possible que des hommes de ce caractere aient voulu nous tromper ? Si, contre toute pudeur, les Déistes le soutenoient, que restera-t-il d'incontestable ? Il n'y aura plus d'histoire croyable ; car enfin, les Auteurs profanes les plus accrédités ont-ils plus fait pour nous porter à les croire, que les Disciples de Jesus-Christ pour faire croire l'Evangile ? Avoient-ils plus de probité reconnue, plus de candeur, plus d'impartialité ? Ont-ils souffert, sont-ils morts en preuve de la vérité de leurs Ecrits ? Il est clair que les incrédules se contredisent, si, en rejettant les Evangiles, ils reconnoissent la vérité des écrits profanes, cent fois moins autorisés ; ou, s'ils soupçonnent toutes les Histoires, c'est un paradoxe inouï & des plus extravagans, qui plongeroit tous les anciens faits, ceux mêmes qui sont le plus clairement attestés, dans la confusion & l'incertitude. Il n'y a qu'un Pyrrhonien, c'est-à-dire, un fou, qui puisse avancer de telles absurdités.

Il est constant que les faits rapportés dans

l'Evangile font de l'espece la moins propre à seconder l'imposture. Ce font des miracles fans nombre, connus de tout le monde, des difcours adreffés aux différentes Sectes qui partageoient les Juifs, des faits liés à ce qu'il y avoit de plus public parmi ce peuple; des faits fi détaillés, qu'on y remarque les circonftances des noms, des temps, des lieux & des témoins.

Cela pofé, les Déiftes croient-ils que les Apôtres fuffent raifonnables ou infenfés? S'ils étoient raifonnables, comment fuppofe-t-on qu'ils aient eu le front d'avancer comme publics, des faits dont on n'avoit rien vu ni entendu, & dont il ne reftoit ni veftige, ni mémoire? Quoi! Des hommes en qui toute lumiere n'eft pas éteinte, & qui néanmoins veulent tromper, vont-ils choifir des contes, des fables, des romans, pour les donner à leurs contemporains fur le pied d'une hiftoire contemporaine, vont-ils leur dire: Voilà ce que vous avez vu, ce qui s'eft fait dans l'enceinte de vos murs, ce que vous ne fauriez contredire? Je défie de citer un feul exemple d'une pareille extravagance. Si l'on dit au contraire que les Apôtres étoient infenfés, outre que ce reproche eft fans fondement, & que le contraire eft évident par leur hiftoire même, il faudra foutenir en même-temps que ceux qui, dans la premiere origine, croyoient à l'Evangile, étoient auffi infenfés que fes Auteurs. Il faudra, pour ne rien épargner, foutenir que cette immenfe multitude de Juifs répandue dans l'Empire Romain, avoit perdu le raifonnement & le fouvenir tout enfemble. Or qu'y a-t-il de plus deftructeur de toute certitude humaine, que cette abfurde fuppofition? 3°. Pour derniere preuve de la candeur des Evangéliftes, rapportons quelques circonstances de la publication de leurs Ecrits. On ne doute point que ces Ouvrages n'aient paru dans le monde avant la ruine des Juifs. Le seul Dodwel, (*Diss. 1 in Iræn.*) a prétendu le contraire, en avançant que l'Evangile n'avoit été publié que sous l'Empire de Trajan, par le moyen de ses victoires sur les Parthes. Mais cette opinion, hazardée sur de foibles conjectures, n'a trouvé que des contradicteurs. L'histoire de Jesus-Christ parut dans un temps où la guerre étoit ouverte entre les Juifs & les Chrétiens, dans un temps où ces deux partis contestoient sur l'intelligence des prophéties, dans un temps où l'on voyoit déjà des Eglises nombreuses à Rome, à Corinthe, à Ephèse, à Antioche, &c. & où les Synagogues des Juifs fleurissoient dans ces mêmes lieux. Or les Apôtres pouvoient-ils annoncer des faits inventés par eux, & se flatter de les faire croire à un peuple d'ennemis qu'il s'agissoit de convertir? Des hommes sans crédit, sans réputation, sans talens, pouvoient-ils en imposer sur des faits dont la date n'étoit au plus que de quatorze ou quinze ans? Les Juifs sur-tout n'auroient-ils pas réclamé contre cette histoire, supposé qu'il eût été possible d'en nier l'essentiel? Cependant ils n'ont jamais nié les faits avancés par les Apôtres; & leurs disputes avec eux dans les Synagogues ne rouloient que sur l'intelligence des prophéties. Les Apôtres soutenoient qu'elles regardoient Jesus-Christ, & qu'elles étoient toutes accomplies en lui. Les Juifs au contraire donnoient aux prédictions un sens différent, & refusoient de reconnoître dans la personne de Jesus-Christ celui qu'ils attendoient. J'ajoute que les Evangélistes ont écrit en différens temps, & l'un après l'autre, l'autre. Ou l'hiſtoire donnée par ſaint Matthieu, le premier des quatre, fut d'abord reçue comme véritable, ou bien rejettée comme fauſſe. Si l'on embraſſe le premier parti, toute controverſe eſt finie ; mais ſi l'on dit que l'hiſtoire de ſaint Matthieu fut décriée tout-d'un-coup comme fabuleuſe, comment les trois autres Evangéliſtes auroient-ils eu le front de renouveller l'un après l'autre les mêmes fables ? Cela eſt ſans exemple. Enfin on ne peut ſoupçonner la bonne-foi des Evangéliſtes, qu'en ſuppoſant qu'ils étoient tous de concert pour la même fraude. Or jamais ſuppoſition ne ſeroit plus fauſſe que celle-ci. Leurs écrits ſont pleins de leurs conteſtations. Saint Paul marque celles qui ſurvinrent entre lui & ſaint Pierre. Saint Luc raconte les différends qui s'éleverent entre ſaint Paul & Barnabé, &c. En vain, diroit-on que c'étoit un artifice pour mieux tromper. Ce ſeroit avoir deux poids & deux meſures. En ſoutenant qu'ils donnoient une hiſtoire, dont leurs contemporains voyoient le menſonge, c'eſt les repréſenter comme des ſtupides. Prétendre enſuite qu'ils affectoient de ſe combattre ſur des points indifférens à leur hiſtoire, pour écarter les ſoupçons d'intelligence, c'eſt transformer ces hommes ſtupides en des Auteurs dreſſés à la ſoupleſſe & aux ſubtilités. On appelle cela raiſonner ſans regle, changer de principes, ſuivant le beſoin, & ſubſtituer de pures défaites aux preuves qu'on eſt dans l'impuiſſance abſolue de fournir.

Mais comme cette ſincérité des Apôtres eſt un des points les plus eſſentiels dans la queſtion préſente, il eſt bon de préſenter encore toutes les preuves qu'on vient de donner ſous une nouvelle face ; de les développer de plus en plus, & de faire voir par-là combien l'accusation des incrédules contre la droiture & la candeur des Apôtres est absurde & insensée.

En effet, en reprochant aux Apôtres & aux Evangélistes de nous avoir présenté des fables pour des vérités, il s'ensuivroit qu'ils n'étoient que des imposteurs & des fanatiques. Mais quelles conséquences en résulteroient ! 1°. Il faudroit dire que des hommes, dont la doctrine & la vie ne respirent que piété, sainteté, vérité, ont fait les mensonges les plus impudens, & que, par un blasphême détestable, ils ont fait servir le nom de Dieu & son autorité à leurs fourberies & à leurs impostures. Il faudroit dire que des hommes dont les écrits, les discours & la conduite ne marquoient assurément pas des hommes en délire, ont fabriqué des fables, non-seulement les plus impudentes, mais les plus insensées, en annonçant & en écrivant des faits comme publics, avec toutes leurs circonstances, dans le temps même, dans les lieux même, en présence de ceux-là même qui étoient intéressés à en découvrir & à en publier la fausseté, & qui pouvoient la faire sans peine & sans risque. Il faudroit dire qu'une folie si marquée s'est emparée subitement, non d'un seul homme, mais de plusieurs, qui tous cependant nous ont laissé dans leurs écrits & dans leur vie, des monumens d'une sagesse consommée & de la plus sincere piété. Il faudroit dire que des fables si grossieres, si mal imaginées, si impertinentes, si insensées, d'une fausseté si notoire, se sont répandues avec rapidité, & ont trouvé créance, non auprès de quelques imbécilles, mais auprès d'un nombre infini de Juifs & de Gentils, de savans & d'ignorans, de riches & de pauvres, de Magistrats & de peuples, tous intéressés néanmoins à les rejetter, & à en arrêter le cours & le progrès. Il faudroit dire qu'une multitude prodigieuse d'hommes, sans être remués par aucun ressort humain, sans être attirés par la vue, ni par l'espérance d'aucun avantage, s'exposant au contraire à toutes sortes de persécutions & de supplices, ont déserté la Religion de leurs ancêtres, pour en embrasser & défendre jusqu'à la mort, une nouvelle humiliante, austere, désagréable aux sens, contraire aux intérêts les plus chers de la vie présente. Il faudroit dire que des hommes en qui se réunissent tous les caracteres d'une piété singuliere & d'une rare sagesse, ont voulu, de leur plein gré & de leur propre mouvement, se rendre odieux à Dieu & aux hommes. Car les plus légeres étincelles de sens commun suffisent pour leur montrer que leur imposture ne pouvoit que soulever contr'eux la colere de Dieu & des hommes. Il faudroit dire que ces imposteurs, sans autre secours, sans autre appui que leurs blasphêmes & leurs mensonges, ont fait tout ce que les Philosophes n'avoient pu faire; qu'ils ont abattu les idoles, répandu dans le monde les idées les plus pures de la Divinité, mis dans le plus beau jour les devoirs de l'homme envers son Créateur, envers lui-même, envers ses semblables; fait couler la piété, la candeur, la vertu, la force, le courage jusques dans le cœur d'une infinité de personnes de tout âge, de tout sexe, de toute nation. Il faudroit dire que des fables grossieres & insensées qui n'avoient point d'autre fondement que l'effronterie & l'impudence de leurs Auteurs, ont non-seulement été en vigueur durant un certain temps, mais qu'elles se sont fait jour à travers le fer & le feu, les gibets & les roues; qu'elles se sont fortifiées & accrues par les moyens mêmes qu'on employoit pour les détruire; qu'elles ont triomphé de toutes les Puissances de la terre déclarées contr'elles; qu'elles ont subjugué les Rois & les Empereurs leurs plus mortels ennemis; & que, depuis dix-sept siecles, elles se font recevoir & croire dans la partie du monde la plus éclairée, la plus cultivée par les arts & par les sciences. Voilà ce qu'il faut que l'on soutienne, si l'on prend le parti de rejetter les faits de l'Evangile, comme des productions de la fourberie & de l'imposture. Mais ne seroit-ce pas là le comble de la folie & de l'absurdité?

Voyons maintenant si le fanatisme se fait appercevoir davantage dans le témoignage des Apôtres. Dans ce cas, on devroit les regarder comme des hommes qui, ayant pris des événemens naturels pour des prodiges, ou qui, sans avoir même rien vu, s'étant imaginé fortement d'avoir vu des prodiges, les ont cru de bonne-foi, les ont publiés ensuite, & ont rencontré de dupes auxquels ils les ont persuadés.

D'abord un fanatisme si grossier, si outré, & conséquemment si ridicule, est-il compatible avec les lumieres, le bon-sens, la sagesse, la vertu qui éclate dans les Auteurs du Nouveau Testament? Il faut n'avoir jamais lu leurs ouvrages, ou n'avoir aucune idée de la vertu & de la sagesse, pour regarder les Apôtres comme des imbécilles & des visionnaires. Examinons la chose de plus près. Je veux bien qu'il soit possible de prendre pour un prodige réel un événement passager, qui n'en a que l'apparence. Mais est-il possible de donner dans l'erreur sur la nature d'une multitude de faits variés, multipliés, circonstanciés? Je consens qu'il soit possible de prendre pour des prodiges quelques faits arrivés dans les ténebres & dans l'obscurité. Mais est-il possible de se tromper sur la nature de faits arrivés en plein jour dans des lieux publics, en présence d'une foule de spectateurs ? J'accorde qu'il soit possible de prendre pour des prodiges quelques faits d'une courte durée, & qu'on n'a vus, pour ainsi dire, qu'en passant ; mais est-il possible de se méprendre sur la nature d'une multitude de faits qu'on a vu répétés tous les jours durant l'espace de plus de trois ans ? Je ne nie pas qu'il ne soit possible de s'arrêter aux premieres lueurs en matiere de prodige, lorsque ces prétendus prodiges favorisent l'intérêt qui affectent actuellement le cœur, soit que ce soit un intérêt de Religion, ou de préjugé, ou de fortune. Mais est-il possible de ne pas fonder & approfondir des faits qui semblent contraires à la Religion où l'on est né, qui révoltent tous les préjugés que l'on a sucés avec le lait, qui n'entraînent à leur suite que la pauvreté & la misere ? Je conviens encore qu'il est possible de prendre pour miracles, des faits annoncés pour tels, & révérés par les Pontifes & les Magistrats : l'habitude où l'on est de déférer à leur jugement, fait adopter quelquefois sans examen leur sentiment. Mais est-il possible de recevoir sans examen des faits éludés & condamnés comme contraires à la loi de la nation par les Pontifes & ses Magistrats ? Enfin, je veux qu'il soit possible de se tromper sur la nature des miracles reconnus pour tels par des hommes d'un certain parti seulement, tandis qu'ils sont contestés & rejettés par le parti contraire. Mais est-il possible de se tromper sur la nature des faits qui sont également reconnus pour supérieurs à l'industrie humaine & aux forces de la nature, par les amis & les ennemis, par les disciples & les persécuteurs ?

Or les miracles de Jesus-Christ sont des faits variés, multipliés, circonstanciés, opérés à la face du soleil, permanens, répétés tous les jours durant des années entieres dans toute la Judée, peu favorables en apparence à la Religion des Apôtres, opposés à leurs préjugés, à leur repos, à leur fortune, reconnus pour supérieurs à l'industrie humaine & aux forces de la nature, éludés en même-temps, & condamnés comme contraires à la loi de Moyse par les Pontifes & les Magistrats de la nation. Le fanatisme des Apôtres n'a donc ni vraisemblance, ni possibilité. Que ces hommes de bon-sens & très-vertueux étoient éloignés de prendre des apparences ou des jeux de l'imagination pour des réalités ! Qu'on en juge par la difficulté qu'ils eurent de se rendre aux premieres preuves de la résurrection de Jesus-Christ quelque solides que fussent ces preuves.

Mais, quand il seroit possible que les Apôtres, par un fanatisme qui n'a ni vraisemblance, ni possibilité, se fussent imaginés d'avoir vu des miracles chimériques, si leur imagination étoit disposée à prendre des spectres & des fantômes pour des vérités, étoient-ils maîtres de communiquer la même disposition à tant de milliers de Juifs & de Gentils qu'ils convertissoient, & qui étoient témoins de la fausseté de leurs visions, & à portée de les convaincre de n'être que de visionnaires ? Quand il seroit possible que les Apôtres, par un fanatisme qui ne se conçoit point, se fussent imaginés d'avoir vu des miracles chimeriques, pouvoient-ils s'imaginer d'en faire eux-mêmes, de chasser les démons au nom de Jesus-Christ, de rendre la santé aux malades, de ressusciter les morts, d'entendre & de parler les langues étrangeres ? Quand il seroit possible que les Apôtres, par le fanatisme le plus absurde, se fussent remplis d'imaginations si belles & si flatteuses, & en même-temps si creuses & si folles, pouvoient-ils en remplir tant de milliers d'hommes qui les écoutoient, qui les voyoient, qui s'attachoient à eux, qui embrassoient leur Religion, en leur faisant accroire qu'ils voyoient ce qu'ils ne voyoient pas, & en le leur persuadant si vivement, qu'ils les disposoient à tout souffrir, la mort même, plutôt que d'en douter ? Quand il seroit possible que les Apôtres, par un fanatisme qu'on ne comprendra jamais, fussent livrés à des visions si insensées, & qu'ils eussent le secret de les faire passer jusques dans leurs auditeurs & leurs disciples ; pouvoient-ils les persuader, ces auditeurs & ces disciples, qu'ils venoient de recevoir eux-mêmes le don des miracles, en croyant en Jesus-Christ, qu'ils chassoient les démons en son nom, qu'ils guérissoient les malades, qu'ils parloient diverses langues ? Un tel fanatisme ne peut paroître vraisemblable qu'à l'impiété, qui ne reconnoît ni Providence, ni raison. On ne pourroit distinguer la veille du sommeil. Ce seroit une nécessité de croire le faux, ou plutôt de ne rien croire.

Mais, dira-t-on, chaque siecle n'a-t-il pas produit des imposteurs & des fanatiques, qui ont eu le secret de se faire écouter & de se faire suivre ? Je l'accorde : mais quel siecle a vu des imposteurs & des fanatiques, dont les écrits, les discours, la vie ne fussent que lumiere, sagesse, zele, candeur, désintéressement, vertu, sainteté, priere, charité, vérité; qui publiassent une multitude de prodiges récemment opérés, avec toutes leurs circonstances pour le temps, les lieux, les témoins, jamais démentis, reconnus au contraire & avoués par leurs plus grands adversaires; qui, sans employer d'autre moyen que le simple récit des merveilles qu'ils annonçoient, sans avoir d'autre secours que les miracles qu'ils opéroient eux-mêmes, sans faire jouer d'autre ressort que les miracles qu'ils faisoient opérer par ceux qui les écoutoient, se soient acquis une infinité de disciples par tout le monde, malgré les efforts de toutes les Puissances de la terre soulevées contr'eux, & qui aient établi dans tout l'univers une Religion sublime & incompréhensible dans ses dogmes, pure & austere dans sa morale, aussi terrible dans ses menaces, que consolante dans ses promesses, que rien n'a pu ébranler depuis dix-sept siecles.

Les imposteurs & les fanatiques n'ont ni vertu, ni candeur, ni vérité. Ils ne s'appuient que sur des révélations & des visions; c'est-à-dire, sur leurs songes & leurs rêves. S'ils se décorent du don des miracles, c'est toujours avec la sage précaution de fermer toute issue à l'examen de leurs vains prodiges. La voie de la persuasion n'est pas de leur goût. Dès que celle de la force & de la violence leur est ouverte, ils y entrent impétueusement. Ils trouvent des dupes qui les écoutent quelque temps, mais qui ouvrent bientôt les yeux. Le prestige s'évanouit; il n'en reste qu'un sombre souvenir, mêlé de honte & d'horreur. Tel est le sort des imposteurs & des fanatiques dans tous les temps. Tel eût été celui de Mahomet, s'il n'avoit eu pour successeurs des Princes conquérans, qui protégerent sa secte, &

qui l'étendirent par les armes, & encore plus par l'ignorance, en détruisant par-tout l'étude des lettres. Pour découvrir le fanatisme de tous les imposteurs qui ont paru sur la terre, il suffit d'être homme doué d'un peu de raison. Mais pour appercevoir quelque trace de fanatisme dans les Apôtres, il faut être livré d'une maniere étrange aux visions d'une imagination déréglée.

Il est donc démontré que les Apôtres & les Evangélistes n'ont été ni trompés, ni trompeurs. Les incrédules ne peuvent le prétendre, sans tomber dans une foule de faussetés & d'absurdités; ils n'ont d'autre ressource sur ce point, que de supposer qu'on a falsifié leurs écrits, & qu'on y a inséré une multitude de prodiges faux & controuvés, pour embellir & rendre merveilleuse l'Histoire de Jesus-Christ. Voyons si cette ressource les tirera d'embarras.

IV. Les faits de l'Evangile sont venus jusqu'à nous sans altération. Il n'en est pas des traditions écrites comme des traditions orales. Les faits confiés seulement à la mémoire de l'homme peuvent s'altérer, soit par oubli, soit par haine pour la vérité qu'ils renferment, soit enfin par indifférence. Mais ceux qui sont gravés dans des ouvrages publics sont plus en défense, & par eux-mêmes plus hors d'atteinte à l'inconstance des changemens; sur-tout s'il s'agit d'une histoire très-importante, à la conservation de laquelle un nombre considérable de personnes intéressées veillent pour en maintenir l'intégrité.

Ces réflexions suffiroient en rigueur pour prouver que l'histoire de l'Evangile est venue jusqu'à nous sans se corrompre. Mais entrons dans le détail. D'abord, selon les regles de la controverse, ce n'est point aux Chrétiens à prouver. Ils sont en possession de l'histoire des saints Evangiles : ils les croient vrais & non altérés. Si l'incrédule pense le contraire, c'est à lui qui attaque, & qui veut troubler les Chrétiens dans leur possession, à proposer ses raisons & ses preuves. Mais, comme on le verra dans peu, rien n'est plus foible que ce qu'il oppose. Commençons par montrer qu'il est absurde de supposer l'altération de l'Evangile, soit parce qu'il est impossible de rapporter la fraude à aucun temps précis, soit parce qu'il est impossible d'alléguer les motifs & la matiere de la fraude, soit enfin parce qu'il est impossible de nommer les Auteurs de la fraude.

1°. Il est contre toute possibilité morale, que des hommes aient été assez audacieux pour corrompre l'histoire évangélique. Sur qui feroit-on tomber le crime de l'imposture ? Ce ne peut être que sur les Chrétiens, les Juifs ou les Païens. Mais quel intérêt les Païens avoient-ils à corrompre nos livres ? Quelle part prenoient-ils à nos dogmes ? Si l'on dit qu'ils vouloient nous décrier, il ne falloit pas en ce cas laisser dans nos écrits cette pureté de sentimens qu'ils y admirent eux-mêmes. Il falloit en effacer cette foule de miracles qui ont converti tant de nations, & ne nous transmettre, à la place de cette sage morale, & de ces faits prodigieux, qu'une philosophie bizarre, une Histoire déguisée & mal assortie. Accordons cependant que le Paganisme ait voulu corrompre nos Evangiles. Où étoient alors tous les Chrétiens de l'univers ? L'auroient-ils souffert avec indifférence & sans réclamation ? Il en est de même des Juifs. S'ils eussent voulu corrompre nos Ecritures, auroient-ils mis dans nos exemplaires, tous les prodiges qu'on y lit, oubien les y auroient-ils laissés? De plus, ces traits fréquens de censure par lesquels Jesus-Christ, & les Apôtres attaquoient les vaines traditions de la Synagogue, l'hypocrisie des Prêtres & des Chefs de la loi, les superstitions du peuple, & les vices de la nation entiere, peut-on penser qu'ils soient la production d'une main juive? Ne seroit-ce pas plutôt ce qu'elle auroit retranché d'abord. Enfin l'application des prophéties à Jesus-Christ, ses prédications, les acclamations des peuples qui rendoient gloire à son nom, & mille autres circonstances semblables, peuvent-elles être d'un Juif ennemi de la foi chrétienne? Et quand même quelque Juif auroit voulu faire des changemens dans tous ces points, ou dans quelques-uns seulement, les Chrétiens ne s'en seroient-ils point apperçus; & en s'en appercevant, tous auroient-ils gardé le silence? Reste donc à soutenir que c'est nous-mêmes qui serions auteurs de la fraude. Mais dans cette hypothèse, ou ç'auroit été tous les Chrétiens ensemble, ou ce n'auroit été qu'un certain nombre plus ou moins grand, & si l'on veut, un seul qui auroit enfanté le crime. Or ni l'un ni l'autre n'est possible. Il ne l'est pas que tous les Chrétiens à la fois se soient liés de concert pour changer, refondre & falsifier leurs Livres; & il l'est encore moins que si un pareil changement fût arrivé, aucun Auteur dans tout le cours des siecles, n'en ait parlé. Qu'un seul Chrétien, ou plusieurs de concert l'aient fait, c'est une chose beaucoup moins possible. Il auroit donc fallu fermer les yeux à tous les fideles par une espece d'enchantement. Quelle folle entreprise! C'étoit à l'ouvrage le plus respecté, qu'il falloit donner atteinte. C'étoit contre des livres lus chaque jour dans l'assemblée chrétienne, & gravés dans la mémoire même des enfans, qu'il falloit porter une main hardie. C'étoit en des milliers de copies, & dans les versions déja répandues dès l'origine de l'Eglise, qu'il falloit glisser le poison du mensonge. Où étoit l'homme assez audacieux seulement pour y penser? Et comment tous les Pasteurs & tous les Fideles de concert l'eussent-ils souffert? Spiridion, au quatrieme siecle, ne put tolérer un changement léger & de nulle importance dans un texte de l'Evangile (le mot de *lit* au lieu de celui de *grabat*) il en reprit publiquement l'Evêque Triphile qui ne faisoit, comme on voit, que substituer à une expression populaire, un terme plus élégant. On voit de même dans les Lettres de saint Augustin (Epist. 71 & 81;) & dans celles de saint Jérôme (*Epist. 75 inter August.*) l'éclat que fit dans l'Eglise d'Afrique, un fait tout pareil. Il n'étoit question encore que d'un mot mis pour un autre, auquel le peuple étoit accoutumé, dans une traduction nouvelle de l'Histoire de Jonas, & ce changement n'importoit ni à la foi ni aux mœurs. Cependant les Fideles ne purent le souffrir; quand on lut cette traduction dans leur assemblée; & l'Evêque fut obligé de les satisfaire, & de réparer le prétendu scandale par une apologie sérieuse. Quand on voit ainsi les Evêques, tels que Spiridion, n'épargner pas même leurs confreres, ni le peuple ses Pasteurs, sur de légeres variations, comment pourroit-on encore soutenir qu'un ou plusieurs faussaires aient pu tromper toutes les Eglises du monde, & les tromper sur des points fondamentaux?

Supposons néanmoins pour un instant, qu'un

Chrétien seul; que plusieurs, que tous ensemble, aient hazardé le projet de corrompre l'Evangile, les Juifs & les Idolâtres n'auroient-ils rien dit? Voilà trois sortes de Religions qui se combattent. Est-il concevable que l'une exécute un crime si public, sans que les autres en triomphent? Pense-t-on que les Juifs eussent négligé cet avantage, & que les Païens n'auroient pas fait de cette imposture qui n'auroit pu demeurer cachée, le sujet d'une amere dérision? Cependant nul d'entr'eux n'a jamais osé faire contre les Fideles, cette accusation flétrissante; ni les Celse, ni les Porphyre, ni les Julien, ni tant d'autres avant & après eux, tous ennemis attentifs, curieux & malins, ne nous ont jamais fait ce reproche, d'ailleurs si décisif, si capital pour eux & contre nous, s'il eût eu l'ombre de vraisemblance. S'ils combattent la doctrine de nos Livres, du moins ils les reconnoissent authentiques, vrais, & dans leur intégrité naturelle. Jamais ils ne disent qu'on les a corrompus, parce que, quoique Païens, ils avoient plus de bonne-foi & de droiture que nos incrédules.

Pressons nos preuves. Tout le monde sait que la Religion chrétienne, dès son origine, a eu mille combats à soutenir contre les Hérétiques & les Schismatiques qui avoient rompu son unité, & attaqué ses dogmes. Tous appuyoient leur erreur, du texte mal-entendu des Evangiles. Or ces différens partis formoient un obstacle invincible à l'altération de nos Livres. Chacun s'éclairoit réciproquement. Si les Orthodoxes avoient falsifié leurs écrits, quel avantage les Hérétiques & les Schismatiques n'en auroient-ils pas tiré? Pourquoi changez-vous les textes, leur auroient-ils dit, s'ils ne font pas contre vous? Or jamais on n'a fait ce reproche à l'Eglife catholique. Et quand certains Hérétiques ont voulu effectivement falfifier quelques endroits de l'Ecriture, pour fe les rendre favorables, avec quel zele les Orthodoxes ne leur ont-ils pas reproché cette perfidie?

2°. On ne peut alléguer ni prétexte, ni motif qui ait porté les Chrétiens à falfifier les Evangiles. Les hommes n'agiffent point fans intérêt & fans vue. C'eft à l'incrédule à nous dire celles qu'ont eues les Chrétiens, qu'ils fuppofent impofteurs & fauffaires, & à prouver qu'ils les ont eues en effet. Car de fimples poffibilités en l'air ne prouvent rien. Ces Chrétiens vouloient-ils tronquer leurs Livres pour en affoiblir les préceptes, ou bien vouloient-ils en appefantir la rigueur? L'un & l'autre eft infoutenable. 1°. Des hommes qui renoncent à tous les plaifirs, & qui s'expofent aux plus grands fupplices, ne font point inventeurs de flatteufes fictions. L'étonnant procédé qu'on leur prête! D'un côté, ils font maîtres dans l'art de tromper; & de l'autre, ils portent le refpect pour leur impofture jufqu'à mourir pour elle. 2°. Quel homme a jamais fongé à ufer d'artifice & de fourberie, pour multiplier fes devoirs, s'impofer des loix fuperflues, & s'enchaîner lui-même? C'eft à l'incrédule à le prouver, & à nous le dire clairement: Voilà ce qui n'étoit pas autrefois dans vos Livres, & ce qu'on y a mis depuis; voilà ce qu'on y lifoit auparavant, & ce que vos Peres en ont effacé. Sans cela, toutes fes fuppofitions ne font que de vaines déclamations qui montrent, non la falfification réelle des

Ecritures, mais son embarras, & l'impuissance de prouver ce qu'il nous reproche.

3°. Ceux qui supposent l'altération des Evangiles, ne peuvent fixer une époque précise de cette altération. Ou l'incrédule dira que nos Livres ont été corrompus depuis que l'Eglise chrétienne a eu des Docteurs qui ont établi, expliqué & défendu la foi ; ou bien il dira que cette falsification s'est introduite, avant qu'aucun Auteur ecclésiastique ait entrepris d'écrire. S'il prend le premier parti, tout ce qu'il y a d'ouvrages anciens, s'éleve contre lui. Car tous les textes tirés & cités comme des Evangiles dans les premiers Ecrivains de l'Eglise, se trouvent encore exactement aujourd'hui dans nos Livres : la conformité est entiere. Et, en réunissant tous ces textes, ils sont en si grand nombre, qu'ils nous fournissent presque l'Evangile en entier. Il ne restera donc, pour éluder cette réponse, qu'à dire que les mêmes faussaires par qui les exemplaires de l'Evangile auroient été corrompus, ont falsifié ces mêmes passages dans les écrits des Peres & des autres Auteurs ecclésiastiques : ce qui seroit le comble de la folie. Mais si l'on dit que l'altération est antérieure à tout écrit ecclésiastique, la chose n'est pas moins absurde. En effet, avant le temps où commence la tradition écrite, je ne vois que ceux des Apôtres & de leurs Disciples. Encore parmi ces premiers Disciples, trouve-t-on des Auteurs dont les ouvrages nous restent. Etoit-il donc possible que, sous les yeux mêmes des Historiens sacrés, on exerçât la fraude, qu'on leur fît croire qu'ils avoient écrit ce qu'en effet ils n'avoient pas écrit, & le contraire de ce qu'ils avoient écrit, à eux qui sans cesse avertissoient les Fidels de rejetter tout autre Evangile que le leur, fût-il annoncé par le ministere d'un Ange ? Etoit-il possible de combattre le témoignage présent & universel des Disciples qui vivoient encore ? Aussi apprenons-nous qu'il courut dans ces commencemens de l'Eglise, des écrits apocryphes & de faux évangiles, composés par des imposteurs, ou par des personnes peu instruites ; mais que ces écrits ont disparu dès leur naissance, & qu'il n'y a que les Ecritures canoniques qui aient subsisté. Ces Ecrits devant être d'un grand poids parmi les Fideles, ont été conservés avec le plus grand soin : & il est clair que si quelque imposteur eût supposé des livres sous le nom des Apôtres, ou falsifié ceux qu'ils avoient donnés ou approuvés, la supposition ou l'altération auroit dû être tout-d'un-coup découverte, comme elle l'a été en effet, à l'égard de ceux qui leur ont été faussement attribués.

Mais, dit l'incrédule, nous n'avons plus les originaux des Evangiles. Il n'en reste plus que des copies de copies, faites sur d'autres copies, qui elles-mêmes en ont d'autres, en remontant jusqu'aux premieres copies. Qui ne sera effrayé de cette multitude immense d'exemplaires successifs ? Est-il possible qu'ayant passé par tant de siecles & de mains différentes, tous les faits qu'ils renferment, soient demeurés intacts ? Et qui nous a dit qu'un fait inféré dans une copie, soit par ignorance, soit par un zele mal-entendu, soit par quelqu'autre motif, n'aura point passé dans les copies suivantes ? Qui nous a dit qu'un dogme altéré dans une de ces copies, ne nous a point été transmis avec cette altération ?

Que de possibilités données au lieu de faits ! Que diroit-on, si quelqu'un, sur ces principes de copies infidelles après d'autres copies, révoquoit en doute l'intégrité des livres d'Hérodote, de Platon, de Cicéron, de Virgile, &c.? On lui opposeroit le suffrage de tous les siecles postérieurs, & le témoignage constant & uniforme de tous les Ecrivains qui sont venus depuis. Mais combien ce témoignage des siecles est-il plus solide dans la bouche des Chrétiens ! il s'agit de l'intégrité, non d'un livre isolé, peu répandu, peu important, & auquel il n'y a qu'un petit nombre de personnes qui prennent intérêt ; mais d'un Livre répandu par toute la terre, porté dans toute l'Europe, l'Asie, l'Egypte, presqu'aussi-tôt qu'il fut sorti des mains apostoliques ; d'un Livre dont la multitude des versions syriaque, éthiopienne, arabe & latine, conservent la pureté de l'original, & la défendent contre l'infidélité des copies ; d'un Livre dont une Eglise très-nombreuse est dépositaire, & pour lequel elle conserve le plus grand respect ; d'un Livre où elle croit trouver la regle de ses mœurs, & les dogmes de sa foi. Qu'on dise après cela que les copistes de ce Livre ont pu se tromper. Sans nier que le fait soit possible, à le prendre dans une possibilité métaphysique dont il ne s'agit pas, on niera que le fait soit possible, à le prendre dans une possibilité morale qui est la seule dont il soit question ici. 1°. Il n'est pas vraisemblable que toutes les nouvelles copies aient pu se faire uniformément sur les exemplaires une fois corrompus. Quand un grand nombre auroit éprouvé ce triste sort, nulle copie ne s'en seroit-elle sauvée ? Toutes auroient-elles passé par des mains ignorantes ou inattentives, sans que les Pasteurs & les Savans s'en fussent apperçus ? Cette supposition n'est pas tolérable. Un copiste peut être surpris dans des fautes légeres, dans l'omission ou la transposition d'un mot ou d'une phrase. Il peut se tromper sur une date, sur un nom, sur un point de Géographie ou de Chronologie. L'on convient que cela est arrivé à plusieurs, & il est aisé de s'en appercevoir par la critique; mais en est-il de même sur les articles importans ? En transcrivant tout un livre, un copiste se méprend-il, jusqu'à mettre une doctrine pour une autre qui lui seroit formellement opposée, jusqu'à substituer un fait à la place d'un autre qui le contredit; & cela, sans qu'il s'en apperçoive ? S'il est dans le doute sur quelqu'endroit de l'exemplaire qu'il copie, n'est-il pas tenté naturellement de s'éclaircir par un jugement de comparaison, & de recourir à des exemplaires plus corrects ? Enfin aucun Pasteur, aucun Lecteur attentif & instruit n'auroit-il jamais relevé la faute du copiste ? N'auroit-il jamais réclamé pour l'exemplaire fidele, contre les copies imparfaites, & contre leurs variations ? Le contraire est démontré par l'expérience. 2º. Quand on avoueroit, contre toute vraisemblance, qu'on auroit fait des copies altérées de nos Evangiles, il est certain que cette altération n'a jamais pu être autorisée, ni prévaloir sur les exemplaires véritables. En effet, toute corruption suppose une intégrité antérieure : donc, avant qu'aucun changement se fût introduit dans nos Livres, ces Livres étoient aussi purs, aussi entiers qu'au sortir des mains des Apôtres ; or c'est sur ces exemplaires primitifs que sont établis le culte fidele & la foi catholique : donc, avant toute altération de nos Histoires, il y avoit une Religion, un culte établi sur elle. On croyoit donc alors certains dogmes & certains faits. C'est sur cette croyance qu'étoit élevé l'édifice de l'Eglise. Cela posé, je raisonne ainsi : Quand mille & mille altérations de copies auroient falsifié nos Livres, n'y auroit-il pas dans tous les esprits une tradition de croyance, qui auroit décélé la fraude, ou découvert l'inexactitude ? En lisant ces copies défigurées, tous les Fideles du monde n'auroient-ils pas dit : Voilà des faits nouveaux que nous n'avons jamais lus, des faits dont il n'y avoit dans nos premiers exemplaires ni ombre ni trace ; des faits dont jamais nos Pasteurs ne nous ont instruits, des faits discordans au corps de doctrine enseigné par les Apôtres, & à la foi que nous avons apprise dès l'enfance. Et, en parlant ainsi, n'est-il pas clair que la falsification eût été sans succès, & que les premiers exemplaires auroient d'eux-mêmes pris le-dessus sur les copies récentes ? On peut consulter ci-dessus, ce que nous avons déja dit sur cette matiere, en montrant l'autorité des Livres de Moyse & des Prophetes, page 259 & suivantes. Au reste, nous avons remarqué dans le même article, que l'on connoît exactement les fautes & les variantes des différens exemplaires des Livres de l'Ecriture, & que dans le nombre prodigieux de ces négligences de Copistes, on ne trouve rien qui donne atteinte à la foi, ni aux mœurs, ni à l'Histoire. Relisez l'endroit. Dieu n'a pas jugé nécessaire de conduire miraculeusement la main de tous les copistes, de maniere qu'il ne se glissât pas la moindre faute dans leurs exemplaires. Il ne multiplie pas ainsi les prodiges sans nécessité. Mais la Providence a néanmoins tellement veillé à leur exactitude, qu'ils ne renferment rien contre la foi, les mœurs, ni l'Histoire ; ou, s'il s'est trouvé quelque copiste infidele, qui ait réellement altéré quelques endroits de ces Livres sacrés, les Pasteurs & les Docteurs, sans qu'il fut besoin de miracle, & sans sortir des voies ordinaires, y ont remédié par leur réclamation & leur autorité, & les peuples mêmes se sont récriés contre l'innovation.

Il faut donc que l'incrédule prouve que les écrits des Evangélistes donnent atteinte à la foi commune de l'Eglise, ou aux mœurs, & que sur l'histoire ils ne sont point exacts. Mais les plus ardens Mécréans ne l'ont pas fait jusqu'à présent; & l'on peut leur faire le défi de donner une pareille preuve qui seroit si décisive pour eux, & si accablante pour les Chrétiens. Il est vrai qu'ils accusent les Evangélistes de s'être contredits les uns les autres; mais 1°. ce n'est ni sur la doctrine, ni sur les mœurs, ni sur le fond des Histoires qu'ils rapportent. C'est simplement sur certaines circonstances que les uns rapportent & que les autres omettent; ou s'ils en rapportent qui semblent différentes, ces difficultés des incredules viennent uniquement de ce que, aveuglés par la passion, ils ne peuvent concilier des choses très-conciliables. Nous en avons déja donné un exemple décisif, page 556 & suiv. au sujet des témoins de la résurrection. Ils ont soutenu que les récits des Evangélistes sur ce grand événement étoient pleins de contradictions grossieres. On a vu avec quelle facilité il est aisé de les accorder. Il en est de même de plusieurs autres contradictions apparentes, qu'un peu de réflexion éclaircit tout d'un-coup. Par exemple, saint Matthieu fait dire à saint Jean-Baptiste qu'il n'est pas digne de porter les souliers de Jesus-Christ; & saint Luc & saint Jean l'Evangéliste, qu'il n'est pas digne de dénouer le cordon de ses souliers. Rien de plus facile à concilier. Saint Jean a dit l'un & l'autre ; savoir, qu'il n'étoit digne, ni de dénouer le cordon des souliers du Sauveur, ni de porter ses souliers. On voit que chaque Evangéliste n'a dit qu'une partie du discours de saint Jean, ou ce qu'il avoit dit en différens temps. De même saint Matthieu parlant des voleurs crucifiés avec Jesus-Christ, dit qu'ils blasphémoient contre lui, & lui faisoient des reproches, comme les Scribes & les Pharisiens. Saint Luc dit au contraire que l'un de ces deux voleurs blasphémoit Jesus-Christ; mais que l'autre le reprenoit, & qu'il se convertit. Il n'y a pas là de contradiction. D'abord les deux voleurs blasphémoient contre Jesus-Christ; ensuite l'un d'eux rentra en lui-même, & reconnut l'innocence du Sauveur. Il suffit de distinguer les temps, & tout s'applanit. Il ne nous est pas possible d'entrer ici dans le détail des autres contradictions apparentes qu'on trouve dans les Evangélistes. Mais on peut consulter la Concorde des Evangiles & les Réflexions des Commentateurs ; & l'on verra qu'elles ne paroissent des contradictions, que parce qu'on n'en conçoit pas le vrai sens, ou que l'on confond des événemens qui doivent être clairement distingués. 2°. Bien loin que ces contradictions apparentes prouvent que les Evangélistes aient voulu tromper, elles prouvent au contraire qu'ils n'étoient point de concert en écrivant l'histoire de Jesus-Christ. Car ils n'auroient pas manqué, ou plutôt ils n'auroient pu se dispenser de se concerter ensemble, si ce n'eût été qu'une histoire faite à plaisir pour tromper les lecteurs ; & ils ne se seroient pas fiés, comme ils ont fait, sur la notoriété des faits qu'ils rapportoient. La vérité, ainsi que la probité, néglige les apparences. L'imposture & l'hypocrisie sont toujours sur leurs gardes. 3°. Souvent un Évangéliste omet un fait, une histoire, un point de doctrine rapporté par un autre. Mais ce n'est point là une contradiction. Chaque Historien peut s'étendre ou se resserrer, suivant qu'il le juge à propos; donner un abrégé, ou une histoire plus ou moins étendue. Il peut passer sous silence ce qu'un autre Auteur de la même histoire raconte, sans qu'on puisse l'accuser de faux; prouver que tout ce qu'il dit soit exact, & que ce qu'il omet n'induise point en erreur, & qu'ils soient d'accord dans les faits qu'ils rapportent l'un & l'autre: or on ne peut montrer que les faits rapportés par les Évangélistes soient faux, ni qu'ils se contredisent réciproquement. Au contraire, le rapport exact qui se trouve entr'eux, montre qu'ils ont écrit selon la vérité. Et si les uns racontent certains faits ou certaines particularités que les autres ne disent point, cela prouve bien qu'ils n'ont point écrit de concert, mais non pas qu'ils se combattent. On remarque des différences & des rapports tout semblables à ceux des Évangélistes dans Xiphilin, & dans Théodose, qui ont fait l'un & l'autre l'abrégé des Histoires de Dion Cassius. L'un raconte différentes particularités que l'autre passe sous silence. Mais ils rapportent tous deux les principaux événemens, & comme ils ont employé souvent les mêmes termes en parlant de la même chose, il est aisé de reconnoître qu'il ont tous deux copié le même original. Seroit-il quelqu'un d'assez déraisonnable pour penser que les particularités rapportées par l'un, ne sont pas tirées de Dion Cassius, par la raison seule que l'autre les a omises; & ne seroit-il pas plus absurde encore de prétendre que les faits rapportés par Théodose, sont contredits par Xiphilin, parce que ce dernier n'en parle pas? Nos Evangélistes se trouvent dans le même cas que ces deux Abbréviateurs. Ceux-ci ont tiré de Dion Cassius, tous les événemens dont ils parlent dans leur abrégé : mais l'un a rapporté plus de faits & de circonstances que l'autre. De même nos Evangélistes ont tiré de la vie de Jesus-Christ, les faits qu'ils ont rapportés & dont ils avoient été témoins; mais les uns ont omis des événemens & des circonstances rapportées par les autres. On doit savoir gré aux premiers de nous avoir donné un abrégé de la vie du Sauveur, & aux autres d'avoir suppléé plusieurs choses, que ceux-là avoient passé sous silence. Enfin, l'on a réuni dans les Concordes de l'Evangile tous ces faits & ces événemens, & l'on a fait une seule histoire de Jesus-Christ, aussi complette qu'il a plu à Dieu de nous la donner. Car, comme le remarque saint Jean à la fin de son Evangile, Jesus-Christ a fait beaucoup d'autres choses qui ne sont point rapportées dans les histoires des Evangélistes. 4°. De ce qu'on trouve dans un nombre d'anciens Manuscrits des Evangiles, des faits & des maximes qui ne se trouvent point dans d'autres Manuscrits, il ne s'ensuit point qu'on ait falsifié les Ecritures, en insérant ces faits & ces maximes dans les Manuscrits qui les contiennent. Cela vient uniquement de la faute des copistes, comme on l'a prouvé ci-dessus. Il faut alors rétablir ces faits omis dans quelques Manuscrits, par les Manuscrits plus anciens, plus authentiques, plus nombreux, par ceux des grandes Eglises moins exposées à négliger ces sortes de fautes, & par le témoignage des Peres. C'est aussi ce que l'on a fait, en suivant les voies d'une sage critique qui a tout éclairci. Ainsi l'histoire de la femme adultere, rapportée par saint Jean, chap. 8, ne se lit point dans les Manuscrits grecs de saint Jean, ni dans les versions de l'Eglise Orientale ; mais c'est que quelques copistes anciens auront passé cet endroit à dessein, ou par négligence. Et la preuve en est que cette histoire se trouve dans un grand nombre d'autres Manuscrits. D'ailleurs, elle est reçue dans toutes les Eglises grecques, comme dans les nôtres, & on la voit dans tous leurs Lectionnaires des Evangiles. Elle est dans les exemplaires syriaques, & dans les traductions arabes ; & pour remonter plus haut, Ammonius d'Alexandrie qui vivoit au troisieme siecle, en fait mention dans son *Harmonie*; & on la trouve de même dans l'abrégé des quatre Evangélistes, fait par Tatien, plus ancien qu'Ammonius, puisqu'il fut Disciple de saint Justin Martyr. Les douze premiers versets du chapitre 16 de saint Marc, manquent aussi dans quelques anciens Manuscrits ; mais on les lit dans tous les exemplaires latins, syriaques & arabes, sans aucune variété. On les lit dans les exemplaires de Cambrigde, & dans celui qu'on nomme Alexandrin, qui sont les deux plus anciens Manuscrits grecs des Evangiles, que nous ayions aujourd'hui dans l'Europe. Enfin, pour citer un témoin encore plus près de l'origine, on les lit dans saint Irénée, qui cite en termes formels la fin de l'Evangile de saint Marc : *Dominus Jesus, postquam locutus est eis*, &c. Saint Jérôme & saint Grégoire de Nisse remarquent que l'apparition de Jesus-Christ à sainte Madeleine, rapportée dans le chapitre 16 de saint Marc, ne se trouvoit pas dans presque tous

tous les exemplaires grecs, ou au moins dans les meilleurs; &, selon saint Grégoire, il semble que tout le reste de ce chapitre, qui est le dernier, y manquoit aussi. Cela ne venoit visiblement que de la hardiesse de certains copistes, qui s'imaginoient que cet endroit étoit contraire aux autres Evangélistes. Cependant saint Jérôme & saint Grégoire de Nisse trouvent moyen de les accorder, aussi-bien que saint Augustin, sans marquer que l'on contestât ni cette fin de saint Marc, ni l'apparition à sainte Madeleine, qui est encore citée par saint Athanase, Tertullien, &c. Pour la suite de ce chapitre, non-seulement elle est citée par saint Irenée, saint Athanase, saint Ambroise, saint Augustin, mais encore de saint Gregoire de Nisse, dans l'endroit même où il dit que cette fin ne se trouvoit pas dans les meilleurs exemplaires. Saint Jérôme cite aussi cette fin dans son second Dialogue contre les Pélagiens ; mais avec une addition assez considérable, qu'il dit se trouver dans quelques exemplaires, sur-tout chez les Grecs, & qu'il reconnoît être contestée. Sixte de Sienne croit que c'est peut-être à cause de cette addition, qui peut venir des Manichéens, selon Baronius, que quelques Peres ont soupçonné cette fin d'être supposée. Il a pu aussi très-bien arriver que quelque copiste, en écrivant l'Evangile de saint Marc, en soit resté au dernier chapitre, avec dessein de le finir, & qu'avant de l'avoir fait, son exemplaire qui aura servi à en transcrire d'autres, ait été enlevé, & répandu dans plusieurs endroits. En un mot, on ne peut rien conclure de ces omissions de copistes contre l'intégrité de nos Ecritures. Il n'est point étonnant qu'un copiste passe des phrases sans s'en appercevoir, ni même qu'il oublie le dernier chapitre d'un Ouvrage. On y supplée par la confrontation avec les Manuscrits corrects, & sur-tout en comparant ceux de différentes Eglises. Il n'en est pas de même des additions. Outre qu'il n'y a guères de copistes qui aient le front de faire de pareilles additions dans un Ouvrage qu'ils transcrivent, la chose n'a pu arriver par rapport aux Livres saints, parce que les Pasteurs & les Fideles, toujours attentifs, ne l'auroient pas souffert, comme on l'a prouvé ci-dessus ; & que si quelque Eglise eût été trompée par les Manuscrits infideles, l'erreur auroit été découverte tôt ou tard par la communication avec les autres Eglises qui n'auroient pas eu les mêmes additions dans leurs exemplaires, & qui se seroient infailliblement recriées contre la fraude. Il y a même des cas où la suite du texte montre qu'il y a une lacune provenant de la négligence des copistes. Et quand même il n'y auroit que quelques Manuscrits qui rempliroient cette lacune, il ne s'ensuit point du tout que ce seroit une addition dans ces Manuscrits, mais seulement que l'omission seroit très-ancienne, & qu'on n'y auroit pas remédié dans la plupart des autres Manuscrits, qu'il faudroit alors réformer sur le petit nombre des Manuscrits corrects. Ainsi dans la premiere Epître de saint Jean, tous les exemplaires nouveaux renferment ce passage. « Il y en a trois qui rendent témoignage dans le ciel, le Pere, le Verbe, & le Saint-Esprit, & ces trois sont une même chose ». Or on ne trouve point ces paroles dans les exemplaires manuscrits des Grecs, soit anciens soit modernes, ni dans un nombre d'anciens exemplaires latins. Il y a eu cependant de très-anciens manuscrits qui contenoient ces paroles; car on les lit comme tirées de saint Jean dans saint Cyprien, liv. *De l'Unité de l'Eglise*; dans S. Athanase, *Disp. contre les Ariens*; dans Victor de Vite; dans S. Fulgence & d'autres. C'est sur ces anciens Manuscrits qu'on a rétabli ce passage dans ceux qui ne l'avoient pas. Et l'on ne peut pas soupçonner que ce soit une addition au texte; parce que le fil du discours demande naturellement que ce verset: *Il y en a trois qui rendent témoignage dans le ciel, le Pere, le Verbe & le Saint-Esprit, & ces trois sont une même chose*, précede le verset suivant, qui porte: *Et il y en a trois qui rendent témoignage dans la terre, l'esprit, l'eau & le sang, & ces trois sont une même chose*. On voit même très-aisément la source de l'omission du verset en question. Car de deux versets qui commencent par les mêmes mots, il a été facile à quelque ancien copiste de passer l'un des deux; & c'est ce qui arrive encore tous les jours à ceux qui copient. Ils passent souvent une ligne, ou une phrase, lorsqu'elles commencent par des mots qui se retrouvent plus bas. Il n'y a personne qui ne l'ait éprouvé. 5°. On auroit tort d'attaquer le récit des Evangélistes, sous prétexte qu'ils ne suivent pas exactement les regles de l'art, & qu'ils n'ont ni la méthode, ni la précision qu'on remarque dans d'autres Historiens. Il est vrai que les uns ne rapportent point certaines suites de faits comme les autres; & quelquefois dans la même histoire, ils ne suivent pas toujours le même ordre des événemens. Par exemple, saint Matthieu dit que le démon tenta J. C. dans le désert, 1°. en lui disant: *Si vous êtes le Fils de Dieu, dites que ces pierres deviennent des pains*. 2°. En le transportant sur le haut du temple, & lui disant : *Si vous êtes le Fils de Dieu, jettez-vous en bas.* 3°. En le transportant sur une haute montagne, où il lui montra tous les royaumes du monde, & lui dit : *Je vous donnerai toutes ces choses, si en vous prosternant devant moi vous m'adorez.* Saint Luc met au contraire cette derniere tentation après la premiere rapportée par saint Matthieu ; & la seconde, c'est-à-dire, le transport de Jesus-Christ sur le haut du temple, il la met la derniere. Il s'ensuit delà que nous ne savons pas au juste l'ordre qui fut gardé dans ces tentations. Mais chaque fait n'en est pas moins vrai ; & cette différence dans la narration confirme de plus en plus que les Evangélistes n'écrivoient pas de concert, & dans le dessein de tromper. C'est visiblement pour empêcher qu'on ne leur reprochât, que Dieu qui les inspiroit & conduisoit leur plume, a permis ces légeres différences qu'on rencontre quelquefois, & qui ne touchent en rien à la vérité de l'Histoire. Et quant aux regles de l'art, ils n'en font aucun cas, pour montrer qu'ils ne cherchoient point à séduire par le vain étalage d'une sagesse toute humaine. En effet, ils rapportent nuement & simplement les faits les plus merveilleux & les vérités les plus sublimes. Ils n'emploient ni les couleurs du style, ni les parures de l'éloquence pour en relever l'éclat. Ils les racontent sans étonnement. Ils ne font ni commentaires, ni remarques. Ils n'en tirent aucune conclusion en faveur de leur Maître, ni d'eux-mêmes, ou à l'avantage de la Religion qu'ils annoncent. Ils se contentent de rapporter la vérité toute nue, soit qu'elle soit pour eux ou contr'eux, sans l'exagérer quand elle leur est favorable, ou la pallier lorsqu'elle leur est contraire ; mais abandonnant leur cause au jugement impartial du genre humain. Ils songeoient comme de vrais Apôtres du Dieu de vérité, plutôt à convaincre par la solidité des preuves, qu'à gagner par les insinuations de l'éloquence : preuve sensible qu'ils ne comptoient ni sur leurs talens, ni sur leurs lumieres, ni sur l'énergie de leurs discours ; mais sur la puissance de Dieu, à qui seul il appartient de convertir les cœurs, & de leur faire aimer les vérités qu'on leur annonce. C'est dans cet esprit que saint Paul disoit aux Corinthiens, (1 Ep. c. 2.) » Pour moi, mes freres, lorsque je suis venu » vers vous pour annoncer l'Evangile de J. C. je » n'y suis point venu avec les discours élevés » d'une éloquence & d'une sagesse humaine ; » car je n'ai point fait profession de savoir autre » chose parmi vous que Jesus-Christ & J. C. » crucifié... Je n'ai point employé, en vous par- » lant & en vous prêchant, les discours per- » suasifs de la sagesse humaine, mais les effets » sensibles de l'esprit & de la vertu de Dieu, » afin que votre foi ne fût pas établie sur la » sagesse des hommes, mais sur la puissance » de Dieu ». Il avoit dit plus haut : « Considé- » rez, mes freres, qui sont ceux d'entre vous » qui ont été appellés à la foi. Il y en a peu » de sages selon la chair, peu de puissans, peu » de nobles ; mais Dieu a choisi les moins sages » selon le monde pour confondre les sages. Il a » choisi les foibles selon le monde, pour confon- » dre les puissans. Il a choisi les plus vils & les » plus méprisables selon le monde, & ce qui » n'étoit rien, pour détruire ce qu'il y avoit de » plus grand, afin que nul homme ne se glo- » rifie devant lui. C'est par cette voie que vous » êtes établis en J. C., qui nous a été donné

« de Dieu, pour être notre sagesse, notre jus-
« tice, notre sanctification & notre rédemp-
« tion; afin que, selon qu'il est écrit, celui
« qui se glorifie, ne se glorifie que dans le
« Seigneur ». 6°. Enfin le défaut de vraisemblance & les inconséquences que les incrédules
opposent au récit des Evangélistes n'ont aucun
fondement, & sont beaucoup plus propres à
manifester la force de leurs préventions que la
solidité d'un esprit judicieux. Par exemple, disent-ils, il est étonnant que de trois personnes
qu'on dit avoir été ressuscitées par Jesus-Christ,
aucune n'ait rien dit, ni pu dire de son état
dans un autre monde. Mais qui est-ce qui leur
a appris que ces trois personnes n'ont rien
dit d'un autre monde ? Supposons néanmoins
qu'elles n'en sussent rien. Dans ce cas elles ne
pouvoient en rien dire. L'idée de mort n'emporte
autre chose que la séparation de l'ame & du
corps; & si Dieu le veut, l'ame peut subsister pour un temps dans un état d'insensibilité
hors du corps aussi-bien que dans le corps. Mais,
ajoute-t-on, une relation fidele de l'état après
la mort auroit confirmé le dogme d'une autre
vie, & refuté les Sadducéens. Je n'en sais rien.
Car il est difficile de savoir ce qui pourroit
réfuter des gens qui sont déterminés par avance
à ne rien croire. Mais supposons que l'avantage qui pourroit revenir de ce témoignage
fût aussi grand qu'on le prétend, Dieu étoit-il
tenu de donner un tel témoignage ? D'ailleurs,
quand Lazare & les deux autres personnes ressuscitées auroient su quelque chose de l'autre
vie, Dieu ne pouvoit-il pas leur en ôter la connoissance, en les rappellant à la vie ? Enfin
Jesus-Christ n'avoit-il pas dit des choses de
l'autre monde ? ne les avoit-il pas prouvées

par ſes miracles & ſa réſurrection ? Les Sadducéens y croyoient-ils davantage, & nos incrédules, qui rejettent tous les récits des Evangéliſtes, ſe perſuaderoient-ils de la vérité de ces récits, ſi les Evangéliſtes nous euſſent appris que les trois morts reſſuſcités par Jeſus-Chriſt avoient rapporté quelque choſe d'un autre monde? Ils les traiteroient de viſionnaires, & en prendroient occaſion de décréditer tout le reſte de leur narration. C'eſt ce que Jeſus-Chriſt nous a marqué clairement dans l'hiſtoire du mauvais riche. Ce malheureux au fond des enfers dit à Abraham : « Je vous ſupplie d'envoyer Lazare dans la maiſon de mon pere où j'ai cinq freres, afin qu'il leur atteſte ces choſes, (c'eſt-à-dire, les tourmens qu'il ſouffroit) & les empêche de venir eux-mêmes dans ce lieu de tourmens. Abraham lui repartit : Ils ont Moyſe & les Propheres ; qu'ils les écoutent. Non, dit-il, Pere Abraham, mais ſi quelqu'un des morts va les trouver, ils feront pénitence. Abraham leur répondit : S'ils n'écoutent ni Moyſe ni les Prophetes, ils ne croiront pas non plus quand quelqu'un des morts reſſuſciteroit ». Les incrédules trouvent encore à redire à la délivrance des poſſédés dont il eſt parlé dans les Evangiles. Ils ſemblent douter de l'exiſtence des démons. L'Evangile ſuppoſe qu'il y a de tels eſprits, & que ces eſprits ont quelquefois la permiſſion d'exercer leur pouvoir ſur les hommes. Les Mécréans tirent delà une objection contre l'autorité de l'Evangile, comme ſi l'exiſtence de ces eſprits étoit une abſurdité. Mais pour que cette objection fût de quelque poids, c'eſt à ceux qui la font à prouver qu'il n'y a point de ſemblables êtres ; ou que, s'il y en a, il eſt impossible qu'ils aient aucune influence sur les affaires de ce bas monde. Tout ce qu'on peut dire contre cette existence, à moins qu'on ne soit athée, ne peut être que l'effet du préjugé. Autre difficulté : Jesus-Christ, selon l'Evangile, ayant guéri deux possédés, les démons chassés de leurs corps, entrerent dans un troupeau de pourceaux. Absurdité manifeste, dit l'incrédule. Pouvoit-il y avoir des pourceaux dans un pays où la Loi défendoit d'en manger ? Mais, sans considérer ici les circonstances du lieu & du temps ; on peut observer que si la Loi défendoit aux Juifs de manger du pourceau, elle ne leur défendoit point d'en élever & d'en faire commerce. L'âne & le chien étoient également immondes, selon la Loi, & il étoit néanmoins permis aux Juifs d'avoir de ces animaux. Pétrone imputant aux Juifs d'adorer les pourceaux, parce qu'ils faisoient scrupule d'y toucher ; & Juvenal leur reprochant par moquerie qu'ils laissoient charitablement ces animaux parvenir jusqu'à une heureuse vieillesse, n'indiquoient-ils pas visiblement que les Juifs nourrissoient des pourceaux ? D'ailleurs, les pourceaux dont il est parlé ici, pouvoient appartenir aux Gentils, qui vivoient alors au milieu des Juifs, tels que Corneille & autres, ou qui étoient leurs voisins. Mais, ajoute l'incrédule, on dit que Jesus-Christ n'a fait que des miracles de bienfaisance ; & cependant ces pourceaux furent précipités dans la mer, selon les Evangélistes, à la parole de Jesus-Christ. Mais il faut observer que ce n'étoit point là un miracle, mais seulement une permission que Jesus-Christ donna aux démons de faire ce mal. Car ce furent eux & non Jesus-Christ, qui précipiterent les pourceaux dans la mer. Et quand nous ne saurions pas pourquoi Jesus-Christ le leur permit, ce seroit un mauvais raisonnement d'en conclure que le fait n'est pas vrai. Les incrédules ne sont pas plus heureux sur ce qu'ils opposent au sujet du massacre des Innocens. Josephe l'Historien, disent-ils, qui ne dissimule aucune des cruautés d'Hérode, ne parle point de cet horrible événement. Cette réflexion négative n'est d'aucune force contre saint Matthieu qui rapporte le fait. Josephe l'Historien a-t-il tenu un registre exact des cruautés d'Hérode ? Ne pouvoit-il pas avoir des raisons particulieres pour n'en point parler ? De plus, étant né quarante ans après la mort d'Hérode, peut-être n'a-t-il pas su le fait; ou s'il l'a su, n'en avoit-il pas une notion exacte, mais confuse. Au reste, nous avons une autorité qui suppléeroit abondamment, si cela étoit nécessaire, au silence de Josephe; c'est celle de l'Empereur Auguste. Ce Prince ayant appris que le fils d'Hérode avoit été compris dans le massacre des Innocens, dit qu'il valoit mieux être le pourceau d'Hérode que son fils. *Cùm audisset inter pueros quos in Syriâ Herodes Rex Judæorum infrà bimatum jussit interfici, filium quoque ejus occisum, ait : Melius est Herodis porcum esse quàm filium.* C'est ce que Macrobe, Auteur païen nous a conservé dans ses Saturnales, parmi les bons mots d'Auguste. Au reste, le fils d'Hérode n'avoit pas péri dans ce massacre, mais quelques semaines après. Ces deux événemens étant proche l'un de l'autre, Auguste en apprit la nouvelle en même-temps ; ce qui occasionna l'union qu'il en fit dans le trait qu'on vient de rapporter.

On peut voir encore d'autres objections des incrédules contre les Livres du Nouveau-Testament & les faits qu'ils contiennent, dans le troisieme Tome d'Abadie, dans M. Bullet cité plus haut, dans le Dictionnaire de l'Abbé Nonnote (Ouvrage qui renferme des défauts) & dans d'autres Auteurs. Ce ne font dans le fond que de misérables chicanes, qu'il est aifé de repouffer lorfqu'on est inftruit. Les principes que nous avons pofés jufqu'à préfent, fuffifent pour répondre à toutes ces minces difficultés, fans que nous foyons obligés d'entrer dans ce détail auffi inutile qu'ennuyeux. Finiffons par réfoudre encore deux objections tirées des Auteurs Eccléfiaftiques.

On dit 1°. que dans Origenes, liv. 2, Celfe accufoit les Chrétiens d'avoir corrompu les Ecritures. Origene avoue que les difciples de Marcion, de Valentin, & ceux de Lucien avoient à la vérité ofé changer & refondre à leur maniere le texte de l'Evangile; mais il nie que les Orthodoxes, ceux que Celfe lui-même défignoit fous le titre de *la Grande Eglife*, aient jamais falfifié leurs Ecritures. Si ces Hérétiques donnoient atteinte à la pureté des Livres faints, les Catholiques étoient là pour obferver la fraude; & c'eft cette fraude qu'ils tournoient en argument contre les Sectaires; mais les Sectaires n'ont jamais fait le même reproche aux Catholiques. On difoit aux Théodotiens, aux Gnoftiques, &c. (felon Eufebe, Hift. Eccléf. l. 5, c. 28:) : Vos exemplaires ne font point uniformes. Vous en avez fous le nom d'Afclepiade, de Théodote, d'Hermopole & d'Apollonius, tous différens les uns des autres. Mais les Théodotiens, &c. ne nous difoient rien de femblable. Or ce font ces exemplaires purs des Catholiques qui ont paffé de fiecle en fiecle aux Catholiques. Les copies informes & difcordantes font tombées dans l'oubli, & à peine en reste-t-il à la postérité quelques parcelles.

2°. Le Docteur Mill, Anglois, cité dans le livre intitulé : *La Liberté de penser*, tâche de prouver qu'au sixieme siecle il y a eu une altération universelle des quatre Evangiles, par un passage de la Chronique de Victor de Tunones, Evêque d'Afrique, qui vivoit alors. Ce texte porte : « Sous le Consulat de Messala, & par les ordres de l'Empereur Anastase, les saints Evangiles ont été corrigés & réformés, comme ayant été écrits par des Evangélistes ignorans ». On ajoute que ce fait est aussi rapporté dans la Chronique de saint Isidore de Séville. Cependant on ne l'y trouva pas. Voici le fait. L'Empereur Anastase étoit de la secte d'Eutichès, du parti des Acéphales, & même Manichéen. Il donna sa confiance au fameux Severe, Acéphale comme lui, & Chef de deux cents Moines aussi Acéphales. Ce Prince chassa Eupheme Patriarche de Constantinople, lequel fut remplacé par Macédonius, qui avoit signé l'Hénotique de Zénon, & qui étoit Nestorien. Ce Macédonius s'étant fait des affaires avec Severe, celui-ci dans le dessein de le perdre, l'accusa d'avoir corrompu les divines Ecritures, pour les accommoder au Nestorianisme. Cette altération rouloit principalement sur un passage de saint Paul, comme dit Liberat, Diacre de Carthage & Auteur contemporain, qui raconte le fait. Le Moine Acéphale qui pouvoit tout auprès de l'Empereur obtint ce qu'il desiroit. Macédonius fut déposé en 511, & Anastase fit rectifier ce qu'il y avoit d'exemplaires de l'Evangile altérés par Macédonius. Le texte de Liberat porte : *Hoc tempore Macedonius C. P. ab Anastasio Imperatore dicitur expulsus, tan-*

quam Evangelia falsaret ; & maximè illud Apostoli dictum : QUIA APPARUIT IN CARNE, JUSTIFICATUM IN SPIRITU. *Hunc enim mutasse, ubi habet ὅς ; hoc est qui monosyllabum græcum, litterâ mutatâ ο in ω vertisse, fecisse ὥς, id est,* UT ESSET DEUS APPARUIT PER CARNEM. *Tanquam Nestorianus ergo expellitur per Severum Monachum* (*Lib. Diac. Breviar. c.* 19.). Observons que le texte de Victor de Tunones ne dit pas que les Evangiles *ont été corrigés*, comme ayant été écrits par des Evangélistes ignorans ; mais, *ont été falsifiés*. C'est ainsi qu'on doit lire ; autrement Victor se seroit trompé : & assurément son autorité, surtout dans un Ouvrage où l'on ne rapporte que des faits nuds & décharnés, ne l'emporteroit pas sur l'autorité de toute l'Histoire. Concluons delà avec combien de vigilance & de scrupule le dépôt des Evangiles a été conservé sous les Princes Catholiques, puisqu'un Empereur & un Moine Acephales n'ont pu consentir que ce dépôt fût violé.

V. Il nous reste à montrer au sujet de la vérité & de l'authenticité des faits de l'Evangile, 1°. que ces faits sont intéressans & publics ; 2°. qu'ils sont démontrés vrais par leur liaison avec des faits postérieurs ; 3°. qu'ils ont été reconnus pour certains par ceux mêmes qui avoient intérêt de les nier.

1°. Ces faits sont intéressans & publics, & par conséquent peu compatibles avec l'imposture. Car il est impossible de tromper une multitude de personnes attentives. Un homme en peut tromper un autre moins habile que lui. Mais en imposer à des nations entieres durant une longue suite d'années, cela ne peut être. Mais que sera-ce, si ce fait par sa nature excite encore la plus vive curiosité ; si ce fait intéresse ce qu'il y a de plus sensible & de plus cher au cœur ; si ce fait entraîne la nécessité de notre culte, s'il établit de nouveaux préceptes, & devient le fondement d'une réforme générale dans le monde ? Un pareil spectacle laisse-t-il les esprits inappliqués, oisifs & distraits ? Or tels sont les miracles, & en gros toute l'histoire de l'Evangile & de la conversion du monde.

2°. Les faits de l'Evangile sont démontrés vrais par leur liaison avec les faits postérieurs. Les miracles de Jesus-Christ sont vrais. En voici la preuve. Tout fait est indubitable, lorsqu'il y en a d'autres qui en sont les suites nécessaires, & dont nul homme ne peut contester la certitude. Or il y a des faits encore subsistans, qui sont des suites nécessaires des miracles de Jesus-Christ, des faits essentiellement liés à ceux de l'Evangile, dont on ne peut contester la certitude. Donc, &c. Ces faits qui sont une suite nécessaire des miracles de Jesus-Christ, qui sont liés essentiellement à ceux de l'Evangile, & dont la certitude est indubitable, sont 1°. la conversion du monde à la parole des Apôtres, faisant eux-mêmes des miracles. Si les miracles de Jesus Christ & ceux des Apôtres n'eussent pas été vrais & convaincans, l'Univers se seroit-il ainsi converti tout-d'un-coup ? Auroit-il changé de sentimens, de mœurs, de conduite, de Religion ? Cela n'est pas vraisemblable, pour ne pas dire possible. 2°. Un autre fait subséquent qui démontre la certitude de l'Evangile, c'est le nombre & la constance des Martyrs. Auroient-ils ainsi donné leur vie, s'ils n'eussent été pleinement convaincus des vérités pour lesquelles ils souffroient? On a beau répondre qu'ils étoient crédules: On ne peut le dire de la plupart d'entr'eux, qui étoient des hommes reconnus par les Païens mêmes pour des personnes d'esprit & de bon-sens, & qui étoient distingués par leurs dignités & leur savoir; & ceux qui avoient moins de science & d'esprit, avoient un cœur droit qui les attachoit à la vérité qu'on leur avoit annoncée, & prouvée par des miracles éclatans. D'ailleurs ces illustres Martyrs sentoient le secours surnaturel de Dieu qui les soutenoit au milieu des tourmens, & qui souvent en diminuoit la force & la violence. Ils faisoient aussi eux-mêmes au nom de Jesus-Christ des miracles tels que ceux qui les avoient convertis. Pouvoient-ils en douter? Et peut-on dans ce cas les regarder comme trompés? 5°. Enfin tout le monde sait que dès les temps apostoliques il y eut des fêtes & des solemnités particulieres parmi les Fideles, telles que l'assemblée du Dimanche ou mémoire de la résurrection, dont il est parlé dans l'Apocalypse, & dont les Auteurs des premiers siecles, tels que saint Justin dans ses Apologies & autres, font aussi mention. Ce fait postérieur, qui s'est perpétué de siecle en siecle, & qui subsiste encore, ne peut être contesté. Mais, si celui de la résurrection n'eût pas été constant, cette solemnité du Dimanche, & la fête particuliere de la résurrection du Sauveur seroit-elle devenue générale par toute la terre? Il en est de même des autres fêtes établies en mémoire des mysteres de Jesus-Christ, celle de sa naissance, de sa mort, de son Ascension, de la descente du Saint-Esprit sur les Apôtres le jour de la Pentecôte, qui remontent aux temps Apostoliques, qui ont été célébrées chaque année par les Fideles dans toute la suite des siecles, & qui sont parvenues jusqu'à nous. L'établissement de ces fêtes & la célébration qui s'en est faite depuis les Apôtres sans aucune interruption, sont une preuve pratique, & une confirmation perpétuelle de tout ce que l'Ecriture nous apprend des mysteres dont elles renouvellent continuellement la mémoire. 3°. Les faits de l'Evangile ont été reconnus pour certains par ceux mêmes qui avoient intérêt de les nier. Les Juifs, les Païens, les Mahométans ont tous reconnu que les miracles de Jesus-Christ étoient certains. 1°. Les Juifs : « Cet homme, disent les Pharisiens en parlant de Jesus-Christ, chasse les démons ; mais ce n'est que par la vertu de Béelzébub Prince des démons ». Ces mêmes Pharisiens reprochoient à Jesus-Christ, non pas d'avoir séduit le paralytique & les autres malades par une guérison fausse & trompeuse ; mais de lui avoir dit d'emporter son lit le jour du Sabbat. Après la résurrection de Lazare, les Princes des Prêtres & les Pharisiens s'assemblent, & disent : « Cet homme fait plusieurs miracles. Si nous souffrons qu'il continue, tous croiront en lui. Les Romains viendront, & détruiront notre ville ». La réputation de Jesus-Christ s'étant beaucoup étendue, le Roi Hérode en entendit parler, & il disoit : « Jean-Baptiste (que j'ai fait mourir) est ressuscité, & c'est pour cela qu'il se fait par lui tant de miracles ». Le Grand-Prêtre & le Sanhedrin ne contesterent point la guérison du boiteux par saint Pierre & saint Jean, dont il est parlé dans les Actes. Ils reconnurent que ce miracle se fit au nom de Jesus-Christ, & dirent : « Nous ne pouvons pas nier, &c. ». Les sept fils de Sceva dans les actes entreprirent, à l'exemple de Jesus-Christ, de chasser les démons : « Sortez de cet homme, disoient-ils, nous vous en conjurons par Jesus que Paul annonce „. Rien de plus fort & de plus décisif que ces faits, qui montrent invinciblement que les Juifs, quelque opposés qu'ils fussent à Jesus-Christ, reconnoissoient la réalité du fait de ses miracles. On peut y joindre le témoignage de Josephe l'Historien, qui dit en propres termes que « Jesus-Christ étoit puissant en merveilles „. Et quoique le texte de cet Auteur soit contesté par quelques Modernes, on a montré dans plusieurs écrits que les raisons sur lesquelles on le conteste ne sont pas solides. 1°. Tous les exemplaires de Josephe sont unanimes sur ce point, soit que l'on consulte les imprimés, soit qu'on examine les Manuscrits. Il ne s'en trouve pas un, quelque antiquité qu'il ait, où ce texte soit omis. Voilà déja une forte présomption. 2°. Dans un endroit Josephe parle avec éloge de saint Jean-Baptiste, & dans l'autre il dit un mot de la mort de saint Jacques qu'il nomme *le frere de Jesus appellé le Christ*. Par quelle raison n'auroit-il pas aussi parlé de Jesus-Christ qui avoit fait un si grand personnage dans la Judée ? Si Josephe dit dans le passage en question : *Jesus étoit le Christ*, ce n'est pas qu'il crût qu'il étoit le Messie. Il le regardoit seulement comme un homme extraordinaire qui avoit passé pour le Messie. Et c'est pourquoi saint Jérôme a traduit ces paroles de Josephe οχοιετος αυτος η, *& credebatur esse Christus*, & non pas *erat Christus*. Josephe appuie lui-même cette explication, en disant que saint Jacques étoit frere de Jesus appellé le Christ. On n'a qu'à lire Suétone, Tacite, Pline le jeune, Celse, Lampride, Porphire, Jullien, &c. on les verra tous donner à Jesus le

ET DES NOUVEAUX PHILOSOPHES. 679

nom de Christ. On objecte que saint Justin, Tertullien, Athénagore, Photius, & d'autres ont omis ce texte où Josephe parle de J. C. qu'on prétend qu'ils n'auroient pas négligé s'il eût été dans leur exemplaire. Ce n'est ici qu'un argument négatif. Il a pu se faire d'un côté qu'ils n'aient pas trouvé ce texte assez fort, ni assez analogue à leur dessein pour en faire usage. D'ailleurs il pouvoit très-bien ne pas se trouver dans leur exemplaire ; mais alors s'il y a eu de la fraude, ce n'est pas, comme on veut, dans l'insertion du texte, mais dans la radiation que les Juifs en firent après le siecle de Josephe. Baronius l'a fait voir, en citant l'exemplaire ancien d'un Juif qui raya ce passage, en traduisant Josephe de grec en hébreu. A l'égard de ces paroles du texte de Josephe : « En ce temps-là, parut Jesus, homme sage, si pourtant on ne peut l'appeller qu'un homme ; car il étoit puissant en merveilles », il ne s'ensuit point delà que cet Historien le regardât comme un Dieu, mais seulement comme un homme extraordinaire, rempli de la vertu divine, & en conséquence grand Thaumaturge, injustement persécuté par sa nation. Enfin, dit-on, ce texte de Josephe touchant Jesus-Christ coupe le fil de sa narration, & forme un récit isolé, sans rapport, sans liaison avec ce qui précede & ce qui suit. Cela est vrai, mais ne prouve pas la supposition du texte. Il y en a cent exemplaires dans les meilleurs Auteurs, comme Casaubon l'a fait voir (*adverf. Baron. Exerc. 11. ad ann. 21 ; c. 11.*). Josephe ne connoissoit d'autre méthode, ni d'autres agrémens que de mettre les choses à leur place, comme a fait César dans ses Commentaires. Or le texte en question est dans son véritable point par rapport à la Chronologie. C'étoit-là ou jamais le lieu d'en parler; & comme Josephe n'avoit dessein que d'en faire un récit court & rapide, pour ne point blesser la nation; & que d'un autre côté il étoit forcé d'en dire quelque chose pour éviter le reproche d'avoir omis un fait qui avoit fait beaucoup de bruit dans la Judée, il n'a pas cru devoir lier cet événement avec les précédens, ni entrer dans aucun détail, mais seulement en faire une mention générale & très-courte. M. de Tillemont avoue dans son Histoire des Empereurs, que la difficulté l'embarrasse. Mais il ouvre un moyen de la résoudre d'une maniere assez nouvelle: « Josephe, dit-il, » a pu ajouter ce passage après-coup, & n'a » pas trouvé d'endroit plus propre pour le mettre » que celui où il parloit de ce qui étoit arrivé » dans la Judée sous Pilate, à ce qui s'étoit » fait en même-temps à Rome; & il a oublié de » changer la transition qu'il y avoit mise d'abord ». Mais revenons au témoignage des Juifs en faveur de J. C. Les Talmudistes font un aveu clair & formel de ses miracles. La pure tradition avoit transmis ce fait des peres aux enfans. Il est vrai qu'ils ajoutent que Jesus-Christ n'a fait tant de prodiges qu'en vertu du secret qu'il avoit de prononcer le nom de Dieu (*Vide suprà*); mais il ne s'agit point ici de leurs vains commentaires, mais de l'aveu qu'ils font des miracles du Sauveur.

2°. Les Gentils n'ont pu en disconvenir, non plus que les Juifs. Celse qui se vantoit de désabuser bientôt l'Univers de l'*enchantement* de nos dogmes, n'osoit de même attaquer les Actes de l'Histoire de Jesus-Christ, au moins nous abandonne-t-il les faits. « Vous voyez, disoit-il » (dans Origene, l. 2) que Jesus-Christ est le

,, Fils de Dieu, parce qu'il a guéri les boiteux
,, & les aveugles ,,. Julien (dans Saint Cyrille,
l. 6) convenoit des mêmes faits. Il difoit : « J. C.
,, n'a rien fait d'éclatant, fi ce n'eft qu'on
,, veuille admirer la guérifon qu'il fit des boi-
,, teux, des aveugles, & de ceux qu'agitoit
,, l'efprit malfaifant ». Tibere inftruit des prodiges de Jefus-Chrift, demanda lui-même au
Sénat que J. C. fût mis au rang des autres
Divinités ; mais le projet échappa, dit Eufebe (Hift. Eccl. l. 2, c. 2) parce que le Sénat
ne vouloit point être prévenu dans fes déci-
fions, & que d'ailleurs il avoit défendu le
culte des Divinités étrangeres. Tertullien avance
ce fait comme public, dans la fameufe Apologie qu'il offrit au Sénat. Lampride (*in Se-
vero*) parle beaucoup de la vénération qu'A-
drien avoit pour Jefus-Chrift. Ce Prince eut
deffein de lui dreffer des autels, & de le mettre au nombre de fes Dieux. Lampride rapporte
encore combien Alexandre Severe admiroit
Jefus-Chrift. Il voulut, comme Adrien, lui
faire élever un temple ; il l'auroit fait, fi les
Chrétiens, que l'on confondoit avec les Juifs,
n'avoient été en haine à la fuperftition. Mais
du moins cet Empereur rendoit hommage à
Jefus-Chrift dans un oratoire domeftique, où
dès le matin il offroit fes facrifices, & où il
avoit placé l'image de Jefus-Chrift avec celle
d'Apollonius, d'Abraham & d'Orphée. Calci-
dius (*in Tim.*) parle de l'étoile qui apparut
aux Mages en Orient, & comment elle les
conduifit à un Dieu nouveau-né auquel ils adref-
ferent leurs vœux. Phlegon, (l. 13, Olymp.
Chron.) Afranchi d'Adrien, raconte comme un
prodige l'éclipfe de foleil arrivée à la mort de
Jefus-Chrift, & dont parlent les Evangéliftes.

Doctrine des Anciens

C'étoit si bien la même, que cet Auteur place ces miraculeuses ténebres à la quatrieme année de la deux cent deuxieme Olympiade, qui concourt précisément avec la dix-neuvieme année de Tibere, en laquelle Jesus-Christ mourut ; & Tertullien, dans son Apologie, renvoie sur le même prodige le Sénat aux actes publics. Nous avons vu plus haut Macrobe (Saturnal. l. 2, c. 2.) attester la vérité du meurtre des Innocens immolés à la colere d'Hérode. Porphyre convient que Jesus-Christ avoit chassé les démons, & rendu vaine la puissance des dieux par la vertu de son nom. Suétone (*in Neron.*) appelle les Chrétiens *une Secte d'Enchanteurs*. Et pourquoi ce nom plutôt qu'un autre, si ce n'est parce que les premiers Fideles étoient sur-tout renommés par les prodiges qu'ils faisoient au nom de Jesus-Christ ?

3°. Enfin tout le monde sait que Mahomet, dans son Alcoran, a honoré Jesus-Christ comme le Prophete envoyé de Dieu, qu'en plusieurs endroits il le nomme *le Messie*, & que cet Ouvrage est plein du récit de ses merveilles, auxquelles il ajoute, comme on a vu ci-dessus, des fables & des visions qu'il avoit tirées d'ouvrages apocryphes. Tous ces aveux donnés par des hommes, qui d'ailleurs se déclarent nos ennemis, ne prouvent que mieux la certitude de nos Actes, & combien l'évidence a forcé d'y souscrire.

Les incrédules poussés à bout, se raccrochent encore à une derniere difficulté, qui ne nous embarrassera pas davantage que les précédentes. Elle est fondée sur la perte qu'on a faite d'un grand nombre d'anciens Ouvrages, qui, selon eux, nous étoient contraires, ou du moins qui pouvoient l'être. Les faits miraculeux de Jesus-Christ, disent-ils, ne sont connus que par le témoignage des Apôtres. Ce canal, quoi qu'on dife, nous eft fufpect ; & ce qui augmente nos foupçons, c'eft qu'on a fait difparoître les Livres qui dès l'origine combattoient cette hiftoire. En vain les defirons-nous ; il ne s'en découvre ni ombre, ni veftige. Il y en a eu cependant de nombreux & de folides. C'eft donc qu'il a paru néceffaire de les anéantir. Car pourquoi les Evangiles feroient-ils demeurés feuls ? S'ils ont paffé jufqu'à nous, d'où vient que les autres n'ont pas eu le même cours ? N'en doutons plus ; c'eft que l'efprit de parti qui foutenoit l'Evangile les a fupprimés. Le Chriftianifme devenu puiffant a aboli tout ce qui lui faifoit ombrage, & pouvoit le décréditer.

Il eft vrai que c'eft fur-tout par les Evangéliftes que nous favons les circonftances de l'Hiftoire de Jefus-Chrift. Mais que peut-on dire contre la fincérité de ces Auteurs témoins des faits ? Nous avons fait voir amplement qu'elle ne peut être plus grande. Doit-il être queftion d'Ouvrages qui ne font plus, quand on eft fûr de la fidélité de ceux qui reftent ?

Mais venons au détail. On dit qu'il n'y a plus d'ombre ni de trace des Ouvrages faits contre l'Evangile dès fon origine. Nous avons la preuve littérale du contraire. Lifez faint Juftin & faint Irénée : dans celui-là vous verrez tous les raifonnemens du Juif Tryphon contre l'accompliffement des prédictions en Jefus-Chrift ; & dans l'autre, les fyftèmes & les preuves de tous les Hérétiques des premiers temps. Lifez Origene ; & vous trouverez le plus favant de fes Ouvrages dirigé contre Celfe, dont il rapporte les paroles de page en page, de ligne en ligne. Cependant les Chrétiens ont-ils eu jamais d'ennemi plus ingénieux, plus adroits à ménager ses avantages, plus habile à nous contester les nôtres ? Tout ce qu'on a fait d'objections contre la foi, toutes celles dont les incrédules de nos jours veulent se faire croire les inventeurs, ne sont tout au plus que la répétition & le réchauffé des difficultés de ce Philosophe. Lisez Tertullien ; la plus saine partie de ses écrits est contre les Juifs, les Sectaires & les Gentils, dont il rapporte scrupuleusement les difficultés. J'en dis autant de Minutius Félix, d'Arnobe, de Lactance, de Théophile d'Antioche. Lisez Eusèbe de Césarée ; & vous y remarquerez de longs extraits de Porphyre, l'un des plus redoutables ennemis du Christianisme. Lisez saint Cyrille d'Alexandrie ; vous y verrez les objections de l'Empereur Julien, dont on n'omet ni virgule, ni point.

Lisez dans saint Augustin ses combats avec la Secte de Manès, si contraire à l'Evangile. En un mot, lisez tous les Peres des premiers siecles ; & vous y trouverez de longs passages, de fortes & fréquentes difficultés, souvent même des discours entiers des Gentils.

Mais d'où vient donc que ces Ouvrages ne subsistent plus dans leur premiere intégrité ? La raison en est simple. C'est qu'il est ordinaire de laisser dans l'oubli des difficultés vaincues, & dont personne, après leurs Auteurs, ne prend la défense. C'est qu'il est naturel de ne plus s'intéresser à la fausseté connue ; c'est qu'un nombre de Bibliotheques immenses ont été consumées par des incendies auxquels on n'a pu remédier ; c'est enfin que l'inondation des Barbares, ennemis des lettres & de la science, a répandu la confusion par-tout,

& que l'Eglise, au milieu de ces troubles presqu'universels, ne s'est mise en peine de conserver que ce qui lui étoit cher : en un mot, c'est qu'il est injuste de demander raison des outrages des temps, & que c'est le sort du mensonge de se dissiper.

Il n'y a donc point de mystere dans cette suppression ; car il n'y a point eu de suppression faite à dessein, ni par conséquent de mystere. S'il y en avoit eu, les Chrétiens n'auroient pas fait la chose à moitié : ils auroient anéanti non-seulement les Ouvrages de leurs adversaires, mais encore ce que les Peres en avoient rapporté ; s'il y avoit eu du mystere, nous n'aurions pas à regretter d'innombrables écrits des Chrétiens mêmes, qui ont péri comme ceux de leurs adversaires ; s'il y avoit eu du mystere, quelqu'un sans doute l'auroit trahi, l'Histoire en laisseroit échapper quelques circonstances, quelques légeres indices. Mais toute l'antiquité garde sur cela le plus profond silence. A quoi peuvent servir après toutes ces réflexions, tous les discours vagues des Incrédules ?

Après tout, il est facile de juger des Ouvrages perdus par la nature de ceux qui nous restent. Ces écrits si chers aux Mécréans n'attaquoient que le dogme, & jamais l'Histoire de l'Evangile. Ni Triphon, ni Celse, ni Porphyre, ni Julien, ni les autres ne contestoient les miracles de Jesus-Christ & des Apôtres. Aussi nos Apologistes supposent toujours la vérité de ces faits. Ils étoient en effet si évidens, qu'on en lisoit une partie dans les registres publics ; & le reste étoit avoué par le cri général de toute la terre.

Que si l'on s'obstine encore à dire que peut-être ces Ouvrages perdus, détruisent quelque fait, ou en développent les circonstances d'une maniere désavantageuse à Jesus-Christ. Il n'y a qu'une chose à répondre à ces discours vagues : c'est qu'il falloit bien que la vérité de nos mysteres fût mal attaquée, puisque ces combats n'ont point arrêté le zele des Martyrs, ni la propagation de l'Evangile, puisque les Princes & les Sages venoient à l'envi s'incorporer à l'Eglise ; puisqu'enfin elle a toujours subsisté, & qu'elle subsiste encore, ne cessant de répéter la même doctrine & les mêmes faits, sans craindre que l'incrédulité la convainque ni de supposition ni d'erreur.

F I N.

TABLE
DES ARTICLES
Contenus dans ce second Volume.

Sur la Nature de l'Ame & son Immortalité, page 1

Sur le libre-arbitre de l'homme, 83
Sur la Morale, 88
Sur la Religion & les Princes, 97
XLIV. Réflexions sur le Système des Déistes, 108
XLV. Réflexions sur le Système des Théistes, 154
Possibilité & nécessité de la Révélation surnaturelle jointe à la Révélation naturelle, 156
La Révélation divine peut-elle renfermer des Mysteres incompréhensibles à la raison ? Est-on obligé de croire ces Mysteres ? 174
Voie par laquelle la Révélation doit être intimée aux hommes. Possibilité des Prophéties. Possibilité des Miracles, 210
Outre la Révélation naturelle, y a-t-il effectivement une Révélation surnaturelle ? Si elle existe, en quoi consiste-t-elle, & où est-elle consignée ? 243
Vérité & authenticité des Livres de Moyse & des Prophetes, 258
Marques & caracteres auxquels on doit reconnoître le Messie, selon les Prophetes, 326
Le Messie prédit par les Prophetes est-il venu ? A-t-il paru quelqu'un sur la terre, à qui tous

Tome II. G g

les caracteres qu'ils lui attribuent, puissent convenir ? 403

Jesus-Christ si clairement annoncé par les Prophetes, a prouvé de plus qu'il étoit le Messie promis, & l'Envoyé de Dieu, par la sainteté de sa vie, & par les Miracles éclatans qu'il a opérés. 454

La Résurrection de Jesus-Christ est le plus grand de tous ses miracles ; elle met le comble à tous les autres, & prouve invinciblement sa mission & sa divinité. On en démontre la certitude. 517

Prophéties de Jesus-Christ, leur accomplissement. Nouvelle preuve de sa Mission & de sa Divinité. 575

Certitude des Faits rapportés dans l'Evangile & les autres Livres du Nouveau Testament. Ces Faits sont parvenus jusqu'à nous sans altération. 622

Fin de la Table des Articles.

J. CH. DESAINT, IMPRIMEUR,
RUE SAINT-JACQUES.

www.ingramcontent.com/pod-product-compliance
Lightning Source LLC
Chambersburg PA
CBHW061959300426
44117CB00010B/1401